Johannes Popitz (1884–1945)

Reimer Voß

Johannes Popitz (1884 – 1945)

Jurist, Politiker, Staatsdenker unter drei Reichen – Mann des Widerstands

PETER LANG
Frankfurt am Main · Berlin · Bern · Bruxelles · New York · Oxford · Wien

Bibliografische Information Der Deutschen Bibliothek
Die Deutsche Bibliothek verzeichnet diese Publikation in der Deutschen Nationalbibliografie; detaillierte bibliografische Daten sind im Internet über <http://dnb.ddb.de> abrufbar.

Abbildung auf dem Umschlag:
Johannes Popitz vor dem Volksgerichtshof, 1944.

Mit freundlicher Genehmigung der
Gedenkstätte Deutscher Widerstand.

Gedruckt auf alterungsbeständigem,
säurefreiem Papier.

ISBN 3-631-55099-5

Printed in Germany 1 2 3 4 6 7

www.peterlang.de

Für Luzia

What ever crushes individuality
is despotism
no matter what name it is called
John Stuart Mill

Inhalt

Abkürzungsverzeichnis

AcP	Archiv für die zivilistische Praxis
AöR	Archiv für öffentliches Recht
ARSP	Archiv für Rechts- und Staatsphilosophie
BArch	Bundesarchiv (Berlin und Koblenz)
BGBl.	Bundesgesetzblatt
BVerfGE	Amtliche Sammlung von Entscheidungen des Bundesverfassungsgerichts
DBG	Deutsches Beamtengesetz 1937
DJZ	Deutsche Juristenzeitung
DR	Deutsches Recht
FinArch	Finanzarchiv
FR	Finanzrundschau
GStA PK	Geheimes Staatsarchiv Stiftung Preußischer Kulturbesitz
IMT	Internationales Militärtribunal Nürnberg
JW	Juristische Wochenschrift
OVG	Oberverwaltungsgericht
PrGS	Preußische Gesetzessammlung
RFH	Reichsfinanzhof
RFHE	Sammlung der Entscheidungen des Reichsfinanzhofs
RGBl.	Reichsgesetzblatt
RHO	Reichshaushaltsordnung
RStBl	Reichsteuerblatt
RV	Reichsverfassung von 1871
RVerwBl	Reichsverwaltungsblatt
StuW	Steuer und Wirtschaft
VerwBl	Verwaltungsblatt
VjhZG	Vierteljahreshefte für Zeitgeschichte
VjStFR	Vierteljahresschrift für Steuer- und Finanzrecht
VVDStRL	Veröffentlichungen der Vereinigung Deutscher Staatsrechtslehrer
WRV	Weimarer Reichsverfassung
ZAkDR	Zeitschrift der Akademie für deutsches Recht
ZStW	Zeitschrift für die Staatsrechtswissenschaft

Einleitung

Johannes Popitz gehört zu den herausragenden Persönlichkeiten des öffentlichen Lebens im Deutschland des 20. Jahrhunderts. Er war Jurist, Experte des Beamten-, Gemeinde- und allgemeinen Verwaltungsrechts, vor allem des Steuer-, Haushalts- und Finanzverfassungsrechts sowie Politiker auf diesen Gebieten, Staatsdenker und Widerstandskämpfer im Dritten Reich und „homme de lettre“. Es gibt niemanden in der deutschen Geschichte, der in zwei konträren Epochen, der Weimarer Republik und dem Dritten Reich, über eine Zeit von mehr als fünfundzwanzig Jahren in leitender Position mit vergleichbarer Einflussmöglichkeit eine derartige Rolle gespielt hat. Dies zwar weniger in einer nach außen in Erscheinung tretenden Führungsposition, aber immerhin in der zweiten Reihe als einer derjenigen, welcher die Richtung auf den Gebieten maßgeblich mitbestimmt hat, in denen er sich auskannte. Im Dritten Reich saß Popitz im Reichskabinett, beriet also alle Gesetzesvorhaben mit und erhielt nach dem Ende der Kabinettssitzungen ab 1938 alle Vorlagen zur Kenntnis mit der Möglichkeit zur Stellungnahme. Auch als Behördenchef konnte kaum jemand eine vergleichbare Verwaltungserfahrung wie Popitz erwerben.

Dargestellt werden seine Ideen und sein Handeln, soweit es für die Geschichte von Bedeutung ist. Insofern handelt es sich vornehmlich um eine intellektuelle Biographie, die allerdings den Lebenslauf von Popitz auch mit anekdotischen Aspekten einbezieht. Drei Schwerpunkte bestimmten sein Wirken: Die Finanzpolitik mit der Steuer- und Finanzausgleichpolitik, die seinen gesamten Berufsweg begleitet hat, die Mitwirkung am Aufbau des nationalsozialistischen Staates und am Schluss seines Lebens der Widerstand gegen den Hitlerstaat. Der breit gespannte Bogen seines Wirkens erfordert eine Auswahl bei der Darstellung. Popitz war in der langen Zeit seiner Tätigkeit als Verwaltungsmann und Politiker an unzähligen Initiativen, Verhandlungen und Diskussionen beteiligt, so dass es den Rahmen dieses Buches sprengen würde, wenn alle seine Handlungen beschrieben würden, zumal da es notwendig wäre, zum besseren Verständnis noch den jeweiligen Zusammenhang und geschichtlichen Hintergrund zu schildern. Das ist insbesondere im Hinblick auf die Steuer- und Finanzausgleichspolitik notwendig, um den Nichtfachmann das Verständnis zu erleichtern und weil beide Bereiche über ihre internen Wirkungen hinaus staatspolitische Bedeutung haben. Die staatspolitische Bedeutung seiner Arbeit im Dritten Reich versteht sich von selbst. Maßstab für die Auswahl ist die historische Wichtigkeit und die Bedeutung für das Verständnis von Popitz.

In der Person von Popitz spiegeln sich zugleich zwei Epochen deutscher Geschichte, der Weimarer Republik und des Dritten Reiches. Seine Jugend- und Lernzeit, ja der Beginn seiner Tätigkeit als Gestalter von Gesetzen ist jedoch dem Kaiserreich zuzuordnen. Er war somit ein Jurist unter drei Reichen mit jeweils eigener Ideologie. Eine Grundlage des Rechts oder zumindest ein Bestimmungsfaktor des

Rechts ist die jeweils herrschende Ideologie, die maßgebend durch Weltanschauung geprägt ist[1]. Was immer wir aus den zwei Epochen von Weimar und Hitler lernen können, zeigt uns beispielhaft der Lebensweg von Popitz. Zur Verdeutlichung des Umfeldes, in dem Popitz gelebt hat, dient jeweils ein kurzer geschichtlicher Abriss. Meilensteine der Geschichte dieser Epoche sind die Katastrophen des zwanzigsten Jahrhunderts: der erste Weltkrieg und dessen Folgen mit dem jeder politischen Vernunft widersprechenden Versailler Vertrag, der Inflation der zwanziger Jahre, der Weltwirtschaftskrise der Jahre 1930 - 1932, des Zusammenbruchs des demokratischen Systems von Weimar, der Hitler – Diktatur und den darin begangenen Verbrechen gegen die Juden, gegen die Völker unserer östlichen Nachbarn wie gegen die anderen europäischen Völker, ja gegen das deutsche Volk selbst mit Millionen von Kriegstoten, Bombenopfern und Verlust der Heimat. Das Ende, die Katastrophe von 1945, hat Popitz nicht mehr erlebt. Seit 1938 hat er sich gegen das Regime von Hitler aufgelehnt. Ein Erfolg war ihm so wenig wie den anderen Männern des Widerstandes beschieden. Aber eine Art Ehrenrettung hat der Widerstand doch gebracht. Einige wenige haben sich gegen das Regime erhoben, während die große Masse des Volkes teils resignierend, teils fanatisch ergeben bis zum Schluss ausgeharrt hat.

Drei unterschiedliche Staatsformen bestimmten das Leben von Popitz: Kaiserreich, Weimarer Republik und Drittes Reich. Ebenso wie für das Volk insgesamt wie insbesondere für einen Beamten wie Popitz stellt sich die Frage, ob und wieweit eine Identifikation mit den verschiedenen Staatsformen stattgefunden hat. Für das Überleben eines Staates ist die Identifikation der Bevölkerung mit der herrschenden Staatsform von großer Bedeutung. Die Antworten auf diese Frage fallen unterschiedlich aus. Während das Kaiserreich wegen seiner unbestreitbaren Erfolge auf den Gebieten der Wirtschaft, der Wissenschaft, der Kultur und der Stellung in der Weltpolitik eine positive Identifikation eines großen Teils der Bevölkerung erzeugt hat, war die Zeit von Weimar weitgehend von Ablehnung der Republik gekennzeichnet. Nur wenige identifizierten sich mit dem Staat. Dagegen fand das Naziregime aufgrund der negativen Erfahrungen von Weimar und seiner Anfangserfolge eine breite Zustimmung in der Bevölkerung. Erst als sich Misserfolge einstellten und die Bevölkerung die Leiden des Krieges immer stärker spürte, schwand das Gefühl, mit diesem Staat identisch zu sein. Die Einstellung von Popitz verlief parallel zu der Einstellung der Bevölkerung, allerdings auf einem höheren intellektuellen Niveau als dem der Durchschnittsbürger und vor allem mit frühzeitigen und den schärfsten Konsequenzen zu einer Zeit, in der die Mehrheit der Bevölkerung Hitler noch begeistert zujubelte, z. B. beim Anschluss von Österreich.

Der Beruf prägt den Menschen, aber der Typus eines Menschen drängt ihn auch in einen bestimmten Beruf. Popitz war voll und ganz Jurist und Staatsdiener. Das Wohl des Staates war für ihn das erste Anliegen. Wie ein roter Faden durch-

[1] R. Voß, Steuerrecht und Ideologie – gestern und heute, 9 ff.

zieht sein ganzes Berufsleben die Frage nach der besten Organisation des Staates und seiner Behörden. Das Wohl der Menschen, ja das Recht auf Freiheit vor dem Staat trat demgegenüber zurück, wenngleich Popitz wohl davon ausging , dass das Wohl des Menschen von dem Wohl des Staates abhing.

Es erhebt sich die Frage, was Popitz für ein Mensch war. Wie wirkte er auf seine Untergebenen, auf die , mit denen er beruflich und privat Kontakt hatte. Dazu gibt es viele Zeugnisse. Popitz war ein Mensch, an dem sich viele rieben. Die meisten Menschen seines Umfeldes fühlten sich intellektuell unterlegen. Freundliche Reaktionen und wohlwollende Beurteilungen fördert das in der Regel nicht. Wenn die Urteile über den Menschen auch zwischen Zuneigung und schärfster Ablehnung schwankten, so gab es doch niemanden, der Popitz als Fachmann nicht die höchste Anerkennung gezollt hätte.

Man braucht für Popitz einen Beurteilungsmaßstab. Für die Beurteilung als Mensch gelten die allgemein anerkannten Maßstäbe moralischen Verhaltens. In dieser Beziehung gibt es wenig Auffälligkeiten. Da Popitz nur in öffentlichen Angelegenheiten oder anders ausgedrückt im Bereich des öffentlichen Rechts gewirkt hat, das durch das Verhältnis zwischen dem Staat und dem Bürger bestimmt wird, ist der Beurteilungsmaßstab daher diesem Bereich zu entnehmen. Ungeachtet gewisser zeitbedingter Unterschiede zwischen den zur Lebenszeit von Popitz maßgebenden und den heutigen Werten, wird hier davon ausgegangen, dass die heute allgemein anerkannten Werte der Rechtsstaatlichkeit, des Schutzes der Menschen- und Grundrechte und einer guten Regierung, wie sie etwa von der Welthandelsorganisation oder den Vereinten Nationen bei der Hilfe für Entwicklungsländer eingefordert werden, den auch für Popitz maßgebenden Beurteilungsrahmen stellen. Popitz lebte nicht im Mittelalter, sondern er wirkte in einer Zeit, in der die genannten Werte auch in der Weimarer Republik und in der westlichen Welt allgemein anerkannt waren.

Ein Wort zu den Materialien, auf denen dieses Buch beruht. An erster Stelle stehen die veröffentlichten Schriften von Popitz. Insoweit wurde versucht, aus dem umfangreichen Schrifttum der Jahre 1919 bis 1933 jeweils die Quintessenz seiner Gedanken wiederzugeben. Leider hat Popitz ab 1933 nur noch wenig veröffentlicht. Texte, die mit juristischen Argumenten den nationalsozialistischen Staat rechtfertigen, die es sonst überreichlich gibt und die zumeist als juristische Lyrik gewertet werden müssen, finden sich bei Popitz nicht. Von den zahlreichen Apologeten des Nazisystems, wie Carl Schmitt, Ernst Rudolf Huber, Theodor Maunz, Karl Larenz und anderen hielt Popitz sich im Hinblick auf Veröffentlichungen fern. Mindestens vor 1933 war Schmitt aber ein gesuchter Gesprächspartner. Stil und juristische Präzision von Popitz widersprachen der Arbeitsweise der meisten Nazijuristen. Materialien über Popitz sowohl aus der Zeit von Weimar wie aus der des Dritten Reiches finden sich in den Dokumenten, die im Bundesarchiv in Berlin und Koblenz und im Geheimen Staatsarchiv – Preußischer Kulturbesitz - gesammelt sind. Diese Dokumente sind für die Zeit seines gesamten Wirkens weitgehend ausgewertet. Wesentliche Hinweise lassen sich auch der umfangreichen Memoirenliteratur seiner Zeitgenossen entnehmen. Es gibt geradezu keinen Autor aus dem Bereich der Politik, der sich nicht mit Popitz beschäftigt hätte. Schließlich ist die Sekundärliteratur hilfreich. Einerseits finden sich dort manche wertvollen Hinweise. Andererseits lassen sich manche Beurteilungen anhand der Sekundärliteratur überprüfen.

I. Kapitel
Kaiserreich – Jahre der Prägung

1. Lebenslauf

Popitz wurde am 2. Dezember 1884 als Sohn eines Leipziger Apothekers und einer künstlerisch als Malerin hochbegabten Mutter geboren. Schon als Knabe fiel Popitz durch ungewöhnliche Intelligenz und vielseitige Interessen auf. Er las viel, vor allem Bücher der deutschen Geschichte. Er war einsam, fand wenig Kontakt zu seinen Altersgenossen und suchte ihn auch kaum[2]. Nach dem frühen Tod des Vaters wurde er von seiner Mutter in Dessau erzogen, wo er unter dem Einfluss seines Großvaters, des aus einer alten dessauschen Beamtenfamilie stammenden Landgerichtspräsidenten Rudolf, früh erste Bekanntschaft mit der Jurisprudenz machte. Zur Jurisprudenz fühlte er sich hingezogen, weil er von dieser Wissenschaft eine vorzügliche Schulung in der Technik des wissenschaftlichen Denkens erwartete, das ihm das logische Rüstzeug für jede Situation im Leben geben würde[3]. Er studierte Jura in Lausanne, Leipzig, Berlin und Halle und erweiterte seine Studien auf die Wirtschaftswissenschaften, indem er Politische Ökonomie bei dem in Lausanne lehrenden italienischen Nationalökonomen Vilfredo Pareto, dem Vertreter der mathematischen Methode der Nationalökonomie und einem späteren Stichwortgeber für die faschistische Theorie sowie Sozialismus bei dem als Kathedersozialisten bezeichneten Adolf Wagner, dem Erfinder u. a. des Gesetzes über die wachsenden Staatsaufgaben hörte. Er belegte rechts- und staatshistorische Vorlesungen u. a. bei dem Staats- und Völkerrechtslehrer Edgar Löning, womit er einen Grundstein für seine spätere Beschäftigung mit allgemeinen Problemen des Staates und des Verhältnisses von Staat und Recht legte. Löning fühlte sich Popitz von allen Lehrern am meisten verpflichtet[4].

Mit welcher Gründlichkeit Popitz sein Studium betrieb, zeigen die in seinem Nachlass befindlichen Notizbücher über die von ihm belegten Vorlesungen[5]. Schon als Schüler hatte Popitz mit großer Sorgfalt Notizbücher über ihn interessierende Themen geführt[6]. Als Student und junger Beamter war Popitz Mitglied der „*Regierungstischgesellschaft und der Cölner Vereinigung für rechts- und staatswissen*

---

[2] R. Hildebrandt, Wir sind die Letzten Aus dem Leben des Widerstandskämpfers Albrecht Haushofer und seiner Freunde, 80

[3] A. Pausch, , Persönlichkeiten der Steuerkultur, 59

[4] J. Popitz in seiner Abschiedsrede am 7. 2. 1930, Manuskriptdruck, S. 20, BArch. NL 1262 Nr. 90O. Bühler, Popitz als Jurist. FR 1954, 526

[5] BArch. NL 1262 Nr. 72, 73

[6] BArch. NL 1262 Nr. 70

schaftliche Studien", die zahlreiche Vorträge auch nichtjuristischer Art und Reisen anbot, an denen Popitz auch teilnahm[7]. Popitz stand unter dem Einfluss der großen politischen Literatur der Antike. Von den Griechen nahm er den Gedanken auf: *„So sahen die Griechen das Phänomen des Staates als Beziehung zwischen dem freien Tun des einzelnen und der Regulierung dieser Tätigkeiten durch die Begründung einer Abhängigkeit*". Das entsprach dem griechischen Sinn für Begrenzung und Ordnung. Gemeinschaftssinn und Gewalt, Ethos und Kratos erschienen ihm als Elemente von Staat und Recht[8].

1906 legte Popitz mit 22 Jahren die erste Staatsprüfung ab. Im März 1907 wurde er in Halle mit der mit dem Prädikat summa cum laude bewerteten Arbeit über den *„Parteibegriff im preußischen Verwaltungsstreitverfahren*" promoviert[9]. Das Regierungs-Referendariat absolvierte er in Köln. Am Schluss des Referendariats, als die Referendare schon selbst unterrichteten, konnte es vorkommen, dass während des Unterrichts ein Klopfzeichen ertönte. Der Klopfer war Popitz, der damit anzeigen wollte, dass etwas falsch war. Es hatte sich eingebürgert, dass dann Popitz das Wort erteilt wurde, der den Vortrag fortsetzte. Noch bis in die 60er Jahre sollen ihm damalige Referendare für ihre lehrreiche Ausbildungszeit dankbar gewesen sein[10]. 1910 bestand er die Assessorprüfung für den höheren Verwaltungsdienst. Seine Hausarbeit mit dem Thema *„Die Stellung der kreisangehörigen Städte mit mehr als 10.000 Einwohnern in Preußen*", die unter Einbeziehung der geschichtlichen Entwicklung insbesondere eine gründliche Auseinandersetzung mit den damaligen, in den preußischen Provinzen unterschiedlichen Gemeindeverfassungen enthält, wurde mit der Note gut und die beiden Klausuren mit vollkommen befriedigend bzw. gut bewertet[11].

Zur Ausbildung als Assessor wurde Popitz dem Landrat des Landkreises Beuthen (Oberschlesien) zugeteilt. In dieser Zeit hatte er den Wunsch, Landrat zu werden, eine Stellung, die ein gutes Einkommen und Unabhängigkeit versprach. Popitz: *„Da bin ich mein kleiner unabhängiger König*". Der preußische Landrat war damals zugleich der oberste Kreisverwalter der Staatssteuern und führte den Vorsitz in der Einkommensteuer-Veranlagungskommission. Hier sammelte Popitz seine ersten Erfahrungen im Steuerrecht. Im Dezember 1913 wurde er wissenschaftlicher Mitarbeiter beim Oberverwaltungsgericht in Berlin - Charlottenburg,

---

[7] BArch. NL 1262 Nr. 69, Bl. 1-119

[8] A. Pausch, , Persönlichkeiten der Steuerkultur, 59

[9] Veröffentlicht als Buch 1907 im Verlag C. Heymann, Berlin; KRITISCHE Besprechung von Bartels. Juristisches Literaturblatt 1907, 197 BArch. NL 1262 Nr. 97

[10] R. Hildebrandt, Wir sind die Letzten, 80

[11] GStA PK Acta betr. Prüfung des Regierungs-Referendars Dr. jur. Johannes Popitz, Deutsches Zentralarchiv Hist. Abt. II 2.6.2. Nr.3775, veröffentlicht in: Verwaltungs-Archiv 1911 (Bd. 19), 337 ff.

wo er durch seine frühreife, überragende Intelligenz Aufsehen erregte. Man sprach von ihm als „*das kluge Kind*“[12]. Schon im September 1914 wurde er in das Preußische Innenministerium versetzt, wo er an dem Wiederaufbau des 1914 zerstörten Ostpreußen beteiligt wurde[13]. 1917 wurde Popitz in das damalige Reichsschatzamt, dem späteren Reichsfinanzministerium, als Referent für kommunale Interessen versetzt. Mit dem von ihm mit entworfenen Gesetz über einen Warenumsatzstempel vom 26. Juni 1916 wurde erstmals eine Umsatzsteuer eingeführt[14]. 1918 wurde er zum Regierungsrat ernannt.

2. Prägende Elemente

a. Verfassung des Kaiserreichs

Um eine Figur wie Popitz zu verstehen, erscheint es sinnvoll, sich die prägenden Elemente seiner Jugendzeit vor Augen zu führen. Elternhaus, Erziehung, Bildung und Umfeld gehören dazu. Sie ergeben sich weitgehend aus dem Lebenslauf. Da Popitz Jurist, Politiker und Staatsmann wurde, erscheint es notwendig, Grundzüge der Politik und der Verfassung näher darzustellen, die sein Denken und Handeln unter drei Reichen bestimmt haben.

Beherrschende Figur des Kaiserreichs bis zu seiner Entlassung als Kanzler des Reiches im Jahre 1890 war Otto von Bismarck. Bismarck genoss in der Bevölkerung ein ungeheures Ansehen bis zu seinem Lebensende und darüber hinaus. Unzweifelhaft ist Bismarck der bedeutendste deutsche Politiker der neueren Zeit. Er ist der Architekt der deutschen Einheit im 19. Jahrhundert. Als Katalysator der Einheit wirkte wohl der von Bismarck inszenierte Deutsch-Französische Krieg von 1870/71[15]. Auf europäischer Ebene war Bismarck der geschickteste Diplomat, dem es gelang, ungeachtet der Spannungen zwischen den europäischen und den in Europa involvierten außereuropäischen Staaten, wie etwa das osmanische Reich, in Mitteleuropa eine Periode des Friedens zu sichern. Nach dem Urteil von Sebastian Haffner war Bismarcks Politik nach der Reichsgründung die einzige einschränkungslose Friedenspolitik, die das Deutsche Reich in der Zeit seines Bestehens gemacht hat[16]. Diese zutreffende Feststellung bedarf deshalb der Hervorhebung, weil sich die Politik nach der Entlassung Bismarcks im Jahre 1890 fundamental änderte und schließlich mit einer gewissen Zwangsläufigkeit in den ersten Weltkrieg mündete. So interessant diese Geschichte auch ist, soll hier weder auf die Geschichte

---

[12] R. Grabower, Persönliche Erinnerungen an Johannes Popitz, FR 1954, 516

[13] Bericht im Preuß. Verwaltungsblatt 1916/1917, 6o5 ff.; Personalakte Dr. Popitz, GStA PK Rep. 184 P 2166

[14] RGBl 1916, 639

[15] Th. Nipperdey, Deutsche Geschichte 1866 – 1918 Bd. 2 Machtstaat vor Demokratie, 56

[16] S. Haffner, Von Bismarck zu Hitler, 79

der deutschen Einigung noch auf die außenpolitischen Aktivitäten Bismarcks noch auf die Außenpolitik unter Kaiser Wilhelm II näher eingegangen werden. Dies erscheint einmal entbehrlich, weil sich diese Ereignisse teils vor der Geburt von Popitz, teils zu einer Zeit abgespielt haben, als er sich noch im Kindesalter befand. Zum anderen besteht die Vermutung, dass die Außenpolitik in der Zeit des Heranwachsens und in der Zeit des frühen Mannestums nicht einen derart prägenden Einfluss ausgeübt hat, dass es notwendig wäre, die Einzelheiten der Außenpolitik zu schildern. Für den fertigen Juristen und Staatsbeamten, um den es in diesem Buch vornehmlich geht, wichtiger ist die Innenpolitik des Deutschen Reiches, vornehmlich aber und an erster Stelle dessen Verfassung.

Bismarck schuf die weitgehend mit der Verfassung des Norddeutschen Bundes identische Reichsverfassung unter Verwendung früherer Verfassungen in kürzester Zeit[17]. Der Norddeutsche Bund, ein Zusammenschluss von Preußen und einigen norddeutschen Länder war eine Vorstufe des Deutschen Reiches. Das Deutsche Reich ist nach der von dem Staatsrechtslehrer Paul Laband begründeten Auffassung durch den Eintritt der süddeutschen Staaten in den Norddeutschen Bund entstanden und repräsentierte mit letzterem dasselbe Rechtssubjekt[18]. Die Reichsverfassung beruhte auf den zwischen den Staaten abgeschlossenen Verträgen und wurde nach den Regeln der Reichsverfassung in einer nur redaktionellen Änderungen enthaltenen Reichsverfassungsurkunde vom 16. April 1871 festgestellt[19].

Die Verfassungen beider Staatsgebilde waren wesentlich geprägt von dem Antagonismus zwischen dem Wunsch der deutschen Nation nach einer neuen staatlichen Einheit und dem Streben der deutschen Einzelstaaten, die mühsam errungene Unabhängigkeit zu wahren[20]. Ein wesentliches Anliegen Bismarcks war die Sicherung preußischer Hegemonie im neuen Staat. Als Realpolitiker verzichtete Bismarck auf einen religiösen Bezug und auf weitergehende inhaltliche Festlegungen, ausgenommen auf die Ewigkeit des Bundes, den Schutz von dessen Gebiet und des innerhalb des Gebiets gültigen Rechts sowie auf die Pflege der Wohlfahrt des Deutschen Volkes. Eine nähere Bestimmung von Staatszielen oder gar die Fixierung von Grundrechten, wie sie etwa in der Verfassung von 1848 der Frankfurter Nationalversammlung noch enthalten gewesen waren, sucht man in der Verfassung vergeblich. Nach der Rechtslehre unterlag die Gesetzgebung abgesehen von der Bindung der Gesetzgebungshoheit der Länder an das Reich keinen Schranken und zwar weder durch die Verfassung noch durch die *„wohlerworbenen Rechte der Bür-*

---

[17] O. Becker, Bismarcks Ringen um Deutschlands Gestaltung, 211 ff.

[18] G. Meyers, Lehrbuch des Deutschen Staatsrechts, 7. Aufl. bearbeitet von G. Anschütz, Bd. 1, 207; nach E. R. Huber handelte es sich um eine Neugründung und Rechtsnachfolge, vgl. E. R. Huber, Deutsche Verfassungsgeschichte Bd. 3, 760 ff.

[19] RGBl.1871, 68 ff.

[20] C. F, Menger, Deutsche Verfassungsgeschichte der Neuzeit, 105

ger"[21]. Auch der Begriff Rechtsstaat taucht nicht auf. Bismarck diskriminierte diesen Begriff als einen von dem Staatsrechtslehrer Robert von Mohl erfundenen Kunstausdruck, für den es keine einen politischen Kopf befriedigende Definition und keine Übersetzung in eine andere Sprache gebe. [22]. Tatsächlich aber lagen dem Reich rechtsstaatliche Elemente zugrunde, indem allgemein anerkannt war, dass die Befugnisse der Verwaltung gesetzlich fest begrenzt sind, und dass sie nur insoweit in die Freiheit des Bürgers eingreifen darf, als das Gesetz ihr dies gestattet[23]. Die Reichsverfassung von 1871 erschöpft sich damit jedenfalls äußerlich betrachtet in einem reinen Organisationsstatut. Aber sie ist natürlich mehr als das, indem sie die Machtverhältnisse im Reich festschrieb und den politischen Gestaltungsspielraum absteckte.

Das Deutsche Reich war kein Fürstenbund, sondern ein Bundesstaat, der sich aus den deutschen Bundesstaaten (Einzelstaaten, Gliedstaaten, Länder) zusammensetzte[24]. Elsaß-Lothringen, das Frankreich nach dem Ende des deutsch/französischen Krieges 1870/71 an Deutschland abtreten musste[25], wurde kein Staat , sondern ein vom Reich regiertes Gemeinwesen[26]. Die als Schutzgebiete bezeichneten in den Jahren 1884 - 1911 erworbenen Kolonien wurden keine Bestandteile des Reichsgebiets sondern Nebenländer des Reiches, dem die territoriale Herrschaft über die Schutzgebiete zustand[27]. Die Gliedstaaten behielten ihre jeweiligen unterschiedlichen Verfassungen als konstitutionelle Monarchien oder – wie die drei Stadtstaaten Bremen , Hamburg und Lübeck – als Republiken.

Die Kernpunkte der Reichsverfassung lassen sich wie folgt zusammenfassen: Das neue Reich war ein Bundesstaat und wurde gleichzeitig als Bund des Volkes verstanden. Die Mitglieder des Bundes, die Länder, d. h. die Staaten, nicht ihre Regierungen wirkten an der Gesetzgebung über den Bundesrat mit, während das Reich über den Reichstag mitwirkte. Im Bundesrat saßen nicht gewählte Abgeordnete der Gliedstaaten sondern deren von den jeweiligen Regierungen instruierte, weisungsgebundene Bevollmächtigte[28]. Der Reichstag setzte sich demgegenüber aus den nur von den Männern direkt gewählten Abgeordneten zusammen. Gesetze des Reiches einschließlich des Haushaltsgesetzes für das Reich[29] konnten nur be-

---

[21] G. Meyers, Lehrbuch des Deutschen Staatsrechts, Bd. 2, 644 f.

[22] O. Pflanze, Bismarck, Bd. 2, 447

[23] G. Meyers, Lehrbuch des Deutschen Staatsrechts, Bd. 1, 29

[24] C.-F. Menger, Deutsche Verfassungsgeschichte der Neuzeit, 148

[25] Verträge vom 26. Januar und 10. Mai 1871, RGBl. 1871, 215 ff. , 223 ff.

[26] G. Meyers, Lehrbuch des Deutschen Staatsrechts, Bd. 1, 227 f.

[27] G. Meyers, Lehrbuch des Deutschen Staatsrechts, Bd. 1, 209 ff., 229, 238

[28] G. Meyers, Lehrbuch des Deutschen Staatsrechts, Bd. 2, 485

[29] G. Meyers, Lehrbuch des Deutschen Staatsrechts, Bd. 3, 919

schlossen werden, wenn Bundesrat und Reichstag jeweils mit Mehrheit zustimmten. Ein Initiativrecht besaßen sowohl der Reichstag wie der Bundesrat und – kraft Gewohnheitsrechts - der Kaiser[30]. Tatsächlich wurden die meisten Reichsgesetzentwürfe in den die Funktionen von Ministerien ausübenden Reichsämter ausgearbeitet und gelangten von da als kaiserliche (Präsidial-) Vorlagen in den Bundesrat[31]. Im Bundesrat gab es eine Stimmengewichtung der Länder. Preußen hatte z. B. 17 Stimmen während Bayern nur über 6 Stimmen verfügte. Die Länder konnten ihre Stimmen nur einheitlich abgeben (Art. 6 RV). Im Bundesrat hatte Preußen ein Vetorecht auf dem Gebiet des Militärwesens, der Zölle und der in Art. 35 RV aufgeführten Verbrauchsteuern (Art. 5 Abs. 2 RV). Die Gliedstaaten behielten die Befugnis, aus eigenem Recht alle Angelegenheiten zu regeln, die nicht durch die Reichsverfassung dem Reich zur ausschließlichen Regelung übertragen worden waren. Dazu gehörten Gesetze über das gesamte Zollwesen und Gesetze über die in Art. 35 RV aufgeführten Verbrauchsteuern auf Salz, Tabak, Branntwein, Bier und aus inländischen Erzeugnissen hergestellten Zucker. In Bayern, Württemberg und Baden blieb die Gesetzgebungs - und Ertragshoheit für Branntwein und Bier den Ländern vorbehalten (Art. 35 Abs. 2, 36 RV). Alle Länder konnten Verbrauchsteuern auf andere Waren erheben. Soweit das Reich auf der Grundlage seines in der Verfassung festgelegten Gesetzgebungsrechts außerhalb der ausschließlichen Zuständigkeit Gesetze erließ – konkurrierende Zuständigkeit– traten entgegenstehende und selbst übereinstimmende Landesgesetze wegen des Vorrangs der Reichsgesetze (Art. 2 RV) außer Kraft; später erlassene in die Reichsgesetze eingreifende Landesgesetze waren von Anfang an nichtig[32]. Zu ihrer Wirksamkeit bedurften Reichsgesetze zusätzlich zu den entsprechenden Beschlüssen von Reichstag und Bundesrat noch eines Beschlusses des Bundesrats, die im juristischen Sprachgebrauch als Sanktion bezeichnet wurde (Art. 7 Nr. 1 RV). Der Bundesrat konnte die Sanktion ohne weiteres verweigern oder zeitlich hinausschieben[33]. Die Sanktion war der zentrale Akt, durch welchen der von Bundesrat und Reichstag beschlossene Gesetzesinhalt erst Gesetzeskraft erlangte[34]. Die Ausfertigung und Verkündigung der Reichsgesetze oblag dem Kaiser (Art. 17 RV).

Der Kaiser war das dem König von Preußen zustehende Präsidium des Bundes, welches den Namen „Deutscher Kaiser“ führte (Art. 11 RV). Das Kaisertum der RV war eine Neuschöpfung, die sich vom Kaisertum des alten Reiches abhob und

---

[30] G. Meyers, Lehrbuch des Deutschen Staatsrechts, Bd. 2, 685

[31] G. Meyers, Lehrbuch des Deutschen Staatsrechts, Bd.. 2, 685

[32] G. Meyers, Lehrbuch des Deutschen Staatsrechts, Bd. 2 715 f.,

[33] G. Meyers, Lehrbuch des Deutschen Staatsrechts, Bd. 2, 696

[34] G. Meyers, Lehrbuch des Deutschen Staatsrechts, Bd. 2, 681 i. V. m. 662

das vielleicht theoretisch weniger aber praktisch mehr zu bedeuten hatte[35]. Ungeachtet dessen wurde der Titel Deutscher Kaiser als eine Erinnerung an den Glanz der alten Kaiserkrone und als dessen ehrwürdiges Symbol verstanden; zugleich sollte mit diesem Titel der preußische Hegemonialgedanke in den Hintergrund gedrängt werden[36]. Obwohl das im Volk anders gesehen wurde, war der Kaiser kein Monarch wie die Monarchen in den Gliedstaaten, sondern er übte seine Funktionen im Sinne einer Reichsorganschaft im Namen des Reichs aus, was die zeitgenössische Staatsrechtslehre als Zurückdrängung des preußischen Hegemoniestrebens bewertete[37]. Tatsächlich war aber die preußische Hegemonie durch die untrennbare Verknüpfung des Kaisertums mit dem preußischen Königtum im Verfassungssystem selbst angelegt. Die Vorherrschaft Preußens im Reich wurde dadurch verstärkt, dass der Kaiser in seiner Person eine große Machtfülle vereinigte: er war Staatsoberhaupt (Art. 11 Abs. 1 RV), der das Reich nach innen wie im Verkehr mit dem Ausland repräsentierte und Regierung[38],. Seine Regierungsfunktionen waren im einzelnen in der Verfassung und in den Gesetzen beschrieben. Dazu gehörte u. a. die völkerrechtliche Vertretung des Reiches, die Kriegserklärung – grundsätzlich nur mit Zustimmung des Bundesrates - und der Friedensschluss (Art. 11 RV), die Berufung, Eröffnung, Vertagung und Schließung des Bundesrates und des Reichstages (Art. 12 RV), die Ernennung und Entlassung des Reichskanzlers und der Reichsbeamten (Art. 18 RV), die Aufsicht über das Konsulatswesen (Art. 56 RV) und der Oberbefehl über die reichseinheitliche Kriegsmarine (Art.53 RV). An der Gesetzgebung war der Kaiser abgesehen von der Ausfertigung und Verkündung der Gesetze nicht beteiligt, wenngleich die vom Bundesrat und Reichstag beschlossenen Gesetze im Reichsgesetzblatt vom Kaiser so verkündet wurden als habe der Kaiser sie verordnet (Text: „*Wir Wilhelm von Gottes Gnaden Deutscher Kaiser, König von Preußen etc. verordnen im Namen des Reichs, nach erfolgter Zustimmung des Bundesrats und des Reichstags, was folgt*:“). Einfluss konnte er aber über das Recht gewinnen, den Reichskanzler und die Reichsbeamten zu ernennen (Art. 15 und 18 RV). Bezüglich des Landheeres waren die Militärhoheitsrechte zwischen dem Reich und den Gliedstaaten geteilt[39]. Nach herrschender, nicht unbestrittener Auffassung und nach der Praxis gab es kein einheitliches Heer des Reiches, sondern nur Kontingente der Gliedstaaten (Theorie des Kontingentheers)[40]. Die Kontingente standen aber unter der Befehlsgewalt des Kaisers (Art. 63, 64

[35] G. Meyers, Lehrbuch des Deutschen Staatsrechts, Bd. 2 459

[36] G. Meyers, Lehrbuch des Deutschen Staatsrechts, Bd. 2, 497 f.

[37] G. Meyers, Lehrbuch des Deutschen Staatsrechts, Bd. 2, 477, 499.

[38] G. Meyers, Lehrbuch des Deutschen Staatsrechts, Bd. 2, 500

[39] Näher dazu G. Meyers, Lehrbuch des Deutschen Staatsrechts, Bd. 3, 842 ff.

[40] G. Meyers, Lehrbuch des Deutschen Staatsrechts, Bd. 3, 839 ff.

RV). Von der rechtlichen Stellung abgesehen wurde der Kaiser schließlich zur Integrations- und Symbolfigur der Nation[41].

Der Reichskanzler hatte eine dreifache Funktion. Ihm oblag der Vorsitz und die Geschäftsführung des Bundesrats (Art. 15 RV). Er musste nach herrschender Ansicht preußischer Bevollmächtigter im Bundesrat sein[42] und war fast immer gleichzeitig preußischer Ministerpräsident und immer preußischer Außenminister. Auch diese Aufgabenkombination sicherte die preußische Hegemonie. Der Reichskanzler war ferner der einzige Minister des Kaisers, was die Verfassung dadurch zum Ausdruck brachte, dass Anordnungen und Verfügungen des Kaisers zur ihrer Gültigkeit der Gegenzeichnung des Reichskanzlers bedurften, womit der Reichskanzler die Verantwortlichkeit dafür übernahm (Art. 17 RV). Schließlich war der Reichskanzler Leiter der Reichsverwaltung und Dienstvorgesetzter der Reichsbehörden. Dazu gehörten neben dem Reichskanzleramt die obersten Reichsbehörden, die durchweg als Ämter bezeichnet wurde, z. B. das Auswärtige Amt, das Reichsmarineamt, das Reichsamt des Inneren, das Reichsschatzamt oder das Reichsjustizamt, denen jeweils Staatssekretäre vorstanden[43]. Der Mangel eines Kabinetts bzw. Ministerrats und die Unterordnung der Staatssekretäre unter den Reichskanzler verschafften diesem ein gewaltiges, an Macht, Pflichten und Verantwortung reiches Amt. Jedenfalls für die Bismarckzeit kann man von einer Kanzlerdiktatur sprechen.

Unter Wilhelm II verschoben sich aber die politischen Gewichte. Nach Bismarck errang keiner seiner Nachfolger eine gleiche Machtstellung. Das Schwergewicht der Willensbildung verschob sich vom Bundesrat zum Reichstag. Wilhelm II war darauf aus, ein „persönliches Regiment" zu errichten und vor allem außenpolitisch einen „neuen Kurs" zu fahren. Weltpolitik und Drang nach Größe bestimmten den politischen Diskurs[44]. Die vom Kaiser als Prestigeprojekt deutscher Macht und Größe vorangetriebene, durch die Flottengesetze von 1898 und 1900 gestützte und gegen die Vormachtstellung Großbritanniens als führende Seemacht gerichtete Flottenpolitik war der sichtbarste Ausdruck deutschen Großmachtstrebens. Die Flottenpolitik fand in der Bevölkerung breite Zustimmung. Der Flottenverein, der neben dem Alldeutschen Verband die Aufrüstung von Seestreitkräften propagandis-

---

[41] Th Nipperdey, Deutsche Geschichte 1866 – 1918 Bd. 2 Machtstaat vor Demokratie, 99

[42] G. Meyers, Lehrbuch des Deutschen Staatsrechts, Bd. 2, 488 Fn. 7

[43] G. Meyers, Lehrbuch des Deutschen Staatsrechts, Bd. 2, 533 ff.

[44] Vgl. u. a. die Tischrede Wilhelms II am 18. 1. 1896 anlässlich des 25jährigen Bestehens des Reiches im Berliner Schloss:, in der er ausführte: „*Aus dem Deutschen Reich ist ein Weltreich geworden*", Quellen zur Deutschen Außenpolitik im Zeitalter des Imperialismus 1890 – 1911, Hrsg. M. Behnen, 146 ff.; ferner Rede des Staatssekretärs und späteren Reichskanzlers B. von Bülow im Reichstag vom 6. 12. 1897, der für das Deutsche Reich einen Platz an der sonne forderte, vgl. Stenografische Berichte über die Verhandlungen des Reichstags. IX Legislaturperiode. V. Session 1897/98 Bd. 1, Berlin 1898, 60

tisch unterstützte, hatte 1906 über eine Million Mitglieder. Charakterliche Mängel, fehlender Fleiß und Ungeschicklichkeiten [45] des Kaisers schränkten die volle Wirksamkeit seiner Befugnisse ein. Dennoch vollzog sich mit der Inthronisation von Wilhelm II außerhalb der geschriebenen Verfassung ein Epochenwandel im Reich, so dass man mit Recht ab 1890 vom Zeitalter des Wilhelminismus sprechen kann.

Die Reichsverfassung enthielt keine eigenständigen Regelungen über das Justizwesen. Die gerichtliche Kontrolle von Maßnahmen der Verwaltungsbehörden oblag in den Gliedstaaten Verwaltungsgerichten, die ab 1875, allerdings nicht in allen Gliedstaaten, mit eigenständigen Verfahrensordnungen eingerichtet wurden[46]. Eine allgemeine Verwaltungsgerichtsbarkeit des Reiches gab es nicht. Für bestimmte Bereiche gab es besondere Behörden, die gerichtsähnlich organisiert und deren Bedienstete mit richterlicher Unabhängigkeit ausgestattet waren[47]. Als letztes Gericht dieser Art wurde der für Steuer- und Zollsachen zuständige Reichsfinanzhof durch Gesetz vom 26. Juli 1918 eingerichtet[48]. Ob die Verwaltungsgerichtsbarkeit nur zum Schutz subjektiver Rechte (Individualrechtschutz) oder nur zum Schutz des objektiven Rechts (objektive Rechtskontrolle) oder zu beiden Zwecken berufen war, war streitig[49]. Eine Generalklausel für die Zuständigkeit der Verwaltungsgerichte gab es nur in wenigen Gliedstaaten. In den meisten Ländern, wie in Preußen war die Zuständigkeit enumerativ aufgeführt. Gegenüber Gesetzen stand den Richtern ein Prüfungsrecht nur in Bezug auf formelle Mängel, also insbesondere das ordnungsmäßige Zustandekommen eines Gesetzes zu. Ein materielles Prüfungsrecht hinsichtlich der Übereinstimmung mit der Verfassung war den Richtern hingegen nach herrschender Meinung versagt[50]. Eine Verfassungsgerichtsbarkeit zum Schutz von individuellen Rechten der Bürger gab es nicht.

Die Verwaltungshoheit nicht nur hinsichtlich des Landesrechts sondern auch hinsichtlich der durch Reichsgesetze geregelten Angelegenheiten lag grundsätzlich bei den Ländern. So wurden u. a. die Zölle und die dem Reich zustehenden

---

[45] Eklatantes Beispiel ist die so genannte Daily Telegraph-Affäre; In einem im Daily Telegraph veröffentlichten Interview hatte der Kaiser auf seine Ratschläge verwiesen, die zum britischen Sieg im Burenkrieg geführt hätten, die deutsche Flottenpolitik verteidigt und im übrigen die Engländer für verrückt wie Märzhasen erklärt, weil sie seine Freundschaftsangebote mit argwöhnischen und misstrauischen Augen betrachteten. Das Interview löste in Großbritannien wie in Deutschland Empörung aus, vgl. von Bruch/Hofmeister (Hrsg.), Deutsche Geschichte in Quellen und Darstellung Bd. 8, Kaiserreich und Erster Weltkrieg 1871 – 1918, 271 ff., 304 ff.

[46] G. Meyers, Lehrbuch des Deutschen Staatsrechts, Bd. 3, 785 f.

[47] G. Meyers, Lehrbuch des Deutschen Staatsrechts, Bd. 3, 791 f.

[48] RGBl. 1918, 959

[49] G. Meyers, Lehrbuch des Deutschen Staatsrechts, Bd. 3

[50] G. Meyers, Lehrbuch des Deutschen Staatsrechts, Bd. 3, 739 ff.

Verbrauchsteuern durch die Länder verwaltet. Das Reich verfügte nur über wenig Verwaltungsbehörden, d. h. solchen, die dem Reichskanzler untergeordnet waren.

Für die Rechte des Bürgers war zu unterscheiden zwischen den staatsbürgerlichen oder politischen Rechten auf Teilnahme an der Bildung des Staatswillens, z. B. an Wahlen, und den bürgerlichen Rechten, die sich auf das Verhältnis des Bürgers zum Staat bezogen. Zu den bürgerlichen Rechten gehörte das in der Reichsverfassung in Art. 3 verankerte Recht auf Indigenat, wonach jeder Angehörige eines Bundesstaats einen Anspruch darauf hatte, in jedem anderen Bundesstaat wie ein Inländer behandelt zu werden. Weniger klar als der Anspruch auf Gleichbehandlung des Staatsangehörigen eines Bundesstaates mit den Angehörigen des jeweils betroffenen anderen Bundesstaates war die Frage der Geltung von Grundrechten. Das Lehrbuch des Deutschen Staatsrechts von Georg Meyers anerkennt zwar einerseits die Existenz von Grundrechten, meint aber andererseits, dass in den Verfassungen der Gliedstaaten, in denen Grundrechte fixiert sind, derartige Ansprüche an dem Übelstand litten, dass sie sich zur unmittelbaren Anwendung nicht eigneten, sondern zu ihrer Durchführung besonderer Ausführungsgesetze bedürften, in deren Ermangelung sie sich als wertlos erwiesen. Mit Recht habe daher die RV von einer Zusicherung von Grundrechten abgesehen[51].

Auf der Grundlage des extrem föderalistischen Charakters der RV war die Existenz von Gemeinden in der Reichsverfassung nicht garantiert. Alle Bundesstaaten hatten aber Gemeinden, denen als kleinste politische Gemeinwesen die Verwirklichung der politischen Aufgaben in örtlicher Begrenzung oblag. In Preußen wurde die Selbstverwaltung der Gemeinden in den polnisch besiedelten Gebietsteilen praktisch dadurch eingeschränkt, dass das Geschäftssprachengesetz von1876 die Verwendung der deutschen Sprache als Amtssprache vorschrieb und ab 1886 keine Ausnahmen mehr zuließ, die bis dahin zugelassen worden waren[52].

Die rechtliche Stellung bevorrechtigter Stände hatte ihre Wurzel in den Verfassungen der Bundesstaaten, nicht in der Reichsverfassung[53]. Die Spitzenstellung nahmen danach die Mitglieder der regierenden Fürstenhäuser ein, wozu nicht nur die Monarchen, sondern auch deren Gemahlinnen, Söhne und Töchter (Prinzen und Prinzessinnen) gehörten. Die diesem Personenkreis zustehenden Vorrechte, z. B. u. a. Befreiung von der Gebäude- und Einkommensteuer beruhten überwiegend auf Landesrecht, teilweise aber auch auf Reichsrecht. Die zweite, weniger privilegierte Gruppe bildeten die standesherrlichen Familien. Dazu gehörten diejenigen Reichsstände, welche bei der Gründung des Rheinbundes oder bei der Auflösung des alten Deutschen Reiches im Jahre 1805 ihre Regierungsgewalt verloren hatten. Auch bei dieser Gruppe ging es u. a. um steuerliche Privilegien. Der sonstige Adel genoss z.

---

[51] G. Meyers, Lehrbuch des Deutschen Staatsrechts, Bd. 3, 955 f.

[52] O. Pflanze ,Bismarck, Bd. 2, 455

[53] Vgl. dazu im einzelnen: G. Meyers, Lehrbuch des Deutschen Staatsrechts, Bd. 3, 982 ff.

Zt. der Reichsverfassung noch gewisse Vorrechte, wenn auch im geringen Maße und nur in einzelnen Bundesstaaten, so das Recht auf eine besondere Vertretung in den Landtagen oder das ausschließliche Recht, Familienfideikommisse zu besitzen. Die gesellschaftliche Bedeutung des Adels ging natürlich über die gesetzlichen Privilegien hinaus. Aber mit der nach dem Deutsch/Französischen Krieg einsetzenden Entwicklung von Technik und Wirtschaft gelang es dem Bürgertum, seine Position zu verbessern.

Die Reichsverfassung war für eine Änderung durch einfache Gesetze offen, ohne dass der Text der Verfassung ausdrücklich geändert werden musste. Sie hat deshalb auch mehrfach Änderungen erfahren. Insbesondere ist die Verfassung des Reiches durch Ausdehnung der Aufgaben und Befugnisse des Reiches unitarischer geworden und hat zuletzt im Oktober 1918 durch die Änderung der Reichsverfassung noch eine Hinwendung zum parlamentarischen System erfahren[54].

Die Mehrheit der Deutschen fühlte sich nach dem Ende des Kulturkampfes und der Bekämpfung der Sozialisten, zunehmend in Übereinstimmung mit dem Reich und seiner Verfassung. Das Deutschland von 1914 lebte selbstsicher, problemlos, ohne moralische Beunruhigung, mit einem Wort, im festen Gefühl der Ordnung, wie ein französischer Beobachter schrieb[55]. Die Kriegsbegeisterung der Deutschen bei Ausbruch des Weltkrieges, die Zustimmung der Sozialdemokraten zu den Kriegskrediten und das Wort des Kaisers in seiner Thronrede vom 4. August 1914: "*Ich kenne keine Parteien mehr, ich kenne nur noch Deutsche*"[56] sind dafür beredte Zeichen. Aber die verheerenden Folgen des Weltkrieges führten zu einem raschen Wandel der Beurteilung. Am Ende des Kaiserreichs beurteilte der Staatsrechtlehrer Gerhard Anschütz die Verfassung wohl richtig, wenn er schrieb, dass Deutschland im Vergleich zu anderen Ländern sehr autoritär, undemokratisch, militaristisch war, das Bild eines auf eine starke Monarchie, Beamtentum und nicht minder starkes Heer als selbständige, letzte Machtgrundlage gestützten Obrigkeitsstaates zeigte, und dass diese Eigenart des deutschen Staatswesens dem Einswerden von Staat und Volk nachhaltig entgegenstand und damit die unteren Klassen, die Massen des Volkes, dem Staat entfremdete[57].

b. Wirtschaft

Für die wirtschaftliche Entwicklung der Jahre 1871 bis 1918 war das Bündnis von Technik und Wissenschaft bestimmend, das bei der Produktion von Waren zur Verwendung neuer Werkstoffe und neuer Technologien führte und die industrielle

---

[54] Gesetze vom 28. 10. 1918, RGBl. 1918, 1273, 1274

[55] Pierre Viénot: Ungewisses Deutschland, 65 f.

[56] von Bruch/Hofmeister (Hrsg.), Deutsche Geschichte in Quellen und Darstellung Bd. 8, Kaiserreich und Erster Weltkrieg 1871 – 1918, 356 ff.

[57] G. Anschütz im Nachtrag zu G. Meyers, Lehrbuch des Deutschen Staatsrechts, Bd. 3, 1030 f.

Revolution des 19. Jahrhunderts erst ermöglichte. Eisen wurde der wichtigste Werkstoff im Maschinenbau, im Schiffsbau und bei dem Bau von Eisenbahnen. Das Thomas-Verfahren ermöglicht ab 1879 die Ersetzung von Eisen durch Stahl. Die Entwicklung der chemischen Industrie, die mit der Erfindung synthetischer Farbstoffe begann, nahm ab 1880 einen ungeheuren Aufschwung. Nach der Erfindung der Glühlampe verbreitete sich die Elektrizität als Energiequelle und zugleich als Antriebskraft für elektrische Geräte und Maschinen. Am Ende des 19. Jahrhunderts legte die Erfindung des Verbrennungsmotors den Grundstein für einen eigenen Industriezweig, der Kraftfahrzeugindustrie. Deutschland setzte sich in diesem Prozess ab Ende des Jahrhunderts an die Spitze aller Industrienationen. Um 1900 hatte die deutsche chemische Industrie einen Weltmarktanteil von 90 %[58], die optische Industrie vor dem ersten Weltkrieg fast eine Weltmonopolstellung[59] erreicht. Nach dem Urteil des amerikanischen Wirtschaftshistorikers David S. Landes gab es im Bereich der chemischen Industrie für die technische Virtuosität und den aggressiven unternehmerischen Geist der Deutschen keine Parallelen.

Von der Mitte des 19. Jahrhunderts bis 1873 gab es einen wirtschaftlichen Konjunkturaufschwung, der 1871 verstärkt durch die französische Kriegskontribution in Höhe von 4,2 Milliarden Goldmark zu einem Gründerboom führte. Ab 1873 wurde der Aufschwung durch den als Große Depression bezeichneten Abschwung abgelöst. Ab 1896 bis zum ersten Weltkrieg folgte dem ein neuer Konjunkturaufschwung. Als Folge der industriellen Entwicklung stieg der Anteil der Industriebevölkerung und der des tertiären Sektors, d. h. von Handel, Verkehr und Dienstleistungen, während gleichzeitig der Anteil der in der Land- und Forstwirtschaft Beschäftigten sank. Das Nettoinlandsprodukt erhöhte sich nach den Preisen von 1913 von 15,1 Milliarden Mark im Jahre 1867 auf 52,4 Milliarden Mark im Jahre 1913[60], was einem durchschnittlichen Wachstum von 2,7 % p. a. entsprach.

Die Wirtschaftspolitik war im ganzen liberal auf Vertragsfreiheit, Gewerbefreiheit, Wettbewerbsfreiheit und Organisationsfreiheit ausgerichtet. In den späten sechziger und frühen siebziger Jahren wurden im Zuge einer großen Welle liberaler Gesetzgebung ältere obrigkeits- und wohlfahrtstaatliche Einschränkungen der individuellen Wirtschaftsfreiheit sowie staatliche und polizeiliche Erlaubnisvorbehalte, z. B. gegenüber Aktiengesellschaften, darüber hinaus auch Zölle abgebaut[61].

1878/79 trat eine Wende in der unter dem Stichwort Manchesterliberalismus unterzuordnenden Wirtschaftspolitik ein. Die bis dahin geltende Freihandelspolitik

---

[58] D. Ziegler, in M. North, Deutsche Wirtschaftsgeschichte, Ein Jahrtausend im Überblick, 239

[59] D. Ziegler, in M. North, Deutsche Wirtschaftsgeschichte, Ein Jahrtausend im Überblick, 240 f.

[60] Th. Nipperdey, Deutsche Geschichte 1866 – 1918 Bd. 1Arbeitswelt und Bürgergeist, 268,

[61] Th. Nipperdey, Deutsche Geschichte 1866 – 1918 Bd. 1Arbeitswelt und Bürgergeist, 279 f.; das am 7. Juli 1873 in Kraft getretene Gesetz sah die Abschaffung des Einfuhrzolls auf Eisen vor, RGBl. 1873, 241; vgl. O. Pflanze, Bismarck, Bd. 2, 180

wurde unter der Parole „Schutz der nationalen Arbeit" durch eine von breiten Kreisen, insbesondere von der Schwerindustrie, den Großbanken und den Großagrariern geforderte[62] Schutzzollpolitik ersetzt. Im Juli 1879 wurden die Zolltarife durch Gesetz erhöht[63]. Nach der Vorstellung von Bismarck sollte die Erhöhung der Zölle zugleich die Einnahmesituation des Reiches verbessern als auch die Wirtschaftskrise bewältigen[64].

Durch Gesetz vom 20. Dezember 1879 wurden als ein weiterer Schritt in Richtung des Interventionsstaates private preußische Eisenbahnen verstaatlicht[65]. Auf der Seite der Unternehmen vollzog sich ein Konzentrationsprozess, der zu zahlreichen, den freien Wettbewerb einschränkende Unternehmenszusammenschlüssen, Kartellen und Syndikaten führte, denen im Hinblick auf die heilige Kuh der Vertragsfreiheit der Staat des Kaiserreichs durch keine den Wettbewerb sichernde Antikartellgesetzgebung entgegen trat. Erst 1923 erging eine Kartellverordnung, die allerdings den Trend zur Kartellbildung kaum stoppen konnte. Vertretungen der Unternehmen entstanden in der zweiten Hälfte des 19. Jahrhunderts in der Gestalt von auf die allgemeine Interessenwahrnehmung ausgerichteten Wirtschaftsverbänden und der auf die Wahrnehmung arbeits- und sozialpolitischer Interessen ausgerichteten Arbeitgeberverbände.

Eine wesentliche Grundlage der wirtschaftlichen Entwicklung in der Zeit von 1871 bis 1914 lag in der Schaffung rechtlicher Rahmenbedingungen für wirtschaftliche Tätigkeiten, die letztlich den Inhalt der Wirtschaftsverfassung bestimmten. Rechtsnormen kamen dem Bedürfnis der Wirtschaft nach verlässlichen Bedingungen für ihre Tätigkeit wie auch dem Bedürfnis des Staates nach Steuerung des Wirtschaftsablaufs entgegen. So entstanden gesetzliche Regelungen auf dem Gebiet des Bürgerlichen Rechts, des Prozessrechts, des Handelsrechts einschließlich u. a. des Aktienrechts mit der Aufhebung der staatlichen Genehmigungspflicht für Aktiengesellschaften im Jahre 1870[66], womit die Voraussetzungen für die Entstehung von Großunternehmen geschaffen wurden. Hinzu kam die Organisation der Wirtschaft durch die Gründung von Industrie- und Handelskammer erstmals aufgrund des preußischen Gesetzes über die Handelskammern vom 24. Februar 1870[67] und

---

[62] O. Pflanze, Bismarck, Bd. 2, 179 ff., 234

[63] RGBl.1879, 207

[64] Über die Motive Bismarck im einzelnen vgl. Th. Nipperdey, Deutsche Geschichte 1866 – 1918 Bd. 1 Arbeitswelt und Bürgergeist, 382 ff.

[65] PrGS 1879,635

[66] Gesetz des Norddeutschen Bundes vom 11. 6. 1870, BGBl. 1870, 325

[67] PrGS 1870, 134

des Reichsgesetzes über die Handwerkskammern[68]. Die rechtliche Infrastruktur wurde durch Regelungen des Gewerberechts[69], des Währungs- und Bankrechts[70] und des Versicherungsrechts vertieft. Regelungen zur Bewältigung von Problemen aus der wirtschaftlichen Entwicklung wie etwa der Urbanisierung, machten auf der Grundlage des Enteignungsgesetzes von 1874 und des Fluchtliniengesetzes von 1875 eine geordnete Stadtentwicklung erst möglich[71]. Die einschlägigen Gesetze führten zur Einrichtung von Institutionen, die die Funktionsfähigkeit der Regelwerke erst in Gang setzten, wie etwa die 1875 als Nachfolgerin der Preußischen Bank gegründete, als Zentralnotenbank und als Lender of Last Resort operierende Reichsbank[72] oder die durch das Reichspostgesetz vom 28. Oktober 1871 gegründete Reichspost, der das Monopol für den Brief-, Paket- und Telefonverkehr übertragen wurde[73].

c. Kulturkampf

In den Jahren 1871 bis 1875 war die Innenpolitik des Reiches von dem Machtkampf zwischen dem Staat und der katholischen Kirche geprägt, der nach einem Wort Rudolf Virchows im Preußischen Abgeordnetenhaus am 17. Januar 1873 schon damals als Kulturkampf bezeichnet wurde.

Seit der französischen Revolution war der Staat in eine neue Rolle getreten. Er hatte sich in Aufgaben gedrängt, die wie die Schulen, Erziehung, Fürsorge und Wohlfahrt von den Kirchen wahrgenommen worden waren. In den obrigkeitsstaatlich und auf individuelle Gewissensentscheidungen ausgerichteten protestantischen Staatskirchen, wo der jeweilige Landesfürst summus episcopus, d. h. höchster kirchlicher Gesetzgeber war, erlangte der Konflikt keine öffentliche Bedeutung. Die katholische Kirche, als überstaatliche Autorität auf Oberherrschaft über die weltliche Macht ausgerichtet, war in viel schärferem Maß betroffen[74]. Dementsprechend sagte Papst Pius IX mit dem so genannten Syllabus errorum vom 8. Dezember 1864, in dem achtzig Irrlehren über Wissenschaften und Theologien sowie über Beziehungen zwischen der Staatsgesellschaft und der katholischen Kirche

---

[68] Gesetz betr. die Abänderung der Gewerbeordnung vom 26. 7. 1897. RGBl. 1897, 663 und Gewerbeordnung vom 26. 4. 1900, RGBl. 1900, 871

[69] Z. B. Einführung der Gewerbeordnung des norddeutschen Bundes vom. 21. 6. 1869 in Württemberg und Baden, RGBl. 1871, 392

[70] Bankgesetz vom 14. 3. 1875, RGBl. 1875, 180

[71] D. Ziegler, in M. North, Deutsche Wirtschaftsgeschichte, Ein Jahrtausend im Überblick, 214 ff.; J. Reulecke, Geschichte der Urbanisierung in Deutschland,

[72] §12 ff. Bankgesetz vom14. 3. 1875, RGBl. 1875, 180

[73] RGBl. 1871, 347

[74] Th. Schieder, Staatensystem als Vormacht der Welt 1848 – 1919, Propyläen Geschichte Europas, Bd. 5,196

gebrandmarkt wurden, der modernen Welt den Kampf an. Auf dem Ersten Vatikanischen Konzil verkündete Papst Pius IX am 18. Juli 1870 das Dogma der absoluten päpstlichen Unfehlbarkeit, das Geltung beanspruchte, wenn der Papst ex cathedra zu Fragen des Glaubens und der Moral Stellung nimmt.

Politisch formierte sich der Katholizismus in der Partei des Zentrums. Das Zentrum forderte in dem Programm für den preußischen Landtag die Freiheit und Selbständigkeit der Kirche und ihrer Institutionen (gegenüber dem Staat) und in ihrem Programm für den Reichstag das Recht der Religionsgesellschaften gegen Eingriffe der Gesetzgebung[75]. Bismarck bewertete die Gründung des Zentrums als Beweis für die katholische „*Mobilmachung gegen den Staat*“ [76]. Er hatte schon in den fünfziger Jahren in einem Brief an Leopold von Gerlach den Kampf gegen den Katholizismus als eine seiner schwersten Aufgaben und den Katholizismus in Süddeutschland als unerbittlichen Feind Preußens bezeichnet, hinter dem er einen „*heuchlerischen, götzendienerischen Papismus voll Hass und Hinterlist*“ am Werk sah[77]. Nach der Reichsgründung hielt er die Konsolidierung des Reiches durch die ultramontanen Kräfte für bedroht[78]. Zugleich verfolgte er das Ziel, das Verhältnis zwischen Staat und Kirche neu zu bestimmen. Im Hinblick auf die polnische Bevölkerung Preußens bezweckte er die Zerstörung des alten Bündnisses zwischen dem Klerikalismus und dem polnischen Nationalismus[79]. Beide standen den Germanisierungsbestrebungen Preußens in dem überwiegend polnisch besiedelten Posen und Westpreußen entgegen[80]. Bismarcks Ziel war nicht nur die Trennung von Staat und Kirche, sondern die staatliche Bevormundung der katholischen Kirche[81]. Zu diesem Zweck veranlasste er eine Reihe von Gesetzen[82]: das Gesetz über die Zivilehe, das die Eheschließung mit staatlicher Wirkung ausschließlich staatlichen Behörden übertrug[83], das Schulaufsichtsgesetz von 1872, mit dem in Preußen die Aufsicht über öffentliche und private Schulen staatlichen Behörden überantwortet und dem Kle-

---

[7575] C. Bachem, Die Zentrumspartei, in: P. Laband u. a. (Hrsg.), Handbuch der Politik, 2. Aufl., 2. Bd. I. Teil, 14 f,

[76] O. Pflanze, Bismarck, Bd. I 691

[77] O. Pflanze, Bismarck, Bd. I 701, GW I, 372

[78] O. Pflanze, Bismarck, Bd. I 711f.f.

[79] O. Pflanze Bd. I 709

[80] O. Pflanze, Bismarck, , Der Reichsgründer, 447 ff.; von Bruch/Hofmeister (Hrsg.), Deutsche Geschichte in Quellen und Darstellung Bd. 8, Kaiserreich und Erster Weltkrieg 1871 – 1918, 185 ff. mit dem Abdruck einer kritischen Vorlesung von Hans Delbrück (Herausgeber der preußischen Jahrbücher und Mitglied des Reichstages) über die Germanisierungspolitik

[81] O. Pflanze, Bismarck, Bd. I 715

[82] G. Meyers, Lehrbuch des Deutschen Staatsrechts, Bd. 3, 1008, Fn. 11

[83] Gesetz vom 6. 2. 1875, § 41, RGBl. 1875, 31

rus – mit besonders einschneidender Wirkung in dem polnischen Teil Preußens - entzogen wurde[84]. Ausgesprochenen Kampfcharakter trugen der so genannte Kanzelparagraph (§ 130 a StGB), der Geistliche für politische Äußerungen, die den öffentlichen Frieden gefährdeten, mit Haft bis zu zwei Jahren bedrohte, die Verbannung der Jesuiten aus dem Reich per Gesetz[85], die Bestimmung, dass Geistliche beider Konfessionen Deutsche sein und ein Studium an deutschen Universitäten absolviert haben mussten[86] sowie die Bestimmung, dass die Disziplinargewalt über Geistliche auf die deutsche Kirchenobrigkeit beschränkt bleiben und überdies der Aufsicht des Oberpräsidenten unterstellt wurden[87]. Von deren Genehmigung wurde gleichzeitig die Ernennung zu kirchlichen Ämtern abhängig gemacht[88]. Kirchenbeamte, die gegen Gesetze verstießen, wurden mit Amtsenthebung sowie Geld- und Haftstrafen bedroht. Schließlich wurde der Kirchenaustritt erleichtert[89].

Die durch den Kulturkampf ausgelösten Kontroversen erregten ungeheures Aufsehen. Letztlich ist aber Bismarck nach dem Urteil der meisten Historiker im Kulturkampf gescheitert[90]. Die katholische Kirche leistete passiven Widerstand, indem sie u. a. ihren geistlichen Nachwuchs weder auf die Universitäten noch auf ihre eigenen Priesterseminare schickte und Bischöfe und andere Würdenträger lieber ins Gefängnis gingen als sich den staatlichen Gesetzen zu beugen. 1876 übte kein Bischof in Preußen mehr sein Amt aus[91]. Der Kulturkampf wurde etappenweise aufgegeben. Preußen und das Reich hoben die am weitesten gehenden Kampfgesetze bis 1893 auf[92].

d. Soziale Frage

In den siebziger Jahren des 19. Jahrhunderts war die soziale Frage zu einem Brennpunkt der innenpolitischen Entwicklung geworden. Grundlage dafür waren mehrere Faktoren. Die erste industrielle Revolution und das durch die Binnenwanderung noch regional potenzierte Bevölkerungswachstum hatte die Zahl der Fabrikarbeiter gewaltig anschwellen lassen. Die soziale Lage der Arbeiter, die durch niedrige Löhne, schlechte Arbeitsbedingungen und das Fehlen sozialer Leistungen der Fab-

---

[84] PrGS 1872, 183

[85] Vom 4. 7. 1872, RGBl. 1872, 253

[86] Preuß. Gesetz vom 11. 5. 1873, PrGS 1873, 191

[87] Preuß. Gesetz vom 12. 5. 1873,PrGS 1873, 198

[88] Preuß. Gesetz vom 11. 5. 1873, PrGS 1873, 191, 3315 ff.

[89] Preuß. Gesetz vom 14. 5. 1873, PrGS 1873, 207

[90] O. Pflanze, Bismarck, Bd. I 716 f.; Th. Schieder, Staatensystem als Vormacht der Welt 1848 – 1919, Propyläen Geschichte Europas, Bd. 5, 201

[91] Th. Schieder, Staatensystem als Vormacht der Welt 1848 – 1919, Propyläen Geschichte Europas, Bd. 5, 201

[92] G. Meyers, Lehrbuch des Deutschen Staatsrechts, Bd. 3, 1008, Fn. 12

rikherren gekennzeichnet war, verbesserte sich aber nicht. In der Zeit der großen Depression von 1873 bis 1879 kam es überdies zu Massenentlassungen und einschneidenden Lohnsenkungen. Gleichzeitig sanken die Preise für Wohnungen, Kleidung und Lebensmittel nicht. Die Klassenunterschiede traten krasser denn je zu Tage. Das Elend der Industriearbeiter war erschütternd und allgemein bekannt. Am 15. Mai 1872 schrieb Heinrich von Treitschke an Heinrich von Sybel: „ *die Noth der arbeitenden Klassen ist gar nicht abzuleugnen, auch nicht die Pflicht des Staates da einzugreifen, wo die Selbstsucht der Besitzenden keine Belehrung annimmt*“[93]. 1892 brach in Hamburg wegen der katastrophalen Wohnverhältnisse der Hafenarbeiter und dem Mangel hygienischer Grundbedingungen, insbesondere filtriertem Wasser – die Abwasser flossen ungeklärt in die Elbe und kamen von da ungefiltert in die Trinkwasserleitungen - , eine Choleraepidemie aus, der über 8.000 Menschen zum Opfer fielen[94].

Vor dem Hintergrund der allgemeinen gesellschaftlichen und wirtschaftlichen Entwicklung sowie der speziellen Situation der durch Ausbeutung gekennzeichneten Situation der Arbeiter entstanden seit dem Beginn des 19. Jahrhunderts sozialkritische Ideen, die unter dem Stichwort Sozialismus eine das 19. und 20. Jahrhundert bis zum heutigen Tag beherrschende politische Bewegung auslösten. Die größte Wirkung entfaltete der von Karl Marx und Friedrich Engels begründete dialektisch-historische Materialismus, wobei neben dem Hauptwerk von Marx „Das Kapital“ das 1848 veröffentlichte „*Kommunistische Manifest*“ wegen seines zur Revolution aufrufenden Inhalts und seiner wuchtigen Sprache eine bedeutende Rolle spielte.

Ideen allein konnten die Lage der Arbeiter nicht verbessern. Es bedurfte einer Organisation zur politischen Interessenvertretung. Initiator einer solchen Interessenvertretung wurde Ferdinand Lassalle, auf dessen Betreiben am 23. Mai 1863 der Allgemeine Deutsche Arbeiterverein gegründet wurde. Ideelle Grundlage dieses Vereins war die Einsicht, dass die „*ökonomische Abhängigkeit des Mannes der Arbeit von den Monopolisten (dem ausschließlichen Besitzer) der Arbeitswerkzeuge, die Grundlage der Knechtschaft in jeder Form, des sozialen Elends, der geistigen Herabwürdigung und der politischen Abhängigkeit*“ bildete, und dass „*die politische Freiheit die unentbehrliche Vorbedingung der ökonomischen Befreiung der arbeitenden Klassen*“ war[95]. Neben dem Arbeiterverein Lassalles entwickelten sich weitere Arbeitervereine vornehmlich im sächsischen und süddeutschen Raum, die sich 1869 in Eisenach unter Führung von August Bebel und Wilhelm Liebknecht

[93] M. Cornicelius (Hrsg.), Heinrich von Treitschkes Briefe, II 349

[94] E. Klessmann, Geschichte der Stadt Hamburg, 526 ff., 530

[95] Beschluss des 5. Vereinstages der deutschen Arbeitervereine vom 5. bis 7. September 1868 in Nürnberg, vgl. P. Hirsch, Die Sozialdemokratie, in: P. Laband u. a.. (Hrsg.), Handbuch der Politik, 2. Bd. I. Teil, 1 44f.

zum „Sozialdemokratischen Arbeiterverein" zusammenschlossen. Die Vereinigung der beiden Arbeitervereine fand im Mai 1875 in Gotha statt. In das in Gotha beschlossene Programm wurden Forderungen nach einer „*Verwandlung der Arbeitsmittel in Gemeingut der Gesellschaft*", einer „*sozialistischen Gesellschaft*" in einem „*freien Staat*" und nach einer „*sozialen Beseitigung aller und politischen Ungleichheit*" aufgenommen[96]. Das allgemeine Ziel war die Überwindung der Klassengegensätze durch Aufhebung der Klassen. Auf dem Parteitag in Halle konstituierte sich die Vereinigung 1890 als „*Sozialdemokratische Partei Deutschlands*". Mit der Sozialdemokratie eng verbunden waren die Gewerkschaften, die sich aus vielerlei Vorformen zu mächtigen berufsbezogenen Einzelgewerkschaften entwickelten und sich als Interessenvertreter der Arbeiter vornehmlich gegenüber den Unternehmern bzw. deren Verbänden und jedenfalls im Bereich der Sozialpolitik auch gegenüber dem Staat verstanden[97].

Die Sozialdemokratie war ungeachtet der Spannungen zwischen ihren linken und rechten Flügeln insgesamt international ausgerichtet, revolutionär nur insoweit, als sie annahm, man könne zwar keine Revolution machen, aber die Revolution werde kommen (selbstläufige Revolution)[98]. Das Erfurter Programm der SPD von 1891 enthielt kein Bekenntnis zur Revolution[99].

Bismarck betrachtete die sozialistische Partei und ihre Anhänger als Reichsfeinde, denen er mit sozialer Repression begegnete. Zwei Attentate auf Kaiser Wilhelm I im Jahre 1878, die entgegen den Tatsachen offiziell als Akte einer sozialistischen Verschwörung dargestellt wurden[100], nahm er zum Anlass, gegen die sozialistische Bewegung mit einem Ausnahmegesetz vorzugehen, das 12 Jahre in Kraft blieb. Das Sozialistengesetz vom 21. Oktober 1878 verbot „*sozialdemokratische, sozialistische und kommunistische*" Vereinigungen, die den Umsturz der politischen und sozialen Ordnung anstrebten oder deren Aktivitäten den öffentlichen Frieden störten, „*insbesondere die Harmonie zwischen den sozialen Klassen*"[101]. Es stellte zudem Handlungen unter Strafandrohungen, die die diskriminierten Zwecke unterstützten. In Gefolge des Sozialistengesetzes wurden mehr als tausend Publikationen und mehr als dreihundert Arbeiterorganisationen verboten, um 900 Personen aus

---

[96] P. Hirsch, Die Sozialdemokratie, in P. Laband u. a. (Hrsg.), Handbuch der Politik, 2. Bd. I. Teil 1 47,

[97] Th. Nipperdey, Deutsche Geschichte 1866 – 1918 Bd. 1Arbeitswelt und Bürgergeist, 319 ff.

[98] Th. Nipperdey, Deutsche Geschichte 1866 – 1918 Bd. 2 Machtstaat vor Demokratie, 565

[99] Programmatische Dokumente der deutschen Sozialdemokratie, Hrsg. D. Dowe/Klotzbach, 3 Aufl., 186 ff..

[100] O. Pflanze, Bismarck, , Bismarck der Reichsgründer , 119 ff.

[101] RGBl. 1878, 351

ihrem Wohnort ausgewiesen und 1500 Personen zu insgesamt 1000 Jahren Freiheitsstrafen verurteilt[102].

Bismarck war klar, dass die Sozialisten nicht allein mit Repressionen wirksam zu bekämpfen waren. Er wusste, dass die Loyalität der Proletarier nur zu gewinnen war, wenn der christliche Staat ihre Interessen als eine Sache der sozialen Gerechtigkeit, nicht der Barmherzigkeit wahrnehmen würde[103]. Nach der Strategie von Zuckerbrot- und Peitsche initiierte Bismarck auf der Grundlage einer kaiserlichen Botschaft vom 17. November 1881 drei Systeme zur Abdeckung der Risiken aus Krankheiten, Arbeitsunfällen und der Versorgung im Alter sowie im Falle der Invalidität, die im Krankenversicherungsgesetz von 1883, Unfallversicherungsgesetz von 1884 – gegen beide Gesetze stimmten die Sozialdemokraten – und im Alters- und Invalidenversicherungsgesetz von 1889 geregelt wurden[104]. Die Mitgliedschaft in den Versicherungssystemen und die Beitragszahlungen waren obligatorisch. Die Systeme waren öffentlich-rechtlich in Gestalt von Anstalten und teilweise unter Einschluss von Elementen der Selbstverwaltung durch die Betroffenen organisiert. Die Krankenversicherung wurde nach Maßgabe der Lohnzahlungen zu zweidrittel von den Arbeitnehmern und zu eindrittel von den Arbeitgebern finanziert. Die Unfallversicherung wurde von den in Berufsgenossenschaften zusammengefassten Arbeitgebern ebenfalls nach Maßgabe der Lohnzahlungen allein finanziert, im Falle von Defiziten auch vom Reich. Die Alters- und Invalidenversorgung finanzierten ebenfalls nach Maßgabe der Lohnzahlungen Arbeitnehmer und Arbeitgeber paritätisch unter Einschluss eines Reichszuschusses. Die Krankenversicherung schloss die Zahlung eines allerdings kargen Krankengeldes ein. Die Alters- und Invalidenrenten richteten sich nach den Löhnen und den Beitragsjahren. Die Sozialversicherungssysteme waren ein erster Schritt auf dem Weg in den Sozialstaat. Deutschland übernahm damit in den modernen Gesellschaften eine Vorreiterrolle. Die Sozialsicherungsgesetze begünstigten große Teile der abhängig Beschäftigten.

Weder die Unterdrückungsmaßnahmen des Sozialistengesetzes noch die Vorteile der Sozialsicherungsgesetze führten zu der von Bismarck erstrebten Integration der Arbeiterschaft in einen konservativen Staat. Nachdem das Sozialistengesetz 1890 ausgelaufen war, wuchs der Stimmenanteil der Sozialdemokratie im Reichstag. Die Partei konnte 1893 44 und 1912 110 Abgeordnete in den Reichstag entsenden. Sie war damit die stärkste Partei. In den Landtagen von 22 Bundesstaaten saßen 1913 231 sozialdemokratische Abgeordnete[105]. Aus bürgerlicher Sicht

[102]P. Hirsch, Die Sozialdemokratie, in P Laband u.a. (Hrsg.), Handbuch der Politik, 2. Bd. I. Teil, 1, 49; O. Pflanze, , Bismarck der Reichsgründer , 399 f.

[103] O. Pflanze, Bismarck der Reichsgründer, 403

[104] RGBl. 1883, 73; RGBl. 1984, 69; RGBl. 1889, 97

[105] P. Hirsch, Die Sozialdemokratie, in Laband u. a. (Hrsg.), Handbuch der Politik, 2. Bd. I. Teil, 1, 53

verließ die Sozialdemokratie erst nach Ausbruch des ersten Weltkrieges den Boden der grundsätzlichen Staatsfeindlichkeit[106].

[106] G. Anschütz im Nachtrag zu G. Meyers, Lehrbuch des Deutschen Staatsrechts, Bd. 3, 1023

II. Kapitel
Weimarer Republik – Treuer Staatsdiener mit kritischer Distanz

1. Lebenslauf im Überblick

Der Übergang vom Beamten des Kaiserreichs nach der Novemberrevolution zum Beamten des Weimarer Staates bereitete Popitz nicht geringe Schwierigkeiten. Schulzeit, Studium und die Anfänge der beruflichen Tätigkeit im Staat waren von den herrschenden Ideen des Kaiserreichs und von der Person Bismarcks geprägt. 1918, 34 Jahre alt, waren seine Sozialisation und geistige Entwicklung im wesentlichen abgeschlossen. Als er 1919 die von dem damaligen Reichpräsidenten Friedrich Ebert unterschriebene Urkunde über seine Ernennung als Geheimer Regierungsrat erhielt, soll es ihm weh getan haben, eine von „*so einem schlappen Kerl unterschriebene Urkunde*“ zu erhalten[107]. Möglicherweise richtete sich seine Aversion nur gegen den Sozialdemokraten Ebert, nicht gegen die Republik. Man darf nicht vergessen, welch tiefen Sturz, ja welche Kränkung die Deutschen nach dem Verlust des I. Weltkrieges hatten hinnehmen müssen, nachdem sie in der Zeit nach der Einigung im Jahre 1871 in politischer und wirtschaftlicher Hinsicht einen beispielslosen Aufstieg hatten erleben dürfen. Popitz bejahte wohl den Staat der Weimarer Republik, meinte aber eher wohl den Staat an sich. Das drückte sich in seiner Meinung aus, dass die Beseitigung der Monarchie das „*Wesen des Beamtenverhältnisses*“ nicht berührt habe, denn der Staat bestehe weiter und ihm, nicht der Person des Monarchen habe der Dienst auch bisher gegolten. Der Monarch sei nur als Symbol des Staates der Adressat des Beamteneides gewesen[108]. Er unterschied somit zwischen Staat und Staatsform, so dass sich Staatstreue und Staatsgefühl nicht auf die demokratische Republik oder das parlamentarische Regierungssystem zu beziehen brauchten[109]. Er konnte sich in dieser Meinung durch eine Presseerklärung der preußischen Regierung vom 25. November 1918 bestärkt fühlen, wonach die bisherigen Beamten „*unbeschadet der persönlichen Gesinnung*“ ihre amtliche Tätigkeit auch unter den veränderten politischen Verhältnissen fortsetzen konnten[110]. Popitz forderte auf dieser Grundlage dazu auf, das Staatsgebäude zu stützen und meinte: „*nur wenn jeder hergibt, was er kann, nach dem Maße, das Regierung und Volksvertretung als den Gesamtwillen des Volkes in der nun einmal bestehenden Machtverteilung zumisst, ist Aussicht, daß das Staatsgebäude erhalten bleibt*“; der Aufgabe, die Pflicht gegen den Staat zu stärken „*sollte sich niemand entziehen oder sie gefährden, auch der nicht und gerade derjenige nicht, dem die Weltanschauung*

---

[107] H. Herzfeld, Johannes Popitz, Ein Beitrag zur Geschichte des deutschen Beamtentums, in: Forschungen zu Staat und Verfassung, Festgabe für Fritz Hartung, 356

[108] J. Popitz, Die Staatsumwälzung und die deutsche Beamtenschaft, RuPrVerwbl 1919, 249 ff.

[109] W. Runge, Politik und Beamtentum im Parteienstaat, Stuttgart 1965, 105

[110] Zitiert nach H. Hattenhauer, Geschichte des deutschen Beamtentums, 330 f.

der jetzt herrschenden Kreise und ihrer Mitläufer fremd ist"[111]. Er glaubte, es vor seinem Gewissen nicht verantworten zu können, in der Notzeit nach dem verlorenen Krieg fahnenflüchtig zu werden, wie er in einem Brief an seine Frau schrieb[112].

Im Konflikt zwischen der „Umgestaltung der Verfassungsstruktur" und dem durch die Übernahme fast sämtlicher Beamter der Monarchie bedingten Fortbestand einer Verwaltungsorganisation, die im wesentlichen unverändert aus dem alten System übernommen, ja im *„Kern noch ein Erbstück des landesfürstlichen Absolutismus*" war[113], schlug Popitz sich im Interesse des Staates auf die Seite der Republik als Staat. Ob damit auch eine innere Verknüpfung mit der Staatsidee der Republik verbunden war, lässt sich nicht sagen, muss aber im Hinblick auf sein späteres Einschwenken auf die Leitideen des nationalsozialistischen Staates eher bezweifelt werden. Wie die Mehrzahl der Beamten, die beim Umsturz 1918 fest auf dem Boden der Monarchie gestanden hatten, dürfte Popitz aus preußischer Beamtentreue, aus Liebe zu Reich und Vaterland, aus Furcht vor Unordnung und vielleicht auch aus Angst vor finanziellen Schwierigkeiten[114] sich in den Dienst der Republik gestellt haben. Dazu bestand möglicherweise auch deswegen Veranlassung, weil Popitz in der Nationalversammlung Finanzfragen entscheidend mit beeinflusst hatte[115].

Im März 1918 wurde Popitz zum Regierungsrat und im März 1919 zum Geheimen Regierungsrat und Vortragenden Rat im neuen Reichsfinanzministerium ernannt. 1921 wurde er, erst 37-jährig, Ministerialdirektor und Leiter der Steuerabteilung (III). Man konnte ihn in dieser Zeit in den Wandelgängen des Reichstages während der Pausen vor der Abstimmung sehen. Ein schmächtiger junger Mann wurde von erfahrenen Parlamentariern mit langen Bärten und Kneifern umgeben, die staunend an seinen Lippen hingen. Schnell verbreitete sich in Berlin das Wort eines Abgeordneten zu solchen Szenen: *„der zwölfjährige Jesus im Tempel, Der Wunderknabe lehrt die Schriftgelehrten*"[116]. 1922 wurde Popitz zum ordentlichen

---

[111] J. Popitz, Finanzmilitarismus, in: Festgabe für Dr. jur. h. c. Otto Liebmann, dem Begründer, Verleger, Schriftleiter und Herausgeber der Deutschen Juristen-Zeitung, 232 ff., 239, 241

[112] Zitiert nach H. Herzfeld, Johannes Popitz ein Beitrag zur Geschichte des deutschen Beamtentums, 356

[113] H. Preuß, Deutschland und die Preußische Verwaltungsreform, in: Staat , Recht und Freiheit, 129

[114] J. Grotkopp, Beamtentum und Staatsformwechsel, Die Auswirkungen der Staatsformwechsel von 1918, 1933 und 1945 auf das Beamtenrecht und die personelle Zusammensetzung der deutschen Beamtenschaft, 11

[115] So Dr. Zarden in seiner Abschiedsrede für Popitz am 7. 2. 1930, Manuskriptdruck, BArch. NL 1262 Nr. 90

[116] R. Hildebrandt, Wir sind die Letzten Aus dem Leben des Widerstandskämpfers Albrecht Haushofer und seiner Freunde, 81

Honorarprofessor für Öffentliches Recht, insbesondere Steuerrecht und Finanzwissenschaften der Friedrich-Wilhelms-Universität Berlin ernannt. Augen- und Ohrenzeugen haben von seiner außergewöhnlich fruchtbaren Lehrtätigkeit vor überfüllten Hörsälen und seiner gesammelten geistigen Kraft berichtet[117].

1925 wurde er unter dem deutschnationalen Reichsfinanzminister von Schlieben im Kabinett Luther Staatssekretär für die Zoll- und Steuerabteilung. Im Herbst 1926 wurde er aufgrund einer Verordnung des Reichspräsidenten über die Umbildung der Ministerien[118] alleiniger Staatssekretär im Reichsfinanzministerium und übernahm damit auch die Etat- und Reparationsabteilungen des Ministeriums. Ende 1929 stellte Popitz sein Amt zur Verfügung, worauf noch zurückzukommen sein wird.

Nachdem Popitz 1929 aus dem Reichsfinanzministerium ausgeschieden war, beschäftigte er sich vermehrt mit Fragen des Finanzausgleichs und legte dazu das weiter unten zu besprechende Gutachten vor. In steuerrechtlichen Fragen beschränkte er sich auf kritische Stellungnahmen zur Gesetzgebung, die er in der Fachpresse veröffentlichte. Hervorzuheben sind seine Voten gegen die Einbeziehung der freien Berufe in die Gewerbesteuer, gegen die Überzahl von Ermächtigungsnormen in Gesetzen zugunsten von Durchführungsbestimmungen des Ministeriums und gegen die Übung, Versprechungen über zukünftige Regelungen in Gesetze hineinzuschreiben, die nicht selten dann doch nicht umgesetzt würden[119].

Von Amtspflichten befreit, versteht es sich, dass an einen Mann seiner Reputation von vielen Seiten Aufträge herangetragen wurden. So wurde Popitz am 30. Oktober 1931 zum Vorsitzenden des Ausschusses zur Prüfung bestimmter Vorgänge bei der Schultheiss-Patzenhofer Brauerei AG bestellt, der 26 Sitzungen abhielt und mit einem Bericht von 224 Seiten abschloss[120]. Die Deutsche Gasgesellschaft AG bestellte ihn im Juli 1932 zum Mitglied ihres Aufsichtsrats[121]. In der Schiedsgerichtssache der Großherzogin Elisabeth von Mecklenburg–Strelitz, der Prinzessin Maria zur Lippe, Herzogin zu Mecklenburg und der Kronprinzessin Militza von Montenegro, Herzogin Jutta zu Mecklenburg gegen den Staat Mecklenburg–Strelitz war er Obmann des Schiedsgerichts. Da in Mecklenburg–Strelitz bis 1918 das Vermögen des Staates und das Vermögen der Fürstenfamilie nicht getrennt waren, ergaben sich schwierige Rechtsfragen zur Auseinandersetzung, die das Schiedsge

[117] A. Pausch, Persönlichkeiten der Steuerkultur, 63

[118] VO vom 7. 9. 1926, RGBl. 1926 I 469

[119] J. Popitz, Betrachtungen zur Neuordnung der Steuern, StuW 1931 I Sp.1 ff. , 17 ff.,16 ff., 20 ff.

[120] BArch. NL 1262 Rep. 92 Nr. 60

[121] BArch. NL 1262 Nr. 75

richt unter dem Vorsitz von Popitz mit mehreren Urteilen vom 12. August 1930 entschied[122].

Auch als Gutachter wurde Popitz von verschiednen Auftraggebern herangezogen: So schrieb er ein Gutachten über das Recht des Staates zu Ersatzanordnungen in Gemeindesteuerangelegenheiten für die Deutsche Erdöl-Aktiengesellschaft[123], ein Gutachten über die Besteuerung der Reichsbahngesellschaft [124], ein Gutachten über die Verfassungsmäßigkeit des thüringischen Gewerbesteuergesetzes vom 8. Mai 1930 im Auftrag des Verbandes Deutscher Waren- und Kaufhäuser[125], ein Gutachten zur Frage der Umsatzsteuerpflicht der Konzessionäre der Danziger Tabak Monopol AG[126] und ein Gutachten in deutscher und französischer Fassung für den Fürsten von Pless, einem Deutschen aus dem 1919 an Polen gefallenen Oberschlesien zur Frage der polnischen Einkommensteuer für die Jahre 1925 – 1929[127].

Nach seiner Demission ging er weiter seiner Lehrtätigkeit nach. Im November 1930 lehnte er die ihm angetragene Ernennung zum Präsidenten des in München residierenden Reichsfinanzhofs ab und tauschte damit eine Unsicherheit gegen die ihm dargebotene Sicherheit[128]. Aus dem Wunsch, *„dem deutschen Staat und der Allgemeinheit und zugleich wissenschaftlicher Erkenntnis zu dienen“*[129], übernahm er den Vorsitz eines Arbeitsausschusses der im Frühjahr 1931 gegründeten „Stu-

---

[122] BArch. NL 1262 Rep. 92 Nr. 46 Bl.1 ff.

[123] ,Gutachten vom 9. 3. 1931 BArch. NL 1262 Nr. 25 1-330

[124] Gutachten vom 1. 8. 1931BArch. NL 1262 Rep.92 Nr. 50

[125] BArch. NL 1262 Rep 92 Nr. 15 ff. Im Vorspruch lehnte P. es wegen seiner kürzlich beendigten Tätigkeit als Staatssekretär ab, in einzelsteuerrechtlichen Fragen Gutachten zu erstellen. Diese Zurückhaltung sollte aber nicht für finanzrechtliche Fragen staatsrechtlichen Inhalts gelten

[126] Gutachten vom 5. 10. 1930 GStA PK Rep. 92 Nr. 15 Bl. 191 ff., 236

[127] BArch. NL 1262 Rep.92 Nr.52 1-423 Die Differenz zwischen der Steuer nach den Erklärungen und der vom polnischen Finanzamt festgesetzten Steuer betrug 14.635.673,59 Zl. Popitz legte das Hauptgewicht seiner Argumentation auf die mit Recht beanstandete, aber für die Entscheidung letztlich unerhebliche Verfahrensweise des polnischen Finanzamts: Er warf der polnischen Finanzverwaltung zögerliches Vorgehen vor, indem es die Steuer für fünf Jahre nach dem Ende dieses Zeitraums eingefordert hatte und meinte, es könne sich nur um ein planmäßiges Vorgehen handeln, das zum Ziel gehabt habe, den Steuerpflichtigen unter dem Druck einer möglichst in einem Zeitpunkt entstehenden fälligen Steuerschuld von gewaltigem Umfang zu setzen und ihn dadurch in eine nachteilige Rechtsstellung zu bringen. Das rigorose Vorgehen der polnischen Verwaltung sei von außersteuerlichen Erwägungen und politischen Motiven getragen. Pless sollte veranlasst werden, seinen Besitz preiszugeben. Es handle sich um einen Missbrauch der Staatsgewalt mit dem Ziel einer rechtswidrigen Verdrängung eines Angehörigen des Staates au seinem Besitz und seinen Rechten in Polnisch-Oberschlesien.

[128] Schreiben an Harms vom 25. 11. 1930, BArch, NL 1262/87 Fol 1

[129] J. Popitz, Finanzausgleichs - Gutachten (1932), V

diengesellschaft für den Finanzausgleich"[130]. Die philosophische Fakultät der Universität Berlin erteilte ihm 1931 einen ständigen Lehrauftrag für Finanzlehre, den er neben seiner Lehrverpflichtung in der juristischen Fakultät erfüllte. Das Angebot zur Übernahme eines Lehrstuhls für Staatsrecht an der Christian Albrechts-Universität Kiel im März 1931 lehnte Popitz ab. Dort übernahm er aber 1930 eine Gastprofessur. Er war Ehrenmitglied der Kaiser-Wilhelm-Gesellschaft zur Förderung der Wissenschaften.

Ende 1932 übernahm Popitz wieder ein Amt. In der Zeit vom 29. Oktober 1932 bis 30. Januar 1933 gehörte er den Kabinetten von Papen und von Schleicher als Reichsminister ohne Geschäftsbereich an. In den föderalistisch orientierten süddeutschen Länder stieß die Ernennung von Popitz zum Reichsminister auf starke Bedenken. Für den Bayerischen Ministerpräsidenten Held war Popitz *„ein rotes Tuch*", weil Popitz nicht zuletzt aufgrund seines noch zu besprechenden Finanzausgleichsgutachtens von 1932 als *„Unitarist*" verschrien war. Auch von Schleicher, der Nachfolger von Papens, war gegen Popitz. Selbst ein früherer Mitarbeiter aus dem Reichsfinanzministerium, Arthur Zarden, soll in Gedanken *„an die Decke*" gegangen sein, als er davon hörte . dass Popitz Reichsminister werden sollte[131]. Am 1. November 1932, nach dem so genannten Preußenschlag des Reiches, der zur Absetzung der preußischen Regierung führte, wurde er gleichzeitig Reichskommissar für das preußische Finanzministerium. Er stellte sich damit in den Dienst autoritärer Regierungen und auf die Seite von Carl Schmitt, der in dem Prozess Preußen gegen das Reich wegen des Preußenschlags[132] das Reich vor dem Reichsgericht vertreten hatte. Popitz nahm, worüber der entmachtete preußische Ministerpräsident Braun sich in einem Brief vom 3. November 1932 an den Reichspräsidenten Hindenburg beschwerte, im Preußischen Finanzministerium das Zimmer des preußischen Finanzministers Otto Klepper für sich in Besitz, ohne sich mit Klepper in Verbindung zu setzen, wie es selbst in Kriegszeiten bei ausländischer Besatzung üblich wäre[133].

1920 heiratete Popitz die Niederländerin Cornelia Slot, die er bereits 1913 kennen gelernt hatte. Voll weiblicher Anmut und strahlender Herzenswärme verschaffte sie dem schwierigen und einsamen Mann den Kontakt mit dem Leben und der Öffentlichkeit. Popitz Haus wurde zu einem Mittelpunkt des Berliner Kunst-

---

[130] Sitzungsberichte BArch. NL 1262 Nr. 25, B. 1-330; Dokumente betr. den Finanzausgleich in BArch N 1262 Nr. 1-35, 108

[131] Akten des Reichskabinetts, Weimarer Republik, Regierung von Papen, 817 mit Fn. 16

[132] Verordnung des Reichspräsidenten vom 20. Juni 1932 zur Wiederherstellung der öffentlichen Sicherheit und Ordnung im Gebiet des Landes Preußen und Verordnung des Reichspräsidenten zur Herstellung geordneter Regierungsverhältnisse in Preußen vom 6. 2. 1933, RGBl. 1932 I 377

[133] Abdruck in: Akten der Reichskanzlei, Weimarer Republik, Regierung von Papen, 872 ff.; F. Poetzsch-Heffter, Vom Staatsleben unter der Weimarer Verfassung, Jahrbuch des öffentlichen Rechts, Bd. 21/1933/34, 57 ff.

und Geisteslebens[134]. Aus der Ehe gingen 2 Söhne und eine Tochter hervor. Seine Ehefrau starb 1936, eine Katastrophe für die Familie, die einen beruflich überaus angespannten, eigentlich hilflosen Mann mit drei unmündigen Kindern vor schwere Probleme stellte. Ein Sohn fiel 1945 in Russland nach der Hinrichtung von Popitz.

2. Grundzüge der Geschichte der Weimarer Republik

a. Weimarer Verfassung

Gründungsakt der Verfassung war ein Beschluss der in Weimar zusammengetretenen Nationalversammlung. Die Nationalversammlung war nach dem Verhältniswahlsystem aus allgemeinen, gleichen und unmittelbaren Wahlen aller 20jährigen Männer und Frauen hervorgegangen. Die Sozialdemokraten verfügten über 40 %, das Zentrum über 19 % und die Demokratische Partei über 18 % der Mandate. Die Präambel der am 11. August 1919 beschlossenen Verfassung bekannte sich ohne einen religiösen Bezug zur Freiheit und Gerechtigkeit sowie zum Frieden und zum gesellschaftlichen Fortschritt. Nach Art. 1 der Weimarer Reichsverfassung (WRV)war das Deutsche Reich eine Republik, in der die Staatsgewalt vom Volke ausging. Der Verfassung lag das Prinzip der Gewaltenteilung zugrunde. Die fundamentale politische Entscheidung fiel für den bürgerlichen Rechtsstaat und nicht für einen proletarischen Klassenstaat bzw. eine Räterepublik mit Diktatur des Proletariats aus, ungeachtet dessen, dass sich unter den Grundrechten und Grundpflichten sozialreformerische Tendenzen, wie die Vergesellschaftung privater wirtschaftlicher Unternehmen (Art.156 WRV) oder die Mitbestimmung der Arbeitnehmer an der Regelung der Lohn- und Arbeitsbedingungen sowie an der gesamten wirtschaftlichen Entwicklung der produktiven Kräfte (Art. 165 WRV) fanden[135]. Das Reich blieb föderalistisch gegliedert und dementsprechend wurde die Staatsgewalt im Reich durch die Organe des Reichs und in den Ländern durch die Organe der Länder jeweils nach Maßgabe der einschlägigen Verfassungen ausgeübt. Die Länder mussten eine freistaatliche Verfassung haben, d. h. mit der Verfassung des Reiches homogen sein (Art. 17 WRV). Gesetzgebungsorgan des Reiches war der auf jeweils vier Jahre nach den Grundsätzen des Verhältniswahlsystems gewählte, aus den Abgeordneten des deutschen Volkes bestehende Reichstag (Art. 20, 23 WRV). Weder definierte die Verfassung die Rolle der Parteien noch schuf sie Vorkehrungen gegen verfassungsfeindliche Parteien. Eine Mindeststimmenzahl für Parteien gab es nicht. Die Vertretung der Länderinteressen im Reich oblag dem Reichsrat, dessen Befugnisse gegenüber denen des Bundesrat nach der Verfassung des Kaiserreichs erheblich geschmälert waren. Gegen die vom Reichstag beschlossenen Gesetze konnte der Reichsrat nur Einspruch einlegen (Art. 74 WRV), wobei unter den in

---

[134] R. Hildebrandt, Wir sind die Letzten, aus dem Leben des Widerstandskämpfers Albrecht Haushofer und seiner Freunde

[135] C. Schmitt, Verfassungslehre, 30 f.

Art. 74 Abs. 3 WRV genannten Voraussetzungen der Einspruch keine Wirkung entfaltete.

Staatsoberhaupt, wenn auch als solcher nicht bezeichnet, war der auf sieben Jahre unmittelbar vom Volk gewählte Reichspräsident. Er hatte neben den traditionellen Rechten eines Staatsoberhaupts – völkerrechtliche Vertretung des Reiches, Ernennung der Beamten und Offiziere, Begnadigungsrecht – politische Funktionen. Er ernannte aus eigener Initiative, d. h. ohne Bindung an Beschlüsse des Reichstags den Reichskanzler und auf dessen Vorschlag die Reichsminister (Art. 53 WRV). Er hatte den Oberbefehl über die Reichswehr (Art. 47). In der Geschichte der Weimarer Republik als verhängnisvoll erwiesen sich die in Art. 48 WRV dem Reichspräsidenten zustehenden Rechte. Nach Abs. 1 dieser Vorschrift konnte der Reichspräsident mit Hilfe der bewaffneten Macht Länder zur Erfüllung ihrer nach der Reichsverfassung oder nach den Reichsgesetzen obliegenden Pflichten anhalten, wenn die Länder diese Pflichten nicht erfüllten (Reichsexekution), wovon der Reichspräsident mehrfach Gebrauch machte. Schwerwiegender noch war das Recht des Reichspräsidenten, gemäß Art. 48 Abs. 2 WRV Maßnahmen, u. a. gesetzesvertretende Bestimmungen, zur Wiederherstellung der öffentlichen Sicherheit und Ordnung zu treffen, wenn diese erheblich gestört oder gefährdet wird, erforderlichenfalls mit Hilfe der bewaffneten Macht (sogen. Notverordnungsrecht)[136]. Dabei konnte er vorübergehend die in Art. 114, 115, 117, 118, , 123,124 und 153 festgesetzten Grundrechte außer Kraft setzen. Das Nebeneinander von Parlamentarismus und Notverordnungsrecht des Präsidenten und die darin zum Ausdruck kommende ambivalente Machtstruktur war nach Meinung von Karl Dietrich Bracher ein Geburtsfehler der Republik, Dieser und der exzessive, von der Staatsrechtslehre und auch durch Rechtsprechung des Staatsgerichtshofs gebilligte Gebrauch des Art. 48 [137] waren eine wesentliche Ursache neben anderen für deren Scheitern[138]. Hätte aber der Reichspräsident von Art. 48 WRV zurückhaltender Gebrauch gemacht oder hätte jedenfalls der Staatsgerichtshof dem Präsidenten größere Schranken auferlegt, dann hätte diese Vorschrift nicht ihre historische Bedeutung erlangt. Von Hindenburg ist das Notverordnungsrecht namentlich ab 1930 missbraucht worden, indem er Notverordnungen zur Regelung wirtschafts- oder sozialpolitischer Fragen erließ, ohne dass die Voraussetzungen des Art. 48 Abs. 2 WRV vorlagen. Zu bedenken ist indes, dass ein normales Gesetzgebungsverfahren im Parlament wegen der Obstruktionspolitik der NSDAP und der KPD kaum mehr möglich war.

Das Reich hatte die Verwaltungshoheit für die Beziehungen zu den auswärtigen Staaten (Art. 78 WRV), für die Wehrmacht (Art. 79 WRV) sowie für die Zölle und

---

[136] Zur Praxis vgl. u. a. F. Poetzsch-Heffter, Vom Staatsleben unter der Weimarer Verfassung, Jahrbuch des öffentlichen Rechts, Bd. 21/1933/34, 127 ff.,

[137] C. Schmitt, , Legalität und Legitimität, 319 ff.

[138] K. D. Bracher, Demokratie und Machtvakuum: zum Problem des Parteienstaates in der Weimarer Republik, 117

Verbrauchsteuern. Auf der Grundlage der noch von der Nationalversammlung in Kraft gesetzten Erzbergerschen Reichsfinanzreform hatte das Reich die Verwaltungshoheit über die bis dahin von den Ländern in Anspruch genommenen Einkommensteuern erlangt, die dem Reich zugeschlagen und damit Reichssteuern wurden. Über die Ertragshoheit für Einkommensteuern enthält die Verfassung keine ausdrückliche Bestimmung. Immerhin lässt sich dem Art. 8 WRV entnehmen, dass das Reich Abgaben in Anspruch nehmen konnte, die, wie die Einkommensteuern, den Ländern zustanden. Art. 14 WRV ließ auch die Übertragung von Verwaltungshoheiten von den Länder auf das Reich durch Reichsgesetz zu. Seit der Einführung der Reichsabgabenordnung vom 13. Dezember 1919[139] ließ das Reich die Reichssteuern durch Reichsbehörden verwalten, nämlich unter der Oberaufsicht durch den Reichsminister der Finanzen durch die Finanzämter, die Hauptzollämter und - als Mittelinstanzen - die Landesfinanzämter (später Oberfinanzdirektionen). Es nahm damit auch die im Bereich der Steuern in ihrer Bedeutung vielfach unterschätzte Verwaltungshoheit für die wichtigsten Steuern in Anspruch[140]. Darüber hinaus konnten den Reichsbehörden die Verwaltung von Landesabgaben - namentlich von Kirchensteuern - übertragen werden [141].Im übrigen waren die Länder für die Verwaltung zuständig, auch soweit es sich um die Durchführung von Reichsgesetzen handelte (Art. 14 WRV). Nur dem Reich stand tatsächlich die volle Steuerhoheit zu [142]. Die Länder lebten fortan von den Zuweisungen des Reiches. Sie wurden praktisch zu Kostgängern des Reiches[143].

Während die vorstehend erwähnten Regelungen im ersten mit der Überschrift „Aufgaben und Aufbau des Reiches“ versehenen Hauptteil enthalten waren, behandelte der zweite Hauptteil Grundrechte und Grundpflichten. Es handelt sich um ein umfangreiches Regelwerk mit fünf Abschnitten über die Einzelperson, das Gemeinschaftsleben, die Religion und Religionsgesellschaften, Bildung und Schule und das Wirtschaftsleben. Neben den Grundrechten, wie sie allerdings mit teilweise leicht abweichenden Wortlaut in den Art. 1 bis 17 des Grundgesetzes geregelt sind – u. a. Gleichheit vor dem Gesetz, Freiheit der Person, Unverletzlichkeit der Wohnung, Brief- usw. -Geheimnis, Versammlungsfreiheit, Meinungsfreiheit, Glaubens- und

---

[139] RGBl. I 1993

[140] Der Verf. schöpft aus langjähriger Erfahrung im Steuerwesen die feste Überzeugung, dass die Länder bei der Verwaltung der dem Bund ganz oder teilweise zustehenden Steuer durch einen schärferen oder weicheren Gesetzesvollzug partikulare Interessen verfolgen, ohne dass dies an dieser Stelle im einzelnen belegt werden könnte; vgl. dazu auch Strutz;, Handbuch des Reichssteuerrechts, 7

[141] W. Boethke in: Strutz;, Handbuch des Reichssteuerrechts, 71

[142] W. Boethke in: Strutz;, Handbuch des Reichssteuerrechts, 1237

[143] W. Boethke in: Strutz;, Handbuch des Reichssteuerrechts, 1236

Gewissenfreiheit, keine Strafe ohne Gesetz, Erziehungsrecht der Eltern - handelt es sich um Vorschriften programmatischen Inhalts mit Aufträgen für den Staat, wie den Schutz der Ehe und die Förderung der Familie (Art. 119 WRV), das Recht auf Arbeit (Art. 163 Abs. 2 WRV), das Recht auf Fürsorge für Familien (Art. 119 Abs. WRV), das Recht auf Sicherung des notwendigen Unterhalts (Art. 163 Abs. 2 WRV), den Schutz der Jugend gegen Verwahrlosung (Art. 122 WRV), die Gewährleistung von Bildung und Schulen (Art. 142 ff. WRV), den Schutz und die Pflege von Kunst, Wissenschaft und Lehre (Art. 142 WRV). Die Verfassung gewährleistete das Selbstverwaltungsrecht der Gemeinden (Art. 127 WRV), den Zugang zum öffentlichen Dienst und die Rechte der Beamten (Art. 128 ff. WRV). Sie statuiert Dienstpflichten für den Staat und die Gemeinden(Art. 132 f. WRV) und die Wehrpflicht (Art. 133 Abs. 2 WRV). In dem Abschnitt über das Gemeinschaftsleben ist auch bestimmt, dass alle Staatsbürger ohne Unterschied im Verhältnis ihrer Mittel zu allen öffentliche Lasten nach Maßgabe der Gesetze beizutragen haben (Art. 134 WRV). Art. 134 WRV war die Grundlage für eine gleichmäßige Besteuerung nach Maßgabe der wirtschaftlichen Leistungsfähigkeit der Bürger. Die Verfassung bestimmte, dass keine Staatskirche besteht (Art. 137 Abs. 1), verlieh den Religionsgesellschaften andererseits das Recht als Körperschaft des öffentlich Rechts zu fungieren (Art. 137 Abs. 4 WRV) und als solche aufgrund der bürgerlichen Steuerlisten nach Maßgabe der landesrechtliche Bestimmungen Steuern zu erheben (Art. 137 Abs. 5 WRV).

Schwerpunkte der Wirtschaftsverfassung setzte der Abschnitt über das Wirtschaftsleben. Der Grundsatz dazu lautete, dass die Ordnung des Wirtschaftslebens den Grundsätzen der Gerechtigkeit mit dem Ziel der Gewährleistung eines menschenwürdigen Daseins für alle entsprechen muss, und dass in diesen Grenzen die wirtschaftliche Freiheit des einzelnen zu sichern ist (Art. 151 WRV), während andererseits gesetzlicher Zwang nur zur Verwirklichung bedrohter Rechte oder im Dienst überragender Forderungen des Gemeinwohls zulässig war. Im einzelnen wurde die Vertragsfreiheit, das Eigentum und das Erbrecht jeweils nach Maßgabe der Gesetze gewährleistet (Art. 153 – 154 WRV). Eine Enteignung war zum Wohle der Allgemeinheit auf der Grundlage eines Gesetzes gegen Entschädigung zulässig (Art. 153 Abs. 2 WRV). Die Vergesellschaftung von privaten Unternehmen war möglich (Art. 156 WRV). Zur Sicherung der Risiken von Krankheit, Invalidität und Alter sah die Verfassung ein umfassendes Versicherungswesen unter maßgebender Mitwirkung der Versicherten vor (Art. 161 WRV). Der selbständige Mittelstand in Landwirtschaft, Gewerbe und Handel war in Gesetzgebung und Verwaltung zu fördern und gegen Überlastung und Aufsaugung zu schützen (Art. 164 WRV). Es bestand eine sittliche Pflicht, die geistigen und körperlichen Kräfte zum Wohl der Gesamtheit zu betätigen (Art. 163 Abs. 1 WRV). Jedem Deutschen sollte die Möglichkeit gegeben werden, durch wirtschaftliche Arbeit seinen Unterhalt zu erwerben. Wenn eine angemessene Arbeitsgelegenheit nicht nachgewiesen werden konnte, sollte für den notwenigen Unterhalt gesorgt werden (Art.163 Abs. 2 WRV). Für die Interessenvertretung der Arbeitnehmer im Bereich der Lohn- und Arbeitsbedingungen sowie der gesamten wirtschaftlichen Entwicklung sah die Verfassung Arbeiterräte vor, die in Gemeinschaft mit den Organisationen der Unternehmer zu handeln hatten. Bezirkswirtschaftsräte und ein Reichswirtschaftsrat hatten ein Mitwirkungsrecht bei sozialpolitischen und wirtschaftspolitischen Gesetzentwürfen von grundlegender Bedeutung (Art. 165 WRV).

Die im Grundrechtsteil der Verfassung enthaltenen Regelungen programmatischen Charakters konnten naturgemäß keine unmittelbaren Wirkungen in dem Sinn entfalten, dass der einzelne daraus Rechte einklagen konnte. Eine unmittelbare Wirkung legte die Verfassung aber auch nicht den Grundrechten zu, denen nach dem Text eine unmittelbare Wirkung hätte beigemessen werden können, wie es nach dem Grundgesetz der Fall ist (Art. 1 Abs. 3 GG). Die Frage der unmittelbaren Wirkung von Grundrechten wurde während der Weimarer Zeit aber von der Lehre kontrovers unter dem Aspekt diskutiert, ob dem Richter das Recht zusteht, die Übereinstimmung von Gesetzen mit den Grundrechten zu überprüfen und ggf. Gesetze wegen des Verstoßes gegen Grundrechte zu verwerfen[144].

Nach anfänglicher Auffassung hatte der Richter nur zu prüfen, ob ein Gesetz ordnungsmäßig zustande gekommen war [145], ob das Gesetz noch galt und nicht durch ein späteres Gesetz aufgehoben war und ob, weil Reichsrecht Landesrecht brach (Art. 13 Abs. 1 WRV) ein Landesgesetz gegen Reichsrecht verstieß[146]. Später ging die Rechtsprechung dazu über, darüber hinaus ein Prüfungsrecht auch für die Frage zu bejahen, ob Gesetze materiell mit der Verfassung im Einklang standen [147]. Der Reichsfinanzhof schritt hierbei voran, indem er eine Prüfung der Verfassungsmäßigkeit eines Gesetzes als möglich ansah [148]. Den großen Durchbruch brachte aber wohl die Entscheidung des Reichsgericht vom 4. November 1925 [149]. Das Urteil bejahte das Prüfungsrecht des Richters, ob die Gesetze verfassungskonform sind, mit den Erwägungen, dass die Richter unabhängig und nur dem Gesetz unterworfen seien, dass die Verfassung nur durch ein ordnungsgemäß zustande gekommenes, verfassungsänderndes Gesetz außer Kraft gesetzt werden könne, und dass die Prüfung der Verfassungsmäßigkeit den Richtern nach der Verfassung nicht entzogen und keiner anderen Stelle übertragen worden sei. Die Richter hätten deshalb

---

[144] Den Vorrang der Verfassung und damit ein Prüfungsrecht bejahend: Erich Kaufmann, VVDStL, H. 3, 3; verneinend : u. a. G. Anschütz, VVDStL H. 3, 49

[145] Dies entsprach der verfassungsrechtlichen Tradition, vgl. R. Gneist;, Soll der Richter auch über Die Frage zu befinden haben, ob ein Gesetz verfassungsmäßig zu Stande gekommen ?, 24 ff., 55

[146] G. Anschütz;, Die Verfassung des Deutschen Reiches, Art. 102, Anm. 3

[147] Zur Entwicklung vgl. G. Anschütz;, Die Verfassung des Deutschen Reiches, Art. 70 Anm. 5

[148] Urt. v. 23.3.1921 III A 9/21, RFHE 5, 333; vgl. dazu A. Hensel; AöR, NF 6, 331 ff.

[149] Urt. v. 4.11.1925 V 621/24, RGZ 111, 320

das Recht und die Pflicht, diese Prüfung vorzunehmen. Diesem Urteil schloss sich der Reichsfinanzhof in Übereinstimmung mit seiner schon früher vertretenen Auffassung [150] später ausdrücklich an[151]. Konkrete Konsequenzen im Sinne der Außerkraftsetzung einer Rechtsnorm zog er aus dem Prüfungsrecht freilich nicht. Von der Prüfungspflicht verabschiedete sich der Reichsfinanzhof - in Übereinstimmung mit anderen Gerichten und dem Schrifttum - nach 1933 vollständig[152].

Nach der berühmten Rektoratsrede des führenden Staatsrechtslehrers Gerhard Anschütz vom 22. November 1922 war die Verfassung von drei Leitgedanken beherrscht[153]:

1. Der Idee der Staatlichkeit des Reiches, d. h. seine Eigenschaft als ein selbständiges nationales Staatsgebildes, das mehr und etwas anderes ist als die Summe von Bund und seinen Gliedstaaten[154].

2. Das Prinzip des Unitarismus im Verhältnis des Reiches zu seinen Gliedstaaten, den Ländern[155]. Anschütz versteht den Unitarismus als Gegenbegriff zum Föderalismus, schließt föderalistische Elemente der Weimarer Verfassung zwar nicht aus, aber weist dem Unitarismus ein deutliches Übergewicht mit der Folge zu, dass er die Länder als dienende Glieder eines Bundesstaates versteht.

3. Ein demokratisches und republikanisches Deutschland[156]. Den Kern des demokratischen Staatsprinzips sieht Anschütz in dem Gedanken der Einheit von Staat und Volk. „*Der Staat, das sind wir*", so Anschütz.

Der Vortrag endet mit einem besonders an die Studenten unter seinen Zuhörern gerichteten beschwörenden Appell an das Nationalgefühl und an die Vaterlandsliebe. Aus heutiger Sicht erschreckend schließt Anschütz mit einem Hassgesang auf die Franzosen: „*Der Feind steht nicht links und nicht rechts, er steht am Rhein; da steht er, der einzige, mit dem es nicht Friede noch Versöhnung gibt, ich brauche ihn nicht zu nennen*". Anschütz wünschte sich, so wird man seine letzten beiden Sätze verstehen müssen, dass das Feuer des Hasses zwischen Deutschen und Franzosen wieder aufflammen möge.

Anschütz hatte übersehen, dass sein Revanchegelüste ausdrückender Franzosenhass dem Friedensgebot der Präambel der Verfassung zuwiderlief. Zugleich drückte sich in seiner Einstellung zu Frankreich in einem Punkt die generelle Ablehnung

---

[150] Urt. v. 23.3.1921 III A 9/21, RFHE 5, 333

[151] Urt. v. 7.12.1926 IV A 85/26, RFHE 21, 68, 76

[152] F. Schack;, Die richterliche Prüfung von Gesetz und Verordnung, RVerwBl. 1938, 68 ff; E. R. Huber;, Das richterliche Prüfungsrecht und seine künftige Gestaltung, ZAfDR 1940, 261 ff.

[153] G. Anschütz, Drei Leitgedanken der Weimarer Reichsverfassung

[154] G. Anschütz, Drei Leitgedanken der Weimarer Reichsverfassung, 5 ff.

[155] G. Anschütz, Drei Leitgedanken der Weimarer Reichsverfassung, 12 ff.

[156] G. Anschütz, Drei Leitgedanken der Weimarer Reichsverfassung, 21 ff.

der Verfassung durch weite Kreise der Bevölkerung aus. Die Verfassung harmonierte nicht mit dem Denken und Fühlen der Mehrheit des Volkes. Gegen Ende der Weimarer Republik gab es keine politische Kraft mehr, die die Übereinstimmung der Volksstimmung mit der Verfassung hätte herstellen können. Widerstand kam von links wie - wirksamer noch - von rechts. Für die Kommunisten, die die Diktatur des Proletariats nach dem Vorbild des sowjetrussischen Rätesystems erstrebten, verstand es sich von selbst, dass sie ein demokratisches, auf dem Prinzip der Existenz von mehreren Parteien beruhendes parlamentarisches System ablehnten. Gefährlicher noch war der Widerstand von rechts, der auf einem komplexen Gedankengebäude beruhte, das nach 1933 in bestimmter Ausrichtung, d. h. in der Ideologie des Nationalsozialismus die Herrschaft über das Denken der Mehrheit erlangen sollte. Das rechte Gedankengebäude gründete sich einerseits auf mehrere Ablehnungen, nämlich der Demokratie, des Parteienstaats, des Liberalismus[157], des Rationalismus, des Intellektualismus, des Internationalismus und des Pazifismus, andererseits auf Bekenntnissen zu den Werten, die den Gegensatz zu diesen Begriffen bildeten und verband sich zudem mit einem Hang zu einer das Nationalgefühl und das Blut ansprechenden Mythologie[158]. Alle diese Ideen standen im Widerspruch zu den geistigen Grundlagen und dem Wesensgehalt der Weimarer Verfassung, die insbesondere auf Liberalität angelegt war, wie keine deutsche Verfassung vorher und nachher, die aber andererseits weder über Instrumente verfügte, sich gegen existenzbedrohende Angriffe zu schützen noch der Zustimmung der Mehrheit der Bevölkerung versichert sein konnte. Die Weimarer Republik war in den Augen des Volkes verantwortlich für alle Kränkungen und Verluste, die das Volk nach dem verlorenen Krieg erleiden musste: den Versailler Vertrag, die Superinflation, die Wirtschaftskrise und die Arbeitslosigkeit ab den späten zwanziger und frühen dreißiger Jahre, das politische Durcheinander mit ständig wechselnden Regierungen und der Verfall des parlamentarischen System am Ende der Republik. Sie wurde als ein untaugliches Instrument zur Ordnung der politischen und sozialen Verhältnisse im Reich, als ein destruktives Werk angesehen[159]. Wie sollte sich unter solchen Umständen ein positives Verhältnis des Volkes zu seiner Verfassung einstellen? Ein Bedrohungsmoment für den Erhalt der verfassungsmäßigen Ordnung ergab sich auch aus der Tatsache, dass antidemokratisches Denken sich in linken (KPD) wie in

---

[157] „Der Liberalismus hat Kulturen untergraben. Er hat Religionen vernichtet. Er hat Vaterländer zerstört. Er war die Selbstauflösung der Menschheit", vgl. Moeller van den Bruck, Das Dritte Reich, 2. Aufl., 119

[158] Vgl. dazu im einzelnen: K. Sontheimer, Antidemokratisches Denken in der Weimarer Republik, Die politischen Ideen des deutschen Nationalismus zwischen 1918 und 1933, zur Mythologie S. 50 ff.

[159] K. Sontheimer, Antidemokratisches Denken in der Weimarer Republik, Die politischen Ideen des deutschen Nationalismus zwischen 1918 und 1933, 3. Aufl., 65, unter Hinweis auf einen Aufsatz des Reichsminister a. D. M. Schiele (DNVP), Fn. 2

rechten Parteien (Deutschnationale Volkspartei, NSDAP) sowie in Bewegungen oder Berufsvereinigungen organisierte, wie u. a. in dem auf die Belebung der deutsch-nationalen Gesinnung ausgerichteten Alldeutschen Verband[160], in dem der konservativen Revolution zuzuordnenden so genannten Juniklub um Moeller van den Bruck[161], dessen politisches Ziel ein der politischen Romantik entlehntes autoritär-ständisches Staatsmodell war, in Studentenverbänden (z. B. Hochschulring deutscher Art) und im Deutschnationalen Handlungsgehilfenverband[162].

b. Kriegsschuldfrage und Dolchstoßlegende

Das politische Klima in der Weimarer Republik wurde maßgebend durch die Kriegsschuldfrage und die Dolchstosslegende bestimmt. Die Mehrheit der Deutschen war nach dem Ende des ersten Weltkrieges anders als nach dem zweiten Weltkrieg nicht bereit, sich mit der Vergangenheit auseinander zu setzen. Vielmehr war das politische Klima durch verlogene Legenden und falsche Mythen geprägt. Das deutsche Großmachtbewusstsein war ungebrochen[163]. Für die Weimarer Republik war dieser Zustand ein Geburtsfehler, der neben anderen Ursachen, wie vornehmlich die Reparationen zugunsten der Alliierten aufgrund des Versailler Friedensvertrages, die Inflation, die Weltwirtschaftskrise 1929 bis 1932 und die Massenarbeitslosigkeit zu ihrem Scheitern beigetragen hat. Im Mittelpunkt der Mythen und Legenden standen die so genannte Kriegsschuldlüge und die so genannte Dolchstoßlegende.

Reichspräsident Ebert hatte zwar Anfang Januar 1919 den Auftrag erteilt, die deutschen Akten zum Kriegsaubruch zu sammeln und herauszugeben. Mit dieser Aufgabe war zuletzt der Sozialdemokrat Karl Kautsky beauftragt worden, der seine Arbeiten im März 1919 mit dem Ergebnis abschloss, dass nach den Akten des Auswärtigen Amtes die deutsche Reichsleitung Österreich-Ungarn in der Julikrise von 1914 zum Krieg gegen Serbien gedrängt und damit die Hauptverantwortung für die Auslösung des Weltkrieges auf sich geladen hatte[164]. Im Kern ging es dabei um folgendes: Nachdem sich in Europa allgemein eine Kriegsstimmung ausgebreitet hatte, war letzter Anlass für den Kriegsausbruch der Mord des einer radikal-

---

[160] Vgl. Satzung von 1903, abgedruckt bei von Bruch/Hofmeister (Hrsg.), Deutsche Geschichte in Quellen und Darstellung Bd. 8, Kaiserreich und Erster Weltkrieg 1871 – 1918, 131

[161] Vgl. dessen Buch „Das Dritte Reich", Berlin 1923, 3. Aufl. Hamburg 1931; zur konservativen Revolution vgl. K. Sontheimer, Antidemokratisches Denken in der Weimarer Republik, Die politischen Ideen des deutschen Nationalismus zwischen 1918 und 1933, 118 ff.

[162] K. Sontheimer, Antidemokratisches Denken in der Weimarer Republik, Die politischen Ideen des deutschen Nationalismus zwischen 1918 und 1933, 27 Fn. 14

[163] A. Hillgruber, Unter dem Schatten von Versailles – Die außenpolitische Belastung der Weimarer Republik: Realität und Perzeption bei den Deutschen, 54

[164] H. A. Winkler, Weimar 1918 – 1933, 33 ff., 87 f.

nationalistischen Bosniakischen Gruppe angehörenden Attentäters Gavrilo Princip an dem österreichischen Thronfolger. Dies veranlasste den Reichskanzler Bethmann Holweg, Österreich zu versichern, dass Seine Majestät (der deutsche Kaiser) im Einklang mit seinen Bündnispflichten und seiner altem Freundschaft treu an der Seite von Österreich-Ungarn stehen werde, wenn es infolge einer österreichischen Aktion gegen Serbien zu einem Krieg zwischen Österreich und Russland kommen sollte. Der Mord an dem Thronfolger führte zu einem unannehmbaren, von Deutschland aber im wesentlichen gebilligten Ultimatum Österreichs gegen Serbien und der Kriegserklärung Österreichs gegen Serbien, was das ohnehin zum Krieg entschlossene Russland[165] auch im Interesse seines Schützlings Serbiens zur Kriegserklärung gegen Österreich veranlasste. Es folgten die deutschen Kriegserklärungen an Russland und Frankreich. Frankreich dürstete nach Revanche für den Verlust des Krieges von 1870/71 und den Verlust von Elsaß-Lothringen. Der Angriff Deutschlands auf Belgien, der ein Teil des von General Schliefen gegen Frankreich ausgearbeiteten Kriegsplans war, und der eine Verletzung des Neutralitätsgebots bedeutete, veranlasste England zum Kriegseintritt. England fühlte sich zudem schon seit Beginn des Jahrhunderts durch die von Kaiser Willhelm II. forcierte und den Großadmiral von Tirpitz umgesetzte Flottenpolitik, die Deutschland zur zweitstärksten Seemacht werden ließ, herausgefordert. Der ab Januar 1917 verschärfte, uneingeschränkte U-Bootkrieg, mit dem die Deutschen in bestimmt bezeichneten Gebieten der Hohen See Handelsschiffe, auch amerikanische, ohne Vorwarnung versenkten, führte schließlich 1917 zum Kriegseintritt der USA[166].

Jedoch das vom Auswärtigen Amt am 11. Juni 1919 herausgegebene „*Weißbuch betr. die Verantwortlichkeit der Urheber am Kriege*“ veröffentlichte die Dokumente zur Kriegsschuldfrage nur unvollständig und ließ nach dem Urteil von Kautsky „*alles andere als einen Bruch mit der Politik des gestürzten Regimes erkennen*“. Erst Ende 1919 erschienen die ausführlicheren, auf die Arbeit von Kautsky zurückgehenden „*Deutschen Dokumente zum Kriegsausbruch*“. Eine Anerkennung der deutschen Schuld am Kriegsaubruch bewirkte die Veröffentlichung dieser Dokumente in der breiten Masse der Bevölkerung nicht. Welche Bedeutung die Kriegsschuldfrage aber hatte, ergibt sich aus der Tatsache, dass sich die Reichsregierung unter der Kanzlerschaft des Zentrums-Politikers und ehemaligen Richters Wilhelm Marx genötigt sah, am 29. August 1924, einen Tag vor Unterzeichnung des Londoner Abkommens über den Dawes-Plan, eine Erklärung zur alliierten Kriegsschuldthese zu veröffentlichen, in der es hieß, dass die wahre Verständigung und Versöhnung zwischen den Völkern nicht vollendet werden könne, solange als deutsche

---

[165] V. Valentin, Geschichte der Deutschen, Taschenbuchausgabe nach dem Text der 1. Auflage 1947, 651

[166] von Bruch/Hofmeister (Hrsg.), Deutsche Geschichte in Quellen und Darstellung Bd. 8, Kaiserreich und Erster Weltkrieg 1871 – 1918, 390 ff.

Volk von der „*Bürde dieser falschen Anklage*" nicht befreit sei und sich als „Verbrecher an der Menschheit" abgestempelt sehe[167]. Angesichts von Millionen Kriegstoten und der Opfer der Zivilbevölkerung , u. a. im Kohlrübenwinter 1917/18, wäre die Bevölkerung damit auch überfordert worden. So verharrte die öffentliche Meinung bei dem Urteil, dass der Krieg den Deutschen einseitig von den Siegermächten aufgezwungen worden war[168]. Die auf der Grundlage des Versailler Vertrages aufgestellte Forderung der Alliierten, 895 Personen, denen Kriegsverbrechen zur Last gelegt wurden, darunter Hindenburg und Ludendorf, Gerichten der Alliierten auszuliefern, wurde nicht erfüllt. Wegen Kriegsverbrechen wurden von deutschen Gerichten im Jahre 1921 nur 6 Personen zu milden Strafen verurteilt[169].

Dem Leugnen jeglicher deutschen Kriegsschuld an die Seite trat die ebenso fatale Verkennung der Ursachen für die deutsche Niederlage. Anstatt anzuerkennen, dass die deutschen Armeen wegen fehlender Rohstofflieferungen, des militärischen Zusammenbruchs der Verbündeten und angesichts einer katastrophalen Versorgungslage von der Übermacht der alliierten Truppen und der wirtschaftlichen Überlegenheit der Siegermächte geschlagen worden waren, erfand Hindenburg die Dolchstoßlegende mit seiner Aussage vor einem Untersuchungsausschuss der Nationalversammlung am 18. November 1919, die deutsche Armee sei von hinten erdolcht worden. Hiernach sollte die deutsche Armee nicht von der Entente besiegt worden sein, sondern „*die im Felde unbesiegten deutschen Truppen*" sollten Opfer der von den deutschen Sozialisten und Pazifisten geschürten Kriegsmüdigkeit und der von den „*Novemberverbrechern*" (so auch Hitler am 11. Januar 1923 im Zirkus Krone, München) [170] angezettelten Novemberrevolution von 1918 geworden sein.

c. Bewältigung der Kriegesfolgen und der Inflation

Nach Abschluss des Waffenstillstandes im November 1918 stand Deutschland vor der Aufgabe, die Katastrophe zu bewältigen. Die Soldaten mussten nach Deutschland zurückgeführt und wieder in den Arbeitsprozess eingegliedert werden. Dies gelang erstaunlich schnell. Von 1919 bis 1923 herrschte Vollbeschäftigung. Die Jahre 1920 und 1921 bescherten Deutschland im Gegensatz zu anderen Industrieländern, die in eine Nachkriegsdepression gerieten, eine Hochkonjunktur. Aber die zerstörerischen Kräfte der Inflation hatten schon Anfang 1919 zu wirken begonnen.

---

[167] G. Hankel, Die Leipziger Prozesse Deutsche Kriegsverbrechen und ihre strafrechtliche Verfolgung nach dem Ersten Weltkrieg; H. A. Winkler, Weimar 1918 – 1933, 265

[168] Vgl. u. a. der Staatsrechtslehrer G. Anschütz im 1919 verfassten Nachtrag zu G. Meyers, Lehrbuch des Deutschen Staatsrechts, Bd. 3, 1023, der von dem „nicht von uns sondern nur durch die Einkreisungspolitik unserer Feinde verschuldeten Weltkrieg" spricht

[169] H. A. Winkler, Weimar 1918 – 1933 Weimar 1918 – 1933,158 f.

[170] H. A. Winkler, Weimar 1918 – 1933, 189

Ihre Hauptursache lag in der unsoliden Finanzpolitik, mit welcher der Krieg finanziert worden war. Der Staat hatte sich die Mittel zur Finanzierung des Krieges über Anleihen verschafft, die man über die erwarteten Reparationsleistungen der besiegten Kriegsgegner glaubte zurückzahlen zu können. Die Staatsschuld war von 3 Mrd. RM im Jahre 1913 auf 153 Mrd. im Jahre 1919 angewachsen. Hinzu kam eine unsolide Finanzpolitik der Reichsbank. War der Geldumlauf bis 1914 durch die 1873 im deutschen Reich eingeführte Goldwährung , d. h. die Goldreserven der Reichsbank gedeckt, so war die Reichsbank schon im August 1914 dazu übergegangen, Schatzanweisungen und Schatzwechsel, reine Finanzwechsel also, Handelswechseln gleichzustellen und diese Finanzwechsel neben Gold als Deckung für Zahlungsmittel heranzuziehen[171]. Die Notenbank war damit *„von der goldenen Bremse der Kreditmaschine befreit“* (Joseph Schumpeter). Der Geldschöpfung durch die Reichsbank waren damit faktisch keine Grenzen gesetzt. Eine weitere wesentliche Ursache der Inflation waren die Reparationszahlungen nach dem Versailler Friedensvertrag. Am 11. Januar 1923 besetzten die Franzosen und Belgier wegen der ausbleibenden Reparationsleistungen das Ruhrgebiet, was die Wirtschaft schädigte und zu neuen Zahlungsverpflichtungen des Reiches führte. Ab Herbst 1922 trieb die Inflation einer Hyperinflation zu. Der geschätzte Notenumlauf erhöhte sich auf mehr als 400 Trillionen Mark gegenüber einem Vorkriegsgeldumlauf von 6,070 Mrd. Mark[172]. Der Kurs für einen Dollar erhöhte sich von 4,20 Mark im Juli 1914 auf 4,2 Billionen am 15. November 1923[173]. In der Zeit von Januar 1913 bis 15. November 1923 belief sich die Inflationsrate gemessen an Großhandelspreisen auf 1 zu 750 Milliarden[174]. Anstatt eine Währungsreform in Gang zu setzen, unterließen Regierung und Parlament absichtlich Maßnahmen, der Inflation ein Ende zu setzen. Die Politik nahm eine soziale Katastrophe in Kauf[175], um mit dem Argument der Zahlungsunfähigkeit die Reparationszahlungen abzuschütteln oder zumindest zu mindern. Ohne Währungsreform galt nach wie vor der gesetzlich nirgends fixierte, gleichwohl allseits anerkannte Grundsatz *„Mark gleich Mark“*. Vordergründig diente die Inflation auch den Interessen des Staates und der Wirtschaft in ihren Positionen als Schuldner. Zwischen den Leistungen der Schuldner und den Leistungen der Gläubiger tat sich aber ein groteskes Missverhältnis auf. Einseitige Verpflichtungen, wie etwa Unterhaltsleistungen, schrumpften wertmäßig auf einen Minimalwert. Die Geldentwertung privilegierte die Sachwertbesitzer und ruinierte

---

[171] Der Aufhebung der Goldwährung lagen mehrere Gesetze vom 4. August 1914 (RGBl. 326, 327, 340, 377) und die VO vom 28. September 1914 (RGBl.412) zugrunde

[172] R. P. Nöll von der Nahmer, R. , in :Mann, G. (Hrsg.), Propylen Weltgeschichte, 463

[173] Deutsche Geschichte in Quellen und Darstellung Bd. 9, 95

[174] Deutsche Geschichte in Quellen und Darstellung Bd. 9, 96

[175] S. Haffner, Von Bismarck zu Hitler, 186

die Sparer. Sie förderte die Konzentration von Vermögen in den Händen weniger. Es gelang z. B. Hugo Stinnes jun. durch Inflationsgewinne das riesige Imperium des Stinnes-Konzerns aufzubauen: Die Reichsbank gewährte ihm großzügige Kredite, für deren Tilgung Stinnes bedingt durch die hohe Inflation kaum Finanzmittel aufwenden musste[176].

Eine Wende läutete das Reichsgericht mit seiner epochalen Entscheidung vom 28. November 1923 ein[177]. Mit diesem Urteil gab das Reichsgericht den Grundsatz Mark gleich Mark auf und billigte dem Gläubiger einer vor dem ersten Weltkrieg begründeten Darlehenshypothek das Recht zu, bei Zahlung des Nennwerts der Forderung die Löschungsbewilligung zu verweigern. Das Reichsgericht räumte dem Richter die Befugnis ein, nach Treu und Glauben (§ 242 BGB) die Hypothekenforderungen aufzuwerten[178] . Es hatte sich mit diesem Urteil unter dem Mantel des § 242 BGB faktisch an die Stelle des Gesetzgebers gesetzt und zwang damit diesen zum Handeln[179]. Immerhin dauerte es noch bis zum 14. Februar 1924, bis die Regierung in Gestalt der Dritten Steuernotverordnung als ersten Schritt die Aufwertung von so genannten Vermögensanlagen regelte, wozu u. a. hypothekarisch gesicherte Forderungen gehörten[180]. Nach einer auf Art. 48 WRV gestützten Verordnung des Reichspräsidenten zur einstweiligen Regelung der Aufwertung vom 4. Dezember 1924[181], erging als endgültige Regelung das Aufwertungsgesetz vom 16. Juli 1925[182].

Die Neuordnung des Währungswesens erfolgte zunächst durch die Aufwertungsverordnung vom 11. Oktober 1923 und die Verordnung zur Errichtung der deutschen Rentenbank vom 15. Oktober 1923[183]. Dabei wurde die Mark im Verhältnis 1 : 1 Billion durch die von der Deutschen Rentenbank ausgegebene Rentenmark ersetzt. Knapp ein Jahr später wurde die Rentenmark durch die Reichsmark abgelöst[184]. Die Währungsreform wurde durch drastische Einschnitte im öffentlichen Dienst begleitet. Die Verordnung vom 27. Oktober 1923 ordnete die

---

[176] Peter Wulf, Hugo Stinnes. Wirtschaft und Politik 1918 –1924,

[177] RGZ 107, 78; zur Wirkung auf die Regierung vgl. u. a. H. Luther, Politiker ohne Partei, Erinnerungen, 229 ff.

[178] Nähere Einzelheiten dazu und kritische Würdigung vgl. B. Rüthers, Die unbegrenzte Auslegung, Zum Wandel der Privatrechtsordnung im Nationalsozialismus, 64 ff.

[179] B. Rüthers, aaO. S. 87, der die Entscheidung wegen ihrer sachlichen und methodischen Tragweite als „das dramatische Ereignis der jüngeren deutschen Rechtsgeschichte" bezeichnet

[180] RGBl. 1923 I 1179, Art. I

[181] RGBl. 1923 I 765

[182] RGBl. 1923 I117

[183] RGBl. 1923 I 939; RGBl. 1923 I 963

[184] Münzgesetz und Bankgesetz , jeweils vom30. August 1924, RGBl. 1924 II 254, 235

Festsetzung der Gehälter auf 60 % des Vorkriegsniveaus und die Entlassung von einviertel der Beamten und Angestellten aus dem Reichsdienst an. Bis zum 1. April 1924 schieden 400.000 Angehörige des öffentlichen Dienstes aus dem Reichsdienst aus[185].

d. Die goldenen Jahre der Weimarer Republik

Nicht zuletzt wegen der Regelung der Aufwertungs- und Währungsprobleme brachten die Jahre 1924 bis 1929 eine Stabilisierung der wirtschaftlichen Lage. Diese Verbesserung war auch auf hohe amerikanische Kredite zurückzuführen, die die Reparationszahlungen der Deutschen bei weitem überstiegen[186]. Wegen der wirtschaftlichen und kulturellen Blüte spricht man von den goldenen Jahren der Weimarer Republik.

Ungeachtet dessen blieb die Reparationsfrage ein beherrschendes Thema der politischen Diskussion. Schon im Waffenstillstandsabkommen hatte sich Deutschland zu Reparationen an die Siegermächte verpflichtet. Diese wurden dann im Versailler Friedensvertrag vom 28. Juni 1919 ohne genaue zahlenmäßige Festlegung auf die Summe der Schäden festgelegt, die die Zivilbevölkerung der Alliierten erlitten hatte[187]. Für die Jahre 1919, 1920 und die ersten vier Monate des Jahres 1921 sollten vorab 20 Mrd. Goldmark auf die von einer interalliierten Kommission endgültig festzulegende Summe gezahlt werden[188]. Die Reparationsleistungen wurden später Gegenstand mehrerer internationalen Konferenzen, die in dem Dawes-Plan[189] und dem Young-Plan[190] kulminierten. Letztlich endeten die Reparationen damit, dass die im Youngplan vereinbarten Zahlungen am 1. Juli 1931 auch im Hinblick auf die Weltwirtschaftskrise gemäß dem Hoover-Moratorium eingestellt und die im Young-Plan vereinbarten Zahlungen entsprechend einem am 9. Juli 1932 während der in Lausanne tagenden Reparationskonferenz geschlossenen Abkommen auch formell außer Kraft gesetzt wurden. Die in Lausanne vereinbarte Restzahlung von 3 Milliarden Mark wurde nie bezahlt und auch nie ernstlich verlangt[191].

---

[185] A. Kunz, Stand versus Klasse: Beamtenschaft und Gewerkschaften im Konflikt um den Personalabbau 1923/24, in: Geschichte und Gesellschaft, Sonderheft 8 (1982) S. 55 - 86

[186] S. Haffner, von Bismarck zu Hitler, 193 (10 Mrd. Reparationen gegenüber 25 Mrd. Kredite

[187] Art. 232 Versailler Vertrag, RGBl. 1919 S. 687 ff.

[188] Art. 235 Versailler Vertrag

[189] Angenommen durch Gesetz vom 30. 8. 1924, RGBl. 1924, 289

[190] Angenommen durch Gesetz vom 18. März 1930, rückwirkend in Kraft getreten am 1. September 1929; der Young-Plan sah 37 Jahresraten von jeweils 2,05 Milliarden Goldmark sowie weitere 22 Jahresraten von jeweils 1,65 Milliarden Goldmark vor; nach 59 Jahren, also 1988, sollten die Reparationsverpflichtungen abgeleistet sein

[191] S. Haffner, von Bismarck zu Hitler, 196

Winston Churchill hat den Kampf um die Erfüllung der Reparationen als eine traurige Geschichte komplizierter Idiotie bezeichnet[192] und dabei insbesondere an die Tatsache gedacht, dass die Reparationen einen Geldkreislauf dergestalt in Gang gesetzt hatten, dass amerikanische Kredite nach Deutschland flossen, von dort als Reparationen insbesondere an Frankreich und England gezahlt wurden und diese Länder mit den Einnahmen ihre Schulden bei den Amerikanern tilgten. Die Mehrheit der Bevölkerung lehnte Reparationen ab. Nach Unterzeichnung des Abkommens über den Young-Plan trat am 9. Juli 1929 ein Reichsausschuss für das deutsche Volksbegehren zusammen, an dem der Alldeutsche Verband, der Stahlhelm, die Deutschnationale Volkspartei und die NSDAP beteiligt waren. Der Stahlhelm stand der Deutschnationalen Volkspartei (DNVP) nahe und entwickelte sich mit (1930) ungefähr 500.000 Mitgliedern zur größten republikfeindlichen, antidemokratischen und antisemitischen Rechtsorganisation und zur Massenbasis für die großen Kampagnen, die das Weimarer System erschütterten, u. a. der Kampf gegen den die Reparationen nach dem Versailler Vertrag betreffenden Dawes-Plan 1923/24 und den Young-Plan 1928. Zur Destabilisierung trug auch die auf Initiative von Alfred Hugenberg 1931 gegründete Harzburger Front bei, ein Bündnis rechtsgerichteter Organisationen, u. a. der Nationalsozialisten, das sich gegen die Minderheitsregierung unter Heinrich Brüning und gegen die preußische Regierung unter dem Sozialdemokraten Otto Braun richtete. Die Vertreter der in der Harzburger Front zusammen geschlossenen Organisationen, die u. a. von der Schwerindustrie gestützt wurde, unterzeichneten eine Erklärung, die das deutsche Volk zum Kampf gegen den Young-Plan und die Kriegsschuldlüge aufrief[193]. Ein von dieser Gruppierung auf den Weg gebrachter Volksentscheid über das „*Gesetz gegen die Versklavung des deutschen Volkes*" fand nicht die erforderliche Zustimmung von 21 Millionen Bürgern. Aber in 9 von 35 Wahlkreisen hatten mehr als ein fünftel das Gesetz unterstützt[194]. Ihnen standen die so genannten Erfüllungspolitiker gegenüber. Der aus der Sicht rechtsgerichteter Kreise negativ besetzte Begriff der Erfüllungspolitiker bezog sich auf diejenigen, die, wie Joseph Wirth[195], Matthias Erzberger[196] oder Walter Rathenau[197] den Versailler Vertrag erfüllen wollten.

---

[192] Zitiert nach H. W. Gatzke, Europa und der Völkerbund, in: Propyläen Weltgeschichte, Frankfurt a. M, Bd. 9, S. 338 f.

[193] Winkler, Weimar 1918 – 1933, S. 349

[194] Winkler, Weimar 1918 – 1933, S. 356

[195] Reichskanzler von Mai 1921 bis November 1922, vorher Reichsfinanzminister- 1919/20 - und Reichsaußenminister – 1920/21

[196] Reichsfinanzminister Juni 1919 bis März 1920, von Rechtsradikalen ermordet am 26. August 1921

[197] Reichsaußenminister ab 1. Februar 1922, von Rechtsradikalen ermordet am 24. Juni 1922

Nach deutscher Berechnung wurden Reparationen von mehr als 50 Milliarden Goldmark bezahlt, während die Alliierten maximal von 20 Milliarden Goldmark ausgingen. Die Differenz beruhte hauptsächlich auf der unterschiedlichen Bewertung der Sachleistungen[198].

Wenngleich dieser Zeitraum von konservativ ausgerichteten Regierungen geprägt war, ergingen doch einige sozialpolitisch wichtige Gesetze, die die Lage der Arbeiterschaft verbesserten. Mit dem Arbeitszeitnotgesetz vom 8. April 1927 wurden die Arbeitgeber verpflichtet, für Mehrarbeit die über die tarifvertraglich festgelegte Arbeitszeit hinaus ging, einen Zuschlag von 25 % des Stundenlohns zu zahlen. Mit dem eine neue Epoche einleitenden Gesetz über die Arbeitsvermittlung und Arbeitslosenversicherung vom 16. Juli 1927 wurde die Versorgung von Arbeitslosen aus der Erwerbslosenfürsorge herausgelöst und in eine staatlich abgesicherte Versicherung überführt, wobei eine Reichsanstalt für Arbeitsvermittlung und Arbeitslosenversicherung geschaffen wurde, deren Organe nach dem Prinzip der Selbstverwaltung durch Vertreter der Versicherten und der Arbeitgeber zu besetzen waren[199]. Die Versicherungsbeiträge waren paritätisch von Arbeitnehmern und Arbeitgebern aufzubringen. Es handelte sich um das wohl wichtigste sozialpolitische Gesetz der Weimarer Zeit überhaupt[200]. Die Beiträge waren nach der vermuteten Zahl der Hauptunterstützungsempfänger in Höhe von 800.000 berechnet. Im Februar/ März 1929 registrierten die Arbeitsämter aber mehr als 3 Millionen bzw. knapp 2,7 Millionen Arbeitslose. Die Reform der Arbeitslosenversicherung wurde damit im Frühjahr 1929 dringlich, wobei entweder eine Erhöhung der Beiträge von 3 % auf 4 % oder eine Senkung der Leistungen in Betracht kam[201]. Im Endergebnis erging ein Gesetz, das die Beiträge nicht erhöhte, aber die Leistungen senkte[202]. Der Streit über die Reform der Arbeitslosenversicherung hatte zur schwersten Krise des Kabinetts geführt.

e. Gesellschaftliche Spannungen und Agonie der Weimarer Republik

Die Weimarer Republik stand von Beginn an im Zeichen von scharfen Klassengegensätzen. 1918/19 hat es weder einen gesellschaftlichen noch einen moralischen

---

[198] H. W. Gatzke, Europa und der Völkerbund, in: Propyläen Weltgeschichte, Frankfurt a. M, Bd. 9, S. 338 f.

[199] RGBl. 1927 I 187

[200] Winkler, Weimar 1918 – 1933, 323

[201] I. Maurer, Reichsfinanzen, 63 ff., 80 f.; H. A. Winkler, Der Schein der Normalität, 589 ff.; Erörterung im Kabinett Müller II, vgl. BArch. R 43 I/1437, Die Akten der Reichskanzlei, Kabinett Müller II Dok. Nr. 196 und 213

[202] Gesetz vom 12. 10. 1929, RGBl. 1929 I 153 und Gesetz vom 27. 12.. 1929 über eine befristete Erhöhung der Beiträge, RGBl. 1929 I 244

Bruch mit dem Kaiserreich gegeben[203]. Zwar hatte der Reichsministerpräsident Philip Scheidemann am 9. November 1918 von einem Balkon des Reichstages die Republik ausgerufen, die sich für die große Mehrheit der Deutschen mit der Hoffnung auf einen gerechten Frieden und einen innenpolitischen Neuanfang verband[204]. Auch hatte der Reichskongress der Arbeiter und Soldatenräte Mitte Dezember 1918 beschlossen, allgemeine, gleiche und geheime Wahlen für eine verfassungsgebende Nationalversammlung abzuhalten. Der Kongress hatte überdies den Antrag abgelehnt, am Rätesystem der Arbeiter- und Soldatenräte als Grundlage der Verfassung einer sozialistischen Republik festzuhalten, womit im Sinne des sozialdemokratischen Reichspräsidenten Friedrich Ebert einer Rätediktatur sowjetischer Art eine Absage erteilt worden war und die Weichen für eine freiheitliche parlamentarische Demokratie westlichen Typs gestellt wurden. Zugleich wurden durch das zwischen dem Industriellen Hugo Stinnes und den Vorsitzenden der Generalkommission der Freien Gewerkschaften Carl Legien am 15. November 1918 ausgehandelte so genannte Stinnes/Legien-Abkommen auf nichtstaatlicher Ebene die Weichen für eine marktwirtschaftliche Wirtschaftsordnung insofern gestellt, als dieser Vertrag einer Absage an die Sozialisierung gleichkam[205]. Das Abkommen erkannte einen Anspruch der aus dem Heeresdienst zurückkehrenden Arbeitnehmer auf ihren früheren Arbeitsplatz, einen Achtstundentag bei vollem Lohnausgleich und die Position der Gewerkschaften als Tarifpartner an[206]. Es gab aber keine wahrhafte Bereitschaft in der Masse der Bevölkerung, sich auf eine neue, republikanisch und demokratisch ausgerichtete Verfassung einzulassen. Insbesondere lehnten die führenden Schichten der Wirtschaft, der Beamtenschaft und der Richterschaft die neue Verfassung innerlich ab. Hochburgen der Republikfeindschaft waren die Universitäten und die Justiz[207]. Auch die protestantische und die katholische Kirche begegneten dem Staat von Weimar mit Vorbehalten. Immerhin hatten die protestantischen Kirchen mit der Abdankung der Landesfürsten ihre obersten Gesetzgeber, den Summus Episkopus verloren.

Bezeichnend für die Stimmung war die Wahl des Generalfeldmarschalls Paul von Beneckendorff und von Hindenburg am 26. April 1925 zum Reichspräsidenten als Nachfolger des Sozialdemokraten Friedrich Ebert. Hindenburg erhielt 48,3 % der Stimmen gegenüber 45,3 % für den von der SPD und dem Zentrum aufgestell-

[203] Winkler, Weimar 1918 – 1933, 33 ff., 87 ff.

[204] Abkommenstext: Winkler, Weimar 1918 – 1933, 33

[205] Text in: Deutsche Geschichte in Quellen und Darstellung Bd. 9, Stuttgart 1995, S. 39 ff.; vgl. Winkler, Weimar 1918 – 1933, S. 46

[206] G. D. Feldman, The Origins of the Stinnes-Legien- Agreement: A Documentation, in: Internationale wissenschaftliche Korrespondenz zur Geschichte der deutschen Arbeiterbewegung 9 (1973), Heft 19/20 S. 45 ff.

[207] Winkler, Weimar 1918 – 1933, 177

ten Vorsitzenden der Zentrumspartei Wilhelm Marx. Hindenburg galt als Platzhalter der Monarchie[208]. Seine Bewerbung war von jenen Kräften betrieben worden, die 1920 die demokratische Republik mit Gewalt hatten beseitigen wollen: den altpreußischen Kerngruppen der deutschnationalen Volkspartei, Großagrariern aus der Führung des Reichslandbundes und Militärs, wie den ehemaligen Großadmiral von Tirpitz, den Initiator des von Wilhelminischer Großmannssucht getragenen Flottenprogramms, welches nicht unwesentlich zu dem gestörten Verhältnis zwischen Deutschland und England vor Ausbruch des Weltkrieges beigetragen hatte[209]. Die liberale Frankfurter Zeitung urteilte über die Wahl: *„Es ist der romantische Strahlenglanz, den die Fieberphantasien verelendeter und in ihrem nationalen Selbstbewusstsein schwer getroffener Volksschichten um das Haupt des Feldherren gewoben haben, ohne dass sie sich der Tatsache bewusst werden, dass sie persönliches wie nationales Elend einzig jenem System kaiserlicher Staats- und Kriegsführung zu danken haben, als dessen Repräsentanten sie jenen Feldherren verehren*“[210]. Die Wahl Hindenburgs war ein Votum gegen Weimar und läutete einen stillen Verfassungswandel im Sinne einer konservativen Umgründung der Republik ein[211]. Anlässlich der 1932 anstehenden Neuwahl wurde Hindenburg von einer Wählerinitiative vorgestellt *„als der Erste im Kriege, der Erste im Frieden und der Erste im Herzen seiner Mitbürger*“. Im zweiten Wahlgang wurde Hindenburg erneut zum Reichspräsidenten gewählt, diesmal außer vom Zentrum auch von den Sozialdemokraten unterstützt und zwar als das kleinere Übel gegen Hitler, der neben Hindenburg ebenfalls kandidierte und 36,8 % der Stimmen auf sich ziehen konnte gegenüber 53 % für Hindenburg[212].

In den Jahren 1919 bis 1923 standen den Aufständen und Revolten von Links durch die Kommunisten in Sachsen und Bayern für die Stabilität des Staates weitaus gefährlichere Umsturzversuche von Rechts in Gestalt des Kapp-Putsches von 1920 und des von Hitler organisierten Münchner Putsches von 1923 gegenüber. Die aufgeheizte politische Atmosphäre dieser Jahre kulminierte in den von Rechts organisierten Fememorden. Die prominentesten Opfer waren der 1921 ermordete Matthias Erzberger und der ein knappes Jahr später ermordete Reichsaußenminister Walther Rathenau. Erzberger hatte den Versailler Vertrag unterzeichnet. Rathenau hatte im April 1922 in Rapallo mit der Sowjetunion einen Vertrag über die gegenseitige Anerkennung und die Zusammenarbeit sowie über einen Verzicht auf Repa-

---

[208] v. _Valentin Geschichte der Deutschen, Taschenbuchausgabe nach dem Text der 1. Auflage 1947 S. 711

[209] Winkler, Weimar 1918 – 1933, S. 280 ff.

[210] Frankfurter Zeitung Nr. 309 vom 27.4.1925: Es lebe die Republik; Winkler, Weimar 1918 – 1933, 282

[211] Winkler, Weimar 1918 – 1933, 284

[212] Winkler, Weimar 1918 – 1933, 453

rationen ausgehandelt. Er galt als einer von den Rechten am besten gehassten Erfüllungspolitiker[213]. Die Nichterfüllung der Reparationspflichten gaben Frankreich und Belgien das Recht, das Ruhrgebiet zu besetzen, wovon beide Mächte 1921 durch Besetzung der Städte Düsseldorf, Ruhrort und Duisburg Gebrauch machten. Die Besetzung veranlasste die Reichsregierung, die Bevölkerung und die Beamten zum passiven Widerstand aufzurufen[214].

Der Versailler Vertrag führte zum Verlust aller deutschen Kolonien und zum Verlust großer Gebiete (70.000 Quadratkilometer) mit der darin wohnenden Bevölkerung (7 Mio.), namentlich zugunsten von Frankreich, dem Elsaß-Lothringen zufiel, und von Polen, dem u. a. über den Korridor ein direkter Zugang zur Ostsee geöffnet wurde. Der Vertrag verpflichtete Deutschland zur Abschaffung der Wehrpflicht, zu einem gänzlichen Verzicht auf Luftstreitkräfte, zu einer Beschränkung seiner Wehrmacht in Gestalt eines auf 100.000 Mann begrenzten Landheeres und einer zahlenmäßig begrenzten Flotte[215]. Psychologisch am schwersten wog wohl die Anerkennung der alleinigen deutschen Kriegschuld[216] und das Recht, Wilhelm II. und andere Deutsche strafrechtlich wegen Verstößen gegen Gesetze und Gebräuche des Krieges vor Gerichten der Alliierten zur Verantwortung zu ziehen. Welchen Schock der in der Bevölkerung als Diktat bezeichnete Vertrag bedeutete, lässt sich ermessen, wenn man sich vor Augen hält, dass wenige Jahre zuvor am Beginn des Krieges Hochschulprofessoren, Vertreter der Kirchen, Publizisten und Schriftsteller den Krieg in einer heute nicht mehr vorstellbaren Begeisterung *„als sittlichen Erzieher der Nation“* bzw. als *„Gewitterregen“* bezeichnet hatten, *„dessen reinigende Kraft nicht nur eine geistig-kulturelle Erneuerung des deutschen Volkes bewirken würde, sondern auch die innenpolitischen Spannungen des Kaiserreichs ein für alle Mal beseitigen sollte“*.

Die politischen, wirtschaftlichen und sozialen Bedingungen für die Akzeptanz der neuen Verfassung waren äußerst ungünstig. Außenminister Stresemann stellte besorgt fest, dass es große Kreise im Volke gebe, die mit Freude und Behagen diesen Wirrwarr und diese ewigen Regierungskrisen verfolgen, weil sie daraus ihren Anhängern den Bankrott des parlamentarisch-demokratischen Systems dartun können[217].

Angesichts der unüberbrückbaren Spannungen in der Gesellschaft, der andauernden Wirtschaftskrisen des Staates und der gedrückten wirtschaftlichen Lage der Bürger nimmt es nicht wunder, dass die Weimarer Republik auch politisch nicht zu

---

[213] Winkler, Weimar 1918 – 1933, 174

[214] Schultheß` Europäischer Geschichtskalender. Neue Folge, Bd. 34, 1921-65

[215] Art. 159 ff., Art. 181 ff., Art.198 ff. Versailler Vertrag

[216] Art. 231 Versailler Vertrag

[217] Winkler, Weimar 1918 – 1933, 273

einer Stabilität fand. Demgemäß trug jede Form von parlamentarischer Mehrheitsregierung den Keim des Zerfalls in sich[218]. Allenfalls die Jahre 1925 bis 1929, die zweite Phase der Weimarer Republik, die so genannten goldenen zwanziger Jahre, waren durch eine gewisse Stabilität gekennzeichnet, während die erste Phase durch die verheerende Inflation, rechtsradikale Putschversuche und zahlreiche Fememorde geprägt war.

Nach dem Rücktritt der großen Koalition unter dem Reichskanzler Hermann Müller wurde am 31. März 1930 mit dem Kabinett unter der Kanzlerschaft des Zentrumspolitiker Heinrich Brüning, das Ende der Weimarer Republik eingeläutet, eine Zeit, die man als dritte Phase der Weimarer Republik bezeichnen kann. In dem Machtkampf zwischen den auf die Republik und den Parlamentarismus festgelegten und den diese Grundelemente des Weimarer Staates bekämpfenden Kräften gewannen letztere von nun an die Oberhand. Das Kabinett Brüning war zunächst eine verdeckte und schon ab Juli 1930 eine offene Präsidialregierung[219]. Dies bedeutete, dass der Staat nicht mehr durch die im Parlament beschlossenen Gesetze, sondern durch Notverordnungen auf der Grundlage des Art. 48 WRV gelenkt wurde. Das Parlament konnte zwar die vom Reichspräsidenten erlassenen Notverordnungen aufheben. Aber der Reichspräsident konnte dem aufgrund von Art. 25 WRV durch Auflösung des Reichstags begegnen, wovon Hindenburg schon am 18. Juli 1930 Gebrauch machte, nachdem der Reichstag zwei Notverordnungen vom 16. Juli 1930 aufgehoben hatte. Am 26. Juli 1930 erließ Hindenburg eine neue Notverordnung zur *„Behebung finanzieller, wirtschaftlicher und sozialer Notstände*“, welche die vom Reichstag aufgehobenen Notverordnungen mit gewissen Änderungen im Ergebnis wieder in Kraft setzte. Gegenstand der Notverordnung waren steuer- und wirtschaftspolitische Maßnahmen[220]. Brüning und die Nachfolgeregierungen unter Franz von Papen und Kurt von Schleicher regierten im wesentlichen nur noch mit Hilfe von Notverordnungen.

Das Jahr 1930 bescherte den Nationalsozialisten den lang ersehnten Einstieg in die Übernahme der Staatsmacht. Bei der Reichstagswahl am 14. September wurde die Partei mit 18, 3 % zweitstärkste Kraft im Parlament. Die Zahl der Mandate erhöhte sich von 12 auf 107. Am 11. Oktober 1931 kam auf Initiative von Alfred Hugenberg in Bad Harzburg ein zwischen NSDAP, Deutschnationaler Volkspartei, Stahlhelm und anderen rechten Organisationen geschlossenes Bündnis, die so genannte Harzburger Front als *„Nationale Opposition*” zustande, deren Ziel es war, den Reichstag aufzulösen und die von der SPD tolerierte Minderheitsregierung unter Heinrich Brüning sowie die preußische Regierung unter dem Sozialdemokraten Otto Braun zu stürzen. Letzteres gelang dem Reichskanzler von Papen mit dem be-

[218] Winkler, Weimar 1918 – 1933, 331

[219] Winkler, Weimar 1918 – 1933, 378, 381 ff..

[220] RGBl. 1930 I 311

reits erwähnten Preußenschlag, wodurch die preußische Regierung unter Braun, das mächtigste demokratische Bollwerk der Republik, per Notverordnung abgesetzt und von Papen als Reichskommissar eingesetzt wurde[221]. Popitz übernahm das Amt des für die Finanzen zuständigen Reichskommissars. Der Preußenschlag war namentlich durch die nationalsozialistische Presse, den „Völkischen Beobachter", propagandistisch mit Hetzmeldungen vorbereitet worden, die den Eindruck eines heillosen Chaos in Preußen hervorrufen sollten[222]. Ein Chaos herrschte zwar nicht. Aber die Zeiten waren unruhig. Die Schlägereien zwischen den Kommunisten und den Nationalsozialisten häuften sich, teils mit tödlichem Ausgang. Die Arbeitslosigkeit nahm dramatisch zu. Am Ende der Weimarer Republik gab es um die 6 Millionen Arbeitslose. Die von den USA ausgehende Weltwirtschaftskrise ergriff 1929/30 auch Deutschland. Brüning versuchte, ihr mit einer Deflationspolitik zu begegnen, die auch darauf abzielte, die Alliierten von der Notwenigkeit eines radikalen Schnitts der Reparationsschulden zu überzeugen. Indem er die deutsche Wirtschaft absichtlich vollkommen verfallen ließ, verschärfte er für Deutschland die Folgen der Weltwirtschaftskrise, um den Reparationen zu entgehen[223]. Mit diesem Hauptziel seiner Politik löste er die zweite große soziale Katastrophe der Weimarer Zeit aus, die nach dem verlässlichen Urteil von Sebastian Haffner zusammen mit der ersten sozialen Katastrophe, nämlich der Inflation der frühen zwanziger Jahre, eine wesentliche Ursache für die Herrschaft Hitlers setzte[224].

Die Wirtschaftspolitik des Reichskanzlers Brüning trug nicht wenig zur Verschärfung der Krise in Deutschland bei. Brünings vorrangiges Ziel war angesichts der noch ausstehenden deutschen Reparationsleistungen und der hohen Arbeitslosigkeit die Sanierung des Staatshaushaltes. Grundlage hierfür war die Zweite Notverordnung zur Sicherung von Wirtschaft und Finanzen vom 6. Juni 1931. Die Renten für Invaliden und Kriegsversehrte wurden ebenso gesenkt wie die Unterstützungssätze für Arbeitslose im Rahmen der Arbeitslosenversicherung, die sich daran anschließenden Krisenfürsorge und der Wohlfahrtsvorsorge durch die Gemeinden, ebenso die Gehälter der Beamten und staatlichen Angestellten. Zur Erhöhung der Staatseinnahmen wurde eine Krisensteuer in Gestalt eines Zuschlags zur Lohn- und Einkommensteuer erhoben. Seine finanz- und wirtschaftspolitischen Maßnahmen verfehlten jedoch ihr Ziel und führten zu einem weiteren Anstieg der Arbeitslosigkeit sowie zu einer Verschärfung der Krise im Inneren, deren Folge das Erstarken der extremen Linken und Rechten, der KPD und der NSDAP, war. Für Wirtschaftsleute gab es ein einfaches Mittel zur Behebung aller Mängel. Prominen-

---

[221] Notverordnung vom 20. 7. 1932, RGBl. 1932 I 377

[222] Vgl. Völkischer Beobachter vom 20. 7. 1932, abgedruckt bei M. Hirsch/ D. Majer/J. Meinck, Recht, Verwaltung und Justiz im Nationalsozialismus, 75

[223] S. Haffner, von Bismarck zu Hitler, 197

[224] S. Haffner, von Bismarck zu Hitler, 187, 196 ff.

te Wirtschaftsführer, u. a. Krupp und Klöckner, schlugen in einem Brief an Brüning vor: *„Man muss der Wirtschaft die Fesseln abnehmen und das Wirtschaften nach den ewig gültigen ökonomischen Gesetzen wieder freigeben, damit sie ihre Kräfte entfalten kann. Dann wird sie ganz von selbst immer größere Massen von brachliegenden Arbeitskräften aufsaugen*“[225].

Der Zusammenbruch der Darmstädter und Nationalbank, der zweitgrößten privaten Bank nach der Deutschen Bank, am 13. Juli 1931 löste eine Bankenkrise aus. Die Bankenkrise offenbarte eine grundlegende Schwäche der deutschen Volkswirtschaft. Seit der Inflation waren die deutschen Banken im extremen Maß von Auslandskrediten abhängig, die ihnen kurzfristig zur Verfügung standen, während diese Gelder vielfach langfristig angelegt wurden. Die Bankenkrise löste einen schweren Vertrauensverlust in das kapitalistische Wirtschaftssystem und einen Run der Einleger auf die Banken und Sparkassen aus, die durch einen Abzug ihrer Einlagen ihr Vermögen retten wollten.

Brünings Deflationspolitik fand einen geradezu klassischen Ausdruck in der Vierten Notverordnung zur Sicherung von Wirtschaft und Finanzen und zum Schutz des inneren Friedens vom 8. Dezember 1931[226]. Zum Ausgleich der öffentlichen Haushalte wurde die Umsatzsteuer von 0,85 % auf 2 % angehoben. Den vorgeschriebenen Abbau der Löhne und einschneidende Maßnahmen zur Senkung von Preisen von Waren um mindestens 10 %, auf Anordnung des Reichswirtschaftsministers auch weitergehend von Mieten und Zinsen bewertete die sozialdemokratische Zeitung „Vorwärts“ als den stärksten und umfassendsten Eingriff, der vom Staat jemals in die Wirtschaft vorgenommen worden war[227]. Aufgrund politischer Differenzen und auf Betreiben des Generals von Schleicher entließ Reichspräsident von Hindenburg am 30. Mai 1932 Brüning als Reichskanzler und beauftragte Franz von Papen mit der Regierungsbildung. Damit war das Ende der Weimarer Republik gekommen.

Seit dem 31. Juli 1932, dem Tag der Reichstagwahl, die Hitler mit einem Stimmenanteil von 37,4 % der gültigen Stimmen einen triumphalen Erfolg gebracht hatte, befand sich die Weimarer Republik im Staatsnotstand. Die maßgebenden politischen Kräfte mit von Papen an der Spitze drängten auf Sicherungen gegen den „überspitzten Parlamentarismus“ (so der Innenminister Gayl). Von Papen entwarf das Bild einer *„machtvollen und überparteilichen Staatsgewalt, die nicht als Spielball von den politischen und gesellschaftlichen Kräften hin- und hergetrieben wird, sondern unerschütterlich über ihnen steht*“.

---

[225] Akten der Reichskanzlei Weimarer Republik. Die Kabinette Brüning I und II Bearbeitet von Tilmann Koops, Bd. 2, S.1470 – 1477 (Brief deutscher Industrieller an Brüning vom 30. 7. 1931); Winkler, Weimar 1918 – 1933, 422

[226] RGBl. 1931 I 699

[227] Brüning, Wehr dich!, in Vorwärts, Nr. 571, 6. 12. 1931

Das System der Präsidialregierungen lenkte die Staatpraxis der Weimarer Republik zunehmend in einen verfassungswidrigen Zustand. Dem Leitprinzip des Gesetzgebungsrechts des Parlaments stand das Prinzip der Regierung überwiegend durch Notverordnungen des Reichspräsidenten nach Art. 48 WRV entgegen. Die Aushöhlung der Verfassung schon in der Zeit vor der Machtübernahme durch die Nationalsozialisten wurde von maßgebenden Vertretern der Staatsrechtswissenschaft jener Zeit nicht nur nicht kritisiert, sondern gestützt. Wortführer verfassungsfeindlicher Tendenzen war der Staatsrechtslehrer Carl Schmitt. In seinem dem Schutz der Verfassung gewidmeten Aufsatz „*Der Hüter der Verfassung*“ legte er eingehend dar, dass Gerichte, auch ein Verfassungsgericht, nicht Hüter der Verfassung sein könnten[228]. Allein der Reichspräsident besitze nach der Weimarer Verfassung die Unabhängigkeit und Neutralität sowie die Rechte, die es rechtfertigten, ihn als Hüter der Verfassung anzusprechen. Die Wahl durch das ganze deutsche Volk (Art. 41 WRV) und die in der Eidesformel zum Ausdruck kommende Verpflichtung, die Verfassung des Reichs zu wahren (Art. 42 WRV), befähigten den Reichspräsidenten, „*aus demokratischen Prinzipen heraus gegen die Herrschaft von Parlamentskoalitionen und gegen den Pluralismus sozialer und wirtschaftlicher Machtgruppen ein Gegengewicht zu bilden und damit die Einheit des Volkes als politisches Ganzen zu wahren und die verfassungsmäßige Ordnung vor einem Missbrauch der Parteien zu schützen*“[229]. Die Aufgabe des Reichspräsidenten sah Schmitt darin, die politische Einheit des ganzen Volkes vor einer parteipolitischen Zersplitterung zu retten, die, am meisten durch das Verhältniswahlsystem, das Parlament zu einem Spiegelbild der sozialen und wirtschaftlichen Interessengegensätze machte[230].

Es klingen hier Gedanken über die Einheit des Volkes oder die parteipolitische Zersplitterung eines von Interessengegensätzen geprägten, der Desintegration ausgelieferten Parlaments an, die später den Inhalt der nationalsozialistischen Verfassung bestimmen sollten. Diese Ideen waren aber weder mit dem Grundgedanken der Weimarer Reichsverfassung noch mit deren Regelungen im einzelnen vereinbar. Dem Reichspräsidenten standen die von Schmitt postulierten Rechte nicht zu, auch nicht über das Notverordnungsrecht des Art. 48 Abs. 2 WRV, das ja nur zum Zuge kam, wenn im Deutschen Reich die öffentliche Sicherheit und Ordnung erheblich gestört oder gefährdet war. Es ließ überdies nur die zur Wiederherstellung der öffentlichen Sicherheit und Ordnung nötigen Maßnahmen zu, die auf Verlangen des Reichstags außer Kraft zu setzen waren.

War danach die Auffassung von Schmitt rechtlich nicht haltbar, so hat Hindenburg in der Staatspraxis nicht nur die Verfassung nicht gehütet, sondern diese namentlich in der Endphase seiner Amtszeit schwerwiegend verletzt. Zwar hat Hin-

---

228 Archiv des öffentlichen Rechts, Neue Folge 16. Bd. (1929), S. 161 ff.

229 AaO: S. 234

230 AaO. S. 235

denburg in den ersten fünf Jahren seiner Amtszeit, also von 1925 bis 1929, in einer Phase der Konsolidierung der Weimarer Republik seine Aufgaben verfassungstreu erfüllt, ohne dass er allerdings als Hüter der Verfassung gefordert gewesen wäre. Wenn er aber die Verfassung hätte hüten wollen, hätte er in der Endphase der Weimarer Republik ab 1930 nicht derart extensiv von seinem Notverordnungsrecht des Art. 48 WRV Gebrauch machen dürfen. Vor allem hätte der Reichspräsident Hindenburg nicht an den Gesetzen mitwirken dürfen, die unter der Herrschaft der Nationalsozialisten dann zur Aushöhlung, letztlich zur weitgehenden Außerkraftsetzung der Weimarer Verfassung geführt haben. Er hätte also die als Notverordnung ergangene so genannte Reichstagsbrandverordnung vom 28. Februar 1933[231], mit der u. a. die Grundrechte auf Personenfreiheit, Unverletzlichkeit der Wohnung, das Brief- und Postgeheimnis, die Meinungsfreiheit, die Versammlungsfreiheit, die Vereinigungsfreiheit und die Eigentumsgarantie außer Kraft gesetzt wurden, das Ermächtigungsgesetz vom 24. März 1933[232], mit dem das parlamentarische System und die Dreiteilung der Gewalten aufgehoben wurden, und das Gesetz über den Neuaufbau des Reiches vom 30. Januar 1934[233], mit dem u. a. der Föderalismus abgeschafft wurde, nicht unterschreiben dürfen. Da Schmitt die juristische Unhaltbarkeit seiner Argumente schwerlich verkannt haben kann, kann man im Hintergrund die Absicht sehen, die Verfassung außer Kraft zu setzen. Seine politischen Ideen zielten in dieselbe Richtung wie die des General von Schleicher. Dieser wollte die Verfassung durch einen Staatsstreich in eine reine Präsidialverfassung umwandeln, in welcher der Präsident die frühere Rolle des Kaisers spielen sollte[234]. Als Hindenburg am 30. Januar 1933 Hitler zum Reichskanzler ernannte, war damit das Schicksal der Weimarer Republik besiegelt.

3.Popitz` Wirken in der Weimarer Republik

a. Kritik an der Weimarer Reichsverfassung und dem Verfassungszustand

Neben der Steuer- und Finanzpolitik stand die Staats- und Verfassungspolitik im Mittelpunkt seines Interesses. Dieses Interesse kennzeichnet Popitz bis heute als eine Ausnahmeerscheinung unter den bedeutenden Steuerrechtlern, die in der Regel mit den komplexen Problemen des Steuerrechts vollkommen ausgelastet sind. Dabei waren seine staats- und verfassungspolitischen Interessen nicht auf Rechtsprobleme beschränkt. Vielmehr war er der Überzeugung, dass Rechtsprobleme im Zusammenhang mit wirtschaftspolitischen Urteilen und sozialpolitischen Anschauungen gelöst werden müssten. Wo der Zusammenhang von einzelnen Sachproblemen mit der Staats- und Rechtsordnung missachtet wird, wo Staat und Recht als Auf-

---

[231] RGBl. 1933 I S.83

[232] RGBl. 1933 I S. 141

[233] RGBl. 1934 I S. 75

[234] Haffner, von Bismarck zu Hitler, 213

bauprinzipen für die Lösung von einzeln Sachproblemen beiseite gestellt werden, fehlt nach Popitz die besondere Legitimation der Juristen zur Lösung von juristischen Sachfragen[235]. Aus der vielschichtigen Persönlichkeit von Popitz [236] sind seine Leidenschaft zum Staat, zum politischen Wesen und seine Sorge über den durch Jahrhunderte nicht behobenen Mangel an staatsbildender Kraft hervorzuheben[237]. Einen solchen Mangel schon für die Weimarer Republik diagnostizierend, forderte er für den höheren Staatsdienst einen neuen Typus des höheren Staatsbeamten, der von vornherein auf der Universität zur Hingabe an den Staatsgedanken erzogen wird[238].

Ein Schwerpunkt seiner Kritik richtete sich gegen einen Zustand der Weimarer Republik, den er als Polykratie bezeichnete. Popitz verstand hierunter das Nebeneinander einer großen „*fast unübersehbaren Vielheit untereinander nicht hinreichend verbundener Willensträger mannigfachster Art und verschiedenster rechtlicher Qualifikation, die in einem unsystematischen Durcheinander auf die öffentliche Wirtschaft Deutschlands einwirken*“, nämlich das Reich, 17 Länder, 65000 Gemeinden und Gemeindeverbände, 7427 Krankenkassen, 116 Berufsgenossenschaften, 13 Invalidenversicherungsanstalten, die Reichsversicherungsanstalt für Angestellte, die Invalidenpensionsversicherung, die Anstalt für Arbeitsvermittlung und Arbeitslosenfürsorge, die mit eigener Hausmacht ausgestatteten Anstalten und öffentlichen Betriebe, Reichspost, Reichsbahn, Reichsbank usw.[239]. Diese Institutionen sah Popitz nach den jeweiligen Interessenträgern ausgerichtet, deren Bestreben darauf gerichtet war, gegenüber dem übergeordneten Staat entfremdete, autonome Machtträger zu werden, deren Eingriffe in die Wirtschaft der Zusammenfassung entbehren[240]. Aufgrund dessen und dem Mangel einer organischen Verbindung der öffentlichen Willensträger untereinander hielt er es für unmöglich, Aufga-

---

[235] J. Popitz, Gesetzgeberische Zukunftstaufgaben. Ein Schlusswort, DJZ 1931, Sp.385 ff.

[236] Vgl. H. Dieckmann;, Johannes Popitz;. Entwicklung und Wirksamkeit, L.-A. Bentin;, Johannes Popitz;, aaO., 24); ferner O. Bühler;, R. Grabower, W. Hübschmann; u. a. in: Johannes Popitz;, FR 1954, 516 ff.

[237] Popitz in seiner Abschiedsrede am 7. 2. 1930, Manuskriptdruck, S. 22 BArch. NL 1262 Nr. 90Zit. nach A. Pausch;, Persönlichkeiten, der Steuergeschichte, 60

[238] J. Popitz, Reformvorschläge für das Ausbildungs- und Berechtigungswesen im höheren Staatsdienst, DJZ 1928, Sp. 17 ff., 21

[239] J. Popitz, Der Finanzausgleich und seine Bedeutung für die Finanzlage des Reichs, der Länder und Gemeinden, Vortrag gehalten im Steuerausschuss des Reichsverbandes der Deutschen Industrie am 9. Oktober 1930, 6, vgl. auch schon J. Popitz, Gegenwartsproblem der Finanz- und Steuerpolitik, in: H. W. Bruck/H. Wätjen, Schriftenreihe der Weltwirtschaftlich Gesellschaft zu Münster e. V. Heft 15 ; BArch. NL 1262 Nr.98

[240] J. Popitz, Gesetzgeberische Zukunftsaufgaben, DJZ 1931, Sp. 385, 887 ff.; J. Popitz, Finanzpolitische Aufgaben, DJZ 1931, Sp. 11 ff., 16

ben unter einem einheitlichen Willen zu lösen, deren Wesentlichkeit, ja Schicksalhaftigkeit feststehe. Eine geordnete Organisation des Staates hielt er unter den Bedingungen der Polykratie für nicht möglich[241].

Popitz Ideen lagen nahe bei denen von Carl Schmitt, der neben den Begriff der Polykratie den des Pluralismus stellte. Unter dem Begriff der Polykratie verstand Schmitt, wie Popitz, eine Mehrheit rechtlich autonomer Träger der öffentlichen Wirtschaft, insbesondere der kommunalen Gebietskörperschaften, an deren Selbständigkeit der staatliche Wille eine Grenze findet. Pluralismus bezeichnete nach Schmitt eine Mehrheit fest organisierter durch den Staat, d. h. sowohl durch die territorialen Grenzen der Länder und die autonomen Gebietskörperschaften hindurch gehenden sozialen Machtkomplexe, die sich als solche der staatlichen Willensbildung bemächtigen, ohne aufzuhören, nur soziale (nichtstaatliche) Gebilde zu sein, deren Kompromisse und Abmachungen den Inhalt des staatlichen Willens maßgebend bestimmen[242]. Polykratie und Pluralismus verbünden sich, verhindern ein umfassendes Finanz- und Wirtschaftsprogramm mit einheitlichen Richtlinien der öffentlichen Wirtschaftsführung, negieren und gefährden die in einer Demokratie vorausgesetzte Einheit des Volkes sowie die Bildung eines einheitlichen politischen Willens[243]. Indem die Parteien sich zu fest organisierten Gebilden entwickeln, die, ein Wort von Richard Thoma aufgreifend „*die gänzlich verschimmelte Grundlage*“ der Weimarer Republik bildeten, wurde nach Schmitt aus dem Parlament als Schauplatz einer einheitsbildenden freien Verhandlung freier Volksvertreter ein Schauplatz pluralistischer Aufteilung der organisierten gesellschaftlichen Mächte[244]. Die Folge von Polykratie und Pluralismus war nach Schmitt und den Ideen von Popitz ein labiler Koalitionsparteienstaat, der zu einer regierungsunfähigen Regierung führte und der Gefahr des Untergangs ausgesetzt war[245]. Folgerichtig forderten Popitz und Schmitt auch eine Reform der Weimarer Reichsverfassung[246]. Die Notwendigkeit dafür ergab sich für Schmitt außer aus dem Bedürfnis der Beseitigung von Pluralismus und Polykratie aus der Tatsache, dass die Gesetze und verfassungsrechtlichen Begriffe aus der Vorkriegszeit in der Zeit von Weimar ihre Geltung behalten hatten, obwohl die gesamte innenpolitische Situation sich gegenüber der Vorkriegszeit völlig geändert hatte, indem z. B. die Rechte des Reichsprä-

---

241 Rede vor dem Steuerausschuss, BArch NL 1262

242 C. Schmitt, Der Hüter der Verfassung, Tübingen 1931, 71

243 C. Schmitt, Der Hüter der Verfassung, Tübingen 1931, 93, 101

244 C. Schmitt, Der Hüter der Verfassung Tübingen 1931, 89

245 C. Schmitt, Der Hüter der Verfassung, Tübingen 1931, 100 ff., 110

246 C. Schmitt, Der Hüter der Verfassung, Tübingen 1931, 96

sidenten und der Reichsregierung so behandelt würden, als hätte man es immer noch mit einer preußischen Monarchie des 19. Jahrhunderts zu tun[247].

Für die Reichsreform vermisste Schmitt ein klares Konstruktionsprinzip, versagte sich aber der Aufgabe, selbst ein solches Prinzip zu entwickeln und beschränkte sich auf den Hinweis auf das wiederum nicht konkretisierte Ziel, ein umfassendes Finanz- und Wirtschaftsprogramm aufzustellen und durchzusetzen, um dadurch Desorganisation und Planlosigkeit, ja sogar Planwidrigkeit entgegen zu wirken[248]. Der darin liegenden intellektuellen Versuchung in Richtung auf eine Planwirtschaft, allerdings unterhalb der Stufe einer sozialistischen Planwirtschaft[249], war noch nicht einmal das Wirtschaftssystem des Dritten Reiches erlegen, weil die Kernelemente des kapitalistischen Systems der Zeit von Weimar im Prinzip nicht angerührt worden sind. Im übrigen sucht man Aussagen über den Inhalt eines einheitlichen Willens bei Popitz und Schmitt vergeblich, etwa bei der Finanz- und Wirtschaftspolitik, und wer den Inhalt bestimmen soll, was angesichts der Unmöglichkeit einer inhaltlichen Festlegung verständlich erscheint. So handelte es sich letztlich um eine Scheindebatte, die keinen Beitrag zur Lösung der Probleme in der Weimarer Republik leisten konnte.

Der von Popitz und Schmitt unter den Begriffen Pluralismus und Polykratie beschriebene Zustand der Weimarer Republik enthielt zwar eine zutreffende Analyse der damaligen Verhältnisse, die im übrigen weitgehend auch in der heutigen Bundesrepublik anzutreffen sind. Aber es handelte sich nur um einen Teilaspekt, der für sich genommen nicht zum Untergang der Weimarer Republik oder gar zum Untergang des Staates hätte führen können. Dem Untergang der Weimarer Republik lagen komplexe Sachverhalte zugrunde. Die Haupttriebkraft war Hitler, der es durch seine wahnwitzige Politik geschafft hat, dass das Reich nach nur zwölf Jahren faktisch unterging.

Kritisch war Popitz auch gegenüber den nach seiner Meinung unklaren und verschachtelten Verwaltungszuständigkeiten, die sich das Reich und die Länder teilten. Auf diesem Feld hatten sich nach Popitz im Laufe der Zeit erhebliche Wandlungen ergeben, die das *„Durcheinander"* der Zuständigkeiten vergrößert hatte[250]. Als Beispiele nannte Popitz das Fürsorgewesen, das Arbeitsrecht, das Kartellrecht und eine Fülle von Reichsfonds z. B. für ländliche Siedlung, verschiedene landwirtschaftliche Produkte, Wohnungsbau, für verschiedene Gewerbe, für wissenschaftliche und künstlerische Zwecke[251]. Weitgehend ohne gesetzliche Grundlagen verbreiterte das

---

[247] C. Schmitt, Reichs- und Verfassungsreform, DJZ 1931, Sp. 5 ff., 11

[248] C. Schmitt, Der Hüter der Verfassung, Tübingen 1931, 92 f.

[249] C. Schmitt, Der Hüter der Verfassung, Tübingen 1931, 91

[250] J. Popitz, Die Wandlungen in den Aufgaben und im Zuständigkeitsverhältnis von Reich und Ländern auf Grund der Weimarer Verfassung, 152 ff.

[251] AaO. 171 f.

Reich damit seine Zuständigkeiten zu Lasten der Länder. Durch Normativbestimmungen über das Verfahren, die teilweise sich bis in den Behördenaufbau hinein erstreckten, hatte das Reich unmittelbar in die Verwaltungshoheit der Länder eingegriffen und damit nach Popitz die Grenzen zwischen den Zuständigkeiten des Reichs und der Länder verwischt[252]. Mittelbar sah Popitz den Einfluss des Reiches durch die Reichsbank, die Rentenkreditanstalt, Reichspost und Eisenbahn sowie im Bereich des Verkehrswesens verstärkt. Er sah in allem eine Desorganisation Deutschlands[253], das Nebeneinanderstehen des Reichs und der Länder, ohne eine irgendwie schärfere Abgrenzung im einzelnen und vermisste ein *„systematisch durchdachtes, in sich Geschlossenes“*[254].

Hatte Popitz noch 1930 ein Regieren ohne Parlamentarismus im Reich, nicht aber auch in den 17 Ländern als nicht wohl denkbar angesehen[255], so sah er den Parlamentarismus mit zunehmender Schärfe kritisch gegen Ende Weimarer Zeit. Für die Länder hielt Popitz das rein parlamentarische System nach der Verfassung insofern nicht für zwingend, als die Landesverfassungen dem Parlament das Recht gaben, eine Regierung während der Legislaturperiode abzuwählen[256]. Den reinen Parlamentarismus sah er nur für einen Organismus als geeignet an, in dem die großen Schicksalsfragen des Volkes entschieden werden, also für das Reich. Die Übertragung auf kleinere, ja kleinste Gebietskörperschaften lehnte er aber ab, weil sie zu ganz unnötigen Beeinträchtigungen im geordneten und ruhigen Ablauf der politischen Gesamtverhältnisse führt[257]. Popitz traf sich mit den auf Erich Koch-Weser[258]

---

[252] J. Popitz, Die Wandlungen in den Aufgaben und im Zuständigkeitsverhältnis von Reich und Ländern auf Grund der Weimarer Verfassung, in: B. Harms (Hrsg.), Recht und Staat im Neuen Deutschland, Vorlesungen gehalten in der Deutschen Vereinigung für Staatswissenschaftliche Fortbildung, Erster Band, Berlin 1929, 162 ff.

[253] J. Popitz, Gesetzgeberische Zukunftstaufgaben, DJZ 1931, 385, 388

[254] J. Popitz, Die Wandlungen in den Aufgaben und im Zuständigkeitsverhältnis von Reich und Ländern auf Grund der Weimarer Verfassung, in: B. Harms (Hrsg.), Recht und Staat im Neuen Deutschland, Vorlesungen gehalten in der Deutschen Vereinigung für Staatswissenschaftliche Fortbildung, Erster Band, Berlin 1929, 172, 175

[255] J. Popitz, Der Finanzausgleich und seine Bedeutung für die Finanzlage des Reichs, der Länder und Gemeinden in: Veröffentlichungen des Reichsverbandes der Deutschen Industrie, Berlin 1930, 8

[256] J. Popitz, Die Wandlungen in den Aufgaben und im Zuständigkeitsverhältnis von Reich und Ländern auf Grund der Weimarer Verfassung, in: B. Harms (Hrsg.), Recht und Staat im Neuen Deutschland, Vorlesungen gehalten in der Deutschen Vereinigung für Staatswissenschaftliche Fortbildung, Erster Band, Berlin 1929, 156 f.

[257] J. Popitz, Die Wandlungen in den Aufgaben und im Zuständigkeitsverhältnis von Reich und Ländern auf Grund der Weimarer Verfassung in: B. Harms (Hrsg.), Recht und Staat im Neuen Deutschland, Vorlesungen gehalten in der Deutschen Vereinigung für Staatswissenschaftliche Fortbildung, Erster Band, Berlin 1929, 157

und Hugo Preuß (beide Mitglieder der linksliberalen Deutschen Demokratischen Partei) zurückgehenden Gedanken, die parlamentarischen Systeme der Länder auf das Niveau von kommunalen Selbstverwaltungskörperschaften höherer Ordnung herabzudrücken, ja schließlich zu beseitigen[259]. Es kennzeichnete eine verbreitete Stimmung, wenn der Historiker und Publizist Friedrich Meinicke den Parlamentarismus der Länder eine „*künstliche Veranstaltung zur Erzeugung kleinster Ehrgeize, schädlichster Hahnenkämpfe und kostspieliger Machenschaften*“ nannte[260]. Fritz Poetzsch-Heffter, u. a. Mitglied des Reichsrats, hielt die Ministerialverfassung und das Parlamentssystem für die Länder nicht für geeignet und Art. 17 WRV, der gerade dies vorsah, für verfehlt[261]. Popitz hat im Unterausschuss „Zuständigkeit und Organisation“ des Verfassungsausschusses der unten noch zu besprechenden Länderkonferenz eine Bestimmung durchzusetzen versucht, nach der „*das rein parlamentarische System nur im Reich, aber nicht in den Ländern seinen Platz hat*“. Sein Antrag wurde jedoch mit 6 : 5 Stimmen abgelehnt[262]. Aber Anfang der dreißiger Jahre ging Popitz dazu über, den Parlamentarismus, wie er sich bis dahin entwickelt hatte, und damit die Demokratie überhaupt, also auch für das Reich abzulehnen. Er traf sich insofern mit den Gedanken von Carl Schmitt, der den Parlamentariern vorwarf, nicht mehr die rationale Richtigkeit zu finden, sondern Interessen und Gewinnchancen zu berechnen und durchzusetzen und die eigenen Interessen nach Möglichkeit zur Geltung zu bringen[263]. Ein erster Schritt in diese Richtung war der Eintritt von Popitz als Minister in das Kabinett von Papen, das nur noch mit Hilfe von Notverordnungen des Reichspräsidenten regierte. Vollends war der Parlamentarismus für Popitz durch seine Mitarbeit im Dritten Reich, insbesondere durch die Vorbereitung des Ermächtigungsgesetzes erledigt, wie weiter unten noch dargelegt wird.

In Übereinstimmung mit Eugen Schiffer charakterisierte Popitz den Parlamentarismus anfangs der dreißiger Jahre mit den Worten Entschlussunfähigkeit, Verant-

---

[258] Koch-Weser war Mitglied der Deutschen Demokratischen Partei, Reichsminister und emigrierte nach 1933 nach England, vgl. u.a. F.Portner, Koch-Wesers Verfassungsentwurf, VJhZG 1969, 280 ff.

[259] G. Schulz, Zwischen Demokratie und Diktatur, Verfassungspolitik und Reichsreform in der Weimarer Republik, Bd. I, Die Periode der Konsolidierung und der Revision des Bismarckschen Reichsaufbaus, 2. Aufl., Berlin/Neu-York 1987, 478

[260] F. Meinicke, Das Reich der Zukunft, Kölnische Zeitung vom 18. 1. 1931, abgedr. In: F. Meinicke, Politische Schriften und Reden, 451

[261] F. Poetzsch-Heffter, Grundgedanken der Reichsreform, 18

[262] Verhandlungen der Unterausschüsse vom 18. und 19. November 1929, Berlin 1930, 66 f.

[263] C. Schmitt, Die geistesgeschichtliche Lage des heutigen Parlamentarismus, 2. Aufl., 10; vgl. dazu J. Filjalkowsky, Die Wendung zum Führerstaat, Ideologische Komponenten in der politischen Philosophie Carl Schmitts, 36 ff.

wortungslosigkeit, Demagogie und Korruption, Kleinlichkeit und Lächerlichkeit sowie dem Bankrott der Zahl ausgeliefert[264]. Parlament und politische Parteien standen nach Popitz im Besitz der Gesetzgebungsbefugnisse über die Totalität der Lebensverhältnisse nicht mehr als Vertreter der Gesellschaft dem Staat gegenüber, sondern sie waren Träger der Selbstorganisation der Gesellschaft geworden[265]. Er hielt (1931) das Parlament nicht mehr imstande, eine „*einheitliche Gesamtleistung auf dem gewaltig angeschwollenen Aufgabengebiet des modernen Wirtschaftsstaates zu gewährleisten*"[266], dem er zudem eine Hypertrophie der öffentlichen Wirtschaft vorwarf[267].

Popitz kritische Einstellung zum Parlamentarismus war unter konservativen Politikern weit verbreitet. So hat etwa Carl Goerdeler in einer an den Reichspräsidenten Hindenburg gerichteten Denkschrift von dem „*Fluch des Parlamentarismus*" gesprochen, der nur durch die „*Mobilisierung aller Volkskräfte*" überwunden werden könne und dazu bedürfe es einer „*Diktatur über Jahre hinaus*"[268]. Eine grundsätzliche Kritik findet sich auch bei Carl Schmitt, der den Parlamentarismus als überholtes politisches System charakterisierte und dessen geistige Grundlage bestritt[269]. Hans Kelsen, der die reine Rechtslehre entwickelt hatte, klagte, dass es sich in Kreisen der Staatsrechtslehrer und Soziologen beinahe von selbst verstand, von Demokratie nur mir verächtlichen Worten zu sprechen und dass es als modern galt, die Diktatur direkt oder indirekt als das Morgenrot einer neuen Zeit zu begrüßen[270]. Auf der gleichen Linie liegt die Bemerkung von Rudolf Smend über die innerlich ablehnende Haltung eines großen Teils der deutschen Hochschullehrerschaft gegenüber der Umwälzung und den neuen Zuständen (der Weimarer Republik)[271].

---

[264] J. Popitz„ Eugen Schiffer zur Kritik unserer Zeit, JW 1932, 618 ff., 620 f.

[265] J. Popitz, Wer ist Hüter der Verfassung?, Germania v. 17.4.1931, abgedr. bei C. Schmitt, Verfassungsrechtliche Aufsätze aus den Jahren 1924 – 1954, Berlin 1958, 101 ff., 102

[266] J. Popitz, Wer ist Hüter der Verfassung?, aaO 103

[267] Vortrag im Verein für die chemische Wirtschaft „Vielgestaltigkeit der öffentlichen Willensbildung und ihre finanziellen Folgen" vom Juni 1931, BArch. N 1262 Nr. 108

[268] M. Krüger-Charlé, Carl Goerdelers Versuche der Durchsetzung einer alternativen Politik 1933 – 1937, in J. Schmädeke/P. Steinbach (Hrsg.), Der Widerstand gegen den Nationalsozialismus, 385 unter Hinweis auf den Nachlass Goerdeler im Bundesarchiv Koblenz

[269] C. Schmitt, Die geistesgeschichtliche Grundlage des heutigen Parlamentarismus, 2. Aufl.

[270] H. Kelsen, Verteidigung der Demokratie, in: Blätter der Staatspartei 2 (1932), 9o ff.; abgedruckt in H. Kelsen, Ausgewählte Aufsätze, 60 ff.

[271] R. Smend, Hochschule und Parteien (1930) in: Staatsrechtliche Abhandlungen, 2. Aufl., 277, 284

Moderater und die Problematik der Zeit von Weimar und der Verfassung sicher treffender erfassend als Popitz mit seinen Polykratie-Ideen, urteilte Bill Drews, 1917/1918 preußischer Innenminister, 1919 Staatskommissar für die preußische Verwaltungsreform, 1921 bis 1937 Präsident des Preußischen Oberverwaltungsgerichts. In seinem Vortrag vor der Mittwochsgesellschaft am 9. November 1932 über die Problematik der Weimarer Reichsverfassung behandelte er neben anderen Fehlern der Verfassung die Vorschrift des Art. 48 Abs. 2 WRV. Danach konnte der Reichspräsident, wenn im Deutschen Reich die öffentliche Sicherheit und Ordnung erheblich gestört oder gefährdet wird, die zur Wiederherstellung der öffentlichen Sicherheit und Ordnung nötigen Maßnahmen treffen und bestimmen, dort aufgezählte Grundrechte (persönliche Freiheit, Presse- Versammlungsfreiheit usw.) vorübergehend außer Kraft setzen. Während die Nationalversammlung nach Drews bei der Konzeption des Art. 48 der festen Überzeugung war, dass die Anwendung des Artikels nur in Zeiten gewaltsamer Unruhe in Frage kommen könne, in denen die ordentliche Beschlussfassung des Reichstages nicht mehr abgewartet werden kann, ist Art. 48 Abs. 2 in den letzten beiden Jahren von Weimar unter Überdehnung seines Wortlauts und seines eigentlichen Zwecks zum entscheidenden Instrument der Gesetzgebung auf wirtschaftlichem und sozialem Gebiet geworden. Ursache hierfür war die Tatsache, dass die Parteien wegen ihrer Zerstrittenheit nicht mehr in der Lage waren, Gesetze auf dem Wege des ordentlichen Gesetzgebungsverfahrens zustande zu bringen, obwohl gerade zu dieser Zeit eine Gesetzgebung zur Bewältigung der schwierigen wirtschaftlichen und sozialen Probleme in der Krise notwendig gewesen wäre. Die dem Sinn und Zweck des Art. 48 Abs. 2 WRV widersprechende extensive Auslegung und Anwendung der Vorschrift in der Staatspraxis wurde durch die Rechtsprechung des Staatsgerichtshofs gedeckt. Drews meinte, der damalige Ausnahmezustand mit seinen zahllosen Problemen dürfe auf die Dauer nicht bestehen, wenn anders die Existenz des Vaterlands nicht unhaltbar erschüttert werden soll; Staatsstreich oder Revolution stünden sonst bevor.

Popitz` Kritik richtete sich auch gegen die Sozialversicherungsträger. Eine echte Selbstverwaltung, die er nur in der Orientierung der Gegensätze der Meinungen in der Weltanschauung, der verschiedenen Berufs- und Klassengegensätzen, d. h. an der Gesamtheit der öffentlichen Angelegenheiten und im Dienst am Staat im lokalen oder regionalen Ausschnitt anerkannte, sprach er ihnen ab, weil die Selbstverwaltung der Sozialversicherungsträger sich als ungehemmte Interesseneinstellung auf einen Sonderzweck darstellte, der vor und über dem Gemeinwohl stand[272].
Die schärfste Kritik von Popitz richtete sich gegen die Parteien. Popitz stellte die Frage nach den neutralisierenden Faktoren, die das parlamentarische System vor

[272] Vgl. Finanzausgleichs - Gutachten (1932), 6; DJZ 1931, 789 f.

seinen Auswüchsen zu schützen in der Lage wäre[273] und die Frage, wieweit es Schranken geben kann gegenüber dem Gebilde, zu dem in Deutschland das demokratisch-parlamentarische System den Staat hatte werden lassen, nämlich einen Parteienstaat[274] bzw. einen Koalitions-Parteien- Staat[275]. Von daher wird die Kritik an den Parteien verständlich, denen er Ansatzpunkte zu einer der Idee des Staates widersprechenden Wirksamkeit anlastete. Zugleich wollte er die Beamtenschaft aus den Klammern des Parteieinflusses befreien[276].

Schon vor der Machtergreifung appellierte Popitz an die Jugend: „*Weg von den Parteien*“[277]. Er beklagte die Politisierung im Sinne eines bestimmenden Einflusses des Parteibetriebes auf die öffentliche Willensbildung, die eine sparsame, rationelle und sachliche Verwaltung erschwert und die Finanznot der öffentlichen Hände gesteigert hat. Akteure dieser Politisierung waren die parteigebundene Beamtenschaft vor allem in der inneren Verwaltung und in den Gemeinden, aber auch die Laienvertreter in den Verbänden, die ihr Abstimmungsverhalten statt nach dem Gemeinwohl nach den Interessen sozialer Größen ausrichteten[278]. Sein ganzer Zorn richtete sich gegen die einseitigen Parteifunktionäre und die sachverständigen Interessenten, die sich als Beauftragte organisierter Interessen und sozialer Größen fühlten, und die damit rechtliche Freiheit in Unfreiheit kehrten[279].

Diese Grundüberzeugungen von Popitz und seine kritische Einstellung zu dem schwachen, von Parteien und Interessengruppen dominierten Staat der Weimarer Republik, die er mit seinem Freund und Protegé Carl Schmitt teilte [280], bilden einen - sicher nicht den alleinigen - Schlüssel für seine spätere Mitarbeit im Hitlerstaat.

---

273 J. Popitz, Gutachten Finanzausgleich (1932), 8

274 J. Popitz, Gesetzgeberische Zukunftsaufgaben, DJZ 1931, Sp. 385 ff., 391

275 J. Popitz, Wer ist Hüter der Verfassung? aaO. 103

276 J. Popitz, Gesetzgeberische Zukunftsaufgaben, DJZ 1931, Sp. 385, Sp. 391 f.

277 Bericht Welt am Montag vom 2. 1. 1933, BArch. NL 1262 Nr. 78

278 Finanzausgleichs - Gutachten (1932), 8; gegen Parteibuchbeamte auch E. Zweigert, Der Beamte im neuen Deutschland, 469

279 J. Popitz, Dem heimlichen Kanzler deutscher Nation zum Gedächtnis, DJZ 1931, Sp. 793

280 Vgl. P. Noack;, Carl Schmitt;, aaO., 102 ff.; Hans von der Groeben – einer der Architekten und der zweite deutsche Kommisaar in der Europäischen Wirtschaftsgemeinschaft, berichtet mit Verwunderung, dass Schmitt, der sich bereits als Kritiker des parlamentarischen Systems hervorgetan hatte, nach der Machtübernahme bereit gewesen sei, den Untaten des Diktators seinen juristischen Segen zu erteilen, H. von der Groeben, Deutschland und Europa in einem unruhigen Jahrhundert, 209

b. Staatspolitische Zielvorstellungen

Der Uneinheitlichkeit der öffentlichen Willensbildung im Reich, die bestimmt wurde durch das Reich, damals 17 bzw. 18 nicht homogene Länder unterschiedlicher Größe mit unterschiedlicher Steuerkraft und unterschiedlicher Leistungsfähigkeit, mit Preußen als Großstaat und anderen Ländern als Kleinstaaten in Kreisgröße[281], die Gemeinden und sonstigen Selbstverwaltungskörperschaften, wie etwa die Sozialversicherungsträger, stellte Popitz das Ziel entgegen, zu einem Staat mit einheitlichem Staatswillen oder anders ausgedrückt zu einer Einheit der öffentlichen Willensbildung zu gelangen[282]. Den Mangel eines einheitlichen Staatswillens sah Popitz auch als das Kernproblem deutscher Finanzpolitik an: Er forderte deshalb auch unter finanzpolitischen Gesichtspunkten die Stabilisierung eines einheitlichen Staatswillens, die Lösung des Widerspruchs zwischen der Demokratie eines deutschen Staatsvolks nach der geschriebenen Verfassung und dem bestehenden Zustand der zusammenhanglosen staatlichen Willensbildung[283]. Popitz schlug damit einen Bogen von der Finanzrechtsordnung zu der von ihm geforderten Staatsordnung. Popitz war geradezu besessen von dem Gedanken, dass eine staatsrechtliche Lösung gefunden werden musste, die einheitliche Richtlinien unter allen Umständen sicherstellte, die die Einheit dessen sicherte, was man Regierung nennt. Dazu sollte die Aufstellung und Durchführung der Richtlinien über das gehören, was im Staat als Gesamtheit in Bestimmung über das für sein Schicksal Wesentliche zu geschehen hatte[284]. Anstelle der Gewalt der Vielen forderte Popitz eine zwar mannigfach gegliederte, aber in der Entscheidung über das für das deutsche Schicksal Wesentliche eine geschlossene Staatspersönlichkeit[285]. Damit sollte zugleich die der Weimarer Verfassung zugrunde liegende geistige und sittliche Einheit zwischen Staat und Volk hergestellt werden[286]. In diesem Sinne wünschte Popitz sich ein einheitliches Staatsvolk als Träger des Rechtsgedankens[287]. Unter Berufung auf Freiherrn vom Stein wünschte Popitz sich *„ein kräftiges, mutiges, sicheres, geistvolles Volk, das nicht nur kunstreich und gewerbefleissig sein sollte"*[288]. Polykratie und

---

[281] J. Popitz, Zentralismus und Selbstverwaltung, 329 ff., 339

[282] J. Popitz, Gesetzgeberische Zukunftsaufgaben, DJZ 1931, Sp. 385, Sp. 391 ff.

[283] J. Popitz, Betrachtungen zur Neuordnung der Steuern, StuW 1931 I Sp. 1 f.

[284] J. Popitz, Der Finanzausgleich und seine Bedeutung für die Finanzlage des Reichs, der Länder und Gemeinden in: Veröffentlichungen des Reichsverbandes der Deutschen Industrie, Berlin 1930, 9

[285] J. Popitz, Finanzpolitische Aufgaben, DJZ 1931, Sp. 11 ff. , 17

[286] J. Popitz, Dem heimlichen Kanzler Deutscher Nation zum Gedächtnis, DJZ 1931, Sp. 789, 792

[287] J. Popitz, Gesetzgeberische Zukunftsaufgaben, DJZ 1931, Sp. 392

[288] Rede vor dem Steuerausschuss 1928 (?), BArch NL 1262

Demokratie standen nach Popitz in einem Widerspruch zueinander[289]. Dabei ging er davon aus, dass die Demokratie ihrem Wesen nach „*einen einheitlichen homogenen Demos als Willensträger*" voraussetzt[290], eine Definition, die dem Demokratiebegriff in keiner Weise entspricht, bedeutet doch Demokratie, dass unterschiedliche Gruppen der Bevölkerung mit verschiedenen Interessen und unterschiedlichen Willen um die Mehrheit ringen.

Der Herrschaftsform der Demokratie allein mochte Popitz aber nicht vertrauen. Dieses der Kopfzahldemokratie folgende Prinzip habe sich als Bankrott der Zahl erwiesen und bedürfe deshalb der Ergänzung durch Institutionen, deren Träger nicht nach dem Mehrheitsprinzip sondern nach anderen Methoden auszuwählen seien, und die über „*auctoritas*" verfügten. Den klassischen Ausdruck für dieses Herrschaftsprinzip sah Popitz in der Formel „*Senatus Populusque Romanus*"[291], d. h. ein Herrschaftssystem, in dem neben dem Volk noch einem Gremium von nicht nach demokratischen Prinzipien ausgewählten Menschen Entscheidungsbefugnisse übertragen wird. Mitglieder des „Senats" sollen die besten sein, die sich der Schranken und Bedingtheiten bewusst sind, die vom Ganzen, vom Volk ausgehen, und die damit ein institutionell gesichertes Gegengewicht gegen die Macht der Vielen zu bilden vermögen[292].

Diese nach heutigem Verständnis verstörenden, weil auf einen autoritären Staat ausgerichteten Ideen erscheinen allerdings in einem milderen Licht, wenn man die Definition des Staatsbegriffs zugrunde legt, die Popitz am 28. Juni 1944, seinem letzten Vortrag vor der Mittwochsgesellschaft dargelegt hat. Danach definierte er den Staat universalhistorisch, also auch für das Mittelalter geltend und abweichend von Otto Brunner und Carl Schmitt, die den Staat als einen spezifischen auf die maßgebende politische Ordnungsform der Neuzeit bezogenen und an sie gebundenen Begriff verstanden[293], als die auf einem Gebiet lebende Gruppe von Menschen, die dadurch zusammengehalten wird, dass „*sie seiner Herrschaftsgewalt untersteht, die ihrerseits dem Grade nach allen anderen in diesem Gebiet noch herrschenden Herrschaftsgewalten übergeordnet ist*"[294]. Den Staat dachte sich Popitz als Voll-

---

[289] J. Popitz, Finanzpolitische Aufgaben, DJZ 1931, Sp. 16

[290] J. Popitz, Der Der Finanzausgleich und seine Bedeutung für die Finanzlage des Reichs, der Länder und Gemeinden in: Veröffentlichungen des Reichsverbandes der Deutschen Industrie, Berlin 1930, 8

[291] J. Popitz, Eugen Schiffer zur Kritik unserer Zeit, JW 1932, 618, 622

[292] J. Popitz, Eugen Schiffer zur Kritik unserer Zeit, JW 1932, 618, 622

[293] O. Brunner, Land und Herrschaft, Grundfragender territorialen Verfassungsgeschichte Südostdeutschlands im Spätmittelalter, (3. Auflage 1942); C. Schmitt, Staat als ein konkreter, an eine geschichtliche Epoche gebundener Begriff (1941), abgedruckt in: Verfassungsrechtliche Aufsätze aus den Jahren 1924 – 1954, Berlin 1958, 375

[294] K. Scholder, Die Mittwochsgesellschaft , 350

staat, d. h. als machtvollen Staat, der alle Wesenselemente des staatlichen Lebens fest in der Hand hält und der ein vom Gemeinschaftsbewusstsein durchdrungenes, national homogenes Volk – das ganze deutsche Volk –umschließt und der nicht durch öde Zentralisierung der Verwaltung Gleichmacherei treibt, aber doch alle föderativen und partikularen Hilfskonstruktionen ablehnt[295]. Das Schicksal des Volkes sah er mit der Frage verknüpft, die Einheit der Willenbildung herzustellen und er hoffte auf einen Staat, „*der endlich das deutsche Volk zum Zustand politischer Einheit erhebt*" [296]. Auf konkrete Probleme eingehend forderte Popitz die Zusammenlegung von damals fünf Institutionen, die mit der Betreuung der Arbeitslosen betraut waren – insofern ein Vorläufer von Hartz IV- , die Zusammenlegung der Wohlfahrtspflege mit der Sozialversicherung, eine einheitliche Regelung des Gemeindesteuersystems durch das Reich und ein einheitliches Kommunalaufsichtssystem[297].

Als Ziel verfassungsrechtlicher Zukunftsaufgaben schwebte Popitz im Jahre 1931 vor, den deutschen Staat zu gestalten, ihm das lebenswichtige Instrument eines wohl ausgestalteten Rechts zu geben und dieser Rechtsschöpfung ein einheitliches Staatsvolk als Träger des Rechtsgedankens zu gestellen. Für die Ordnung des Staates forderte er die Beachtung von drei Grundsätzen ein:

1. Eine einheitliche Willensbildung, d. h eine einheitliche Regelung für das ganze Staatsgebiet einschließlich eines bestimmten Maßes an Einflussnahme des Zentralstaates auf die Geschäftsführung der Gebietskörperschaften in Form einer Staatsaufsicht.

2. Eine Gliederung des Staates in Gebietskörperschaften, die er sowohl als historisches Faktum als auch als staats- und verwaltungspolitische Notwendigkeit anerkannte. Mit Hilfe der Gebietskörperschaften entlastet sich der Staat von seiner Verantwortung , die er selbst, den örtlichen Bedürfnissen räumlich und sachlich entrückt, nicht zu tragen vermag. Voraussetzung dafür ist, dass den Gebietskörperschaften die für die Erfüllung ihrer Aufgaben notwendigen Einnahmemöglichkeiten zur Verfügung stehen.

3 Die Respektierung der Wirtschaft, die sowohl die privatwirtschaftlichen Einheiten als auch die Gebietskörperschaften umfasst, welch letztere durch ihre Tätigkeiten die Wirtschaft beeinflussen, nämlich sowohl durch die Auswahl der Aufgaben und die Art, wie sie die Aufgaben wahrnehmen als auch durch die Bestimmung des Anteils am Sozialprodukt, den sie für die Deckung ihres Bedarfs in Anspruch nehmen[298].

---

[295] Vortrag vor der Mittwochsgesellschaft am 11. 12 1940, in: K. Scholder aaO. 260 ff.

[296] Rede vor dem Steuerausschuss, BArch NL 1262

[297] Rede vor dem Steuerausschuss, BArch NL 1262

[298] Vgl. Finanzausgleichs - Gutachten (1932), 2 f.

Zur Beseitigung der beanstandeten Missstände wollte Popitz das Reich neu ordnen und dabei insbesondere die Bewegungsfreiheit der Länder einschränken. Während er 1930 den Parlamentarismus in den Ländern aufheben wollte[299], wollte er die Position der Gemeinden, als die wesentlichen Träger einer echten Selbstverwaltung, stärken. Diese Gedanken einer politischen Neuordnung, die eine politische Grundentscheidung enthielten[300], lagen auch seinem Gutachten zum Finanzausgleich von 1932 zugrunde, wenngleich Popitz zwar die Finanzausgleichsfrage mit dem Problem der Neuordnung des Reiches belastet sah, aber die Neuordnungsfrage soweit als möglich aus seinen Überlegungen zum Finanzausgleich ausklammern wollte[301]. Dass Popitz die Neuordnungsfrage nicht vollständig beiseite ließ, zeigt, wie dringlich ihm diese Problem war. Ziel eines Finanzausgleichs sollte es nach den Vorstellungen von Popitz sein, für Deutschland einen einheitlichen Unterbau der öffentlichen Finanzwirtschaft in Gestalt der Gemeinden und Gemeindeverbände zu schaffen. Diesen Unterbau wollte er in die vom Staat repräsentierte gesamte öffentliche Wirtschaft mit dem Ziel einzufügen, die Einheitlichkeit in der Leitung herzustellen[302]. Obwohl nicht offen ausgesprochen, lässt sich dem Gutachten eine gewisse Sympathie für den Gedanken einer über die Abschaffung der Länderparlamente hinausgehenden völligen Abschaffung der Länder und ihrer Umgestaltung in bloße Provinzen entnehmen. Letztlich liefen die Vorstellungen von Popitz auf die Bildung eines Einheitsstaates hinaus oder gaben diesem Modell zumindest den Vorzug vor einem föderalistischen Staatssystem[303]. Aber 1927 hatte er noch die Meinung vertreten, dass die Gliedstaaten ihre Staatsgewalt nicht von dem Oberstaat ableiten[304], so dass von diesem Standpunkt aus das Reich nicht die Befugnis besessen hätte, die Länder auszulöschen.

Die kritischen Schriften von Schmitt und Popitz über die Weimarer Republik und über einen Staat mit einem einheitlichen Staatswillen ließen nicht erkennen, wie ein solcher Staat strukturiert sein müsste. Schon den Zeitgenossen war nicht klar, was die rechtskonservativen Kritiker an die Stelle der Weimarer Verfassung setzen wollten[305]. Im Ergebnis gab es aber keinen Zweifel, dass ein Staat mit einem

---

[299] J. Popitz, Der Finanzausgleich und seine Bedeutung für die Finanzlage des Reichs, der Länder und Gemeinden in: Veröffentlichungen des Reichsverbandes der Deutschen Industrie, Berlin 1930, 7

Der Finanzausgleich und seine Bedeutung für die Finanzlage des Reichs, der Länder und Gemeinden in: Veröffentlichungen des es der Deutschen Industrie, Berlin 1930, 5 ff.

[300] Vgl. dazu A. Hensel, Das Popitz-Gutachten über den Finanzausgleich, StuW 1932 I Sp. 604

[301] Vgl. Finanzausgleichs - Gutachten (1932), 4

[302] Finanzausgleichs - Gutachten (1932), 9

[303] J. Popitz, Der Finanzausgleich (Handbuch), 365

[304] J. Popitz, Der Finanzausgleich, (Handbuch) 1927, 342

[305] H. von der Groeben, Deutschland und Europa in einem unruhigen Jahrhundert, 209

einheitlichen Staatswillen nur ein Führerstaat sein konnte. Es erscheint deshalb folgerichtig, wenn Popitz schon 1929 , also vor den Anfang der dreißiger Jahre aufgeschriebenen Ideen über die Neuordnung des Reiches mit dem Gedanken eines Führerstaats gespielt hatte. Dem durch die politischen Kräfte des Volkes bestellten und von deren Vertrauen getragenen Führer sollte die Umsetzung des 1929 ins Auge gefassten Finanzplans anvertraut werden[306]. Er stand damit in der Weimarer Republik nicht allein. Der Gedanke des Führerstaats spukte Ende der zwanziger Jahre in vielen Köpfen.

Führerstaat und Abschaffung des Föderalismus waren zwei Aspekte einer Grundidee, die von dem Gedanken der Einheit beherrscht war. Gewisse Landessteuern wollte Popitz deshalb 1931 in das *„Museum des Partikularismus"* stellen[307]. Um die Allmacht des preußischen Ministerpräsidenten, als eines notwendig parteimäßig eingestellten ersten Funktionärs zu begrenzen, forderte er 1932 die Umgestaltung des föderalistischen Systems dahin, dem Reichspräsidenten gleichzeitig das Amt des preußischen Ministerpräsidenten zu geben[308]. Diesem Ziel einer einheitlichen Gestaltung des Reichs glaubte Popitz später im Dritten Reich näher zu kommen, indem er von der Möglichkeit sprach, dass die Befugnisse der Länder auf das Reich übergehen und anstelle der Länder neue in Zuständigkeit und Finanzbefugnisse gleichgeschaltete Gliederungen in Gestalt von Gauen(Gaue) entstehen[309]. Dem Gedanken des Abschaffung des Föderalismus und der Bildung eines Einheitsstaats gab er in einer Rede vor der Industrie- und Handelskammer Lübeck anlässlich des Groß-Hamburg-Gesetzes vom 26. Januar 1937 Ausdruck[310]. Er versuchte den Lübeckern die Eingliederung in Preußen und damit den Verlust des Status einer reichsunmittelbaren Freien und Hansestadt, die eine preußische Stadt wurde, schmackhaft zu machen, indem er von der letzten kurzen Wegstrecke sprach, die Preußen und Lübeck noch (bis zur Bildung eines Einheitsstaats) zusammen gehen würden. Er schloss seine Rede mit einem *„Siegheil auf den Führer als dem Vollender der uralten Hoffnung aller Deutschen auf ein einheitliches Deutsches Reich"*[311].

---

[306] Diskussionsbeitrag J. Popitz, abgedr. in: Kapitalbildung und Steuersystem, Verhandlungen und Gutachten der Konferenz von Eilsen, Veröffentlichungen der Friedrich List-Gesellschaft, Berlin 1930, 4. Bd. 154 f.

[307] J. Popitz, Betrachtungen zur Neuordnung der Steuern, StuW I 1931, Sp. 1; H. Dieckmann, Johannes Popitz, Entwicklung und Wirksamkeit in der Weimarer Verfassung, 132 Anm. 17

[308] J. Popitz. Eugen Schiffer zur Kritik unserer Zeit, JW 1932, 618, 621

[309] J. Popitz, Die finanzwirtschaftlichen Voraussetzungen der Reichsreform, ZAkDR 1937, 6

[310] RGBl. 1937 I 91

[311] GStA PK I. HA Rep. 151 Finanzministerium Nr. 2301, Bl. 5,; die Akte vermittelt Einblick in die zahlreichen rechtlichen und finanziellen Probleme, die das preußische Finanzministerium aufgrund der Eingliederung Lübecks in Preußen zu lösen hatte

Über die diesem Ziel entgegenstehenden Hemmnisse einer Reichsreform sprach er in der Mittwochsgesellschaft am 23. November 1938, das Ziel des Einheitsstaates voraussetzend, ohne dieses Ziel zu problematisieren[312]. In dem protokollierten Schlusssatz dieses Vortrages heißt es: *„Alles dränge dazu, eine Entscheidung über die Gliederung des Reiches, seinen Verwaltungsaufbau und das Ausmaß der finanziellen Dezentralisation zu treffen, um aus einem aliquid monstrum einen wirklichen deutschen Einheitsstaat zu schaffen*“. Wenngleich dieser Satz nationalsozialistischer Zielsetzung entsprach, lässt er sich dahin interpretieren, dass Popitz im November 1938 die von ihm schon vorher geforderte Reichsreform, die hinsichtlich einer völligen Abschaffung der Länder auch als bloße verwaltungstechnische Einheiten ja noch nicht vollendet war, nicht mehr auf „legalem“ Wege vom Nazi-Regime, sondern nur nach dessen Sturz erwartete[313]. Zugleich ist der Satz ein Zeugnis für ein Umdenken in der Zeit von 1937 bis zum Herbst 1938. Denn 1937 hatte Popitz die Umsetzung der Reichsreform durch die Bildung von Gauen unter Abschaffung der Länder noch von Hitler gefordert[314]. Er meinte nämlich, dass die Entwicklung zum Einheitsstaat allein von einem politischen Entschluss abhängig sein sollte, der vom Führer, also Hitler, gefasst und von dem zur Gemeinschaft zusammen geschlossenen Volk innerlich angenommen wird[315].

Popitz Ideen waren von seinen Funktionen als Verwaltungsmann geprägt. Die Gestaltung des Staates war für ihn vornehmlich eine Frage der Organisation des Staates. Gutes Organisieren setzt klare staatsrechtliche Verhältnisse voraus[316]. In einem Aufsatz zum Gedenken an den Reichsfreiherrn vom und zum Stein legte er dar, welche ungeheure Bedeutung einer guten durchgängigen Staatsorganisation beizumessen ist[317]. Organisationsfragen stellte er über das Wohl des Menschen. Dem Wohl des Staates räumte er den Vorrang ein. Lobend hob er die erbarmungslose Sprache Steins und dessen Überzeugung hervor, dass das Wohl des Staates keine Rücksicht auf Menschen kennen darf[318]. Popitz wollte aber die Freiheit des

---

312 K. Scholder, Die Mittwochsgesellschaft, 204 ff.

313 K. Scholder, Die Mittwochsgesellschaft, 31 f.; zur Notwendigkeit einer Reichsreform vgl. J. Popitz, Der öffentliche Finanzbedarf und der Reichsparkommissar, Bank-Archiv, 33. Jg. 1930/31, 21,25

314 J. Popitz, Die finanzwirtschaftlichen Voraussetzungen der Reichsreform, ZAkDR 1937, 6

315 Popitz, Die finanzwirtschaftlichen Voraussetzungen der Reichsreform, ZAkDR 1937, 6

316 J. Popitz, Der öffentliche Finanzbedarf und der Reichssparkommissar, Bank-Archiv 1930/31, 25

317 J. Popitz, Dem heimlichen Kanzler deutscher Nation zum Gedächtnis, DJZ 1931, 699, 791; vgl. auch sein Vortrag in der Mittwochsgesellschaft zum Thema Vom Augsburger Religionsfrieden bis zu Dreißigjährigen Krieg, K. Scholder, Die Mittwochsgesellschaft, 295

318 J. Popitz, Dem heimlichen Kanzler deutscher Nation zum Gedächtnis, DJZ 1931, 791

Menschen und die Beseitigung von Rechtsschranken aufgrund von Standesunterschieden gewährleistet sehen. Der Wille freier Menschen und nicht der Wille von Beauftragten organisierter Interessenten oder sozialer Größen sollte im Staat zum Ausdruck kommen, um so die Einheit zwischen Volk und Staat herzustellen[319].

Die staatspolitischen Ideen von Popitz und Schmitt betrafen nicht nur den Verfassungszustand, sondern sie standen im Widerspruch zu Grundprinzipien der Weimarer Verfassung, insbesondere zu dem von Anschütz oben dargestellten Grundprinzip der Demokratie. Sie waren dem Schwerpunkt nach fixiert auf die Missstände der Verfassungswirklichkeit, die ja zweifellos vorhanden waren. Aber anstatt diese zu bekämpfen und sich um eine Reform in den Punkten zu bemühen, die reformbedürftig waren, verlor man sich in Utopien, die mit den Grundsätzen eines freiheitlichen, demokratischen Rechtsstaates unvereinbar waren. In einer parlamentarischen Demokratie, in der die Interessengegensätze der verschiedenen Bevölkerungsschichten durch Mehrheitsentscheidung gelöst werden, kann es keinen einheitlichen Staatswillen geben. Die Aufteilung der Gewalten auf Reich, Länder, Gemeinden und sonstige Organisationen, die nach Popitz im Vordergrund seiner Kritik an der Polykratie von Weimar stand, ist ein Aspekt der Gewaltenteilung, die eine Übermacht des Staates verhindert. Es ist nicht ersichtlich, nach welchem Grundprinzip und mit welchem Inhalt die verschiedenen Gewaltenträger zu einer einheitlichen Willensbildung zusammengeführt werden könnten. Der Gedanke des Wettbewerbs unter den Gebietskörperschaften, der diese zu besseren Leistungen beflügeln kann, war Popitz völlig fremd. Zwar verträgt der öffentliche Sektor keinen Wettbewerb in allen Bereichen. In manchen Bereichen, z. B. im Zivil- und Handelsrecht sowie in den Grundstrukturen des Steuerrechts ist eine Rechtseinheit nützlich, wenn nicht unverzichtbar. Ohnehin stellt sich in den einzelnen Gebietskörperschaften eine Einheitlichkeit der wirtschaftlichen Verhältnisse bis zu einem gewissen Grade von selbst ein, weil die Rahmenbedingungen für die Gebietskörperschaften weitgehend gleich sind. Ob der Wettbewerb zuzulassen oder eine einheitliche Regelung besser ist, ist von Fall zu Fall zu entscheiden und eine Frage der Abwägung der jeweiligen Vor- und Nachteile. Mit Recht hat sich Popitz für eine Vereinheitlichung des Steuerrechts ausgesprochen und damit mit der Realsteuerreform 1936 auch Erfolg gehabt. Aber die Einheit an sich und um jeden Preis auf allen Gebieten, insbesondere der Wirtschaftspolitik durch alle Gebietskörperschaften hindurch, wie sie Popitz vorschwebte, ist in einem gegliederten Staatswesen weder durchsetzbar, noch wünschenswert.

Die Staatsidee und der Staat hatten für Popitz offenbar an sich seinen Wert. Man wird davon ausgehen können, dass Popitz eine individualistische Staatsauffassung ablehnte, die dem Staat keinen Eigenwert beimisst, sondern den einzelnen in den Mittelpunkt stellt, wie etwa Kant es tat. Vielmehr lag ihm eine den Eigenwert des

---

[319] J. Popitz, Dem heimlichen Kanzler deutscher Nation zum Gedächtnis, DJZ 1931,. 792 f.

Staates betonende universalistische Staatsauffassung näher, die wir etwa bei Platon oder Thomas von Aquin finden. Der Einzelne ging für Popitz im Staatsganzen auf. Popitz dürfte von Papen zugestimmt haben, der in seiner berühmtem, mit kritischen Untertönen gegen die Herrschaftspraxis des Regimes durchsetzten „Marburger Rede" im Juli 1934 ausgeführt hatte, dass die Erziehung des Volkes zum Dienst am Staat ein selbstverständliches Gebot ist[320]. Infolgedessen gab es für Popitz keinen Gegensatz zwischen dem Bürger und dem Staat. Die Notwendigkeit, die Freiheitsrechte des Einzelnen gegen den Staat zu sichern, scheint für Popitz kein staatspolitisches Problem, jedenfalls kein diskussionswürdiges, gewesen zu sein, wenngleich er etwa für das Steuerrecht dem Rechtsschutzgedanken einen Stellenwert beimaß. Freiheit war im übrigen in der Zeit von Weimar wie in keiner Epoche vorher und nachher in einem Maße gewährleistet, dass sich der demokratische Rechtsstaat – in Verkennung der Notwendigkeit, die Möglichkeit der Ausübung der Freiheit zu schützen - seiner Feinde nicht erwehren konnte. Als preußischer Beamter in ein strenges Pflichtenverhältnis eingebunden, hatte die Freiheit für Popitz möglicherweise auch lebensgeschichtlich keine übermäßige Bedeutung.

c. Selbstverwaltung der Gemeinden

Die Verfassung der Gemeinden beschäftigte Popitz während seiner gesamten Berufstätigkeit. Einzelinteresse und Gemeinwohl stehen in einem Spannungsverhältnis zueinander und treffen in der Gemeinde auf engstem Raum aufeinander. Ein Spannungsverhältnis besteht auch zwischen dem Staat und den Gemeinden. Selbstverwaltete Gemeinden schaffen Freiräume gegenüber dem Staat. In seinem bedeutenden Vortrag über Zentralismus und Selbstverwaltung berief er sich zustimmend auf den großen Historiker Jakob Burckhardt, der die zentralisierte Polis-Verfassung des antiken Athens mit ihrer hemmungslosen Fesselung des Einzelindividuums an den Staat als eine der unfreiesten Verfassung bezeichnet hatte, die man sich für eine organische Zusammenfassung von Menschen vorstellen könne[321]. Als auf Organisationsfragen fixierter Verwaltungsmann sah Popitz die Selbstverwaltung der Gemeinden vornehmlich als eine Frage der zweckdienlichen Organisation des Staates an. Selbstverwaltung war nach Popitz Dienst am Staat im lokalen oder regionalen Ausschnitt aus einer Totalität von öffentlichen Aufgaben[322]. Die Selbstverwaltung in dem Sinne, dass nicht mehr vom Staat irgendwie bestellte oder beauftragte Organe tätig sind, und dass ein Verband selbst als solcher die ihm vom Staat überlassenen Aufgaben unabhängig vom Staat wahrnimmt, sah Popitz aus Gründen der

---

[320] Abdruck in : Reden, die die Welt bewegten, 10. Aufl. Stuttgart 1989, 378

[321] J. Popitz, Zentralismus und Selbstverwaltung, in. Harms (Hrsg.) Volk und Reich der Deutschen, Vorlesungen gehalten in der Deutschen Vereinigung für Staatswissenschaftliche Fortbildung, Berlin 1929. 329 ff., 332

[322] J. Popitz, Gutachten Finanzausgleich (1932), 6

deutschen Überlieferung wie aus Gründen zweckmäßiger Staatsorganisation als unentbehrlich an[323], wenngleich er darin auch in Anknüpfung an ein Wort des bedeutenden Verwaltungsjuristen und Mitgliedes der Mittwochsgesellschaft, Bill Drews, das Recht auf die eigene Dummheit eingeschlossen erkannte[324]. Die Gemeinden sollten fest in den Mechanismus des Staatsganzen eingebunden sein[325], was naturgemäß nur durch eine strenge Staatsaufsicht zu verwirklichen ist, für die Popitz konsequenterweise auch eintrat[326]. Da der Zustand der Gemeinden während der Weimarer Republik seinen Vorstellungen widersprach, forderte Popitz eine Reform der Gemeindeverfassung, deren Erfüllung er eine unmittelbar schicksalsvolle Bedeutung beimaß und die eine längere Hinausschiebung nicht vertrug[327]. Im Dritten Reich erhielt Popitz dann Gelegenheit, an der Reform der Gemeindeverfassung mit zu wirken, die seinen Vorstellungen entsprach, aber den Gedanken der Selbstverwaltung im klassischen Sinn weitgehend vernichtete.

Den Gegenstand der Selbstverwaltung, insbesondere der Gemeinden, grenzte er scharf von dem Aufgabenkreis des Staates ab. Das Regieren sollte ausschließlich Sache des Staates sein[328]. Fragen, die mit der sicherheitsmäßigen und finanziellen Selbstbehauptung des Staates, mit den Richtlinien der Wirtschaftspolitik und mit der Einwirkung auf die kulturelle Entwicklung des Volkes zusammenhängen, wollte er dem Staat vorbehalten[329], der die Einheit des Staatswillens garantieren müsse[330]. Zu einer Staatsgefahr sah er deshalb die Dezentralisation werden, „*wenn sie die Willensbildung über das für Wirtschaft und Volk Wesentliche zersplittert*“, wenn das „*einigende Band fehlt, das in einer richtunggebenden Regierung besteht*[331]. Auf die letztlich entscheidende Frage, wie die Willensträger des Verbandes ausgewählt und bestellt werden, kommen wir noch im Zusammenhang mit der Mitwirkung von Popitz an der Schöpfung des preußischen Gemeindegesetzes und

---

323 J. Popitz, Zentralismus und Selbstverwaltung, in. Harms (Hrsg.) Volk und Reich der Deutschen, Vorlesungen gehalten in der Deutschen Vereinigung für Staatswissenschaftliche Fortbildung, Berlin 1929. 329 ff., 344 f. vgl. auch schon Artikel Finanzausgleich, Handbuch der Finanzwissenschaft, Zweiter Band , 1927, 350 f.

324 J. Popitz, Zentralismus und Selbstverwaltung, in. Harms (Hrsg.) Volk und Reich der Deutschen, Vorlesungen gehalten in der Deutschen Vereinigung für Staatswissenschaftliche Fortbildung, Berlin 1929. 329 ff., 346

325 J. Popitz, Gutachten Finanzausgleich (1932), 7

326 J. Popitz, Gesetzgeberische Zukunftsaufgaben, DJZ 1931, Sp 385 ff.

327 J. Popitz, Gutachten Finanzausgleich (1932), 7

328 Gutachten Finanzausgleich (1932), 353

329 Gutachten Finanzausgleich (1932), 352, 360

330 J. Popitz, Gesetzgeberische Zukunftsaufgaben, DJZ 1931, Sp. 385, Sp. 391 ff.

der Deutschen Gemeindeordnung im Dritten Reich zurück. Seine Ausführungen über die Selbstverwaltung im Jahre 1928 beantworten diese Frage nicht.

Den Sozialversicherungsträgern ein Selbstverwaltungsrecht einzuräumen, begegnete Popitz mit Bedenken. Von dem Gedanken der Einheit des Staatswillens ausgehend, sah er die Gefahr, dass an die Stelle der Gesamteinstellung zum Staatsganzen die ungehemmte Interesseneinstellung auf einen Sonderzweck tritt[332].

d. Reichs- und Verwaltungsreform - Juristenausbildung

Die Gliederung des Reiches und die Organisation der Verwaltung auf den Ebenen des Reiches, der Länder und der Gemeinden waren Problemfelder, die in der zweiten Hälfte der zwanziger Jahre allgemein wegen der von Popitz, Carl Schmitt und vielen anderen als mangelhaft empfundenen Zustände einer Lösung zugeführt werden mussten.

Wesentliche Probleme waren der Dualismus zwischen dem Reich und Preußen sowie die mangelnde Homogenität der Länder, die neben dem mächtigen Preußen Kleinstaaten geringer Leistungsfähigkeit umfassten[333]. Weitere Problemfelder waren das Nebeneinander der Reichs-, Länder- und Gemeindeverwaltungen (Dualismus der Verwaltung) und das Nebeneinander der Reichs- und Länderministerien (Dualismus der Regierungen)[334]. Zur Lösung der Probleme wurde eine Länderkonferenz ins Leben gerufen, die Anfang Januar 1929 ihre Arbeit aufnahm[335] . Schon bei der Vorbereitung der Länderkonferenz war Popitz als Staatssekretär maßgebend, teilweise richtungsbestimmend beteiligt. Er war Mitglied des Unterausschusses zur Frage der territorialen Umgliederung des Reiches (Bildung von leistungsfähigen Ländern) und des Unterausschusses zur Frage der klaren Abgrenzung der Zuständigkeiten zwischen Reich und Ländern und Aufhebung des Dualismus zwischen dem Reich und Preußen[336]. Hinsichtlich der Reichsreform hat die Länderkonferenz am 21 Juni 1930 mit Mehrheit den Beschluss gefasst, dass namentlich das von vielen als unerträglich empfundene Verhältnis des Reichs zu Preußen, der Dualismus Reich – Preußen, durch eine Vereinigung des Reiches mit Preußen dergestalt aufgelöst werden sollte, dass die preußische Zentralregierung entfallen und die

---

[331] J. Popitz, Betrachtungen zur Neuordnung der Steuern, Steuer und wirtschaft 1931, 1

[332] J. Popitz, Gutachten Finanzausgleich (1932), 6

[333] F. Poetzsch-Heffter, Grundgedanken der Reichsreform, 14 ff.; 22

[334] G. Lassar, Reichsreform Warum und Wie?, 9

[335] F. A. Medicus, Reichsreform und Länderkonferenz, Die Beratungen und Beschlüsse der Länderkonferenz und ihrer Ausschüsse, 4; das Buch bietet eine konzise Übersicht über Zusammensetzung, Verlauf und Ergebnis der Länder Konferenz; aus heutiger Sicht: G. Schulz, Zwischen Demokratie und Diktatur, Verfassungspolitik und Reichsreform in der Weimarer Republik, Bd. I, Die Periode der Konsolidierung und der Revision des Bismarckschen Reichsaufbaus, 577 ff.

[336] Verhandlungen vom 22. – 24. 10. 1928, BArch NL Rep.92 Nr. 86

preußischen Ministerien mit den Reichsministerien sowie der preußische Landtag mit dem Reichstag vereinigt werden sollten. Die preußischen Provinzen sollten Länder werden, allerdings einen anderen Status erhalten als die süddeutschen Länder, deren Status nicht geändert werden sollte. Es kam das Schlagwort auf: „*Preußen muß sterben, damit das Reich leben kann*"[337]. Daneben spielte auch die Eingliederung von kleineren und mittelgroßen Ländern in größere Länder sowie die Eingliederung von Exklaven in die umgebenden Länder eine Rolle, um leistungsfähige Länder zu schaffen. Für einen Einheitsstaat, den die Länderkonferenz ebenso wenig wie eine Stärkung des Föderalismus vorgeschlagen hatte, trat u. a. der einem anderen Lager als Popitz zuzurechnende sozialdemokratische Ministerpräsident von Preußen, Otto Braun (1920 – 1932 fast ununterbrochen), ein. Widerstand gegen die Vorschläge der Länderkonferenz gab es vor allem aus Süddeutschland. Man befürchtete insbesondere, dass sich die zentralstaatliche Lösung für Norddeutschland später auch auf Süddeutschland erstrecken würde, und dass die süddeutschen Länder ihre Eigenständigkeit verlieren würden[338].

Neben der Reform der Gliederung des Reiches spielte die Verwaltungsreform, insbesondere die Verwaltungsvereinfachung im Rahmen der Länderkonferenz eine Rolle. Popitz und der Staatssekretär der Reichskanzlei, Hermann Pünder, waren hierbei treibende Kräfte. Nachdem das Reichskabinett zunächst eine „*Kommission für Vorarbeiten zwecks Erzielung von Ersparnismaßnahmen auf dem Gebiet der öffentlichen Verwaltung*" eingesetzt hatte, der neben dem Reichssparkommissar der Reichsinnenminister und der Reichsfinanzminister angehören sollten, trat wegen des Widerstandes gegen diese Kommission eine inoffizielle Dreierkommission zusammen, die aus dem Reichsparkommissar Saemisch, dem Reichswirtschaftsminister Curtis und Popitz bestand. Für die Arbeit dieser Kommission arbeitete Popitz Richtlinien aus, die folgende Punkte enthielten: I. Die staatsrechtliche und finanziell mögliche Ausgestaltung von Reichsländern (Sonderfrage: Preußen als Reichsland); II. Überleitung von Länderaufgaben auf das Reich, z. B. Justiz, III. Zusammenlegung von Reichsaufgaben bei den Landesfinanzämtern; IV. Überleitung von Landesaufgaben auf die Reichsbehörden; V. Rationalisierung der Bezirkseinteilung der Reichsbehörden, insbesondere der Landesfinanzämter und Finanzämter; VI. Mitwirkung des Reichs, insbesondere des Reichsparkommissars, bei der Verwaltungsreform der Länder, insbesondere bei der Behördenzusammenlegung und der rationellen Bezirksaufteilung; VII. Maßnahmen zur Verhinderung von Ausgabensteigerungen in Reich, Ländern und Gemeinden[339]. Hinsichtlich der nach Art. 107 WRV geforderten Einrichtung eines Reichsverwaltungsgerichts trat Popitz in Bezug auf die Zulässigkeit des Rechtsweges für eine Generalklausel unter Ausschluss

---

337 O. Braun, Von Weimar zu Hitler, 213

338 F. Poetzsch-Heffter, Grundgedanken der Reichsreform, 32

339 Die Akten der Reichskanzlei, Die Kabinette Marx III u. IV, Nr. 387

einiger enumerativ aufzuzählender Fälle ein, während die Mehrheit der Länder das Enumerationsprinzip einführen wollte[340]. Popitz war auch Mitglied des im Rahmen der Länderkonferenz eingesetzten Ausschusses für Finanzfragen[341].

Zu einer Reichsreform, geschweige denn zu einer durchgreifenden Verwaltungsreform ist es bis zum Ende der Weimarer Republik nicht mehr gekommen[342]. *„Die mit großem Fleiß, gründlichem Sachverstand und ungeheurem Zeitaufwand angefertigten Gutachten, Resolutionen und sonstigen Beiträge und der gute, von warmem Herzen eingegebene Wille der meisten Konferenzteilnehmer, das Reformwerk zu vollenden, haben es nicht vermocht, den kategorischen Auftrag zur Durchführung herbeizuführen"*[343]. Das Amt des Reichssparkommissars, für dessen Fortbestand sich Popitz ab 1926 eingesetzt und für dessen Tätigkeit er Richtlinien ausgearbeitet hatte, blieb aber erhalten.

Neben Verfassungsfragen der Reichs- und Verwaltungsreform beschäftigte Popitz auch die Ausbildung der Beamten und allgemein der Juristen. Gemeinsam mit Professoren und hohen Beamten legte er Reformvorschläge vor[344]. Als Ziel der Ausbildung zum Beamten forderte er einen neuen Typus des höheren Staatsbeamten, der von vorneherein auf der Universität zur Hingabe an den Staatsgedanken erzogen wird, dem gleichmäßig die Grundlagen zum juristischen Denken wie zur volkswirtschaftlichen Urteilsfähigkeit vermittelt wird, und der in seiner Vorbereitungstätigkeit sich in möglichst vielen Zweigen der staatlichen Tätigkeit und im Wirtschaftsleben praktisch umgesehen und dabei schon Gelegenheit zum selbständigen Handeln gefunden hat[345]. Für das Studium schloss Popitz sich dem Votum von Johannes von Miquel, dem Schöpfer des preußischen Einkommensteuergesetzes von 1891 an, der gemeint hatte, dass der Student bis zum letzten Semester sich mit gar nichts beschäftigen soll, was ihm zum Brotstudium direkt notwenig ist,

---

[340] Die Akten der Reichskanzlei, Die Kabinette Marx III u. IV, Nr. 387, 1204. Nr. 392, 1221, Nr. 393, 1222 f.

[341] Die Akten der Reichskanzlei, Kabinett Müller II Dok. Nr. 9

[342] G. Schulz, Triebkräfte und Ziele der Reichsreform, in: R. Morsey, Verwaltungsgeschichte, 88 ff.

[343] C. Severing, Mein Lebensweg, Band II Im Auf und Ab der Republik, 168

[344] A. von Batocki u. a. ‚Staatsreferendar und Staatassessor, Reformvorschläge für das Ausbildungs- und Berechtigungswesen der Juristen und Volkswirte, Jena 1927, BArch. NL 1262 Nr. 98

[345] J. Popitz, Reformvorschläge für das Ausbildungs- und Berechtigungswesen im höheren Staatsdienst, DJZ 1928,Sp. 17, 21; J. Popitz u. a. in: Staatsreferendar und Staatsassessor, Reformvorschläge für das Ausbildungs- und Berechtigungswesen der Juristen und Volkswirte, Jena 1927

sondern dass bis zum Examen die wahre Wissenschaftlichkeit gefördert werden sollte[346].

e. Aktive Steuer- und Finanzausgleichspolitik

aa. Anfänge im Kaiserreich

Die Anfänge von Popitz` Tätigkeit als aktiver Steuer- und Finanzausgleichspolitiker liegen im Kaiserreich. Der sachliche Zusammenhang mit seinem steuerpolitischen Wirken in der Weimarer Zeit lassen es aber geboten erscheinen, seine Tätigkeit im Kaiserreich zusammen mit seinem Wirken in der Weimarer Republik darzustellen. Als Popitz im Frühjahr 1916 seine Tätigkeit im Reichsschatzamt, dem Vorläufer des Reichsfinanzministeriums, aufnahm, befand sich Deutschland mitten im Weltkrieg, der von Anfang an ein Zweifrontenkrieg war. Die militärischen vom Schlieffenplan bestimmten Operationen im Westen waren gescheitert[347]. Aus dem anfänglichen Bewegungskrieg war ein Stellungskrieg geworden, der mit der verlorenen Schlacht um Verdun Anfang 1916 eine symbolhafte Bedeutung erlangte. Im Osten hatten die Deutschen zwar Erfolge erzielt, aber die mit Deutschland verbündeten Österreicher waren in schwere Bedrängnis geraten und 1915 war Italien in den Krieg gegen die Mittelmächte eingetreten.

Finanziell war Deutschland nicht auf den Krieg vorbereitet gewesen. Popitz, noch in der Zeit von Weimar ganz in der herrschende Ideologie des Kaiserreichs befangen, drückte das 1928 rückblickend so aus: dass das *„Reich finanziell ungerüstet in das größte Ringen der Geschichte"* eingetreten war und *„aus der Erkenntnis der schicksalsbestimmenden Bedeutung dieses Weltbrandes"* die *„Kraft zur Tat"* nicht gefunden hatte[348]. Die Grundfrage, ob der jedenfalls auch von Deutschland verschuldete Weltkrieg gerechtfertigt war, stellte sich für Popitz so wenig wie für die meisten Deutschen. Ebenso wenig stellte sich für Popitz die Frage, ob im Falle der von ihm rückschauend geforderten großzügigen Neuregelung der Steuern einen für Deutschland günstigeren Kriegsausgang bewirkt hätte. Aus heutiger Sicht ist das zu bezweifeln. Für die Kriegsführung war das Steueraufkommen im Reich und den Ländern jedenfalls viel zu niedrig. Aber auch ein höheres Steueraufkommen hätte Deutschland nicht in die Lage versetzt, den Krieg gegen die militärisch überlegenen Westmächte zu gewinnen. Insgesamt wurden die Kriegskosten in Höhe von schätzungsweise 155 Mrd. Mark nur mit schätzungsweise 9 Mrd. Mark aus Steuern im übrigen über Anleihen finanziert[349]. Hinsichtlich der Rückzahlung setzte man

---

346 J. Popitz, Johannes Miquel – ein deutscher Staatsmann, DJZ 1928, Sp. 337, 341

347 T. Nipperdey, Deutsche Geschichte 1866 – 1918 Bd. II Machtstaat vor der Demokratie, München 1992, 758 ff.

348 J. Popitz, Die Finanzpolitik seit 1918, in Zehn Jahre deutsche Geschichte 1918 – 1928, 179 ff., 182

349 T. Nipperdey, Deutsche Geschichte 1866 – 1918 Bd. II Machtstaat vor der Demokratie, 788

ebenso wie im II. Weltkrieg darauf, dass der Kriegsgegner diese leisten müsse. Teils wurde die Finanzierung über Anleihen gutgeheißen – so etwa von Erzberger und Schiffer – teils erhoben sich warnende Stimmen, wie die von Adolf Wagner[350].

Ungeachtet dessen führte die angespannte Finanzsituation zu Überlegungen, neue Steuern einzuführen. Die ersten Anstöße kamen aus der Wirtschaft. Der Berliner Warenhausbesitzer Oskar Tietz rühmte sich unwidersprochen, den Gedanken einer Umsatzsteuer ins Leben gerufen zu haben und Werner von Siemens legte eine Denkschrift über das System der Umsatzsteuer vor[351]. Auch aus der Mitte des Reichstages kam der Vorschlag, eine Umsatzsteuer auf Waren zu erheben. Die Umsetzung erfolgte mit dem Gesetz über einen Warenumsatzstempel vom 26. Juni 1916[352], das – sachlich und verfahrensmäßig an sich verfehlt -in das Reichsstempelsteuergesetz von 1913 eingefügt wurde. Gegenstand der Besteuerung waren die Anmeldungen der Gewerbetreibenden über bezahlte Warenlieferungen, erfasste mithin nur Warenumsätze mit einem Steuersatz von 1 % auf das bezahlte Entgelt. Das Warenumsatzstempelgesetz war der Einstieg in die Entwicklung eines dem heutigen Recht in wesentlichen Punkten entsprechenden Umsatzsteuerrechts, aus dem zwischenzeitlich etwa ein Drittel des Steueraufkommens erzielt wird. Das von Popitz maßgeblich gestaltete Umsatzsteuergesetz von 1918, das den Warenumsatzstempel ablöste, enthielt zugleich allgemeine steuerrechtliche Begriffe, die Eingang in die von Enno Becker geschaffene Reichabgabenordnung gefunden haben[353]. Durch eine Kriegsgewinnsteuer und durch die Erhöhung von einigen Verbrauchsteuern und Verkehrssteuern flossen dem Reich weitere Einnahmen zu. Wegen der Arbeit an dem Warenumsatzstempel von 1916 und dem Umsatzsteuergesetz von 1918 gilt Popitz als der eigentliche Schöpfer bzw. Vater der Umsatzsteuer[354].

bb. Weimarer Republik

aaa. Erzbergersche Steuerreform

Die während des ersten Weltkrieges eingeleiteten steuerlichen Maßnahmen reichten nach dem Kriegsende bei weitem nicht aus. Die Weimarer Republik stand an ihrem Beginn vor großen steuerpolitischen Herausforderungen. Es galt, die Kriegsfolgen

---

[350] Nachweise bei H. Dieckmann, Johannes Popitz, Entwicklung und Wirksamkeit in der Zeit der Weimarer Republik, 17 Fn.35

[351] R. Grabower/D. Herting/G. Schwarz, Die Umsatzsteuer, Ihre Geschichte und gegenwärtige Gestaltung im In- und Ausland, 186

[352] RGBl. 1916, 639

[353] Dazu J.. Popitz, Grundzüge des neuen Umsatzsteuerrechts, Deutsche Handelswarte 1920, 75 ff., BArch. NL 1262 Nr. 97,Vgl. auch A. .Pausch;, Persönlichkeiten der Steuergeschichte, 61 f

[354] K. M. Hettlage, Die Finanzveraltung, in : K. G. A. Jeserich/H. Pohl/ G.-Ch. von Unruh, Deutsche Verwaltungsgeschichte Bd. 4 Das Reich als Republik und in der Zeit des Nationalsozialismus, Stuttgart 1985, 199

zu überwinden, die von den Siegermächten geforderten Reparationen aufzubringen und das Inflationsproblem zu lösen. Zu allem brauchte man steigende Staatseinnahmen. Erste Voraussetzung hierfür war, die verfassungsrechtlichen Grundlagen dafür zu schaffen. Zum zweiten galt es, die Steuergesetze zu schaffen, die dem Reich die nötigen Einahmen brachten. Diese gewaltige Aufgabe bewältigte der dem Zentrum angehörende Reichsfinanzminister Mathias Erzberger in nur neun Monaten vom September 1919 bis März 1920, also in einer in der Finanzgeschichte beispielslosen Geschwindigkeit[355]. Erzberger musste die Mehrheit des Reichstages und den Reichsrat bewegen, die von ihm vorgeschlagenen Gesetze anzunehmen, wozu Energie und Überzeugungskraft gehörten. Ein Mitglied des Finanzausschusses hat das Auftreten von Erzberger geschildert: *„Plötzlich ist er da, bittet sogleich ums Wort und hat in fünf Minuten den eben noch vertagungsreifen, müden Ausschuss windelweich geknetet. Der ganze korpulente, freundliche Herr ist jetzt verkörperte Energie, und es strahlt von ihm eine derart faszinierende Wirkung aus, dass sich kein ernstlicher Widerspruch regt. Er verlangt unbedingt Durchberatung zumindest noch des einen Steuergesetzentwurfs; resigniert und etwas eingeschüchtert läßt alles die Köpfe hängen, hat aber nach dieser Rede schon innerlich ja gesagt. Dem Vorsitzenden... bleibt nichts mehr zu tun, als Amen zu sagen. Erzberger strahlt, drückt blitzschnell einige Hände und verschwindet in einen anderen Ausschuß...*“[356]. Insgesamt umfassen die Reformen Erzbergers 16 Gesetze, die das deutsche Steuerwesen grundlegend neu gestalteten und noch heute Grundlage des geltenden Steuerrechts bilden.

Die finanziellen Beziehungen zwischen dem Reich, den Ländern und den Gemeinden regelte das Landessteuergesetz vom 30. März 1920[357]. Vorarbeiten für das Landessteuergesetz hatte Popitz schon zur Kaiserzeit geleistet. In seiner Denkschrift vom 8. August 1917 *„Zur Frage des Verhältnisses der drei Steuergläubiger Reich, Länder und Gemeinden zueinander*“ hatte er aufgrund des Zusammenhanges des Finanzausgleichs mit dem Steuersystem die Forderung nach einer Vereinheitlichung und Zentralisierung des Steuersystems erhoben[358]. Dem Reich sollten eine Vermögensteuer und alle indirekten Steuern zufließen. Den Gemeinden sollten die Realsteuern verbleiben, und die Einkommensteuern sollten durch das Reich geregelt werden, aber ihr Ertrag sollte den Ländern zustehen. Die Vereinheitlichung und

---

[355] Zu Erzberger u. a. A. Pausch, Matthias Erzberger. Sein Leben und Werk

[356] Zitiert nach A. Pausch, , Persönlichkeiten der Steuergeschichte, 35 f.

[357] RGBl. 1920, 402 ; zu Regelungszweck, Prinzipien und Systematik des Gesetze vgl J. Popitz, Die Neuordnung der Finanzverfassung von Reich, Ländern und Gemeinden durch das Landessteuerrecht, Preußisches Verw.Bl. 1920, 313 ff.

[358] Analyse der Denkschrift in: H. Thierauf, Der Finanzausgleich in der Weimarer Zeit, 34 ff.; J. W. Hidien, Der bundesstaatliche Finanzausgleich in Deutschland, Geschichtliche und staatsrechtliche Grundlagen, 230 f.

Zentralisierung des Steuersystems ist eine Leitidee, die für Popitz bei allen späteren Arbeiten am dem Finanzausgleichsproblem immer wieder ein wesentlicher Punkt war. In der Tat wird die Lösung der Finanzausgleichsproblematik wesentlich erschwert, wenn die Gliedkörperschaften aus eigenem Recht unterschiedliche Steuern erheben.

Nach dem Landessteuergesetz wurden die finanziellen Verhältnisse zwischen Reich und Ländern aus der Zeit des Kaiserreichs umgedreht. Während im Kaiserreich das Reich durch die so genannten Matrikularbeiträge der Länder alimentiert wurde, soweit die eigenen beschränkten Einnahmen nicht ausreichten, wurde nunmehr das Reich der große Steuergläubiger, der die Länder durch Überweisungen aus der dem Reich zustehenden Einkommen- und Körperschaft- und Umsatzsteuer finanziell über Wasser zu halten hatte (Art. 8 WRV). Das Landessteuergesetz beruhte auf einem Überweisungssystem, das Popitz als eine schöpferische Leistung bezeichnete[359]. Es verteilte die Steuern in der Weise, dass das Reich als „Almosenspender"[360], die Länder und Gemeinden als Kostgänger des Reiches erschienen. Die Länder und Kommunen bzw. die Länder allein erhielten 2/3 des Aufkommens aus der Einkommen- und Körperschaftsteuer, 20 % der Erbschaftsteuer, die Hälfte der Grunderwerbsteuer und 15 % der Umsatzsteuer. Bis dahin bestehende Besteuerungsrechte der Länder für die genannten Steuerarten entfielen ebenso wie das Recht der Gemeinden, Zuschläge auf diese Steuern zu erheben. Die Verteilung des den Ländern bzw. Gemeinden zustehenden Aufkommens aus den Reichssteuern richtete sich entweder nach dem örtlichen Aufkommen (Einkommen- und Körperschaftsteuer) oder nach der Bevölkerungszahl (Umsatzsteuer). Die Verteilung nach dem örtlichen Aufkommen beließ den Ländern ihre jeweilige Steuerkraft, begünstigte somit die wirtschaftlich starken Länder. Die Verteilung nach der Bevölkerungszahl begünstigte wirtschaftlich schwache Länder mit hoher Bevölkerungszahl. Einen horizontalen Finanzausgleich, der auf eine Nivellierung des Anteils an dem Steuerkuchen abzielte, enthielt das Landessteuergesetz nur in rudimentärer Form. Zum einen bewirkte die Verteilung der Umsatzsteuer nach der Bevölkerungszahl einen gewissen horizontalen Finanzausgleich. Zum anderen war das Reich verpflichtet, den Ländern Ergänzungsanteile zukommen zu lassen, wenn die Anteile eines Landes an der Einkommen- und Körperschaftsteuer gerechnet pro Kopf der Bevölkerung um mehr als 20 % hinter dem Reichsdurchschnittssatz zurückblieben. Den Ländern bzw. den Gemeinden blieb die Gesetzgebungs- und Ertragshoheit für die Steuern, die das Reich nicht in Anspruch nahm, also insbesondere für die Realsteuern (Grundsteuern und Gewerbesteuern). Im 3. Abschnitt des Landessteuerge-

---

[359] J. Popitz, , Die deutschen Finanzen 1918 – 1928, in: Zehn Jahre Deutsche Geschichte 1918 – 1928, 188

[360] H. Nawiasky, Grundsätzliche Betrachtung über die finanzielle Auseinandersetzung zwischen Reich und Ländern, 2

setzes enthaltene programmatische Vorschriften über die Lastenverteilung verpflichteten das Reich per Gesetz zur Kostenbeteiligung, wenn das Reich den Ländern oder Kommunen neue Aufgaben zuwies.

Mit den Gesetzen über die Reichsfinanzverwaltung vom 10. September 1919[361] und der Reichsabgabenordnung vom 13. Dezember 1919[362] wurde eine einheitliche Reichsfinanzverwaltung geschaffen, die insbesondere für die Verwaltung der Einkommensteuer und Körperschaftsteuer die bisherigen Landesverwaltungen ablöste und die Verwaltung der Steuern nach einheitlichen Verfahrensgrundsätzen ermöglichte. Die bis dahin im Landesdienst stehenden, unterschiedlich gut ausgebildeten Landesfinanzbeamten wurden in den Reichsdienst übernommen. Popitz sprach sich lobend über die Beamten aus, die sich ja erst mit den neuen Gesetzen vertraut machen mussten. Der Einführung der Reichsfinanzveraltung war die Errichtung des Reichsfinanzhofs als letztinstanzliches Gericht für Reichsabgaben durch Gesetz vom 26. Juli 1918 voran gegangen[363].

Die dargestellte Aufkommensverteilung der Steuern zusammen mit der durch die Gesetze über die Reichsfinanzverwaltung und die Reichsabgabenordnung eingeführten Reichsfinanzverwaltung der Einkommen- und Körperschaftsteuer sahen Kritiker als ein „*Versailles der finanzpolitischen Autonomie*" der Länder und Gemeinden[364]. Die darin zum Ausdruck kommende Tendenz zum Einheitsstaat bewertete Popitz 1928 zwar positiv[365]. Aber Popitz wusste, dass der Finanzausgleich im Einklang mit den Zuständigkeitsregeln der Verfassung geordnet werden musste. Den Gebietskörperschaften mussten nach Popitz solche Einnahmequellen zur Verfügung stehen, dass sie für die ihnen zufallenden Aufgaben zureichen[366].

Von den die sachliche Steuerpflicht betreffenden Gesetzen waren drei vorübergehender Natur und auf die Bewältigung von Kriegsfolgen, insbesondere der Abschöpfung der Kriegsgewinne sowie dem Ausgleich der Blutopfer durch ein Opfer an Gut d. h. durch Hingabe eines Teils des Vermögens ausgerichtet[367]. Die drei Kriegsfolgengesetze erwiesen sich als Fehlschlag. Sie erbrachten nicht die erhofften Einahmen und wurden zudem als ungerecht empfunden, weil sie insbesondere auf-

---

361 RGBl. 1919, 1591

362 RGBl. 1919, 1993

363 RGBl. 1918, 959

364 J. Schumpeter, Das deutsche Finanzproblem, 4

365 J. Popitz. Die deutschen Finanzen 1918 – 1928, in: Zehn Jahre Deutsche Geschichte 1918 – 1928, 1877 ff

366 J. Popitz, Der Finanzausgleich, in: W. Gerloff/ F. Meisel (Hrsg.), Handbuch der Finanzwissenschaft Bd. 2, 346

367 Gesetz über eine außerordentliche Kriegsabgabe vom 10. 9. 1919, RGBl. 1919, 1567; Gesetz über eine Kriegsabgabe vom Vermögenszuwachs vom 10. 9. 1919, RGBl. 1919, 1579, Gesetz über das Reichsnotopfer vom 31. 12. 1919, RGBl. 1919, 2189

grund der Vorschriften über den Vollzug die kleinen und mittleren Vermögensbesitzer benachteiligten[368].

Am bedeutsamsten waren die Sachgesetze über die Einkommensteuer mit einer für das Reich einheitlichen Steuer, die Kapitalertragsteuer mit einer einheitlichen Steuer für alle Kapitalerträge und die Körperschaftsteuer mit einer erstmals einheitlichen Besteuerung der Kapitalgesellschaften jeweils vom 29. März 1920, die allesamt dem Reich die Gläubigerschaft zuwiesen und somit auf Reichsebene Neuregelungen darstellten[369]. Hinzu trat die Umsatzsteuer, die durch das Gesetz vom 24. Dezember1919 eine Neuregelung erfuhr und erstmals neben den Warenlieferungen auch sämtliche anderen Leistungen der Unternehmen erfasste[370]. Die weiteren Gesetze über die Besteuerung von Erbschaften, Zündwaren, Spielkarten, Tabakwaren und den Erwerb von Grundstücken waren Novellierungen älterer Gesetze[371]. Das Gesetz über die Kapitalflucht sollte, wie schon früher ab 1917 ergangene entsprechende Gesetze[372], der befürchteten Kapitalflucht aus Deutschland entgegen wirken[373], verfehlte jedoch wegen der Umgehungsmöglichkeiten seine Wirkungen[374]. Das Einkommensteuergesetz hatte mit einem Grundfreibetrag von 1.500 Reichsmark, einem Eingangssteuersatz von 10 % und einem Höchststeuersatz von 60 % bei Einkommensteilen ab 50.000 RM eine ausgesprochene soziale Tendenz. SPD, DDP (Deutsche Demokratische Partei) und Zentrum waren sich einig, mit finanzpolitischen Mitteln eine Redistribution von Volkseinkommen und Volksvermögen zugunsten der Masse der lohnabhängigen Bevölkerung anzustreben, um dieser eine Identifikationsbasis mit der Weimarer Republik zu geben[375]. Popitz bezeichnete die

---

[368] J. Popitz, Die deutschen Finanzen 1918 – 1928, in: Zehn Jahre Deutsche Geschichte 1918 – 1928, 190

[369] RGBl. 1920, 345, 359, 393

[370] RGBl. 1919, 2157; dazu J. Popitz, Das neue Umsatzsteuergesetz und der Jurist, DJZ 1918, 585, worin er u. a. die auf die Dauer nicht haltbare stiefmütterliche Behandlung de Steuerrecht durch Juristen, namentlich durch Ziviljuristen beklagt; zum Folgegesetz vgl. J. Popitz, Die neuen Reichs – Steuervorlagen, Das neue Umsatzsteuergesetz nach den Beratungen in der Nationalversammlung, DJZ 1920, 78

[371] RGBl. 1919, 1543 (Erbschaftssteuer), 1629 (Zündwarensteuer), 1643 (Spielkartensteuer), 1607 (Steuern auf Tabakwaren), 1617 (Grunderwerbsteuer)

[372] R. Voß, Steuern im Dritten Reich, 146 ff. und Fn. 740

[373] RGBl. 1919,1540

[374] J. Popitz, Die Steuerpolitik des Reiches, Recht und Wirtschaft 1920, 57 ff.

[375] P.-Ch. Witt, Finanzpolitik und sozialer Wandel in Krieg und Inflation 1918 – 1924 in: H. Mommsen/D. Petzina/B. Weisbrod, Industrielles System und politische Entwicklung in der Weimarer Republik, Verhandlungen des internationalen Symposions in Bochum vom 12. - 17. Juni 1973, 413

Erzbergerschen Steuergesetze als die *„beste und beständigste Schöpfung jener stürmischen Tage“*[376] und als *„geschlossene Leistung von größtem Ausmaß“*[377].

Die Erzbergerschen Reformgesetze hatten tief greifende Auswirkungen auf die Verfassung und die Wirtschaft. Insbesondere durch die Zuweisung der Ertragshoheit auf das Reich und die reichseigene Verwaltung der beiden großen Steuern auf das Einkommen natürlicher Personen und den Gewinn der Körperschaften (Kapitalgesellschaften) verstärkte sich die unitarische Tendenz der Weimarer Republik. Popitz sah die daraus sich ergebenden Bedenken. Er schrieb: *„Wer an den alten Staatsgebilden, ihrer Geschichte und ihren kulturellen und wirtschaftlichen Missionen mit lebendigem Interesse hängt, wenn Tradition und Kontinuität nicht leere Begriffe sind, sondern wichtige politische und kulturelle Faktoren, wird voll Bedauern und voll Sorge vor allem über die Schnelligkeit des Prozesses dem entgegensehen, was aus dieser Entwicklung entstehen kann“*[378]. Auch gegen die Einengung der finanziellen Basis der gemeindlichen Selbstverwaltung durch das Landessteuergesetz hatte Popitz Bedenken, weil *„damit das vielleicht wichtigste und fruchtbarste Element des politischen Lebens in Deutschland stark beeinträchtigt wird“*[379]. Gegen Ende der Weimarer Republik, vollends aber im Dritten Reich, rückte Popitz von solchen Gedanken ab. In Abkehr seiner Stellungnahmen Anfang der zwanziger Jahre wurde er zu einem entschiedenen Verfechter eines Einheitsstaats, für den auch die gemeindliche Selbstverwaltung mit dem klassischen System des demokratischen Mitbestimmungsrechts der Bürger keinen Eigenwert mehr hatte, wie noch zu zeigen sein wird[380].

Unabhängig von diesen staatspolitischen Gesichtspunkten müssen die Einführung der Reichsverwaltung für Reichssteuern und die Vereinheitlichung des Steuerverwaltungsverfahrens durch die Reichsabgabenordnung verwaltungstechnisch und vor allem wirtschaftspolitisch als *„eines der größten Reformwerke der deutschen Verwaltungsgeschichte gewürdigt werden“*[381]. Die Reform als *„Siebenmeilenstiefel zur Reichseinheit“*[382] gesehen bewirkte eine Finanzzentralisation in der

---

376 J. Popitz, Vorfragen zur Steuerreform, DJZ 1925, 361

377 J. Popitz, Die deutschen Finanzen 1918 – 1928, in: Zehn Jahre Deutsche Geschichte 1918 – 1928, 186

378 J. Popitz, Die Neuordnung der Finanzverfassung von Reich, Ländern und Gemeinden durch das Landessteuerrecht, Preuß. VerwBl. 1920, 313

379 AaO., 316

380 Vgl. auch H. Dieckmann, Johannes Popitz Entwicklung und Wirksamkeit in der Zeit der Weimarer Republik, 123 ff..

381 K. M. Hettlage, Die Finanzverwaltung, in: K. G. A. Jeserichh (Hrsg.), Deutsche Verwaltungsgeschichte Bd. 4, 182

382 M. Seibert, Die großen politischen Parteien und die Erzbergersche Steuerreform, 15

Hand des Reiches (Albert Hensel), setzte den im Kaiserreich gängigen Steueroasen einen Riegel vor[383] und führte zu einem Verfassungswandel durch einfache Gesetzgebung, ohne dass es sich um ein verfassungsänderndes Gesetz im formellen Sinn gehandelt hätte[384]. Rechtlich und wirtschaftlich beseitigten die Gesetze durch die Aufhebung der divergierenden landesrechtlichen Regelungen die Rechtszersplitterung, begründeten in Deutschland in einem zentralen Punkt eine Rechtseinheit und bewirkten dadurch eine Vertiefung des Binnenmarktes.

Die von Erzberger initiierten Sach-Steuergesetze stießen allerdings bei manchen auf Kritik. Einerseits wurde beanstandet, dass die Einnahmen aus den direkten Steuern in den Jahren 1920 bis 1923 um 59,4 % 58 %, 41 % und 61,4 % unter den erwarteten Einahmen gemäß dem Finanzplan 1919 zurückblieben[385], andererseits wurden die Höhe der Steuersatze bei den direkten Steuern kritisiert. Kritisch zu deren Höhe äußerte sich auch Popitz, wenngleich er einräumte, dass die oberen Steuersätze mit einem Spitzensteuersatz von 60 % der Stimmung weiter Kreise der Bevölkerung entsprachen[386]. Diese Kritik spiegelt ein Normalbild des Besteuerungswesens wider: Die Einnahmen bleiben häufig hinter den Erwartungen zurück und die Belastungen werden von den oberen Steuerträgern als zu hoch empfunden. Manchmal übersteigen die Einahmen auch die Voranschläge, so 1925 um 2,1 Mrd. RM[387]. Vorausschätzungen über Steuereinnahmen und wirtschaftliche Entwicklungen unterliegen immer einem Unsicherheitsfaktor. Bis heute gibt es kein Modell, nach dem sich die Wirkungen von Steuern im voraus einigermaßen sicher berechnen lassen. Nach dem Urteil von Jens Jessen, einem mit Popitz eng verbundenen und nach dem 20. Juli 1944 hingerichteten Mitverschworenen des Widerstandes, waren die Erzbergerschen Reformgesetze das Werk eines Dilettanten und von Überhastung, Unausgeglichenheit der getroffenen Maßnahmen und laienhaften finanzpolitischen Auffassungen geprägt[388]. Aus damaliger und erst recht aus heutiger Sicht kann dem Urteil von Jessen nicht beigepflichtet werden. Die Einrichtung einer reichseigenen Steuerverwaltung mit u. a. einer einheitlichen, dem Reich zustehenden Einkommen- und Körperschaftsteuer, die Verteilung der Ertragshoheiten zwischen dem Reich und den Ländern und die technische Ausgestaltung der Steuergesetze entsprach den richtigen Anforderungen.

---

[383] M. Seibert, Die großen politischen Parteien und die Erzbergersche Steuerreform, 16

[384] Popitz sprach vom Einschnitt in die staatsrechtliche Struktur, vgl. J. Popitz, Die Steuerpolitik des Reiches, Recht und Wirtschaft, 9. Jg. 1920, 62

[385] P.-Ch. Witt, Finanzpolitik und sozialer Wandel 1918 – 1924, 419

[386] J. Popitz, Die deutschen Finanzen 1918 – 1928, in: Zehn Jahre Deutsche Geschichte 1918 – 1928, 190, vgl auch Artikel „Erzberger“ in> Enzyclopedz of social sciences

[387] J. Popitz, Die deutschen Finanzen 1918 – 1928, 198

[388] J. Jessen, Deutsche Finanzwirtschaft mit einer Übersicht über die Geschichte der deutschen Finanzwirtschaft, 2. Aufl. Hamburg 1944, 182

Die allein in Frage zu stellenden Steuertarife, nicht die einheitlichen Steuergesetze, nicht die Steuertechnik und nicht die finanzverfassungsrechtliche Bedeutung der Sachsteuergesetze, blieben aber wegen der Inflation und wegen der durch den passiven Widerstand gegen die Ruhrbesetzung ab 11. Januar 1923 durch Frankreich und Belgien verursachten Kosten finanzwirtschaftlich wirkungslos, weil sie „*die Schuldenlast des Reiches nicht abbürden*" und „*keinen Raum für die Abdeckung der laufenden Ausgaben" schaffen konnten*"[389]. Die herausragende Bedeutung der von Erzberger initiierten Sachsteuergesetze wagte Otmar Bühler im Jahre 1938 nicht mehr anzuerkennen. Er widmete diesen Gesetzen in seinem Überblick über die historische Entwicklung nur einen kurzen Absatz ohne Bewertung[390], offensichtlich in dem Bestreben, auf keinen Fall die Leistungen von Erzberger herauszustellen, der für die Nazis zu den Novemberverbrechern gehörte und den Hitler als den größten Lumpen bezeichnet hatte, weil er durch Unterzeichnung des Versailler Vertrages Volk und Vaterland verraten habe[391].

Die Steuerreformgesetze 1919/20 sind im Reichsfinanzministerium ohne Mithilfe einer Steuerrechtswissenschaft entwickelt worden, die es damals ja noch nicht gab[392]. Popitz hatte an diesen Arbeiten einen wesentlichen Anteil und zwar nicht nur im Ministerium sondern auch im Reichskabinett. Er nahm im an den Sitzungen der Kabinette der Weimarer Republik bis zu seinem Ausscheiden aus dem aktiven Dienst Ende 1929 in aller Regel teil, soweit das Reichsfinanzministerium betroffen war [393]. Insbesondere die Umsatzsteuer und den Finanzausgleich hat er wesentlich

---

389 J. Popitz, Die deutschen Finanzen 1918 – 1928, in: Zehn Jahre Deutsche Geschichte 1918 – 1928, 2. Aufl., Berlin 1928, 184, 186; die Formulierung von Popitz aus dem Jahre 1931, dass mit Ausnahme des Grunderwerbsteuergesetze, des Tabaksteuergesetzes und des Umsatzsteuergesetztes die Erzbergerschen Sachsteuergesetze in der Inflation versunken seien – so J. Popitz, Betrachtungen zur Neuordnung der Steuern, StuW I 1931 Sp. 1, 5 – erscheint mir überspitzt

390 O. Bühler, Lehrbuch des Steuerrechts II. Bd. Einzelsteuerrecht, Berlin 1938, 7; gleichwohl erfuhr Bühlers Lehrbuch aus der Sicht des dem Nationalsozialismus treu ergebenen Reichsrichter beim Reichsfinanzhof O. Veil Kritik, weil es der nationalsozialistischen Weltanschauung nicht genügend Rechnung getragen hat, vgl. O. Veiel, Zur Frage des Lehrbuchs im Steuerrecht, StuW 1938 I Sp. 1261 ff., 1268

391 Zitiert nach A. Pausch, , Persönlichkeiten der Steuerkultur, 41

392 J. Popitz, Das Finanzausgleichproblem in der deutschen Finanzwissenschaft der Vorkriegszeit, FinArch 1933, 396: Entwicklung des Steuerrechts als selbständiges rechtswissenschaftliches Fach erst nach dem Kriege

393 Popitz war schon an der Besprechung von Erzberger mit den Vertretern der Länder am 19. 7. 1919 beteiligt, BArch. 43 I 2430, Bl 11- 31 u. K. D. Erdmann/ H. Booms (Hrsg.), Akten der Reichskanzlei Weimarer Republik, Das Kabinett Bauer, Nr. 24, 105 ff. und die in den Akten der Reichskanzlei, Weimarer Republik, abgedruckten Protokolle

mitgestaltet[394]. Bei den Beratungen der mit dem Entwurf der Reichsverfassung befassten Nationalversammlung über die Reichseinkommen-, Kapitalertrag-, Körperschaft- , Grund- und Vergnügungssteuer sowie bei dem Landessteuergesetz war Popitz als Regierungskommissar eingesetzt[395]. Sein Engagement für die Erzbergersche Steuerreform beruhte auf der Erkenntnis, dass die „*Schlagkraft*“ und die „*Güte der Steuerverwaltung zur Lebensfrage des Reiches und seiner Volkswirtschaft geworden*“ waren[396]. Hält man sich vor Augen, dass Popitz erst 1916 ohne jede Vorbildung und ohne Handreichungen der Wissenschaft in das Steuerrecht eingestiegen ist, dann wird die Größe der Leistung sofort klar. Dies gilt gewiss auch für die anderen Mitarbeiter im Reichsfinanzministerium.

Bei Popitz tritt aber die souveräne Stoffbeherrschung des Steuerrechts und die Verbindung des Steuerrechts mit verfassungs- und wirtschaftspolitischen Fragen hervor. Das lässt sich in dem 1920 geschrieben Aufsatz über „*Die Steuerpolitik des Reiches*“ nachlesen, in dem er die Steuerpolitik der Jahre 1916 bis 1920 zusammenfassend beschreibt[397]. Der Aufsatz vermittelt einen tiefen Einblick in die Sorgen von Popitz über den damaligen finanziellen Zustand des Reiches. Es wirft ein Schlaglicht auf die nationale Denkweise von Popitz, wenn er davon ausging, dass die „*Hoffnung, dass ein siegreicher Frieden die finanzielle Last auf die Schultern der Feinde abwälzen könnte oder doch ein unentschiedener Ausgang des Krieges Deutschland gestatten würde, sich mit einem erträglichen Maß von Schulden abzufinden, in den Novembertagen des Jahres 1918 endgültig zusammen gebrochen*“ sei. Nach Popitz stand das Reich aufgrund der furchtbaren wirtschaftlichen Verhältnisse nach dem November 1918 vor der Alternative eines von Pessimisten befürchteten Staatsbankrotts mit einem Zusammenbruch der Wirtschaft auf der einen und einer nüchternen Steuerpolitik auf der anderen Seite, die dem Staat die für die Erfüllung seiner Aufgaben notwendige Deckung verschaffen sollten. Popitz wandte sich gleichermaßen gegen diejenigen, die, wie die Sozialdemokraten, durch eine Überspannung der Steuersätze ein neues Wirtschaftssystem errichten und damit den für das Gedeihen der Wirtschaft notwendigen Kapitalbildungsprozess gefährden wollten, wie gegen diejenigen, „*deren Furcht vor dem Steuerzahlen noch größer als die Furcht vor dem Chaos des Staatsbankrotts*“ *war*“ oder die glaubten, „*durch möglichst stark betonte Entrüstung abmildernd oder für die von ihnen vertretenen Interessen wirken zu können*“. Popitz verteidigte die Einführung einer Reichseinkommensteuer mit dem staatspolitischen Argument, dass ohne eine „*einheitliche,*

---

394 J. Jessen, Deutsche Finanzwirtschaft mit einer Übersicht über die Geschichte der deutschen Finanzwirtschaft, 159

395 Anlagen zu den Verhandlungen der Verfassunggebenden Nationalversammlung Nr. 374, 375, 659, 676 und 1623

396 Popitz, J./R. Kloß/R. Grabower, Kommentar zum Umsatzsteuergesetz, 3. Aufl. Vorwort

397 J. Popitz, Die Steuerpolitik des Reiches, Recht und Wirtschaft, 9. Jg. 1920, 57 ff.

jeden gleichmäßig nach seiner Leistungsfähigkeit treffende so hoch als angängig gesetzte Einkommensteuer" die Forderung der Mehrheit nach einem gerechten und sozialen Aufbau der Steuern nicht befriedigt werden kann, dass ohne Befriedigung dieser Forderung der innere Friede nicht zu sichern ist". Popitz sah deshalb die Reichseinkommensteuer als notwendig an, selbst wenn andere Gesichtspunkte dem entgegen standen, wie etwa die Selbstverwaltung der Länder und Gemeinden. Den Gedanken der Selbstverwaltung, auf den er in späteren Schriften wiederholt zurück kam, sah er auch durch die großen Sachsteuergesetze als gefährdet an, weil die Länder durch die Zuweisung der Einkommen- und Körperschaftsteuer an das Reich, statt wie vorher an die Länder, nunmehr von Zuschüssen des Reiches abhängig wurden. Dies betrachtete er als schweres Opfer, weil die Selbstverwaltung die „*Entwicklung der inneren Kräfte des Volkes als notwendige Erziehung zum Gefühl der Selbstverantwortung*" ermöglichte[398]. Am Ende des Aufsatzes standen zwei Einsichten, die auch heute noch unverändert Gültigkeit haben: 1. Große und einigermaßen sichere Einahmen können nur durch ein Ineinandergreifen verschiedener Steuerarten nicht durch eine Einsteuer aus der Volkswirtschaft herausgebracht werden; 2. Selbst wenn eine schwierige Lage besteht – damals „*die politische Lage und die geschichtlichen Vorgänge, die zum Zusammenbruch und tiefer in das Unglück hineinführten*" – und die Stimmung des Volkes dahin tendiert, „*starke Schultern die Folgen des Krieges*" tragen zu lassen, dürfen nicht die Aufgaben des Kapitals im Produktionsprozess und die Notwendigkeit ständiger Neubildung von Kapital übersehen werden. Daraus zog Popitz den Schluss, dass die Belastung dieser Faktoren sich in vernünftigen Grenzen bewegen muss.

bbb. Steuergesetze im Kampf mit der Inflation

Erzberger konnte seine von vorneherein ins Auge gefassten Verbesserungen der Reformgesetze wegen seines Rücktritts als Minister am 12. März 1920 nicht mehr selbst auf den Weg bringen. Ein umfassendes Revisionswerk kam nicht zustande. Eine Novellierung beschränkte sich deshalb auf die Aufhebung des alten Reichsstempelsteuergesetzes, das durch einzelne Gesetze über Verkehrsteuern ersetzt wurde, und die Anpassung einzelner Gesetze, wobei die Steuern teilweise erhöht wurden[399].

Da Popitz 1921 zum Ministerialdirektor und Leiter der Steuerabteilung im Reichsfinanzministerium ernannt worden war, konnte er die Gesetzgebung wesentlich beeinflussen. Der Gesetzgebung von 1922 folgte ein hoffnungsloser Wettlauf mit der Geldentwertung. Dieser suchte man mit dem Gesetz über die Berücksichtigung der Geldentwertung in den Steuergesetzen vom 20. März entgegen zu wirken, das für die Höhe der Steuern und für deren Zahlung der Inflation angepasste unter-

[398] J. Popitz, Die Steuerpolitik des Reiches, Recht und Wirtschaft 1920, 57, 63

[399] Gesetz über Änderung im Finanzwesen, RGBl. 1922 I 335

schiedliche Regeln für die verschiedenen Steuerarten festlegte[400]. Es war kein Ruhmesblatt in der deutschen Steuerpolitik[401]. Mit den Augustgesetzen, den Rhein- und Ruhrabgaben, der Arbeitgeberabgabe und der Landabgabe wurden die Zahlungsfristen verkürzt und die Einnahmen erhöht. Ungeachtet aller dieser Maßnahmen blieb das Steuerwesen chaotisch. Man schätzte den Wert des nicht wertbeständigen Notgeldes Ende November 1923 auf 320 Trillionen Mark. Unter dem Begriff Notgeld ist das u. a. von Städten ausgegebene Papiergeld zu verstehen, welches das von der Reichsbank ausgegebene Geld ersetzen sollte. Popitz beschrieb den Zustand der Finanzkassen so: „*Wer damals Finanzkassen gesehen hat, wird den geradezu phantastischen Anblick nie wieder vergessen. Das Papiergeld lag in Körben und Kisten, auf Regalen und auf den Kassentischen in hoffnungslosen Mengen. Echtheit und Gültigkeit der ja schließlich sozusagen im Privatdruck hergestellten Papiere waren nicht mehr nachprüfbar.*“[402].

Die nicht zuletzt durch die bereits erwähnte Entscheidung des Reichsgerichts vom 28. November 1923 angestoßene Beendigung der Inflation wurde durch die oben geschilderten Maßnahmen in Gang gesetzt. Die Lösung der steuerrechtlichen Probleme wurden zunächst durch drei auf Art. 48 WRV bzw. das Ermächtigungsgesetz vom 8. Dezember 1923[403] gestützte Notverordnungen vom 7. und 19. Dezember 1923 sowie 14. Februar 1924 in Angriff genommen[404]. Man kann die durch drei Notverordnungen geprägte Phase der Steuerrechtsgeschichte als eine Zwischenphase bezeichnen, die zwar keine Nachwirkung hatte, die aber für die Bewältigung der Inflation in ihrer Wirkung nicht unterschätzt werden darf. Die drei Steuernotverordnungen waren entscheidend für das Gelingen des so genannten Rentenmarkwunders, mit welchem Begriff man die Überwindung der Inflation bezeichnete[405]. Die Rentenmark war eine von der neu geschaffenen Rentenbank ausgegebene Hilfswährung[406]. Die erste Steuernotverordnung brachte eine erneute Anpassung der Steuerschulden und der Zahlungsfristen an die Inflation. Eckpunkte der 2. Steuernotverordnung vom 19. Dezember 1923 waren die Erhöhung der Umsatzsteuer auf den damals ungeheuren Satz von 2 ½ % und die Umwandlung der Einkom-

---

400 RGBl. 1923 I 198

401 J. Popitz, Die deutschen Finanzen 1918 – 1928, in: Zehn Jahre Deutsche Geschichte 1918 – 1928, 193

402 J. Popitz, Die deutschen Finanzen 1918 – 1928, in: Zehn Jahre Deutsche Geschichte 1918 – 1928, 194

403 RGBl. 1923 I 1179

404 RGBl. 1923 I 1177, 1205, RGBl. 1924 I 74

405 Dazu K.-B. Netzband/ H. P. Widmaier, Währungs- und Finanzpolitik der Ära Luther 1923-1925

406 Gesetz vom 13. 10 1923

mensteuer bzw. der Körperschaftsteuer, die für Land- und Forstwirte und Körperschaften praktisch zu einer Vermögenssteuer wurde, während Einkünfte aus Gewerbebetrieb nach einem Bruchteil der Bemessungsgrundlage für die Umsatzsteuer berechnet wurden. Die Notwendigkeit dafür ergab sich aus der Tatsache, dass wegen der rasanten Geldentwertung eine Gewinnermittlung nicht mehr möglich war. Eine Einkommensteuer auf Einkünfte aus Gewerbebetrieb setzt ebenso wie die Körperschaftsteuer die Möglichkeit voraus, dass Gewinne nach für alle Unternehmen gleichen Grundsätzen ermittelt werden können, was die Inflation ausschloss. Popitz bezeichnete die Notverordnung vom 19. Dezember als geniale Schöpfung, deren guter Ruf nur die lange Dauer später geschadet habe[407]. In der Wirtschaft stieß die Erhebung einer Einkommensteuer aus der Substanz statt aus dem Gewinn natürlich auf Kritik. Man bezeichnete die Methode als Steuerunwahrheit und -unaufrichtigkeit.

Popitz war für diese Phase der Steuergesetzgebung der maßgebende Sachverständige. Der Reichsfinanzminister Luther hatte in seinem Bericht über die Stabilisierung der Währung unter den Steuerrechtsexperten Popitz an erster Stelle genannt[408]. Nachdem Popitz Ende 1929 aus dem Amt geschieden war, hatte der damalige Reichskanzler H. Müller in einem Dankschreiben an Popitz auf diese Phase besonders hingewiesen[409].

Es darf aber bei der positiven Wirkung der Steuernotverordnungen auf die Währung deren negative Wirkung auf die Steuerlastverteilung nicht außer Betracht gelassen werden. Popitz hat sich zu diesem Aspekt in seiner Rückschau auf die ersten zehn Jahre der Weimarer Republik nicht geäußert[410]. Die Steuernotverordnungen brachten den großen Einkommen und Vermögen eine extrem niedrige Besteuerung, indem z. B. der Siemens-Konzern für 1924 anstelle der vor den Steuernotverordnungen fälligen Körperschaftsteuern in Höhe von 1,7 Mill. Mark nur 900.000 Mark zu zahlen hatte. Die Vermögenswerte der Kapitalgesellschaften wurden nach dem viel zu niedrigen Börsenkurswerten bewertet und der Steuersatz für die Vermögensteuer wurde z. B. für einen Millionär von 3 % auf maximal 0,75 % gesenkt, während gleichzeitig die breite Masse der Lohnsteuerpflichtigen durch die von den Einkommensteuerpflichtigen abweichende Erhebung sowie insbesondere durch die Anhebung der Umsatzsteuer auf 2 ½ % verhältnismäßig zu hoch belastet

---

[407] J. Popitz, Die deutschen Finanzen 1918 – 1928, in: Zehn Jahre Deutsche Geschichte 1918 – 1928, 196 ;H. Luther, Politiker ohne Partei Erinnerungen, 220

[408] H. Luther, Die Stabilisierung der deutschen Wirtschaft, in: Zehn Jahre Deutsche Geschichte 1918 – 128, 173

[409] Zitiert in DStZ 1930, 35

[410] J. Popitz, Die deutschen Finanzen 1918 – 1928, in: Zehn Jahre Deutsche Geschichte 1918 – 1928, 195 ff.

wurde[411]. Gleichzeitig wurden die Zahlungen für Erwerbslose unter das Existenzminimum gedrückt und die Gehälter für Beamte gesenkt. Mehr als 300.000 Beamte wurden zudem aus dem Staatsdienst entlassen[412]. Aber schon 1924 überstiegen die Steuereinnahmen die erwarteten Einnahmen um 2, 1 Mrd. Mark, so dass zwei Steuermilderungsverordnungen erlassen werden konnten[413]. Damit wurden die Umsatzsteuer zunächst auf 2 % dann auf 1 ½ % sowie die Einkommen- und Körperschaftsteuer gesenkt[414].

Auch das Erzbergersche Landessteuergesetz erforderte wegen der Inflation sowie deswegen einer Revision, weil es nach einer weit verbreiterter Meinung, insbesondere nach Auffassung der Länder, den Gebietskörperschaften nicht die ihren Aufgaben entsprechenden Einahmen verschaffte. Schon ab 1921 wurde deshalb im Reichsfinanzministerium an Entwürfen zur Änderung des Landessteuergesetzes gearbeitet[415]. Am 22. Juni 1922 fand eine Referentenbesprechung über die Novellierung des Landessteuergesetzes mit den Vertretern der Länder und des Reichsfinanzministeriums statt , an der Popitz, damals Ministerialrat, als Vertreter des Ministeriums teilnahm[416]. Die folgenden Verhandlungen, an der Popitz – nunmehr Ministerialdirektor – ständig mitwirkte, mündeten in das Finanzausgleichsgesetz vom 23. Juni 1923[417]. Die Länder und Gemeinden wurden durch dieses Gesetz materiell besser gestellt. Allerdings geriet das Gesetz schnell in den Strudel der Inflation. Mit der Dritten Steuernotverordnung vom 14. Februar 1924 wurde der Finanzausgleich zugunsten der Länder und Gemeinden geändert[418]. Sie erhielten 90 % der Einkommen- und Körperschaftsteuer und 20 % der Umsatzsteuer. Die bis dahin gewährten Reichszuschüsse hinsichtlich der Besoldung wurden aufgehoben. Wohlfahrtspflege, Schul- und Bildungswesen sowie Polizei hatten die Länder selbständig

---

411 Nähere Einzelheiten bei C.-D- Krohn, Steuerpolitik und Industrie in der Stabilisierungsphase: Von den Steuernotverordnungen im Winter 1923 zur Finanzreform im August 1925, in: H. Mommsen/D. Petzina/B. Weisbrod, Industrielles System und politische Entwicklung in der Weimarer Republik, Verhandlungen des internationalen Symposions in Bochum vom 12. - 17. Juni 1973, 426 ff., 432 ff.

412 H. Luther, Die Stabilisierung der deutschen Wirtschaft, in: Zehn Jahre Deutsche Geschichte 1918 – 128, 172

413 VOen vom 14. 9. 1924 und vom 10. 11. 1924, RGBl. 1924 I 707, 703, 737

414 J. Popitz. Die deutschen Finanzen 1918 – 1928, in: Zehn Jahre Deutsche Geschichte 1918 – 1928, 198

415 F. Menges, Reichsreform und Finanzpolitik, Die Aushöhlung der Eigenstaatlichkeit Bayerns auf finanzpolitischem Weg in der Zeit der Weimarer Republik, 263 ff.

416 F. Menges, Reichsreform und Finanzpolitik, Die Aushöhlung der Eigenstaatlichkeit Bayerns auf finanzpolitischem Weg in der Zeit der Weimarer Republik, 272 f. m. Fn. 60

417 RGBl. 1923, 483

418 RGBl. 1924 I 24

zu finanzieren. Die geringe Beteiligung des Reiches an der Einkommen- und Körperschafsteuerer, die mit 10 % kaum mehr als ein Entgelt für die Verwaltung der Steuern durch die Reichsfinanzverwaltung darstellte, machte eine erneute Änderung des Finanzausgleichs erforderlich.

ccc. Schlieben-Popitzsche Steuerreform

Nach der Inflationsphase konnte 1925 eine Steuerreform durchgesetzt werden, die im Hinblick auf die weitere Entwicklung des Steuerrechts als ein Meilenstein der Steuerrechtsgeschichte bezeichnet werden kann, aber die steuer- und staatspolitische Bedeutung der Erzbergerschen Reformen nicht erreichte. Die Umstände boten auch keinen Anlass für eine vergleichbare Steuerreform. Die Aufgabe war, die Steuern aus der Inflationsphase herauszuführen und die Struktur der Steuergesetze zu verbessern. Insbesondere im Hinblick auf die Reparationsschulden galt es, „*der gesamtwirtschaftlichen Lage in Deutschland durch Steuergesetzte Rechnung zu tragen, die in Ausmaß und Ausgestaltung den Grundsätzen der Wirtschaftlichkeit entsprechen*“, [419]d. h. Steuergesetze zu schaffen, die einerseits dem Staat die nötigen Mittel verschafften, andererseits aber auch den wirtschaftlichen Aufschwung begünstigten. Eine Grundvoraussetzung dafür sah Popitz in einer einheitlichen Steuergesetzgebung in ganz Deutschland, wie sie nur in einer vom Reich zentral geführten Finanz- und Steuerpolitik gesichert war[420]. Einheitliche Steuergesetze für ganz Deutschland waren ein Hauptziel der von Popitz bis in die Zeit des Dritten Reiches verfolgten Steuerpolitik.

Im einzelnen enthielt die Schlieben-Popitzsche Steuerreform folgende Regelungen: Ein Überleitungsgesetz vom 29. Mai 1925 überführte die Veranlagung aus der Inflationszeit in die Phase der stabilen Währung. Mit neun Steuergesetzen vom 10. August 1925 wurde die Steuerrechtsordnung den Verhältnissen nach der Inflationsphase angepasst und in wesentlichen Punkten gegenüber der Erzbergerschen Reform reformiert[421]. Neben technischen Systemverbesserungen der großen direkten Steuer auf Einkommen natürlicher Personen[422], Gewinn der Körperschaften[423], Vermögen und Erbschaften[424], steuerpflichtige Verkehrsvorgänge einschließlich

---

[419] J. Popitz, Vorfragen zur Steuerreform, DJZ 1925, 362

[420] Vgl. das bei H. Dieckmann , Johannes Popitz Entwicklung und Wirksamkeit in der Zeit der Weimarer Republik, 122, Fn, 53 aufgeführte Zitat aus der Kölnischen Zeitung vom 1. 1. 1927

[421] Einzelheiten R. Leuschen-Seppel, Zwischen Staatsverantwortung und Klasseninteresse, 131 ff.

[422] Vgl. Einkommensteuer, in: G. Strutz;, Handbuch des Reichssteuerrechts, 288 ff.

[423] Vgl. Evers; Körperschaftsteuer, in: G. Strutz;, Handbuch des Reichssteuerrechts, 456 ff.

[424] Vgl. G. Strutz;, Handbuch des Reichssteuerrechts, aaO., 651 ff.; vgl. L. Mirre; Erbschaftsteuer, in: G. Strutz;, Handbuch des Reichssteuerrechts, 676 ff.

des dafür anzuwendenden Verfahrens[425], wurde ein Gesetz zur Änderung der Verbrauchsteuern mit Erhöhung der Bier- und Tabaksteuer erlassen. Die Umsatzsteuer wurde im Einklang mit einem Vorschlag von Popitz später ab 1. Oktober 1925 auf 1 % gesenkt[426]. Die direkten Steuern wurden demgegenüber beträchtlich gesenkt und zwar im Höchststeuersatz von 60 % auf 40 %. Die Kapitalertragsteuer, die bis dahin Einkünfte aus Kapitalvermögen endgültig vorweg belastet hatte, wurde in die Einkommensteuer eingebaut, indem die Vorausbelastung in Gestalt des Abzugs an der Quelle bei der Festsetzung der Einkommensteuer angerechnet wurde. Die Entlastung der Kapitaleigner erzeugte einen Anreiz zum Erwerb von Aktien. Lohnempfänger mit mehr als drei Kindern erhielten eine Steuerentlastung in Höhe von 2 % für jedes Kind. Kleinere Gesellschaften mit beschränkter Haftung wurden steuerlich begünstigt. Die Kapitalverkehrssteuern, die Grunderwerbsteuer und die Wechselsteuer wurden gesenkt, um den Geschäftsverkehr von Hemmungen zu befreien und insbesondere Umgründungen und Fusionen von Unternehmen nicht zu verhindern. Die materiellen steuerlichen Bestimmungen begünstigten - dem erklärten Zweck der Reform entsprechend - die Kapitalbildung bei den Unternehmen, kamen somit den Reichen zugute und bewirkten u. a. wegen der Erhöhung der Verbrauchsteuern auf Bier und Tabak eine Umschichtung der Steuerbelastung von den Reichen auf die Schultern der ärmeren Bevölkerung, was lediglich durch die Kinderentlastung der kinderreichen Lohnempfänger ein wenig ausgeglichen wurde. Immerhin wurde durch Gesetz vom 19. Dezember 1925 der Steuerfreibetrag für Lohnsteuerpflichtige von jährlich 960 RM auf 1200 RM erhöht[427]. Ungeachtet dessen stiegen die Gesamteinnahmen des Reiches aus Steuern und Zöllen wegen der günstigen Konjunktur gegenüber 1925 um 0,32 Mrd. in 1926 und um 1,64 Mrd. Reichsmark in 1927[428].

Die turnusmäßige Betriebsprüfung der Großbetriebe wurde in der Reichsabgabenordnung verankert und vor allem - als ein Kernstück der Reform - ein Reichsbewertungsgesetz geschaffen[429]. Das für ein einheitliches Steuersystem innerhalb eines Wirtschaftsgebiets unerlässliche Bewertungsgesetz legte die Grundsätze für die Bewertung von allen Vermögensgegenständen für alle Steuergesetze fest, in denen der Wert von solchen Vermögensgegenständen für die Besteuerung relevant

---

[425] RGBl. 1925 I 241

[426] RGBl. 1925 I 261; BArch. 43 I/1409, Akten der Reichskanzlei, Kabinette Luther I und II Dok. Nr. 206

[427] RGBl. 1925 I 469; BArch. 43 I/1406

[428] F. Terhalle, Geschichte der deutschen öffentlichen Finanzwirtschaft vom Beginn des 19. Jahrhunderts bis zum Schluss des zweiten Weltkrieges, in: Handbuch der Finanzwissenschaft, 2. Aufl., 1. Bd., 309

[429] RGBl. RGBl. 1925 I 244;1925 I 252

war[430]. Das Bewertungsgesetz hatte u. a. neben der einheitlichen Bewertung aller Unternehmen in Deutschland auch für die Landwirtschaft große Bedeutung.

Als finanzverfassungsrechtlicher Teil der organischen Steuerreform wurde die Reform des Finanzausgleichs zwischen dem Reich, den Ländern und den Gemeinden mit einem Gesetz über die gegenseitigen Besteuerungsrechte des Reichs, der Länder und Gemeinden verbunden[431]. Die Reform des Finanzausgleichs führte nicht zu einer Strukturänderung des Landessteuergesetzes aus der Ära Erzberger, stärkte aber die Finanzkraft des Reiches und verwehrte den Ländern insbesondere das von diesen geforderte Recht, Zuschläge auf die Einkommen- und Körperschaftsteuer zu erheben[432]. Dem hatte der bayerische Ministerpräsident Held im Sinne der den Interessen des Reiches widerstrebenden Interessen Bayerns vergeblich widersprochen[433]. Die Konzentration der Finanzgewalt beim Reich stärkte und ergänzte zugleich die Kompetenzen des Reiches[434]. Das Gesetz über den Finanzausgleich vom 10. August 1925 stellte nur eine Übergangslösung dar, weil verschiedene Bestimmungen mit dem Ende des Rechnungsjahrs 1926 (31. 3. 1927) ausliefen[435].

Popitz war der eigentliche spiritus rector der Gesetze[436].Die Zielsetzung und den wesentlichen Inhalt der Steuervorlagen hatte Popitz am 10. Februar 1925 in einer Rede vor dem Steuerausschuss des Reichstages entwickelt[437], nachdem er schon vorher in der Sitzung des Reichskabinetts am 30. Januar 1925 die Gesetzentwürfe

---

430 Grundsteuer, Vermögensteuer, Erbschaftsteuer, vgl. G. Strutz;, Handbuch des Reichssteuerrechts, 150 ff.

431 Gesetz über Änderung des Finanzausgleichs zwischen Reich, Ländern und Gemeinden v. 10.8.1925, RGBl. I 254, Bekanntmachung v. 27.4.1926, RGBl. I 206; Entwurf nebst Begründung BArch. 43 I 1399 und BArch. 43 I1401; Akten der Reichskanzlei, Kabinette Luther I und II Dok. 28, 70, 129 und 132

432 RGBl. 1925 I 254;zur Entstehungsgeschichte und zum Inhalt u. a. J. W. Hidien, Der bundesstaatliche Finanzausgleich in Deutschland, Geschichtliche und staatsrechtliche Grundlagen, 252; F. Menges, Reichsreform und Finanzpolitik, Die Aushöhlung der Eigenstaatlichkeit Bayerns auf finanzpolitischem Weg in der Zeit der Weimarer Republik, 306 ff.

433 Akten der Reichskanzlei Kabinette Luther I u. II, Dok. 124 , S. 437 und Kabinett Müller II Dok. 356

434 J. Popitz, Der Finanzausgleich, Handbuch der Finanzwissenschaft, 1927, 338 f.

435 Dazu F. Menges, Reichsreform und Finanzpolitik, 340 ff.; BArch. R 43 I/1415, Bl. 305-307, BArch. R 43 I/1415, Bl.314-316

436 Dr. Zarden in seiner Abschiedsrede für Popitz am 7. 2. 1930, Manuskriptdruck, S. 7, BArch. NL 1262 Nr. 90

437 BArch. NL 1262 Nr.86 fol.1; Abdruck der Rede in: Deutsche Wirtschaftszeitung, 25.2.1925, S. 173 - 179

vorgestellt hatte[438]. Den Grundgedanken der gesamten Steuerreform sah er in einer umfangreichen Besitzentlastung, um zu erreichen, dass „*die deutsche Wirtschaft sich wieder entwickeln kann, dass sich vor allem wieder Vermögen bilden, die in dieser deutschen Wirtschaft arbeiten können*".

Bei den Verhandlungen des Reichstages fand das Reformwerk Lob von Abgeordneten verschiedener Parteien. Dr. Hugo (Deutsche Volkspartei) rühmte die „*Einheitlichkeit der neuen Steuergesetzgebung*"[439]. Der steuerpolitische Sprecher der SPD, Dr. Paul Hertz, bezeichnete die Vereinheitlichung des gesamten Steuerwesens als „*großen politischen Fortschritt*"[440], beanstandete aber die Ermäßigung der Einkommensteuer für Veranlagungspflichtige und die Aufrechterhaltung der Massenbelastung[441]. Die SPD- Fraktion hielt jede Ermäßigung der Besitzsteuern für unerträglich, solange nicht die Massenbelastung erheblich gemildert worden ist. Weil sie dies durch die Reformgesetze nicht gewährleistet sah, hielt sie das Prinzip der sozialen Gerechtigkeit für verletzt. Dr. Preyer (Deutschnationale Volkspartei) urteilte: „*Rein technisch betrachtet ist diese Arbeit die beste Finanzarbeit, die wir seit den Miquelschen Reformen jemals in einem deutschen Parlament vorgelegt bekommen haben*"[442]. Koenen (KPD) richtete dagegen speziell gegen Popitz scharfe Angriffe. Er bezeichnete ihn als „*Vorkämpfer der reaktionärsten kapitalistischen Interessen*"[443]. Der badische Finanzminister rügte die unsoziale Ausrichtung der Vorlage zum Einkommensteuergesetz hinsichtlich der Berücksichtigung eines steuerfreien Existenzminimums und der Steuerermäßigung für Unterhaltspflichten. Er konstatierte die stärkste Entlastung des großen Besitzes und die schärfste Belastung der großen Massen des Volkes, was er für jeden sozial denkenden Menschen für durchaus unannehmbar hielt[444]. Das im Reichstag verabschiedete Gesetz brachte dann eine wesentliche Verbesserung in diesen beiden Punkten.

Wie immer bei Steuergesetzen gab es von der Presse, der Vossischen Zeitung, dem Berliner Abendblatt, dem 8-Uhr-Abendblatt und dem Vorwärts kritische Stimmen, wie dem Schreiben des Staatssekretärs in der Reichskanzlei, Pünder an

---

[438] BArch. 43 I 2396 und BArch. R 43 I/1398; Akten der Reichskanzlei, Weimarer Republik, Die Kabinette Luther I und II, Dok. 7 und 12

[439] 53. Sitzung des Reichstages, StenBer. S. 1358

[440] 103. Sitzung, StenBer. S. 3532

[441] Vorwärts, 42. Jg. Nr. 209, 5. 5. 1925

[442] 52. Sitzung StenBer. S. 1536

[443] 51. Sitzung StenBer. S. 1505

[444] Terhalle, F., Zur Reichsfinanzreform von 1925, Sonderdruck aus Zeitschrift für die gesamte Staatswissenschaft 1925, 26. Heft 2, 312 Fn. 1

Popitz vom 23. August 1925 zu entnehmen ist[445]. Die Finanzpolitik des Ministers Schlieben sei kurzsichtig, ja katastrophal, indem Milliarden um Milliarden aus dem blutleeren Wirtschaftskörper abgezogen und für gleichgültige und unwirtschaftliche Dinge verschwendet würden. Man sieht an diesen Stellungnahmen, dass neue Steuergesetze je nach Standpunkt unterschiedlich beurteilt werden. Lob von allen Seiten wird es kaum jemals geben. Nach dem Urteil des Bundesfinanzministeriums erfuhren die Gesetze betr. die Einkommen-, Körperschaft-, Vermögens- und Erbschaftsteuer *„eine begriffliche Durchbildung, die sie zu Meisterwerken der Gesetzgebungskuns t stempelten*"[446]. Die begriffliche und rechtliche Durcharbeitung der Gesetzentwürfe wurde schon damals als besonderes Verdienst von Popitz gerühmt[447]. In der Steuerrechtsgeschichte wird sie als organische Steuerreform bezeichnet und mit dem Namen des damaligen Reichsfinanzministers von Schlieben und seinem am 22. Januar 1925 zum Staatssekretär aufgestiegenen Stellvertreter Popitz als Schlieben-Popitzsche Steuerreform verknüpft. Ob das Lob, das diese Steuerreform in Bezug auf die Steuertechnik verdient, in gleicher Weise auch auf den materiellen Gehalt der Reformgesetze erstreckt werden kann, hängt vom Standpunkt des Beurteilers ab. Vom Standpunkt der Wirtschaft, insbesondere der größeren Unternehmen, war die Steuerreform wegen der Entlastungswirkungen positiv zu bewerten. Vom Standpunkt der Bezieher von kleineren Einkommen, also der Masse der Bevölkerung, gilt das nicht im gleichen Maße. Zwar wurde das steuerfreie Existenzminimum von 720 auf 960 Mark heraufgesetzt, aber die Tabak- und die Biersteuersätze wurden erhöht, die Senkung der Umsatzsteuer soll sich nicht in den Endverbraucherpreisen niedergeschlagen haben, und die Wiedereinführung der alten Bülowschen Agrarzölle belastete auch die Bezieher kleinerer Einkommen.

Im Anschluss an die Steuersenkungen von 1925 gab es weitere Steuersenkungen in den Jahren 1927 bis 1929[448]. Welchen Einfluss die Steuersenkungen auf die Konjunktur hatten, lässt sich nicht feststellen. Sie waren aber vermutlich ein Faktor neben anderen. Popitz beurteilte Steuersenkungen grundsätzlich positiv. In vorsichtig abwägender Wertung wies er aber zugleich darauf hin , dass es auch darauf ankommt, für welche Zwecke der Staat die Steuereinnahmen ausgibt, und dass das

---

[445] BArch. 43 I/2359, Akten der Reichskanzlei, Weimarer Republik, Die Kabinette Luther I und II, Dok. 150 Fn.4

[446] Bundesministerium der Finanzen (Hrsg.), Von der Reichsschatzkammer zum Bundesfinanzministerium, Bonn 1969, 111

[447] Terhalle, F., Zur Reichsfinanzreform von 1925, Sonderdruck aus Zeitschrift für die gesamte Staatswissenschaft 1925, 26. Heft 2, 340

[448] Gesetz vom 23. 7. 1928, RGBl. 1928 I 290 .; über den Kopf des Kabinetts hinweg – so der Minister Erich Koch-Weser, vgl. die Akten der Reichskanzlei Kabinett Müller II Dok Nr. 6 Fn. 8 - auf Initiative des sozialdemokratischen Finanzministers –Hilferding betr. die Herabsetzung in den Unterstufen der Lohn- und Einkommensteuer

vom Staat verausgabte Geld wieder in die Hand der Verbraucher gelangt[449], um die private Kapitalbildung und die Rentabilität der Einzelwirtschaften zu fördern. Popitz, der mit Rücksicht auf die Wirtschaft wie die Verwaltung der Beständigkeit der Steuergesetze einen hohen Wert zumaß, glaubte, mit dem Schlieben-Popitzschen Reformwerk einen *„relativen Ewigkeitswert“* der Gesetzgebung erreicht zu haben[450].

Das war jedenfalls hinsichtlich des Finanzausgleichs nicht der Fall, wurden doch die Regeln in der Ära Popitz durch die Gesetze vom 27. April und 15. Mai 1926 sowie durch Gesetz vom 9. April 1927 abermals geändert, ohne dass es gelang, eine endgültige Lösung zu finden[451]. Die Weltwirtschaftskrise und die Ungewissheiten des Ausgangs der Reparationsverhandlungen zwangen dazu, den Steueranteil der Länder im Rahmen des Haushaltsgesetzes 1929/30 zugunsten des Reiches zu beschneiden[452]. In keinem dieser Gesetze erhielten die Länder bzw. Gemeinden das ihnen bei der Reform von 1925 in Aussicht gestellte Zuschlagsrecht auf die direkten Reichssteuern[453]. Auch die nach dem Ausscheiden von Popitz aus seinem Amt als Staatssekretär in Kraft tretenden Änderungen des Finanzausgleichs brachten keine dauerhaften und konsensfähigen Lösungen für die finanziellen Beziehungen zwischen dem Reich und den Ländern. Ursächlich hierfür waren die ständigen Haushaltsnöte der Gebietskörperschaften, die hart aufeinander treffenden Interessengegegensätze zwischen Reich, Ländern und Gemeinden, die vom Streben nach jeweils möglichst hohen Anteilen am Gesamtsteueraufkommen[454] und der Auseinandersetzung zwischen Unitaristen und Föderalisten geprägt waren. Unter diesen Umständen war eine dauerhafte Lösung des Finanzausgleichsproblems, oder wie Popitz es gefordert hat, die *„Einheit der öffentlichen Wirtschaft“* in der Weimarer Republik schlechterdings nicht realisierbar.

Neben seinen Arbeiten an der Gesetzgebung suchte Popitz auch immer wieder Einfluss auf die Grundlinien der Politik zu nehmen, die meistens mit den handelnden Personen und deren Parteizugehörigkeit zusammenhingen. So hatte Popitz starke Bedenken gegen den der Deutschen Demokratischen Partei angehörenden Reichsfinanzminister (1926/27))Peter Reinhold. Reinhold vertrat eine Politik der

---

[449] J. Popitz, Abschlußansprache auf der Konferenz von Eilsen, in G. Colm/H. Neisser (Hrsg.), Kapitalbildung und Steuersystem, Verhandlungen und Gutachten der Konferenz von Eilsen, Veröffentlichungen der Friedrich List-Gesellschaft, Berlin 1930, 4. Bd. 147 ff.

[450] J. Popitz, Gegenwartsprobleme der Steuergesetzgebung und Steuerverwaltung, Vj.StFR I 1927. 5; J. Popitz, Betrachtungen zur Neuordnung der Steuern, StuW 1931 I Sp.6

[451] RGBl. 1926 I 203, 223 und 1927 I 91

[452] Gesetz vom 29. 6. 1929, RGBl. 1929 II 443

[453] Popitz und von Schlieben waren von den finanzpolitischen Gefahren eines Zuschlagsrechts überzeugt. vgl. K.-H- Hansmeyer, Kommunale Finanzpolitik in der Weimarer Republik, 226 f.

[454] Popitz spricht von den dauernden Kämpfen zwischen Reich, Ländern und Gemeinden

Steuersenkung im Interesse der Großindustrie und der Großbanken ohne jede Rücksicht auf die Belange der minderbemittelten und mittellosen Bevölkerungsteile. Popitz begegnete dem mit Skepsis[455]. In von ihm initiierten Zusammenkünften mit dem Zentrumspolitiker Heinrich Köhler (Reichsfinanzminister vom Januar 1927 – Juni 1928) vertrat Popitz den Standpunkt, dass das Reichsfinanzministerium den Demokraten genommen und in die Hände des Zentrums gelegt werden müsse, weil sonst die Reinholdschen Verwüstungen in den Reichsfinanzen nicht mehr reparierbar seien[456].

f. Aktive Haushaltspolitik

aa. Haushaltspolitik im Strudel der Kriegsfolgen, Reparationen, Ruhrbesetzung und Inflation

Als Staatssekretär war Popitz auch für die Haushaltspolitik zuständig. Mit welcher Sorge Popitz die Entwicklung der anhaltenden Haushaltdefizite verfolgte, zeigt u. a. ein Schreiben vom 15. August 1929 an den Reichsarbeitsminister betr. den Nachtragshaushalt für 1929, in welchem er insbesondere auf die Einsparungen von Ausgaben im Bereich von Kann-Bewilligungen für sozial schwache Bevölkerungsgruppen drängte[457]. Außer um den Haushalt des Reiches kümmerte er sich wegen des Zusammenhangs mit dem Finanzausgleich auch um den Haushalt der Länder und der Gemeinden[458].

Ein Schwerpunktthema der Weimarer Republik waren die von Deutschland an die Siegermächte zu zahlenden Reparationen. Wie die Protokolle über die Sitzungen des Reichskabinetts deutlich machen, war die Reparationsfrage ständig Gegenstand der Erörterung[459]. An der Lösung der damit verbundenen Probleme war Popitz insbesondere in seiner Zeit als Staatssekretär maßgeblich beteiligt. Daneben ging es um die Freigabe des von den Siegermächten beschlagnahmten deutschen Vermögens. Popitz handelte u. a. ein Abkommen über diese Frage mit Belgien aus[460]. An den Verhandlungen über die Reparationszahlungen in Paris im März

---

455 K. M. Hettlage, Johannes Popitz 1884 – 1945, in: Männer deutschen Verwaltung, 23 biographische Porträts, 139 ff., 335

456 H. Köhler, Heinrich Köhler, Lebenserinnerungen des Politikers und Staatsmannes 1978 – 1955, 189

457 BArch. R 43 I/879. Akten der Reichskanzlei, Kabinett Müller II Dok. Nr. 270

458 Akten der Reichskanzlei Weimarer Republik, Die Kabinette Marx III und IV, Nr. 457, 1414 zum Bericht von Schacht vom 13. 4. 1928. u. a. zur Frage der Gemeindefinanzen, insbesondere betr. Auslandanleihen durch Gemeinden

459 Vgl. Akten der Reichskanzlei, Weimarer Republik

460 BArch. R 43 I/54. Akten der Reichskanzlei, Kabinett Müller II Dok. 265

1924 war Popitz beteiligt[461]. Im Zuge der Verhandlungen über den Dawes-Plan nahm Popitz aber eine derart unversöhnliche Haltung gegenüber dem Vertreter der Gläubigerstaaten, Parker Gilbert, ein, dass dieser den Reichsfinanzminister Köhler bat, auf die Anwesenheit von Popitz zu verzichten, Köhler entsprach diesem Wunsch[462]. Diplomatisch war es nicht, Gilbert zu provozieren, zumal es für Deutschland um Erleichterungen bei den Reparationszahlungen ging. Aber verständlich war die Haltung von Popitz schon. Denn der Bericht von Gilbert vom 10. Juni 1927 strotzte nach dem Urteil von Köhler von Einseitigkeiten und ging bis zu zahlreichen tatsächlichen Unrichtigkeiten[463]. Köhler kritisierte auch das spätere Memorandum Gilberts vom 20. Oktober 1927 zur Reparationsfrage[464].

Betrachtet man die Stellungnahmen von Popitz zur Haushaltspolitik aus heutiger Sicht, so werfen die Beurteilungen Fragen auf. So machte er als eigentliche Ursachen der Inflation die Reparationsforderungen, den Besatzungsdruck der Siegermächte[465] sowie die völlige Absperrung Deutschlands vom Auslandskapitalmarkt aus. Jedenfalls griff er nicht den Erklärungsansatz der politischen Rechten auf, dass die wohlfahrtstaatlichen Versuche der sozialdemokratischen Regierungen für die Inflation verantwortlich waren[466]. Die Hauptursache, nämlich die finanzielle Überspannung während des Weltkriegs nannte er jedoch nicht. Auch eine Absperrung vom Auslandskapitalmarkt hatte es bis September 1930 nicht gegeben. Jedenfalls wurden die Reparationen bis zu diesem Zeitpunkt vorwiegend aus amerikanischen Krediten bezahlt.

bb. Anhaltende Haushaltsdefizite trotz Stabilisierung der wirtschaftlichen Entwicklung – Der Sturz

Ende 1929 trat Popitz von seinem Amt als Staatssekretär zurück. Hintergrund der Demission im Dezember 1929 war zum einen ein von Popitz ausgearbeiteter Plan zur Steuersenkung, der, obwohl von dem sozialdemokratischen Reichsfinanzminister Hilferding unterstützt, von der SPD abgelehnt wurde. Den Anlass für den Plan bildete die desolate Haushaltslage, die sich gegen Ende 1929 verschärfte und per 31. Dezember 1929 ein Defizit in der enormen Höhe von 20,6 Mrd. RM erreichte, die sinkende Investitionsbereitschaft der Unternehmen, die wachsende Zahl von

---

461 BArch. R 43 I/41, Akten der Reichskanzlei, Weimarer Republik, Die Kabinette Marx I und II, Dok. Nr. 153, S. 485

462 Heinrich Köhler, Lebenserinnerungen des Politikers und Staatsmannes 1978 – 1955, 243

463 Köhler, Memoiren, 244

464 Akten der Reichskanzlei Nr. 324, 1014 ff.

465 J. Popitz. Die deutschen Finanzen 1918 – 1928, in: Zehn Jahre Deutsche Geschichte 1918 – 1928, 185

466 D. Petzina, Die Finanzpolitik und ihre Auswirkungen auf die sozialen Gegensätze, 363

Arbeitslosen und allgemein eine Krisenstimmung, die auch durch den New-Yorker Börsenkrach vom Oktober 1929 geschürt wurde[467]. Die Verschlechterung der Kassenlage des Reiches war vor allem auf die wachsenden Zahlungen des Reiches an die Arbeitslosenversicherung zurückzuführen. Nach dem Urteil von Carl Severing (im Kabinett Müller Reichsinnenminister, später preußischer Innenminister) war die Tatsache, dass die Reichskasse im Zeichen vollständiger Ebbe stand, die Folge einer Politik der Unbekümmertheit und Sorglosigkeit seit dem Jahr 1923, für die vor allem Reichsfinanzminister Reinhold verantwortlich gemacht wurde, welcher der Deutschen Demokratischen Partei angehörte[468]. Mithin stand 1929 eine Finanz- bzw. Steuerreform und eine Reform der Arbeitslosenversicherung auf der Tagungsordnung[469]. Popitz trat dafür ein, die Reichsfinanzen mit keinem Pfennig mehr zu belasten[470]. Er hatte ein Finanzprogramm mit 14 Punkten ausgearbeitet, das u. a. neben der Senkung der direkten Steuern zwecks Stärkung der unternehmerischen Kapitalbildung Erhöhungen der indirekten Steuern, eine Neuregelung des Finanzausgleichs zuzüglich einer stärkeren Aufsicht über die Finanzgebarung der Gemeinden sowie eine Heraufsetzung der Beiträge zur Arbeitslosenversicherung um ½ % ab 1. Januar 1930 vorsah[471]. Für eine Steuersenkung und gleichzeitig für einen Ausgabenabbau setzte sich auch die DVP ein, die dabei vom Reichsverband der Deutschen Industrie unterstützt wurde. Der Reichsverband verlangte u. a. eine Verlagerung des Schwergewichts der Besteuerung von den direkten auf die indirekten Steuern[472]. Die SPD befürchtete dagegen, dass Steuersenkungen das Staatsdefizit in gefährlichem Maß vergrößern würden.

Der 1929 einsetzende Niedergang der Haushalts- und Wirtschaftslage erzwang entgegen den Erwartungen von Popitz eine Anhebung der direkten Steuern. Dies erfolgte allerdings nicht durch eine Heraufsetzung der Steuersätze des Einkommensteuergesetzes, sondern durch die Einführung neuer Steuern, so genannte Nebensteuern, wie eine Bürgersteuer[473], Zuschläge zur Einkommensteuer für Einkünf-

---

[467] R. Leuschen-Seppel, Zwischen Staatsverantwortung und Klasseninteresse, 237 f.; Einzelschriften der Statistik des Deutschen Reiches, 13, Berlin 1930, 438 f.

[468] C. Severing, Mein Lebensweg, Band II Im Auf und Ab der Republik, 227

[469] R. Leuschen-Seppel, Zwischen Staatsverantwortung und Klasseninteresse, 224 ff. vgl. auch die Kabinettsprotokolle der Regierung Müller II Akten der Reichskanzlei, Kabinett Müller II

[470] BArch. R 43 I/1435, Akten der Reichskanzlei, Kabinett Müller II Dok. Nr.262

[471] BArch. NL 1262 Rep. 92 Nr. 86 fol.1; Akten der Reichskanzlei Weimarer Republik, Kabinett Müller II Dok. Nr. 374, 375 Einzelheiten bei R. Leuschen-Seppel, Zwischen Staatsverantwortung und Klasseninteresse, 230 f.; M. Vogt, Die Stellung der Koalitionsparteien zur Finanzpolitik

[472] Aufstieg oder Niedergang Deutsche Wirtschafts- und Finanzreform 1929, Eine Denkschrift des Präsidiums des Reichsverbandes der Deutschen Industrie, Berlin 1929, Nr.49

[473] Notverordnung des Reichspräsidenten vom 16. 7. 1930, RGBl. 1930 I 207, und Notverordnung vom26. 7.1930, RGBl. 1930 I 311 und Notverordnung vom 1. 12. 1930, RGBl. 1930 I 517

te von mehr als 8.000 RM und für Ledige, eine Reichshilfe der Personen des öffentlichen Dienstes[474] und eine Krisensteuer zur Bewältigung der Arbeitslosigkeit[475]. Im Ergebnis wurden durch diese Nebensteuern der Mindeststeuersatz der Reform von 1925 auf 10,5 %, bei Lohnsteuerpflichtigen auf 11,5 % und der Höchststeuersatz bei den veranlagten Einkommensteuerpflichtigen auf etwa 46 % angehoben. Bei Lohn- und Gehaltsempfängern erreichte der Spitzensteuersatz 50 %. Der systematische Aufbau des Tarifs wurde durch die Häufung verschiedener Steuern mit ganz verschiedenen Maßstäben so zerstört, das von einer gleichmäßigen Belastung nicht mehr die Rede sein konnte[476].

Um die Pläne zu bewerten, muss man sich die genannten wirtschaftlichen Daten vor Augen führen. Wie schon oben ausgeführt, betrachtete Popitz Steuersenkungen als geeignetes Mittel zur verstärkten Kapitalbildung bei Unternehmen und zum Anschieben der Konjunktur. Dies gehörte zu seinen Grundüberzeugungen, die er u. a., auf der Konferenz der Friedrich List-Gesellschaft in Eilsen dargelegt hatte, worauf noch einzugehen sein wird. Jedoch führten etwa die Steuererleichterungen im September 1924 nicht zu einer Senkung sondern zu einer Erhöhung der Preise mit der Folge des Kaufkraftrückgangs, der Betriebseinschränkungen und der Arbeiterentlassungen[477].

Vergleichsweise haben die Steuersenkungen der Steuerreform 2000 der rot-grünen Koalition ebenfalls gezeigt, dass die Ziele: Konjunkturaufschwung, Verminderung der Arbeitslosigkeit und Abbau der Staatsverschuldung durch höhere Steuereinnahmen nicht erreicht wurden , sondern im Gegenteil verschlechterten sich die Daten für alle drei Punkte, insbesondere die Staatsverschuldung wesentlich, so dass die Regierung u. a. auch wegen ihrer verfehlten Finanzpolitik faktisch zum Rücktritt gezwungen war. Steuersenkungen können zwar zu einer Belebung der Konjunktur und damit auch zu einer Erhöhung der Steuereinnahmen führen, dazu gibt es auch entsprechende Erfahrungen, aber eine Gesetzmäßigkeit besteht nicht. Ob diese Wirkungen tatsächlich eintreten, hängt in der Regel von weiteren Faktoren der allgemeinen Wirtschaftsentwicklung und dem Verhalten von Unternehmen und Verbrauchern ab, die schwer im voraus zu bestimmen sind[478].

---

vgl. Skodzki, in: Haußmann/Herrmann/Meyer/Thiem/Goettzke/Skrodzki, Das Steuerrecht der Notverordnungen von1930, 315 ff.

474 Notverordnungen vom 16. 7. 1930, RGBl. 1930 I 207, 26. 7. 1930 , RGBl. 1930 I 311, und vom 1. 12. 1930 (RGBl. 1930 I 517)

475 Zweite Verordnung des Reichspräsidenten zur Sicherung von Wirtschaft und Finanzen vom 5. 6. 11931, RGBl. 1931 I 279

476 E. Kaemmell/E. Bacciocco, Einkommensteuergesetz vom 16. Oktober 1934, § 32 Anm. 2

477 Akten der Reichskanzlei, Die Kabinette Marx I und II, Dok Nr. 349, S. 1155 Fn. 1

478 Die Behauptung der 2005 unter dem Dach der Stiftung Marktwirtschaft tagenden Kommission Steuergesetzbuch, dass das Steueraufkommen nach „internationalen Erfahrungen“ steigt, wenn

Bei Popitz findet sich eine entsprechende Erkenntnis: Es ist nicht die Steuer für sich genommen, die wirtschaftliche Wirkungen ausübt, sondern die besonderen Wirkungen der Steuern kommen erst im Zusammenhang mit der besonderen wirtschaftlichen Gestaltung eines Landes zustande[479]. Es kommt auch darauf an, das Gesamtsteuersystem mit den direkten und indirekten Steuern in den Blick zu nehmen und dann zu fragen, ob die Steuersenkungen den unteren , mittleren oder oberen Einkommensschichten zugute kommen. Ein solche differenzierte Betrachtungsweise, die außer den wirtschaftlichen Auswirkungen auch Gesichtspunkte der Verteilungsgerechtigkeit berücksichtigen müsste, findet sich bei Popitz noch nicht.

Stärker noch als der Kampf um die richtige Steuerpolitik war ein Konflikt mit dem Reichsbankpräsidenten Hjalmar Schacht Ursache für den Rücktritt von Popitz. Nach dem Urteil von Schwerin von Krosigk lehnte Popitz sich als leidenschaftlicher Vertreter einer starken Regierungsgewalt gegen eine Bevormundung der Regierung durch die Reichsbank auf und empfand die Angriffe Schachts gegen den Reichsfinanzminister Hilferding[480] als persönliche Beleidigung. Nach einem Kassenbericht von Popitz vom April 1929 rechnete er für den März 1930 gegenüber dem Stande vom März 1929 mit einem Kassenmehrbedarf von 850-875 Millionen RM und sagte voraus, dass eine Balanzierung des Haushalts 1930 ohne neue Steuern nicht möglich sein werde[481]. In der Kabinettssitzung vom 3. Mai 1929 forderte Popitz trotz schwerwiegender Bedenken die sofortige Auflage einer Anleihe, weil es keinen anderen Weg gebe, die Katastrophe zu vermeiden[482]. Im Dezember 1929 hatte das Reich ein Defizit von 1,7 Mrd. RM, dem nur 1,37 Mrd. RM an kreditären Deckungsmitteln gegenüber standen. Für den Rest von 330 Mill. RM brauchte das Reich einen Überbrückungskredit, wenn es seinen Zahlungsverpflichtungen zum Ultimo Dezember 1929 nachkommen wollte[483]. Auf Betreiben von Popitz hatte sich das Reichsfinanzministerium bemüht, einen Kassenkredit in Höhe von 50 Millionen Dollar von dem amerikanischen Bankhaus Dillon, Read & Co. zu erhalten. Weil im Reichsfinanzministerium mit dem Widerstand der Reichsbank gerechnet wurde und wohl auch wegen der erwähnten grundsätzlichen Haltung von Popitz

---

die Unternehmensgewinne gezielt niedriger besteuert werden, trifft als allgemeiner Grundsatz nicht zu und wird durch die Erfahrungen unter rot-grünen Koalition in den Jahren 2000 bis 2005 widerlegt

[479] J. Popitz, Der wirtschaftende Mensch als Steuerzahler, VjStF 1930, 21

[480] Zu Hilferding vgl. W. Smaldone, Rudolf Hilferding Tragödie eines deutschen Sozialdemokraten, A. Stein, Rudolf Hilferding und die deutsche Arbeiterbewegung. Gedenkblätter

[481] BArch. R 43 I/2362 Die Akten der Reichskanzlei, Das Kabinett Müller II Dok. Nr. 187

[482] Die Akten der Reichskanzlei Müller II, Dok. Nr. 193

[483] H. Müller, Die Zentralbank – eine Nebenregierung, 96; zu den Schwierigkeiten, Ende 1928 einen ausgeglichenen Haushalt für 1129 aufzustellen, berieten die Reichsminister u. a. am 7. 11. 1928, vgl. Die Akten der Reichskanzlei Müller II, Dok. Nr.57

gegenüber der Reichsbank, vermied man es, sich mit der Reichsbank in Verbindung zu setzen, obwohl dies nach den gesetzlichen Bestimmungen des § 25 des Bankgesetzes vom 30. August 1924[484] an sich notwendig gewesen wäre. Darüber hinaus war das Reichsfinanzministerium im Zusammenhang mit einem früheren Versuch im August 1929, einen Kredit bei Dillon, Read & Co. zu erhalten, schon einmal an dem Widerstand von Schacht gescheitert und hatte sich überdies verpflichtet, bei allen der Deckung des Finanzbedarfs des Reiches dienenden Kreditgeschäften künftig *„in Fühlungnahme und enger Zusammenarbeit“* mit der Reichsbank vorzugehen. Als Schacht durch einen Hinweis der Amerikaner von dem angebahnten Kreditgeschäft erfuhr, verhinderte er durch seinen Einspruch die Kreditgewährung und zwang das Reich zur Aufnahme eines Kredites bei der Reichsbank. Schacht forderte die Bereitstellung von 500 Mio. RM zur Abdeckung des aktuellen Kassendefizits Ende 1929, wobei 220 Mio. aus der Tabaksteuer und 280 Mio. aus Einsparungen aufgebracht werden sollten[485]. Ferner forderte Schacht den Erlass eines Schuldentilgungsgesetzes mit der Schaffung eines Tilgungsfonds in Höhe von 500 Mio. RM, der zur Hälfte aus Steuern und zur anderen Hälfte aus Einsparungen gespeist werden sollte[486]. Gleichzeitig stellte er die Bedingung, Popitz als Staatssekretär zu entlassen[487].

In der Kabinettssitzung vom Dezember 1929 sprach sich der sozialdemokratische Reichsarbeitsminister gegen Popitz aus. Die Politik des Reichsfinanzministers sei in erster Linie von Popitz geführt worden, der auch für die unglaubliche Lage verantwortlich sei, die jetzt dazu zwinge, dem Reichsbankpräsidenten Schacht gegenüber zu kapitulieren; Hilferding gehen zu lassen, widerspreche seinem Gefühl, da Popitz die Sache verschuldet habe[488]. Die Deutsche Volkspartei (DVP), die u. a. die Regierung stellte, schloss sich diesem Antrag an. Popitz reichte daraufhin am 19. Dezember 1929 ein Rücktrittsgesuch an den Reichsfinanzminister mit folgendem Wortlaut ein: “*Nachdem seit heute morgen eine Aussicht nicht mehr besteht, ohne Unterwerfung unter die Bedingungen des Herrn Reichsbankpräsidenten Dr. Schacht die Ultima-Schwierigkeiten zu überwinden und nachdem damit die Steuersenkungsaktion auf längere Sicht unmöglich geworden ist, stelle ich Ihnen hiermit mein Amt als Staatssekretär im Reichsfinanzministerium zur Verfügung*“[489]. Die DVP forderte zugleich die Entlassung des der SPD angehörenden Reichsfinanzmi-

---

484 RGBl. 1924 II 355

485 Akten der Reichskanzlei Weimarer Republik, Kabinett Müller II Dok. Nr. 389, 390

486 Akten der Reichskanzlei Weimarer Republik, Kabinett Müller II Dok. Nr. 394

487 Zu den Ereignissen vgl. H. Pünder, Politik in der Reichskanzlei, Aufzeichnungen aus den Jahren 1929 - 1932 (Hrsg, T. Vogelgesang), 27 ; Pünder war Staatssekretär in der Reichskanzlei

488 Akten der Reichskanzlei Weimarer Republik, Kabinett Müller II Dok. Nr. 398 S. 1299

489 BArch R 43 I/1308; WTB 80. Jg. Nr. 20644

nisters Hilferding. Hilferding erklärte am 20. Dezember 1929 seinen Rücktritt[490]. Am gleichen Tage entließ der Reichspräsident Hilferding und versetzte Popitz seinem Antrag entsprechend in den einstweiligen Ruhestand[491]. Mit der Annahme des Kredites von der Reichsbank hatten die Regierung, das Parlament und die Parteien vor der Reichsbank kapituliert[492].

Schachts Motive für seine Haltung sind schwer zu ergründen. Es ging ihm nicht um den Haushaltsausgleich. Er wollte wohl eine unternehmerfreundliche Steuerreform durchsetzen und zu diesem Zweck die Sozialdemokraten der Regierung stürzen, die ein Haupthemmnis für eine solche Steuerreform waren[493]. Möglich ist, dass Schacht in der sicheren Erkenntnis eines Trends der Bevölkerung zum Nationalsozialismus seine eigene Annäherung an diese Bewegung vorbereiten wollte, weil er sich für seine Entwicklung Vorteile versprach[494]. Für das Verhalten von Schacht ist noch von Bedeutung, dass Schacht, obwohl er von der Reichsregierung als Delegierter und Sachverständiger bei der Ausarbeitung des Young-Plan hinzugezogen worden war und diesen Plan auch mit unterschrieben hatte, in einem der Öffentlichkeit zugänglich gemachten Memorandum Auslegungen zum Young-Plan vertrat, die mit den Auslegungen der Reichsregierung nicht übereinstimmten[495]. Die Reichsregierung sah sich zu einer offiziellen Stellungnahme veranlasst, in der sie ihr Befremden über die Veröffentlichung des Memorandums ausdrückte und darin einen schwer verständlichen Verstoß gegen die Pflicht zur Rücksichtnahme auf die Staatsautorität sah[496]. Schacht wurde daher nicht mehr als Delegierter der Reichsregierung zu den Reparationsverhandlungen hinzugezogen.

Popitz hatte die Einmischung des Reichsbankpräsidenten in die Reichspolitik für unerträglich gehalten[497]. Eine vertrauensvolle Zusammenarbeit von Popitz mit der

---

[490] Akten der Reichskanzlei Weimarer Republik, Kabinett Müller II Dok. Nr. 397

[491] L. Graf Schwerin von Krosigk, Staatsbankrott, 55; H. Pünder, Politik in der Reichskanzlei, Aufzeichnungen aus den Jahren 1929 – 1932, 31 ff.; I. Maurer, Reichsfinanzen und Große Koalition, Zur Geschichte des Reichskabinetts Müller, 95 ff.; G. Schulz, Zwischen Demokratie und Diktatur, Verfassungspolitik und Reichsreform in der Weimarer Republik, Bd. II, Deutschland am Vorabend der Großen Krise, 460 ff.

[492] G. Stolper, Kapitulation, in: Der Deutsche Volkswirt, Jg.4, 1929/30, 435

[493] H. Müller, Die Zentralbank – eine Nebenregierung, 99

[494] A. Fischer, Hjalmar Schacht und Deutschlands „Judenfrage" Der „Wirtschaftsdiktator" und die Vertreibung der Juden aus der deutschen Wirtschaft, 67 f.

[495] Akten der Reichskanzlei Weimarer Republik, Kabinett Müller II Dok. 369, 370, 371, 372

[496] Akten der Reichskanzlei Weimarer Republik, Kabinett Müller II Dok. Nr. 372 Fn. 2

[497] H. Schacht, 76 Jahre meines Lebens, 324

Reichsbank war nicht mehr möglich[498]. Die SPD war selbstverständlich von ihrem Finanzminister Hilferding enttäuscht. Der Chefredakteur des „Vorwärts“, Friedrich Stampfer, erhob auch gegen Popitz die allerschwersten Vorwürfe. Popitz habe bewusst eine Politik des Defizits betrieben. Er habe die Entwicklung der Kassenlage voraussehen und seinen Chef auf die drohende Gefahr rechtzeitig aufmerksam machen müssen[499].

g. Steuerrechtswissenschaft

aa. Einleitung

Popitz` wissenschaftliche Beschäftigung mit dem Steuerrecht erreichte in der Zeit der Weimarer Republik einen gleichen Höhepunkt wie sein Wirken in der aktiven Steuerpolitik. Als Staatssekretär im Reichsfinanzministerium, später als preußischer Finanzminister, als fachwissenschaftlicher Autor und als Honorarprofessor an der Berliner Handelshochschule hat Popitz einen maßgebenden Einfluss auf die Entwicklung der Steuerrechtswissenschaft ausgeübt. Auf diesem Gebiet hat er Bleibendes geschaffen, während seine staatspolitischen Ideen wirkungslos und seine Beteiligung am Widerstand ungeachtet der gebotenen Hochachtung Episode blieben. Seine steuerrechtliche Bedeutung ist vor dem Hintergrund zu sehen, dass sich das Steuerrecht unter anderem auch durch die Mitwirkung jüdischer Steuerrechtler, die nach 1933 Deutschland verlassen mussten, in den zwanziger Jahren zu einer Blüte entwickelt hatte. Popitz hat durch seine Lehrtätigkeit und seine Veröffentlichungen zum Steuerrecht, das er als unwillkommenes Kind des Rechts bezeichnete[500], einen wesentlichen Beitrag zur Entwicklung des Steuerrechts als einer selbständigen Disziplin der Rechtswissenschaft geleistet. Wesentliche Vorstellungen hat er in der 1933 erschienenen kleinen Broschüre „*Kleiner Katechismus für Steuervorschläge*“ vorgelegt. Hier hat er betont, dass steuerpolitische Vorschläge mit anderen, nationalpolitischen, kulturpolitischen, sozialpolitischen, bevölkerungspolitischen Zielsetzungen in Einklang gebracht werden und sich in den Rahmen des jeweiligen Wirtschaftssystems einfügen müssten[501].

bb. Umsatzsteuer

Popitz verfügte über eine profunde Kenntnis des gesamten Steuerrechts. Die Grundzüge der Umsatzsteuer hat Popitz in einer das Wesen dieser Steuerart in ge-

---

[498] Vgl. unveröffentlichte Erinnerungen von Paul Moldenhauer, dem Nachfolger von Hilferding als Reichsfinanzminister, zitiert nach R. Leuschen-Seppel, Zwischen Staatsverantwortung und Klasseninteresse, 250 f. Fn. 109

[499] „Vorwärts“, 22. 12. 1929, Zitiert nach H. A. Winkler, Der Schein der Normalität, 752 f.

[500] J. Popitz, Finanzrecht und Finanzwissenschaft, in :H. Teschenmacher (Hrsg.) Zur Finanzwissenschaft, Für Georg von Schanz zum 75. Geburtstag Bd. 1, 42

[501] Sonderausgabe aus dem Jahrbuch für politische Forschung, BArch. NL 1262 Nr. 98

radezu genial erfassender Weise dargelegt[502]. Ausgangspunkt für die Notwendigkeit der Erhebung einer Umsatzsteuer ist nach Popitz die Erkenntnis, dass mit einer einzigen Steuer, etwa der Einkommensteuer, der gewaltige Einnahmebedarf eines verwickelten Staatsgebildes nicht gedeckt werden kann, weil eine solche Steuer eine Höhe erreichen müsste, an der sie in der praktischen Durchführung scheitern würde. Aber das Ziel muss sein, das Steuersystem auf eine allgemeine gerechte Steuer zu fundieren, nämlich die Einkommensteuer, und den anderen Steuern nur eine ergänzende Funktion zuzuweisen. Bei der Suche nach allgemeinen Steuern, d. h. Steuern mit grundsätzlich nicht eng umgrenztem Steuerobjekt lassen sich Steuern unter Ausnutzung wirtschaftlicher Vorgänge, welche die Volkswirtschaft umschließen, nur auf drei Möglichkeiten stützen: Einkommen, Vermögen und Verbrauch. Den Verbrauch in der allgmeinsten Form zu besteuern, gelingt nur mit der Umsatzsteuer, die das von Unternehmen erzielte Entgelt für seine Lieferungen und Leistungen mit einem bestimmten Prozentsatz davon als Steuer erhebt und davon ausgeht, dass die Unternehmer die von ihnen gezahlten Steuern über ihre Preise an den Endverbraucher als den eigentlichen Steuerträger überwälzen. Eine solche Steuer entbehrt nach Popitz zwar jedes besonderen Begriffselements, das auf die Lage des einzelnen Verbrauchenden, d. h. dessen Leistungsfähigkeit Rücksicht nimmt. Sie ist gegenüber den Steuern auf das Einkommen und Vermögen auch die brutalere und primitivere unter den allgemeinen Besteuerungsformen. Nach überkommenen finanzwissenschaftliche Grundsätzen müsste sie in Grund und Boden verdammt werden[503]. Weil sie aber nahezu jeden Verbrauch, die Gesamtheit aller Güter erfasst, die einer Volkswirtschaft zur Erhaltung ihrer Mitglieder zur Verfügung stehen, erbringt sie selbst bei geringem Steuersatz eine gewaltige Summe[504]. Im übrigen verliert die unsoziale Wirkung einer allgemeinen Verbrauchsteuer an Bedeutung, wenn sie als Glied eines Steuersystem betrachtet wird, das im übrigen die Anforderungen steuerlicher Gerechtigkeit erfüllt. Eine allgemeine Steuer auf den Verbrauch verhütet zudem eine die Steuerhinterziehung antreibende Überspannung der direkten Steuern[505].

In seinem im wesentlichen die Steuertechnik behandelnden Beitrag im Handwörterbuch der Staatswissenschaft ordnete Popitz den Umsatz den steuerlichen Grundbegriffen wie dem Ertrag, dem Einkommen, dem Vermögen und dem Vermögenszuwachs zu[506]. Umsatz ist der Austausch von Leistungen gegen Entgelt.

---

[502] J. Popitz, Handwörterbuch der Staatswissenschaften, Vierter Band, Artikel Umsatzsteuer

[503] J. Popitz, Diskussionsbeitrag auf der Konferenz von Eilsen vom 26. – 28. 10. 1929, abgedr. In: Kapitalbildung und Steuersystem, Verhandlungen und Gutachten der Konferenz von Eilsen, Veröffentlichungen der Friedrich List-Gesellschaft, Berlin 1930, 4. Bd., 23

[504] J. Popitz, Allgemeine Verbrauchsteuern, in: Handbuch der Finanzwissenschaft, 1927, 181

[505] J. Popitz, Allgemeine Verbrauchsteuern, in: Handbuch der Finanzwissenschaft, 1927, 189

[506] L. Elster/A. Weber/F. Wieser (Hrsg.), 4. Aufl. 8. Bd., Jena 1928, 373 ff.

Steuergegenstand ist die Summe der Leistungen einer bestimmten wirtschaftlichen Einheit in einem Zeitabschnitt ausgedrückt in den sich ergebenden Einnahmen (Roheinnahmen). Indem die Umsatzsteuer alle Leistungen eines Unternehmens gegen Entgelt erfasst, ist sie eine allgemeine Steuer, die sich von der besonderen Umsatzsteuer unterscheidet, welche nur einzelne Vorgänge der Steuer unterwirft. Obgleich die Veranlagung und Erhebung der Umsatzsteuer grundsätzlich den gleichen verwaltungstechnischen Apparat wie bei den direkten Steuern erfordert, handelt es sich um eine indirekte Steuer, weil der Steuerträger, also derjenige, der die Last der Steuer wirtschaftlich trägt, nicht der Steuerpflichtige bzw. der Steuerzahler ist. Belastet wird der Steuerträger dadurch, dass der Steuerpflichtige, der immer ein Unternehmer ist, die Steuer grundsätzlich in seine Preise einkalkuliert und damit auf den Abnehmer überwälzt. Letztlich trägt der private Endverbraucher die Steuer. Deshalb ist die Umsatzsteuer volkswirtschaftlich betrachtet eine allgemeine Verbrauchsteuer , wenn auch zur damaligen Zeit die Umsatzsteuer wegen der Anknüpfung an Vorgänge des Rechtsverkehrs als Verkehrssteuer angesehen wurde. Die Steuer berechnet sich nach einem Prozentsatz des Preises.

Nach Popitz Ansicht nimmt die Umsatzsteuer keinerlei Rücksicht auf die Leistungsfähigkeit des Steuerträgers . Jeder, ob arm oder reich, trägt für die Befriedigung seines notwendigen Bedarfs die gleiche Steuer. In der Tatsache, dass der Wohlhabende für seinen darüber hinausgehenden Bedarf auch Steuern zahlt, sieht Popitz keinen Ausgleich. Als Ausgleich für die unsozialen Wirkungen der Umsatzsteuer verlangt Popitz stark progressiv wirkende direkte Steuern, insbesondere Einkommensteuern. Die Umsatzsteuer ist wegen der von der Wirtschaftslage weitgehend unabhängigen Konstanz und der Höhe ihres Aufkommens, der verhältnismäßig geringen Kosten für die Verwaltung und der geringen Belästigung der Steuerpflichtigen im Gesamtsteuersystem unvermeidbar.

Popitz macht demgegenüber aber auch die Nachteile der Umsatzsteuer deutlich: Weil die Umsatzsteuer auf jeder Produktions- und Verteilungsstufe erhoben wurde, ergeben sich im Endergebnis für den Verbraucher unterschiedliche Belastungen, je nach der Zahl der einzelnen Stufen des Warenvertriebs und der Leistungserbringungen. Bei konzentrierten Betrieben, also solchen, die mehrere Produktions- und /oder Vertriebstufen in sich vereinen, reduziert sich die Gesamtsteuerlast mit der Folge, dass die Endverbraucher je nach Zahl der an der Produktion und dem Vertrieb beteiligten Unternehmen unterschiedlich belastet werden. Das heutige Umsatzsteuersystem vermeidet diese Folgen, indem die Umsatzsteuer zwar auf allen Handels- und Vertriebsstufen erhoben wird, aber für die Unternehmer nur ein durchlaufender Posten ist, weil jeder Unternehmer zwar unter Abzug der an den Vorunternehmer gezahlten Umsatzsteuer (Vorsteuerabzug) eine Steuer zahlt, die auf seine Leistung, den Mehrwert, entfallende Steuer aber an seinen Abnehmer im Preis abwälzt, während der folgende Unternehmer diese steuer von seiner Steuerschuld als Vorsteuer abzieht und nur der Unternehmer der Endstufe die volle Steuer in Höhe von z. Zt. 16 % an das Finanzamt zahlt, jedoch die Steuer über den Preis auf den Verbraucher abwälzen kann. Der Endverbraucher wird allerdings nicht belastet, wenn die Steuer bei der Preisgestaltung aus wirtschaftlichen Gründen nicht überwälzt werden kann.

Die Umsatzsteuer kann den Ausfuhrhandel beeinträchtigen. Zwar kann das Ausfuhrgeschäft steuerfrei belassen und Vorsteuern können in einem Steuersystem, wie es zur Zeit von Popitz bestand, in pauschaler Höhe vergütet werden. Aber eine pauschale Vergütung würde als Ausfuhrprämie angesehen werden und handelspolitisch zumal dann auf Widerstand stoßen, wenn sie überhöht ist, d. h. die Vorsteuerbelastung übersteigt.

Bemerkenswert und in gewisser Weise kennzeichnend für die nach vielen Seiten offene Arbeitsweise von Popitz ist die Darstellung von Alternativen für die Erhebung von Umsatzsteuer, z. B. der Erhebung nur auf der Stufe des Kleinhandels. Der Darstellung der Steuertechnik schließen sich unter Hinweis auf das Werk von Rolf Grabower „*Die Geschichte der Umsatzsteuer und ihre gegenwärtige Gestaltung im Inland und im Ausland*“ Übersichten über die Geschichte der Umsatzsteuer im Deutschen Reich und über die Umsatzsteuersysteme europäischer und amerikanischer Staaten an. Auch heute noch bietet der hier in Kürze referierte Text eine lesenswerte Information über die Umsatzsteuer.

Die in dem Handwörterbuch der Staatswissenschaften bereits angerissenen wirtschaftlichen Probleme der Umsatzsteuer hat Popitz in seiner ebenfalls noch heute lesenswerten Einleitung zum Kommentar zum Umsatzsteuergesetz unter der Überschrift „Umsatzsteuer und Wirtschaft“ eingehend dargelegt[507]. Von besonderem Interesse ist der Hinweis auf einen Vorschlag von Werner von Siemens aus dem Jahre 1919, dem Unternehmer das Recht einzuräumen, von seiner Steuer die von ihm an seine Vorlieferanten entrichtete Umsatzsteuer abzuziehen, ein Vorschlag, der, wie erwähnt, erst 48 Jahre später über das durch die Europäische Wirtschaftsgemeinschaft eingeführte harmonisierte Umsatzsteuersystem in das Gesetz umgesetzt worden ist. Popitz lehnte diesen auch im Reichstag diskutierten Vorschlag einer Steuerbelastung nur auf die vom Unternehmer erwirtschaftete Werterhöhung (= Mehrwert) aus mehreren, aus heutiger Sicht unzutreffenden und hier nicht zu erörternden Gründen ab[508]. Die Gefahr, dass ein Umsatzsteuersystem mit Vorsteuerabzug im besonderen Maße für Steuerhinterziehungen anfällig ist, konnte Popitz damals noch nicht sehen.

cc. Besondere Verbrauch- und Aufwandsteuern

Von nicht zu unterschätzender Bedeutung für den Staatshaushalt und die Bürger sind die besonderen Verbrauchsteuern. Diese belasten den Verbrauch von speziellen Gütern, wie etwa den Verbrauch von Alkoholika, Tabak oder Mineralöl. Merkwürdigerweise behandelt Popitz diese Steuerart in seinen Beiträgen zum Handbuch

---

[507] J. Popitz/R. Kloß/R. Grabower, Kommentar zum Umsatzsteuergesetz, 3. Aufl.

[508] Kommentar zum Umsatzsteuergesetz, 45 f

der Finanzwissenschaft nicht. Immerhin hat er sich an anderer Stelle dazu geäußert und insbesondere auf die speziellere Beeinflussung der Wirtschaftspolitik durch diese Steuern als durch andere Steuern hingewiesen[509].

Dagegen beschäftigt er sich mit den Aufwandsteuern (direkte und indirekte), die von den genannten besonderen Verbrauchsteuern abzugrenzen sind[510]. Es handelt sich um Steuern, die einen Aufwand für einen bestimmten Gegenstand oder eine bestimmte Leistung voraussetzen(z.B. Hundesteuer, Jagdsteuer, Vergnügungssteuer). Popitz spricht von der Qualifizierung nach der Richtung eines besondere Aufwendungen an Geld bedingenden Verbrauchs oder Gebrauchs, von einer qualifizierten Einkommensverwendung, indem der Einzelwirtschaft Gegenstände zugeführt oder in ihr verwendet werden, die nicht zu dem für die allgemeine Lebensführung Nötigen gehören, wobei es sich auch um die Inanspruchnahme von Leistungen handeln kann. Popitz hält die Aufwandsteuern für gerechtfertigt, weil sie *„ein Gegengewicht gegen Massenbelastungen"* bilden und weil sie notwendig sind, soweit die Einnahmen aus den allgemeinen Verbrauchsteuern (Umsatzsteuern) nicht ausreichen.

Das steht im Gegensatz zu dem Gedanken des Nestors der modernen Steuerrechtwissenschaft, Klaus Tipke, dass Steuern nicht allein deswegen als gerechtfertigt angesehen werden können, weil sie dem Fiskus die notwenigen Einnahmen sichern, sondern dass es darauf ankommt, ob eine Steuer dem Prinzip der Besteuerung nach der Leistungsfähigkeit oder zumindest einer sozialpolitischen Zielsetzung, wie etwa der Bekämpfung des Rauchens bei der Tabaksteuer, entspricht[511]. Die Steuerrechtsordnungen der westlichen Welt zeigen jedoch, dass in Übereinstimmung mit der Auffassung von Popitz überall neben den dem Grundsatz der gleichmäßigen Belastung entsprechenden Steuern auch andere Steuern erhoben werden, die dem Gerechtigkeitspostulat von Klaus Tipke nicht entsprechen. Der Grund dafür liegt in der Tatsache, dass dem Staat die nötigen Einnahmen gesichert werden müssen und dass der Wegfall der besonderen Verbrauchsteuern, die, wie z. B. die Kaffeesteuer, keinem sozialpolitischen Zweck dienen, zu einer Erhöhung der Einkommensteuern und/oder der Umsatzsteuern führen müsste. Beide Steuerarten unterliegen aber einem unvergleichlich höheren Steuerwiderstand als besondere Verbrauchsteuern, besonders in Gestalt von Steuerhinterziehungen. Besondere Verbrauchsteuern werden bei den Herstellerbetrieben oder bei der Einfuhr meist von größeren Unternehmen erhoben, die dem zuständigen Hauptzollamt monatlich einen Scheck über die von ihnen selbst errechnete Steuer übersenden. Deshalb sind

---

[509] J. Popitz, Die Stellung der Zölle und Verbrauchsabgaben im deutschen Steuersystem, Der Reichszollbeamte 1929, 187; auch BArch. NL 1262 Nr. 98

[510] J. Popitz, Artikel Aufwandsteuern im allgemeinen (direkte und indirekte), in: W. Gerloff/ F. Meisel (Hrsg.), Handbuch der Finanzwissenschaft Bd. 2, 198 ff

[511] So etwa K. Tipke, Die Steuerrechtsordnung, Bd. I, 2. Aufl. 298 ff.

besondere Verbrauchsteuern wesentlich leichter zu verwalten als Einkommensteuern, so dass bei Abwägung der Vor- und Nachteile von besonderen Verbrauchsteuern gegenüber erhöhten Einkommen- oder Umsatzsteuern die Erhebung von besonderen Verbrauchsteuern finanzpolitisch unverzichtbar bleibt[512].

dd. Einkommensteuer, Kapitalrentensteuer und Erbschaftsteuer

Popitz theoretisches Hauptwerk bildet die Darstellung des Einkommensteuerrechts. Die Grundzüge der Einkommensteuer hat Popitz in seinem einschlägigen, immer noch lesenswerten Beitrag im Handwörterbuch der Staatswissenschaften dargelegt[513]. Grundlage der Einkommensteuer ist die Einsicht, dass diese Steuer bereits durch die richtige Ermittlung des Einkommens an sich eine volkswirtschaftlich gerechte Verteilung der Steuerlast gewährleistet. Mit der Einkommensteuer erfüllen sich unmittelbar die Prinzipien der gerechten Steuerverteilung, die Prinzipen der Allgemeinheit und der Gleichmäßigkeit der Besteuerung in einem Maße, die von keiner anderen Steuer erreicht werden kann. Die Forderung nach einer Besteuerung nach der Leistungsfähigkeit, die sich nach den Kultur- und Rechtsverhältnissen aus Begriff und Wesen der Besteuerung ergibt, scheint Popitz restlos in der Einkommensteuer erfüllt. Das Einkommen ist das schlechthin ideale Steuerobjekt und die Einkommensteuer ist für Popitz die „*Königin der Steuern* [514].

Die von Popitz befürwortete Steuerprogression (steigende Steuersätze bei steigendem Einkommen) rechtfertigt sich aus der Überzeugung, dass mit steigendem Einkommen die Leistungsfähigkeit überproportional steigt, und dass die progressive Einkommensteuer einen Ausgleich für die Verbrauchsteuerbelastung darstellt, die bereits die Bedürfnisbefriedigung für den kleinen Mann einschränkt.

Eine am Beginn des 21. Jahrhunderts diskutierte flat-tax (Einheitssteuer für alle Steuerpflichtigen) mit einer auf die unteren Einkommensteile begrenzten Progression verbunden mit einer niedrigen einheitlichen Steuer in Höhe von etwa 25 % für die darüber hinausgehenden Einkommensteile (etwa ab 20.000 €), wie im Modell von Paul Kirchhof[515], widerspricht den überkommenen Grundsätzen einer pro-

---

[512] R. Voß, Strukturelemente der Verbrauchsteuern, in: H. W. Kruse (Hrsg.), Zölle, Verbrauchsteuern, europäisches Marktordnungsrecht, Veröffentlichung der Deutschen Steuerjuristischen Gesellschaft e. V. Bd. 11, 261 ff., 278 ff.

[513] 4. Aufl. Jena 1926, Dritter Band

[514] Die von J. Bödeker in: Johannes Popitz :Auf der Suche nach einer neuen Wirtschaftsordnung, Der Staat 1985, 515, bemerkte kritische Distanzierung von Popitz zur Einkommensteuer lässt sich dem Artikel nicht entnehmen, was die Schwierigkeit der Einkommensteuer nicht ausschließt; Bödeker legte Popitz am 10. 8. 1940 eine mehrere hundert Seiten umfassende Denkschrift über „Die sozialorganische Wirtschaft“ vor, BArch. NL“1262 Nr. 87 fol. 1

[515] P. Kirchhof, Das EStGB – ein Vorschlag zur Reform des Ertragssteuerrechts, DStR2003, Beihefter 5

gressiven Einkommensteuer. Dem Modell von Paul Kirchhof liegt eine Staats- und Wirtschaftsauffassung zugrunde, die sich von der gegenwärtig noch als herrschend angesehenen Auffassung unterscheidet. Wegen der massiven Entlastung der oberen Einkommensträger (Senkung des Spitzensteuersatzes von 42 % auf 25 %, d. h. z. B. für Einkommen von 1 Mio. € statt rd. 420.000 € rd. 250.000 €) zu Lasten der kleineren Einkommensbezieher kann eine solche Tarifgestaltung nicht als gerecht bezeichnet werden. Das Kirchhof-Modell, das dem Freiheitsgedanken den Vorrang gegenüber der durch eine soziale Marktwirtschaft begründeten Bindung an staatliche Normen einräumt, ist ein gutes Beispiel für den von Popitz zutreffend behaupteten Zusammenhang der Steuern mit der Staatsauffassung.

Das Kapitalertragssteuergesetz vom 29. Mai 1920 erhob eine Steuer auf Einkünfte aus Kapitalvermögen (Z. B. Zinsen aus Kapitalforderungen, Dividenden aus Wertpapieren usw.) in Höhe von 10 % der Kapitalerträge. Die Steuer wurde beim Schuldner der Kapitalerträge erhoben, jedoch von diesem an den Gläubiger weitergegeben, so dass dieser nur seine Forderung abzüglich der Steuer erhielt. Die damit vom Gläubiger zu tragende Steuerbelastung konnte dieser sich bei der Erhebung seiner Einkommensteuer nicht anrechnen lassen, von der Anrechnung bei Kleinrentnern abgesehen. Popitz besprach die Rechtfertigung und die Struktur dieser Steuer[516]. Es handelte sich nach Popitz um eine Belastung des Rohertrages eines Einkommensteil ohne Rücksicht auf die Leistungsfähigkeit des Empfängers des Kapitaleinkommens. Eine Verbindung mit dem Grundsatz der Besteuerung nach der Leistungsfähigkeit sah Popitz nur insofern, als er der Kapitalrentensteuer den Charakter einer Vorbelastung des so genannten fundierten Einkommens zuwies. Popitz verwies auf die vergleichbare Vorbelastung des Einkommens aus Grundstücken und aus Gewerbetrieben durch Grundsteuern und Gewerbesteuern. Auch bei den genannten Steuern auf diese beiden Einkunftsarten handelt es sich (auch heute noch) um zusätzliche, die Einkommensteuer bzw. die Körperschaftsteuer ergänzende Steuern, die Einkünfte aus Grundstücken (Mieterträge) und aus Gewerbetriebe neben der Einkommensteuer belasten. Die Vorbelastung, bzw. zusätzliche Belastung des fundierten Einkommens rechtfertigte sich nach dem damaligen Meinungsstand aus der Erwägung, dass diejenigen Einkommensteile stärker belastet werden sollten, die sich nicht lediglich auf die Arbeit des Beziehers gründen und damit nicht von dessen Arbeitskraft und Arbeitsgelegenheit abhängen. Diese Einkünfte sind durch ihre Verknüpfung mit bestimmten Objekten von den subjektiven Verhältnissen des Betroffenen unabhängiger und damit sicherer als Arbeitseinkünfte. Mit sicherem Blick für die Variabilität der Steuersysteme weist Popitz zutreffend darauf hin, dass die Funktion der damaligen Kapitalrentensteuer auch durch eine Vermögensteuer übernommen werden könnte. Dass die Kapitalrentensteuer als

---

[516] P. Popitz, Artikel Kapitalrentensteuer (Kapitalertragsteuer), in: Elster, L./Weber, A./Wieser, F. von (Hrsg.), Handwörterbuch der Staatswissenschaften, Fünfter Band, 4. Aufl., 603 ff.

nicht bei Einkommensteuer anrechenbare Vorbelastung des so genannten fundierten Einkommens steuerpolitisch nicht akzeptabel war, hat Popitz ungeachtet seiner Rechtsfertigungsversuche wohl klar erkannt.

Dieser Schluss rechtfertigt sich schon deshalb, weil seit der Schlieben-Popitzschen Steuerreform von 1925 Einkünfte aus Kapitalvermögen zwar wie seit 1920 durch Erhebung an der Quelle besteuert wurden, diese Steuer aber im Falle der Veranlagung zur Einkommensteuer auf die alle Einkunftsarten erfassende Einkommensteuer angerechnet wurde. Die Kapitalertragsteuer wurde also nicht mehr als Abgeltungssteuer sondern als Vorauszahlung auf die Einkommensteuer behandelt, so dass im Ergebnis Einkünfte aus Kapitalvermögen mit unterschiedlichen Steuersätzen nach Maßgabe der wirtschaftlichen Leistungsfähigkeit des Steuerpflichtigen belastet wurden. Die von Popitz besprochene Kapitalrentensteuer hatte somit einen anderen Charakter als die durch die Schlieben-Popitzsche Steuerreform eingeführte, noch heute geltende Kapitalertragsteuer. Mit dem Inkrafttreten des seiner Konzeption entsprechenden Einkommensteuergesetzes 1925 wurde das Kapitalrentensteuergesetz von 1920 aufgehoben. Die Erhebung einer Quellensteuer auf Kapitaleinkünfte hatte grundsätzlich nur noch eine steuertechnische Bedeutung.

Der von Popitz mit Vorsicht bejahten Gerechtigkeit einer Erbschaftsteuer stellte er die Gefahr der Kapitalflucht derjenigen gegenüber, die einer Erbschaftsteuer unterworfen werden. Damit die Leute in Deutschland bleiben, hier Kapital bilden und verzehren, warnte er vor einer Erhöhung der Erbschaftsteuer in Zeiten, in denen Kapital im Inland knapp ist. Popitz stellte auch die Frage, ob die Erbschaftsteuer Kapital vernichtet und die weitere Frage, ob die durch eine Erbschaftsteuer ausgelöste Mobilisierung von investierten Kapitalien Schwierigkeiten für die Volkswirtschaft bereitet[517].

ee. Körperschaftsteuer

Die Körperschaftsteuer ist eine Unterart der Einkommensteuer, die erst mit der Erzbergerschen Steuerreform auf der Reichsebene eingeführt wurde. Vorher hatten die Länder Körperschaften, d. h. nicht physische Personen mit der Einkommensteuer besteuert. Die Körperschaftsteuer wirft zwei Hauptfragen auf, die Popitz in seinem Beitrag zum Handwörterbuch der Staatswissenschaften behandelt hat[518]. Zunächst ist die Frage zu beantworten, warum eine Körperschaftsteuer gerechtfertigt ist. Popitz verweist einmal auf die Konkurrenzsituation zwischen Kapitalgesellschaften und Einzelunternehmen natürlicher Personen bzw. von Personengesell-

---

[517] J. Popitz, Diskussionsbeitrag auf der Konferenz von Eilsen vom 26. – 28. 10. 1929, abgedr. In: Kapitalbildung und Steuersystem, Verhandlungen und Gutachten der Konferenz von Eilsen, Veröffentlichungen der Friedrich List-Gesellschaft, Berlin 1930, 4. Bd. 8 f.

[518] J. Popitz, Artikel Körperschaftsteuer, in: Elster, L./Weber, A./Wieser, F. (Hrsg.), Handwörterbuch der Staatswissenschaften, Fünfter Band, 4. Aufl., 895 ff.

schaften, die zwecks Vermeidung von Wettbewerbsverschiebungen für beide Unternehmensformen eine gleiche Besteuerung erfordern. Zum anderen führte er das fiskalische Interesse an hohen Steuereinnahmen ins Feld, das durch die Körperschaftsteuer befriedigt wird. Das Einkommen der Kapitalgesellschaften ist zudem technisch leichter erfassbar als das Einkommen natürlicher Personen.

Ein zweites Hauptproblem der Körperschaftsteuer ist das Verhältnis der Besteuerung der Körperschaft als solcher und der Besteuerung der Anteilseigner der Körperschaft. Besteuert man den Gewinn der Körperschaft bei dieser und außerdem den ausgeschütteten Gewinn (z. B. Dividenden) bei dem Anteilseigner, so bedeutet das eine wirtschaftliche Doppelbelastung des in der Körperschaft erzielten Gewinns. Nach dem klassischen Modell wird diese Doppelbesteuerung hingenommen. Nach dem moderneren Anrechnungsverfahren, das in Deutschland von 1977 bis 2002 in einer steuertechnisch sehr komplizierten Form angewandt wurde, wird die Körperschaftsteuer anteilig auf die Einkommensteuer des Anteilseigner angerechnet. Popitz rechtfertigte die aufgrund der Erzbergerschen Steuerreform bestehende klassische Doppelbesteuerung mit dem – heute nicht mehr einleuchtenden - Argument, dass die Körperschaftsteuer eine Vorbelastung einer besonders leistungsfähigen Einkommensquelle darstellt. Die Doppelbesteuerung soll daher nach Popitz der steuerlichen Gerechtigkeit entsprechen.

ff) Allgemeine Besteuerungsgrundsätze

Grundlage jeder Steuer in einem parlamentarischen System ist die Steuerbewilligung durch ein vom Parlament beschlossenes Gesetz (Gesetzesvorbehalt). Popitz, der rechtliche Fragen regelmäßig vom Grundsätzlichen her anging, vermisste in der Weimarer Verfassung einen ausdrücklichen Aussage, dass Steuern nur durch Gesetz auferlegt werden können. Er hielt diese Frage für ein Kardinalproblem des Parlamentarismus und meinte, dass die Auferlegung von Steuern nur durch Gesetz ein ungeschriebener Satz der Verfassung sei[519]. Das Grundgesetz enthält ebenfalls keinen Ausspruch über den Gesetzesvorbehalt für Steuern. Er ergibt sich aus dem Rechtsstaatsprinzip, das in der Verfassung von Weimar keine ausdrückliche Normierung gefunden hatte, gleichwohl als ungeschriebene Norm galt.

Neben dem Grundsatz der Gesetzmäßigkeit der Besteuerung beschäftigten Popitz die allgemeinen Probleme des Steuerrechts. Das Steuerrecht muss sich an den Rahmen der gesamten Staatspolitik und deren unter den gegebenen Verhältnissen möglichen Zielsetzung staatlicher Gestaltung halten[520]. Dem Postulat der Gerechtigkeit stellte Popitz stets die Anforderungen der wirtschaftlichen Entwicklung gegenüber, um letzteren ggf. entsprechend den jeweiligen wirtschaftlichen Vorausset-

---

[519] J. Popitz, Die staatsrechtlichen Grundlagen des öffentlichen Finanzwesens, 177 f.

[520] J. Popitz, Kleiner Katechismus für Steuervorschläge, in: F. Berber (Hrsg.) Zum Neubau der Verfassung, 180 f.

zungen den Vorrang einzuräumen[521]. Wie er insbesondere in seinem noch zur Weimarer Zeit entstandenen „Kleinen Katechismus für Steuervorschläge“ hervorhebt, muss sich die Steuerpolitik in den Rahmen des vorausgesetzten Wirtschaftssystems einfügen. Ein Steuersystem, das den wirtschaftlichen Verhältnissen nicht entspricht, kann keinen Erfolg haben. Es ist Sand im Getriebe. Wer das Steuerrecht grundsätzlich ändern will, muss erst das Wirtschaftssystem ändern[522]. Deshalb gibt es auch keine allgemeingültigen, für alle Epochen der Geschichte und Wirtschaftsysteme gültigen Besteuerungsgrundsätze. Solange das Wirtschaftssystem im wesentlichen Umfang auf dem Privateigentum aufbaut und ein marktwirtschaftlicher Ausleseprozess durch die Art der Kapital- und Produktionsmittelverwendung und durch Anpassung der Produktion nach Richtung und Umfang an die Marktlagen besteht, entspricht nur das Steuersystem wirtschaftswissenschaftlicher Überlegung, das einer solchen Gestaltung des Wirtschaftslebens Rechnung trägt. In einem solchen Wirtschaftsystem muss eine Kapitalbildung stattfinden können. Die Investitionsneigung des neu gebildeten Kapitals sowie der Anreiz des Unternehmergewinns müssen ungestört bleiben, um einen Zuwachs der Güterversorgung und die Senkung der Güterpreise zu bewirken. Diese Gesichtspunkte gewinnen an Bedeutung, wenn der Staat genötigt ist, die aus der Volkswirtschaft herausgezogenen Steuermittel im weiten Umfang einer Verwendung zuzuführen, die lediglich konsumtiven Zwecken der großen Massen der Notleidenden dient[523].

Popitz wusste, dass der Gestaltung von Steuern Kämpfe gesellschaftlicher Gruppen, primär politischer Machtträger, wie des Parlaments, der politischen Parteien und der Bürokratie zugrunde liegen, die ihre jeweiligen auf unterschiedlichen Gerechtigkeitsvorstellungen beruhenden Ziele durchzusetzen versuchen[524]. Für Popitz war die *„Herstellung“* von Steuern zudem eine Kunst, die die Steuertechnik beachten muss. Der Steuertechnik räumte Popitz einen hohen Stellenwert ein. Nur solche Steuern kann der Staat erheben, die technisch durchführbar sind, deren Erhebungskosten im richtigen Verhältnis zum Aufkommen stehen, die möglichst wenig Ausweichungs- und Hinterziehungsmöglichkeiten eröffnen, und die für den Steuerpflichtigen im Hinblick auf ihre psychologischen Wirkungen wenig Unbequemlichkeiten mit sich bringen[525]. Aus der Idee des Rechtsstaats, die nach Popitz (Ende 1932) ins Wanken geriet, forderte er, dass Steuern im Gesetz im voraus und

---

[521] J. Popitz, Diskussionsbeitrag auf der Konferenz von Eilsen vom 26. – 28. 10. 1929, abgedr. In: Kapitalbildung und Steuersystem, Verhandlungen und Gutachten der Konferenz von Eilsen, Veröffentlichungen der Friedrich List-Gesellschaft, 4. Bd. 148

[522] J. Popitz, Kleiner Katechismus für Steuervorschläge, 184 ff.

[523] J. Popitz, Kleiner Katechismus für Steuervorschläge, 184 ff.

[524] J. Popitz, Buchbesprechung von H. Sultan, Die Staatseinnahmen und Art und Maß der Prognose der Steuerwirkungen, VJStFR 1932, 542 f. , 544 f.

[525] J. Popitz, Kleiner Katechismus für Steuervorschläge, 181 f.

allgemein dem Grundsatz der Bestimmtheit entsprechend definiert und allgemein sein müssten. Aus dem Grundsatz der Unterschiedslosigkeit folgt nach Popitz, dass die Steuern nicht als politisches Kampfmittel missbraucht werden dürfen, indem bestimmte Personen aus der Besteuerung fremden Gründen vorbelastet werden, wie etwa die Kulaken (Großbauern)nach dem sowjetrussischen Einkommensteuerrecht[526]. Ob Popitz die spätere sachfremde judenfeindliche Steuerpolitik des Dritten Reiches ab 1934 auch nur gestört hat, weiß man nicht. Irgendwelche Proteste sind jedenfalls nicht überliefert.

Mit allem Nachdruck forderte Popitz Gesetzgebungsdisziplin in dem Sinne , dass die Vorschriften, die rechtlich und technisch den Aufbau der einzelnen Steuern betreffen, nicht ständig geändert werden dürfen. *„Soll sich das Steuerecht wirklich als Recht bewähren, muss es zur Ruhe kommen*“[527] . Ein Gesetz kann nur dann auf die im Vertrauen der Bevölkerung begründete Geltung Anspruch erheben, wenn diejenigen, an die sich die Vorschriften richten, darauf rechnen können, dass für absehbare Zeiten Änderungen nicht eintreten. Das gilt nach Popitz auch für die Verwaltung. Ohne gesicherte Verwaltungsübung gibt es keinen vollen Rechtschutz und keine Wirtschaftssicherheit. Das Steuerecht verlangt die Gewährleistung eines Rechtschutzes. Grundlage hierfür ist nach Popitz die Notwendigkeit, dass der Bürger dem Staat vertraut. Dazu gehört nach Popitz auch das Vertrauen in die Aufrechterhaltung eines Wirtschaftssystem, das genügend Freiheit an der privatwirtschaftlichen Betätigung zulässt[528]. Unbedingte Voraussetzung dieses Vertrauens ist nach Popitz, dass sich in den Kreisen der Steuerpflichtigen die Überzeugung verbreitet, dass sie unter allen Umständen auf ihren Antrag von einer objektiv entscheidenden Instanz ihre vermeintlichen Ansprüche nachgeprüft erhalten und ihr Recht erstreiten können. Den Finanzgerichten sprach er eine Aufgabe von gar nicht hoch genug einzuschätzender Bedeutung zu und sah sie als Prüfstein der Weimarer Reichsverfassung an[529]. Zur Aufgabe der Rechtsschutzinstanzen, namentlich des Reichsfinanzhofs, gehört die Auslegung der gesetzlichen Vorschriften. Die Auslegung hat nach Popitz die Bedeutung, dass von ihr der Grad der Freiheit des einzelnen, oder umgekehrt gesprochen, der Grad der Pflichten und Lasten entscheidend abhängt, mit dem die Einzelnen zu rechnen haben[530]. Popitz wäre nicht ein Mann

---

[526] J. Popitz, Kleiner Katechismus für Steuervorschläge, 183 f.

[527] J. Popitz, Gegenwartsprobleme der Steuergesetzgebung und Steuerverwaltung, Vj StFR I 1927, 6

[528] J. Popitz, Diskussionsbeitrag auf der Konferenz von Eilsen, 4. Bd. 106

[529] J. Popitz, Gegenwartsprobleme der Steuergesetzgebung und Steuerverwaltung, VjStFR I 1927, 6

[529] J. Popitz, Die Einrichtung der Finanzgerichte, DJZ 1922, 276, 277 f.

[530] J. Popitz, Betrachtungen über Errichtung und Einrichtung des Reichsfinanzhofs, StuW 1928 I 971, 982

der Verwaltung, wenn er sein Auge nicht auf den Aspekt der einheitlichen Anwendung der gesetzlichen Vorschriften gerichtet hätte. Demgemäß setzte er sich gegen Bestrebungen mancher Länder zur Wehr, die Reichsfinanzverwaltung aufzulösen und die Verwaltung der Einkommensteuer und Körperschaftsteuer wieder auf die Länder zu übertragen. Die Verwaltung dieser großen Steuern nach einheitlichen Gesichtspunkten unter der Oberleitung des Reichsfinanzministeriums hielt er für eine unverzichtbare Bedingung eines gerechten Besteuerungssystems[531].

Wie kaum ein anderer Steuerrechtswissenschaftler bis in die Gegenwart war Popitz sich der Ausstrahlung des Steuerrechts über das rein juristische hinaus bewusst. Seine Gedanken dazu hat er u. a. in einem Vortrag unter dem Titel *„Der wirtschaftende Mensch als Steuerzahler"* vor der Deutschen Vereinigung für Staatswissenschaftliche Fortbildung im September 1929 dargelegt[532]. Steuern, denen bekanntlich eine konkrete Gegenleistung des Staates nicht gegenüber steht, vermindern die wirtschaftlichen Möglichkeiten, die das Einkommen ohne Steuern dem Einzelnen verschaffen würden. Der Pflichtige kann darauf je nach Lage seiner Möglichkeiten durch Einschränkung des Verbrauchs, durch Verringerung von Investitionen oder durch Verminderung des Sparens reagieren. Andere Reaktionsmöglichkeiten bestehen in dem Versuch, das Einkommen zu steigern, indem etwa der Unternehmer seinen Betrieb rationalisiert oder der Arbeitnehmer sich zusätzliche Einnahmen durch Überstunden oder durch Nebenverdienste verschafft. Beide Verhaltensweisen sind volkswirtschaftlich positiv zu bewerten.

Der Zusammenhang zwischen Kapitalbildung in der Hand von Privatpersonen und Steuern war für Popitz offenkundig. Über diese Frage gab es Ende 1929 eine Diskussion, als die Verhandlungen über den Young-Plan Hoffnungen auf eine Senkung der Reparationen entstehen ließen und eine Senkung der Steuern denkbar wurde. Popitz erwartete eine Steuersenkung um 1 Mrd. RM, während der Young-Plan nur zu einer Entlastung von 700 Mill. im Jahr 1930 führte, die zudem nicht vollständig für eine Steuerentlastung verwendet werden konnte[533]. Um die Deckungslücke auszufüllen, brachte Popitz eine Erhöhung der Verbrauchsteuern, die Vermeidung von Ausgabenerhöhungen und die Erhöhung der Steuereinahmen ungeachtet der Senkung der direkten Steuern und zwar auf der Grundlage der verbesserten wirtschaftlichen Lage, also eine Restitution der Steuereinahmen ins Gespräch[534]. Von einer Steuersenkung erwartete Popitz eine verstärkte Kapitalbildung und zwar der Unterschicht durch höhere Spareinlagen, weniger von den Mittel-

---

[531] Rede vor dem Steuerausschuss des Reichstages vom 25. 2. 1925 anlässlich der Schlieben-Popitzschen Steuerreformgesetze, BArch NL 1262

[532] abgedruckt in VjStFR 1930, 1; vgl. J. Popitz, Diskussionsbeitrag, auf der Konferenz von Eilsen, 4. Bd., 300 ff.

[533] J. Popitz, Diskussionsbeitrag auf der Konferenz von Eilsen, 4. Bd., 1251 f.

[534] J. Popitz, Diskussionsbeitrag auf der Konferenz von Eilsen, 3. Bd., 153 f.

schichten, die teilweise durch Krieg und Inflation verarmt waren, und die das Gefühl hatten, in einem Staat zu leben, der nicht so regiert wird, wie es ihren bürgerlichen Auffassungen entsprach.

Wie eng Popitz Fragen des Steuersystems mit staatspolitischen Problemen verbunden sah, zeigt sich daran, dass er das Problem der Verwaltungsreform und der Staatsreform als Forderungen des Mittelstandes in einen Zusammenhang mit Fragen der Kapitalbildung durch Steuersenkungen stellte[535]. Die größte Kapitalbildung erwartete Popitz von den Beziehern höheren Einkommen, wobei er stillschweigend von der höchsten Entlastung dieser Kreise ausging. Eine solche Steuerentlastung schlägt sich in einer höheren Selbstfinanzierung um. Die Selbstfinanzierung anstelle von Fremdfinanzierung erspart die Kostenquoten, die bei den Kapitalsammelstellen, Sparkassen und Hypothekenbanken anfallen[536]. Zugleich wird der Druck zur Kapitalflucht und zur Steuerhinterziehung, die nach Meinung von Popitz bei Beziehern höherer Einkommen am weitesten verbreitet ist, gemildert[537].

Zwangsläufig wirft die Frage der Steuersenkung und ihrer Finanzierung das Problem der Kürzung der Staatsausgaben auf. Popitz zeigte sich hier skeptisch. Er wies vor allem darauf hin, dass der Staat einen erheblichen Teil der Staatseinnahmen für konsumtive Ausgaben zugunsten derjenigen Bevölkerungskreise verwenden musste, die nur mit Hilfe des Staates ihren Lebensunterhalt bestreiten konnten. Er schätzte, dass von 15 Mrd. RM Steuern 3 bis 4 Mrd. den Kreisen zuflossen, die lediglich konsumfähig gehalten werden mussten[538].

Unter den Ausgaben des Staates bilden nach Popitz die Ausgaben für die Besoldung der Beamten ein besonderes Problem. Gleichwohl setzte er sich Ende der zwanziger Jahre für eine Erhöhung des Wohnungsgeldes für Beamte ein[539]. Popitz war aber überzeugt, dass es zu viele Beamte gab. Einen Grund dafür sah er in dem parteipolitischen Einfluss auf die Zusammensetzung des Personals, der zuweilen zu einer doppelten und dreifachen Besetzung eines Posten geführt habe, um jede Partei, jede Gruppe der Bevölkerung zu berücksichtigen[540]. Von diesem Punkt ausgehend, stieß Popitz in höhere Politikfelder vor, indem er die schrankenlose Triplizität der Verwaltung durch Reich, Länder und Gemeinden als Ursache unnötiger Arbeit,

---

[535] J. Popitz, Diskussionsbeitrag auf der Konferenz von Eilsen, 3. Bd., 105

[536] J. Popitz, Diskussionsbeitrag auf der Konferenz von Eilsen,

[537] J. Popitz, Diskussionsbeitrag auf der Konferenz von Eilsen, 4. Bd.,106 f.

[538] J. Popitz, Diskussionsbeitrag auf der Konferenz von Eilsen , 3. Bd., 138 f.

[539] BArch. R 43 I/1416, Bl. 243 ff, Die Akten der Reichskanzlei, Die Kabinette Marx III und IV, Boppard 1983, Dok. Nr. 115, 326

[540] J. Popitz, Diskussionsbeitrag auf der Konferenz von Eilsen vom 26. – 28. 10. 1929, abgedr. In: Kapitalbildung und Steuersystem, Verhandlungen und Gutachten der Konferenz von Eilsen, 3. Bd., 140

dem Übermaß von Beamten und unproduktiver Reibungen kritisierte. Eine auf die Steuersenkung gerichtete Steuerpolitik konnte nach Popitz nicht zum Ziel gelangen, wenn man die genannten Probleme nicht löste[541].

Ein wesentliches Problem ist die Steuerüberwälzung, die Popitz als ein Sonderproblem der Preistheorie ansah. Seine Einsicht, dass die Überwälzung von Steuern der Unternehmen auf die die Steuern nicht schuldenden Verbraucher – die Überwälzung von Umsatzsteuern auf die Endverbraucher ist anders als u. a. bei der Einkommen- und Körperschaftsteuer vom System her legitim – sich theoretisch und praktisch einer Klärung entzieht, gilt auch heute noch. Ebenso unverändert gilt, dass es unter keinen Umständen gelingen wird, alle denkbaren Folgen einer Senkung oder Erhöhung von Steuern klar, deutlich und vollkommen beweisbar im voraus zu übersehen[542]. Selbst nach der Änderung von Steuerbelastungen lassen Änderungen der wirtschaftlichen Lage wegen der Komplexität des Geschehens kaum präzise Aussagen darüber zu, welchen Anteil daran die Steuern haben. Eine wesentliche Rolle für das Verhalten der Steuerzahler, auf das es ja ankommt, spielen psychologische Momente. Wer die Steuerpsychologie nicht beachtet, kann volkswirtschaftlich nicht erwünschte Wirkungen auslösen. Psychologische Momente, die bei den Wirkungen der Steuern auf das Verhalten der Steuerpflichtigen zum Tragen kommen, hat Popitz stets in seine Betrachtungen über Steuern einbezogen[543]. Die Erhöhung oder die Senkung von Steuern löst unterschiedliche Wirkungen aus, die sich nicht im Ausmaß von Plus und Minus entsprechen. Die Erhöhung einer Steuer setzt sofort Überwälzungskämpfe in Gang und führt zu Reibungen, während dies bei Steuersenkungen, die von allen Kreisen als vorteilhaft angesehen werden, nicht der Fall ist[544].

Popitz tritt der laienmäßigen Betrachtung entgegen, durch die Steuer werde Kaufkraft, Kapital aus der Wirtschaft herausgezogen und bleibe endgültig weg. Besteuerung vernichtet nicht Kapital schlechthin. Die Menge der Kaufkraft ändert sich nicht dadurch, dass der Staat und nicht der Steuerzahler das Geld ausgibt. Fast immer kommt nach Popitz das Geld aus der Hand des Besteuerten über den Staat zu einem anderen, und wenn derjenige, zu dem es kommt, in der Privatwirtschaft steht, kann er damit ebenso produktiv und kapitalbildend tätig sein, wie der, dem es genommen worden ist[545]. Allerdings kommt er zu dem Schluss, dass die durch die Steuerzahlung bewirkte Umschichtung nicht ohne jeden Verlust an Produktionskraft und Kapital vor sich geht. Eine Verminderung der gesamten Produktionskräfte

---

541 J. Popitz, Diskussionsbeitrag auf der Konferenz von Eilsen, 3. Bd., 140

542 J. Popitz, Diskussionsbeitrag auf der Konferenz von Eilsen, 3. Bd., 301

543 Vgl. u. a. Diskussionsbeiträge bei der Konferenz von Eilsen, 4. Bd., 104 ff.

544 J. Popitz, Diskussionsbeitrag auf der Konferenz von Eilsen, 4. Bd., 23

545 J. Popitz, Diskussionsbeitrag auf der Konferenz von Eilsen, 3. Bd., 139

des Volkes sieht er vor allem in Fällen, in denen der Staat in das Erwerbsleben eingreift, also den privaten Unternehmen Konkurrenz macht, aber aus politischen, organisatorischen oder sonstigen Gründen schlechter arbeitet als Private[546]. Nach Popitz gab es eine Erfahrung, dass ermäßigte Steuersätze mehr einbringen[547].

Eine zu hohe Steuerlast beeinträchtigt auch die Konkurrenzfähigkeit gegenüber dem Ausland. Die Vorschrift des Art. 233 Anlage II § 12, 6 des Versailler Vertrages, die für Deutschland eine vergleichbare Steuerbelastung wie die der alliierten Staaten verlangte, rechnete Popitz zu den Knebelungsvorschriften, die eine „*konkurrenzierende Aufwärtsentwicklung*" Deutschlands möglichst hemmen sollte. Popitz misstraut der Grundlage dieser Vorschrift, die die Aussagefähigkeit internationaler Steuerlastvergleiche voraussetzt[548]. Solche Vergleiche lassen die verschiedene Leistungsfähigkeit je Kopf der Bevölkerung und unterschiedliche Methoden der Ermittlung des Volkseinkommens außer Betracht. Zudem müsste die Steuerverwendung berücksichtigt werden. Es kommt darauf an, ob der Staat und seine Gemeinden einen großen Teil des Bedarfs kollektiv befriedigen, oder ob und wie viel sie von dem Bedarf der Deckung durch Einzelwirtschaften überlassen. Popitz betrachtete es im übrigen als schweren Fehler, über den Gesichtspunkten der Kapitalbildung und der produktiven Verwendung von Steuergeldern die Verwendung der Steuern zur Heranbildung des Nachwuchses zu vergessen[549].

Eine Grundüberzeugung von Popitz war, dass die Steuerpolitik sich nicht lediglich an allgemeinen theoretischen Erwägungen steuerlicher Gerechtigkeit orientieren kann, sondern an dem, was für die deutsche Wirtschaft und für das deutsche Volk im jeweiligen Moment nach der Erkenntnis der jeweiligen wirtschaftlichen Voraussetzungen geboten ist[550]. Steuerpolitik ist hiernach auch der Wirtschaftspolitik verpflichtet und wirtschaftspolitische Ziele können das Ziel der steuerlichen Gerechtigkeit verdrängen.

---

546 J. Popitz, Diskussionsbeitrag auf der Konferenz von Eilsen 3. Bd., 141

547 Rede vor dem Steuerausschuss des Reichstages am 10. 2. 1925 anlässlich der Schlieben-Popitzschen Steuerreform, BArch NL 1262

548 Steuerlastvergleiche, die nur die die Unternehmen treffenden Steuern und dabei noch nur die Steuersätze ohne die einschlägigen Grundsätze für die Ermittlung der Besteuerungsgrundlagen berücksichtigen, stehen auf tönernen Füßen; abgesehen von den Leistungen des Staates sind darüber hinaus parafiskalischen Abgaben, wie u. a. Beiträge zur Sozialversicherung, Zwangsbeiträge für Berufskammern, Gebühren jeder Art und ähnliche staatlich festgelegte Belastungen zu berücksichtigen, die quantitativ kaum erfassbar sind

549 J. Popitz, Diskussionsbeitrag auf der Konferenz von Eilsen 3. Bd., 139; vgl. auch J. Popitz, Der wirtschaftende Mensch als Steuerzahler, VjStFR 1930, 20 ff.

550 J. Popitz, Diskussionsbeitrag auf der Konferenz von Eilsen 4. Bd., 148

Ein Kardinalproblem war für Popitz die Steuerhinterziehung, deren Umfang er auf weit mehr als 10 % des Gesamtaufkommens schätzte[551]. Es handelt sich auf diesem Feld um den mit unmoralischen Mitteln geführten Kampf des aus dem Uregoismus gespeisten Individualinteresses mit dem Gemeinschaftsgeist. Aufgrund der von ihm für seine Zeit konstatierten Zunahme der Steuerhinterziehung sah er die Gefahr, dass die Moral des Volkes überhaupt, auch seine Geschäfts- und Lebensmoral ins Wanken gerät. Eine Grundlage der Steuerhinterziehung ist der Mangel an Staatsgesinnung, der durch das staatliche Schicksal Deutschlands nach dem ersten Weltkrieg, durch Verdrossenheit über die wirtschaftliche Lage, den Mangel an Autorität des Staates und die Art der Verwendung der Steuergelder bedingt war. Dem stellte er die Auffassung entgegen, dass es ein Akt der Tugend ist, die Gesetze zu beachten. Die Pflicht zu Steuerleistung ergibt sich aus der Forderung, als Teil eines Gemeinwesens seine Pflicht und Schuldigkeit gegenüber dem Ganzen zu erfüllen. Als theoretische Grundlage für die von ihm geforderten Steuermoral empfiehlt er die katholische Moraltheorie. Als Forderung des Tages empfahl Popitz, eine Steuersenkung zu wagen, sobald sich nur irgendeine Möglichkeit dazu zeigt und zwar auch auf die Gefahr vorübergehender Kassennöte hin[552]. Er versprach sich davon eine positive Rückwirkung auf das höchste, nach Popitz` Meinung ins Wanken geratene nationale Gut, eine alle Kreise durchdringenden Staatsgesinnung.

Kopfschmerzen bereitete Popitz die Tatsache, dass ausgabenwirksamen Gesetze besonders in den Gemeinden mit der jeweiligen Mehrheit beschlossen werden, diese Mehrheit aber nicht von denjenigen gestellt wird, die, wie die Gewerbetreibenden, Grund- und Gebäudebesitzer, die meisten Steuern zahlen, sondern von denjenigen, die wenig oder keine Steuern zahlen. Dies habe in den Gemeinden zu einem Anstieg der Realsteuern geführt, der für die Wirtschaft unmittelbar lähmend wirkt. Um das Besteuerungssystem mit dem politischen Kräfteverhältnissen im Einklang zu bringen, verlangte Popitz eine Einschränkung des Grundsatzes der Besteuerung nach der Leistungsfähigkeit durch Einführung einer auf diesen Grundsatz nicht oder weniger ausgerichteten Bürgersteuer bzw. Gemeindepersonalsteuer[553]. Solche Steuern sind zur Deckung der Ausgaben der Gemeinden durchaus vertretbar, sie würden aber, wenn sie nicht an die wirtschaftliche Leistungsfähigkeit anknüpfen, im Widerspruch zu Art. 134 WRV stehen, wonach Grundlage der Steuererhebung gerade die wirtschaftliche Leistungsfähigkeit der Besteuerten bildete. Zu den von Popitz dargestellten allgemeinen Besteuerungsgrundsätzen lässt sich die Feststellung treffen, dass sie mit Ausnahme seiner das Wahlrecht betreffenden Ausführungen zu dem bestimmenden Einfluss der Kleinverdiener auf Beschlüsse über Gemeinde

551 J. Popitz, Der wirtschaftende Mensch als Steuerzahler, VjStFR 1930, 30

552 VjStFR 1930, 35

553 J. Popitz, Kleiner Katechismus für Steuervorschläge, 189 ff.

steuern und deren Verwendung in der der Steuerrechtswissenschaft des 21. Jahrhunderts Zustimmung finden.

gg. Bewertung der steuerrechtwissenschaftlichen Arbeiten

Popitz Darstellungen des Steuerrechts kann man nur richtig würdigen, wenn man sich die Situation der Steuerrechtswissenschaft der damaligen Zeit vor Augen führt. Bis zum Ende des 1. Weltkrieges hat es eine eigene von der Finanzwissenschaft abgelöste Steuerrechtswissenschaft nicht gegeben[554]. Ein wissenschaftliches Steuerrecht entwickelte sich erst nach dem ersten Weltkrieg. Nach gewissen allerdings vornehmlich auf verfahrensrechtliche Fragen beschränkten Ansätzen bei dem Verwaltungsrechtler Otto Meyer war Hauptschrittmacher eines wissenschaftlich begründeten Steuerrechts Albert Hensel, der 1924 ein Lehrbuch des Steuerrechts vorlegte[555]. Im Vorwort wies er mit Recht darauf hin, dass bis zum Erscheinen seines Buches eine wissenschaftlich-systematische Bearbeitung des deutschen Steuerrechts noch nicht vorgelegen hatte. Mit seinen oben besprochenen Darstellungen der hauptsächlichen Steuerarten im Handwörterbuch der Staatswissenschaften und im Handbuch der Finanzwissenschaften hat Popitz einen bedeutenden Beitrag zur wissenschaftlichen Durchdringung und zur Systematisierung des Steuerrechts geleistet. Sie bilden einen Meilenstein der Entwicklung des Steuerrechts. Seine Gedanken haben im wesentlichen bis in die Gegenwart nicht an Gültigkeit verloren. Einen besonderen Vorzug seiner steuerrechtlichen Beiträge bilden die Ausführungen über ausländische Steuerrechtsordnungen. Sie ermöglichen einen Vergleich mit den jeweiligen deutschen Regelungen und ermöglichen die Entscheidung der Frage, welche Rechtsordnung ein Problem besser gelöst hat.

Ein Kardinalproblem des Steuerrechts ist der Grundsatz der Besteuerung nach der wirtschaftlichen Leistungsfähigkeit der Pflichtigen. Hensel wie Popitz räumten diesem in Art. 134 WRV verankerten Grundsatz jedoch nur einen beschränkten Anwendungsbereich ein, indem sie diesen Grundsatz nur innerhalb einer Steuerart, insbesondere der Einkommensteuer berücksichtigten. In seinem Lehrbuch gestand deshalb Hensel - insoweit sicherlich im Einklang mit Popitz - dem Staat das Recht zu, jeden Vorgang des Rechts- und Wirtschaftslebens durch Normsetzung zum Steuertatbestand zu erheben[556]. Art. 134 WRV berechtigte nach damaliger herrschender Lehre unter keinen Umständen, eine bestimmte Steuerart, etwa die Kaf-

---

[554] J. Popitz, Finanzrecht und Finanzwissenschaft, in :H. Teschenmacher (Hrsg.)Zur Finanzwissenschaft, Für Georg von Schanz zum 75. Geburtstag Bd. 1, 39 f.; J. Popitz, Das Finanzausgleichproblem in der deutschen Finanzwissenschaft der Vorkriegszeit, FinArch 1933, 396: Tipke, Die Steuerrechtsordnung, 1. Aufl., Bd. I, 28 f.

[555] A. Hensel, Steuerrecht, 1. Aufl. zur Entwicklung vgl. K. Tipke, Die Steuerrechtsordnung, 1. Aufl., Bd. I, 27 ff.

[556] A. Hensel, Steuerrecht, 3. Aufl., 15

feesteuer, deswegen aufzuheben, weil sie mit dem Grundsatz der Besteuerung nach der Leistungsfähigkeit nicht vereinbar war. Eine Kaffeesteuer hat offensichtlich mit der Leistungsfähigkeit nichts zu tun und verletzt zudem den Gleichheitssatz, weil der Teetrinker auf den Tee aus heimischen Kräutern keine Steuer zahlen muss. Die Auffassung von Hensel und Popitz ist bis heute gültige Staatspraxis geblieben. Das Bundesverfassungsgericht gewährt einer Steuerart schon dann Bestand, wenn sie in dem Katalog der Art. 105, 106 GG aufgeführt ist, ohne dass es darauf ankommt, ob eine Steuerart Leistungsfähigkeit erfasst[557].

Popitz Leistung für die Steuerrechtswissenschaft muss vor dem Hintergrund seiner Tätigkeit als Gestalter von Gesetzen gesehen werden. Seine Beiträge zur Steuerrechtswissenschaft kommentieren die von ihm entworfenen Gesetze. Sie stellen Zusammenhänge her, die den Gesetzen nicht ohne weiteres zu entnehmen waren. Insofern bildeten seine Beiträge eine wertvolle Hilfe für die Anwendung der Gesetze. Weil die Grundprinzipien der von ihm geschaffenen Steuergesetze noch heute unverändert gelten, sind seine damaligen rechtstheoretischen Arbeiten noch heute von großem Wert.

h. Finanzwissenschaft, Finanzverfassungsrecht, Haushaltsrecht

aa. Finanzausgleich der Gebietskörperschaften

Auf das Finanzverfassungsrecht übergreifend war der Finanzausgleich zwischen den Gebietskörperschaften ein vorrangiges Interessengebiet von Popitz, das ihn auch noch in der NS-Zeit stark beschäftigte. Zum Finanzausgleich veröffentlichte Popitz mehrere Aufsätze[558]. Grundlagen für die Behandlung des Finanzausgleich legte Popitz in dem 1925 erschienen Beitrag im Handwörterbuch der Staatswissenschaften und in dem 1927 erschienenen Handbuch der Finanzwissenschaft.

Hervorzuheben ist sein als Buch veröffentlichtes, viel beachtetes Gutachten unter dem Titel „Der künftige Finanzausgleich zwischen Reich, Ländern und Gemeinden“[559]. Den Begriff des Finanzausgleichs hatte er in früheren Veröffentli-

---

[557] Vgl. u. a. BVerfGE 93, 121, 136; dagegen K. Tipke, Die Steuerrechtsordnung, Bd. I, 2. Aufl., 298 ff.

[558] Außer im Handbuch der Finanzwissenschaft: Handwörterbuch der Staatswissenschaften, Bd. III (4. Aufl. 1925), 1016 ff. (dazu A. Hensel, StuW 1926, 878 ff.); J. Popitz/Knorr, Zeitschrift für Kommunalwirtschaft 1927, 114 f.; Gegenwartsprobleme der Steuergesetzgebung und Steuerverwaltung, VFSt1927, 5 ff.; Art. Reich, Länder und Gemeinden im Handwörterbuch der Kommunalwissenschaft, Ergänzungsband 1927; Der Finanzausgleich und seine Bedeutung für die Finanzlage des Reichs, der Länder und Gemeinden, Vortrag gehalten im Steuerausschuss des Reichsverbandes der Deutschen Industrie am 9. Oktober 1930, Berlin 1930; Die finanzwirtschaftlichen Voraussetzungen der Reichsreform, ZAkDR 1937, 6

[559] Erschienen u. a. Berlin 1932; Vorläufer dazu die Artikel „Finanzausgleich“ im Handwörterbuch der Staatswissenschaften (1926) und Handbuch der Finanzwissenschaften (1927), Der Finanzausgleich und seine Bedeutung für die Finanzlage des Reichs, der Länder und Gemeinden in: Veröffentlichungen des Reichsverbandes der Deutschen Industrie, Berlin 1930, 5 ff.; zum Gut-

chungen dahin definiert, dass es sich um die Verteilung der Rechte und Pflichten auf verschiedene Gebietskörperschaften (Reich, Länder und Gemeinden) handelt, Einahmen bestimmter Art zu erheben und Ausgaben für bestimmte Zwecke zu bestreiten. Er hatte betont, dass es ich nicht nur um eine Frage der Steuerverteilung sondern ebenso wichtig um eine Zuständigkeitsverteilung in den Ausgaben und damit in den Aufgaben handelt[560]. Popitz ging in seinem Gutachten von der als Fiktion bezeichneten These der Einheit von Reich und Ländern als der „*Einheit Staat*" aus und stellte dieser Einheit die Gemeinden und Gemeindeverbände gegenüber[561]. Mit der von anderen Autoren verfolgten Konzeption der zusammenfassenden Behandlung der Finanzierungsprobleme von Ländern und Gemeinden wurde dagegen nach Popitz die Zäsur an die falsche Stelle gelegt. Finanzausgleichsprobleme der Länder klammerte Popitz weitgehend aus, offenkundig deswegen, weil er letzten Endes die Länder überhaupt abschaffen oder zumindest ihrer Staatlichkeit entkleiden wollte[562]. Im Mittelpunkt der Arbeit stand deshalb die Finanzwirtschaft der Gemeinden[563].

Mit der von Popitz vorgeschlagenen Finanzausgleichsreform sollten drei Ziele erreicht werden: die Gemeinden sollten zur Ordnung gezwungen werden, indem sie der Gemeinde Klarheit über ihre eigenen Finanzverhältnisse verschafft und den Einfluss des Leiters der Finanzverwaltung stärkt; ferner sollte die Reform öffentliche Kritik und eine verbandsmäßige Kontrolle ermöglichen und schließlich sollte ein Ansatzpunkt für die staatliche Kontrolle geschaffen werden.

Ein brauchbares Gemeindesteuersystem sah Popitz als Voraussetzung eines Finanzausgleichssystems an. Durch eine Wahlfreiheit in den Steuern und durch die Beweglichkeit möglichst vieler funktionell miteinander zusammenhängender Steuern sollten den Gemeinden Selbstbestimmung über das Maß der Aufgabenstellung und Selbstverantwortung gewährleistet werden. Eine Gemeindesteuer auf der Grundlage der staatlichen Einkommen- oder Körperschaftsteuer in Form eines Zuschlags auf diese Steuern lehnte Popitz ab. Der Grund war, das Popitz Gemeindesteuern nur auf der Grundlage von solchen Merkmalen für berechtigt ansah, die ihre

---

achten aus der Sicht von 1954 vgl. F. Terhalle, Der künftige Finanzausgleich, Einige Grundgedanken zu dem berühmten Popitz-Gutachten und aus der Begründung des 1954 vorgelegten Finanzverfassungsgesetzes, FR 1954, 521 ff.

[560] J. Popitz, Die staatsrechtlichen Grundlagen des öffentlichen Finanzwesens, unter besonderer Berücksichtigung des Finanzausgleichs zwischen Reich und Ländern, in: B. Harms (Hrsg.), Recht und Staat im Neuen Deutschland, Vorlesungen gehalten in der Deutschen Vereinigung für Staatswissenschaftliche Fortbildung, Erster Band, Berlin 1929, 191

[561] J. Popitz, Gutachten Finanzausgleich (1932), 5

[562] Eine Beseitigung des Ländersystems hält er für möglich, vgl. S. 10 des Gutachtens Finanzausgleich

[563] J. Popitz, Gutachten Finanzausgleich (1932), VI

Wurzel in der Gemeinde haben (Grundsatz der Radizierbarkeit der Gemeindesteuern)[564]. Das heißt, dass Gemeinden nur auf Besteuerungsgrundlagen zugreifen können, die sich räumlich auf ihr Gebietes beziehen. Einkommen von in einer Gemeinde ansässigen Personen und Gewinne von ansässigen Kapitalgesellschaften werden aber vielfach auch außerhalb des Gemeindegebiets erwirtschaftet. Die Einkommensteuer entzieht sich deshalb örtlicher Radizierung[565]. Aus dem gleichen Grund lehnte Popitz auch ein Zuschlagsrecht der Gemeinden auf die Umsatzsteuer ab. Bei dieser Steuer kam das Haushaltsargument hinzu, dass Popitz eine Zersplitterung dieser fiskalisch bedeutsamsten Steuer befürchtete. Nach eingehenden Gesprächen mit den Vertretern des Deutschen Städtetages gelang es Popitz, diesen von der Aussichtslosigkeit des Zuschlagsgedankens für die Umsatzsteuer zu überzeugen[566]. Durch die Zuweisung von Einkommen- und Körperschaftsteueranteilen oder durch Zusätze auf diese Steuerarten für die Gemeinde sah Popitz auch das Selbstverwaltungsrecht der Gemeinden wegen der Abhängigkeit von der Zentralverwaltung, der ja diese Steuern zustehen, in der höchsten Gefahr. Nach heutigem Verständnis ist die Radizierbarkeit einer Steuer auf die Gemeinde nicht mehr Voraussetzung für eine Gemeindesteuer[567]. Denn entscheidend ist die wirtschaftliche Leistungsfähigkeit der Einwohner, die auch durch Faktoren außerhalb der Gemeinde begründet sein kann.

Die Hauszinssteuer (Steuern auf Wohnungseigentum, (vgl. dazu unten) wollte Popitz abschaffen und die Realsteuern (Steuern auf Grundbesitz und Gewerbebetriebe) senken. Stattdessen wollte Popitz eine Gemeindepersonalsteuer in Gestalt einer Wohnsteuer einführen, die auf alle Wohnungen mit 10 % der Miete erhoben werden sollte[568]. Es handelte sich um eine Konsum- und Aufwandsteuer, die auf eine partielle Leistungsfähigkeit in Gestalt der Größe der Wohnung bzw. der Höhe der Miete abstellt. Diese Steuer sollte mit einer Senkung der gesetzlich gebundenen Miete um 10% verbunden werden. Eine Bürgersteuer sollte von allen Personen erhoben werden, die nicht wohnsteuerpflichtig sind.

Die Erwerbslosenfürsorge sollte den Gemeinden obliegen. Diese sollten aber mit den dafür nötigen Mitteln ausgestattet werden. Dazu verlangte er anstelle der Anteile an den Reichsteuern Finanzzuweisungen des Reiches an die Gemeinden,

---

[564] J. Popitz, Finanzausgleichs-Gutachten, 114

[565] J. Popitz, Das Finanzausgleichsproblem in der deutschen Finanzwissenschaft der Vorkriegszeit, FinArch 1933 (NF 1), 428

[566] K.-H. Hansmeyer, Kommunale Finanzpolitik in der Weimarer Republik, 74

[567] Gutachten der Steuerreformkommission 1971, Bonn 1971, VIII GemSt Rdn. 38

[568] Popitz verteidigt diese Steuer gegen Angriffe auch an anderer Stelle: J. Popitz, Der künftige Finanzausgleich zwischen Reich, Ländern und Gemeinden, Zeitschrift für Selbstverwaltung 1932, Sonderdruck, BArch. NL 1262 Nr. 98

die er mit 23 % der Gemeindeaufwendungen veranschlagte. Nach einem anderen Vorschlag dachte Popitz an die teilweise Finanzierung durch eine Notabgabe[569].

Daneben schlug er Staatszuschüsse für bestimmte Verwaltungsgebiete vor, z. B. für persönliche Volkschullasten (Lehrergehälter) zur Deckung des nicht durch Gemeindesteuern zu bestreitenden Finanzbedarfs der Gemeinden (Bedarfsspitze). Die Finanzzuweisungen sollten den von Popitz als gegeben angesehenen Umstand berücksichtigen, dass die Zunahme der Siedlungsdichte und der Bevölkerungszahl einen überproportionalen Anstieg der Pro-Kopf-Quote des Finanzbedarfs begründet[570], ein Grundsatz, der sich noch heute in Gestalt der so genannten Einwohnergewichtung findet[571].

Schließlich sollte der Finanzausgleich auf rechtlich bindenden Vorschriften beruhen. Als organisatorische Maßnahmen forderte Popitz die Inkompatibilität der Gemeindebeamtenschaft mit der Mitgliedschaft in der Gemeindevertretung. Die Vertretungen der Kreise und Provinzen sollten von den Vertretern der Gemeinden und nicht wie die Parlamente vom Volk gewählt werden. Er forderte die Bildung wirtschaftlich leistungsfähiger, möglichst homogener Kreisverbände, denen ein auf sechs Jahre unabsetzbar bestellter Landrat vorsteht.

Ferner forderte Popitz rechtliche Regeln für die Haushaltsordnung, die Anleihewirtschaft, die Verwaltung der wirtschaftlichen Unternehmen, das Gemeindebeamtenrecht und die Ordnung über die Rechnungslegung und Rechnungsprüfung der Gemeinden. Im Hintergrund aller Überlegungen zum Finanzausgleich stehen die Sorgen, die Popitz am stärksten umtreiben: die Politisierung im Sinne eines bestimmenden Einflusses des Parteibetriebes auf die öffentliche Willensbildung, wodurch eine sparsame, rationelle und sachliche Verwaltung erschwert wird, die parteigebundene Politisierung der kommunalen Beamtenschaft und der ebenso parteipolitisch gebundenen Laienvertreter in den Gemeindevorständen, Deputationen und Vertretungen[572]. Hinzu trat die Kritik an den Sozialversicherungsträgern, die nach Popitz einen Teil der von ihm bekämpften Polykratie darstellten und die ihr verbandsmäßig empfundenes, auf die Mitglieder bezogenes Eigeninteresse über das Gemeinwohl stellten[573].

Popitz brachte den Finanzausgleich stets in Verbindung mit dem Staatsaufbau. Der Finanzausgleich war für ihn ein Schlüsselproblem der staatlichen Gestaltung. Die Vielheit der Willensträger (Reich Länder und Gemeinden), die jeweils Gegens-

---

[569] Vgl. J. Popitz, Erwerbslosenversicherung und Selbstverwaltung, Deutsche Wirtschaftszeitung 1932, 49 ff. ,73 ff

[570] J. Popitz, Gutachten Finanzausgleich (1932), 262 ff. ,266

[571] § 9 Abs. 2 Finanzausgleichsgesetz vom 10. 12. 2001, BGBl. 2001 I 3955

[572] J. Popitz, Gutachten Finanzausgleich (1932), 8

[573] J. Popitz, Gutachten Finanzausgleich (1932), 6

tand eines ökonomischen und politischen Machtkampfes sind, war für ihn schlechthin das Kardinalproblem der Weimarer Republik. Wenn das Verhältnis dieser Vielheit von Willens- und Wirtschaftsträger ungeordnet blieb, wären die Folgen für die Allgemeinheit und die Wirtschaft verhängnisvoll: *„am Ende müsste Überlastung der Wirtschaft und schließlich Auflösung des Staates stehen. Der Staat hat die Aufgabe, das Nebeneinander und Gegeneinander zu ordnen und die Selbstbehauptungskräfte der Willensträger auszugleichen*“[574].

So kann man das Gutachten insgesamt als nicht auf rein fachliche Fragen des Finanzausgleichs beschränkt, sondern auf die allgemeinen politischen Fragen übergreifend ansehen, die Popitz in der Spätzeit der Weimarer Republik beschäftigten. Die Reform des Finanzausgleichs sah er außerhalb des Gutachtens geradezu als eine Voraussetzung der von ihm angestrebten Reichsreform im Sinne der Ausschaltung der Länder als eigene Staatsgebilde und der Schaffung eines Einheitsreichs an[575]. Er forderte zumindest eine staatliche Stelle für ganz Deutschland, die, soweit nach der konkreten Lage von Politik und Wirtschaft für einen Fragenkomplex ein einheitliches Vorgehen geboten ist, zur Aufstellung und Durchsetzung bindender Richtlinien in der Lage ist und in diesem Sinne eine stärkere Zusammenfassung der Staatsgewalt beim Reich[576].

Wilhelm Markull, ein wortmächtiger enger Mitarbeiter von Popitz aus seiner Dienstzeit im Reichsfinanzministerium, besprach das Gutachten kritisch. Er bemängelte vor allem die mit der Aufgabe der Priorität des Primats des Reichshaushalts verbundene Verlagerung des Schwergewichts des Finanzausgleich auf die Gemeinden und fragte, weshalb Popitz *„mit einem Male alles aber auch alles als falsch*“ beurteile, was er zehn Jahre als Bauleiter im Ministerium als richtig angesehen habe[577]. Albert Hensel, einer der bedeutendsten Steuerrechtslehrer der Weimarer Zeit, den die Nazis wegen seiner jüdischen Abstammung aus seinem Amt verjagten, besprach das Gutachten mit lobenden Worten, beurteilte aber die praktische Durchsetzbarkeit der Vorschläge als gering und sagte dem Gutachten einen langsamem aber sicheren Hungertod in den Aktenschränken der amtlichen Stellen voraus[578]. Tatsächlich ist das Gutachten insbesondere hinsichtlich der Vorschläge zur Gestaltung der Gemeindesteuern in der Weimarer Republik nicht in die Praxis umgesetzt worden. Die Fokussierung des Finanzausgleichsproblems auf das Verhältnis

---

[574] Exposé von Popitz, BArch. NL 1262 Rep. 92 Nr. 14 Bl. 162, 175

[575] Über diese Thematik referierte Popitz; zweimal in der "Mittwochsgesellschaft", nämlich am 10.5.1934 und am 23.11.1938, Protokolle abgedr. bei K. Scholder, Die Mittwochsgesellschaft, 89 ff., 204 ff.; vgl. dazu L.-A. Bentin;, Johannes Popitz;, 55 ff.

[576] Gutachten Finanzausgleich (1932), 86 f.

[577] W. Markull, Der künftige Finanzausgleich zwischen Reich, Ländern und Gemeinden. Eine Anzeige, Ru.Pr VerwBl 1932, 61 ff.

[578] A. Hensel, Das Popitz-Gutachten über den Finanzausgleich, StuW 1932 I Sp.593 ff. 609

des Reiches zu den Gemeinden vernachlässigte bundesstaatliche und steuerstaatliche Probleme, wie Albert Hensel zu Recht kritisch anmerkte[579]. Im übrigen hätten die Länder auch dann berücksichtigt werden müssen, wenn sie keine Staatlichkeit mehr besessen hätten, solange sie als Verwaltungseinheiten mit eigenen Aufgaben und damit eigenem Finanzbedarf überhaupt noch bestanden.

Auch aus der Sicht einer höher entwickelten Steuerkultur werfen Popitz` Vorschläge Zweifelsfragen auf. Popitz sah in steuerlicher Hinsicht nur das Problem der ausreichenden Ausstattung der Gemeinden mit Steuermitteln. Dass die Gemeindesteuern ebenso wie die Staatssteuern dem Grundsatz der gleichmäßigen Besteuerung nach der wirtschaftlichen Leistungsfähigkeit entsprechen müssen, trat nicht in sein Blickfeld. Gewerbesteuer, Grundsteuer, sonstige Steuern auf den Aufwand (Hundesteuer, Jagdsteuer, Vergnügungssteuer etc.) und insbesondere die von Popitz vorwiegend ins Spiel gebrachte Wohnsteuer entsprechen dem genannten Grundsatz nicht. Insbesondere die Wohnsteuer mit ihrer Anknüpfung an den Mietwert der Wohnung ist kein geeigneter Maßstab der Besteuerung, weil die Leistungsfähigkeit der Einwohner nicht punktuell an dem Mietwert ihrer Wohnung gemessen werden kann, große Familien mit Kindern und großen Flächenbedarf gegenüber Kleinfamilien zudem benachteiligt werden . Maßgebend hätten die Bemessungsgrundlagen der Einkommensteuer oder die Einkommen- und Körperschaftsteuerschuld sein müssen, worauf die Gemeinden dann einen Zuschlag hätten erheben können. Wieso durch die Anknüpfung an die Einkommen- und Körperschaftsteuer eine Abhängigkeit der Gemeinden von der Zentralverwaltung in der Ausübung ihrer Selbstverwaltung hätte entstehen können, wie Popitz meinte, ist nicht ersichtlich.

Im Anschluss an sein Finanzausgleichs-Gutachten von 1932 und gewissermaßen als nachträgliche historische Grundlage für das Gutachten veröffentlichte Popitz einen umfangreichen Aufsatz über das Finanzausgleichsproblem in der Vorkriegszeit[580]. Hier stellte er insbesondere die richtunggebenden finanzwissenschaftlichen Arbeiten von Lorenz von Stein, der „*in glücklicher Synthese den Nationalökonomen und Finanzwissenschaftler mit dem Staats- und Verwaltungswissenschaftler vereinigte*“[581] und den bedeutenden Nationalökonomen Adolf Wagner vor. Der Finanzwissenschaft der Nachkriegszeit bescheinigte Popitz hingegen Versagen. Er vermisste eine Lehre, die erklärt, wie der „*Tatbestand von der Vielheit mehr oder weniger selbständiger Verbände*“ (also u. a. der Gebietskörperschaften Reich Länder und Gemeinden) „*und diesen Tatbestand ordnende Maßnahmen zu einer Gesamtgestaltung der öffentlichen Wirtschaft führen oder beitragen*“[582]. Da der Finanzausgleich für Popitz das finanzielle Spiegelbild der Verfassungsverhältnisse im

---

[579] A. Hensel, Steuerrecht, 3. Aufl., Berlin 1933, 20 Fn. 1

[580] J. Popitz, Das Finanzausgleichsproblem in der deutschen Finanzwissenschaft der Vorkriegszeit, FinArch 1933 (NF 1), 395 ff.

[581] AaO. 416

[582] AaO. 437

Bundesstaat ist, forderte er wie für den Staat eine einheitliche Willensbildung so für die Finanzwirtschaft eine Einheit des Regelungswerks[583].

bb. Finanzwissenschaft

Die finanziellen Wechselwirkungen zwischen dem Zentralstaat und dessen Gliedstaaten behandelte Popitz in dem 1927 erschienenen Band 2 des Handbuchs der Finanzwissenschaft über den „Finanzausgleich"[584]. Er entwickelte darin u. a. das Gesetz von der „*Anziehungskraft des zentralen Etats*"[585]. Popitz ging davon aus, dass in einem gegliederten Staat die beteiligten Gebietskörperschaften (Reich, Länder, Gemeinden) in die Lage versetzt werden müssen, ihre Aufgaben zu erfüllen. Es müssen ihnen dementsprechend Einnahmequellen zur Verfügung stehen, die für die Erfüllung ihrer Aufgaben zureichen. Als erstes sind deshalb die Aufgaben zu verteilen und eine „*Klimax*" ihrer Wichtigkeit aufzustellen. Im Bundesstaat stehen die Aufgaben des Zentralstaates an erster Stelle. Denn ihm liegt – das ist der Sinn und Zweck seiner Begründung – die Selbstbehauptung des in ihm zum Staate vereinten Volkes nach innen und außen ob. Die Ausgaben, die diesem Zweck dienen, müssen daher an erster Stelle Deckung finden, danach erst die der Gliedstaaten und Gemeinden. Der Zentralstaat ist nach Popitz selbstverständlich für die auswärtige Verwaltung und für die Landesverteidigung zuständig. Eine theoretisch begründbare Grenze für die Ausdehnung seines eigentlichsten Aufgabenkreises fehlt zwar. Aber die Zuständigkeit des Zentralstaates wird wegen des Zusammenhangs mit der Außenpolitik auf die einheitliche Führung der Wirtschaftspolitik erweitert, wobei nicht nur die Handels- und Zollpolitik sondern auch die einheitliche Gesetzgebung auf dem Gebiet des Rechts und der Gewerbeförderung sowie schließlich die Regelung sozialer Angelegenheiten einzubeziehen sind. Die daraus sich ergebende Einwirkung des Zentralstaates auf die Gliedstaaten steigt, wenn grundsätzliche den Gliedstaaten vorbehaltene Fragen der allgemeinen Landesverwaltung, der Schul- und Kulturpolitik und der Wohlfahrtspflege durch zentrale Gesetze geregelt werden oder unvorhergesehene Ereignisse eintreten, für deren Bewältigung den Gliedstaaten die Mittel fehlen. Die Erweiterung der Zuständigkeit des Zentralstaates erhöht die Notwendigkeit, dem Zentralstaat auch die dafür nötigen Mittel zur Verfügung zu stellen. Aus diesen Ursachen hat sich, wie sich nach Popitz in Deutschland gezeigt hat, die Anziehungskraft des größten Etats ergeben. Diese Tendenz wird noch durch die Inhomogenität der Länder verstärkt, indem kleine, leistungsschwache Länder nach der Hilfe des Oberstaates (Reich) rufen. Auch die politische Präponderanz, d. h. die Erwartung der Bürger an den Reichstag, als dem Forum mit der größten Resonanz, führt zum Zentralstaat.

---

[583] AaO. 395, 437

[584] W. Gerloff/ F. Meisel (Hrsg.), Handbuch der Finanzwissenschaft Bd. 2 Tübingen 1927

[585] W. Gerloff/ F. Meisel (Hrsg.), Handbuch der Finanzwissenschaft Bd. 2 Tübingen 1927, 346 ff.

Das Popitzsche Gesetz der Anziehungskraft des größten Etats hat in der Finanzwissenschaft weitgehend Zustimmung teilweise aber auch Ablehnung erfahren[586]. Wenngleich die unveränderte Gültigkeit des Gesetzes durch empirische Studien auf den Prüfstand gestellt werden müsste, lässt sich doch sagen, dass zwar die Aufgaben-, Ausgaben – und Einnahmeverteilung zwischen Gebietskörperschaften gesetzlich fixiert ist, dass aber davon abgesehen durch die faktische Übernahme von Aufgaben auf die Zentralinstanz ohne gesetzliche Grundlage allein auf der Grundlage von Entscheidungen der Regierung Mittel in den Zentralstaat fließen, die das Gesetz der Anziehungskraft des größten Etats bestätigen. Die gegenwärtige Diskussion über die Reform des Föderalismus hat ihre Ursache u. a. auch darin , dass der Bund Aufgaben und deren Finanzierung übernommen hat, die an sich den Ländern zustehen. Insofern wird zutreffend die Forderung erhoben, dem Gesetz der Anziehungskraft des größten Etats entgegen zu wirken.

cc. Haushaltsrecht

Auch das Haushaltsrecht beschäftigte Popitz. Ein Problem war das Budgetrecht des Parlaments sowie die Kontrolle des Rechnungshofs über die Ausgabenwirtschaft der Regierung. Popitz war für eine Beschränkung des Budgetrechts des Parlaments. Motiv dafür war, dass durch das allgemeine Wahlrecht Gesellschaftsschichten im Reichstag saßen, die keine hohen Einkommensteuern und Sonderabgaben zahlten und denen infolgedessen auch keine Kontrollrechte zustehen sollten[587]. Es kommt hier eine Skepsis gegenüber dem allgemeinen Wahlrecht zum Ausdruck. Nach einem Bericht der „Welt am Montag“ vom 2. Januar 1933 soll Popitz in einem Vortrag bei Arbeitgeberverbänden sogar soweit gegangen sein, dass er das Dreiklassenwahlrecht der Idee nach als richtig bezeichnet habe, und dass man darauf achten müsse, dass der ansässige Besitz in einer Gemeinde nicht von zugewanderten, nicht bodenständigen Arbeitern in der Kommune überstimmt und dadurch verhindert werde, das besonders stark entwickelte Verantwortungsbewusstsein der ansässigen

---

[586] F. Terhalle, Finanzwissenschaft, Jena 1930, 546 ff.; J. Jessen, Deutsche Finanzwirtschaft, mit einer Übersicht über die Geschichte der deutschen Finanzwirtschaft , 2. Aufl., 154 ff.; W. Gerloff, Die Finanzgewalt im Bundesstaat, Frankfurt 1948, 53; W. Albers, Das Popitzsche Gesetz der Anziehungskraft des übergeordneten Haushalts, in: F. Neumark (Hrsg.), Strukturwandlungen einer wachsenden Wirtschaft, Schriften des Vereins für Sozialpolitik, N.F. Bd. 30, Berlin 1964, 835 ff.; G. Schmölders, Finanzpolitik, 2. Aufl., 148 ff.; K. H. Hansmeyer, Das Popitzsche Gesetz von der Anziehungskraft des zentralen Etats, in H. Timm/H. Haller, (Hrsg.), Beiträge zur Theorie der öffentlichen Ausgaben, Schriften des Vereins für Sozialpolitik, N.F. Bd. 47, Berlin 1967, 197 ff., S. Korioth, Der Finanzausgleich zwischen Bund und Ländern, , 194 ff.; ablehnend für Österreich der Jahre 1923 – 1936 J. Wysocki, Probleme des Finanzausgleichs in der ersten Österreichischen Republik, in: D. Petzina (Hrsg.), Probleme der Finanzgeschichte des 19. und 20. Jahrhunderts, Schriften des Vereins für Sozialpolitik Nf. Bd. 188, Berlin 1989,125, 134 ff.

[587] J. Popitz, „Finanzausgleich“, in: Handbuch der Staatswissenschaften, 4. Aufl. 1073

Bürger für die betreffende Kommune nutzbar zu machen[588]. Der Beitrag zu den Steuern sollte nach Popitz zum Maßstab des Wahlrechts gemacht werden[589]. Wie für die Gemeinde konnte sich Popitz auch für das Reich nur schwer damit abfinden, dass diejenigen, die wegen ihrer hohen Einkommen die Hauptlasten tragen, sich bei der Entscheidungsfindung in einer hoffnungslosen Minderheit befinden[590]. Von diesem autoritären Ausgangspunkt ist es verständlich, wenn Popitz es bei dem Erlass des Ermächtigungsgesetzes vom 24. März 1933 durch einen entsprechenden Vorschlag erreichte, das Budgetrecht des Parlaments überhaupt zu beseitigen.

dd. Zusammenspiel von Finanzrecht, Finanzwissenschaft und Finanzverfassungsrecht

Es gehört zu den herausragenden Qualitätsmerkmalen von Popitz, dass er seinen Blick nicht nur auf das rein Juristische, sondern, wie schon mehrfach betont, auch auf die damit verbundenen wirtschaftlichen Sachverhalte richtete. Es gehörte zu seinen Grundüberzeugungen, dass „*rechtliche Erwägungen allein überhaupt nicht genügen, die Erscheinungen des öffentlichen Lebens zu klären*", sondern dass „*dabei auf alle die Wechselbeziehungen abgestellt werden*" muss, „*die – gewiß wesentlich durch die rechtliche Ordnung beeinflußt – im öffentlichen Leben und insbesondere auch im Verwaltungsleben das Geschehen mitgestalten*"[591].

Das Verhältnis des Finanzrechts und des Finanzverfassungsrechts zur Finanzwissenschaft beschäftigte Popitz mehrfach[592]. Die Finanzwissenschaft ist ein Teil der Volkswirtschaftslehre, die sich mit den wirtschaftlichen Folgen des Finanzverfassungsrechts und des Finanzrechts für zwei Gruppen, nämlich die öffentlichen Gebietskörperschaften auf der einen Seite und die Einzelwirtschaften auf der anderen Seite befasst. Beide Gruppen stehen in Wechselbeziehungen zueinander, die sich in der Volkswirtschaft widerspiegeln. Das Finanzrecht ist ein Teil der Rechtswissenschaft. Das Identitätsprinzip der finanzwissenschaftlichen Betrachtung liegt in der Erforschung der Tatbestände des Finanzwesens nach ihrer wirtschaftlichen Auswirkung für den Bedarf und seine Deckung sowohl der öffentlichen wie der einzelnen Wirtschaftsgebilde. Das Identitätsprinzip der finanzrechtlichen Betrach-

---

588 Bericht Welt am Montag vom 2. 1. 1933, BArch. NL 1262 Nr. 78 Konvolut 1933

589 J. Popitz, Gegenwartsaufgaben der Finanz- und Steuerpolitik, Weltwirtschaftliche Gesellschaft zu Münster/W 1927, Heft 15, 20

590 Finanzausgleichs-Gutachten (1932), 9

591 J. Popitz, Das Finanzausgleichproblem in der deutschen Finanzwissenschaft der Vorkriegszeit, FinArch 1933, 398

592 J. Popitz, Finanzrecht und Finanzwissenschaft, in; H. Teschenmacher, Für Georg von Schanz zum 75. Geburtstag 12. März 1928, Bd. I Zur Finanzwissenschaft, Tübingen 1928, 39 ff., ders., Das Finanzausgleichproblem in der deutschen Finanzwissenschaft der Vorkriegszeit, FinArch 1933, 385 ff.

tung liegt in der Untersuchung der rechtlich geordneten finanziellen Beziehungen zwischen Staat und Einzelpersönlichkeiten. Das Finanzrecht beinhaltet auch die Frage nach dem Verhältnis der im Staat vorhandenen Träger finanzrechtlicher Befugnisse untereinander, d. h. vor allem im Bundesstaat das Problem des Finanzausgleichs, das Popitz als Steuerstaatsrecht bezeichnete, welches heute eher als Finanzverfassungsrecht zu bezeichnen wäre. Nach der Abgrenzung und Arbeitsaufteilung zwischen den drei genannten Gebieten wendet sich Popitz der Notwendigkeit der gegenseitigen Durchdringung von Finanzwissenschaft, Finanzrecht und Finanzverfassungsrecht und der daraus sich ergebenden Folgerung für Wissenschaft und Lehre zu. Den Hinweis auf den Zusammenhang zwischen den drei Gebieten hält er für unverzichtbar.

i. Wirtschaftspolitische Gedanken

Unter den wirtschaftspolitischen Aussagen von Popitz finden sich solche ohne konkreten Inhalt. So etwa die, dass Wirtschaftspolitik nur dann Erfolg haben kann, wenn sie in eine groß angelegte opferbereite Staatspolitik einmündet[593]. Der Staat wird offenbar zum Selbstzweck und es fragt sich, wer Opfer zu erbringen hat und wofür. Allgemein wird angenommen, dass Popitz kein enges Verhältnis zu Fragen der Wirtschaftspolitik hatte. Der Grund für diese Annahme liegt darin, dass man etwa einen Aufsatz über allgemein Wirtschaftspolitik vermisst. Dass Popitz sich aber für Wirtschaftspolitik sehr interessierte, beweist die in seinem Nachlass befindliche umfängliche Sammlung von Zeitungsausschnitten zur Wirtschaftspolitik, insbesondere der Handelszeitung der Berliner Zeitung[594].

Wirtschaftspolitische Ansichten von Popitz lassen sich auch vielfältig im Zusammenhang mit Aussagen zu anderen Problemen aufspüren. So hat Popitz die Beschäftigung mit Steuerrecht und Steuerpolitik stets mit wirtschaftspolitischen Fragestellungen verbunden. Dies wird nicht nur in seinen Artikeln zur Umsatzsteuer und Einkommensteuer im Handwörterbuch der Staatswissenschaften und in der Einleitung zum Kommentar zum Umsatzsteuergesetz sondern auch in dem Aufsatz *„Der wirtschaftende Mensch als Steuerzahler“* deutlich[595]. In diesem Aufsatz untersucht Popitz die wirtschaftlichen Auswirkungen der Steuern auf die Steuerzahler, die Frage der Steuerüberwälzung, der Steuervermeidung und der Steuerhinterziehung. Vor allem hat Popitz immer den Zusammenhang zwischen Recht und Wirtschaft betont. Wörtlich hat er dazu ausgeführt: *„Wer wirtschaftliche Fragen behandelt und lehrt wird immer gut tun, die starke Einwirkung der Regelung des positi-*

---

[593] J. Popitz, Der Finanzausgleich und seine Bedeutung für die Finanzlage des Reichs, der Länder und Gemeinden, Veröffentlichungen des Reichsverbandes der Deutschen Industrie, Berlin 1930, 5.

[594] BArch. NL 1262 Nr. 83 und 84

[595] VjStFR 1930 1 ff.

ven Rechts auf den Wirtschaftsprozess ständig hervorzuheben und durch den Hinweis auf die geltenden Vorschriften zu belegen. Wer über das geltende Recht vorträgt und lehrt, fördert ja öffnet geradezu erst das Verständnis, wenn er ständig den Zusammenhang mit den wirtschaftlichen Lebensverhältnissen, auf die sich die Regelung bezieht, wahrt". Das Steuerrecht insbesondere bezeichnete er als Spiegelbild der Wirtschaft[596].

Im Rahmen des Steuerrechts wird allerdings Wirtschaftpolitik nur mit einem Teilaspekt virulent. Dass er darüber hinaus an der Wirtschaftspolitik insgesamt interessiert war, zeigt seine Besprechung des Buches „Wirtschaft und Wissenschaft" des Berliner Nationalökonomen Friedrich von Gottl-Ottilienfeld[597], der in einem damals wie heute schwer lesbaren Wälzer von über 1300 Seiten laut Popitz zu der aus meiner Sicht banalen Erkenntnis gelangte, dass Wirtschaft die Gestaltung menschlichen Zusammenlebens im Geiste dauernden Einklangs von Bedarf und Deckung ist[598].

Auch die Ablehnung der Polykratie in der Weimarer Zeit war eng mit Fragen der Wirtschaftspolitik verbunden. Die Vielfalt der öffentlichen Willensträger (Reich, Länder, Gemeinden, Sozialversicherungsträger etc.) mit ihren unsystematischen, nicht nach einheitlichen Richtlinien und nicht von einem Gedanken getragenen, zudem unkontrollierten Willensentscheidungen führen nach Popitz zu negativen außerwirtschaftlichen Einflüssen auf die Wirtschaft. Diese bestehen in der übermäßigen Ausdehnung der Staatstätigkeit verbunden mit einem überhöhten Steuerdruck und in einer ungeregelten, mangelhaft kontrollierten Kreditpolitik der verschiedenartigen öffentlichen Wirtschaftsträger zu Lasten der Kreditnehmer der privaten Wirtschaft[599].

j. Kultur

Schon als Student und später wiederholt führten Popitz Reisen nach Griechenland, Italien, Dalmatien, Ägypten und den Orient an die Stätten der antiken Kultur. Er befriedigte damit sein Interesse an klassischer Archäologie und an der Philosophie Platons. Er wurde Ehrenmitglied des Deutschen Archäologischen Instituts , Präsident der Gesellschaft für antike Kultur und Vorsitzender des Vereins für Städteausgrabungen in Agypten[600]. In seinem Nachlass befinden sich zahlreiche Zeitungsaus-

---

596 J. Popitz, Finanzrecht und Finanzwissenschaft, in :H. Teschenmacher (Hrsg.)Zur Finanzwissenschaft, Für Georg von Schanz zum 75. Geburtstag Bd. 1 , Tübingen 1928, 53 f.

597 Jena 1931

598 J. Popitz, Recht und Wirtschaft, JW 1933, 22, 26

599 J. Popitz, Der Finanzausgleich und seine Bedeutung für die Finanzlage des Reichs, der Länder und Gemeinden, Veröffentlichungen des Reichsverbandes der Deutschen Industrie, Berlin 1930, 8

600 BArch NL 1262 Rep. 92 Nr.68 Bl. 1-23

schnitte über die Kultur der Antike[601]. Auch zu anderen Themen, etwa philosophischen Fragen hat er Zeitungsausschnitte gesammelt[602]. Er unternahm Reisen nach Korea und China und legte dazu Reiseberichte vor[603]. Diese kulturellen Interessen waren vornehmlich der Grund für seine Aufnahme als Mitglied der Mittwochsgesellschaft im Jahr 1932. Die Mittwochsgesellschaft war ein Gesprächskreis hervorragender, preußisch-konservativ eingestellter Gelehrter, Beamter und Praktiker [604], in der Popitz als Vizekanzler bzw. Coadjutor die eigentliche organisatorische Leitung übernommen hatte, und in der er als Mitglied viele Vorträge über allgemeine politische, staatsrechtliche und steuerrechtliche Themen gehalten hat[605].

Popitz hat nach eigenem Bekunden *„unendlich viel gelesen“*, Sachbücher und aus dem Bereich der schönen Literatur vor allem deutsche, englische und russische Klassiker, wie die der Antike[606]. Im Nachlass von Popitz findet sich kein Anhaltspunkt, dass er die Gegenwartsliteratur seiner Zeit, wie z. B. Thomas Mann, geschätzt oder auch nur wahrgenommen hat. Es besteht die Vermutung, dass sein kulturelles Interesse vornehmlich auf die Vergangenheit ausgerichtet war. Das gilt auch für sein Interesse an der Baukunst. Dieses hörte mit dem Baumeister Gottfried Schinkel offenbar auf. Seine Lobrede anlässlich der Schinkelfeier 1941 auf den nur als vermieft und protzig zu charakterisierenden Baustil der Nazizeit[607], dem ja immerhin die schlichte Schönheit des Bauhaus-Stils vorausgegangen war, kann nur in Parallelität zu seinen politischen Ansichten als rückwärts gewandt beurteilt werden. Er fand sich offenbar im Einverständnis mit dem konventionellen Bildungsbürgertum, allerdings auf hohem Niveau. Die Eliminierung fast aller Formen von Modernität, die das Kunstverständnis des Dritten Reiches bestimmte[608], stieß auf eine breite Zustimmung.

Über Goethe und Fontane hat er für seine Kinder in der Zeit seiner Haft nach der Verkündung des Todesurteils einen glänzenden Aufsatz verfasst, der ihn als tiefen Kenner beider Autoren ausweist. Von Goethe zieht er die Lehre, *„sich mit*

---

601 BArch NL 1262 Rep. 92 Nr.68

602 BArch. NL 1262 Nr. 66

603 BArch. NL 1262 Nr.109

604 Vgl. K. Scholder, Die Mittwochsgesellschaft , 257; L.-A. Bentin;, Johannes Popitz; 53

605 Vgl. K. Scholder (Hrsg.) Die Mittwochsgesellschaft,

606 J. Popitz, , Meine beiden Freunde: Goethe und Fontane, in: Antidoron, Edgar Salin zum 70. Geburtstag, 36

607 GStA PK I HA Rep. 151 Finanzministerium Nr. 3549, vgl. dazu unten III Kapitel 3 h

608 K. Dussel, der NS-Staat und die „deutsche Kunst“, in Bracher/Funke/Jacobsen (Hrsg.) Deutschland 1933 – 1945, 266

dem Schicksal in Einigkeit zu finden"[609], womit die Gefasstheit mit dem eigenen Schicksal Ausdruck fand. Nach dem Zeugnis des ihm aus seiner Arbeit im Reichsfinanzministerium beruflich verbundenen Rolf Grabower nahm er abends viele Zeitungen mit nach Haus – wer es sah, freute sich ob des offenbaren Bestrebens dieses Mannes, auch in den Mußestunden sich der Politik zu widmen -, während er sich doch ausschließlich auf die Lektüre der verschiedenen Romanfortsetzungen beschränkte[610]. Er hat die Gesellschaft der Freunde antiker Kultur geschaffen und diese mit Hingabe und Energie betreut[611]. Popitz Initiative ist der Erwerb einiger besonders wertvoller ägyptischer Plastiken für das „Alte Museum“ in Berlin sowie des so genannten Welfenschatzes zu danken. Der Welfenschatz ist eine anfangs von Heinrich dem Löwen angelegte Sammlung von Reliquiaren aus dem 11.bis 16 Jahrhundert, der zuletzt dem Hause Braunschweig-Lüneburg gehörte, und der nach Amerika verkauft werden sollte[612]. Der Reichskulturminister Rust sprach Popitz für sein Engagement bei dem Erwerb seinen Dank aus[613]. Die ganze antike Kunst mit Archäologie war seine Liebhaberei und ernsthaft gepflegte Nebenbeschäftigung[614]. 1927 gründete Popitz das Reichszollmuseum, das sich heute in Hamburg befindet.

Popitz war ein eifriger Theatergänger. Bei jeder Prämiere des Berliner Staatstheaters saß er mit seiner Tochter Cornelia auf seinem Stammplatz rechts im ersten Rang[615]. Er pflegte Beziehungen zu den führenden Theaterleuten der zwanziger und dreißiger Jahre, wie die Generalintendanten und preußischen Staatsräte Heinz Tietjen und Gustav Gründgens. 1941 übernahm er die Präsidentschaft der Gesellschaft für Theatergeschichte[616].

Obwohl in der Regierung nur für das preußische Finanzministerium zuständig, fühlte er sich als der eigentliche Kulturminister Preußens. Als es darum ging , ob Paul Fechter Ende 1932 Intendant des preußischen Staatstheaters werden sollte, betonte er Fechter gegenüber, dass die Entscheidung von ihm und nicht von dem amtierenden Kulturminister abhänge[617]. Als preußischer Finanzminister war Popitz

---

609 J. Popitz, , Meine beiden Freunde: Goethe und Fontane, in: Antidoron, Edgar Salin zum 70. Geburtstag, 35, 40

610 R. Grabower, Persönliche Erinnerungen an Johannes Popitz, FR 1954, 517

611 P. Fechter, Menschen und Zeiten, Begegnungen aus fünf Jahrzehnten, 379 f.

612 BArch. N 1262 Nr. 61

613 Siegener Zeitung 12. 1. 1937, ein Bestand von 42 Stücken ist im Kunstgewerbemuseum Berlin ausgestellt

614 H. Luther, Politiker ohne Partei Erinnerungen, 132

615 P. Fechter, Menschen und Zeiten, Begegnungen aus fünf Jahrzehnten, 380

616 J. Popitz, Geleitwort zu einer Veröffentlichung des Gesellschaft für Theatergeschichte über die Aufführung von Schillers Piccolomini

617 P. Fechter, Menschen und Zeiten, Begegnungen aus fünf Jahrzehnten, 382 ff.

ohnehin für den Haushalt aller preußischen Kultureinrichtungen zuständig und hat von diesem Recht, wie noch zu zeigen sein wird, auch nachdrücklich Gebrauch gemacht.

III. Kapitel
Drittes Reich – Vom aktiver Mitarbeiter zum erbitterten Gegner

1. Lebenslauf

Nach der Machtübernahme durch die Nationalsozialisten wurde Popitz im April 1933 Preußischer Staatsminister und Finanzminister. Damit wurde er für die preußischen Landessteuern zuständig und darüber hinaus auch Chef des gesamten Hochbauwesens und Verwalter des umfangreichen preußischen Kulturbesitzes, der staatlichen Archive, der künstlerischen Anstalten, der Museen und der ihm besonders ans Herz gewachsenen Staatstheater in Preußen. Als Finanzminister war Popitz auch zuständig für die Preußische Seehandlung, die als preußische Staatsbank fungierte[618]. Die Bedeutung des preußischen Finanzministeriums ergibt sich auch daraus, dass dort noch im Jahre 1943 im Höheren Dienst 4 Ministerialdirektoren, 8 Ministerialdirigenten, 24 Ministerialräte und 36 Referenten und Hilfsreferenten beschäftigt waren[619]. Zu den nachgeordneten Behörden gehörten 203 Staatshochbauämter und zahlreiche Verwaltungsstellen für den preußischen Staatsbesitz an Gütern, Wirtschaftsunternehmen und Archiven[620] sowie von Verwaltungsstellen, die für das Lotteriewesen[621] zuständig waren. Das Finanzministerium war an allen ausgabenwirksamen Leistungen Preußens beteiligt, z. B. im Bereich des preußischen Hochschulwesens[622]. An seine schon in der Studentenzeit vorhandene Liebe zur Kunst, insbesondere zur Architektur anknüpfend, konnte er auch beruflich an der Pflege der bildenden Kunst in Preußen mitwirken. Als die Staatsoper Unter den Linden am Karfreitag 1941 durch Brandbomben schwer beschädigt wurde, schaltete sich Popitz intensiv in den von Göring befohlenen Wiederaufbau ein und erreichte, dass , seiner Lieblingsidee folgend, eine prunkvolle Ehrentreppe vom Parterre zum ersten Stock errichtet wurde, ohne dass allerdings der dafür erforderliche Raum vorhanden war. Dieser wurde dann durch die Verlegung der Garderobe in einen gewöhnlichen Barackenanbau geschaffen[623], was von manchen kritisiert wurde. Bei der Wiedereröffnung der Staatsoper mit einer festlichen Aufführung von Richard Wagners „Meistersinger von Nürnberg“ am 12. Dezember 1942, als

---

[618] Vgl. u. a. GStA PK I. HA Rep.151 Finanzministerium Nr. 63g

[619] Taschenbuch für Verwaltungsbeamte 1943, 189; vergleichsweise waren Ende der zwanziger Jahre im Reichsfinanzministerium 5 Ministerialdirektoren und 6 Ministerialdirigenten beschäftigt, vgl. J. Popitz, Fünfzig Jahre Reichsfinanzministerium, DStZ 1929. 325

[620] Archivfragen behandelt u. a. die Akte GStA PK I. HA Rep. 151 Finanzministerium Nr. 104

[621] Vgl. u. a. GStA PK I HA Rep. 151 Finanzministerium Nr. 64

[622] Vgl. u. a. GStA PK I. HA Reep. 151 Finanzministerium Nr. 899

[623] H. du Mesnil, Preußisch Dienen und Genießen, Die Lebenszeiterzählung des Ministerialrats Herbert du Mesnil (1875 – 1947), bearbeitet von Jürgen Kloosterhuis. Köln u. a. 1988, 483

gleichzeitig Hunderttausende von deutschen Soldaten in Stalingrad unter grauenhaften Leiden ihrem Ende entgegen gingen, saß Popitz zusammen mit Hitler und dem Ehepaar Göring in der „Führerloge“[624]. Zum 175jährigen Bestehen der dem Finanzministerium unterstehenden Preußischen staatlichen Porzellanmanufaktur veranlasste er eine umfassende Ausstellung ihrer Erzeugnisse und gab dem Ausstellungskatalog ein eigenes persönliches Gepräge[625]. In einem Brief aus der späteren Haft schrieb er: „*Ich bin zwar nicht Preuße, sondern Deutscher schlechthin; aber die preußische Legierung macht erst den Deutschen; sei es nun in Berlin.. oder schlechthin vor dem Schicksal*“[626].

Im Laufe des Jahres 1938, jedenfalls aber 1939 gelangte Popitz zu der Erkenntnis des wirklichen Charakters des Regimes. Eine erste schriftliche Aufzeichnung findet sich unter dem 29. September 1939 in den Tagebüchern Ulrich von Hassels, der von 1932 bis zu seiner Abberufung am 17. Februar 1938 deutscher Botschafter in Rom gewesen war. Popitz gab danach seiner Meinung Ausdruck, dass jeden anständigen Menschen der Eckel packt, wenn er Reden hört, wie die letzte pöbelhafte von Hitler am 26. September 1939 im Sportpalast[627]. Jedenfalls von diesem Zeitpunkt ab sprach Popitz bis zu seiner Verhaftung im Juli 1944 ständig mit Angehörigen des Widerstands über die Frage, wie Hitler gestürzt werden könnte, und wie der Wiederaufbau Deutschlands nach dem Kriege gestaltet werden müsste. Seiner Abkehr vom Regime gab er dadurch Ausdruck, dass er nach dem Novemberpogrom am 9. November 1938 bei Göring sein Abschiedgesuch als preußischer Finanzminister einreichte, ohne darauf aber eine Antwort zu erhalten[628]. Im Laufe der damit zusammenhängenden Gespräche äußerte Göring: „*Mein lieber Popitz, wollen sie den Führer bestrafen?*“[629].

---

[624] Vgl. A. Speer, Erinnerungen, 263; Speer saß in einer hinteren Reihe

[625] BArch. NL 1262 , „Zeitungsausschnitt Preußens Geschichte in seiner Kunst“; W. Hübschmann, FR 1954, 514 f.

[626] Vgl. G. Schulz, Johannes Popitz, in: R. Lill/H. Oberreuter, 20. Juli Portraits des Widerstandes, 2. Aufl., Düsseldorf 1995,349

[627] Die Hassell – Tagebücher, 55 f.

[628] Die Hassell-Tagebücher, 79, nach G. Schulz hatte Popitz schon 1934 um seine Entlassung gebeten, was nach dem Ablauf der Ereignisse eher unwahrscheinlich erscheint, G. Schulz, Johannes 1884 bis 1945, in: Historische Kommission bei der Bayerischen Akademie der Wissenschaften (Hrsg.), Neue Deutsche Biographien, 621

[629] Die Hassell-Tagebücher, 70 (20. 12.1938)

Johannes Popitz, ca. 50 Jahre

Johannes Popitz mit Ehefrau

Johannes Popitz mit seinen Kindern und einem Neffen auf Föhr, ca. 1930

Reichsreformkommission 1929, Brauns, Pünder, Marx, Hergt, Köhler, Popitz, Sämisch.
von rechts nach links

Staatsakt zur Eröffnung des Preußischen Staatsrats am 15. 9. 1933
Vordere Reihe von links: General Litzmann, Generalfeldmarschall von Mackensen, Stabschef der SA Röhm, preußischer Ministerpräsident Göring, Reichsführer SS Himmler, Popitz, preußischer Kultusminister Rust

Reichskabinett bei Verkündung der Wehrgesetze 1935, von links Goebbels, Frick, Popitz, Rust, Göring, Kerrl, von Neurath, Hitler, Lammers, Blomberg, Schacht, Gürtner

Göring und Popitz, 1933/1934

Bei der Egmont-Festaufführung im umgebauten Staatlichen Schauspielhaus in Berlin.
In der Führerloge von rechts: Ministerpräsident Göring, der Führer, Frau Göring und der preußische Finanzminister Prof. Dr. Popitz.

Popitz mit Frau Göring, Hitler und Göring im Staatlichen Schauspielhaus Berlin

Popitz vor dem Volksgerichtshof

Gegen Ende seiner Laufbahn hatte Popitz sich gegen Bestrebungen zu wehren, das preußische Finanzministerium im Zuge einer Verwaltungsvereinfachung abzuschaffen. Zur Vereinfachung der Verwaltung hatte Hitler kurz vor Beginn des Polenfeldzuges einen Führererlass über eine Reihe von Maßnahmen getroffen, die die Arbeit der Behörden erleichtern sollten[630]. Mit dem Führererlass wurde aber nur ein geringer Rationalisierungseffekt erzielt. Der Rußlandfeldzug und die Besetzung der Ostgebiete schufen darüber hinaus eine Situation, die ohne umfangreiche Einberufungen von Männern nicht zu meistern war. Keitel forderte als Chef des Oberkommandos der Wehrmacht in einer Staatsekretärsbesprechung am 13. Dezember 1941 die Bereitstellung von etwa 500.000 Mann. Weit höhere Personalanforderungen, auch wegen der steigenden Verluste, gab es im weiteren Verlauf des Krieges. Zur Befriedigung des Personalbedarfs dachte man u. a. daran, Verwaltungsstellen im Reich und in den besetzten Gebieten abzubauen. In langwierigen kontroversen Diskussionen zwischen der Reichskanzlei und den Ministerien wurde zur Umsetzung dieses Zieles ein Führererlass vorbereitet, den Hitler dann am 13. Januar 1943 unterzeichnete, dessen Veröffentlichung er aber untersagte[631]. Um die Durchschlagskraft des Erlasses zu erhöhen, schlug Popitz einige Änderungen für die Richtlinien zu dem Erlass vor[632]. Die Idee zur Abschaffung des preußischen Finanzministeriums fügte sich in das Maßnahmebündel zur Verwaltungsvereinfachung. Fritz Reinhardt rechnete, die Zahlen übertreibend, mit der Freisetzung von 1000 Beamten aus den preußischen Staatshochbauämtern und 200 Beamten aus dem Finanzministerium[633]. Lammers machte Hitler mit den Plänen zur Auflösung des preußischen Finanzministeriums am 4. März 1943 vertraut. Hitler wollte sich aber nicht entschließen, bevor er nicht mit Göring gesprochen hatte. Göring wollte aber das Ministerium für Popitz erhalten und war allenfalls mit einer Verkleinerung oder Umformung einverstanden[634]. Bei den Überlegungen zur Abschaffung des preußischen Finanzministeriums mischten sich, wie allgemein üblich, sachliche und persönliche Gründe. Für den Staatssekretär Fritz Reinhardt, der eine Denkschrift zugunsten der Abschaffung vorgelegt hatte, spielte seine Animosität gegen Popitz eine Rolle. Auch

---

[630] Erlaß des Führers und Reichskanzlers über die Vereinfachung der Verwaltung vom 28. 8. 1939, RGBl. 1939 I 1535, ergänzt durch den nicht veröffentlichen Erlass des Führers über die weitere Vereinfachung der Verwaltung vom 25. 1. 1942, GStA PK I HA Rep. 151 Finanzministerium I B Nr. 27

[631] GStA PK I HA Rep. 151 Finanzministerium I B Nr. 27, Bl. 318; D. Rebentisch, Führerstaat und Verwaltung im zweiten Weltkrieg, Verfassungsentwicklung und Verwaltungspolitik, 463 ff.

[632] Schreiben vom 22. 1. 1943 an den Reichsminister des Inneren, GStA PK I HA Rep. 151 Finanzministerium I B Nr. 27, Bl. 328

[633] Denkschrift F. Reinhardt BArch. R 43 II/1363c Bl. 16 – 19 und 23 - 28

[634] D. Rebentisch, Führerstaat und Verwaltung im zweiten Weltkrieg, Verfassungsentwicklung und Verwaltungspolitik, 486

andere Befürworter ließen sich von persönlichen Gründen und dem Versuch leiten, Popitz aus seiner Machtstellung zu verdrängen. Popitz hatte sich den Groll nationalsozialistischer Führungskader zugezogen, weil er seit Beginn des Krieges auf der Grundlage preußischen Konservatismus zunehmend Einwände gegen gesetzgeberische Vorschläge von NS-Ideologen erhoben hatte, so dass er geradezu als „gefährliche Klippe“ für Gesetzgebungsvorhaben spezifisch nationalsozialistischer Zielsetzung galt[635]. Erst nach der Verhaftung von Popitz wurde das preußische Finanzministerium durch Erlass Görings vom 6. oder 28. September 1944 aufgelöst[636].

Im Oktober 1944 wurde Popitz durch den Volksgerichtshof unter dem Vorsitz von Roland Freisler zum Tode verurteilt. Am 2. Februar 1945 wurde er in Berlin-Plötzensee durch Erhängen hingerichtet.

2. Überblick über die geschichtliche Entwicklung des Dritten Reiches

Das Dritte Reich war maßgebend durch die beherrschende Figur Adolf Hitlers geprägt. Hitler hatte zwei Hauptziele: die Eroberung von Lebensraum im Osten und die Ausschaltung der Juden. Diesen rein ideologisch geprägten und jeder politischen Vernunft widersprechenden Zielen war die gesamte Politik im Dritten Reich untergeordnet. Es gab demgemäß keine aus den jeweiligen innenpolitischen und außenpolitischen Gegebenheiten folgende Entwicklung der geschichtlichen Ereignisse, sondern nur ein Hinarbeiten auf die Verwirklichung der Hauptziele. Nur wenigen Zeitgenossen war von Anfang an klar, dass die Politik Hitlers in die Katastrophe führen musste. Die Darstellung der Geschichte des Dritten Reiches, die wegen der anfänglichen Mitwirkung von Popitz an dem Regime und seinem späteren Widerstand notwendig ist, kann sich im Hinblick auf die Zielgerichtetheit der Politik Hitlers auf eine thematisch geordnete Darstellung der Kernpunkte des Dritten Reiches beschränken.

a. Eroberung der Macht

Am Anfang stand die Eroberung der Macht. Hitler verstand es meisterhaft, das bürgerliche Lager zunächst über seinen Willen zu täuschen Als er vom Reichspräsidenten Hindenburg am 30 Januar 1933 zum Reichskanzler ernannt wurde, erklärte er sich bereit, sein Kabinett nur aus zwei Nationalsozialisten , im übrigen aus Mitgliedern der Deutschnationalen Volkspartei, des Zentrums, dem der Vizekanzler Franz von Papen angehört hatte, des Stahlhelms und parteilosen Konservativen u. a.

---

[635] D. Rebentisch, Führerstaat und Verwaltung im zweiten Weltkrieg, Verfassungsentwicklung und Verwaltungspolitik, 485;; BArch NS 19/2397

[636] Preuß. Gs 1944, 53; GStA PK I. HA Rep. 151 Finanzministerium HB N. 322; zum Ablauf vgl. D. Rebentisch, Führerstaat und Verwaltung im zweiten Weltkrieg, Verfassungsentwicklung und Verwaltungspolitik, 521

Lutz Graf Schwerin von Krosigk als Finanzminister zu bilden. Die Erwartung des bürgerlichen Lagers war, man könne auf diese Weise Hitler einkreisen und zähmen. Dies spiegelt sich in der Antwort von Papens auf die Frage eines Kritikers : „*Was, Sie haben Hitler an die Macht gebracht?*“ „*Sie irren sich, wir haben ihn engagiert*“. Ganz entgegen den Erwartungen eroberte Hitler in geradezu genialer Weise in wenigen Monaten die gesamte Macht im Staate. Es war Hitler klar, dass er mit der von Hindenburg nur widerstrebend ausgesprochenen Ernennung zum Reichskanzler unter unveränderten verfassungsrechtlichen Bedingungen von Weimar und unter unveränderten gesellschaftlichen Strukturen dieser Zeit seine Ziele nicht würde verwirklichen können. Er brauchte die totale Herrschaft, auf die er auch aufgrund seiner Persönlichkeitsstruktur erpicht war.

Der totalen Macht standen zwei Momente entgegen. Einmal waren es die aus der Weimarer Zeit überkommenen gesellschaftlichen Strukturen. Dazu gehörte eine freie Presse und freier Rundfunk, freie Gewerkschaften, freie Berufsverbände für Unternehmer, manche Künstler, Beamte, Richter und andere Gruppen, gegnerische Parteien wie namentlich Kommunisten und Sozialdemokraten sowie schließlich Einzelpersönlichkeiten, die entweder in den genannten Institutionen tätig waren bzw. dazu gehörten oder unabhängig davon Gegner des Nationalsozialismus waren. In nahezu genialer Weise schaffte es Hitler innerhalb kürzester Zeit, d. h. noch 1933, mit Hilfe seiner Parteigänger im ganzen Reich, alle Institutionen und Persönlichkeiten auszuschalten, die sich seinem Machtanspruch hätten entgegen stellen können, und zwar ohne dass ein Organisationsplan mit genauen Anweisungen von oben erkennbar geworden ist. Möglich war die Machtergreifung über die Gesellschaft deshalb, weil die Partei, die insoweit eine tragende Rolle spielte, über genügend fanatische Hitleranhänger verfügte, und weil die Mehrheit des Volkes Hitler positiv gegenüber stand. Im einzelnen wurde Gewalt angewandt, soweit es den Parteileuten nötig erschien. Die Gewalt wurde in der Form von vorübergehenden Verhaftungen oder meist länger dauernden Einsperrungen in den über das ganze Land verbreiteten so genannten wilden Konzentrationslagern und dann in dem offiziellen im März 1933 in Betrieb genommen Lager in Dachau[637], teilweise auch durch Ermordungen ausgeübt. Vor der Reichstagswahl vom 5. März 1933 ließ die Partei sich eine bis dahin beispielslose Terror- und Repressionswelle gegen politische Gegner entfalten, wobei sich in Preußen namentlich Göring hervortat[638].

Neben die Gewalt, die Furcht und Schrecken verbreiten und zugleich oppositionelle Bestrebungen unterdrücken sollte, trat der Selbstvollzug in Politik und Gesellschaft. Die politischen Ämter in den Gemeinden, den Ländern und im Reich wurden durch personelle Umbesetzungen mit Nationalsozialisten ebenso im Sinne

---

637 M. Broszat, Nationalsozialistische Konzentrationslager, in: H. Buchheim/M. Broszat/H. A. Jacobsen, Anatomie des SS-Staates, 327 ff.; J. Fest, Staatsstreich, Der lange Weg zum 20. Juli, 27 f.

638 I. Kershaw, Hitler 1889 – 1936, 567

der Ideologie gleichgeschaltet wie die Führungspositionen in der Gesellschaft. Die als Gegner eingestuften leitenden Persönlichkeiten der Presse, der Verbände und anderer Gruppen traten zurück oder wurden abgewählt. Das Jahr 1933 war insbesondere für juristische Zeitschriften eine Wendemarke[639]. Viele wurden eingestellt oder zusammengelegt und ihre jüdischen Herausgeber und Schriftleiter verdrängt.

Viele bedeutende Menschen, namentlich Künstler, wie u. a. die Schriftsteller Heinrich und Thomas Mann, Bertolt Brecht, Alfred Döblin, Anna Seegers, Musiker, wie u. a. die Dirigenten Bruno Walter und Otto Klemperer, oder Maler wie Max Beckmann, Max Ernst, Ernst Ludwig Kirchner oder George Grosz, der Physiker Albert Einstein, und Politiker gingen mehr oder weniger freiwillig ins Exil oder blieben im Ausland. Der Verlust dieser geistigen Elite, die die Kultur der Weimarer Republik maßgebend geprägt hatten, bedeutete für Deutschland einen dauernden Schaden. Die namentlich von Goebbels gesteuerte barbarische Kulturpolitik des Dritten Reiches fand vor aller Augen statt in Gestalt der Bücherverbrennung von Schriften marxistischer, pazifistischer und als dekadent gebrandmarkten Autoren wie u. a. Lion Feuchtwanger, Heinrich Mann und Siegmund Freud im Mai 1933, der Verfemung der bildenden Kunst des späten 19. und des frühen 20. Jahrhunderts, wie u. a, Paul Cezanne, Vincent van Gogh, Paul Gauguin, Pablo Picasso, Paul Klee, der Veranstaltung einer Ausstellung „Entartete Kunst", die 1937 in München eröffnet wurde, und der ideologischen Unterordnung des Theaterwesens, der Filmwirtschaft und der Musik durch Ächtung von Arnold Schönberg, Alban Berg, Gustav Mahler und Anton Webern . Kein Intellektueller war nach Kriegsende zu der Aussage berechtigt, er habe den Charakter des Regimes nicht erkennen können.

Ein zweiter gegenüber den gesellschaftlichen Kräften weniger starker Machtfaktor, der auszuschalten war, war die Weimarer Reichsverfassung. Diese wurde zwar nie formell aufgehoben, aber durch zahlreiche Einzelmaßnahmen so ausgehöhlt, dass die parlamentarische Demokratie und der Rechtsstaat zu existieren aufhörten. Nach verbreiteter Auffassung wurde die Weimarer Verfassung als nicht mehr gültig angesehen[640]. Zu einer neuen geschriebenen Verfassung hat es das Dritte Reich nie gebracht. Versteht man den Begriff der Verfassung aber in einem weiteren Sinn dahin, dass die Verfassung eines Staates durch die wesentlichen Normen und Rechtsauffassungen konstituiert wird, welche die Organisation des Staates, seiner

---

639 Dazu im einzelnen M. Stolleis, Geschichte des öffentlichen Rechts in Deutschland, Weimarer Republik und Nationalsozialismus, 299 ff.

640 C. Schmitt;, Staat, Bewegung, Volk - Die Dreigliederung der politischen Einheit, 5 f., ders., Ein Jahr nationalsozialistischer Verfassungsstaat, DR 1934, 27 ff.; U. Scheuner;, Die nationale Revolution, AöR (NF) (1934), 261, 310; E. R. Huber;, Verfassungsrecht des Großdeutschen Reiches, 46 f.; G. A. Walz;, Autoritärer Staat, nationaler Rechtsstaat oder völkischer Führerstaat ?, DJZ 1933, Sp. 1336

Einrichtungen und das Verhältnis des Bürgers zum Staat bestimmen, dann ist dem Dritten Reich auch unter der Herrschaft des Nationalsozialismus eine Verfassung zuzuerkennen. Führende nationalsozialistische Rechtslehrer haben dem Staat jedenfalls eine Verfassung zugesprochen [641]. Dabei wurde, ausgehend von der These, dass jede Verfassung ihren eigenen Verfassungsbegriff hat, ein solcher eigener Art in Anspruch genommen [642]. Er hob sich namentlich von dem der Weimarer Verfassung ab [643]. Einer der führenden Staatsrechtslehrer der damaligen Zeit, Ernst Rudolf Huber[644], sprach von der politischen Grundordnung des Reiches, deren Kern die ungeschriebene lebendige Ordnung ist, in der die politische Gemeinschaft – ein Schlüsselwort nationalsozialistischer Ideologie - des deutschen Volkes ihre Einheit und Ganzheit findet [645]. Aus dieser ungeschriebenen Grundordnung des völkischen Reichs sollen nach Huber eine Reihe von Grundgesetzen erwachsen sein, in denen die Verfassung näher ausgestaltet war [646]. Popitz hat an der Gestaltung dieser Grundgesetze, die zur Aushöhlung der Weimarer Reichsverfassung führten, an führender Stelle mitgewirkt. Wegen der Einzelheiten wird auf den Abschnitt in diesem Kapitel unter 3. a. verwiesen.

Neben dem Umbau der Rechtsordnung im Sinne der nationalsozialistischen Ideologie auf der Ebene der Verfassung trat der Umbau des einfachen Rechts namentlich auf den Rechtsgebieten, denen eine grundlegende Bedeutung für die Rechtsordnung beizumessen ist. Dazu gehören das Gemeindeverfassungsrecht, das Beamtenrecht und das Finanzausgleichsrecht der Gebietskörperschaften. Auch am Umbau dieser grundlegenden Gesetze hat Popitz mitgewirkt. Wegen der Einzelheiten wird auf den Abschnitt 3. b. dieses Kapitels verwiesen.

Die Länder wurden schrittweise entmachtet und unter Aufhebung ihrer Eigenstaatlichkeit mehr oder weniger in das Reich als dessen Verwaltungseinrichtungen eingegliedert. Mit dem vorläufigen Gesetz zur Gleichschaltung der Länder mit dem Reich vom 31. März 1933 [647] wurden die Landesregierungen wie vorher die Reichs-

---

[641] E.R. Huber;, Verfassungsrecht, aaO., 50 ff.; E. Küchenhoff, (Universitätsprofessor vor und nach 1945, Nationaler Gemeinschaftsstaat, Volksrecht und Volksrechtsprechung vgl. zu Küchenhoff: G. Rapp, Die Stellung der Juden, 133 ff.

[642] C. Schmitt;, Ein Jahr nationalsozialistischer Verfassungsstaat, DR 1934, 27

[643] C. Schmitt;, Ein Jahr nationalsozialistischer Verfassungsstaat: "Man unterwirft sich einer dem Nationalsozialismus feindlichen Verfassungsvorstellung, wenn man sich überhaupt verpflichtet fühlt, eine solche Verfassung (wie die Weimarer Verfassung, Zusatz des Verfassers) zu schreiben" DR 1934, 27

[644] Vgl. zu Huber;: G. Rapp, Die Stellung der Juden, 125 ff.

[645] E. R. Huber;, Verfassungsrecht, 50 f.

[646] E. R. Huber;, Verfassungsrecht, 51

[647] RGBl. 1933 I 153

regierung ermächtigt, Gesetze zu erlassen (§ 1). Um Abgeordneten der NSDAP in die Landtage bzw. die Bürgerschaften zu bringen, wurden die Volksvertretungen der Länder mit Ausnahme des preußischen Landtages, der, wie noch darzulegen ist, unter Verletzung der verfassungsrechtlichen Vorschriften am 5. März 1935 gewählt worden war, aufgelöst und nach Maßgabe der Wahlen zum Reichstag vom 5.März 1933 neu gebildet (§ 4). Die SPD wurde am 22. Juni 1933 verboten und die Wahl der Abgeordneten der SPD wurde schon kurz danach durch die Verordnung zur Sicherung der Staatsführung vom 7. Juli 1933 annulliert, indem ihnen die Sitze in den Landesparlamenten entzogen wurden[648]. Entsprechend wurde mit den gemeindlichen Selbstverwaltungskörpern verfahren (§ 12). Die KPD war schon vorher durch Verhaftung ihrer Führer faktisch verboten worden, so dass die Linksparteien weder im Reichstag, noch in den Länder- und Gemeindeparlamenten vertreten waren, obwohl die SPD bei den Reichstagswahlen am 5. März 1933 noch 18,3 % und die KPD 12,3 % der Stimmen errungen hatten[649]. In den Ländern wurden Reichsstatthalter eingesetzt, die vom Reichspräsidenten auf Vorschlag des Reichskanzlers ernannt wurden und die für das Reich Befugnisse wahrnahmen, die vorher den Ländern zugestanden hatten[650]. Endgültig wurden die Länder als Bundesstaaten mit dem Gesetz über den Neuaufbau des Reiches vom 30. Januar 1934 aufgelöst, indem die Volksvertretungen der Länder aufgehoben, die Hoheitsrechte der Länder auf das Reich übertragen und die Landesregierungen der Reichsregierung unterstellt wurden[651]. Aufgrund der dem Reichsminister des Innern übertragenen Ermächtigung (Art. 5 Gesetz über den Neuaufbau der Verwaltung) verordnete dieser, dass die Landesregierungen nur noch mit Genehmigung der Reichsregierung im Namen und Auftrag des Reiches Gesetze erlassen konnten[652], die als "*landschaftlich begrenztes Reichsrecht*" angesehen wurden[653].

Die später geschaffenen, aber nicht im ganzen Reich eingerichteten neuen Reichsgaue (z. B. die Reichsgaue der Ostmark = Österreich) hatten dagegen von vorneherein nur die Stellung eines regionalen Verwaltungskörpers des Reiches

---

648 RGBl. 1933 I 462

649 J. Falter/Th. Lindenberger/S.Schumann, Wahlen und Abstimmungen in der Weimarer Republik, 41

650 Zweites Gesetz zur Gleichschaltung der Länder mit dem Reich vom 7. 4. 1933 bzw. 14. 10. 1933, RGBl. 1933 I 173, 736; Gesetz über den Neuaufbau des Reiches vom 30. 1. 1934, RGBl. 1934 I 75, Gesetz über das Staatsoberhaupt des Deutschen Reiches vom 1. 8. 1934, RGBl. 1934 I 747, Reichstatthaltergesetz vom 30. 1. 1935, RGBl. 1935 I 65

651 RGBl. 1934 I 75

652 Erste VO über den Neuaufbau des Reiches vom 2.2.1934, RGBl. I 81

653 E. R. Huber;, Verfassungsrecht, 131

bzw. einer Selbstverwaltungskörperschaft[654], ohne Träger des Vermögens und der Rechte und Pflichten der Region zu werden [655]. Langfristig waren für das gesamte Reich Reichsgaue an Stelle der Länder ins Auge gefasst. In der sicheren Erkenntnis, dass die Umgestaltung der Länder in Reichsgaue besonders in Ländern mit einer mehr als tausendjährigen Geschichte, wie etwa Bayern, in der Bevölkerung auf Ablehnung stoßen würde, sträubte sich aber Hitler gegen eine u. a. von Popitz und anderen Parteigrößen geforderte umfassende Reichsreform, die mit der durchgängigen Schaffung von Reichsgauen verbunden gewesen wäre[656]. Hitler wollte die Reichsreform auf die Zeit nach dem Ende des Krieges verschieben. Die Reichsgaue sind im übrigen nicht identisch mit den Gauen der Partei, die eine eigene Gliederung bildeten.

Die Verreichlichung der Landesbehörden und der Landesbeamten erfolgte dann erst durch das Gesetz über die Vereinheitlichung im Behördenaufbau vom 5. Juli 1939[657]. Die Verreichlichung der Länder galt damit immer noch nicht abgeschlossen. Im Zuge der Verhandlungen über eine Durchführungsverordnung zu dem Gesetz vom 5. Juli 1939 wandte sich Popitz gegen halbherzige Maßnahmen, die den Prozess der Verreichlichung nicht zum Abschluss bringen würden. Er sprach sich dafür aus, die verwaltungsorganisatorische Arbeit auf die Verwirklichung des Reichsgedankens auszurichten und sah es geschichtlich und staatspolitisch als ein Unding an, wenn man die noch bestehenden Ländergebilde ihretwegen konservieren wollte. Als Verfechter einer konsequenten Reichsreform lehnte er als alter Verwaltungsbeamter „*übereilte und torsohafte Maßnahmen*“ ab[658].

Die nach Art eines Gesetzes verkündeten Grundsätze über den Finanz- und Lastenausgleich vom 10. Dezember 1937 [659] leiteten auf der Grundlage der Aufhebung der Eigenstaatlichkeit der Länder, die einen Finanzausgleich nach Maßgabe der Weimarer Verfassung gegenstandlos machten, eine Neuregelung des Finanzausgleichs zwischen den Ländern und den Gemeinden ein, worüber im Hinblick auf die Mitwirkung von Popitz unten unter dem Abschnitt 3. b. ff. dieses Kapitels berichtet wird.

---

[654] So Erste Verordnung über die Aufgaben der Reichsgaue als Selbstverwaltungskörpershaften vom17. 7. 1939, RGBl. 1939 I 1269

[655] E. R. Huber;, Bau und Gefüge des Reiches, 38 ff.

[656] Vgl. u. a Sitzungsprotokoll der preußischen Ministerrats vom 12. 12 1935, GStA PK I. Hauptabteilung Rep. 90 Annex L N 42. S. 2 des Protokolls

[657] RGBl. 1939 I 1197

[658] Schreiben vom 2. 3. 1949 an Staatssekretär Stuckart, GStA PK I HA Rep. 151 Finanzministerium I B Nr. 26

[659] RGBl.19333 I 1351

Einen letzten Schritt in Richtung auf einen Einheitsstaat vollzog die Verordnung über die einstweilige Regelung des Finanzausgleichs vom 30. Oktober 1944 [660]. Zusammen mit der Realsteuerreform von 1936 schuf sie die finanztechnische Grundlage für die ins Auge gefasste, jedoch nicht durchgeführte Einteilung des ganzen Reiches in Reichsgaue[661].

In konsequenter Fortführung der Auflösung der Länder wurde der Reichsrat als die Vertretung der Länder, durch Gesetz vom 14. Februar 1934 aufgehoben [662]. Nach dem Tod von Hindenburg vereinigte die Reichsregierung durch Gesetz das Amt des Reichpräsidenten mit dem des Reichskanzlers [663]. In diesem Gesetz wurde erstmalig der Begriff des Führers verwendet. Hitler bestimmte per Erlass, dass er nur noch als Führer und Reichskanzler angesprochen werden sollte[664]. Damit war die Weimarer Reichsverfassung endgültig abgeschrieben, ohne dass an ihre Stelle eine geschriebene, den Staat wirklich strukturierende neue Verfassung getreten wäre[665].

Die Parteien der Weimarer Republik wurden schrittweise ausgeschaltet. Die kommunistische Presse wurde in ganz Deutschland und die sozialdemokratische Presse in Preußen verboten. Die KPD wurde faktisch verboten, ihre Funktionäre in die Konzentrationslager verbracht. Das Gesetz vom 14. Juli 1933 verbot schlussendlich die Fortführung alter und die Gründung neuer Parteien und erhob die NSDAP zur einzigen politischen Partei [666]. Das Gesetz zur Sicherung der Einheit von Partei und Staat vom 1. Dezember 1933 erklärte die NSDAP zur Trägerin des deutschen Staatsgedankens und mit dem Staat unlösbar verbunden (§ 1)[667]. Nach zeitgenössischer Interpretation wurde damit der Einbau der nationalsozialistischen Bewegung in den Staat vollzogen und die von Hitler *„verwirklichte Volksgemeinschaft verfassungsmäßig zum Ausdruck gebracht*" [668]. Die Gemeinschaft, die zu ei-

---

[660] RGBl. I 282

[661] So in Übereinstimmung mit Popitz Staatsekretär Stuckart an Himmler, Schreiben vom 5. 4. 1944, BArch. R 1501/2447

[662] Gesetz über die Aufhebung des Reichsrats, RGBl. I 89

[663] Gesetz über das Staatsoberhaupt des Deutschen Reiches vom 1.8. 1934 (§ 1), RGBl. I 747

[664] Erlass vom 1.8.1934, RGBl. I 751

[665] Über die Rechtsprechung zur Frage der Fortgeltung der WV vgl. R. Echterhölter;. Das öffentliche Recht im nationalsozialistischen Staat, 156 ff.

[666] RGBl. I 429

[667] RGBl. I 1016; dazu aus heutiger Sicht C. Geiger; Die Rechtsstellung der NSDAP und ihrer Gliederungen HJ, SA und SS, 149 ff.

[668] H. Krüger;, Die Verfassung der nationalsozialistischen Revolution, Anhang; C. Schmitt;: "Staat und Bewegung sind in eins verbunden, aber nicht miteinander verschmolzen. Die Partei soll nicht aufhören, Bewegung zu sein", DR 1934, 27, 30

nem Schlüsselbegriff der nationalsozialistischen Rechtsideologie wurde, sollte an die Stelle der juristischen Staatsperson treten[669]. Auch die Gemeinschaftsideologie wurde zu einem Vehikel, das geltende Recht umzuformen.

Das Gesetz über die Einheit von Partei und Staat warf jedoch unlösbare rechtliche Probleme auf und erwies sich überdies als ständiger Störfaktor bei der Erfüllung staatlicher Funktionen auf allen Ebenen. Wie unlösbar das Nebeneinander von zwei Körperschaften – Staat und Partei – war, zeigt sich deutlich in dem Aufsatz des Staatssekretärs im Innenministerium, Walter Stuckart, über das Thema *„Partei und Reich"*[670]. Ohne auf die mehr lyrisch als juristisch präzise fassbaren Ausführungen dieses an sich klugen Autors im einzelnen eingehen zu können, lässt sich als Quintessenz herausstellen, dass die *„Partei etwas anderes ist als das Reich oder das Volk, nämlich die organische Volksbewegung der nationalsozialistischen Weltanschauung, die als solche zugleich Aufgaben an Volk und Reich erfüllt"*. Damit verwirklichte die Partei die Einheit von Volk und Reich. Sie wurde selbständige Trägerin des politischen Willens der Nation. Das rechtlich unerklärbare Verhältnis von Partei und Staat führte in der Praxis zu ständigen Spannungen zwischen den jeweiligen Beamtenapparaten, über die der Staat wie die Partei naturgemäß verfügten, jedenfalls soweit nicht eine Personalunion bestand. Das war namentlich in Spitzstellungen der Fall. Gauleiter und Reichsstatthalter waren mit Ausnahme von Bayern personenidentisch[671]. Als Krönung des ganzen war Hitler Führer der Partei und Führer und Reichskanzler des Reiches.

Spannungen ergaben sich sowohl auf der Ebene der Gesetzgebung als auch auf der Ebene des Verwaltungsvollzugs. Partei und Staat, die eine Einheit bilden sollten, es aber tatsächlich nicht waren, förderten nicht die Angelegenheiten des Staates, sondern behinderten diese. Das unklare Verhältnis zwischen Partei und Staat führte zu einem Kampf um die Führung. Nur notdürftig versuchte die Staatsrechtslehre den Zwiespalt zu verdecken, indem etwa Ernst Rudolf Huber den Staat als Bewegungsstaat charakterisierte, der dadurch geprägt ist, dass eine politische Gemeinschaft ihn formt und beherrscht, ihn bewegt und führt[672]. Es ist schwer vorstellbar, dass der kluge Jurist Popitz die Problematik nicht gesehen hat, zumal Organisationsfragen des Staates ihm besonders am Herzen lagen.

---

[669] Vgl. u. a. R. Höhn, Vom Wesen der Gemeinschaft, ders., Rechtsgemeinschaft und Volksgemeinschaft, Hamburg 1935; E. Fraenkel, Der Doppelstaat, Recht und Justiz im Dritten Reich, 164 ff.; M. Stolleis, Geschichte des öffentlichen Rechts in Deutschland Weimarer Republik und Nationalsozialismus, 325 ff. m. w. Nachw.

[670] W. Stuckart, Partei und Reich, ZAkDR 1935, 400 ff.

[671] E. R. Huber, Verfassungsrecht des Großdeutschen Reiches, 2. Aufl., 346

[672] E. R. Huber, Verfassungsrecht des Großdeutschen Reiches, 2. Aufl., 289; O. Koellreutter, Der Deutsche Führerstaat, 7

Als einen Eingriff in das System der Gewaltenteilung ist der Erlass des Führers über besondere Vollmachten des Reichsministers der Justiz vom 20. August 1942 anzusehen, womit eine Verreichlichung der Justiz bezweckt und der Minister beauftragt wurde, Maßnahmen zum Aufbau einer nationalsozialistischen Rechtspflege zu treffen und in diesem Rahmen ermächtigt wurde, vom bestehenden Recht abzuweichen[673].

Der Kernpunkt der nationalsozialistischen Verfassung, nämlich die den völkischen Staat repräsentierende Führeridee [674], war in den ersten Jahren des Regimes in keinem Gesetz verankert, gleichwohl als Rechtsgrundsatz in der Rechtspraxis und im Schrifttum anerkannt. Der Führer war danach „*unabhängig von aller Interessenbindung, aber unbedingt abhängig vom Volk und insofern Träger des völkischen Willens*“ [675]. Das Reichsgericht entschied im Juli 1937 ohne eine gesetzliche Grundlage, dass „*die politische und staatsrechtliche Stellung des Führers und Reichskanzlers, der als Führer der Partei und des deutschen Volkes die oberste Macht des deutschen Staatsoberhaupts und die oberste Gewalt als Regierungshaupt in sich vereinigt, es ausschließt, ihn n einem bürgerlichen Rechtsstreit gegen das Deutsche Reich als gesetzlichen Vertreter des Reiches im Sinne der Prozeßgesetze vor die Schranken der Gerichte zu rufen*[676] Die Führung wurde zum Verfassungsprinzip des neuen Reiches, aus der die Gesamtordnung des Reiches erwuchs[677]. Die Führergewalt war total und erstreckte sich auf alle Gebiete des weltlichen Gemeinwesens[678]. Sie vereinigte demgemäß in sich die gesamte hoheitliche Gewalt[679], also Gesetzgebung, Verwaltung und Rechtsprechung [680]. Karl Larenz umschrieb das so: "*Niemand anders als der Führer kann die letzte Entscheidung darüber fällen, ob eine bestimmte Regelung gelten soll. Ihm gegenüber bedarf es keiner Garantie für die Wahrung der Gerechtigkeit, da er kraft seines Führertums der "Hüter der Verfassung“, und d. h. hier: der ungeschriebenen Rechtsidee seines Volkes ist. Ein auf seinen Willen zurückgehendes Gesetz unterliegt daher keiner richterlichen Nach-*

---

[673] RGBl. 1942 I 535

[674] Dazu aus heutiger Sicht D. Kirschenmann;, "Gesetz" im Staatsrecht, 53 ff.; A. Schaefer;, Führergewalt statt Gewaltenteilung, 89 ff.

[675] E. R. Huber;, Verfassungsrecht, 91

[676] RGZ 155, 257, 265

[677] E. R. Huber, Wesen und Inhalt der politischen Verfassung, Der Deutsche Staat der Gegenwart, Heft 16, Hamburg 1935, 81 ff.

[678] J. Heckel, die Führerrede und das sogen Ermächtigungsgesetz vom 30. Januar 1937 Eine verfassungsrechtliche Studie, Deutsche Verwaltungsblätter 1937, 61 ff.

[679] E. R. Huber;, Verfassungsrecht, 118

[680] E. R. Huber;, Verfassungsrecht, 114 ff., 122 ff., 151 ff.

prüfung"[681]. Der personalistische Führergedanke beherrschte nach einem Wort von Carl Schmitt den nationalsozialistischen Staat *„von oben bis unten und in jedem Atom seiner Existenz"*[682]. Aus der dem Führer obliegenden rechtsprechenden Gewalt leitete Carl Schmitt die Rechtfertigung für die Röhm-Morde mit den Worten ab: *"Der Führer schützt das Recht vor dem schlimmsten Missbrauch, wenn er im Augenblick der höchsten Gefahr kraft seines Führertums als oberster Gerichtsherr unmittelbar Recht schafft...Der wahre Führer ist immer auch Richter."* [683].

Erst durch den Beschluss des Reichstages vom 26. April 1942 erhielt die Führeridee eine Art gesetzlicher Fixierung, indem das Recht des Führers bestätigt wurde, in seiner Eigenschaft als Führer der Nation, als oberster Befehlshaber der Wehrmacht, als Regierungschef und Inhaber der vollziehenden Gewalt, als oberster Gerichtsherr und als Führer der Partei, ohne Bindung an das bestehende Recht jeden Deutschen zur Erfüllung seiner Pflichten anzuhalten und bei Verletzung der Pflichten mit einer gebührenden Sühne zu belegen und insbesondere ohne Einhaltung vorgeschriebener Verfahren aus seinem Amt, seinem Rang und seiner Stellung zu entfernen[684]. Eine Gewaltenteilung im Montesquieu`schen Sinn war mit dieser auf die Staatseinheit zugeschnittenen Führeridee nicht vereinbar. Der Rechtsschutz durch unabhängige Gerichte, deren Existenz und Unabhängigkeit äußerlich unangetastet blieb, war durch die Idee der allumfassenden Führermacht innerlich ausgehöhlt oder zumindest brüchig geworden. Zusammenfassend kann man im Anschluss an Rolf Stödter [685] die nationalsozialistische Verfassung als eine Führerverfassung [686] bezeichnen, deren Grundlagen sich außer in der - hier dargestellten - Gesetzgebung des Dritten Reiches vor allem im Programm der NSDAP finden[687]. Jedoch wurden nicht alle Programmpunkte ernst genommen. Hitler nahm sie selbst nicht ernst, soweit sie sich seinen Machtvorstellungen nicht fügten.

Neben der nationalsozialistischen Gesetzgebung und der Zerstörung der in der Weimarer Zeit entstanden gesellschaftlichen Kräfte stand die Entwicklung national-

---

[681] K. Larenz;, Deutsche Rechtserneuerung und Rechtsphilosophie, 34

[682] C. Schmitt, Staat, Bewegung, Volk, 33

[683] C. Schmitt;, Der Führer schützt das Recht, DJZ 1934 Sp. 946 f.; Röhm war Stabsleiter der SA; er verfolgte das Ziel, die SA und die Reichswehr unter seiner Führung zu einem militärischen Verband zusammen zu führen; da Hitlers Eroberungspläne jedoch auf die Wehrmacht setzten, musste der Rivale Röhm beseitigt werden; Hitler ließ deshalb Röhm und einige seiner Gefolgsleute sowie andere Regimegegner wie u. a. den General Groener am 30. 6 1934 verhaften und sofort oder kurze Zeit später ermorden

[684] RGBl. 1942 I 247

[685] R. Stödter;, Verfassungsproblematik und Rechtspraktik, Die Rechtsprechung zum Bibelforscherverbot, ArchöR NF 27.Bd. (1936) 166 ff.

[686] R. Stödter;, aaO. 192

[687] R. Stödter;, aaO. 222

sozialistischer Rechtstheorien, die ebenfalls einen Beitrag zur Festigung der Macht der Nationalsozialisten leisteten. Es war ein freiwilliger Beitrag der Wissenschaft, dem, soweit erkennbar, weder ein Zwang noch überhaupt eine Planung der Führung zugrunde lag.

Der theoretische Ansatz, das positive Recht zu verbiegen oder zu überwinden, lag in der namentlich auf Carl Schmitt zurückgehenden Erfindung einer neuen Rechtsquelle, die dem positiven Recht übergeordnet ist. Inhaltliche Konturen erhielt die neue Rechtsquelle durch eine neue Rechtsidee, die zu einer neuen Auslegung der im Wortlaut nicht veränderten Rechtsbegriffe und damit zu einer Umwertung überkommener Rechtswerte führte. Carl Schmitt schwärmte von einem „*die ganze Welt erfassenden Erneuerungsprozeß der Rechtswissenschaft unter der Führung nationalsozialistischer Bemühung, in dem die Rechtsbegriffe umgedacht wurden*“[688]. Die Schöpfung einer neuen Rechtsidee folgte zwangsläufig aus dem Totalitätsanspruch der nationalsozialistischen Bewegung. Dem Totalitätsanspruch bzw. der im Rassegedanken wurzelnden transzendenten Begründung des Staates entsprach das Denken in der Einheit. Eine Einheit bildeten Recht und Moral. Erik Wolf gelangte zu der Feststellung eines neuen Rechtsbewusstseins mit doppelter Wirkung, indem neue Rechtsquellen erschlossen und neue Rechtsideale erschaffen wurden [689]. Karl Larenz verkündete : "*Der Nationalsozialismus hat in Deutschland eine neue, die spezifisch deutsche Rechtsidee zur Geltung gebracht*" [690].

Grundlage der neue Rechtsidee war die nationalsozialistische Weltanschauung [691]. Der Geist des Nationalsozialismus wurde zur obersten, ungeschriebenen Norm der Rechtsordnung, zur übergesetzlichen Rechtsquelle erklärt [692], ohne dass sich daraus, abgesehen von der Judenfrage und dem Raumgedanken, inhaltliche Festle-

---

[688] C. Schmitt, Nationalsozialistisches Rechtsdenken, DR 1934, 225, 229

[689] E. Wolf;, Das Rechtsideal des nationalsozialistischen Staates, ARSP 28 (1934/35), 348; zur neuen Rechtsquelle und Rechtsidee vgl. B. Rüthers;, Die Ideologie des Nationalsozialismus in der Entwicklung des deutschen Rechts von 1933 bis 1945, 17 ff.

[690] K. Larenz;, Deutsche Rechtserneuerung, 38

[691] K. Larenz;, Deutsche Rechtserneuerung. 39 ff.; ders., Über Gegenstand und Methode des völkischen Rechtsdenkens, 23 ff. 27 ff., 37 ff.; G. Dahm, Verbrechen und Tatbestand, in. K. Larenz; (Hrsg.), Grundfragen der neuen Rechtswissenschaft, 85 ff.; E. R. Huber;, Verfassung, 160: "*totale Durchsetzung der nationalsozialistischen Weltanschauung in Volk und Reich*"; H. Nicolai;, Grundlagen der kommenden Verfassung, 11 f.; die Juristische Wochenschrift bestimmte in ihren Richtlinien der Schriftleitung vom 5. 9. 1933 eilfertig, dass nur Verfasser zu Wort kommen würden, " *die unbedingt auf dem Boden der nationalsozialistischen Weltanschauung stehen*"

[692] C. Schmitt;, Neue Leitsätze für die Rechtspraxis, JW 1933,2793; ders., Der Weg des deutschen Juristen, DJZ 1934, Sp. 691, 693 f., R. Freisler;, Richter, Recht und Gesetz, DJ 1934, 1333, 1335; K. Larenz;, Deutsche Rechtserneuerung, 39 ff.; ders., Über Gegenstand und Methode des völkischen Rechtsdenkens, 23 ff. 27 ff., 37 ff.; G. Dahm, Verbrechen und Tatbestand, in. K. Larenz; (Hrsg.), Grundfragen der neuen Rechtswissenschaft, 85 ff.

gungen hätten ergeben können. Der Nationalsozialismus war nicht primär eine ideologische und programmatische, sondern eine charismatische Bewegung, deren Weltanschauung durch Hitler verkörpert wurde und ohne ihn alle Integrationskraft verloren hätte[693]. Die Apologeten der Bewegung brachten das zum Ausdruck, was Hitler geäußert hatte oder hätte äußern können. Diese Begriffe konnten nur im beschränkten Maße zu konkreten Inhaltsbestimmungen führen. Der formell nur für das Steuerecht geltende § 1 Abs. 1 Steueranpassungsgesetz, wonach Steuergesetze nach nationalsozialistischer Weltanschauung auszulegen waren, wurde als allgemeiner, alle Rechtsgebiete erfassender Rechtsgrundsatz gesehen, obwohl das Steueranpassungsgesetz den Begriff der nationalsozialistischen Weltanschauung nicht definierte[694].

Welchen Inhalt hatte somit die nationalsozialistische Weltanschauung? Franz Neumann bemerkt dazu treffend: „*Die nationalsozialistische Ideologie ist bar jeglicher inneren Schönheit. Der Stil ihrer lebenden Autoren ist abscheulich, die Konstruktionen sind wirr, eine Konsistenz ist nicht vorhanden. Jede Äußerung entspringt einer unmittelbaren Situation und wird verworfen, sobald die Situation sich ändert*" [695]. Beherrschend waren Negationen wie Antisemitismus, Antiliberalismus und Antimarxismus. Diese Begriffe konnten nur im beschränkten Maße zu konkreten Inhaltsbestimmungen führen, obwohl eine Weltanschauungspartei auf längere Sicht gerade hierauf angewiesen ist, wenn sie sich behaupten will. Aufschlussreiche Äußerungen nationalsozialistischer Rechtslehrer über den Inhalt der Ideologie gibt es kaum. Karl Larenz verwies auf die tragenden Grundgedanken, die er im Gemeinnutzgedanken, der Rasseidee und der Gliedhaftigkeit des Einzelnen als Bauer, Soldat oder als Geistesarbeiter erblickte [696]. Der einzelne als Glied bezeichnete den Gegensatz zum Einzelnen als Person. Ein Glied ist eingespannt in eine höhere Einheit. Die Person ist demgegenüber grundsätzlich frei.

Im wesentlichen beschränkte sich die nationalsozialistische Weltanschauung aber auf zwei Hauptgedanken: den Grundsatz, dass Gemeinnutz vor Eigennutz geht [697] ("*Du bist nichts, dein Volk ist alles*" [698]) und den Rassegedanken [699]. Als Konse-

---

[693] M. Broszat, Soziale Motivation und Führer-Bindung des Nationalsozialismus, VjhZG 1970, 392, 399

[694] U. a. W. Siebert, Vom Wesen des Rechtsmissbrauchs –Über die konkrete Gestaltung der Rechte, in: K. Larenz (Hrsg.)Grundfragen der neuen Rechtswissenschaft, 189, 211 m. Fn50 a

[695] F. Neumann;, Behemoth, 65

[696] K. Larenz;, Deutsche Rechtserneuerung. 39 ff.

[697] Punkt 24 des Parteiprogramms der NSDAP, abgedr. bei W. Hofer (Hrsg.), Der Nationalsozialismus - Dokumente 1933 -1945,

[698] H. Lange;, Generalklausel und neues Recht, JW 1933, 2859;

[699] Punkte 4, 5 und 24 des Parteiprogramms des NSDAP

quenz der Verbindung beider Gedanken waren sie mit der Zielvorstellung verbunden, dass der Lebensraum des deutschen Volkes über das Reichsgebiet hinaus erweitert werden musste, wenn das Überleben des Volkes gesichert werden sollte. Zutreffend weist Sebastian Haffner nach, dass das gesamte Denken und Trachten Hitlers von dem Rassegedanken und der Lebensraumideologie geprägt war. Während der dem Rassegedanken zugrunde liegende Antisemitismus in den gesetzlichen Vorschriften sowie in der Praxis zunächst im wirtschaftlichen Bereich insbesondere durch das sog. Programm der Arisierung bzw. der „*Entjudung*" der Wirtschaft [700], dann durch die Deportationen für jedermann offen zutage trat, war die zweite Konstante der Politik Hitlers, der Lebensraumimperialismus [701], für die Öffentlichkeit vor Kriegsbeginn weniger erkennbar. Nach der Propaganda, an die ich mich gut erinnere, war der zweite Weltkrieg nicht von den Nazis zur Gewinnung von Lebensraum angezettelt, sondern den Deutschen von ihren Feinden aufgezwungen worden.

Ein Eckpunkt der Rechtstheorie bildete der Gemeinnutzgedanke. Der auch einem demokratischen System nicht fremde Gemeinnutzgedanke war nach nationalsozialistischer Anschauung das "*das gesamte Leben des Volkes beherrschende, alles umfassende und daher von der Staatsführung in den Vordergrund gestellte Glaubensbekenntnis des Nationalsozialismus*" [702]. Er war dahin zu verstehen, dass er die Geltung von Freiheitsrechten des Einzelnen wie die Anerkennung partikularer Interessen ausschloss. So erklärte Ernst Rudolf Huber, dass Freiheitsrechte des Individuums mit dem Prinzip des völkischen Rechts nicht vereinbar seien [703]. Grundrechte gab es unabhängig von der Reichstagsbrandverordnung nicht mehr. So bedeuteten Grundrechte nach Helmut Nicolai einen für einen organischen Staat unerträglichen „*Aufmarsch der Eigensucht gegen den Staat, das Volk ...*". Die Pflicht des Opferns für die Gesamtheit habe keine Grenzen; es gebe nur "*ein Grundrecht und eine Grundpflicht, das Recht zu hüten und zu wahren ...Das Recht aber ist das Lebensrecht des Volkes ..*" [704]. Der Einzelne hatte sich dem Staat vollkommen unterzuordnen. Auf dieser Grundlage sprach Ernst Forsthoff zutreffend von der „*tota-*

---

[700] vgl. dazu vor allem H. Genschel;, Die Verdrängung der Juden aus der Wirtschaft, A. Barkai;, Vom Boykott zur "Entjudung", J. Ludwig;, Boykott Enteignung Mord, betr. Einzellfälle der Arisierung

[701] Zu den beiden Konstanten vgl. E. Jäckel;, Hitlers Weltanschauung, 55 ff.; J. Fest;, Hitler;, eine Biographie, 789

[702] H. H. Lammers;, Die Staatsführung im Dritten Reich, DJ 1934, 1296

[703] E.R. Huber;, Verfassungsrecht, 213; R. Höhn; (Universitätsprofessor und Kulturreferent bei Heydrichs SD), Das subjektive öffentliche Recht und der neue Staat, 49; K. Larenz;, Rechtsperson und subjektives Recht, 225

[704] H. Nicolai;, Grundlagen der kommenden Verfassung, 87 f.

len Inpflichtnahme" des Einzelnen für die Nation [705] und Erik Wolf sah das irdische Dasein in umfassender Weise von dem Anspruch des nationalsozialistischen Staates ergriffen, der seine „*Grenzen weder in der geschichtlichen Tradition noch an gewissen Grundrechten oder Menschenrechten*" findet [706]. Folgerichtig verkündete Theodor Maunz das Ende des subjektiven öffentlichen Rechts [707], nach Heinrich Lange der „*Gott des Liberalismus*"[708]. Maunz These bezog sich auf das Recht des Individuums wie das des Staates. Das subjektive Recht des Einzelnen gegen den Staat, das laut Maunz dem Einzelnen Macht über den Staat verleiht, wurde danach durch die Vorstellung der Rechtsstellung des Volksgenossen innerhalb einer konkreten Gemeinschaft verdrängt, in der seine Entscheidung die Tätigkeit des Apparats einer Gemeinschaft auszulösen vermag [709]. Der Aufhebung der Grundrechte entsprach die Reduzierung der Aufgabe der Verwaltungsgerichtsbarkeit auf eine objektive Rechtskontrolle, d. h. einer Selbstkontrolle der Verwaltung zum Zwecke der Führung einer geordneten Verwaltung, aber nicht mehr zum Zwecke des Rechtsschutzes des Bürgers[710].

Ein maßgebender Vertreter des neuen Rechtsdenkens, das zu einer Umwertung der überkommenen Rechtswerte führen sollte, war Carl Schmitt, der zu diesem Zweck das konkrete Ordnungsdenken erfand. Er entwickelte seine Idee über das konkrete Ordnungsdenken in programmatischer Form [711] in der Schrift „*Über die drei Arten des rechtswissenschaftlichen Denkens*" [712]. Ungeachtet der Schwierigkeiten, das konkrete Ordnungsdenken genau zu erfassen [713], bestand der Kerngedanke in der Vorstellung, dass die gegebene soziale und politische Wirklichkeit schon ihre rechtlich verbindliche Ordnung in sich trägt. Die Wirklichkeit hat eine rechtssetzende Funktion. Nicht die Norm oder die Regel schafft die Ordnung. Ihr kommt im Rahmen der gegebenen Ordnung nur eine regulierende Funktion mit einem relativ kleinen Maß in sich selbständigen, von der Sache her unabhängigen Geltens zu [714]. „*An die Stelle einer Gespensterwelt von Allgemeinbegriffen ist die konkrete Wirk-*

---

[705] E. Forsthoff;, Der totale Staat, 42

[706] E. Wolf;, Richtiges Recht im nationalsozialistischen Staat, 23

[707] Th. Maunz;, Das Ende des subjektiven öffentlichen Rechts, ZStW 96 (1936), 71 ff.

[708] H. Lange;, Liberalismus, Nationalsozialismus und bürgerliches Recht, 14

[709] Th. Maunz;, Das Ende des subjektiven öffentlichen Rechts, ZStW Bd. 96, 95, 97 ff.

[710] J. Poppitz, Die Verwaltungsgerichtsbarkeit im Kriege, 45

[711] B. Rüthers;, Entartetes Recht, 63

[712] Hamburg 1934

[713] B. Rüthers;, Entartetes Recht, 63

[714] C. Schmitt;, Über die drei Arten des rechtswissenschaftlichen Denkens, 13

lichkeit zu setzen; die Rechtsbegriffe sind danach umzudenken“[715]. Als die das Recht bestimmende Ordnung wird der Nationalsozialismus angesehen[716], dessen Weltanschauung somit eine rechtserzeugende Funktion zugemessen wird. Sieht man mit Bernd Rüthers die Hauptstoßrichtung des Denkens von Schmitt als gegen den Normativismus der dem nationalsozialistischem Gedankengut nicht entsprechenden Gesetze aus der Zeit vor 1933 gerichtet an[717], dann bedeuteten die Bemühung von Schmitt nichts anderes, als die bestehenden Gesetze aus der Zeit vor 1933durch solche gemäß den Normen nationalsozialistischen Inhalts umzudeuten. Die Weltanschauung wurde zum beherrschenden Rechtsprinzip[718].

b. Vorboten des Staatszerfalls

Jeder Staat bedarf eines Ordnungssystems. Je besser dieses System funktioniert, um so größer ist seine Überlebenschance. Fehlt es an einem rationalen Ordnungssystem, dann liegt in dieser Tatsache ein Keim zum Untergang des Staates. Für die Nationalsozialisten stand der Staat zwar nicht im Mittelpunkt ihres Interesses. Anderen Ideen, wie die der Bewegung oder der Volksgemeinschaft räumten sie den Vorrang ein. Aber sie brauchten den Staat und dessen Apparat als Herrschaftsinstrument. Und es gab in der Führungsriege unterhalb der Ebene von Hitler, Göring, Goebbels und Himmler Männer, die sich um eine gute Organisation des Staates Gedanken machten, wie etwa der Chef der Reichskanzlei Hans Heinrich Lammers[719]. Auch Popitz gehörte dazu. In der tatsächlichen Entwicklung behielten aber die Kräfte die Oberhand, die den Staat in eine chaotische Richtung drängten. Der Hauptverantwortliche dafür war Hitler mit seinem chaotischen Charakter, dessen Politik Deutschland in den Untergang führte. Bereits unabhängig von dem Weltkrieg, der letztlich den Untergang Deutschlands unter dem Hitlerregime besiegelte, sind drei Faktoren zu benennen, die den Keim für einen Staatsverfall in sich trugen. Es handelte sich um die Aufsplittung der Gesetzgebungsbefugnisse, um die Zersplitterung der Verwaltungsbefugnisse und um den Verfall der Rechtsordnung.

Die nach dem formalen Recht dem Reichstag und der Reichsregierung zustehende gesetzgebende Gewalt wurde durch verschiedene Maßnahmen aufgesplittet. Ab 1936 ergingen ohne eine gesetzliche Grundlage allein aufgrund der Tatsache, dass der Führer, wie es etwa Ernst Rudolf Huber formulierte, die gesamte hoheitliche Gewalt, also Gesetzgebung, Verwaltung und Rechtsprechung in sich vereinig-

[715] C. Schmitt;, Nationalsozialistisches Rechtsdenken, DR 1934, 225, 229

[716] C. Schmitt;, Nationalsozialistisches Rechtsdenken, DR 1934, 225 ff., 228

[717] B. Rüthers;, Entartetes Recht, 66 ff.

[718] B. Rüthers;, Entartetes Recht, 65

[719] Zu Lammers und der Reichskanzlei als Büro des Reichskanzlers für den Verkehr mit den Ministerien und Amt zur Erledigung der laufenden Geschäfte des Kabinetts vgl. u. a. D. Rebentisch, Hitlers Reichskanzlei zwischen Politik und Verwaltung, 65 ff.

te[720], Führer-Erlasse oder -Führer-Verordnungen. Dadurch erhielt u. a. der mit der Durchführung des Vierjahresplanes beauftragte Hermann Göring ohne genaue Abgrenzung das Recht, „*die zur Erfüllung der ihm gestellten Aufgabe erforderlichen Maßnahmen*“ zu treffen und Rechtsverordnungen zu erlassen [721]. Mit Beginn des Krieges zog sich Hitler weitgehend von seinen Aufgaben als Reichskanzler zurück [722]. Nunmehr im "*feldgrauen Rock*" schickte er sich an, als größter Feldherr aller Zeiten in die Geschichte einzugehen. Die Gesetzgebungsbefugnisse gingen im Rahmen der „*einheitlichen Leitung der Verwaltung und Wirtschaft*" sowie der "*Reichsverteidigung*" - also wiederum ohne genaue Abgrenzung[723] und zudem unter dem Vorbehalt anderweitiger Anordnungen Hitlers - auf den Ministerrat für die Reichsverteidigung über[724]. Dieser bestand aus Göring als Vorsitzendem, dem Stellvertreter des Führers - Rudolf Heß, später Martin Bormann -, den beiden Generalbevollmächtigten für die Reichsverwaltung und für die Wirtschaft - Wilhelm Frick und Walter Funk -, dem Chef der Reichskanzlei - Dr. Hans Heinrich Lammers - und dem Chef des Oberkommandos der Wehrmacht - Wilhelm Keitel - [725]. Ab der dritten Sitzung nahm auch Popitz an den Sitzungen des Ministerrats teil[726]. Die unklare Abgrenzung der Zuständigkeiten des Ministerrats führte zu nicht unbeträchtlichen Zwistigkeiten zwischen den Ressorts [727]. Daneben schuf Hitler durch einen nicht veröffentlichten Erlass das so genannte Dreierkollegium, bestehend aus dem Beauftragten für den Vierjahresplan, dem Generalbevollmächtigten für die Reichsverwaltung und dem Chef des Oberkommandos der Wehrmacht [728]. Das Dreierkollegium war befugt, Rechtsverordnungen zu erlassen, die von den beste-

---

[720] E. R. Huber, Verfassungsrecht 114 ff. ,118,, 122 ff, 151 ff. C. Schmitt, Der Führer schützt das Recht, DJZ 1934, Sp. 945 ff.

[721] VO des Führers zur Durchführung des Vierjahresplans vom18.10.1936, RGBl. 1936 I 887

[722] Vgl. dazu M. Broszat;, Der Staat Hitlers, 382 ff.

[723] Vgl. D. Kirschenmann;, "Gesetz" im Staatsrecht und in der Staatsrechtslehre des NS, 113 ff., 114

[724] Erlaß des Führers über die Bildung eines Ministerrats für die Reichsverteidigung vom 31.8.1939, RGBl. I 1539, vgl. dazu D. Rebentisch, Führerstaat und Verwaltung im zweiten Weltkrieg, Verfassungsentwicklung und Verwaltungspolitik 1939 - 1945, 117 ff.

[725] Vgl. Der Prozeß gegen die Hauptkriegsverbrecher vor dem Internationalen Militärgerichtshof, Bd. IV, 115

[726] D. Rebentisch, Führerstaat und Verwaltung im zweiten Weltkrieg, Verfassungsentwicklung und Verwaltungspolitik 1939 - 1945, 125 m Nachw. In Fn. 34

[727] Vgl. M. Broszat;, Der Staat Hitlers, 382 ff.

[728] Vgl. A. Rapsch, Gesetzgebung unter nationalsozialistischer Gewaltherrschaft, 138 ff., 145

henden Gesetzen abwichen [729]. Nachdem Heß sich 1941 nach England abgesetzt hatte, verlieh Hitler durch Erlass vom 29. Mai 1941 der Dienststelle des Stellvertreters des Führers die Bezeichnung Partei-Kanzlei und ernannte Martin Bormann zu deren Leiter und zum Mitglied des Ministerrats für die Reichsverteidigung [730]. Eine letzte Delegation von Gesetzgebungsbefugnisse erfolgte durch den Erlass des Führers über den totalen Kriegseinsatz vom 25. Juli 1944 [731], mit dem die zuständigen Obersten Reichsbehörden ermächtigt wurden, im Einvernehmen mit dem Chef der Reichskanzlei, dem Leiter der Partei-Kanzlei und dem Generalbevollmächtigten für die Reichsverwaltung Rechtsvorschriften zu erlassen. Die Unübersichtlichkeit der Gesetzgebung im Reich wurde durch eigene Gesetzgebungsbefugnisse verschiedener Organe in den besetzten Gebieten verstärkt. Sie oblagen teils zivilen, teils militärischen Stellen. Die für die besetzten Gebiete geltenden Regelungen waren fragmentarisch, behelfsmäßig und ohne einheitliches Konzept[732]. Sie boten ein Spiegelbild der keinem Ordnungsmodell folgenden nationalsozialistischer Herrschaft. Die Deutschen konnten die Gebiete zwar militärisch erobern, zeigten sich aber unfähig, diese ordnungsmäßig zu verwalten. Die Aufsplittung der Gesetzgebung auf mehrere von einander unabhängige Gremien erschwerte die Koordination der Gesetzgebung und erhöhte die Gefahr widersprüchlicher Normen.

Im Bereich der Verwaltung erfolgte eine Atomisierung der Machtbefugnisse vornehmlich durch die Schaffung von Sonderbehörden[733]. Deren Leiter bekleideten typischerweise eine Reihe von Partei- und administrativen Positionen in Personalunion. Sie waren Hitler unter Ausschaltung der herkömmlichen Ressorts unmittelbar unterstellt, wie etwa die Reichskulturkammer, das Fritz Todt als Erbauer der Autobahnen anvertraute Generalinspektoriat für das Straßenwesen[734], das Reichskommissariat für den Arbeitsdienst –später Führer des Reichsarbeitsdienstes -[735], die Reichsstelle für Raumordnung oder das Reichskommissariat für die Preisbil-

[729] D. Kirschenmann;, "Gesetz" im Staatsrecht und in der Staatsrechtslehre des NS, 116 f. m. w. Nachw.

[730] RGBl. I 205

[731] RGBl. I 161

[732] W. Neulen, Deutsche Besatzungspolitik in Westeuropa –zwischen Unterdrückung und Kollaboration, in: Bracher/Funke/Jacobsen (Hrsg.), Deutschland 1933 – 1945, Neue Studien zur nationalsozialistischer Herrschaft, 400; C. Madajczy, Deutsche Besatzungspolitik in Polen, in der UdSSR und in den Ländern Südosteuropas, in: Bracher/Funke/Jacobsen (Hrsg.), Deutschland 1933 – 1945, Neue Studien zur nationalsozialistischer Herrschaft, 426 ff.

[733] D. Rebentisch, Führerstaat und Verwaltung im zweiten Weltkrieg, Verfassungsentwicklung und Verwaltungspolitik 1939 - 1945, 331 ff.

[734] Erlass des Reichspräsidenten vom 30. 11. 1933 RGBl. 1933 I 1057; M. Broszat,, Der Staat Hitlers, 13. Aufl., 328 ff.

[735] M. Broszat,, Der Staat Hitlers, 13. Aufl., 332 ff.

dung[736]. Es gab ferner Reichskommissariate, z.B. das Himmler anvertraute Kommissariat für die Festigung deutschen Volkstums), für die Seeschiffahrt, für das Siedlungswesen, für den sozialen Wohnungsbau[737], die im Krieg als zivile Gegenspieler gegen die Wehrkreisbefehlshaber mit Gauleitern besetzte Reichskommissariate für die Reichsverteidigung[738] und Generalinspekteure, z. B. für die Reichshauptstadt (Albert Speer), für Wasser und Energie[739] sowie Generalbevollmächtigte, z. B. für den Arbeitseinsatz von Deutschen, Ausländern und Kriegsgefangenen in der Kriegswirtschaft[740], für das Kraftfahrwesen, für die Regelung der Bauwirtschaft, für Sonderfragen der chemischen Erzeugung, für die Energiewirtschaft, für die Eisen- und Stahlbewirtschaftung, für Maschinenbau, für die Reichsverwaltung[741] und Sonderbeauftragte für die Leistungssteigerung im Bergbau, für die Förderung der Erdölgewinnung, für technische Nachrichtenmittel und die berüchtigten Haupttreuhandstelle Ost, die für die Ausbeutung des öffentlichen Vermögens im früheren polnischen Staatsgebiet zuständig war[742]. Das Grundprinzip war, Teilzuständigkeiten aus den Ministerien herauszuschneiden und Sonderbehörden zu übertragen. Durchweg, aber nicht immer, hatten diese Sonderbehörden die Stellung oberster Reichsbehörden (insgesamt gab es 58 oberste Reichsbehörden). Sie waren dem „Führer" unmittelbar unterstellt. Mit der Einrichtung von Sonderbehörden folgte die Staatsführung in der Regel dem Drängen derjenigen, die neben anderen Funktionen in Partei und Staat die Sonderbehörden führen wollten, weil es ihnen um Macht, Ehrgeiz, Pfründe und Kompetenzen ging. Einen Gipfelpunkt stellte die Ämterfülle Görings dar, der Reichstagspräsident, Präsident des preußischen Staatsrats[743], preußischer Ministerpräsident und Innenminister, Vorsitzender des Reichsverteidigungsrates, Reichskommissar für die Luftfahrt, Reichsluftfahrtminister,

---

[736] M. Ruck, Führerabsolutismus und polykratisches Herrschaftsgefüge – Verfassungsstrukturen des NS-Staates, in: K. D. Bracher/M. Funke/H.-A. Jacobsen (Hrsg.), Deutschland 1933 – 1945, Neue Studien zur nationalsozialistischen Herrschaft, 50 ff.

[737] Erlaß vom 15. November 1940, RGBl. 1940 I 149

[738] RGBl. 1939 I 1937; D. Rebentisch, Führerstaat und Verwaltung im zweiten Weltkrieg, Verfassungsentwicklung und Verwaltungspolitik 1939 - 1945, 132 ff.

[739] Erlaß vom 29. 7. 1941, RGBL. 1941 I 467

[740] Erlaß vom 21. 3. 1942, RGBl. 1942 I 179; D. Rebentisch, Führerstaat und Verwaltung im zweiten Weltkrieg, Verfassungsentwicklung und Verwaltungspolitik 1939 – 1945, 354 ff.

[741] D. Rebentisch, Führerstaat und Verwaltung im zweiten Weltkrieg, Verfassungsentwicklung und Verwaltungspolitik 1939 - 1945, 143 ff.

[742] D. Rebentisch, Führerstaat und Verwaltung im zweiten Weltkrieg, Verfassungsentwicklung und Verwaltungspolitik 1939 - 1945, 362

[743] Gesetz über den Staatsrat vom 8. 7. 1933, PrGS 1933, 241

Reichsjägermeister, Reichsforstmeister[744], Oberbefehlshaber der Luftwaffe, Beauftragter für den Vierjahresplan, Vorsitzender des Ministerrats für die Reichsverteidigung, Devisenkommissar und ab 1940 Reichsmarschall war. Neben den Zuwendungen von privater Seite bezog Göring für seine verschiedenen Ämter größtenteils gesonderte Gehälter[745].

Der Aufsplitterung der obersten Reichsbehörden entsprach ein entsprechender Vorgang auf der mittleren und der unteren Veraltungsebene. Auf der Ebene der als Verwaltungseinheiten fortbestehenden Länder gab es Ministerpräsidenten, Reichsstatthalter, Gauleiter, Oberpräsidenten (in Preußen, hier war „der Führer und Reichskanzler" Reichsstatthalter[746]) und Regierungspräsidenten mit teilweise gleichen oder sich überschneidenden Aufgaben. Nach dem Erlass des Gesetzes über den Neuaufbau des Reiches wurden die als Vertreter Preußens fungierenden Oberpräsidenten zugleich ständige Vertreter der Reichsregierung in ihren jeweiligen Provinzen[747]. Ihnen waren sämtliche Reichs- und Landesbehörden in den jeweiligen preußischen Provinzen unterstellt, ohne das sie damit Dienstvorgesetzte der als Mittelinstanz fungierenden Regierungspräsidenten wurden[748]. Meist waren Gauleiter, Reichsstatthalter, Oberpräsidenten und – im Kriege Reichsverteidigungskommissare - ein und dieselbe Person[749]. Den einzelnen Funktionen waren Behörden zugeordnet, so u. a. dem Reichsstatthalter von Bayern (1936) 6 Beamte, darunter ein Staatssekretär bzw. ersatzweise ein Ministerialdirektor und 7 Hilfskräfte. Der Reichsstatthalter von Bayern bezog eine Dienststaufwandentschädigung von 11.340 RM sowie eine freie Wohnung mit Geräteausstattung im Wert von 22.680 RM[750]. Das Durcheinander wird treffend charakterisiert, wenn man in einem Rundschreiben vom 13 Juni 1942 den Begriff der höheren Verwaltungsbehörde definiert sieht. Danach war höhere Verwaltungsbehörde der Regierungspräsident, in Berlin der

---

[744] Göring war in diesen Eigenschaften zuständig für die Reichsforstverwaltung einschließlich der dazu gehörenden wissenschaftlichen Institute sowie für die Landesforstverwaltungen von Preußen und den übrigen Ländern, die als solche fortbestanden, vgl. GStA PK I. HA Rep. 151 Finanzministerium IB Nr. 27/1

[745] W. Maser, Hermann Göring, Hitlers januskӧpfiger Paladin, Die politische Biographie, 262 ff.

[746] Reichsstatthaltergesetz vom 30. 1. 1935, RGBl. 1935 I 65, § 10

[747] § 1 Zweite VO über den Neuaufbau des Reiches vom27. 11. 1934, RGBl. 1934 I 1190

[748] Ausführungsanweisung zum Art. 1 Ziff. 4 des Gesetzes vom 15. 12, 1933

[749] Z. B. Alfred Meyer betr. Westfalen, vgl. GStA PK I HA Rep. 151 Finanzministerium IB Nr. 26/1

[750] BArch. R 1501/5441 Bl. 13; ab 1. 4.1938 erhielten die Reichsstaathalter ein Amtsgehalt in Höhe eines Reichsministers, eine kostenfreie Amtswohnung und eine Dienstaufwandsentschädigung, RGBl. 1938 I 707

Polizeipräsident, in den Alpen- und Donaureichsgauen, in Hamburg und im übrigen die jeweilige Landesregierung[751] und der Reichsstatthalter.

Die Abgrenzung der Aufgaben gab Anlass zu manchen Auseinandersetzungen, in die sich auch Popitz einschaltete. So beanstandete er Ende 1936 und noch einmal im August 1937, dass der Oberpräsident für die Aufsicht über die höheren Schulen und Landeskulturangelegenheiten zuständig war und trat dafür ein, dass diese Aufgaben den Regierungspräsidenten als den Mittelinstanzen der Staatsverwaltung übertragen werden sollten. Er hielt es für „*unzumutbar, daß die Oberpräsidenten, die fast alle zugleich Gauleiter sind, neben ihrer bedeutsamen, auf die großen politischen und soziologischen Zusammenhänge ausgerichteten Tätigkeit Zeit finden sollen, sich um verwaltungsmäßige Dinge... zu kümmern*“[752]. Popitz konnte sich aber mit seinem berechtigten Standpunkt nicht durchsetzten, weil sich die Parteikanzlei gegen eine Übertragung von Zuständigkeiten der Oberpräsidenten, die zugleich Gauleiter waren, auf die Regierungspräsidenten, die nur ein Staatsamt bekleideten, stemmte[753]. Parteiverwaltung und Staatsverwaltung waren, wie dieses Beispiel zeigt, in ständige Machtkämpfe verwickelt[754].

Dem Landrat in den Kreisverwaltungen waren zahlreiche Behörden nebengeordnet. Zu welchen bürokratischen Auswüchsen die Zersplitterung der Verwaltungsstellen auf unterer Ebene führte, mag an dem Beispiel des Wiederaufbaus einer durch den Bombenkrieg zerstörten Wohnbaracke für ausländische Arbeitnehmer im Jahr 1941/1942 verdeutlicht werden. Allein zur Beschaffung der für den Wiederaufbau benötigten Materialscheine für Schnittholz und Eisenklammern vergingen von der Antragstellung bis zur Erteilung der Scheine 5 Monate, in deren Verlauf 9 Behörden, teilweise mehrfach im Schriftwechsel zwischen den Behörden eingeschaltet werden mussten[755].

Einen eigenen verfassungsrechtlich nebulösen[756] Machtbereich bildete die SS, die man sich nicht als einen geschlossenen Machtblock vorstellen muss, sondern als durch unterschiedliche Zielvorstellungen in sich gespalten und in dauernde Machtkämpfe mit anderen Partei- oder Staatsstellen verstrickt[757].

Die Sonderverwaltungen stießen selbst in der Führungsriege auf Kritik. In einer Chefbesprechung am 17. Juni. 1943, an der u. a. der Chef der Reichskanzlei Lam-

---

[751] GStA PKI. HA Rep.151 Finanzministerium I B Nr. 27/1

[752] GStA PK Rep. 90- 2309, S. 136 ff.

[753] Vermerk von Ministerialdirektor Neumann vom 4. 2. 1938, GStA PK Rep 90-2309, S. 151

[754] Zum Spannungsfeld zwischen Ministerialbürokratie und Parteifunktionären vgl. K. Teppe, Die preußischen Oberpräsidenten 1933 – 1945, 238 f.

[755] D. Rebentisch, Führerstaat und Verwaltung im zweiten Weltkrieg, Verfassungsentwicklung und Verwaltungspolitik 1939 - 1945, 366 f. nach BA R 58/172 Bl. 166 ff.

[756] H. Buchheim,Die SS in der Verfassung des Dritten Reiches, VjhZG 1955, 127 ff.

[757] H. Höhne, Der Orden unter dem Totenkopf Die Geschichte der SS, Bd. I und II, Bd. II 504 ff.

mers, der Leiter der Parteikanzlei (nach dem Englandflug von Heß Bormann, Reichsminister seit Februar 1942), der Rüstungsminister Albert Speer und Reichsfinanzminister Schwerin von Krosigk teilnahmen, protestierte der Innenminister Frick *„erneut gegen die fortschreitende Aufsplitterung der gesamten Verwaltung in Sonderbehörden und Organisationen mit je eigenem Apparat von der obersten Spitze bis zur untersten Instanz"*[758]. Staatssekretär Stuckart geißelte in einem in der Festschrift für Himmler veröffentlichten Aufsatz die Aushöhlung der Verwaltungseinheit und sprach von Ämterinflation, Doppelarbeit, Behördenkrieg, Kompetenzwirrwarr, Verminderung der Rechtssicherheit und Erschütterung des Vertrauens in die sinnvolle Staatsorganisation[759]. Von Hassell notierte in seinem Tagebuch die Äußerung des Regierungspräsidenten von Hannover, der den grauenhaften Zustand des Staatsapparats beschrieb, den das Dritte Reich durch das *„Nebeneinander von Partei und Staat und die Vielzahl von Stellen überhaupt in dieses Chaos gebracht hat"*. Er berichtet, dass sich in Hannover 28 vom Regierungspräsidenten halb oder ganz unabhängige Stellen auf Gebieten betätigten, die früher dem Regierungspräsidenten unterstellt gewesen waren[760].

Das Durcheinander der Gesetzgebungs- und Verwaltungszuständigkeiten rief auch in der Literatur der damaligen Zeit Kritik hervor [761]. Popitz versuchte ebenfalls der Aufsplitterung der Verwaltung entgegen zu wirken. Anlässlich des so genannten Anschlusses von Österreich führte er in einem Schnellbrief vom 14 März 1939 an den Reichsminister des Inneren aus, dass die Gelegenheit wahrgenommen werden müsse, der gefährlichen Aufsplitterung der Verwaltung Einhalt zu gebieten. Er vertrat die Ansicht *„daß die allenthalben zu Tage tretenden gegenteiligen Tendenzen zu einer völligen Auflösung der allgemeinen Verwaltung, zu einer nicht mehr zu überbietenden Unübersichtlichkeit des Behördenaufbaus, einer untragbaren Überteuerung des öffentlichen Apparats, einer unheilvollen Volksentfremdung der Verwaltung und einer heute gar nicht mehr zu verantwortenden völlig falschen Ansetzung des immer knapper werdenden Menschenmaterials in einer neben- und gegeneinander arbeitenden behördlichen, ständischen und parteilichen Überorganisation führen müssen"*[762]. Das Unbehagen über die Zersplitterung der Verwaltung war weit verbreitet, wie z. B. aus einem Schreiben des Oberpräsidenten aus Hannover vom 7. Oktober 1939 hervorgeht, in dem er darauf hin weist, dass er in den vergangenen Jahren immer wieder gefordert habe, die unsägliche Zersplitterung der

---

[758] Zitiert nach H. Matzerath, Nationalsozialismus und kommunale Selbstverwaltung, 416

[759] W. Stuckart, Zentralgewalt, Dezentralisation und Verwaltungseinheit, in: Festgabe für Heinrich Himmler, 1 ff.

[760] Die Hassell-Tagebücher, 137 (31. 10. 1939)

[761] H. von Rosen-v.Hoewel, Fragen der Gesetzessystematik und Gesetzestechnik, RVerwBl. Bd. 69 (1942) 244

[762] GStA PK I. HA Rep. 151 Finanzministerium I B Nr. 25

Verwaltung wenigstens auf den wichtigsten Gebieten zu beseitigen[763]. Selbst Göring geißelte die Aufsplitterung der Verwaltung und forderte die Rückkehr zu dem *„mustergültigen einheitlichen Verwaltungsaufbau....., der die alte preußische Verwaltung auszeichnete“*[764], ohne allerdings eine Verbesserung erreichen zu können.

Die Zersplitterung der Verwaltung führte selbstredend zu einem Kampf der verschieden Behörden um die Übertragung von Aufgaben. Der Generalbevollmächtigte für die Reichsverwaltung, Frick, erhob am 21. Januar 1942 Einwände gegen eine Bestellung des Staatssekretärs Reinhardt zum Vereinfachungskommissar[765]. So bemühte sich beispielsweise der Reichsminister Todt noch im Jahr 1941 um die Übernahme der Wasserwirtschafts- und Wasserstraßenangelegenheiten, die bis dahin den Ländern oblagen. Todt wollte Generalinspekteur für Wasser und Energie werden. Daraus entwickelte sich ein umfangreicher Schriftwechsel mehrerer Ministerien, an dem sich auch Popitz beteiligte, um die Zuständigkeit Preußens zu erhalten[766]. Da Hitler Todt zum Generalinspekteur machen wollte, konnte sich Popitz mit seinen Bedenken nicht durchsetzen[767]. Immerhin erreichte er, dass in Bezug auf das Verhältnis des Reiches zu Preußen die haushaltsmäßige Betreuung der neuen Behörde bei Preußen verblieb[768]. Schwierigkeiten ergaben sich u. a. aus der Abgrenzung der Zuständigkeit der Reichsstatthalter und der Regierungspräsidenten, z. B. hinsichtlich der technischen Abteilung für den Hochbau, die Popitz veranlassten, darum zu bitten, es bei der Zuständigkeit der Regierungspräsidenten zu belassen[769].

Der Wirrwarr der staatlichen Behörden wurde durch die Verbindung der staatlichen Stellen mit den Parteistellen potenziert. Nach dem Gesetz zur Sicherung der Einheit von Partei und Staat vom 1. Dezember 1933 wurde die NSDAP zur Trägerin des deutschen Staatsgedankens erhoben und mit dem Staat unlöslich verbunden[770]. Sie blieb aber eine eigene Einrichtung mit dem Status einer Körperschaft des öffentlich Rechts. Die NSDAP verfügte über einen eigenen Verwaltungsapparat mit eigenen Angestellten, der parallel zu den staatlichen Stellen aufgebaut war, diese kontrollierte und vom Staat finanziert wurde. So stand neben dem Bürgermeister

---

[763] GStA PK I. HA Rep. 151 Finanzministerium I B Nr. 25

[764764] Schreiben vom 16. 2. 1940 an den Reichsminister des Inneren, GStA PK I HA Rep. 151 Finanzministerium I B Nr. 26

[765] GStA PK I. HA Rep. 151 Finanzministerium I B Nr. 25

[766] GStA PK I. HA Rep. 151 Finanzministerium I B Nr. 25

[767] Vgl. Führererlass vom 29. 7. 1941, RGBl. 1941 I, 467

[768] Vgl. Vermerk Popitz über die Redaktionssitzung vom 22. 7. 1941, GStA PK I. HA Rep. 151 Finanzministerium I B Nr. 25,

[769] Schreiben Popitz an Staatssekretär Stuckart vom 17. 7. 1941, GStA PK I. HA Rep. 151 Finanzministerium I B Nr. 25

[770] RGBl. 1933 I 1016, in der Fassung vom 3. 7. 1934, RGBl. 1934 I 529

der Ortsgruppenleiter, neben dem Landrat der Kreisleiter, neben dem Ministerpräsidenten und – in Preußen - dem Oberpräsidenten der Gauleiter als Aufpasser und Besserwisser, ungeachtet dessen, das oftmals beide Ämter von derselben Person bekleidet wurden. Aber unterhalb der Führungspositionen gab es die nachgeordneten Beamten oder Angestellten beider Institutionen, die den Behördenkrieg gegeneinander ausfochten. Sämtliche vom Reichskabinett zu verabschiedende Gesetze mussten auf Anordnung Hitlers vom 27. Juli 1934 Rudolf Heß, später Martin Bormann als Leiter der später so benannten Parteikanzlei zur Billigung zugeleitet werden[771]. Schwerin von Krosigk kritisierte die Doppelarbeit, die durch die gleichzeitige Befassung von staatlichen Behörden und Parteistellen mit den gleichen Aufgaben entstand und sprach von dem Staat als monströsen und irregulären Gebilde[772].

Der Wirrwarr der behördlichen Ämter und Zuständigkeiten führte zu einem aufgeblähten Verwaltungsapparat mit einem vollkommen uneffektiven Verwaltungsaufwand. Die polykratische Organisationsstruktur des NS-Staates bedeutete keine Stärke des Regimes, weil sie etwa die Möglichkeit bot, Interessengegensätze auszutragen und den besten Weg zu suchen, wie Götz Aly annimmt[773]. Vielmehr schwächte die Gesetzgebungs- und Verwaltungspolykratie die Effizienz des Systems, indem sie Kräfte band, die anderweitig besser eingesetzt gewesen wären und dort fehlten, was sich insbesondere im Krieg bemerkbar machte, der von einem ständig steigenden Personalmangel beherrscht wurde.

Der Staat verkam zu einem monströsen Gebilde rivalisierender Machtsphären (Hitler-Biograph Ian Kershaw), deren nebeneinander laufende Politiken zudem noch durch einen sprung- und improvisionshaften Charakter gekennzeichnet waren. Die Strukturlosigkeit des NS-Staates mag als Herrschaftsinstrument geplant [774] oder lediglich durch Zufall, nicht selten auch Schlamperei, Ignoranz oder Gleichgültigkeit entstanden sein[775]. Vielleicht hat die Strukturlosigkeit das durch das Regime geschaffene Gebilde auch ganz aus der Kategorie Staat herausgedrängt und zum Unstaat gemacht, wofür Franz Neumann den Begriff „Behemoth" prägte[776]. Jedenfalls kann man davon ausgehen, dass Hitler den aus der Strukturlosigkeit des NS-

[771] Akten der Reichskanzlei Regierung Hitler 1933 – 1938, Teil I 1933/34, 1381

[772] L. Graf Schwerin von Krosigk, Staatsbankrott, 200 f.

[773] G. Aly, Hitlers Volksstaat Raub Rassenkrieg und nationaler Sozialismus, 18 f.

[774] So H. Arendt;, Elemente und Ursprünge totaler Herrschaft, 623 ff.

[775] So J. Fest;, Das Gesicht des Dritten Reiches, 175 ff.

[776] So F. Neumann;, Behemoth, 133 , 541; Behemoth ist nach der jüdischen Eschatologie ein Ungeheuer, das Hobbes in seinem "Leviathan" als Bezeichnung für das lange; Parlament im England des 17. Jahrhunderts - vgl. Propyläen Geschichte Europas Bd. 3, Frankfurt a. M., Berlin, Wien 1982, 72 ff. - verwendet, zu dessen Zeit es nach Hobbes einen Unstaat, ein Chaos, eine Herrschaft der Gesetzlosigkeit, des Aufruhrs und der Anarchie gegeben habe, vgl. F. Neumann;, Behemoth, 16

Staates hervorgehenden "*institutionellen Darwinismus*", d. h. den aus den unklaren Zuständigkeiten sich ergebenden Kampf aller gegen alle unterhalb seiner eigenen Machtsphäre ungeachtet der dadurch bewirkten Schwächung des Staates als sein persönliches Herrschaftsinstrument benutzte [777]. Die Schlüsselrolle Hitlers war wesentlich in dem unübersichtlichen Neben- und Gegeneinander der Machtgruppen und persönlichen Bindungen begründet[778], so dass der NS-Staat – bezogen auf die Machtzentren unterhalb der Ebene von Hitler - treffend mit dem Begriff totalitärer Polykratie gekennzeichnet ist[779]. „*Das Dritte Reich besaß eine starke monokratische Spitze und gleichzeitig polykratische Machtstrukturen*“[780]. Franz Neumann unterschied kategorisierend vier Machtbereiche: NS-Bewegung, hohe Bürokratie, Wehrmacht und Monopolwirtschaft[781]. Die Vielzahl der zuständigen Stellen mit sich überschneidenden Zuständigkeiten führten zusätzlich zu einer erheblichen Rechtsunsicherheit.

Rechtsunsicherheit und Verfall der Rechtsordnung kennzeichnen auch die Rechtsprechung. Ganze Rechtsbereiche und Einzelentscheidungen wurden von der normalen Rechtsordnung ausgeschlossen, nämlich immer dann, wenn es sich um Fälle handelte, denen nach der normalen Rechtsordnung ein Führerbefehl, sei es direkt oder abgeleitet, oder auch ohne einen solchen Befehl die nationalsozialistische Weltanschauung entgegen standen. So wurde etwa die Gehaltsklage des Chefredakteurs einer Zeitung abgewiesen, weil der Reichsleiter für die Presse den Redakteur 1934 seines Postens enthoben hatte, obwohl dieser noch einen unkündbaren Vertrag bis 1940 hatte. Die Enthebung aus dem Posten, die einer fristlosen Kündigung gleich kam, war nicht auf den Arbeitsvertrag gestützt, der allein Grundlage für eine Beendigung des Arbeitsvertrages hätte sein können, sondern auf einen Führerbefehl vom 19. Januar 1934, wonach dem Reichsleiter das Recht zu jeder Einflussnahme und zu allen für die Erfüllung seiner Aufgaben notwendigen Maßnahmen übertragen worden war. Das Oberlandesgericht Hamburg bestätigte die Wirksamkeit der Vertragsaufhebung im wesentlichen mit der Begründung, dass dem Reichsleiter ungeachtet seiner allein parteiamtlichen Stellung aufgrund des Führerbefehls vom 19. Januar 1934 obrigkeitliche Funktionen übertragen worden seien, die den

---

[777] Vgl. zur Qualifizierung des NS-Staates u. a. M. Ruck;, Führerabsolutismus und polykratisches Herrschaftsgefüge - Verfassungsstrukturen des NS-Staates., 39 ff.

[778] K. D. Bracher, Stufen totalitärer Gleichschaltung: die Befestigung der nationalsozialistischen Herrschaft 1933/34, VJFZG 1956, 30, 42

[779] G. Schulz, Der Begriff des Totalitarismus und der Nationalsozialismus, in: Soziale Welt 1961, 112, 120; M. Ruck, Führerabsolutismus und polykratisches Herrschaftsgefüge – Verfassungsstrukturen des NS-Staates, in: K. D. Bracher/M. Funke/H.-A. Jacobsen (Hrsg.), Deutschland 1933 – 1945, Neue Studien zur nationalsozialistischen Herrschaft, Düsseldorf 1992, 39 ff.

[780] H.-U. Thamer, Verführung und Gewalt. Deutschland 1933 – 1945, Berlin 1986, 340

[781] F. Neumann, Behemoth, Struktur und Praxis des Nationalsozialismus 1933 – 1944, ., 541 ff.

Reichsleiter befähigten, den Redakteur seines Postens zu entheben, und dass das ordentliche Gericht die Entscheidung des Reichsleiters *„selbst dann hinzunehmen hat, wenn sie ihm unbillig erscheint"*[782]. Die Entscheidung entbehrte jeder Rechtsgrundlage selbst nach damaligen Recht, weil die behauptete Wirkung des Führerbefehls in keiner Bestimmung des damaligen Rechts verankert war.

Zivil- Straf- und Verwaltungsgerichte verweigerten generell die Gewährung von Rechtschutz, wenn über so genannte politische Fragen zu entscheiden war. Carl Schmitt vertrat dazu die Auffassung, dass bei Streitigkeiten zwischen Volksgenossen und Amtsträgern die Vermutung grundsätzlich gegen die Zulässigkeit des Rechtsweges spräche[783]. Ohne die Rechtmäßigkeit des Ausschlusse von politischen Fragen von gerichtlichem Rechtsschutz in Zweifel zu ziehen, bemühte sich Ulrich Scheuner, den Begriff des von der gerichtlichen Anfechtung ausgeschlossenen politischen Aktes zu definieren, kam jedoch zu dem Ergebnis, dass das nicht möglich war. Allenfalls konnte Scheuner sich zur Anerkennung einer allgemeinen Richtlinie durchringen, dass politisch alle Akte sind, die *„der unmittelbaren Erhaltung von Volk und Staat und der Sicherung der politischen Ziele der Staatsführung dienen"*[784].

Angesichts dieser rechtliche Unsicherheit wurde in der Praxis als politisch angesehen, was die politischen Instanzen für politisch erklärten, so dass jede Betätigung im Dritten Reich als politisch behandelt werden konnte[785]. So wurde der Straßenverkehr zur politischen Angelegenheit und damit als nicht justiziabel in einem Fall erklärt, in dem der bayrische Innenminister einen Taxiunternehmer aus dem Vorstand des lokalen Vereins der Taxiunternehmer entfernt hatte, weil er zum Problem des Taxigewerbes anderer Ansicht als die Reichsregierung war[786]. Einem Staatsbürger wurde mit Billigung des preußischen Oberverwaltungsgerichts wegen seiner staatsfeindlichen Einstellung die Erteilung des Führerscheins versagt[787]. Das sächsische Oberverwaltungsgericht hielt es für rechtens, einer Hebamme die Arbeitserlaubnis zu verweigern , weil sie im Verdacht stand, eine Zeugin Jehovas zu sein und weil sie ungeachtet der Tatsache, dass sie eine dem Volk und dem Staat feindliche Haltung noch nicht unmittelbar getätigt hatte, grundsätzlich nicht davor zurückschrecken würde, sich gegen das Volk und seine Führung zu entscheiden,

---

[782] OLG Hamburg, 31. März 1936, DJZ 1936, Sp. 772

[783] DJZ 1935, Sp. 618

[784] U. Scheuner, Die Gerichte und die Prüfung der politischen Staatshandlungen, RVerwBl. 1936, 437 ff.

[785] E. Fraenkel, Der Doppelstaat, Recht und Justiz im Dritten Reich, Frankfurt am Main, Fischer Taschenbuch 1984 (Amerikanische Originalausgabe 1940), 75

[786] OLG München 27. 1. 1937, Jahrbuch d. Entsch. d. freiwilligen Gerichtsbarkeit Bd. 15 , 58 ff.

[787] Pr. OVG, 28. 1. 1937, Verkehrsrechtl. Abhandlungen 1937, 319

wenn staatliche Maßnahmen mit ihrer Auffassung über die Bibel oder die Gebote Jehovas im Widerspruch stehend erscheinen sollten[788].

Urteile, die Juden betrafen, verstießen im besonderen Maße und häufig gegen das geschriebene Recht. So hatte das Reichsgericht in einem Fall zu entscheiden, in dem eine Filmgesellschaft den Vertrag mit dem Regisseur gekündigt hatte, weil er Jude war. Nach dem Vertrag wäre die Kündigung berechtigt gewesen, wenn der Regisseur durch Krankheit, Tod oder ähnlichen Grund zur Durchführung seiner Regietätigkeit nicht imstande gewesen wäre. Das Reichsgericht hielt die Kündigung mit der Begründung für berechtigt, dass eine *„aus gesetzlich anerkannten rassepolitischen Gesichtspunkten eingetretene Änderung in der rechtlichen Geltung der Persönlichkeit dem Kündigungsgrund wegen Krankheit oder Tod etc. gleich zu achten ist"*[789]. Daneben gab es auch Urteile, mit deren Hilfe Juden ihre berechtigten Ansprüche durchsetzen konnten[790]. Die Rechtssprechung war im Laufe der Zeit durch eine Verschärfung der Judenfeindlichkeit gekennzeichnet. 1936 wies das Reichsgericht noch gegen den jüdischen Ehepartner gerichtete Scheidungsklage des *„arischen"* Partners ab, während 1938 eine gleiche Klage bereits Erfolg hatte[791].

Der Führung nicht genehme Urteile wurden korrigiert, indem etwa vom Strafgericht Freigesprochene, wie im Fall des evangelischen Pfarrers Martin Niemöller, in das Konzentrationslager eingesperrt, Zivilurteile außer Kraft gesetzt oder Urteile der sozialen Ehrengerichte durch Urteile der Deutschen Arbeitsfront bzw. durch die Verhängung von Schutzhaft ersetzt wurden[792]. Die genannten Urteile blieben nicht geheim, sondern wurden in den juristischen Zeitschriften veröffentlicht, so dass jeder sich ein Bild machen konnte.

Die Beispiele von rechtsstaatlich unvertretbaren Gerichtsurteilen ließen sich vermehren. Ihnen stehen andererseits Urteile gegenüber, die mit dem damals geltenden Recht vereinbar waren, die sich aber vorwiegend auf Sachverhalte bezogen, die Unternehmen oder das Funktionieren der Wirtschaft betrafen. In seiner Analyse von Recht und Justiz im Dritten Reich kam Ernst Fraenkel schon 1940 zu dem m. E. zutreffenden Ergebnis, dass das Dritte Reich als Doppelstaat zu qualifizieren ist,

---

[788] Sächsisches OVG 4. 12. 1936 , JW 1937, 1368

[789] Reichsgericht, 27. 6. 1936, Seufferts Archiv, Bd. 91, 65 ff.; weitere Urteile bei B. Rüthers, Die unbegrenzte Auslegung, Zum Wandel der Privatrechtsordnung im Nationalsozialismus, Tübingen 1986, 322 ff.

[790] Vgl. V. Klemperer, Ich will Zeugnis ablegen bis zum letzten, Tagebücher 1933 – 1941, Berlin 1995, 52 ff. ,123

[791] Vgl. RGZ 150, 125, 127, 30. 1. 1936; RG Urt. vom 14. 11. 1940 IV 170/40, zit. Bei Frantz DR 1941, 1028, 1030

[792] E. Fraenkel, Der Doppelstaat, Recht und Justiz im Dritten Reich; für die Verhängung von Schutzhaft im Falle der Freisprechung durch ein Ehrengericht H. Thieme, Führerprinzip in der Arbeitsverfassung, DR 1935, 215 f.

in dem einerseits Rechtsnormen anerkannt, andererseits aber Maßnahmen getroffen wurden, die nur als reine Willkür betrachtet werden konnten[793]. In diesem Sinn trug der Doppelstaat einerseits dem Bedürfnis des Regimes Rechnung, Rechtsnormen und deren Durchsetzung als unverzichtbares Steuerungsinstrument auf dem Gebiet des öffentlichen und des Privaten Rechts nutzen zu können, andererseits aber auf die Umsetzung der verbrecherischen Ziele im Bereich der Euthanasie und vor allem der Ausrottung der Juden sowie auf die auf der nationalsozialistischen Ideologie beruhenden Abweichungen vom geschriebenen Recht nicht verzichten zu müssen.

Grundlage des gesetzlichen Regelungen entbehrenden Maßnahmestaates war die Aushöhlung der Weimarer Verfassung, die nicht durch eine neue rechtsstaatlichen Anforderungen genügende Verfassung ersetzt wurde. Dies eröffnete den Rechtstheoretikern die Möglichkeit, gewissermaßen freischwebend nur auf der Grundlage der wenigen Gesetze, denen verfassungsrechtliche Aussagen entnommen werden konnten, im wesentlichen aber aufgrund der nationalsozialistischen Ideologie Rechtstheorien über die Gewaltenteilung, die Bindung des Richters an das Gesetz, den Grundrechtsschutz und den Rechtsstaatgedanken zu entwickeln, die zu einem Verfall der Rechtsordnung führten. Durch den beschriebenen Ausschluss von politischen Fragen aus dem Rechtsschutz war jedenfalls insoweit eine Bindung des Richters an das Gesetz aufgehoben. Nach herrschender Auffassung galt der Positivismus im nationalsozialistischen Staat als überwunden[794]. Der Richter hatte gegenüber dem Gesetzgeber eine freiere Hand als im Verfassungsstaat des 19. Jahrhunderts und noch zu Beginn der Weimarer Zeit.

Die dargestellten Polykratie war nicht diejenige, die Popitz für die Weimarer Zeit in der Gestalt kritisiert hatte, dass die verschiedenen Gebietskörperschaften und öffentlich-rechtlichen Anstalten unterschiedlich oder gegensätzlich agierten. Die Polykratie des Dritten Reiches hatte einen vollkommen anderen Charakter. Sie verkörperte die spezifische Herrschaftsmethode einer irrational gesteuerten ideologischen Bewegung[795] und hatte eine verheerende Wirkung auf das reibungslose Funktionieren des Staates. Verbunden mit den gröblichen Vernachlässigungen der Organisationsprinzipien des Staates, die anstelle der Schaffung immer neuer Sonderbehörden einen Abbau von Behörden und von bürokratischem Leerlauf, klare Zuständigkeiten sowie eine verlässliche Rechtsordnung erfordert hätten, trugen alle diese Erscheinungen unabhängig von der Zerstörung des Staates durch den Krieg

---

[793] E. Fraenkel, Der Doppelstaat, Recht und Justiz im Dritten Reich

[794] W. Schönfeld, Der Traum des positiven Rechts, AcP 1935, 1; C. Schmitt;, Über die drei Arten des rechtswissenschaftlichen Denkens, aaO., 58 ff.; K. Larenz;, Rechts- und Staatsphilosophie der Gegenwart, aaO., 150 ff.; C. Schmitt; Nationalsozialistisches Rechtsdenken, DR 1934,. 226 f.; B. Rüthers;, Entartetes Recht, aaO., 26 ff.

[795] D. Rebentisch, Führerstaat und Verwaltung im zweiten Weltkrieg, Verfassungsentwicklung und Verwaltungspolitik 1939 - 1945, Stuttgart 1989, 552

den Keim des Zerbrechens des Staates selbst im Falle eines nach Lage der Dinge unmöglichen Sieges in sich. Wie Hans Mommsen zutreffend festgestellt hat, lag eines der wesentlichen Bestimmungsmerkmale des Dritten Reiches darin, dass seine Entfaltung auf einer fortschreitenden parasitären Zersetzung eines überkommenen Obrigkeitsstaates beruhte und dass es folgerichtig ebenso im Innern zerfallen musste wie die Überdehnung der außenpolitischen Zielsetzungen bis hin zum europäischen Großreich „*germanischer*“ Prägung gleichzeitig zur äußeren Katastrophe geführt hat[796].

In den Spitzen der Verwaltung gab es zwar bis in die letzten Kriegstage hinein unzählige Versuche, das Verwaltungschaos des Reiches zu beseitigen und eine Reichsreform durchzusetzen; aber alle diese Bestrebungen scheiterten am Widerstand von Hitler[797]. Das führt zur Suche nach den Gründen dieses Widerstandes. Nach Aussage des Reichspressechefs Otto Dietrich hatte Hitler das System der Doppelbesetzungen und der Kompetenzkonflikte bewusst geschaffen und die sachliche Autorität der Führungsinstanzen systematisch desorganisiert, „*um die Autorität seines eigenen Willens bis zur despotischen Tyrannei entwickeln und vorwärts treiben zu können*“[798]. Daneben dürften ideologische Gründe und der Charakter Hitlers eine Rolle gespielt haben. In Konfliktfällen favorisierte Hitler in der Regel den Stärkeren und praktizierte damit einen „*Ämter-Darwinismus*“, der dem nach seiner Meinung besseren zum Siege verhalf. Hinzu kam sein Misstrauen, dem er dadurch begegnete, dass mehrere miteinander streitende Stellen oder Personen mit einer Sache befasst wurden, von denen einer dann wohl das richtige treffen würde[799]. Auch Hitlers Arbeitsstil begünstigte die Polykratie unterhalb seiner Führungsebene. Hatte die Reichskanzlei ihn anfangs mit Akten geradezu zugedeckt, so verbat er sich alsbald diese Arbeitsmethode, weil er, abgesehen von seiner Arbeitsunlust im allgemeinen, sich nicht mit aus seiner Sicht unwichtigem Verwaltungskleinkram beschäftigen, sondern Zeit zum Nachdenken über die wichtigen Dinge und die großen Entscheidungen haben wollte[800]. Schließlich spielte seine abgrundtiefe Aversion gegen Juristen und das Juristische eine Rolle. Das auf Normen und Rechtsvor-

---

[796] H. Mommsen, Beamtentum im Dritten Reich Mit ausgewählten Quellen zur nationalsozialistischen Beamtenpolitik, Stuttgart 1966, 13

[797] Detailliert dazu D. Rebentisch, Führerstaat und Verwaltung im zweiten Weltkrieg, Verfassungsentwicklung und Verwaltungspolitik 1939 - 1945, 163 ff.

[798] O. Dietrich, Zwölf Jahre mit Hitler, München 1955, 132

[799] Näher dazu D. Rebentisch, Führerstaat und Verwaltung im zweiten Weltkrieg, Verfassungsentwicklung und Verwaltungspolitik 1939 - 1945, Stuttgart 1989, 283 ff.

[800] A. Speer, Erinnerungen, 48

schriften gegründete Regelwerk der Verwaltung war für Hitler nichts anderes als *„eine einzige große Systematik der Abwälzung der Verantwortung“*[801].

Aus dem Ruder lief auch die nationalsozialistische Finanzpolitik. Schon die Finanzierung des Arbeitsbeschaffungs- und Rüstungsprogramms in den Jahren 1933 - 1939 durch öffentliche Verschuldung widersprach in krasser Weise dem geltenden Haushaltsrecht wie anerkannten volkswirtschaftlichen Grundsätzen. So beliefen sich die Kosten der Arbeitsbeschaffungsmaßnahmen in den Jahren 1933 – 1935 auf 6,2 Mrd. RM, wovon 3,2 Mrd. durch Kredite finanziert wurde. Die Kosten der Aufrüstung beliefen sich bis 1939 auf schätzungsweise 64 bis 65 Mrd. RM, wovon der überwiegende Teil durch Kredite finanziert wurde[802]. Am Ende des Krieges belief sich die Staatsschuld etwa auf 379, 8 Mrd. RM[803]. Jedenfalls bis zum Ende der zwanziger Jahre war nach verbreiterter Meinung eine Staatsverschuldung nur zur Deckung rentabler bzw. produktiver Staatsinvestitionen gerechtfertigt[804]. Erst Mitte der dreißiger Jahre gewann die Meinung an Boden, dass die Staatsverschuldung unabhängig von traditionellen Deckungsgrundsätzen zum selbstverständlichen Mittel der Verwirklichung staatspolitischer Ziele dienen kann[805]. Aber der Reichsbankpräsident Hjalmar Schacht und der Reichsfinanzminister Schwerin von Krosigk wiesen die Führung wiederholt auf die Gefahren der zunehmenden Verschuldung hin, wobei Schacht in seinem berühmten Brief an Hitler vom 7. Januar 1939 das *„unbegrenzte Anschwellen der Staatsausgaben“*, *„die verheerenden Wirkungen einer uferlosen Ausgabenwirtschaft“* und eine *„inflationistische Ausgabenpolitik“* anprangerte[806].

---

[801] H. Picker (Hrsg.) Hitlers Tischgespräche im Führerhauptquartier, 3. Aufl., Stuttgart 1976 (29. 3. 1942), 158

[802] R. Caesarr/ K.-H. Hansmeyerr, Haushalts- und Finanzwesen, in K.G.A. Jeserich u. a. (Hrsg.), Deutsche Verwaltungsgeschichte, Stuttgart 1986, Bd. IV, 832 ff.; R. Caesar, Verschuldung in Deutschland seit der Weltwirtschaftskrise, in: D. Petzina (Hrsg.), Probleme der Finanzgeschichte des 19. und 20. Jahrhunderts, Berlin 1989, 12 ff.

[803] Statistisches Handbuch von Deutschland 1928 – 1944, 555

[804] Z. b. B. Moll, Lehrbuch der Finanzwissenschaft, Berlin 1930, 110 ff.

[805] J. Jessen, Deutsche Finanzwirtschaft, 1. Aufl. Hamburg 193, 158

[806] Zitiert nach R. Caesar R. Caesar, Verschuldung in Deutschland seit der Weltwirtschaftskrise, in: D. Petzina (Hrsg.), Probleme der Finanzgeschichte des 19. und 20. Jahrhunderts, Berlin 1989, 16 Fn. 13

c. Verfolgung der Juden

Keine Idee beherrschte die Nationalsozialisten mehr als der Rassegedanke[807]. In Hitlers "Mein Kampf" nimmt die Vorstellung, dass die "Arier", insbesondere die "germanische" Rasse gegenüber allen anderen Rassen höherwertig ist, eine zentrale Stellung ein[808]. Nach Hans Frank[809] war die Rasse die Grundlage, der Ausgangs- und Zielpunkt des gesamten Rechtslebens[810]. Als besonders minderwertig, hassens- und bekämpfenswert galten die Juden. Auf dieser Grundlage bestimmte das Parteiprogramm der NSDAP in den Punkten 4 und 5:

"*4. Staatsbürger kann nur sein, wer Volksgenosse ist. Volksgenosse kann nur sein, wer deutschen Blutes ist, ohne Rücksicht auf Konfession. Kein Jude kann daher Volksgenosse sein.*

5. Wer nicht Staatsbürger ist, soll nur als Gast in Deutschland leben können und muß unter Fremdengesetzgebung stehen."

Für das Recht wurde von der "*gegliederten*"[811] d. h. für Juden geminderten Rechtsfähigkeit gesprochen und hieraus die Konsequenz des Ausschlusses der nicht Artgleichen von der Rechtsstandschaft gezogen[812]. Das Rasseprinzip wurde als übergeordnete Rechtsquelle benutzt, um Juden rechtlich aus der deutschen Volksgemeinschaft auszugrenzen, um etwa sonst nicht mögliche Kündigungen von Verträgen oder Nichtigkeitserklärungen von Ehen zu rechtfertigen[813]. Die gegen die Juden gerichtete Theorie der Rasseideologie ist dabei von Zeitgenossen viel beschrieben worden[814]. Der Begriff der Rechtsgemeinschaft wurde durch den Begriff der Volks-

---

[807] U. Scheuner; nennt als ersten Punkt des neuen Staatsdenkens die Rassetheorie, vgl. Die nationale Revolution, AöR (NF) 24, 265 ff.

[808] Hitler;, Mein Kampf, aaO., 431 ff.

[809] Reichsminister der Justiz, Reichsleiter des Reichsrechtsamts der NSDAP, Reichsführer des nationalsozialistischen Rechtswahrerbundes, Präsident der Akademie für Deutsches Recht und seit 1939 Generalgouverneur des Generalgouvernements, vgl. D. Willoweit;, Deutsche Rechtsgeschichte und " nationalsozialistische Weltanschauung" aaO., 25 ff.

[810] H. Frank;, Rasse als Grundlage und als Gegenstand des Rechts, JW 1937, 1140; Vgl. dazu D. Majer;, Grundlagen des nationalsozialistischen Rechtssystems, aaO., 37 ff.

[811] K. Larenz;, Über Gegenstand und Methode, aaO., 52

[812] E. Wolf;, Das Rechtsideal des nationalsozialistischen Staates, ARSP 28 (1934/35), 360

[813] Vgl. dazu näher B. Rüthers, Die unbegrenzte Auslegung, Zum Wandel der Privatrechtsordnung im Nationalsozialismus, 360 ff. ,400 ff.

[814] K. Larenz;, Rechtsperson und subjektives Recht, 227 ff.; ders., Deutsche Rechtserneuerung, 39 ff.; ders. Rechts- und Staatsphilosophie der Gegenwart, 130 ff. ders., Über Gegenstand und Methode, 23 ff. ff.; E. Forsthoff;, Der totale Staat, 38 ff.; R. Höhn ;,Rechtsgemeinschaft und Volksgemeinschaft, 78;. C. Schmitt;, Staat, Bewegung, Volk, 44 ff.; E. Wolf;, Das Rechtsideal des nationalsozialistischen Staates, ARSP 28 (1934/35), 348, 360, 363, der in diesem Zusammenhang in Bezug auf die Juden von "Geziefer" spricht und damit eine Denkweise offenbart, die je-

gemeinschaft ersetzt[815]. Karl Larenz fasste alle diese Äußerungen zusammen, indem er eine Neufassung des § 1 BGB wie folgt vorschlug: "*Rechtsgenosse ist nur, wer Volksgenosse ist; Volksgenosse ist, wer deutschen Bluts ist*"[816].

Der Rassenwahn Hitlers und seiner Anhänger war die ideologische Grundlage der Verfolgung der Juden. Instrumente der Judenverfolgung waren ein Bündel von Gesetzen und administrative Maßnahmen ohne gesetzliche Grundlage. Schon bald nach der Machtergreifung begann das Regime die Verfolgung der Juden mit verschiedenen Maßnahmen zu ihrer Ausschaltung aus der Beamtenschaft, den freien und anderen Berufen und zur Aneignung der Unternehmen im jüdischen Besitz. Darauf wird im Zusammenhang mit der Mitwirkung von Popitz an den verschiedenen Maßnahmen zurück zu kommen sein.

Eine allgemeine staatsbürgerliche und persönliche Entrechtung führten das Gesetz über den Widerruf von Einbürgerungen und die Aberkennung der Deutschen Staatsangehörigkeit vom 14. Juli 1933, das sich vornehmlich gegen polnische Immigranten jüdischer Herkunft und deutsche Exilanten richtete[817] und die Nürnberger Rasse-Gesetze ein. Das darunter fallende Reichsbürgergesetz vom 15. September 1935[818] begründete neben der Staatangehörigkeit die Reichsbürgerschaft, von der die Juden ausgeschlossen waren, während sie die deutsche Staatsangehörigkeit behielten. Die Reichsbürgerschaft knüpfte an die Staatsangehörigkeit und an die Volkszugehörigkeit an [819]. Der rechtlich nicht näher definierte Begriff der Volkszugehörigkeit wurde in der Lehre dahin umschrieben, dass Volksgenosse sein kann, wer deutschen oder artverwandten Blutes ist, sich zum deutschen Volkstum bekennt und Aufnahme in die deutsche Volksgemeinschaft gefunden hat [820]. Frauen waren von der Reichsbürgerschaft grundsätzlich ausgeschlossen, weil sie keinen Wehrdienst leisteten und weil sich dies „*aus der deutschrechtliche Auffassung der*

---

mand, der nach dem Kriege bei ihm gehört hat, wie der Verfasser, niemals zugetraut hätte, allerdings hat Wolf; sich ab 1937 vom Nationalsozialismus abgewandt, vgl. A. Hollerbach, Im Schatten des Jahres 1933: Erik Wolf; und Martin Heidegger, Freiburger Universitätsblätter 1986 H. 92, 33 ff.; aus heutiger Sicht vgl. B. Rüthers;, Entartetes Recht, 88 ff.; Rüthers; schildert auch anschaulich die Rolle, die C. Schmitt auf der Grundlage seines Theorems vom Freund - Feindverhältnis (C. Schmitt;, Der Begriff des Politischen) nicht nur als Apologet der nationalsozialistischen Rassetheorie, sondern auch als Kampfgenosse gegen frühere jüdische Kollegen und Emigranten gespielt hat (B. Rüthers;, Entartetes Recht, 125 ff.)

[815] R. Höhn;, Rechtsgemeinschaft und Volksgemeinschaft, 72 ff.

[816] K. Larenz;, Rechtsperson und subjektives Recht, 225, 241

[817] RGBl. 1933 I 480

[818] RGBl. I 1146

[819] E. R. Huber;, Bau und Gefüge des Reiches, 27 f.

[820] E. R. Huber;, Bau und Gefüge des Reiches, 26

natürlichen Ordnung der Dinge und dem germanischen Charakter des Volkes von selbst“ ergab[821].

Die praktische Handhabung des Reichsbürgergesetzes einschließlich der ggf. notwendig werdenden Bestimmung der Volkszugehörigkeit erforderte zahlreiche Durchführungsverordnungen und Verwaltungsanweisungen zum Reichsbürgergesetz. Ernst Rudolf Huber unterschied 1941 neun Kategorien von Rechtsstellungen mit unterschiedliche rechtliche Konsequenzen [822]. Nach Art. 109 Abs. 1 WRV waren noch alle Deutschen vor dem Gesetz gleich gewesen. Das zweite Nürnberger Gesetz, das Gesetz zum Schutz des deutschen Blutes und der deutschen Ehre vom 15. September 1935 (Blutschutzgesetz)[823], ergänzt durch das Gesetz zum Schutze der Erbgesundheit des deutschen Volkes vom 18. Oktober 1935 (Erbgesundheitsgesetz)[824] war ein schwerwiegender Eingriff in das Persönlichkeitsrecht. Das Blutschutzgesetz verbot die Eheschließung zwischen Juden und deutschen Staatsangehörigen und den Geschlechtsverkehr zwischen den Genannten, welcher mit Gefängnis oder Zuchthaus bestraft wurde. Das Erbgesundheitsgesetz verbot die Eheschließung mit so genannten Erbkranken.

Das Regime setzte auch das Steuerrecht unter der unmittelbaren Verantwortung von Schwerin von Krosigk als Instrument zur Unterdrückung der Juden ein[825]. Überblickt man die schrittweise Entwicklung dann war das Endziel der Finanztod der Juden. Der Finanztod war die Vorstufe zur physischen Vernichtung. Bei einem verarmten Judentum rechnete das Regime offenbar mit geringerem Widerstand der Bevölkerung gegen die Vertreibung und Auslöschung der Juden. Im einzelnen führte das Regime eine extreme Ungleichbehandlung der Juden gegenüber der übrigen Bevölkerung ein, indem den Juden steuerliche Vergünstigungen entzogen oder Verschärfungen auferlegt wurden. Zusätzlich beschaffte sich das Regime durch die steuerliche Sonderbehandlung der Juden bedeutende Steuermehreinnahmen[826].

Neben die judenfeindlichen Maßnahmen auf der Grundlage von Gesetzen traten administrative Maßnahmen, die allerdings teilweise durch Gesetze gestützt wurden. Für die Juden in Deutschland ergaben sich daraus wachsende Schwierigkeiten. Die größte wirtschaftliche Bedeutung hatte das so genannte Arisierungsprogramm, das darauf abzielte, jüdische Unternehmen in die Hände von "Ariern" zu überführen

---

821 H. Nicolai, Grundlagen der kommenden Verfassung. Über den staatsrechtlichen Aufbau des Dritten Reiches, 14 ff.

822 E. R. Huber;, Bau und Gefüge des Reiches, 30 f.

823 RGBl.I I1146

824 RGBl. 1935 I 1246

825 Näher R. Voß, Steuern im Dritten Reich, 145 ff.

826 Wegen der Einzelheiten vgl. R. Voß, Steuern im Dritten Reich, 145 ff.

und die Wirtschaft damit, wie es hieß, judenfrei zu machen[827]. Grundlage dafür war zunächst ein freiwilliger, aufgrund der Umstände jedoch mehr oder weniger zwangsweiser Verkauf[828], meist zu einem Kaufpreis unterhalb des Verkehrswerts. Von den ca. 100.000 jüdischen Betrieben des Jahres 1932 waren aufgrund des massenhaften Verkaufs nach Angaben eines Ministerialrats aus dem Reichswirtschaftsministerium am 1. April 1938 noch 39.552 übrig geblieben[829].

Das Jahr 1938 war allgemein ein Wendepunkt in der Judenpolitik des Dritten Reiches. Die Bestimmungen zu Lasten der Juden wurden verschärft. Im Laufe des Jahres 1938 ergingen gesetzliche Maßnahmen, die den bis dahin noch verbliebenen jüdischen Unternehmen die Existenz entzogen. Mit Verordnung vom 6. Juli 1938 [830] wurde die Einstellung von Dienstleistungen durch Juden in den Bereichen des Bewachungsgewerbes, der Auskunfteien, des Grundstücks- und Immobilienhandels, des Fremdenführergewerbes, der Heiratsvermittlung zwischen Nichtjuden verfügt. Dieselbe Verordnung verbot den Juden die Ausübung des Wandergewerbes. Der Betrieb von Einzelhandelsverkaufsstellen, Versandgeschäften, Bestellkontoren sowie der selbständige Betrieb von Handwerksbetrieben wurde Juden mit der Verordnung zur Ausschaltung der Juden aus dem deutschen Wirtschaftsleben vom 12. November 1938 untersagt [831]. Die gleiche Verordnung schuf eine Rechtsgrundlage dafür, leitende jüdische Angestellte, die überwiegend allerdings schon vorher ihre Stellungen durch meist ungerechtfertigte Kündigungen verloren hatten[832], mit einer Frist von sechs Wochen unter Verlust aller Ansprüche auf Versorgung und Abfindung zu kündigen. Die Einzelhandelsverkaufsstellen u.s.w. waren grundsätzlich unter Ausschluss des Verkaufs von Waren an Endverbraucher auf Kosten der Inhaber durch staatlich eingesetzte Abwickler aufzulösen und nur in besonderen Fällen zur Sicherstellung der Versorgung der Bevölkerung als Unternehmen im ganzen in nichtjüdisches Eigentum zu überführen [833]. Gewissermaßen als Abschluss der auf “freiwilliger" Basis durchgeführten "Arisierung" wurde mit der Verordnung über

---

827 Zur Arisierung: A. Barkai;, Vom Boykott zur "Entjudung"; H. Genschel;, Die Verdrängung der Juden aus der Wirtschaft aaO.,; R. Hilberg, Die Vernichtung der Bd. 1, 97 ff.; J. Ludwig;, Boykott Enteignung Mord

828 Vgl. zur Darstellung der Zwangssituation: Denkschrift der Reichsvertretung der Juden vom 8. 3. 1935, auszugsweise abgedruckt bei: A. Barkai;, Vom Boykott zur "Entjudung", 76 f.

829 A. Barkai, Vom Boykott zur "Entjudung", 80; G. Plum;, Wirtschaft und Erwerbsleben, 305

830 RGBl. I 823

831 RGBl. I 1580

832 R. Hilberg, Die Vernichtung der europäischen Juden, Bd. 1, 85 ff.; G. Plum;, Wirtschaft und Erwerbsleben, 280 ff.; B. Rüthers;, Die unbegrenzte Auslegung, 392 ff.

833 VO z. Durchführung der VO zur Ausschaltung der Juden aus dem deutschen Wirtschaftsleben vom 23.11.1938, RGBl. I 1642

den Einsatz des jüdischen Vermögens vom 3. Dezember 1938[834] eine gesetzliche Grundlage für die "Arisierung" aller sonstigen jüdischen Gewerbebetriebe geschaffen[835]. Den Inhabern konnte aufgegeben werden, den Betrieb unter Einschaltung eines staatlich eingesetzten Treuhänders zu veräußern oder abzuwickeln. Für land- und forstwirtschaftliche Betriebe, land- und forstwirtschaftliches Vermögen, sonstiges Grundvermögen und andere Vermögensteile konnte nach der Verordnung vom 3. Dezember 1938 ebenfalls die Veräußerung angeordnet werden. Die Veräußerung aller genannten Vermögenswerte war genehmigungspflichtig. Da die Kaufpreise regelmäßig erheblich unter dem Verkehrswert lagen, bestimmte § 15 der Verordnung vom 3. Dezember 1938, dass die für die Veräußerung notwendige Genehmigung unter der Auflage einer Geldleistung des Erwerbers zugunsten des Reichs erteilt werden konnte - sog. Arisierungsabgabe[836] -, die nach einem Erlass des Reichswirtschaftsministers auf 70 v. H. des Unterschieds zwischen dem Kaufpreis und dem Verkaufswert festgesetzt wurde [837], dem Erwerber somit regelmäßig noch einen nicht unbeträchtlichen "Arisierungsgewinn" beließ. Die Verordnung über den Einsatz des jüdischen Vermögens führte ferner einen Depotzwang für Wertpapiere von Juden ein sowie ein Verfügungsverbot für deren Juwelen, Schmuck- und Kunstgegenstände. Eine Verfügung darüber war nur mit Genehmigung staatlicher Stellen zulässig, wobei für Juwelen, Schmuck- und Kunstgegenstände staatliche Ankaufsstellen eingerichtet wurden. Ankaufsstelle für Kulturgut war die Reichskammer der bildenden Künste [838].

Die Ausschaltung der Juden aus dem Wirtschaftsleben und den Berufen erzeugte ebenso wie das allgemeine Klima des Hasses einen Auswanderungsdruck. Die Auswanderung war in den ersten Jahren bis in das Jahr 1941 hinein[839] das Ziel der "*Abwehrmaßnahmen des nationalsozialistischen Staates gegen die Juden*" [840]. Nach

---

834 RGBl. I 1709

835 Definition: 3. VO z. Reichsbürgergesetz vom 14.6.1938, RGBl. I 627

836 Vgl. W. Blümich;, Einkommensteuergesetz, 5. Aufl. § 6 Anm. 14 a, auch zur Frage der Aktivierung der Abgabe beim Erwerber

837 Erlass vom 6.2.1939, RStBl. 1939, 387, Abschnitt IV 1; Blümich;, Einkommensteuergesetz, 5. Aufl. § 6 Anm. 14 a

838 5. VO. z. Durchführung der VO über den Einsatz jüdischen Vermögens vom 25.4.1941, RGBl. I 218

839 Am 23.10.1941 wies Himmler; die Staatspolizeistellen an, weitere Auswanderungen zu verhindern, vgl. G. Plum;, Deutsche Juden oder Juden in Deutschland., 72

840 Erlass des Reichswirtschaftsministers vom 6.2.1939,Abschnitt I 4, RStBl. 1939, 387; vgl. § 2 Abs. 1 Zehnte VO zum Reichsbürgergesetz vom 4.7.1939, RGBl. I 1097: "Die (mit der 10. VO gegründete) Reichsvereinigung der Juden in Deutschland hat den Zweck, die Auswanderung der Juden zu fördern"; Runderlass des Reichsministers des Inneren und des Reichsführers der SS und Chefs der deutschen Polizei (Himmler;) vom 25.2.1939:"Es müssen alle Anstrengungen gemacht

Auffassung der Betroffenen handelte es sich aber nie um eine Auswanderung, sondern immer um Flucht[841]. Die bereits im Kaiserreich vorhandene antisemitische Stimmung und der Druck auf die Juden hatte schon gegen Ende der Weimarer Republik in der Wirtschaftskrise 1929 - 1932 zugenommen[842]. Nachdem in der Zeit von 1919 bis 1927 nach einer nicht vollständigen Bibliographie über 700 völkische und antisemitische Schriften erschienen waren[843], schritten die Nazis zu Gewalttaten gegen Juden und deren Einrichtungen, indem sie Juden ermordeten, verletzten und Friedhöfe und Synagogen schändeten[844].

Die in Deutschland verbleibenden Juden wurden vor der Deportation in die Vernichtungslager, die im Reich generell im Herbst 1941[845] einsetzte, mehr und mehr von staatlichen Leistungen ausgegrenzt. So wurden die Juden zunehmend von der öffentlichen Fürsorge ausgeschlossen[846], obwohl ein Teil der jüdischen Bevölkerung wegen ihrer originären Armut und Wohlhabende wegen der Verdrängung aus dem Wirtschaftsleben immer mehr auf Fürsorgeleistungen angewiesen waren[847]. Sie mussten die Fürsorge selbst organisieren. Auch aus der privaten Krankenversicherung wurden Juden ausgeschlossen[848]. Außer der Unterstützung von Hilfsbedürftigen in jüdischen Heimen, Anstalten oder Wohnungen musste etwa während des Krieges eine Kleider- und Möbelkammer eingerichtet werden, weil die Juden keine Kleiderkarte erhielten[849]. Ohne deren Besitz konnten im Kriege keine Kleider

---

werden, um die Auswanderung der Juden zu fördern" , zit. nach Walk;, Das Sonderrecht der Juden., 284 Nr. 150

[841] J. Wetzel;, Auswanderung aus Deutschland, aaO., 413 ff.

[842] A. Barkaii;, Vom Boykott zur "Entjudung", 15

[843] I. Elbogen;/E. Sterling;, Die Geschichte der Juden in Deutschland, 289

[844] I. Elbogen;/E. Sterling;, Die Geschichte der Juden,., 292

[845] R. Hilberg, Die Vernichtung der europäischen Juden, Bd. 2, 476; 1940 erfolgte die erste Deportation aus Stettin

[846] VO über die öffentliche Fürsorge von Juden vom 19. 11. 1938, RGBl. I 1649,: Grundsätzlich keine öffentliche Fürsorge, Verweisung auf jüdische freie Wohlfahrtspflege; RdErl. RMI RAM vom 21.12.1942, MBlPrVerw 1942 Sp.2378,: Juden, die der Reichsvereinigung der Juden in Deutschland angehören, sind wegen Fürsorgeleistungen an die Reichsvereinigung zu verweisen; A. Barkai;, Vom Boykott zur "Entjudung", 103 ff, 186

[847] Von der jüdischen Winterhilfe wurden Ende 1938 im Altreich 23,12 % und in der Ostmark (= Österreich) 28,3 % der jüdischen Bevölkerung betreut, vgl. H. Boberach (Hrg.); Meldungen Aus dem Reich, Die geheimen Lageberichte des Sicherheitsdienstes der SS 1938 –1945, Bd. 2, 21

[848] Vgl. Walk;, Das Sonderrecht der Juden., S. 319 Nr. 86

[849] Runderlass des Reichswirtschaftministers vom 7.12.1939, zit. nach Walk;, Das Sonderrecht der Juden., S. 312 Nr. 48

in den Geschäften gekauft werden[850]. Der wachsende Wohlfahrtsbedarf traf die Gemeinden in einer Zeit, in der die Spenden wohlhabender Juden für die Wohlfahrtspflege wegen deren Auswanderung mehr und mehr ausblieben[851]. Ab 1939 durften jüdische Kinder keine öffentlichen Schulen mehr besuchen. Sozialfürsorge und Beschulung mussten die Juden nunmehr voll auf eigene Kosten übernehmen. Grundlage hierfür war die Zehnte Verordnung zum Reichsbürgergesetz vom 4. Juli 1939[852]. Danach übertrugen die Reichsminister des Inneren , für Wissenschaft, Erziehung und Volksbildung und für kirchliche Angelegenheiten sowie der Stellvertreter des Führers, Rudolf Heß, der mit dieser Verordnung gegründeten "Reichsvereinigung der Juden in Deutschland" nicht nur die gesamte Wohlfahrtspflege für die Juden (§ 12), sondern auch die Sorge für die Beschulung der jüdischen Kinder (§§ 6 - 11). Bisher vom Staat gewährte Zuschüsse an Schulen jüdischer Träger entfielen[853]. Schon vorher waren den jüdischen Gemeinden, den jüdischen Stiftungen und Vereinen sämtliche Steuervorteile, die christlichen Religionsgesellschaften und deren Einrichtungen zustanden, entzogen worden.

Schon am Beginn des Nazi-Regimes organisierte die Führung Übergriffe auf die Juden. So rief sie am 1. April 1933 auf Initiative von Goebels erfolgreich zum Boykott von Geschäften jüdischer Inhaber auf. In der Nacht vom 9. zum 10. November 1938 veranstaltete das Regime ein als Volksbewegung ausgegebenes, in Wirklichkeit aber von staatlichen Kräften, wie u. a. der SS, durchgeführtes Pogrom, das zur Zerstörung der meisten Synagogen, von jüdischen Einrichtungen und Geschäften führte. Verharmlosend wurde diese Aktion, die 97 jüdischen Bürgern das Leben kostete und 30.000 die Freiheit durch Internierung in Konzentrationslagern, wegen der vielen Glasschäden als Reichskristallnacht bezeichnet. Die Pogrome spielten sich unter den Augen der Öffentlichkeit ab. Jeder in Deutschland konnte sich ein Urteil bilden. Ein Widerstand in der Bevölkerung wurde aber nicht erkennbar. Es gab viele, die entsetzt waren, aber aus Angst vor Repressalien des Regimes bei Widerstandshandlungen oder auch nur Meinungsäußerungen in der Öffentlichkeit zurückschreckten.

Auch die Einleitung der Massenvernichtung, nämlich der Deportation der aus Polen stammenden Juden nach Polen, die am 27. Oktober 1938 einsetzte[854] und die z. B. auch Marcel Reich-Ranicki und seine Familienangehörigen traf[855], vollzog

---

850 L. Lippmann;, ".DASS ICH WIE EIN GUTER DEUTSCHER EMPFINDE UND HANDELE", 68

851 L. Lippmann; Das ich wie ein guter Deutscher empfinde und handele, 45

852 RGBl.1939 I 1097

853 L. Lippmann; Das ich wie ein guter Deutscher empfinde und handele, 67

854 I. Gutman/, Enzyklopädie des Holocaust, II. 1622

855 M. Reich-Ranicki, Mein Leben, 11. Aufl., 157 ff.

sich unter den Augen der Öffentlichkeit. Die Verwertung des jüdischen Vermögens, Grundbesitz, Kapitalvermögen und bewegliche Habe wurde den Finanzämtern übertragen. Die Beamten hatten sich während der Weimarer Republik gegenüber der NSDAP politisch neutral verhalten. Sie sahen "*in dem offenen Bekenntnis zur Partei eine Pflichtverletzung gegenüber dem damaligen Staat*", dem sie allerdings nach dem Machtwechsel alsbald folgten.[856].

Auf der so genannten Wannsee-Konferenz im Januar 1942 erläuterte Reinhard Heydrich, der Leiter des Reichssicherheitshauptamtes, ausgewählten Funktionären den Plan, die Juden im Einflussbereich des Regimes auszurotten. Ob dem eine Anordnung von Hitler zugrunde lag, ist umstritten. Verschiedene Dokumente stützen aber die Annahme einer Anordnung[857]. Dieser Plan wurde anschließend in den Massenvernichtungslagern, u. a. in dem nahe Krakau gelegenen Auschwitz ausgeführt. Schon vorher und begleitend ermordeten Spezialeinsatzkommandos, teilweise unter Mitwirkung der Wehrmacht Juden einschließlich Kindern, Frauen und Greisen in Polen, Jugoslawien und Russland vornehmlich durch Massenerschießungen aus allernächster Nähe von hinten oder von Angesicht zu Angesicht, so dass den Mördern Blut und Gehirnmassen der Opfer ins Gesicht spritzten[858]. Insgesamt fielen etwa 5, 3 bis knapp 6 Millionen Juden der Rassepolitik der Nationalsozialisten zum Opfer. Das Regime bemühte sich, die Vernichtung der Juden gegenüber den Deutschen geheim zu halten. Aber Tausende waren an der Ausführung, den Deportationen, den Transporten, der Organisation der Vernichtung in den Vernichtungslagern und den Ermordungen in den besetzten Gebieten beteiligt.

d. Verfolgung der Sinti und Roma

Zu Beginn der Herrschaft der Nationalsozialisten beschränkte sich die rassepolitische Verfolgung auf die Juden. Das Zigeunerproblem der Roma und Sinti) wurde vornehmlich als eine Frage der Behandlung von Asozialen und Kriminellen gesehen[859]. Vor diesem Hintergrund erklärt es sich auch, dass die Zigeuner in den beiden sogen. Nürnberger Grundgesetzen, dem Reichsbürgergesetz und dem Gesetz

---

[856] Vgl. u. a. R. Hilberg, Die Vernichtung der europäischen Juden, aaO., Bd. 2, 505 ff. m. w. Nachw.

[857] Akten zur deutschen auswärtige Politik 1918 – 1945, SerieE:1941 –1945, Bd. 7 1. Oktober 1943- 30 April 1944, S 31, Dok. 18 6. 10. 1943, Göttingen 1979; Unterredung Hitler, Ribbentrop, Horthy am 18. April 1943, in: Staatsmänner und Diplomaten bei Hitler. Zweiter Teil: Vertrauliche Aufzeichnungen über Unterredungen mit Vertretern des Auslands 1942 – 1944, hrsg. Und erläutert von A. Hillgruber, Frankfurt am Main S. 258 f.

[858] Vgl. u. a Ch. Browning, Ganz normale Männer – Das Reserve-Polizeibataillon 101 und die „Endlösung" in Polen, u.a. S.97; das ca. 500 Mann starke Polizeibataillon 101 erschoss von Juli 1942 bis November 1943 mindestens 38000 Juden, aaO S. 249; Die Taten des Bataillons sind in den Akten der Staatsanwaltschaft Hamburg 141 Js 157/62 dokumentiert

[859] J. S. Hohmann, Geschichte der Zigeunerverfolgung, in Deutschland, aaO., 93

zum Schutz des deutschen Blutes und der deutschen Ehre vom 15. September 1935[860] nicht ausdrücklich erwähnt wurden. Mit dem von Himmler unterzeichneten, mit der Überschrift „*Bekämpfung der Zigeunerplage*“ versehenen, auf § 1 der Verordnung des Reichspräsidenten zum Schutz von Volk und Staat vom 28. Februar 1933 gestützten Zigeuner-Grunderlaß vom 8. Dezember 1938[861] wurde aber die „*Zigeunerfrage aus dem Wesen der Rasse heraus*" mit dem Ergebnis in Angriff genommen, dass die Zigeuner praktisch rechtlos gestellt, ab 1939 in Sammellager untergebracht, 1940 nach Polen deportiert und ab 1942 in das KZ Auschwitz-Birkenau und andere Lager verschleppt wurden. Nach Schätzungen fielen etwa 500.000 (bezogen auf Mitteleuropa ca. 70 v. H., bezogen auf Deutschland ca. 80 v. H. der Roma und Sinti von 1939) der Massenvernichtung - u. a. auch durch Zwangsarbeit - zum Opfer[862].

e. Verfolgung der Religionsgemeinschaften

Der schärfsten Verfolgung waren die Zeugen Jehovas (Ernste Bibelforscher) ausgesetzt[863]. Von ihnen mussten nach Schätzungen, die nicht verifiziert werden können, nicht weniger als ein Drittel (4-5.000) ihr Leben lassen, Viele wanderten vorwiegend unter dem Vorwand der Kriegsdienstverweigerung in Konzentrationslager[864]. In Preußen wie in anderen Ländern wurden die ernsten Bibelforscher u. a. auf der Grundlage der Reichstagsbrandverordnung als Sekte verboten, obwohl die Reichstagsbrandverordnung nach ihrer Präambel nur der Bekämpfung der Kommunisten dienen sollte.

Die nationalsozialistische Ideologie stand in Konkurrenz zu dem religiösen Anspruch der christlichen Kirchen[865]. Dass Hitler sich in seiner Ansprache zum Ermächtigungsgesetz und bei anderen Gelegenheiten für ein freundschaftliches Verhältnis zu den Kirchen ausgesprochen hatte, beruhte wohl eher auf der Absicht,

---

[860] RGBl. 1935 I 1146

[861] Ministerialblatt des Reichs- und Preußischen Ministeriums des Innern 1938 Sp. 2105, dazu Ausführungsanweisung des Reichskriminalamtes vom 1.3.1939, Deutsches Kriminalpolizeiblatt vom 20.3.1939 -Sonderausgabe- vgl. U. König;, Sinti und Roma unter dem Nationalsozialismus, 81

[862] Vgl. R. Rose;/W. Weiss;, Sinti und Roma im "Dritten Reich" mit Berichten aus verschiedenen Konzentrationslagern, 40 ff ; J. S. Hohmann, Geschichte der Zigeunerverfolgung. aaO., 143 ff.; U. König;, Sinti und Roma unter dem Nationalsozialismus, aaO., 80 ff., 87

[863] M. H. Kater, Die ernsten Bibelforscher im Dritten Reich, VjhZG 1969, 181 ff., u. a. mit Einzelfällen der Verfolgung, 198 ff.; genaue Zahlen lassen sich aber nicht ermitteln, vgl. M. J. Penton, Jehovahs Witnesses and the Third Reich, Appendix I

[864] J. S. Conway, Die nationalsozialistische Kirchenpolitik 1933 – 1945, 212

[865] U. von Hehl, Die Kirchen in der NS-Diktatur, 162

Wählerstimmen aus dem christlichen Lager zu gewinnen[866]. Das Endziel war, die christlichen Religionsgesellschaften zu verdrängen. Bis dieses Ziel erreicht wurde, gab es unterschiedlich wirkende Angriffe verschiedener Partei- und Regierungsstellen – einschließlich der Justiz[867] - auf die christlichen Kirchen, die die freie Religionsausübung erschwerten[868].

Popitz billigte laut seiner Aussage in der Haft die nationalsozialistische Kirchenpolitik nicht. Die Behandlung der Kirchenfrage erschien ihm weder klar im Ziel noch dem Volk und seiner Einheit günstig. Er war der Überzeugung, dass man dem Volk seinen überkommenen Glauben nicht nehmen kann, wenn man nicht allgemein Anerkanntes an seine Stelle setzen kann. Hitler habe wiederholt erklärt, kein Religionsstifter sein zu wollen. Er habe nicht verstanden, dass man sich im Kampf gegen den Bolschewismus nicht der christlichen Kräfte bedient und damit eine internationale Resonanz zu erzielen versucht habe. Die Bemühungen um die Schaffung einer evangelischen Reichskirche als Gegengewicht zum Katholizismus habe er anfangs sehr stark unterstützt, und er habe es bedauert, dass diese Bemühungen gescheitert seien[869]. Diese Aussagen stehen im Einklang mit einer Äußerung im Reichskabinett am 22. Februar 1933, wonach er sich für die Einführung des Religionsunterrichts in den Berufsschulen ohne Rücksicht auf die Kosten eingesetzt hatte[870]. Aber letztlich war die Kirchenfrage für Popitz doch wohl nur eine Kategorie der Verwaltung.

f. Euthanasie

Das schwerwiegendste Verbrechen des Regimes schon vor der Vernichtung der Juden war die Tötung von Geisteskranken und anderen unheilbaren Kranken, denen unter dem Stichwort Euthanasie im Altreich 60.000 bis 80.000 Menschen zum Opfer fielen[871] . Die Aktion beruhte auf einem schriftlichen, auf den 1. September 1939 zurückdatierten Führerbefehl vom Oktober 1939 an den Reichsleiter der

---

[866] U. von Hehl, Die Kirchen in der NS-Diktatur, 162

[867] Vgl. u. a. zur Rechtsprechung des Reichsfinanzhofs R. Voß, Steuern im Dritten Reich, 223 ff.

[868] Vgl. dazu G. Kretschmar (Hrsg.), Dokumente zur Kirchenpolitik des Dritten Reiches; H. G. Hockerts, Die Goebbels-Tagebücher 1932 – 1941: eine neue Hauptquelle zur Erforschung der nationalsozialistischen Kirchenpolitik, 359 ff.

[869] Archiv Peter, Spiegelbild einer Verschwörung, 436 f.; zum Scheitern des Reichskirchenministers Kerrl in der Frage eines Ausgleichs zwischen den christlichen Kirchen und den Nationalsozialisten vgl. J. S. Conway, Die nationalsozialistische Kirchenpolitik 1933 – 1945, 260 ff.

[870] Akten der Reichskanzlei, Regierung Hitler 1933/34, 109, GstA PK I HA Rep. 90 Annex L Nr. 41 Bl.33

[871] E. Klee, Euthanasie im NS-Staat, Frankfurt am Main 1989; Ian Kershaw, Hitler 1936 – 1945, 349 ff.

NSDAP Philipp Bouhler und den Arzt Prof. Dr. Karl Brandt[872]. Im Herbst 1941 ließ Hitler die Euthanasieaktion im Altreich abbrechen, weil Proteste in der Bevölkerung erhoben wurden und der Bischof von Münster, Clemens August von Galen, in einer Predigt am 3. August 1941 die Aktion angeprangert hatte[873].

g. Wirtschaftspolitik

Zu den Bedingungen alleiniger Macht gehörte auch ein wirtschaftlicher Aufschwung, ohne den Hitler sich der Zustimmung der Bevölkerung nicht sicher sein konnte. Die in der Literatur umstrittene Frage, ob der nationalsozialistischen Wirtschaftspolitik ein einheitliches Konzept zugrunde lag [874], oder ob die Wirtschaftspolitik durch kurzfristige wirtschaftliche oder vor allem politische Notwendigkeiten, also insbesondere durch die mit der Aufrüstung verbundenen Aufgaben bestimmt wurde[875], ist m. E. im Sinne des letztgenannten Standpunkts zu entscheiden. Zeitgenossen sprachen von einer gesteuerten Wirtschaft, welche die Mitte zwischen Freizügigkeit und Bindung hielt. Dieser Zustand wurde wie folgt charakterisiert: "*Die Freizügigkeit ist gebändigt, indem Markt, Preis und Geld nicht mehr die Wirtschaft regieren, sondern ihr dienen und die Bindung ist entbürokratisiert, indem der Staat nicht etwa selbst wirtschaftet, sondern die Wirtschaft lenkt. Das System der gesteuerten Wirtschaft holt also die Wirtschaft aus ihrer kapitalistischen Verselbständigung zurück, ohne sie auf der anderen Seite dem Staat zu überantworten*" [876]. Hitler selbst vermied eine Festlegung in wirtschaftspolitischer Hinsicht. In der Kabinettssitzung vom 8. Februar 1933 empfahl er, bei der Wahlpropaganda für die am 5. März 1933 bevorstehende Reichstagswahl alle genaueren Angaben über ein Wirtschaftsprogramm der Reichsregierung zu vermeiden. Die Reichsregierung müsse 18 bis 19 Millionen Wählerstimmen hinter sich bringen. Ein Wirtschaftsprogramm, das die Zustimmung einer derartig großen Wählermasse finden könne, gebe es auf der ganzen Welt nicht[877]. Festzuhalten bleibt, dass das Regime grundsätzlich die kapitalistisch geprägte Wirtschaftsverfassung der Weimarer Zeit fortführte, wenn auch im Laufe des Krieges die staatlichen Zügel angezogen wurden. Insbesondere wurde das freie Unternehmertum grundsätzlich nicht angetastet. Die Unter-

---

[872] Vgl. Im Namen des Deutschen Volkes, Justiz und Nationalsozialismus, Katalog zur Ausstellung des Bundesminister der Justiz, Köln 1989, 201; E. Bieber, Der Euthanasiebefehl Hitlers in der Bewertung rechtspolitischer Theorien, Münster 1996

[873] Ian Kershaw, Hitler 1936 – 1945, 576

[874] so A. Barkai;, Das Wirtschaftsystem, 96 ff., der das Wirtschaftssystem als nationalistisch - etatistisch bezeichnet

[875] so Ch. Bettelheim, Die deutsche Wirtschaft unter dem Nationalsozialismus, aaO.,

[876] K. Burkheiser, Quellen und Methoden der Kriegsfinanzierung, FinArch NF 8 (1941), 29, 65

[877] Zitiert nach M. Broszat;, Der Staat Hitlers, 96

scheidung gegenüber der Wirtschaftsverfassung der Weimarer Zeit liegt im Bereich von Einzelmaßnahmen, die den grundsätzlichen kapitalistischen Charakter der überkommenen Wirtschaftsordnung nicht änderten. Diese Einzelmaßnahmen, deren grundsätzlich Richtung auf die Durchsetzung des Führerprinzips, auf eine verstärkte Staatsaufsicht und auf eine Rationalisierung abzielte, gaben der Wirtschaftsverfassung des Dritten Reiches gegenüber der der Weimarer Zeit doch ein wesentlich anderes Gepräge[878] .

Es können zwei Perioden nationalsozialistischer Wirtschaftspolitik unterschieden werden: die Bekämpfung der Arbeitslosigkeit 1933-1936 und die Kriegswirtschaft im Frieden wie im Krieg 1936-1945. Die Übergänge zwischen beiden Perioden waren allerdings fließend. Ansätze zur Kriegswirtschaft finden sich schon in der Zeit von 1933 bis 1936. Beide Perioden waren ebenso eng mit den nationalsozialistischen Zielsetzungen verknüpft wie die Förderung der Landwirtschaft. Diese Förderung wurde in allen Perioden nationalsozialistischer Wirtschaftspolitik betrieben, wenn auch mit wenig Erfolg. So verdreifachte sich in der Zeit zwischen 1933 - 1940 das gesamte Volkseinkommen in Handel und Gewerbe, während sich das Volkseinkommen in der Land- und Forstwirtschaft im gleichen Zeitraum nur verdoppelte und das Volkseinkommen für Löhne und Gehälter sich um das 1,8-fache erhöhte[879]. Arbeiter und Angestellte profitierten am wenigsten vom Anstieg der Wirtschaftsleistung. Es erscheint deshalb verfehlt, im Hinblick auf die breite Masse der Bevölkerung von „*Hitlers Volksstaat*“ zu sprechen, wie es Götz Aly in seinem Buch unter diesem Titel tut. Gewisse soziale Vergünstigungen im Steuer- oder Sozialversicherungsrecht für Arbeitnehmer oder eine gewisse Nivellierung der Klassenunterschiede können nicht darüber hinweg täuschen, dass die wirtschaftliche Lage der Arbeitnehmer sich gegenüber der Oberschicht relativ verschlechterte. Der Begriff Volksstaat für den Staat Hitlers verbietet sich aber schon deswegen, weil dieser Staat das ganze deutsche Volk und die europäischen Völker in tiefes Unglück geführt hat.

Im Vordergrund der wirtschaftlichen Zielsetzung stand zunächst die Bekämpfung der Arbeitslosigkeit. Die Nationalsozialisten verdankten ihre Herrschaft zu einem wesentlichen Teil der Wirtschaftskrise der Jahre 1931/1932 und dem Versprechen, diese Wirtschaftskrise zu überwinden, insbesondere die Arbeitslosigkeit zu beseitigen. Ohne die Beseitigung der Arbeitslosigkeit innerhalb kurzer Frist hät-

---

[878] Gesetz über Treuhänder der Arbeit vom 19. 5. 1933, RGBl. 1933 I 285; Gesetz zur Ordnung der nationalen Arbeit vom 20. Januar 1934, RGBl. 1934 I 45;Gesetz über Errichtung von Zwangskartellen vom 15. 7. 1933, RGBl. 1933 I 488; Gesetz zur Vorbereitung des organischen Aufbaus der deutschen wirtschaft vom 27. 11. 1934, RGBl. 1934 I 1194; Gesetz über den vorläufigen Aufbau des deutschen Handwerks vom 29. 11. 1933, RGBl. 1933 I 1015; VO über die Industrie- und Handelskammern vom 20. 8. 1934, RGBl. 1934 I 790;VO zur Durchführung des Vierjahresplans vom 18. 10. 1936, RGBl. 1936 I 887

[879] Statistisches Handbuch von Deutschland 1928 - 1944, 600

te sich vermutlich die Prognose bürgerlicher Kräfte bewahrheitet, dass die Nationalsozialisten binnen kurzem am Ende sein würden. Angesichts einer jahrsdurchschnittlichen Arbeitslosigkeit von 5,6 Millionen Menschen im Jahre 1932[880] konnte die Arbeitslosigkeit nur durch staatliche Arbeitbeschaffungsmaßnahmen überwunden werden. Solche Maßnahmen hatten die Nazis bereits in ihrem "*Wirtschaftlichen Sofortprogramm der NSDAP*" aus dem Jahre 1932 angekündigt [881]. Die Finanzierung sollte durch eine "produktive Kreditschöpfung", durch Ersparnisse bei der Arbeitslosenunterstützung und durch die infolge des Wirtschaftsaufschwungs erhöhten Steuereinnahmen erfolgen. Das Sofortprogramm wurde wegen seiner antikapitalistischen Töne zwar schon im Jahre 1932 durch das "*Wirtschaftliche Aufbauprogramm der NSDAP*" ersetzt [882], aber wesentliche Elemente des Sofortprogramms wurden ab 1933 in die Tat umgesetzt.

Eine maßgebende Kraft des 1933 in Gang gesetzten Programms war der Staatssekretär im Reichsfinanzministerium, Fritz Reinhardt, der hierfür den schlagkräftigen Titel "*Generalangriff gegen die Arbeitslosigkeit*" auswählte [883]. Die gesamte Aktion ist auch als erstes Reinhardt-Programm in die Wirtschaftsgeschichte des Dritten Reiches eingegangen[884]. Ein Schwerpunkt der Maßnahmen lag im steuerlichen Bereich[885].

Das steuerliche Maßnahmenbündel wurde in einem zweiten Schwerpunkt ergänzt durch die finanzielle Förderung von Instandsetzungs- und Ergänzungsarbeiten an Baulichkeiten der verschiedenen öffentlichen Hände und landwirtschaftlicher Betriebe, ferner durch die Förderung bestimmter Siedlungen, Flussregulierungen, Tiefbauarbeiten der Länder und Gemeinden sowie von Versorgungseinrichtungen (Gas, Wasser und Elektrizität) und schließlich durch die Gewährung von Sachleistungen an Hilfsbedürftige mit einem Förderungsvolumen in Höhe von bis zu 1 Mrd. RM[886]. Darüber hinaus wurden Anreize für Eheschließungen durch die Gewährung von unverzinslichen Ehestandsdarlehen in Höhe von bis zu 1.000 RM je Ehepaar geschaffen[887]. Die Ehestandsdarlehen wurden durch die Erhebung einer Ehestands-

---

[880] A. Barkai;, Wirtschaftssystem, 232

[881] Vgl. dazu A. Barkai; Wirtschaftssystem, 42 ff., 50 f.; das Sofortprogramm soll aus den Schriften des halbjüdischen Publizisten R. Friedländer-Prechtl fast wörtlich abgeschrieben sein

[882] Vgl. dazu A. Barkai; Wirtschaftssystem, 47 ff.

[883] F. Reinhardt;, Generalangriff gegen die Arbeitslosigkeit, RStBl. 1933, 487 ff.; Gesetz zur Verminderung der Arbeitslosigkeit vom 1.6.1933, RGBl. I 323

[884] A. Barkai;, Wirtschaftssystem, 155

[885] Wegen der Einzelheiten vgl. R. Voß, Steuern im Dritten Reich, 58 ff., 77 ff.

[886] Gesetz zur Verminderung der Arbeitslosigkeit vom 1.6.1933, RGBl. I 323 (Abschnitt I § 1)

[887] Gesetz zur Verminderung der Arbeitslosigkeit, (Abschnitt V)

hilfe bei Ledigen finanziert [888]. Dem ersten Reinhardt-Programm folgte im September 1933 ein zweites zugunsten von Hausbesitzern im Wert von 500 Mio. RM [889].

h. **Aufrüstung und Krieg**

Der entscheidende Motor des alsbald nach 1933 einsetzenden Wirtschaftsaufschwunges war aber die Aufrüstung. Dies lässt sich daran ablesen, dass die Rüstungsausgaben von 500 Mio. RM im Jahre 1932 auf 10.300 Mio. RM im Jahre 1936 anstiegen [890], während sich der private Konsum in dem genannten Zeitraum nur von 44,9 Mrd. RM auf 51,9 Mrd. RM (16 %) und die Ausgaben für öffentliche Investitionen von 1.970 Mrd. RM auf 4.220 Mrd. RM erhöhten [891]. Nach Avraham Barkai sollen von den insgesamt 27,5 Mrd. RM, die die nationalsozialistische Regierung über die genannten Programme und die sonstigen öffentlichen Aufträge in den Jahren 1933 - 1936 in die Wirtschaft pumpte, fast 21 Mrd. RM in die Aufrüstung geflossen sein. Unter Einbeziehung von 5,5 Mrd. RM für strategisch wichtige Großarbeiten, wie den Bau von Autobahnen, sollen somit fast 90 v. H. der zusätzlichen Ausgaben der Kriegsvorbereitung gedient haben [892].

Wie bereits ausgeführt, war die Schaffung von Lebensraum eine der Konstanten von Hitlers Politik. Schon am 3. Februar 1933 entwickelte Hitler in einer geheimen Rede vor den deutschen Generälen die Idee, dass die Ansiedlung von Bauern die einzige Möglichkeit sei, das Arbeitslosenheer z. T. wieder einzuspannen, und dass der Aufbau der Wehrmacht als Instrument zur Eroberung neuen Lebensraums im Osten unter dessen rücksichtsloser Germanisierung die wichtigste Voraussetzung für die Erreichung dieses Zieles sei[893]. Symptomatisch für die Zielrichtung der Politik ist auch, dass Hjalmar Schacht, der 1924 bis 1930 und dann wieder ab 1933 Präsident der Reichsbank, von 1934 bis 1937 Reichswirtschaftsminister sowie vor 1933 Mitglied der Hitler stützenden Harzburger Front war, im Mai 1935 zum Generalbevollmächtigten für die Kriegswirtschaft ernannt wurde[894].

Wenngleich die Zahl der Arbeitslosen im Jahre 1936 noch bei 1,6 Mio. lag, sah die Propaganda die Arbeitslosigkeit als überwunden an. Im Mai 1937 sank die Ar-

---

[888] Gesetz zur Verminderung der Arbeitslosigkeit, (Abschnitt V §§ 4 ff.); wegen der Einzelheiten vgl. F. Reinhardt;, Generalangriff gegen die Arbeitslosigkeit, RStBl. 1933, 485 ff

[889] Zweites Gesetz zur Verminderung der Arbeitslosigkeit vom 21.9.1933, RGBl. I 651; vgl. A. Barkai;, Wirtschaftssystem, 155

[890] A. Barkai; Das Wirtschaftssystem, 233; W. Boelke;, Die Finanzpolitik des Dritten Reiches, 103, 195

[891] A. Barkai; Das Wirtschaftssystem, 232 f.

[892] A. Barkai, Das Wirtschaftssystem, 204

[893] zit. nach A. Barkai;, Das Wirtschaftsystem, 205

[894] Vgl. A. Barkai;, Das Wirtschaftssystem, 121

beitslosigkeit auf 770.300[895]. In einigen Bereichen bestand ein Mangel an Arbeitskräften [896]. Allgemein ist die Feststellung erlaubt, dass die Herrschaft der Nationalsozialisten im Jahre 1936 im wesentlichen wegen der weitgehenden Überwindung der Arbeitslosigkeit [897], aber auch wegen anderer Faktoren wie etwa der für Deutschland überaus erfolgreich verlaufenen Olympiade 1936 als gefestigt anzusehen war.

Hitler stellte nunmehr die Aufgabe, die deutsche Armee *„in vier Jahren einsatzfähig"* und die deutsche Wirtschaft *„in vier Jahren kriegsfähig"* zu machen[898]. Zu diesem Zweck wurde ein Vierjahresplan aufgelegt und Göring zum Generalbevollmächtigten für den Vierjahresplan ernannt. Gemessen am Bruttosozialprodukt stieg der Anteil der öffentlichen Ausgaben für die Rüstung nach verschiedenen Schätzungen von Werten zwischen 5,4 und 8 v. H. im Jahre 1935 auf Werte zwischen 17 und 18,1 v. H. im Jahre 1938 [899].

Eine wesentliche Aufgabe bestand darin, die Volkswirtschaft für die Rüstung einzusetzen. Dazu dienten zwei Mittel. Einmal galt es, die Löhne, die Preise und den privaten Konsum in Zaum zu halten. Zum anderen mussten neue Finanzierungsquellen erschlossen werden, da die Steuereinnahmen für die Finanzierung nicht ausreichten. Die Gesamtindexziffern für Wochenlöhne bewegten sich auf der Basis von 100 für 1936 zwischen 87,7 in 1933 und 123,4 in 1944 [900]. Bei der Interpretation muss die fortschreitende Qualifizierung der Arbeitskräfte und die von 1933 ansteigend verlängerte Arbeitszeit [901] berücksichtigt werden. Beide Umstände hätten für sich genommen höhere Löhne gerechtfertigt. Hitler hatte aber auf dem Reichsparteitag 1935 verkündet: *"Unter keinen Umständen können wir eine Erhöhung der Löhne und Gehälter und unter keinen Umständen aber auch eine Erhöhung der Preise gestatten"* [902]. Zugleich hatte er sich gegen eine Abwertung der Reichsmark und für ein System fester Wechselkurse ausgesprochen. Insgesamt ist es, wenn auch möglicherweise nur mühsam, gelungen, einen allgemeinen Lohnauftrieb ungeachtet des insbesondere im Kriege immer stärker hervortretenden Ar-

---

[895] H. A. Tschannen, Die neue deutsche Steuerpolitik als Faktor der staatlichen Kulturpolitik, 55

[896] Vgl. F. Reinhardt;, Änderungen des Einkommensteuergesetztes, RStBl. 1939, 313

[897] Schon in den ersten acht Monaten nach der Machtübernahme sank die Zahl der Arbeitslosen um 2 Mio., vgl. F. Reinhardt;, Rede auf dem Deutschen Juristentag 1933, RStBl. 1933, 1025

[898] Geheime Denkschrift Hitlers zum Vierjahresplan, zit. nach A. Barkai;, Das Wirtschaftsystem 211

[899] A. Barkai;, Das Wirtschaftsystem, 240

[900] Statistisches Handbuch von Deutschland 1928 - 1944, 472

[901] W. Fischer;, Wirtschaftsgeschichte Deutschlands 1919 - 1945, Bd. 9 ,98

[902] Zitiert nach R. Thoma;, Die Staatsfinanzen in der Volksgemeinwirtschaft, 18

beitskräftemangels zu verhindern[903]. Durch das Gesetz zur Ordnung der nationalen Arbeit vom 20. Januar 1934[904] hatte das Regime schon frühzeitig eine rechtliche Grundlage für eine staatlich gelenkte, restriktive Lohnpolitik geschaffen. Unter Ausschaltung der Tarifautonomie wurden die Löhne in Tarifordnungen durch Reichsbeamte festgesetzt, die als so genannte Treuhänder der Arbeit der Dienstaufsicht des Reichsarbeitministers unterlagen (§§ 18 ff., 19 Abs. 1 Nr. 6 Gesetz zur Ordnung der nationalen Arbeit). Zwar waren die Lohnfestsetzungen nach dem Gesetz zur Ordnung der nationalen Arbeit grundsätzlich als Festsetzung von Mindestlöhnen zu verstehen, so dass Spielräume für höhere Löhne verblieben, aber das gesamte Lohnniveau wurde doch maßgeblich durch die Tariflöhne bestimmt. Auf der Grundlage der Kriegswirtschaftsverordnung vom 3. September 1939 wurden die Treuhänder der Arbeit zudem verpflichtet, die Löhne mit bindender Wirkung nach oben zu begrenzen (§ 18 Abs. 1). Zuschläge für Mehrarbeit, Sonntags-, Feiertags- und Nachtarbeit durften nicht mehr gezahlt werden (§ 18 Abs. 2).

Indem das Gesetz zur Ordnung der nationalen Arbeit in § 1 in programmatischer Form die Unternehmer zu Führern des Betriebes und die Arbeiter und Angestellten zur Gefolgschaft ernannte und in § 2 die Entscheidungsgewalt des Führers gegenüber der Gefolgschaft festlegte, sicherte es dem Unternehmertum eine den politischen Zielen des Regimes dienliche Vorherrschaft. In der Auseinandersetzung zwischen Unternehmertum und Arbeitern entschied sich das Regime für die Klasse, von der es sich den größten Nutzen versprach und gegen einen Volksstaat. Aber aufgrund der Einrichtung der schon 1936 als ineffizient beurteilten[905] *„Deutschen Arbeitsfront (DAF)"* als eine Art Einheitsgewerkschaft der Arbeitnehmer- und Angestelltenverbände, die unter dem Schlagwort *„Organisation der schaffenden Deutschen der Stirn und der Faust"* gekennzeichnet wurde, in Verbindung mit Maßnahmen zur Verbesserung der allgemeinen sozialen Lage , wie die Einrichtung von Freizeit-Unternehmungen (Z. B. Schiffsreisen mit der „Kraft durch Freude (KDF), insbesondere aufgrund der von der Propaganda erzeugten allgemeinen Stimmung, gelang es dem Regime, den Arbeitern das Gefühl der Deklassierung zu nehmen[906] und damit ein Gegengewicht gegen die Vormachtstellung des Kapitals zu schaffen. In seinem Vortrag in der Mittwochsgesellschaft über die soziale Frage bezeichnete Popitz das Gesetz zur Ordnung der nationalen Arbeit als das zweifellos beste seit

903 Vgl. näher R. Hachtmann;, Industriearbeit im Dritten Reich, Kap. V

904 RGBl. 11934 I 45

905 Vgl. dazu R. Hachtmann, Chaos und Ineffizienz der Deutschen Arbeitsfront, VjhZG 2005, 43

906 Der für den Autor zuständige, der Bekennende Kirche angehörende Pastor sagte: :"Es heißt jetzt nicht mehr: Herr sprich, dein Knecht höret, sondern: Herr sprich, dein landwirtschaftlicher Gehilfe höret".

der Machtergreifung[907]. Es war damit klar, dass Popitz sich auf die Seite des Unternehmertums und des Regimes stellte.

Neben der restriktiven Lohnpolitik trug die Steuerpolitik einen wesentlichen Anteil zur Begrenzung des privaten Konsums bei. Nicht nur wurde die relativ hohe Steuerbelastung aus der Zeit der Regierung Brüning auch in der Reinhardtschen Steuerreform, wenn auch mit Belastungsverschiebungen zwischen den verschieden Gruppen der Steuerpflichtigen, zunächst beibehalten[908], sondern die Steuern wurden ab 1939 erheblich erhöht [909]. Das galt allerdings nicht für die Einkommensteuer bei Einkommen im unteren Bereich bis 2.400 RM. Die von der Erhöhung der Einkommensteuer nicht betroffenen Bevölkerungsgruppe wurde nur durch die Erhöhung der indirekten Steuern belastet. Die Freistellung der unteren Einkommensbezieher von der erhöhten Einkommensteuer hatte entgegen der Annahme von Götz Aly ebenso wenig wie die Einbeziehung der Rentner in die gesetzliche Krankenversicherung und die Erhöhung der Renten im Jahre 1941 einen wesentlich Einfluss auf die Stimmung der Bevölkerung, stand doch das Kriegsgeschehen als solches mit seinen die Stimmung drückenden Erfahrungen, den Verlusten an Menschenleben an der Front und dem Bombenkrieg, im Mittelpunkt des Interesses, so dass sich insgesamt insbesondere nach dem Beginn des Rußlandfeldzuges eine eher resignative Haltung der Bevölkerung einstellte. Abhängig von den äußeren Ereignissen unterlag die Einstellung der Bevölkerung zu dem Regime einem Wandel.

Die Preise unterlagen schon vor 1933 einer staatlichen Kontrolle[910]. Nach 1933 wurde das System beibehalten, in den Jahren 1933 - 1936 aber nur sporadisch angewandt, weil ein Anstieg der Preise schon durch die Arbeitslosigkeit und die geringe Kaufkraft verhindert wurde. Erst mit der Erreichung der Vollbeschäftigung und nach der Ernennung des Gauleiters Josef Wagner zum "Reichskommissar für die Preisbildung" wurde eine aktive Preispolitik betrieben. Grundlage hierfür war das Gesetz zur Durchführung des Vierjahresplans - Bestellung eines Reichskommissars für die Preisbildung - vom 29. Oktober 1936[911], welches den Preiskommissar ermächtigte, die zur Sicherung der volkswirtschaftlich gerechtfertigten Preise und Entgelte erforderlichen Maßnahmen zu treffen (§ 2 Abs. 1). Aufgrund des genannten Gesetzes erging die Verordnung über das Verbot von Preiserhöhungen

---

[907] S. 19 in der im Nachlass von Popitz vorhandenen Fassung, BArch. NL 1262 Nr.79

[908] E. Kaemmel/E. Bacciocco, Einkommensteuergesetz vom 16. Oktober 1934, § 32 Anm. 3 und 4

[909] Wegen der Einzelheiten vgl. R. Voß, Steuern im Dritten Reich, 112 ff.

[910] Vgl. Vierte VO des Reichspräsidenten zur Sicherung von Wirtschaft und Finanzen und zum Schutz des inneren Friedens vom 8.12.1931, Erster Teil, RGBl. I 699 und VO über die Befugnisse des Reichskommissars für Preisüberwachung vom 8.12.1931, RGBl. I 747

[911] RGBl. I 927

vom 26. November 1936[912]. Preiserhöhungen für Güter und Leistungen waren danach - vorbehaltlich von Ausnahmen aus volkswirtschaftlichen Gründen - verboten (§ 1 Abs. 1, § 3). Auf der Grundlage der genannten gesetzlichen Bestimmungen erließ der Preiskommissar zahlreiche Regelungen für einzelne Güter und Leistungen bis hin zu Preisfestsetzungen für geschälte und ungeschälte Weiden[913], die das öffentliche Preisrecht zu einem schwer zu durchdringenden Dickicht werden ließen[914]. Während des Krieges mussten die Preise und Entgelte für Güter und Leistungen jeder Art nach den Grundsätzen der kriegsverpflichteten Volkswirtschaft gebildet werden [915]. Die Wirksamkeit der Preiskontrolle zeigt sich daran, dass die Lebenshaltungskosten von 100 Punkten in den Jahren 1925/27 (erstes Quartal) auf 87 Punkte im Jahre 1938 gefallen waren [916]. Nach Berechnungen des Statistischen Reichsamtes stieg der Index für Lebenshaltungskosten von 118,0 im Jahre 1933 auf 141,4 im Jahre 1944 (1913/14 = 100) an[917]. Bei der Interpretation dieser Zahlen sind die Qualitätsverbesserungen der Waren zu berücksichtigen.

Die Landwirtschaftspolitik des Dritten Reiches war maßgeblich durch die Schlagworte "*Blut und Boden* " geprägt. Darin kamen mehrere Momente zum Ausdruck, wie, dass die Bauern der rassereinste und fruchtbarste Teil des Deutschen Volkstums war, dass die Bauern die Ernährung des deutschen Volkes aus eigener Kraft sicherzustellen hatten (Autarkie), und dass die Bauern den noch zu erobernden Osten zu besiedeln hatten (Lebensraumideologie). Zur Durchführung der Landwirtschaftpolitik wurden zunächst die zwei Gesetze über den Reichsnährstand[918] und das Reichserbhofgesetz[919] geschaffen. Auf der Grundlage dieser Gesetze und anderer Maßnahmen verbesserte sich insgesamt die Lage der Bauern. Allerdings fiel der Einkommenszuwachs der Landwirtschaft, abgesehen von den Jahren 1933/34 und 1934/35, gegenüber dem Einkommenszuwachs der übrigen Sektoren von 1935/36 kontinuierlich ab [920]. Unrentable Kleinhöfe und die niedrigen Löhne der Landarbeiter führten auch nach 1933 zu einem Anhalten der Landflucht, was

---

[912] RGBl. I 955

[913] VO über Preise für geschälte und ungeschälte Weiden vom 10.6.1939, RGBl. I 1021

[914] Überblick bei W. Rentrop;/H. Kayser;, Preispolitik und Preisüberwachung in Europa

[915] § 22 Kriegswirtschaftsverordnung vom 4.9.1939, RGBl. I 1609

[916] A. Barkai;, Das Wirtschaftsystem, 237

[917] Statistisches Handbuch von Deutschland 1928 -1944, 463

[918] 1. Gesetz über die Zuständigkeit des Reiches für die Regelung des ständischen Aufbaus der Landwirtschaft vom 15.7.1933, RGBl. I S. 495 und 2. Gesetz über den vorläufigen Aufbau des Reichsnährstandes und Maßnahmen zur Markt- und Preisregelung für landwirtschaftliche Erzeugnisse vom 13.9.1933, RGBl. I S. 626

[919] Gesetz vom 29.9.1933. RGBl. I 685

[920] A. Barkai;, Das Wirtschaftssystem, 234 Tab. 6

Fritz Reinhardt im April 1934 zu der Feststellung veranlasste, dass die Abwerbung von Arbeitskräften aus der Landwirtschaft bzw. die Bewerbung solcher Arbeitskräfte in die Stadt gegen elementarste Grundauffassungen des Nationalsozialismus und damit gegen die allgemeinen Interessen des Volksganzen verstießen[921].

i. Finanzpolitik

Die aus damaliger wie heutiger Sicht gigantischen Unternehmungen der Nationalsozialisten lenken das Interesse im besonderen Maße auf die Frage der Finanzierung. Daneben stellt sich auch die Frage der gerechten Verteilung der Lasten in vertikaler und horizontaler Hinsicht.

Aus Steuern und Zöllen standen dem Reich ständig steigende Einnahmen zur Verfügung . Diese erhöhten sich von 6,6873 Mrd. im Wirtschaftsjahr 1932/33 auf 38,0483 Mrd. im Wirtschaftsjahr1943/44[922] (jeweils in Reichsmark). Zu den Steuereinnahmen kamen die Verwaltungseinnahmen, der Kriegsbeitrag der Gemeinden, der Matrikularbeitrag Böhmen und Mähren und die Einnahmen des Reiches aus der Erstattung der Besatzungskosten durch die besetzten Länder, die Fritz Reinhardt 1942 mit jährlich insgesamt RM 14 Mrd. angab [923]. Reinhardt bezifferte die genannten Einnahmen für die Zeit vom 1. September 1941 bis Ende 1942 auf RM 49 Mrd. [924]. Der Gesamtfinanzierungsbeitrag aus Besatzungskosten, Besatzungskostenkrediten und Kriegsbeiträgen besetzter und verbündeter Länder wird mit 88 Mrd. RM unter Einbeziehung der Clearingschulden (Schulden auf der Grundlage der gegenseitigen Verrechnung von Forderungen und Schulden) mit 119 Mrd. RM angegeben [925].

Dem Reich sind während des Krieges nicht unerhebliche Einnahmen aus der Beschlagnahme von Vermögen zugeflossen. Dazu gehört das Vermögen der Juden

---

921 F. Reinhardt;, Rede anlässlich des Richtfestes der Mustersiedlung Rammersdorf, RStBl. 1934, 481,486f

922 Quelle: Statistisches Handbuch von Deutschland 1928 - 1944, 558; für 1943/44 einschließlich 3,5234 Mrd. Gewerbesteuer und 0, 1463 Mrd. Abgeltung Gebäudeentschuldungssteuer; zur Entwicklung im einzelnen vgl. R. Voß, Steuern im Dritten Reich, 66 ff.

923 RStBl. 1942, 73

924 RStBl. 1942, 73

925 W. Boelcke, in: Bracher/Funke/Jakobsen, Deutschland 1933 - 1945, 114; Schwerin von Krosigk;, Staatsbankrott, beziffert die Kontributionen (= Besatzungskosten) der besetzten Gebiete auf 66 Mrd. RM, davon Frankreich 31 Mrd. RM, aaO., 296; vgl. auch H. W. Neulen;, Deutsche Besatzungspolitik in Westeuropa - zwischen Unterdrückung und Kollaboration, in: Bracher/Funke/Jacobsen, Deutschland 1933 - 1945, aaO., 413, der für die Kanalinseln, Dänemark, Belgien, Holland und Frankreich den Betrag von 55,979 Mrd. RM angibt; vgl. auch R. Voß, Steuern im Dritten Reich, 66 ff.

sowie die Konfiszierung von Vermögen in den besetzten Ländern. Eine genaue Bezifferung dieser Einnahmen ist nicht möglich.

Die über den ordentlichen Haushalt abgewickelten Ausgaben des Reiches erhöhten sich während des Regimes wie folgt (in Mrd. RM [926]):

	1933/34	1944/45
insgesamt	8,1	171,3
Wehrmacht, Rüstung	1,9	128,4.

Die Behauptung von Fritz Reinhardt, 50 v. H. der Ausgaben seien 1942 durch ordentliche Haushaltseinnahmen gedeckt [927], entsprach nicht den Tatsachen. Die Ausgaben im Jahr 1942 waren nur zu etwa 1/3 durch ordentliche Einnahmen gedeckt. 1943/44 sank die Deckungsquote auf ca. 1/4.

Zur Deckung der Lücke sind erhebliche Mittel im Kreditwege aufgenommen worden. Die von der Reichsschuldenverwaltung beurkundete Reichsschuld erhöhte sich von 11,8 in 1933/34 auf 379,8 in 1944/45 (in Mrd. RM)[928]. Ein Teil der Mittel wurde durch Anleihen beschafft. Nach der Äußerung von Fritz Reinhardt wurden in der Zeit von April bis Dezember 1938 6,2 Mrd. RM Anleihen aufgenommen, wobei der Anleihemarkt fast ausschließlich dem Reich vorbehalten war[929]. Die übrigen Mittel wurden teilweise zinsfrei, teilweise verzinslich durch verschiedene Formen der Kreditschöpfung beschafft. Eine nicht unwesentliche Rolle spielte die Clearingverschuldung des Reiches im Rahmen des bilateralen Wirtschaftsverkehrs namentlich mit den besetzten Gebieten. Die Clearingschulden entstanden aus der Lieferung von Gütern aus den besetzten Gebieten an das Reich (u. a. auch Kriegsmaterial), denen Gegenlieferungen in umgekehrter Richtung nur im geringen Umfang gegenüberstanden. Ein Finanzausgleich sollte erst nach dem Kriege stattfinden[930]. Die Clearingschuld erreichte gegen Ende des Krieges den Betrag von 30,7 Mrd. RM [931], so dass sich der erzwungene Beitrag des Auslands zur Kriegsfinanzierung auf insgesamt ca. 119 Mrd. RM summierte. Das Beutegut aus der Verfolgung der Juden und die Unterbezahlung ausländischer Zwangsarbeiter sind dabei noch nicht berücksichtigt. Soweit Götz Aly behauptet, dass 70 % der Kriegsausgaben von den Juden und den besetzten Gebieten und nur 30 % von den Deutschen finanziert wor-

---

[926] Quelle: Statistisches Handbuch von Deutschland 1928 -1944, 555

[927] RStBl 1942, 74

[928] Quelle: Statistisches Handbuch von Deutschland 1928 -1944, 555; 1944/45 Schätzung; zur Entwicklung im einzelnen vgl. R. Voß, Steuern im Dritten Reich, 66 ff.

[929] RStBl. 1939, 489

[930] H. W. Neulen;, Deutsche Besatzungspolitik in Westeuropa zwischen Unterdrückung und Kollaboration, 413 f.

[931] W. Boelcke, Die Finanzpolitik des Dritten Reiches, 114

den sind[932], kann dem nicht gefolgt werden. Die am Ende des Krieges vom Dritten Reich hinterlassene Reichsschuld in Höhe von rund 380 Mrd. RM[933] blieb von den Deutschen zu tragen und kann nicht, wie bei Aly, außer Betracht gelassen werden.

j. Außen- und Kriegspolitik

Der verloren gegangene I. Weltkrieg war für Hitler, wie für viele andere Deutsche auch, ein traumatisches Erlebnis. Ein wesentlicher Antrieb seines Handelns war, die Schmach des verloren gegangenen Krieges auszulöschen. Hitler dachte zudem in Kategorien des Krieges und der damit verbundenen Eroberung von Land bzw. der Erweiterung des deutschen Staatsgebiets. Diesem Ziel war die Außenpolitik von Anfang an untergeordnet. Deutschland war nach der offiziellen Definition ein völkischer Staat. Das Staatsgebiet musste sich demgemäß auf alle Gebiete erstrecken, in denen Deutschstämmige ansässig waren bzw. angesiedelt werden sollten. Dieses Ziel verwirklichte Hitler über eine größere Zeitspanne sehr erfolgreich, bis er infolge der Überspannung seiner Ziele scheiterte.

Dem eigentlichen Kriegsbeginn ging eine Vorgeschichte voraus, die jedenfalls für Juristen der Zeit klar erkennbar, durch zahlreiche Rechtsbrüche gekennzeichnet ist. Im Oktober 1933 trat Deutschland unter Bruch der Regularien aus dem Völkerbund aus. Am 7. März 1936 marschierte die Wehrmacht unter Bruch des Locarno-Paktes in das entmilitarisierte Rheinland ein. 1935/36 beteiligte sich Deutschland an dem völkerrechtswidrigen Eroberungskrieg Italiens in Abessinien. Zur gleichen Zeit unterstützte Deutschland General Franco militärisch im Spanischen Bürgerkrieg. Am 12. März 1938 erfolgte der Anschluss Österreichs an das Reich[934]. Hitler verletzte damit das deutsch-österreichische Abkommen vom 11. Juli 1936, mit dem Deutschland die Unabhängigkeit Österreichs anerkannt hatte. Am 29. September 1938 gliederte Hitler auf der Grundlage des Münchner Abkommens das Sudetenland, das ein Teil der Tschechoslowakei mit überwiegend deutschstämmiger Bevölkerung war, in das Reich ein. Die Propaganda gab dazu die Parole aus, die Sudetendeutschen wollten „Heim ins Reich". Schon am 15. März 1939 besetzte Hitler-Deutschland unter Bruch des Münchner Abkommens die restliche Tschechoslowakei und errichtete für Böhmen und Mähren ein Protektorat, während die Slowakei unter dem Druck Hitlers sich autonom erklärte und einen eigenen faschistischen, mit Deutschland verbündeten Staat unter dem katholischen Priester Jozef Tiso gründete[935]. Der letzte ohne Anwendung militärischer Gewalt durchgesetzte Gebietserwerb erfolgte am 23. März 1939 mit der Besetzung des Memellandes, dem Litauen mit dem erzwungenen Vertrag vom 23. März 1939 zustimmte.

---

[932] G. Aly, Hitlers Volksstaat Raub, Rassenkrieg und nationaler Sozialismus, 326

[933] Statistisches Handbuch von Deutschland 1928 - 1944, München 1949, 555

[934] Zur Geschichte vgl. u. a. J. Fest, Hitler Der Führer, 748 ff.

[935] vgl. dazu J. Fest, Hitler Der Führer, 788 ff.

Unter dem Vorwand, polnische Soldaten hätten den deutschen Sender Gleiwitz überfallen, während dieser Überfall in Wirklichkeit von deutschen SS-Männern ausgeführt worden war, die man in polnische Uniformen gesteckt hatte[936], überfiel Deutschland Polen am 1. September 1939. Dies bedeutete einen Bruch des mit Polen am 26. Januar 1934 abgeschlossenen Nichtangriffspakts. Großbritannien und Frankreich erklärten daraufhin Deutschland den Krieg. Beide Staaten hatten Polen militärischen Beistand im Falle eines Überfalls der Deutschen versprochen. Großbritannien hatte am 31. März 1939 eine Garantieerklärung unterzeichnet und am 6. April 1939 ein Militärbündnis mit Polen vereinbart.

In einem Blitzkrieg von nur 18 Tagen war Polen, das gleichzeitig von den Russen angegriffen und von diesen im Osten besetzt wurde, besiegt. Alsbald nach dem Sieg besorgten Einsatzgruppen Aktionen zur Ausrottung von Teilen der polnischen Bevölkerung, namentlich von Adeligen, Priestern und Angehörigen der Intelligenz[937], denen schätzungsweise 60.000 Polen zum Opfer fielen[938]. Schon bald nach der Besetzung begannen Aktionen zur Ermordung der polnischer Juden[939], denen schätzungsweise insgesamt annähernd 3 Millionen von 3.351.000 (im August 1939) Juden zum Opfer fielen[940]. Das polnische Staatsgebiet unter deutscher Herrschaft wurde zerschlagen und teilweise in das deutsche Staatsgebiet eingegliedert. In dem restlichen Teil wurde das Generalgouvernement eingerichtet.

Um den Briten in Bezug auf die Besetzung Norwegens zuvorzukommen bzw. die teilweise britische Besetzung Norwegens rückgängig zu machen, überfiel Deutschland am 9. April 1940 Dänemark und Norwegen und besetzte beide Länder[941]. Ab 10. Mai 1940 besetzten die Deutschen im Zuge des Feldzugs gegen Frankreich Belgien und die Niederlande. Frankreich gab sich schon im Juni 1940 geschlagen und schloss am 22. Juni 1940 ein Waffenstillstandsabkommen. Der Norden und die Westküste sollten unter deutsche Besatzungsherrschaft kommen. Der Süden und die Mitte sollten unter Marschall Petain einen Marionettenstaat bilden. Elsaß-Lothringen sowie Luxemburg, das ein selbständiger Staat war, wurden Teile des Reichs, behielten jedoch einen Sonderstatus.

Ab 6. April 1941 besetzten die Deutschen Jugoslawien, das zwar am 25. März 1941 u. a. unter Garantie seiner territorialen Unabhängigkeit dem Dreimächtepakt (Deutschland Italien und Japan) beigetreten war, aber wegen eines Militärputsches vom gleichen Tage als Partner von Deutschland nicht mehr in Betracht kam. Hitler

---

[936] Ian Kershaw, Hitler 1936 –1945, 311

[937] R. Hillberg, Die Vernichtung der europäischen Juden, Bd. 1, 200

[938] Näher Ian Kershaw, Hitler 1936 – 1935, 334 f.

[939] R. Hillberg, Die Vernichtung der europäischen Juden, Bd. 1, 197 ff.

[940] R. Hillberg, Die Vernichtung der europäischen Juden, Bd. 3, 1293

[941] Ian Kershaw, Hitler 1936 –1945, 389 ff.

rechtfertigte den Feldzug als Vergeltung gegen eine serbische Verbrecherclique in Belgrad, die im Solde des britischen Geheimdienstes wie im Jahre 1914 den Versuch unternehme, Krieg auf dem Balkan zu verbreiten[942]. Im gleichen Atemzug eroberten die Deutschen auch Griechenland, das eigentliche Ziel des Überfalls auf Jugoslawien. In Griechenland waren die Briten gelandet. Um bei dem geplanten Angriff auf Russland den Rücken frei zu haben, musste Griechenland erobert und von den Briten geräumt werden. Bulgarien, Rumänien und Ungarn, die sich mit Deutschland verbündet hatten, aus diesem Bündnis aber wegen der sich abzeichnenden Niederlage später ausschieden, fielen ebenfalls der deutschen Besetzung zum Opfer. Zu den militärischen Erfolgen auf dem Balkan kamen die Erfolge im Afrikafeldzug unter der Leitung des zum Generalfeldmarschall beförderten Erwin Rommel in der 2. Hälfte des Jahres 1941 und der 1. Hälfte des Jahres 1942.

Während Hitler bis zum Zeitraum der Besetzung Jugoslawiens und Griechenlands sowie im Afrikafeldzug – von dessen Ende abgesehen - zum Erstaunen der Welt vom Kriegsglück begünstigt war und er als genialer Stratege beurteilt wurde, begann sich die Wende mit dem Überfall auf die Sowjetunion am 22. Juni 1941 abzuzeichnen. Mit dem Angriff auf die Sowjetunion verstieß Hitler gegen den deutsch-sowjetischen Nichtangriffspakt vom 23. August 1939 und den Freundschaftsvertrag vom 29. August 1939 (Hitler-Stalin-Pakt). Die Propaganda rechtfertigte den unter dem Stichwort „Unternehmen Barbarossa“ angezettelten Krieg mit der Notwendigkeit einer Präventivmaßnahme gegen einen drohenden Angriff der Sowjetunion[943]. In Wahrheit hatte sich Hitler schon in den zwanziger Jahren die Eroberung Sowjetrusslands zum Ziel gesetzt[944]. Die Sowjetunion plante aber einen Angriff jedenfalls Mitte 1941 nicht, wie die militärischen Erfolge der Deutschen und die von Resignation geprägte Tatenlosigkeit Stalins in den ersten Monaten des Krieges eindeutig beweisen. Einsichtige Deutsche erkannten sofort, dass Deutschland den Krieg gegen die Sowjetunion nicht gewinnen konnte. Aber große Teile der Bevölkerung, die von der Idee des Antibolschewismus erfüllt waren, stimmten dem Krieg zu. Wenn es anfänglich auch überraschende Erfolge der deutschen Wehrmacht u. a. auch deswegen gab, weil die Sowjetunion auf den Überfall nicht vorbereitet war und die sowjetische Führung unter der Leitung von Stalin gravierende Fehler machte, zeichneten sich doch schon ab Oktober1941 und dann vermehrt im Winter 1941/42 Anfänge des Scheiterns ab. Im Herbst 1942 äußerte der Rüstungsminister Fritz Todt gegenüber Hitler: *„Dieser Krieg ist militärisch nicht mehr zu gewinnen*“ und schlug ein politisches Ende vor, wofür Hitler zu damaligen Zeit keine Möglichkeit mehr sah[945]. Im Herbst 1942 versanken die Armeen im

[942] Ian Kershaw, Hitler 1936 –1945, 484

[943] Kershaw, Hitler 1936 –1945, 425, 524

[944] A. Hitler, Mein Kampf,

[945] Ian Kershaw, Hitler 1936 –1945, 593 , wovon mindestens 2,5 Millionen starben

Schlamm. Mindestens 250.000 starben mit dem Verlust der 6. Armee unter Generalfeldmarschall Paulus in Stalingrad im Winter 1942/1943. Die Deutschen führten den Krieg im Osten mit einer unglaublichen Härte unter Verletzung der Haager Landkriegsordnung und aller Regeln der Menschlichkeit[946]. Nach einigen Vorbereitungen schon vor dem Krieg erging der so genannte Kommissarbefehl vom 6. Juni 1941, der die sofortige Erschießung gefangen genommener „*politischer Kommissare aller Art*“ anordnete[947]. Russische Kriegsgefangene (insgesamt ca. 5,35 Millionen) wurden nicht nach Recht und Gesetz behandelt, sondern massenhaft gleich erschossen oder man ließ sie verhungern oder ohne Versorgung der Kranken und Verletzten sterben (mindestens 2,5 Millionen) [948]. Einige hundert russischer Kriegsgefangenen wurden zur Erprobung der Giftgasanlagen in Auschwitz ermordet[949].

Dass Hitler am 11. Dezember 1941 den USA im Zusammenhang mit dem Bündnis mit Japan und dessen Angriff auf die Amerikaner in Pearl Harbour aber ohne Verpflichtung gegenüber Japan den Krieg erklärt hatte[950], offenbarte noch einmal mit letzter Deutlichkeit den Charakter von Hitler als größenwahnsinniger Hasardeur[951].

Im Juni 1944 landeten die Alliierten in der Normandie. Schon vorher hatten sie ihre Offensive in Italien begonnen und Rom besetzt. Von allen Seiten rückten die Alliierten auf Deutschland zu. Im Januar 1945 setzten die Russen im Weichselbogen zum letzten entscheidenden Angriff an. Im Mai 1945 war Deutschland endgültig geschlagen. Deutschlands Städte waren wegen der Luftangriffe der Amerikaner und Briten ein Trümmerfeld. Staat, Gesellschaft und Wirtschaft lagen am Boden. Der Krieg hatte 4 Millionen Deutschen und insgesamt schätzungsweise 60 Millionen Menschen das Leben gekostet. Millionen waren durch Verletzungen bis zu ihrem Lebensende gezeichnet. 5 bis 6 Millionen Juden waren der Rassepolitik der Nationalsozialisten zum Opfer gefallen[952].

---

[946] Darüber gibt es zwischenzeitlich zahllose Belege, vgl. zuletzt am Beispiel der 235. Infanteriedivision, CH. Rass, Menschenmaterial Deutsche Soldaten an der Ostfront Innenansichten einer Infanteriedivision 1939 – 1945,

[947] Ian Kershaw, Hitler 1936 –1945, 40 ff., 475

[948] Ian Kershaw, Hitler 1936 –1945, 519, 1192, Anm. 8

[949] Ian Kershaw, Hitler 1936 –1945, 643

[950] Ian Kershaw, Hitler 1936 –1945, 594 ff., 598

[951] Hitler äußerte am 29. August 1939 zu Göring, er habe in seinem Leben immer Vabanque gespielt Vgl. Ian Kershaw, Hitler 1936 –1945, 245

[952] R. Hillberg, Die Vernichtung der europäischen Juden, Bd. 3, 1280 ff.

3. Popitz Mitwirkung am Aufbau des nationalsozialistischen Staates

a. Aushöhlung der Weimarer Verfassung

Popitz hat an der Ausarbeitung und Beschlussfassung über die wesentlichen Gesetze zur Aushöhlung der Weimarer Verfassung und damit der Zerstörung des Rechtsstaats mitgewirkt. Die Protokolle über die Sitzungen des Reichskabinetts und die Ministerialakten geben darüber Aufschluss. Nachstehend werden die wichtigsten Gesetze behandelt, an denen Popitz maßgeblich mitgewirkt hat.

aa. Reichstagsbrandverordnung

Am 27. Februar 1933 abends gegen 20 Uhr brannte der Reichstag. Ob die Nazis selbst den Brand gelegt hatten oder die Kommunisten, wird kontrovers diskutiert[953]. Noch am selben Tag brachte jedenfalls Göring den Gedanken auf, dass es sich um einen kommunistischen Aufstandsversuch handele. Als er mit Hitler und Goebbels kurz nach 21 Uhr an der Brandstätte zusammentraf, äußerte Göring mit schicksalsschwerem Pathos: *„Das ist der Beginn des kommunistischen Aufstandes, sie werden jetzt losschlagen*“. Hitler drohte, die kommunistischen Abgeordneten zu erschießen oder zu erhängen. Auch den Sozialdemokraten und dem Reichsbanner sollte keine Schonung gewährt werden[954]. Schon vor dem Reichstagsbrand lagen noch aus der Zeit von Weimar Listen über kommunistischen Funktionäre vor, die sofort nach dem Brand dazu benutzt wurden, 4000 Kommunisten zu verhaften[955]. An der Version, dass der Reichstagsbrand das Werk der Kommunisten war, hielt die Führung auch weiterhin fest, obwohl sie dafür kaum Beweise in der Hand hatte[956].

Als Reaktion auf den Reichstagsbrand wurde schon am nächsten Tag im Kabinett der Entwurf der von Frick erarbeiteten Verordnung zum Schutz von Volk und Staat (Reichstagsbrandverordnung) erörtert. Die Verordnung wurde vom Kabinett beschlossen und vom Reichspräsidenten am selben Tag gestützt auf Art. 48 Abs. 2 WRV unterschrieben[957]. Die Reichtagsbrandverordnung schränkte die in der Verordnung genannten Grundrechte (Personenfreiheit, Unverletzlichkeit der Wohnung, Brief- etc. Geheimnis, Meinungsfreiheit, Versammlungsfreiheit, Koalitionsfreiheit und Eigentum) nicht nur ein, sondern setzte sie außer Kraft und schuf in § 1 eine Generalermächtigung für die Behörden, ohne jede Fixierung der gesetzlichen Vor-

---

[953] Vgl. Für die Alleintäterschaft von van der Lübbe u. a. F. Tobias, Der Reichstagsbrand; S. Delmer, Die Deutschen und ich, 187 ff.; für die Brandstiftung der Nazis u. a. A. Bahar/W. Kugel, Der Reichstagsbrand, Wie Geschichte gemacht wird

[954] R. Diels, Lucifer ante Portas, es spricht der erste Chef der Gestapo, 194

[955] R. Diels, Lucifer ante Portas, es spricht der erste Chef der Gestapo, 203 ff.

[956] H. Mommsen, Der Reichstagsbrand und seine politischen Folgen, VjhZG 12. Jg. 1964, 392 ff.

[957] RGBl. I 83; K. D. Bracher, Stufen der Machtergreifung, in: Bracher/Schulz/Sauer, Die nationalsozialistische Machtergreifung, Studien zur Errichtung des totalitären Herrschaftssystems in Deutschland 1933/34, 128 ff.

aussetzungen sowie entgegen gesetzlichen Bestimmungen Maßnahmen zu treffen, die gegen die in der Verordnung genannten Grundrechte verstießen. Die Grundrechte und der rechtsstaatliche Grundsatz der Gesetzmäßigkeit der Verwaltung war damit aufgehoben, so dass die Behörden zu praktisch jeder Willkürmaßnahme ermächtigt waren. Zwar hieß es in der Präambel, dass die Verordnung zur Abwehr kommunistischer staatsgefährdender Gewaltakte ergehen sollte. Aber dieser Vorspruch gab nur das im übrigen durch die tatsächliche Sachlage mangels eines bevorstehenden kommunistischen Gewaltaktes nicht gedeckte Motiv der Verordnung an, ohne eine Bindungswirkung zu entfalten[958]. Demgemäß wurde die Verhängung von Schutzhaft in Konzentrationslagern für „*Staatsfeinde*" gleich welcher Couleur auf die Reichstagsbrandverordnung gestützt[959]. Neben die Aufhebung der Grundrechte und des Rechtsstaatsprinzips trat als zweite Grundsatzentscheidung gemäß § 2 der Reichstagsbrandverordnung die Aufhebung der Bundesstaatlichkeit, indem die Reichsregierung wiederum ohne Beschreibung der gesetzlichen Voraussetzungen ermächtigt wurde, anstelle der obersten Landesbehörden Maßnahmen zur Wiederherstellung der öffentlichen Sicherheit und Ordnung zu treffen, wenn dies die Landesbehörden unterlassen. Die Verordnung war damit ein erster Schritt zur Aufhebung der Länderhoheit.

Popitz hat die Reichstagsbrandverordnung mit getragen, wie sich schon daraus ergibt, dass er gegenüber dem Entwurf von Frick insofern eine Änderung durchsetzte, dass in § 2 anstelle des Reichsministers des Inneren die Reichsregierung gesetzt wurde, eine Änderung, die den schwerwiegenden sachlichen Gehalt der Verordnung aber nicht beeinträchtigte. Ferner wirkte Popitz darauf hin, dass in § 2 das Wort „insoweit" eingefügt wurde, d. h., dass die Reichsregierung nur zur Wiederherstellung der öffentlichen Sicherheit und Ordnung in die Länderbefugnisse eingreifen konnte. Darin kann man eine sachliche Beschränkung der Ermächtigung der Reichsregierung dergestalt sehen, dass die Reichsregierung die obersten Landesbehörden nicht generell und vollständig sondern nur zwecks Wiederherstellung der öffentlichen Sicherheit und Ordnung ausschalten konnte[960]. Eine sinngemäße Auslegung des § 2 würde aber auch ohne das Wort „insoweit" zum gleichen Ergebnis geführt haben. Von daher hat Popitz nur auf eine Klarstellung hingewirkt. Anhaltspunkte dafür dass Popitz „*als letzter Vertreter eines Rechtsstaates*", darauf bedacht war, handstreichartige Unternehmen der Reichsregierung in den Ländern zu verhindern, wie Gerhard Schulz annimmt[961], gibt es nicht, zumal es nicht nur um das

---

958 H. Tesmer, Die Schutzhaft und ihre rechtlichen Grundlagen, DR 1936, 135

959 H. Tesmer, Die Schutzhaft und ihre rechtlichen Grundlagen, DR 1936, 135

960 G. Schulz, Die Anfänge des totalitären Machtstaates, in: Bracher/Schulz/Sauer, Die nationalsozialistische Machtergreifung, Studien zur Errichtung des totalitären Herrschaftssystems in Deutschland 1933/34, 417 Anm. 225

961 G. Schulz, Johannes Popitz, in: R. Lill/H. Oberreuter, 20. Juli Portraits des Widerstandes, 353 ff.

Rechtsstaatsprinzip sondern auch um das Prinzip der Bundesstaatlichkeit ging. Popitz hat im übrigen den Rechtsstaat nicht nur nicht verteidigt, sondern kräftig daran mitgewirkt, ihn zu zerstören. Die staatspolitisch einschneidende Bedeutung der Reichstagsbrandverordnung und der voraus gegangenen Verordnung zum Schutz des Deutschen Staates vom 4. Februar 1933[962], mit der die Versammlungsfreiheit und Pressefreiheit faktisch aufgehoben wurden, kann Popitz als Fanal für das Ende des Rechtsstaats nicht verkannt haben.

Frick setzte auf der Grundlage des § 2 in den meisten Ländern Reichskommissare ein. Die Reichstagbrandverordnung blieb bis zum Ende des Dritten Reiches bestehen, obwohl Notverordnungen gemäß Art. 48 Abs. 2 WRV nur vorübergehender Natur sein durften. Sie wurde im übrigen ergänzt durch die ebenfalls auf Art. 48 Ab. 2 WRV gestützte Verordnung zur Abwehr heimtückischer Angriffe gegen die Regierung der nationalen Erhebung vom 21. März 1933[963] und durch das von der Reichsregierung beschlossenen Gesetz gegen heimtückische Angriffe auf Staat und Partei und zum Schutz der Parteiuniformen [964], mit denen neue Straftatbestände zum Schutz des Regimes geschaffen wurden. In der Wirkung auf die Rechte der Bürger wurden die genanten Verordnungen durch die späteren Gesetze über das Verbot aller Parteien außer der NSDAP und durch Herabstufung der Länder auf bloße Verwaltungseinheiten noch übertroffen.

bb. Ermächtigungsgesetz

Mit dem vom Reichstag beschlossenen Gesetz zur Behebung der Not von Volk und Reich vom 24 März 1933 (Ermächtigungsgesetz) erhielt die Reichsregierung, das Recht, Gesetze zu erlassen und dabei auch von der Reichsverfassung abzuweichen, soweit nicht die Einrichtung des Reichstags und des Reichsrats als solche betroffen war[965]. Damit wurde das parlamentarische System der Weimarer Republik ausgehebelt. Nach Erlass des Ermächtigungsgesetzes sind nur noch sieben Gesetze durch den Reichstag erlassen worden, wovon zwei die Verlängerung der Geltungsdauer des Ermächtigungsgesetzes betrafen[966]. Dem Ermächtigungsgesetz ist eine grundlegende Bedeutung für die Machtergreifung beizumessen.

Popitz hat dem Gesetz nicht etwa widersprochen, sondern er hat auf eine Klarstellung gedrängt, die man als eine Verschärfung deuten kann. Dieses Gesetz war in

[962] RGBl. 1933 I 35

[963] RGBl. 1933 I 135

[964] RGBl. 1934 I 1269

[965] RGBl. 1933 I 141

[966] Vgl. die bei R. Morsey, Das „Ermächtigungsgesetz" vom 24. März 1933 S. 119 aufgeführten Gesetze und H. Schneider, Das Ermächtigungsgesetz vom 24. März 1933 Bericht über das Zustandekommen und die Anwendung des Gesetzes, VJFZG 1953, 213

seiner ursprünglichen dem Reichskabinett vorgelegten Fassung dem Ermächtigungsgesetz vom 23. Dezember 1923 für die Regierung Marx nachgebildet[967]. Es ermächtigte die Regierung zu Maßnahmen, worunter auch Verordnungen zu verstehen waren. Ob zu den Maßnahmen auch Verordnungen über den Haushalt (Art. 85 Abs. 2 WRV) und die Kreditaufnahme (Art. 87 WRV) gehörten, war zweifelhaft. Popitz, der den Haushalt und die Kreditaufnahme entsprechend seinen schon im Jahre 1927 vorgetragenen Gedanken über die Beschränkung des Budgetrechts des Parlaments[968] in die Ermächtigung einbeziehen wollte, schlug deshalb im Kabinett vor, dass die aufgrund der Ermächtigung erlassenen Verordnungen als Gesetz im Sinne der Reichsverfassung und Verordnungen über beide Materien als Gesetze im Sinne der Art. 85 Abs. 2 und 87 WRV angesehen werden sollten. Im weiteren Verlauf der Beratung ist dann in der Kabinettsitzung vom 20. März 1933 der Begriff der „Maßnahmen" durch den der „Gesetze" ersetzt worden. Im sachlichen Ergebnis hatte sich damit Popitz mit seinem Vorschlag durchgesetzt. Die vom Kabinett vorgeschlagene und vom Reichstag am 24. März angenommene Fassung stellte unmissverständlich klar, dass die Regierung jedes Gesetz, auch ein verfassungsänderndes Gesetz, erlassen konnte, soweit es nicht die Einrichtung des Reichstags und des Reichsrats zum Gegenstand hatte. Im Gegensatz dazu durften Maßnahmen nach dem Ermächtigungsgesetz von 1923 nicht von der Reichsverfassung abweichen und das Parlament konnte nach dem ausdrücklichen Wortlaut von der Regierung beschlossene Maßnahmen aufheben.

Das Ermächtigungsgesetz von 1933 bedeutete insbesondere einen Verzicht des Parlaments auf das Budgetrecht. Dafür, dass Popitz mit seinem Vorschlag die in dem Ermächtigungsgesetz enthaltene Blankobestimmung ad absurdum führen und den Parteien die Tragweite des Gesetzes deutlich machen wollte, wie Schwerin von Krosigk zu seiner Entlastung und der von Popitz schreibt[969], gibt es keinen Anhaltspunkt. Eher ist im Gegenteil davon auszugehen, dass das Ermächtigungsgesetz nicht zuletzt aufgrund der Intervention von Popitz die allerschärfste Form der Entmachtung des Parlaments angenommen hat. Wenig glaubwürdig ist deshalb auch die Behauptung von Schwerin von Krosigk , dass er und Popitz verabredet hätten, sich bei den Beratungen die Bälle gegenseitig zuzuwerfen und auf eine Einschränkung des Kreises der unter das Gesetz fallenden Maßnahmen hin zu wirken[970]. Das Gesetz enthält abgesehen von der Einrichtung des Reichstages und des Reichsrat keine Einschränkung auf die Regelung nur bestimmter Rechtsgebiete. Die grund-

---

[967] RGBl. 1923 I 1179

[968] J. Popitz, „Finanzausgleich", in: Handbuch der Staatswissenschaften, 4. Aufl., 1073

[969] L. Graf Schwerin von Krosigk, Staatsbankrott , 194 f.; wie hier H. Schneider, Das Ermächtigungsgesetz vom 24. März 1933 Bericht über das Zustandekommen und die Anwendung des Gesetzes, VJFZG 1953, 197 f.

[970] L. Graf Schwerin von Krosigk, Staatsbankrott, 194

sätzliche Abschaffung des parlamentarischen Systems, war für Popitz kein Problem, lag sie doch auf der Linie der von ihm am Ausgang der Weimarer Republik eingenommenen kritischen Einstellung zum Parlamentarismus.

Die äußeren Umstände des Zustandekommens des Ermächtigungsgesetzes widersprachen im übrigen allen Regeln eines normalen Gesetzgebungsverfahrens. Dazu gehörte, dass die ohne gesetzliche Grundlage und unter Verletzung des Immunitätsprinzips inhaftierten kommunistischen und sozialdemokratischen Abgeordneten an der Abstimmung im Reichstag nicht teilnehmen konnten, dass Göring vor der Abstimmung eine Änderung der Geschäftsordnung durchsetzen konnte, wonach unentschuldigt fehlende Abgeordnete als anwesend galten mit der Folge, dass ein Fernbleiben etwa von Abgeordneten der SPD den Reichstag nicht beschlussunfähig gemacht hätte und dass die Kroll-Oper, wo der Reichstag tagte, von SA- und SS-Wachen drohend umstellt war. Alles das hielt Popitz nicht davon ab, dem Gesetz zuzustimmen. Der „Kronjurist" des Dritten Reiches, Carl Schmitt, kommentierte das Ermächtigungsgesetz zutreffend dahin, dass ein neuer Reichsgesetzgeber geschaffen worden sei, dass der überlieferte Gesetzesbegriff des parlamentarischen Gesetzgebers, für welchen die Mitwirkung der Volksvertretung zum Begriff des Gesetzes gehörte, überwunden sei, dass die Reichsregierung Verfassungsgesetze im formellen Sinn erlassen konnte, die neues materielles Verfassungsrecht waren, und dass die Übertragung der außerordentlichen Befugnisse auf die Reichsregierung dem Ermächtigungsgesetz von 1933 rechtslogisch eine ganz andere Struktur als die der Ermächtigungsgesetze der Weimarer Republik gegeben habe[971]. Kürzer und ganz unjuristisch hat Hjalmar Schacht den Kerngehalt des Ermächtigungsgesetztes auf den Punkt gebracht, indem er (1953) schrieb, dass Hitler dem Gesetz die Diktatur und die Unmöglichkeit jeder Opposition zu verdanken gehabt habe[972].

Über den politischen Zweck des Ermächtigungsgesetzes gab die über alle deutschen Rundfunksender übertragene Rede Hitlers vor der Abstimmung unmissverständlich Aufschluss. Die Rede wurde als Grundsatzerklärung für die zukünftige Gesamtpolitik gedeutet[973]. Hitler wiederholte wesentliche Punkte des Parteiprogramms der NSDAP. Er sprach von der Ausrottung der Marxisten, von der Ausschaltung und Bestrafung aller Personen, welche die nationale Regierung nicht unterstützten, ohne Rücksicht auf demokratische Doktrinen. Ihnen dürfe man keine Gleichheit vor dem Gesetz zubilligen. Er proklamierte eine durchgreifende moralische Sanierung. Für das gesamte Erziehungswesen, Theater, Film, Literatur, Presse und Rundfunk kündigte er eine Gleichschaltung in dem Sinn an, dass Blut und Rasse die erste Quelle der künstlerischen Intuition und Leitbild der künftigen Kunst

---

[971] C. Schmitt, Das Gesetz zur Behebung der Not von Volk und Reich, DJZ 1933, Sp. 455 ff.

[972] H. Schacht, 76 Jahre meines Lebens, 386 f.

[973] E. R. Huber, Verfassungsrecht des Großdeutschen Reiches, 2. Aufl., 42

sein sollten. Recht sollte nur sein, was dem Volke nützt. Nicht das Individuum könne der Mittelpunkt der gesetzlichen Sorge sein, sondern das Volk![974]. Die Rede Hitlers machte klar, dass er von dem Ermächtigungsgesetz nicht, wie dem Zentrum versprochen, zurückhaltend , sondern dass er von der Ermächtigung exzessiv zur Zerschlagung des Rechtsstaats Gebrauch machen würde. In seiner Rede hatte Hitler namentlich mit Blickrichtung auf die Zustimmung des Zentrums versprochen, vom dem Gesetz nur insoweit Gebrauch zu machen, als es zur Durchführung der lebensnotwendigen Maßnahmen erforderlich ist und die Zahl der Fälle , in denen eine innere Notwendigkeit vorliegt, zu dem Gesetz eine Zuflucht zu nehmen als begrenzt bezeichnet[975].

Das Ermächtigungsgesetz wurde im weiteren Verlauf entgegen den Ankündigungen Hitlers vor dem Reichstag bei Einbringung des Gesetztes praktisch unterlaufen, etwa durch die Aufhebung des Reichsrats[976], durch die Vereinigung des Amtes des Reichskanzlers mit dem des Reichspräsidenten[977] und schließlich durch die Beseitigung der Länder als Bundesstaaten. Hitler schränkte überdies die Arbeit des Reichskabinetts und seine Arbeit als Regierungschef, die ihm zunehmend wegen der ihn nicht interessierenden Verhandlungen über Fachfragen lästig wurden, weitgehend ein. 1938 gab es nur noch eine Kabinettssitzung am 5. Februar 1938[978]. Danach gab es keine Kabinettssitzungen mehr. Faktisch ging die Gesetzgebungsgewalt weitgehend auf die Fachminister über, die ihre Gesetzentwürfe im schriftlichen Verfahren den jeweils beteiligten anderen Ministerien und der Partei in Gestalt des Stellvertreters des Führers Rudolf Heß (nach der Flucht von Heß Martin Bormann) zur Stellungnahme zuschickten[979], und die den Entwurf im Falle der Zustimmung durch die beteiligten Ministerien und die Partei im Reichsgesetzblatt als Gesetz verkündeten.

---

[974] Die Reden Hitlers als Kanzler. Das junge Deutschland will Frieden und Arbeit, 4. Aufl. München 1934, 13 ff.; auszugsweise R. Morsey, Das „Ermächtigungsgesetz" vom 24. März 1933;und bei K. D. Bracher, Stufen der Machtergreifung, in: Bracher/Schulz/Sauer, Die nationalsozialistische Machtergreifung, Studien zur Errichtung des totalitären Herrschaftssystems in Deutschland 1933/34, 230 f., zur Justiz u. a. Hitlers Tischgespräch vom 20. 8. 1942, VJFZG 12. Jg. 1964, 86 ff.

[975] Abdruck der Rede bei M. Hirsch/D. Majer/J. Meinck (Hrsg.), Recht, Verwaltung und Justiz im Nationalsozialismus , 97 ff. und bei R. Morsey, Das „Ermächtigungsgesetz" vom 24. März 1933, 55 ff.

[976] Gesetz über die Aufhebung des Reichsrats vom 14. Februar 1934, RGBl. 1934 I 89

[977] Gesetz über das Staatsoberhaupt des Deutschen Reiches vom 1. August 1934, RGBl. 1934 I 747

[978] L. Graf Schwerin von Krosigk, Es geschah in Deutschland, Menschenbilder unseres Jahrhunderts, 3. Aufl., 204

[979] Grundlage Führerverordnung vom 27. 7. 1934

cc. Reichsstatthaltersystem

Als ein wichtiger Schritt zur Abschaffung der Länder als Bundesstaaten wurde mit dem Zweiten Gesetz zur Gleichschaltung der Länder mit dem Reich vom7. April 1933[980] in den Ländern Reichsstatthalter installiert, die vom Reichspräsidenten auf Vorschlag des Reichskanzlers ernannt wurden. Sie waren in ihrem Amtsbezirk die ständigen Vertreter der Reichsregierung und hatten die Aufgabe, zum Zwecke einer einheitlichen Staatsführung im Reich und in den Ländern in letzteren für die Beobachtung der vom Führer und Reichskanzler aufgestellten Richtlinien der Politik zu sorgen. Ferner gingen wichtige Hoheitsrechte der Länder, wie u. a. das Recht zur Ernennung und Entlassung des Vorsitzenden der Landesregierung (Ministerpräsident, Bürgermeister) und der Landesminister auf die Reichsstatthalter über (§ 1 Reichsstatthaltergesetz). Nach einer Änderung durch das Gesetz vom 14. Oktober 1933 erhielt das Reichsstatthaltergesetz seine endgültige Fassung im Gesetz vom 30. Januar 1935[981]. Die Befugnisse der Reichsstatthalter wurden aufgrund der genannten drei Gesetze schrittweise einer gewissen herabstufenden Wandlung unterworfen[982]. Waren die Reichsstatthalter ursprünglich ein Organ des Reiches, die im Auftrag und im Namen des Reiches, in einem Land Befugnisse der Reichs- und Landesgewalt ausübten[983], so wurden sie durch das Reichsstatthaltergesetz vom 30. Januar 1935 zu Beamten des Reiches gegenüber den nur noch als Verwaltungseinheiten fortbestehenden Ländern und unterstanden der Dienstaufsicht des Reichsministers des Inneren. Aus einer politischen Instanz wurde eine Verwaltungsinstanz. Diese Wandlungen des Reichstatthaltersystem durch drei Gesetze folgten der staatsrechtlichen Entwicklung, die durch eine fortschreitende Entstaatlichung der Länder gekennzeichnet war. Nach Carl Schmidt hatten die Länder schon mit dem ersten Reichsstatthaltergesetz ihre Staatlichkeit und ihre ursprüngliche Hoheitsgewalt verloren [984]. Damit war das bundesstaatliche System nach Carl Schmitt „*ins Herz getroffen*“[985]. Carl Schmitt[986] und Popitz hatten das Reichstatthaltersystem unter Mitwirkung des Reichsinnenministers Frick konzipiert. Für Popitz erfüllte sich mit der Entstaatlichung der Länder eine politische Forderung aus der Zeit der Weimarer Republik. Die Weimarer Reichsverfassung war damit endgültig abge-

---

[980] RGBl. 1933 I 173 mit Änderungen vom 25. 4. 1933, RGBl. 1933 I 225 und vom 26. 5. 1933, RGBl. 1933 I 293

[981] RGBL. 1935 I65

[982] R. Pusch, Die Wandlung in der Rechtsstellung der Reichsstatthalter, Diss. Göttingen 1935

[983] C. Schmitt, Das Reichsstatthaltergesetz, 14

[984] C. Schmitt, Das Reichsstatthaltergesetz, 11;E. R. Huber;, Bau und Gefüge des Reiches, 35

[985] C. Schmitt;, Ein Jahr nationalsozialistischer Verfassungsstaat, DR 1934, 29

[986] Vgl. Tagebuch von C. Schmitt in der Zeit vom 31. 3. – 14. 4. 1933, abgedruckt bei P. Noack, Carl Schmitt, eine Biographie, 170 ff.

schrieben, ohne dass an ihre Stelle eine den Staat wirklich strukturierende neue Verfassung trat [987].

Dadurch, dass die Reichsstatthalter Beamte des Reichs wurden und die Landesorgane (Landesregierung, Landesministerium, Landesminister) nicht mehr Repräsentanten der Staatsgewalt der Länder waren, sondern zu nachgeordneten Dienststellen der durch die Reichsregierung repräsentierten Reichsführung wurden[988], hatten die Länder aber nicht als selbständige juristische Personen des öffentlichen Rechts in unterschiedlichen rechtlichen Konstruktionen [989] zu existieren aufgehört. Ihre Selbständigkeit gegenüber dem Reich war nicht mehr verfassungsrechtlicher, sondern nur noch verwaltungstechnischer Art [990]. Sie wurden Ausführungsorgane des Reiches. Die von den Ländern erlassenen Gesetze waren Reichsgesetze, die nach der Rechtsprechung des Reichsgericht keiner gerichtlichen Überprüfung auf die Übereinstimmung mit den vom Reich erlassenen Gesetzen unterlagen[991]. Weil die Länder aber auf der genanten Ebene mit ihrem eigenen Verwaltungsapparat fort bestanden, führte die Ernennung von der Partei verpflichteten Reichstatthaltern mit ebenfalls eigenem Verwaltungsapparat zu einem spannungsgeladenen Dualismus der beiden Verwaltungskörper. Der Einheit des Staatswillens, auf die Popitz hinaus wollte, diente das Reichsstatthaltersystem nicht. Einen Schluss-Strich unter die Staatlichkeit der Länder auch in formaler Hinsicht zog das Gesetz über den Neuaufbau des Reiches vom 30. Januar 1934, mit dem die Volksvertretungen der Länder aufgehoben und die Hoheitsrechte der Länder auf das Reich übertragen wurden[992].

Die Umwandlung des Reichsstatthaltersystem entsprechend der staatsrechtlichen Entwicklung ist ein Beispiel dafür, wie das Regime, insofern gelenkt durch die Ministerialbürokratie aus der Zeit vor 1933, ungeachtet seiner die Verfassung von Weimar aushöhlenden Wirkung jedenfalls weiterhin die formaljuristischen Anforderungen aus der Zeit der Weimarer Republik bzw. der Kaiserzeit durchaus beachtete. Es offenbart damit ein Charakteristikum des NS-Staates: materiellrechtlich wurden die Grundsätze der Weimarer Republik aufgegeben, aber formalrechtlich, z. B. u. a. in der Form der Gesetzgebung und deren Verkündung hielt man sich an die

---

987 Über die Rechtsprechung zur Frage der Fortgeltung der WRV vgl. R. Echterhölter;. Das öffentliche Recht im national-sozialistischen Staat, 156 ff.

988988 So die von Medicus entworfene Einführungsrede auf der Konferenz der Ministerpräsidenten vom23. 3.1934, BArch. R 1501/5441 Bl. 171

989 dazu näher E. R. Huber;, Bau und Gefüge des Reiches, 35 ff.

990 E. R. Huber;, Bau und Gefüge des Reiches, 36

991 Urteil vom 26. 7. 1936, RGZ 152, 86 ff.

992 RGBl. 1934 I 75

überkommenen Grundsätze. Wahrscheinlich erleichterte dieses Vorgehen manchem Beamten, wie wahrscheinlich auch Popitz, die Bereitschaft, dem Regime zu dienen.

b. Ideologisierung grundlegender Gesetze

aa. Preußische Verfassung

Der Umgestaltung des allgemeinen Verwaltungsrechts, des Polizeirechts und des Gemeinderechts ging in Preußen ein die staatsrechtliche Stellung des Landes berührendes Vorspiel voraus, das geltenden Verfassungsgrundsätze verletzte. Für diese Beurteilung ist von der Verordnung des Reichspräsidenten betreffend die Wiederherstellung der öffentlichen Ordnung im Gebiet des Landes Preußen vom 20. Juli 1932[993] auszugehen, mit der die amtierende Regierung von Preußen ihres Amtes enthoben und anstelle dessen der Reichskanzler von Papen als Reichskommissar mit der Befugnis eingesetzt wurde, weitere Reichskommissare einzusetzen (so genannter Preußenschlag). Naturgemäß waren die süddeutschen Länder gegen den Preußenschlag. Insbesondere der bayerische Ministerpräsident Held äußerte schwere Bedenken namentlich im Hinblick auf die Zusammenlegung der Reichregierung, bzw. Teilen davon in Gestalt des Reichskanzlers von Papen, des Reichsministers Popitz und des Reichsminister Bracht mit der kommissarischen preußischen Staatsregierung, an der alle drei als Kommissare beteiligt waren[994]. Held befürchtete die Machtzusammenballung, die sich zwangsläufig aus der Zusammenlegung von Reichs- und preußischen Regierungsämtern ergeben musste. Unter dem Kabinett von Papen waren dieser sowie die Minister von Schleicher und Freiherr von Gail aber von vornherein entschlossen, die sozialdemokratisch geführte Regierung von Preußen zu beseitigen[995]. Dies war das Hauptziel des Preußenschlags. Reichskommissare für das „*rebellierende rote Preußen*" waren auch von Goebbels gefordert worden, weil sich die Nationalsozialisten von Reichskommissaren Erleichterungen für den Wahlkampf versprachen[996].

Gegen die Notverordnung erhob u. a. Preußen Klage vor dem Staatsgerichtshof mit dem Antrag, die Notverordnung des Reichspräsidenten aufzuheben. Mit dem Urteil vom 25. Oktober 1932 wies das Reichsgericht die Klage im wesentlichen mit

---

[993] RGBl. 1932 I 377; Einzelheiten dazu bei H. Mommsen, Aufstieg und Untergang der Weimarer Republik 1918 – 1933, 529 ff.; Dokumente zum Ablauf des 20. 7. 1933 bei R. Morsey, Zur Geschichte des „Preußenschlags" vom 20. Juli 1932, VjhZG 1961, 430 ff.

[994] Brief vom 8. 11. 1932 an den Reichskanzler, Akten der Reichskanzlei, Weimarer Republik, Regierung von Papen, 889

[995] G. Schulz, „Preußenschlag" oder Staatsstreich?, Neues zum 20. Juli 1932, in: Der Staat 1978, 583 ff.

[996] S. Höner, Der nationalsozialistische Zugriff auf Preußen, Preußischer Staat und nationalsozialistische Machtergreifungsstrategie 1928 – 1934, 307; H. Mommsen, Aufstieg und Untergang der Weimarer Republik 1918 – 1933, 533

einer nicht überzeugenden Begründung ab[997]. Ohne dieses näher auszuführen, ging das Reichsgericht davon aus, dass es grundsätzlich die Befugnis habe, die Übereinstimmung einer Notverordnung mit den Voraussetzungen des Art. 48 WRV zu überprüfen und ggf. deren Ungültigkeit festzustellen[998]. Fehlerhaft war das Urteil des Reichsgerichtsgerichts aber deshalb, weil es die Rechtmäßigkeit der Notverordnung auf der Grundlage des Art. 48 Abs. 2 WRV und die dafür erforderliche erhebliche Störung oder Gefährdung der öffentlichen Sicherheit und Ordnung in Preußen mit der nur drei Sätze umfassenden Begründung bejahte, dass diese offenkundig gegeben sei. Tatsächlich waren die öffentliche Sicherheit und Ordnung in Preußen nicht so gestört, dass ein Einschreiten des Reiches gerechtfertigt gewesen wäre und wenn, dann nicht mehr als in anderen Ländern, gegen die das Reich nichts unternahm. Reichskommissare konnten eine etwaige Störung auch nicht verhindern, so dass ihre Einsetzung als ungeeignetes Mittel beurteilt werden musste. Die Voraussetzungen des Art. 48 Abs. 1 WRV sah das Reichsgericht dagegen als nicht gegeben an. Das Reichsgericht gab der Klage darüber hinaus insoweit statt, als dem preußischen Staatsministerium und seinen Mitgliedern die Vertretung des Landes Preußen im Reichstag, im Reichsrat oder sonst gegenüber dem Reich oder gegenüber dem preußischen Landtag, dem preußischen Staatsrat oder gegenüber den anderen Ländern entzogen worden war. Insoweit blieben also die Funktionen des preußischen Staatsministeriums nach dem Urteil bestehen.

Nach der Machtübernahme am 30. Januar 1933 ging es nunmehr darum, den preußischen Landtag aufzulösen. Nach der preußischen Verfassung hätte es dazu eines Beschlusses eines aus dem Ministerpräsidenten, dem Präsidenten des Landtages sowie des Präsidenten des preußischen Staatsrats bestehenden Dreierkollegiums, eines Beschlusses des Landtages oder eines Volksentscheids bedurft (Art. 14 der Verfassung des Freistaates Preußen[999]). Der erst im April 1932 gewählte Landtag lehnte seine Auflösung ab[1000]. Die von dem nationalsozialistischen Landtagspräsidenten Hanns Kerrl betriebene Auflösung des Landtages durch das Dreierkollegium kam nicht zustande, weil weder Ministerpräsident Braun, der gar nicht gefragt wurde, noch der Präsident des Staatsrats, Konrad Adenauer, der Auflösung

---

[997] RGZ 138, Anhang 1

[998] So auch die herrschende Meinung im Schrifttum, vgl. u a. C. Schmitt, Die staatsrechtliche Bedeutung der Notverordnung, 248f., der aber betont, dass eine Notverordnung nur dann verfassungswidrig ist, wenn ein „*willkürlicher Mißbrauch der Ermächtigung des Art. 48 und eine Verfolgung ihr völlig fremder Zwecke*“ vorliegt oder „*wenn sie offensichtlich über das hinausgeht, was zur Beseitigung der Notlage dringend erforderlich ist oder als dringend erforderlich erachtet werden könnte*“

[999] PrGS 1920, 543

[1000] GStA PK I HA Rep. 90 A Nr. 17 Bl. 237

zustimmten[1001]. Ein Volksentscheid kam nach Lage der Dinge auch wegen seines ungewissen Ausgangs und der Dauer des Verfahrens nicht in Betracht.

Nach Absprache im Reichskabinett erwirkte von Papen daher als Alternative zu den verfassungsgemäßen Lösungen die Verordnung des Reichspräsidenten zur Herstellung geordneter Regierungsverhältnisse in Preußen vom 6. Februar 1933[1002]. Diese übertrug dem für Preußen aufgrund des Preußenschlags eingesetzten Reichskommissar und dessen Beauftragten die letzte nach dem Urteil des Staatsgerichtshofs vom 25. Oktober 1932 noch verbliebene Hoheitsgewalt. Unter Hinweis auf eine durch das Verhalten von Preußen gegenüber dem Urteil des Staatsgerichtshofs eingetretene Verwirrung im Staatsleben , die das Staatswohl gefährdet, wurde dem Reichskommissar und seinen Beauftragten die Befugnisse übertragen, die dem preußischen Staatsministerium und seinen Mitgliedern nach dem Urteil des Staatsgerichtshofs noch verblieben waren. Es handelt sich um einen klaren Verstoß gegen das Urteil des Staatsgerichtshofs. Diese Verordnung war im übrigen auch durch Art. 48 WRV nicht gedeckt. Sie stellte einen Missbrauch der Ermächtigung des Art. 48 dar, weil sie offensichtlich nicht geeignet war, Sicherheit und Ordnung in Preußen in irgendeiner Weise zu beeinflussen. Reichskommissar von Papen und der nationalsozialistische Landtagspräsidenten Hanns Kerrl benutzten die Verordnung vom 6. Februar 1933 entsprechend ihrem eigentlichen Zweck dazu, den preußischen Landtag aufzulösen und mit Göring eine Neuwahl für den 5. März 1933, dem Tag der Reichstagswahl anzusetzen[1003]. Sie erhofften sich von der Neuwahl eine Stärkung der Nationalsozialisten. Von Papen war als Reichskommissar nicht befugt, an dem Beschluss über die Auflösung des Landtags mitzuwirken. Dies hätte nur der Ministerpräsident tun können, dessen Funktionen nach dem Preußenschlag in Verbindung mit dem Urteil des Staatsgerichtshof noch fort bestanden. Formell war der Ministerpräsident Braun noch im Amt, wenn auch durch das Reichskommissariat in seinen Befugnissen beschränkt. Aber gegenüber dem Landtag konnte allein der Preußische Ministerpräsident und nicht von Papen als Reichskommissar fungieren. Die Auflösung des preußischen Landtages durch von Papen und Kerrl war somit verfassungsrechtlich unzulässig, im übrigen auch deswegen, weil der Präsident des Staatsrats nicht mitgewirkt hatte. Faktisch führten die Aktivitäten der Nationalsozialisten zur Auflösung des Landtages. Auch die von Papen und Göring erlassene Verordnung vom 8. Februar 1933 über die –für den 5. März 1933 - angesetzte Neuwahl des Landtages[1004] war nicht rechtens, weil die Neuwahl gemäß § 6

1001 Abdruck der Dokumente bei R. Morsey, Der Beginn der „Gleichschaltung" in Preußen, VjhZG 1963, 85 ff.; M. Broszat, Der Staat Hitlers, 89 f.

1002 RGBl. 1933 I 43

1003 Verordnung über die Neuwahl des preußischen Landtags vom 8. 2. 1933, PrGS 1933, 25; G. Schulz, Die Anfänge des totalitären Maßnahmenstaates, 83 ff. und Anm. 216

1004 PrGS 1933,

des Landeswahlgesetzes vom 28. Oktober 1928 [1005] und aufgrund des Urteils des Staatsgerichtshofs nur durch das Staatsministerium, d. h. die noch formell im Amt befindlichen preußischen Minister aus der Zeit vor dem Preußenschlag im Einvernehmen mit dem ständigen Ausschuss des Landtags hätte angesetzt werden können. Gleichwohl kam es zur Durchführung der Wahl.

Ziel der Aktion war, den Nationalsozialisten bei der Neuwahl die bis dahin noch nicht gegebene Mehrheit zu beschaffen und das noch sozialdemokratisch geprägte Preußen, das zudem das größte und mächtigste Land des Reiches war, dem Regime zu unterwerfen. Es war ein erster Schritt zur Gleichschaltung des Landes Preußen, dem die Gleichschaltung der übrigen Länder durch das die Auflösung der Landtage anordnende vorläufige Gesetz zur Gleichschaltung der Länder mit dem Reich vom 31. März 1933 und das Reichsstatthaltergesetz vom 7. April 1933 folgten. Es ist sicher keine Fehlinterpretation, anzunehmen, dass Göring mit der Aktion zugleich seinen persönlichen Ehrgeiz befriedigen und dem „Führer" Preußen gewissermaßen zu Füßen legen wollte. Man kann schwerlich davon ausgehen, dass Popitz als Mitglied des Reichskommissariats sich des manipulativen und rechtswidrigen Charakters der Wahl-Aktion und der in dieser Aktion zum Ausdruck kommenden Tendenz, Preußen auf die Linie des nationalsozialistischen Regimes zu bringen, nicht bewusst war. Sie kam seinem politischen Langzeitziel, die Länder aufzulösen, entgegen, so dass nicht nur von einer Hinnahme, sondern eher von einer Unterstützung auszugehen ist.

Das Urteil des Staatsgerichtshofs zum Preußenschlag erregte das Missfallen von Popitz. Immerhin hatte das durch seinen Freund Carl Schmitt vertretene Reich den Prozess zu einem, wenn auch nicht bedeutsamen Teil, verloren. Popitz forderte deshalb, mehr aber noch aus grundsätzlichen Erwägungen die Abschaffung des Staatsgerichtshofs. In den Sitzungen des Staatsministeriums vom 5. Mai und 29. Juni 1933 begründet er seine Forderung mit der Notwendigkeit, „*daß andernfalls nach dem heutigen Stand der Gesetzgebung einzelne Fraktionen des Landtages, bzw. der Landtag als Ganzes ohne weiteres Klagen erheben können und weiterhin, mindestens theoretisch, mit Länderkonflikten gerechnet werden könnte, wenn sich die Erfahrung bestätigte, daß ein gewisser Föderalismus sich immer wieder herausbildet*"[1006]. Hinter der Forderung, den Staatsgerichtshof abzuschaffen, stand offenbar die Befürchtung, der Staatsgerichtshof könnte das von ihm bekämpfte Föderalismusprinzip stärken. Abgeschafft wurde der Staatsgerichtshof zwar nicht, aber im Dritten Reich versank er in die Bedeutungslosigkeit[1007].

[1005] PrGS 1928, 671, zuletzt i. d. F. vom 7. 4.1932, PrGS 1932, 159

[1006] GstA PK IHA Rep.90. Annex L Bl. 14 und GStA PK Rep. 90 a 1933 Bl. 108 f.

[1007] In der Entscheidungssammlung des Reichsgericht sind ab 1933 keine Urteile mehr abgedruckt

Die geschilderten pseudolegalen Aktivitäten ergänzte die Partei in Preußen unter der Führung von Göring durch Gewaltmaßnahmen gegen ihre Gegner. Ungestraft wurden Menschen geprügelt, gefoltert, schwer verwundet oder gar getötet[1008]. Göring „legitimierte“ die Terrorakte durch den unter dem Namen „*Schießbefehl*“ bekannt gewordenen Erlass „*zur Förderung der nationalen Bewegung*“ vom 17. Februar 1933[1009]. Damit wurde die Polizei angewiesen, statt wie bisher Gewaltakte der SA zu behindern, „*sich dem schärfsten Kampf gegen staatsfeindliche Organisationen*“, d. h. vor allem der KPD zu widmen. Polizeibeamten, die von der Schusswaffe gegen Angehörige staatsfeindlicher Organisationen Gebrauch machten, konnte sich als „gedeckt“ ansehen. Denjenigen, die aus falscher Rücksichtnahme versagten, drohte der Erlass dienststrafrechtliche Folgen an.

bb. Allgemeine Verwaltung

Nach Aufhebung des Reichskommissariats durch die Verordnung des Reichspräsidenten vom 30. Juni 1933[1010]war die preußische Regierung unter dem Ministerpräsidenten Göring eilfertig bemüht, die bestehenden Gesetze aus der Zeit vor 1933 der nationalsozialistischen Ideologie anzupassen. Auf der Grundlage einer von dem preußischen Innenministerium ausgearbeiteten Denkschrift vom 10. August 1933, von der Popitz eine Abschrift erhielt[1011], erging das von Göring und Popitz unterzeichnete Gesetz über die Anpassung der Landesverwaltung an die Grundsätze des nationalsozialistischen Staates vom 15. Dezember 1933[1012], nachdem Popitz mit Schreiben vom 14. November 1933 ausdrücklich erklärt hatte, dass er keine Bedenken gegen den ihm vorgelegten Entwurf des Gesetze habe[1013]. Mit diesem Gesetz wurde der Behördenaufbau und die Zuständigkeiten der Behörden im Sinne des Führergedankens geändert, indem alle Beschlussorgane aufgehoben und an die Stelle gewählter Vertreter solche traten, die von der Aufsichtbehörde berufen wurden. Ebenso setzte das Gesetz über die Erweiterung der Befugnisse der Oberpräsidenten vom 15. Dezember 1933 den Führergedanken für die Oberpräsidenten um, indem die bis dahin von verschiedenen Ausschüssen wahrgenommenen Aufgaben auf den Oberpräsidenten übertragen wurden. Der Oberpräsident hatte als Vertreter der Staatsregierung u. a. darüber zu wachen, dass die Provinz im Einklang mit den

---

[1008] I. Kershaw, Hitler 1889 – 1936, 576 ff. vgl. auch W. Sauer, Die Mobilmachung der Gewalt, 233 ff.

[1009] Ministerialblatt für die Preußische innere Verwaltung, I, 1933, 169

[1010] VO des Reichspräsidenten zur Wiederherstellung normaler Regierungsverhältnisse in Preußen, RGBl 1933 I 423

[1011] GStA PK I HA Rep. 90 a Nr. 2304 Bl. 288

[1012] PrGS 1933, 479

[1013] GStA PK I HA Rep. 90 a Nr. 2304 Bl. 338

Zielen der Staatsführung verwaltet wurde[1014]. Das Oberpräsidentengesetz vom 15. Dezember 1933 machte die Oberpräsidenten zu Organen des NS-Herrschaftssystems, verstärkte die Staatsaufsicht und trug nicht wenig zur Erosion staatlicher Institutionen und staatlicher Ordnung bei[1015]. Der Verwaltungsökonomie dienten die Auflösung der aus mehreren Personen bestehenden Beschlussorgane und die Einführung des Führerprinzips nicht. Die Entscheidungsbefugnis einer Person birgt die Gefahr einer Verengung der für eine Entscheidung maßgebenden Gesichtspunkte auf die Sichtweise des Entscheiders. Argumente, die von Mitgliedern eines Beschlussorgans vorgebracht werden können, bleiben unberücksichtigt.

Mit einer geradezu beispielslosen Radikalität dienten dem Führerprinzip und dem Machtanspruch der NSDAP eine Reihe von weiteren Gesetzen, an denen Popitz mitgewirkt bzw. die er als preußischer Staatsminister auch unterzeichnet hat. Zu nennen wäre beispielsweise das Gesetz über den Provinzialrat vom 17. Juli 1933[1016] und das Gesetz über die Auflösung der Tierärztekammern vom 28. Juli 1933[1017]. Das Gesetz über die Tierärztekammern, mit dem die gewählten Beschlussgremien durch staatlich bestimmte Vorstände ersetzt wurden, war zugleich im Sinne der Gleichschaltungsideologie ein Eingriff in die bis dahin bestehenden gesellschaftliche Strukturen. Popitz trat für eine Abschaffung parlamentarischer Elemente auf allen Gebieten ein, so etwa von gewählten Beiräten staatlicher Gesellschaften oder eines Beirats der Seehandlung[1018]. Er setzte sich auch wegen der nationalen Umwälzung für ein Koalitionsverbot für Beamte ein[1019].

cc. Polizei – Geheime Staatspolizei (Gestapo)

Einen Wandel erfuhr der Polizeibegriff und die Organisation der Polizei. Werner Best hat dem Wandel des Polizeibegriffs in einer 1940 erschienenen Schrift Ausdruck gegeben. Aus der Gegenüberstellung des „*ichhaft-menschlichen* (individualistisch-humanitären)“ und des der „*völkischen Lebens-Auffassung*“ entsprechenden Polizeibegriffs definierte er den völkischen Polizeibegriff dahin, dass die Polizei nicht mehr dem Einzelwesen und dem Grundsatz der Gesetzmäßigkeit, sondern

---

[1014] PrGS 1933, 477

[1015] K. Teppe, Die preußischen Oberpräsidenten 1933 – 1945, 248

[1016] PrGS 1933, 254

[1017] PrGS 1933, 286

[1018] Chefbesprechung des preußischen Staatsministeriums vom 22. 9. . 1933,GstA PK IHA Rep.90. Annex L Bl. 138

[1019] Chefbesprechung des preußischen Staatsministeriums vom 22.. 6. 1933,GstA PK IHA Rep.90. Annex L Bl 121 R

der „*Gesamtwesenheit*“ des Volkes und der Sicherung der Volksordnung gegen Störung und Zerstörung verpflichtet ist[1020].

Die mit politischen Fragen, insbesondere mit der Verfolgung von Hochverrat und Landesverrat, aber auch mit politischen Nachrichten befasste Polizei wurde in Preußen aus dem Landeskriminalamt ausgegliedert. Dazu ergingen die von Popitz mit beratenen und unterzeichneten preußischen Gesetze über die Errichtung eines Geheimen Staatspolizeiamtes vom 26. April 1933 und über die Geheime Staatspolizei vom 30. November 1933[1021]. Eine abschließende Regelung brachte das Gesetz über die Geheime Staatspolizei vom 10. Februar 1936[1022]. Als preußischer Innenminister und späterer Ministerpräsident war Göring der Chef der Gestapo. Nach den Gesetzestexten hatte die Geheime Staatspolizei (Gestapo) die Aufgabe, die Funktionen der politischen Polizei zu übernehmen bzw. staatsgefährliche Bestrebungen zu erforschen und zu bekämpfen. Die Gestapo handelte praktisch im rechtsfreien Raum. Dies kam zum Beispiel in der Verordnung des Reichssicherheitshauptamtes (ab 1939 Leitungsamt der verschiedenen Polizeiabteilungen) vom 15. April 1940 zum Ausdruck, in der es heißt: „*Die Befugnis der Geheimen Staatspolizei zur Durchführung aller Maßnahmen, die zur Erfüllung ihrer Aufgaben erforderlich sind* (leitet sich*) nicht aus einzelnen Gesetze und Verordnungen, sondern aus dem Gesamtauftrag her,...der der Deutschen Polizei im allgemeinen und der Geheimen Staatspolizei im besonderen im Zuge des Neuaufbaus des nationalsozialistischen Staates erteilt worden ist*“[1023].

In der Praxis ergaben sich Abgrenzungsprobleme gegenüber der allgemeinen Polizei, die eine umfangreiche, teilweise kontroverse Rechtsprechung der Gerichte zu Folge hatte. Die Gestapo kümmerte sich nicht nur um staatspolitische Fälle, sondern auch um die öffentliche Sicherheit und Ordnung und verbot, z. B einen Verein für Nacktbaden oder den Vertrieb eines anstößigen Buches, und mischte sich damit in Angelegenheiten ein, die der allgemeinen Polizei oblagen. Das war für die Betroffenen deshalb von Bedeutung, weil nach der Rechtsprechung des preußischen Oberverwaltungsgerichts zu dem Gesetz vom 30. November 1933 Verwaltungsakte der Gestapo nicht an die Schranken der §§ 14, 41 des preußischen Polizeiverwaltungsgesetzes (PVG) gebunden waren und keiner gerichtlichen Kontrolle unterlagen[1024]. Eine preußische Ministerialverordnung hatte schon am 3. März

---

[1020] W. Best, Die Deutsche Polizei, 8 ff.

[1021] PrGS. 1933, 122, 413; Beratung am 24. 4.1933, GStA PK I HA Rep. 90 Annex L Nr. 41 Bl. 77

[1022] PrGS 1936, 21

[1023] Zit. nach I. Gutman (Hrsg.), Enzyklopädie des Holocaust, Die Verfolgung und Ermordung der europäischen Juden, Bd. I 534; vgl. auch H. Buchheim, Die SS als Herrschaftsinstrument,85: zum Reichsicherheitshauptamt vgl. H. Buchheim, Die SS als Herrschaftsinstrument, 66 ff.

[1024] Urteil vom 2. 7. 1936. RVerwBl 1936, 1031; Urteil vom 2. 5. 1935, RVerwBl 1935, 577

1933 ausgeführt, dass die Polizei die Schranken der §§ 14, 41 PVG überschreiten dürfe[1025]. Nach den §§ 14, 41 PVG durfte die Polizei nur eingreifen, soweit es zur Abwehr von Gefahren erforderlich war, welche die öffentliche Sicherheit und Ordnung bedrohen. Die Vorschriften sicherten dem Bürger zugleich eine staatsfreie Sphäre. Das spätere Gesetz von 1936 schloss die Klagemöglichkeit gegen Verfügungen der Geheimen Staatspolizei ausdrücklich aus[1026].

Für Maßnahmen der allgemeinen Polizei, die in das Aufgabengebiet der Geheimen Staatspolizei fielen, schloss das preußische Oberverwaltungsgericht die Klagemöglichkeit ebenfalls aus[1027]. Das Verwaltungsgericht Hamburg schränkte die Anfechtbarkeit von Verfügungen der allgemeine Polizei in Fällen ein, in denen es sich um eine staatspolitische auf die Reichtagsbrandverordnung gestützte Maßnahme handelte[1028]. Es versagte sich der Prüfung, ob es sich um eine staatspolitische Maßnahme handelte und nahm die Erklärung der Behörde, dass dies der Fall war, ohne weiteres hin. Ebenso urteilte das preußische Oberverwaltungsgericht in einem Fall, in dem der Regierungspräsident ein Kraftrad aufgrund des Gesetzes über die Einziehung kommunistischen Vermögens vom 26. Mai 1933 eingezogen hatte [1029]. Das preußische Oberverwaltungsgericht schloss nicht nur eine Klagemöglichkeit gegen die Maßnahmen der Gestapo, sondern auch gegen die allgemeine Polizei aus, wenn diese eine Anordnung der Geheimen Staatspolizei nur wiederholt hatte[1030].

Auch die nach der Ausgliederung der politischen Polizei aus der allgemeinen Polizei verbleibende Polizei erfuhr eine Wandlung in Richtung auf ein von gesetzlichen Vorgaben weitgehend befreites polizeiliches Handeln[1031]. Der Runderlass vom 3. März 1933 des Preußischen Ministers des Inneren zur Durchführung der Verordnung zum Schutz von Volk und Staat vom 28. Februar 1933 bestimmte ausdrücklich, dass die Polizeibehörden auch über die in den § 14 und 41 (PVG) gezogenen Schranken tätig werden können, soweit es für die Erreichung des Ziels der Reichtagsbrandverordnung zweckmäßig und erforderlich ist[1032]. Bill Drews , Popitz

---

[1025] Preuß. Ministerialblatt für die innere Verwaltung 1933, 233

[1026] § 7 des Gesetzes, PrGS 1936, 21

[1027] Urteil vom 30. 7. 1936, RVerwBl 1936, 940

[1028] Hamburgisches Verwaltungsgericht, Urteil vom 7. 10. 1935, RVerwBl 1935, 1045; dagegen Badischer Verwaltungsgerichtshof, Urteil vom 11. 1. 1938, RVerwBl 1938, 1047

[1029] Urteil vom 25. 10. 1934, RVerwBl. 1935, 456

[1030] Urteil vom 6. 1. 1938, RverwBl 1938, 534

[1031] R. Höhn, Die Wandlung im Polizeirecht; wegen Einzelheiten vgl. A. Schwegel, Der Polizeibegriff im NS-Staat

[1032] Ministerialblatt für die Preußische innere Verwaltung 1933, 233, abgedruckt bei Hirsch/D. Majer/J. Meinck (Hrsg.), Recht, Verwaltung und Justiz im Nationalsozialismus, 319

durch die Mittwochsgesellschaft verbunden, deutete § 14 PVG dahin um, dass er diese Vorschrift unter den Grundsatz: „*Gemeinnutz geht vor Eigennutz*" stellte und eine Störung der öffentlichen Ordnung bereits dann annahm, wenn eine Handlung für den nationalsozialistischen Staat „*untergrabend, hemmend, verstimmend oder auch nur staatsentfremdend*" wirkt, wozu Drews auch „*negative nörgelnde Kritik an den bestehenden Staatseinrichtungen*" rechnete[1033]. Ebenso löste sich Theodor Maunz von dem Grundsatz der Gesetzmäßigkeit polizeilichen Handelns, indem er es für ausreichend hielt, dass polizeiliches Handeln durch den Willen des Führers, in welcher Form auch immer formuliert, bzw. durch den „*Willen der im Rahmen der völkischen Ordnung handelnden Reichsführung*" gedeckt war[1034]. Unabhängig von der Frage der Gesetzesbindung der Polizei gab es eine nahezu einheitliche Auffassung, dass § 14 PVG im Sinne der gewandelten nationalsozialistischer Rechtsauffassung nicht mehr dem Schutz der individuellen Freiheit des einzelnen sondern „*dem Schutz der Volksgemeinschaft gegen Angriffe, Störungen und Gefährdungen*" dienen sollte[1035]. Von einer Erweiterung der Befugnisse der Polizei ging auch die Rechtsprechung aus[1036].

Die Umwandlung des Polizeirechts und der Polizeiorganisation, insbesondere die Einrichtung der im ganzen Land gefürchteten Gestapo, die sich durch „*die Verfolgung und Ausrottung der Juden, durch Grausamkeiten in Konzentrationslagern, Ausschreitungen in der Verwaltung der besetzten Gebiete, die Durchführung des Zwangsarbeitsprogramms und Misshandlung und Ermordung von Kriegsgefangenen*"[1037] zu einem Instrument des Terrors entwickelte, war ein Eckpfeiler der nationalsozialistischen Diktatur[1038]. Nicht auf der Grundlage bestimmter gesetzlicher Bestimmungen, allenfalls auf der Grundlage des Gesetzes über den Neuaufbau des Reiches vom 30. Januar 1934, wonach die Hoheitsrechte der Länder auf das Reich übergingen,[1039] möglicherweise auch aufgrund des Führererlasses vom 17. August 1936, mit dem Himmler zum Chef der Deutschen Polizei im Reichsministerium des Inneren bestellt wurde[1040], jedenfalls aber aufgrund von verwaltungsinternen An-

---

1033 B. Drews, Preußisches Polizeirecht, 1. Band, 7

1034 Th. Maunz, Gestalt und Recht der Polizei, 8 f.

1035 K. Schäfer, Polizeiverwaltungsgesetz, 23

1036 Vgl. u. a. OVG Hamburg, Urteil vom 19. 11. 1937, JW 1937, 3336

1037 Urteil des IMT vom 30. 9. 1946. IMT XXII, 582

1038 Vgl, I. Gutman (Hrsg.), Enzyklopädie des Holocaust, Die Verfolgung und Ermordung der europäischen Juden, Stichwort Gestapo; zur Judenverfolgung u. a. H. Krausnick, Judenverfolgung, in Anatomie des SS-Staates, 547

1039 Nach K. Schäfer wurde die Polizei eine Angelegenheit des Reiches, K. Schäfer, Polizeiverwaltungsgesetz, 9

1040 RGBl 1936 I 487

ordnungen breitete sich die Gestapo über das Land Preußen hinaus auf das ganze Reich aus[1041]. Sie usurpierte überdies Aufgaben, die nicht mehr polizeilicher Natur waren. Die Polizei hat die Aufgabe, zur Wahrung der öffentlichen Sicherheit und Ordnung Gefahren abzuwehren, die der Allgemeinheit oder dem Einzelnen drohen sowie als Hilfsbeamte der Staatsanwaltschaft Straftaten zu verfolgen. Dabei ist sie an das Prinzip der Gesetzmäßigkeit gebunden. Die Gestapo richtete aber auf der Grundlage verwaltungsinterner Anordnungen Konzentrationslager ein, in denen etwa im Juli 1933 insgesamt 26789 Personen einsaßen[1042]. Sie organisierte die Deportation der Juden und deren Ermordung in den Vernichtungslagern in Polen sowie in den Lagern in Deutschland, die durch ihre unmenschlichen Lebensbedingungen für Hunderttausende ebenfalls den Tod zur Folge hatten. In seiner Vernehmung vor dem Internationalen Militärtribunal in Nürnberg kennzeichnete Werner Best, Stellvertreter von Heydrich und Abteilungsleiter im Reichsicherheitshauptamt, die genannte Aktionen verniedlichend als „polizeifremde Handlungen" zu deren Durchführung die Beamten verpflichtet gewesen seien, wenn die Befehle dazu vom Staatsoberhaupt oder in seinem Namen erteilt worden seien[1043]. Himmler, der im Zuge der „Verreichlichung" der Polizei durch Führererlass vom 17. Juni 1936 als Chef der gesamten deutschen Polizei eingesetzt wurde[1044], und Heydrich waren die dafür verantwortlichen Spitzenkräfte. Sie organisierten in den Jahren 1934 – 1939 den Aufbau des Reichsicherheitshauptamtes, in das die Gestapo als eine Abteilung eingegliedert wurde[1045].

Popitz trägt durch seine Mitwirkung an der Gründung der Gestapo in Preußen als der Vorläuferin der späteren Gestapo des Reichssicherheitshauptamtes eine Mitverantwortung für das spätere Geschehen. Aber diese Mitverantwortung ist doch im Verhältnis zu Himmler und Heydrich recht begrenzt. Es hätte schon einer blühenden Phantasie bedurft, um sich 1933 vorzustellen, wohin sich die Gestapo entwickeln würde. Man kann wohl nicht davon ausgehen, dass er das ausufernde Terrorregime der Gestapo gebilligt hätte. Aber es musste ihm 1933 klar sein, dass die Einrichtung einer eigenständigen politischen Polizeiorganisation über die organisatorische Selbständigkeit hinaus sachliche Bedeutung haben, die Möglichkeit eines Funktionswandels herbeiführen und dem Regime ein Herrschaftsinstrument zur Ausführung von Verbrechen in die Hand geben könnte. Die Freistellung der Polizei von rechtsstaatlichen Schranken lag jedenfalls offen zu Tage. Die zitierten

---

[1041] Vgl. K. Schäfer, Polizeiverwaltungsgesetz, 211, Fn. 1

[1042] M. Broszat, Nationalsozialistische Konzentrationslager, in Anatomie des SS-Staates,336

[1043] IMT Bd. XX 155 f.

[1044] RGBl 1936 I 487; H. Buchheim, Die SS als Herrschaftsinstrument, 43; zur Verreichlichung S.49 ff.

[1045] Gutman (Hrsg.), Enzyklopädie des Holocaust, Die Verfolgung und Ermordung der europäischen Juden, Stichwort Reichsicherheitshauptamt

Urteile waren nicht geheim, sondern wurden in den juristischen Zeitschriften und den Entscheidungsammlungen der Gerichte publiziert.

dd. Gemeindeverfassung Preußens

Von nicht minderem politischen Gewicht war auch der Eingriff des Regimes in die Gemeindeverfassung. Der Gemeindeverfassung kommt eine besondere staatspolitische Bedeutung zu. Die Gemeinde ist der Ort, an dem wesentliche Lebensbedingungen der Menschen tagtäglich bestimmt werden. Popitz war schon durch die oben bereits erwähnte Examensarbeit über die Gemeindeverfassungen in Preußen für eine Mitwirkung an der Reform der Gemeindeverfassung bestens vorbereitet. Er konnte zudem an seine während der Weimarer Republik entstandenen Arbeiten zum Gemeinderecht insbesondere zur Frage der Selbstverwaltung der Gemeinden anknüpfen.

Als ersten Schritt zur Umgestaltung der Gemeindeverfassung lösten von Papen und Göring noch in ihrer Eigenschaft als Reichskommissare mit der Zustimmung von Popitz[1046] am 4. Februar 1933 die bestehenden Vertretungskörperschaften der Gemeinden und Gemeindeverbände in Preußen auf[1047]. Zusammen mit Carl Schmitt wirkte Popitz mit an den Vorarbeiten für eine Reform der preußischen Kommunalverfassung, die ihren Niederschlag in der Denkschrift „*Vorschläge für eine Umgestaltung der preußischen Verwaltung*“ vom 10. August 1933 fanden. Die Denkschrift verstand Selbstverwaltung als „*Wahrnehmung von Verwaltungsaufgaben durch dem Staat eingegliederte Verbände*“ und suchte dieser Selbstverwaltung wesentlich andere Züge zu geben als in der Zeit von Weimar. Zu diesem Zweck verlangte die Denkschrift die Beseitigung noch vorhandener demokratischer Verfassungsformen, konsequente Durchführung des Führerprinzips, Verschmelzung der nationalsozialistischen Bewegung mit den Selbstverwaltungskörpern und Verwirklichung des berufsständischen Gedankens[1048]. Noch weiter ging damals Karl-Maria Hettlage, der meinte, dass die Gemeinden ihre nationalen Aufgaben als Glieder und Unterbau des Reiches nur erfüllen könnten, wenn die Verwaltung im höheren Maße

---

[1046] Sitzungsprotokoll der Reichskommissare vom 4. 2. 1933, GstA PK I HA Rep. 90 Annex L Nr. 41 Bl.18 R

[1047] PrGS 1933, 21

[1048] GStA PK Rep. 90 Nr. 2304; H. Matzerath, Nationalsozialismus und kommunale Selbstverwaltung, 115; dass Popitz sich über die Ausarbeitung der Deutschen Gemeindeordnung nur durch einen Mittelsmann unterrichten ließ, wie H. Quaritsch unter Berufung auf eine mündliche Äußerung von G. A. Jeserich behauptet (H. Quaritsch, Positionen und Begriffe Carl Schmitts, 37 Fn. 56), erscheint angesichts seiner Mitwirkung an der preußischen Gemeindeverfassung eher unwahrscheinlich

als die örtliche Reichsverwaltung mit einem fest umrissenen Aufgabenbereich empfunden wird[1049].

Auf der Grundlage dieser Ideen entstand unter der Mitwirkung von Popitz das u. a. von ihm unterzeichnete preußische Gemeindeverfassungsgesetz vom 15. Dezember 1933, das die bis dahin bestehenden 15 verschiedenen Gemeindeordnungen in Preußen ablöste[1050]. In dem Vorspruch des Gesetzes findet sich die Berufung auf den Reichsfreiherrn vom Stein und die Behauptung, dass Adolf Hitler in der Organisation der NSDAP wahre deutsche Freiheit verwirklicht habe, die in Manneszucht und Gefolgschaftstreue gegenüber dem allein verantwortlichen Führer der Eigensucht entsagt und dem Volksganzen dient. Das Gesetz sollte die nationalsozialistische Staatsauffassung auch im Gemeindeleben sichern und die in der Gemeinde drohende Unordnung beseitigen. Nach dem Gemeindeverfassungsgesetz gab es kein Wahlrecht der Bürger zu den Gemeinderäten. Deren Funktion wurde auf die Beratung des Bürgermeisters reduziert. Die Bürgermeister wurden nicht mehr von den Gemeinderäten gewählt, sondern von dem Minister des Inneren nach Fühlungnahme mit dem Gauleiter der NSDAP berufen und waren der staatlichen Aufsichtsbehörde gegenüber verantwortlich. Die Mitglieder des Gemeinderats wurden durch die staatliche Aufsichtsbehörde im Einvernehmen mit dem Gauleiter zur Hälfte aus Parteifunktionären und zu anderen Hälfte aus verdienten Bürgern der Gemeinde berufen. Damit war gewährleistet, dass nur linientreue Bürger im Gemeinderat saßen. Durch die Reduzierung der Befugnisse des Gemeinderates auf die Beratung des Bürgermeisters und durch den Ausschluss der Wahl der Gemeindevertreter durch die Bürger, wie der Wahl des Bürgermeisters durch die Gemeinderäte wurde das Hauptmerkmal der Selbstverwaltung, nämlich das Mitsprache- und Entscheidungsrecht der Bürger auf basisdemokratischer Grundlage aus der Selbstverwaltung heraus genommen und diese damit in ihrem Wesenskern entleert. In der Steinschen Städteordnung vom 19. November 1808, auf den sich ja das Gesetz berief und Popitz sich in anderem Zusammenhang berufen hatte, war die Wahl der Gemeinderäte und der Bürgermeister durch diese ein tragendes Element[1051]. Stein glaubte, mit diesem Element das Verantwortungs- und Pflichtgefühl der mit diesen Aufgaben Betrauten so zu erwecken und anzuspannen, dass jeder mit allen Kräften bestrebt sein würde, ohne Rücksicht auf andere Bindungen das von ihm nach seinen persönlichen Überzeugung für das Staatsganze und die Gemeinde Beste zu tun.

Eine Gemeindeverfassung ohne das Demokratieprinzip widersprach dem Grundsatz der Weimarer Verfassung, wonach die Staatsgewalt vom Volk ausgeht

---

[1049] K.-M- Hettlage, die Zukunft der Gemeindefinanzen in Deutschland, Jahrbuch der Kommunalwissenschaft, 2. Hjbd. 1938, 229

[1050] PrGS 1933, 427

[1051] PrGS. 1808, 324, §§ 46 ff., 69 ff., abgedr. bei A. Krebsbach, Die preußische Städteordnung von 1808,

(Art. 1 WRV) und die Volksvertretung nach demokratischen Prinzipien gewählt werden muss (Art. 17 WRV). Eine Selbstverwaltung ohne demokratische Grundlage ist nur eine dezentralisierte Staatsverwaltung. Soweit die Bürger der Gemeinde an der Erledigung der Gemeindeangelegenheiten nicht mehr durch ihre gewählten Vertreter mitwirken können, kann man nicht mehr von einer Selbstverwaltung in dem Sinn sprechen, den der Begriff im Laufe der Entwicklung der letzten fast 200 Jahre erhalten hat[1052], eben vom Dritten Reich und der DDR abgesehen. Zeitgenossen meinten, die preußische Gemeindeordnung stehe völlig auf dem Boden des Nationalsozialismus, kritisierten aber den zu geringen Einfluss der Partei[1053]. Auch Bill Drews, Präsident des preußischen Oberverwaltungsgerichts und Mitglied der Mittwochsgesellschaft, erkannte und billigte die Übereinstimmung der von Popitz maßgebend beeinflussten preußischen Kommunalverfassung mit dem Führerprinzip des Dritten Reiches. Er sah darin eine Gleichschaltung der kommunalen Vertretungen mit den im Frühjahr 1933 gewählten, von einem einheitlichen nationalen Willen getragenen politischen Körperschaften, ohne die die Gemeinden ein Fremdkörper im damaligen Staatsorganismus sein würden[1054]. Drews verschwieg, dass die Nazis bei der Reichstagswahl am 5. März 1933 trotz bisher nicht da gewesener Wahlpropaganda und der Unterdrückungsmaßnahmen gegen die Linksparteien, namentlich gegen die KPD, nur 43,9 % der Stimmen und 44,5 % der Mandate erhalten hatten[1055].

Willfährige Anpassung an das Regime muss für Popitz` Mitwirkung an der Umgestaltung der Kommunalverfassung bestimmend gewesen sein. Er kann nicht vergessen haben, was er 1931 zum Lobpreis des von ihm als heimlichen Kanzler deutscher Nation bezeichneten Freiherrn vom Stein geschrieben hatte, nämlich dass Stein den freien Staatsbürgern mit der Städteordnung die Mitwirkung am Staat sichern wollte[1056], was abgesehen von der direkten Demokratie in kleinen Gemeinden ja nur über die Wahl der Gemeindevertreter durch die Bürger möglich ist. Im Sinne der von Popitz schon vor 1933 geforderten einheitlichen Willensbildung in allen Gebietskörperschaften verstärkte das preußische Gemeindeverfassungsgesetz die Staatsaufsicht dahin, dass diese sich auch auf die Prüfung erstreckte, ob die Gemeinden im Einklang mit den Zielen der Staatsführung handelten, wozu die Gemeinden verpflichtet wurden. Damit knüpfte das Gesetz daran an, was Popitz schon 1930 vorgetragen hatte: *„Selbstverwaltung ist, vom Staat aus gesehen, eine*

[1052] H.-E. Reinicke, Die Gemeinde und ihre Ordnung, 14

[1053] Rieling, Gedanken zur Reichsgemeindeordnung, JW 1935, 910, 911

[1054] B. Drews, Das neue preußische Gemeindeverfassungsgesetz, JW 1934, 197, 199

[1055] K. D. Bracher, Stufen der Machtergreifung, in: Bracher/Schulz/Sauer, Die nationalsozialistische Machtergreifung, Studien zur Errichtung des totalitären Herrschaftssystems in Deutschland 1933/34, 143 ff. mit einer Analyse der Wahlergebnisse

[1056] J. Popitz, Dem heimlichen Kanzler deutscher Nation zum Gedächtnis, DJZ 1931, Sp. 792

schlechthin unersetzbare Form verwaltungsmäßiger Dezentralisierung. Fehlt aber daneben eine feste, einheitliche, auch dieser Selbstverwaltung ihre Richtung weisende Regierung von einer Stelle für alle Deutschen, so führt die Selbstverwaltung zusammen mit den Souveränitätsträumen mancher Länder, einer schrankenlosen Autonomie der Sozialversicherungsträger und der Hausmachtpolitik großer Sondervermögen, wie Reichsbahn und Reichspost, in das uns durch unsere Geschichte als Lehre übermittelte Elend deutscher Libertät." [1057]. Diesem Konzept der Ausrichtung der Selbstverwaltung auf einen einheitlichen Staatswillen entsprechend statuierte das Gesetz den Primat des Staatswillens gegenüber der Selbstverwaltung als einen „*rocher de bronce*", wie Bill Drews bemerkte, der darin – fälschlicherweise - eine Rückkehr zu der organischen Staatsidee Steins sah[1058]. Demgemäß konnte die staatliche Aufsichtsbehörde den Gemeinden gegenüber Anordnungen treffen und diese notfalls mit Zwangsmaßnahmen durchsetzen, wobei zudem eine Klagemöglichkeit der Gemeinden gegen die Anordnungen und Zwangsmaßnahmen ausgeschlossen wurde. Die Verstärkung der Position der Aufsichtsbehörde rückte die Gemeinden näher an den Staat, wie es Popitz schon in seinem Finanzausgleich-Gutachten gefordert hatte[1059].

Offiziell und in der regierungstreuen Literatur wurde die preußische Kommunalverfassung unter Berufung auf Freiherrn vom Stein als Wiederherstellung der Selbstverwaltung gefeiert[1060]. Kritiker stellten aber schon damals fest, dass die nationalsozialistische Rechtsauffassung über die Selbstverwaltung mit dem überkommenen Begriff der Selbstverwaltung als eigenverantwortliche Wahrnehmung öffentlicher Aufgaben durch die örtliche Gemeinschaft unvereinbar war[1061]. Carl Goerdeler kritisierte an dem seiner Meinung nach reaktionären preußischen Gemeindegesetz die viel zu weit getriebene Staatsaufsicht und die allzu starke Beschränkung der Bürgerschaft bei der gemeindlichen Willensbildung[1062]. Popitz bezeichnete die Selbstverwaltung als „*ein hervorragendes Erziehungsmittel zum*

[1057] J. Popitz, Der Finanzausgleich und seine Bedeutung für die Finanzlage des Reichs, der Länder und Gemeinden, Selbstverlag des Reichsverbandes der deutschen Industrie, Berlin 1930, 46

[1058] B. Drews, Das neue preußische Gemeindeverfassungsrecht, JW 1934, 199

[1059] J. Popitz, Finanzausgleichs - Gutachten (1932), 82

[1060] RdErl des PMI vom 21. 12. 1933 MbliV I, 1493

[1061] R. Sudhoff-Groß, Die Rechtsstellung des Bürgermeisters im Verhältnis zum Staat und zu den übrigen Beamten in der Gemeinde, ders. „Gemeindliche Selbstverwaltung" und „Örtliche Gemeinschaft" im Lichte alter und neuere Rechtsauffassung, in: W. Stuckart/G. Klopfer u. a. (Hrsg.),Reich, Volksordnung, Lebensraum, 318, 329, 335 f.; Sudhoff-Groß, Selbstverwaltung heute?, Deutsche allgemeine Zeitung (Berliner Ausgabe) vom 13. 1. 1944, der zutreffend bemerkt, dass von der klassischen Selbstverwaltung nichts geblieben ist

[1062] G. Ritter, Carl Goerdeler und die deutsche Widerstandsbewegung, 40

Staat, auf das nicht verzichtet werden kann"[1063]. Indem er sich hinter die neue preußische Kommunalverfassung stellte, hatte er seine frühere in dem Vortrag über Zentralismus und Selbstverwaltung vorgetragene Auffassung aufgegeben, wo er das Wesentliche der Selbstverwaltung darin sah, dass nicht mehr Organe tätig sind, die der Staat beauftragt oder bestellt, sondern dass die Rechte dem Verband selbst gegeben sind, dass der Verband selbst als solcher die ihm überlassenen Aufgaben unabhängig vom Staat erfüllt[1064]. Hatte Popitz in der Weimarer Zeit das Prinzip der Selbstverwaltung noch als eins der wichtigsten und staatspolitisch fruchtbarsten Verwaltungsprinzipien bezeichnet[1065], so muss man die Feststellung treffen, dass sich im Dritten Reich seine Auffassung über den Inhalt des Selbstverwaltungsprinzips verändert hatte, er selbst aber mit der Reform der Gemeindeverfassung im Sinne nationalsozialistischer Ideologie seine unter Weimar entwickelten Gedanken verwirklicht sah, wofür manches, insbesondere auch die an vielen Punkten feststellbare Stetigkeit seines Denkens spricht. Popitz Haltung war zwiespältig und vielleicht auch nur von taktischen Überlegungen bestimmt. So äußerte er sich zum preußischen Gesetz vom 23. Juni 1933 über die Einführung eines Probejahrs für leitende Gemeindebeamte[1066] dahin, dass es eine schwere Beeinträchtigung der kommunalen Selbstverwaltung beinhalte, die auf die Einführung eines Präfektursystems hinauslaufe, aber gleichwohl bei der augenblicklichen politischen Lage erforderlich sei[1067].

Noch deutlicher als das Gemeindeverfassungsgesetz spiegelte sich der Einfluss von Popitz in dem preußischen Gemeindefinanzgesetz vom 15. Dezember 1933[1068] und dem preußischen Finanzausgleichsgesetz vom 18. November 1938[1069], welches mit dem 2. Kapitel des Popitzschen Finanzausgleichs-Gutachten von 1932 korrespondierte und von der Praxis her als zwar stark schematisch aber als einfach anwendbar, klar und gerecht beurteilt wurde[1070]. Das Gemeindefinanzgesetz nahm in

---

1063 GStA PK, Rep. 90 Nr. 2304

1064 J. Popitz, Zentralismus und Selbstverwaltung, in. Harms (Hrsg.) Volk und Reich der Deutschen, Vorlesungen gehalten in der Deutschen Vereinigung für Staatswissenschaftliche Fortbildung, Berlin 1929, 344

1065 J. Popitz, Der Finanzausgleich, in: W. Gerloff/ F. Meisel (Hrsg.), Handbuch der Finanzwissenschaft Bd. 2 Tübingen 1927, 350

1066 Pr.GS.1933, 217

1067 H. Matzerath Nationalsozialismus und kommunale Selbstverwaltung, 76 f. Fn. 87

1068 Gesetz über die Haushalts- und Wirtschaftsführung der Gemeinden und der Gemeindeverbände (Gemeindefinanzgesetz), PrGS 1933, 442, vgl. dazu F. Boesler, Nationalsozialistisches Haushaltsrecht, DR 1935, 243, 245

1069 PrGS 1938, 108, dazu H.-E. Hornschu, Die Entwicklung des Finanzausgleichs im Deutschen Reich und Preußen 1919 bis 1944, 112 ff.

1070 Dr. Delius, Das neue preußische Finanzausgleichsgesetz, RverwBl 1939, 7

der Präambel den Gedanken von Popitz auf, dass die Gemeinden als Verwalter öffentlicher Angelegenheiten sich nicht schrankenlos als Unternehmer betätigen, und so mit der freien Wirtschaft in unnötigen Wettbewerb treten sollten, wofür das Gesetz dann die Beschränkungen wirtschaftlicher Tätigkeiten festschrieb. Von besonderer Bedeutung ist, dass die Haushaltssatzung, die den Haushaltsplan umschloss, autoritativ durch den Leiter der Gemeinde, aufzustellen war, eine Beschlussfassung der Gemeindevertretung somit nicht vorgesehen war.

Die schnelle Verabschiedung der preußischen Gesetze über die Gemeinden stieß im Reichinnenministerium auf Kritik. Auch Staatssekretär Reinhardt, der Staatsekretär Pfundtner (Reichsinnenministerium) unter der Hand Stellungnahmen von Popitz zukommen ließ, die diesen nach Meinung von Reinhardt in Misskredit bringen konnten[1071], hielt wie immer in Gegnerschaft zu Popitz die Verabschiedung der preußischen Gesetze für verfrüht. Staatssekretär Pfundtner hätte Wert darauf gelegt, an der preußischen Gesetzgebungsarbeit teil zu nehmen. Popitz hielt das für unnötig, da die Gesetze von den besten Kennern der Materie (vor allem ihm) ausgearbeitet worden seien, und dass das Reichsinnenministerium doch nur einen formale Nachprüfung, insbesondere hinsichtlich des Kommunalfinanzgesetzes hätte vornehmen können[1072].

ee. Gemeindeverfassung des Reiches

Mit der Deutschen Gemeindeordnung vom 30. Januar 1935[1073] wurden die bis dahin durch Landesrecht geregelten Verfassungen der Gemeinden reichsrechtlich einheitlich geregelt, obwohl dem Reich nach der Weimarer Verfassung das Gesetzgebungsrecht fehlte. Die Selbstverwaltung der Gemeinden im Sinne einer eigenverantwortlichen Wahrnehmung öffentlicher Aufgaben in der örtlichen Gemeinschaft durch von der Bevölkerung gewählte Vertreter wurde wie in Preußen aufgehoben. An die Stelle einer durch Entscheidungen der Gemeinderäte bestimmten Gestaltung der Gemeindeverhältnisse trat eine Führerverfassung, die der NSDAP und dem Staat das Recht zusprach, den Bürgermeister zu berufen und darüber hinaus einem Beauftragten der NSDAP in bestimmten Fällen ein Mitwirkungsrecht bei der Gemeindeverwaltung einräumte, während den Gemeinderäten nur noch die Aufgabe der Beratung des Bürgermeisters belassen wurde (§§ 6, 41, 48 Gemeindeordnung). Darüber hinaus wurden die Gemeinderäte nicht durch die Bevölkerung gewählt, sondern durch den Beauftragten der NSDAP im Benehmen mit dem Bürgermeister berufen (§ 51 Gemeindeordnung). In der Präambel wird die Gemeindeordnung als Grundgesetz des nationalsozialistischen Staates bezeichnet, womit ihre grundlegen-

---

[1071] Schreiben von Reinhardt an Pfundtner vom 8. 2. 1934, BArch, 1501/5436, Bl.460

[1072] Vermerk Pfundtner vom 11. 12. 1933, BArch. 1501/5436, Bl. 240 ff.

[1073] RGBl. 1935 I 49

de Bedeutung für das Regime herausgestrichen wird. Göring kritisierte an dem Gesetz, dass es „*den Primat des Staatswillens gegenüber der Selbstverwaltung*" nicht eindeutig genug festgeschrieben habe; seine Kritik machte er an dem Recht der Gemeindevertreter fest, bei der Wahl der Bürgermeister angehört zu werden, was er als „*ein Relikt aus dem liberalen Staat und nicht dem Führerprinzip der nationalsozialistischen Staatslenkung*" entsprechend ansah[1074]. Zeitgenossen beurteilten die Gemeindeordnung als Grundlage des kommenden neuen Reichsbaues. Mit ihr sollte der schöpferischen, verantwortungsbewussten und verantwortungsfreudigen Persönlichkeit die Freiheit gegeben werden[1075], während doch in Wirklichkeit die Gemeinden und ihre Bürger entrechtet und der Herrschaft der NSDAP unterworfen wurden. Eine Klagebefugnis der Gemeinde gegen die Aufsichtsbehörde, die in einer rechtsstaatlichen Gemeindeverfassung selbstverständlich ist, wurde überdies ausgeschlossen[1076]. Dass die Gemeindeordnung ein Instrument zur „*Überwachung der Gemeinde durch die Partei*" wurde, wie der Berliner Bezirksbürgermeister Rudolf Sudhoff-Groß in einem Leitartikel der Deutschen Allgemeinen Zeitung am 13. Januar 1944 schrieb, war schon gewagt und brachte ihm scharfe Kritik aus dem Innenministerium ein. Die Mehrzahl der damals schreibenden Rechtsgelehrten rechtfertigte die Wende des Gemeindeverfassungsrechts. Ernst Rudolf Huber, der sich auch auf den Freiherrn vom Stein berief, pries die Führerverfassung und die Streichung der Wahl der Gemeindevertreter, weil die Wahl Interessenvertreter und Exponenten bestimmter Machtgruppen an die Spitze gebracht hätte, während die Gemeinde Männer brauchte, die lebendiger Ausdruck der gesamten Körperschaft waren[1077]. Wie schon erwähnt, hatte Karl Maria Hettlage keine Schwierigkeiten, die Gemeinden als Glieder und Unterbau des Reiches und deren Verwaltung als Reichsverwaltung zu charakterisieren[1078]. Konsequenz dieser Auffassung war, dass das Reich die Selbstverwaltung der Gemeinde beliebig begrenzen konnte. Wie allgemein für die nationalsozialistische Ideologie wird auch in der Gemeindeordnung der Gedanke der Einheit ausgedrückt, indem die Präambel von dem Staatsziel eines einheitlichen, vom nationalen Willen durchdrungenen Volkes spricht, das Gemeinnutz vor Eigennutz stellt. Auch für Popitz war die Einheit des Staats- und Volkswillens eine grundlegende Kategorie seiner Staatsphilosophie.

[1074] Brief an Frick vom 7. 5. 1934, BArch R 43 II/568

[1075] Oberbürgermeister Weidemann auf einer Tagung der Akademie für Deutsches Recht, ZADR 1935, 464

[1076] § 11 Gesetz über die Anpassung der Landesverwaltung an die Grundsätze des nationalsozialistischen Staates vom 15. 12. 1933, PrGS 1933, 479

[1077] E. R. Huber, Verfassungsrecht des Großdeutschen Reiches, 2. Aufl., Hamburg 1939, 468

[1078] K. M. Hettlage, Die Zukunft der Gemeindefinanzen in Deutschland, in : Jahrbuch für Kommunalwissenschaft, 2. Hjbd. 1938, 229

ff. Beamte

Dem Beamtentum fällt in jedem Staat und namentlich in Deutschland eine zentrale Rolle zu. Beamte vollziehen in westlichen, von der Aufklärung bestimmten Staaten auf der Grundlage eines rationalen Rechtssystems hoheitliche Aufgaben des Staates. Sie stehen in einem öffentlichen-rechtlichen Dienst- und Treueverhältnis zu ihrem Dienstherren. Von ihrer gesetzestreuen und unparteiischen Amtsführung hängt das Vertrauen des Bürgers in die Staatsführung ab. Das Beamtenrecht ist deshalb von kaum geringerer staatspolitischer Bedeutung als das Gemeindeverfassungsrecht. Das NS-Regime hat die Stellung der Beamtenschaft nicht grundsätzlich geändert, aber das Beamtenrecht doch in dem Sinne modifiziert, dass die Beamten gezwungen waren, ihre Grundeinstellungen zum Staat ggf. zu ändern und Gesetze, sonstige Anordnungen und Funktionen gemäß nationalsozialistischer Weltanschauung zu vollziehen. Die Beamten wurden Vollstrecker des Führerwillens. Insofern bildete die ideologische Ausrichtung der Beamtenschaft ein nicht unwesentliches Element der Machtergreifung. Der Einfluss der Partei wurde durch Änderungen des Beamtenrechts und dadurch gesichert, dass die Ernennung und Entlassung der höheren Beamten dem Führer bzw. dessen Stellvertreter persönlich vorbehalten bzw. von deren Stellungnahme abhängig war[1079].

Die Eingriffe in das überkommene Beamtenrecht begannen schon in der Weimarer Republik und wurden im Dritten Reich verstärkt. Unter der Regierung von Papen hatte das aufgrund des Preußenschlags vom 20 Juli 1932 eingesetzte Reichskommissariat, an dem Popitz für die Finanzen beteiligt war, damit begonnen, republikanisch eingestellte Beamte, also namentlich Sozialdemokraten, aus dem Dienst zu entfernen. Grundlage dieser „Säuberungen" war die Verordnung betr. die einstweilige Versetzung der unmittelbaren Staatsbeamten in den Ruhestand vom 26. Februar 1919 in der Fassung des Gesetzes vom 31 Dezember 1922, wonach Beamte im Range eines Unterstaatssekretärs bis zum Landrat jederzeit und im übrigen Ministerialdirigenten, Oberpräsidialräte sowie bestimmte Oberregierungsräte im Interesse der Festigung der verfassungsmäßigen republikanischen Staatsform in den einstweiligen Ruhestand versetzt werden konnten[1080]. Das Gesetz vom 31. Dezember 1922 sollte dem Schutz der Republik gegen ihre Gegner in der Beamtenschaft dienen, wurde aber durch die Anwendung auf die republikanisch eingestellten Beamten in den Dienst eines gegenteiligen Zwecks gestellt. Dieser Aktion fielen mehrere Oberpräsidenten, Regierungspräsidenten und Beamte des höheren Dienstes zum Opfer[1081]. Der noch amtierende Preußische Ministerpräsident Otto Braun be-

---

[1079] Erlass vom 1. 2. 1935, RGBl. 1935 I 73; Erlass vom 24. 9. 1935, RGBl. 1935 I 1203

[1080] PrGS 1919, 33 und PrGS 1923, 1

[1081] GStA PK HA Rep. 90 Nr. 1000 und Rep. 77; C. Severing, Mein Lebensweg, Band II Im Auf und Ab der Republik, 359 f. ; F. Friedensburg, Lebenserinnerungen, 212 f., Runge, Politik und Beamtentum 1933 – 1945, 237 f.

klagte sich mit einem Brief an den Reichspräsidenten von Hindenburg über die massenhafte Entfernung leitender Beamter aus dem Dienst und meinte, dass „*die personellen Veränderungen die Preußische Verwaltung in ihren Grundlagen erschüttert*“ hätten[1082]. Popitz schlug vor, in dem Antwortschreiben an Braun, das auch eine andere Frage betraf, auf die Beamtenmaßnahmen gar nicht einzugehen, also die Beschwerde Brauns schlicht zu ignorieren[1083]. Ämterarroganz und Machtbewusstsein trafen sich hier.

Nach der „Machtergreifung“, aber noch vor Inkrafttreten des Gesetzes zur Wiederherstellung des Berufsbeamtentums setzte Göring die „*Säuberungsaktionen*“ in Preußen mit einer „*Unerbittlichkeit, Unersättlichkeit und Erbarmungslosigkeit*“ fort, die der Zentrumspolitiker Carl Bachem „*wahrhaft staunenswert, beinahe imponierend fand*“[1084]. Auf der Grundlage der bereits erwähnten preußischen Verordnung vom 26. Februar 1919 in der Fassung des Gesetzes vom 31. Dezember 1922 entließ Göring u. a. am 6. März 1933 „aus politischen Gründen“ 18 höhere Beamte, darunter drei Regierungspräsidenten und 10 Landräte[1085]. Schon während der Weimarer Republik waren die genanten Vorschriften dazu benutzt worden, Beamte „*im Interesse der Festigung der republikanischen Staatsform*“ in den Ruhestand zu versetzen[1086]. Es handelte sich aber vor dem Reichskommissariat nur um wenige Einzelfälle. Ein ganz andere Dimension hatten dagegen die von den Reichskommissaren beschlossenen Personalschübe. Sie richteten sich gegen Beamte mit republikanischer Gesinnung auf der Grundlage von gesetzlichen Bestimmungen, die, soweit nicht die in der Verordnung vom 26. Februar genanten höheren Beamten betroffen waren, auf die Stärkung der Republik also auf das Gegenteil dessen ausgerichtet waren, wozu die Reichskommissare als das Vorläuferregime der Nazis in Preußen sie benutzten. Das gilt auch für die höheren Beamten, die unter die Verordnung vom 26. Februar 1919 fielen. Nach dem Verordnungstext hätten die höheren Beamten zwar jederzeit in den einstweiligen Ruhestand versetzt werden können, tatsächlich wurden sie aber wegen ihrer politischen Einstellung aus dem Dienst entfernt. Die meisten Versetzungen in den Ruhestand wurden auf den Sitzungen des Staatsministeriums bzw. in den Chefbesprechungen am 11. 15. und 22. Februar sowie am

---

[1082] Brief vom 7. 11. 1932, Akten der Reichskanzlei, Weimarer Republik, Regierung von Papen, 885 ff.

[1083] Akten der Reichskanzlei, Weimarer Republik, Regierung von Papen, 902

[1084] Aufzeichnungen vom 7. 7. 1933, in Matthias- Morsey, Das Ende der Parteien 1933, S. 444, Dok. Nr. 23

[1085] GstA PK HA I Rep. 77 Nr. 4828 Bl. 91 f.; vgl auch Verfügung Görings vom 22. 2. 1933, GstA PK I HA Rep.90 a Nr. 1000 Bl. 271

[1086] Z. B. den Vertreter eines Regierungspräsidenten, Oberregierungsrat von Redern, GStA PK I HA Rep. 90 Nr. 1000 Bl.102

6., 8., 10. 15. 25. März und 6 April 1933 besprochen und beschlossen, an denen Popitz jeweils teilnahm[1087].

Die Maßnahmen der Reichskommissare waren rechtswidrig, weil sie einen Missbrauch der gesetzlichen Grundlage darstellten. Ein hoch qualifizierter Jurist wie Popitz kann das nicht verkannt haben. Ob Recht oder Unrecht, für Popitz ging es darum, den schon in der Weimarer Zeit ins Visier genommenen Parteibuchbeamten einen Schlag zu versetzen. Tatsächlich blieb es aber nicht bei dem Ausschluss von Parteibuchbeamten. Vielmehr wurden auch solche Beamte in den Ruhestand versetzt, die man für Gegner des Regimes hielt, wobei geringfügige Anlässe genügten, eine solche Einschätzung zu begründen. So wurde beispielsweise der Landrat von Abel aufgrund einer Anzeige von Parteileuten in den Ruhestand versetzt, weil er sich geweigert hatte, beim Hissen einer Hakenkreuzfahne eine Ansprache zu halten[1088].

Popitz war nach seinem Herkommen und seinem Berufsweg selbst lange Jahre Beamter gewesen und hatte sich in der Weimarer Zeit immer wieder mit Beamtenfragen beschäftigt. Die im Zeitpunkt der Machtergreifung aktiven Beamten des Reichs, der Länder und Kommunen waren ebenso wie die im Gefolge des Preußenschlags aus dem öffentlichen Dienst ausgebooteten Beamten überwiegend für ihre Aufgaben qualifiziert. Einige verdankten ihre Beschäftigung aber den Parteien ohne entsprechende Qualifikation, was Popitz schon in der Zeit von Weimar kritisiert hatte. Für das Regime bedeutsamer waren aber Beamte, die als politische Gegner eingestuft wurden oder die Juden waren. Hiergegen richteten sich die beamtenrechtlichen Maßnahmen des Regimes, an denen Popitz sich führend beteiligte.

Den dargestellten Personalschüben folgten Aktivitäten zur Umgestaltung des Beamtenrechts, an denen Popitz teilnahm. Er knüpfte dabei an Bestrebungen des Geheimrats Hans Pfundtner an, der später Staatssekretär im Reichsministerium des Innern werden sollte. Dieser hatte eine Grundlage für „Beamtensäuberungen" durch *„Vorschläge für Verwaltungsmaßnahmen einer nationalen Regierung"* gelegt[1089]. Danach sollte die Verwaltung von fachlich oder politisch ungeeigneten Beamten gesäubert werden, wobei politisch ungeeignete Beamte, wie Sozialdemokraten, selbst dann aus dem Dienst entfernt werden sollten, wenn sie fachlich geeignet waren. Ganz im Sinne von Pfundtner übersandte Popitz als damals noch kommissarischer preußischer Finanzminister über den Ministerialdirektor Landfried dem Vizekanzler von Papen am 23. März 1933 den Entwurf eines von ihm und dem Ministerialdirektor Surén konzipierten Beamtenrechtsänderungsgesetzes bzw. Gesetzes zur

---

[1087] GStA PK HA Rep. 90 Nr. 1000, u. a. Bl. 279, 292, 301, 308; Rep. 77, LRÄ, sec. Nr. 4828 und 4650;I HA Rep. 90 Annex L Nr.41 Bl. 25 f, Bl. 37 ff., Bl. 47 ff., Bl. 63

[1088] GStA PK I HA Rep. 77 Nr. 590

[1089] Abgedr. Bei H. Mommsen, Beamtentum im Dritten Reich Mit ausgewählten Quellen zur nationalsozialistischen Beamtenpolitik, 127 ff.

Wiederherstellung des Berufsbeamtentums[1090]. Dieser als solcher nicht mehr vorhandene Entwurf enthielt in § 1 die Bestimmung, dass zur Wiederherstellung eines nationalen, von Parteieinflüssen freien Berufsbeamtentums und zur Vereinfachung der Verwaltung Beamte in den Ruhestand versetzt werden können, auch wenn die nach den Vorschriften der Reichs- und Landesgesetzgebung hierfür erforderlichen Voraussetzungen nicht vorlagen[1091]. Die Angabe von Entlassungsgründen war nach dem Popitzschen Entwurf nicht erforderlich[1092]. Diese Vorschrift stand im Widerspruch zu Art. 129 Abs. 1 S. 3 WRV, wonach wohlerworbene Rechte der Beamten unverletzlich waren. Zu den wohlerworbene Rechten gehörte bei den auf Lebenszeit ernannten Beamten, dass sie nur unter den im Reichsbeamtengesetz 1873 in der Fassung des Gesetzes vom 18. Mai 1907[1093] genannten Voraussetzungen, d. h. Erreichung der Altersgrenze, der Dienstunfähigkeit oder wegen Dienstvergehen in den Ruhestand versetzt werden konnten[1094]. Der Beamte war nur der Verfassung und den Gesetzen nicht einer politischen Gesinnung verpflichtet und konnte nur wegen Verletzung der Verfassung und der Gesetze disziplinarisch belangt werden (§§ 10, 72 Reichsbeamtengesetz 1873)[1095] Der Entwurf sah nur eine Beschwerde gegen die Versetzung in den Ruhestand vor und schloss ein weiters Rechtsmittel, also insbesondere eine Klage vor dem Verwaltungsgericht aus (§ 1 Abs. 4), die ohne diese Regelung gegeben gewesen wäre. Die in den Ruhestand versetzten Beamten sollten zwar ein Ruhegehalt nach den geltenden Vorschriften erhalten, aber nicht, wenn sie nicht mindestens eine zehnjährige Dienstzeit aufzuweisen hatten. Dadurch sollte eine Gruppe von Beamten von der Gewährung eines Ruhegehalts ausgeschlossen werden, die sonst nach den früheren Bestimmungen ein Ruhegehalt bekommen hätte.

Nach Vorlage des Entwurfs von Popitz übernahm der Reichsinnenminister die weitere Bearbeitung des Gesetzes. Die endgültige Fassung vom 7. April 1933[1096] unterschied sich von dem Popitzschen Entwurf vor allem dadurch, dass nicht arische Beamte zwingend in den Ruhestand zu versetzen waren (§ 3). Im übrigen wurde die Generalklausel des § 1 des Entwurfs, die Grundlage einer Versetzung in

---

1090 GStA PK Rep 90 Nr. 469, o. Pag.

1091 Vgl. den Abdruck eines Schreibens vom 28.3. 1933 bei H. Mommsen, Beamtentum im Dritten Reich Mit ausgewählten Quellen zur nationalsozialistischen Beamtenpolitik, 151 ff.

1092 Gesprächsnotiz vom 5. 5. 1933, Bl. 286, GStA PK I. HA Rep. 90 A Staatsministerium Jüngere Registratur Nr. 2338

1093 RGBl. 1907, 245

1094 Gesetz vom 31. 3. 1873, RGBl. 1873, 61

1095 Zur Entstehungsgeschichte vgl. H. Hattenhauer, Geschichte des deutschen Beamtentums, 265 ff.

1096 RGBl. 1933 I 175

den Ruhestand war und keine Spezifikation für Entscheidungen über den Ruhestand enthielt, in § 1 des Gesetzes dahin umgeformt, dass Beamte nur nach Maßgabe der folgenden Vorschriften entlassen werden konnten. Diese enthielten vier Tatbestände, die teils zur Entlassung teils zur Versetzung in den Ruhestand führten:
- Mangel der für die Laufbahn vorgeschriebenen oder üblichen Vorbildung oder Eignung (Kommunisten wurden als ungeeignet eingestuft und waren zu entlassen[1097]) – Rechtsfolge Entlassung - (§ 2);
- nichtarische Abstammung – Rechtsfolge Versetzung in den Ruhestand - (§ 3);
- mangelnde Gewähr des jederzeit rückhaltlosen Eintretens für den nationalen Staat aufgrund der bisherigen politischen Betätigung Rechtsfolge – Entlassung - (§ 4);
- Vereinfachung der Verwaltung – Rechtsfolge Versetzung in den Ruhestand - (§ 6).

Diese vier Tatbestände und nicht mehr nur die in § 1 aufgeführten Tatbestände (Parteibuchbeamte und Beamte, deren Entlassung der Vereinfachung der Verwaltung diente) des von Popitz erarbeiteten Entwurfs wurden damit Rechtsgrundlage für Entlassungen bzw. Versetzungen in den Ruhestand. Sachlich erweiterte und verschärfte das Gesetz die von Popitz in seinem Entwurf vorgesehenen Maßnahmen und zwar sowohl hinsichtlich der Tatbestände als auch hinsichtlich der Rechtsfolgen. Die wirtschaftlichen Folgen von Entlassungen waren für die Betroffenen ungleich härter als die Versetzungen in den Ruhestand, weil die Entlassenen nur für drei Monate ihre bisherigen Bezüge aber keine Pension (§ 2 Abs. 1 S. 2) bzw. für drei Monate die bisherigen Bezüge und danach drei Viertel des Ruhegehalts (§ 4 S. 2 und 3) erhielten. In welche Not manche Beamte gerieten, zeigt ein Brief des früheren Reichs- und Sparkommissars für Schlesien und Posen, sowie Oberpräsidenten der Provinz Sachsen vom 15. Februar 1935 an den Polizeipräsidenten von Berlin, von dem u. a. Popitz eine Abschrift erhielt, mit dem der ehemalige Beamte die Erteilung einer gebührenfreien Genehmigung zum Betteln von Geld und Lebensmitteln erbat[1098].

Popitz hatte gegen die Verschärfungen des Gesetzes offenbar nichts einzuwenden und wirkte an der weiteren Ausarbeitung des Gesetzes jedenfalls insofern mit, als er im Interesse des Rechtsfriedens auf eine schnelle Durchführung des auf den 30. September 1933 terminierten Gesetzes drängte[1099]. Wenn er geglaubt haben sollte, mit dem Gesetz ungeeignete Parteibuchbeamte überhaupt aus dem Staatsdienst zu entfernen, so erwies sich das natürlich als Illusion. Denn an die Stelle der Anhänger der Parteien der Weimarer Zeit traten die Anhänger der NSDAP. Auch Popitz hat sich dafür eingesetzt, bewährte Kämpfer für die nationale Erhebung, na-

---

[1097] Erste DurchführungsVO vom 11. 4. 1933, zu § 2 Nr. 1, RGBl. 1933 I 195

[1098] GStA PK I HA Rep. 151 Finanzministerium HB Nr. 45

[1099] Kabinettssitzung vom 29. 9. 1933, vgl. Akten der Reichskanzlei Regierung Hitler, Teil I 1933/34, 822 ff.

mentlich alt gediente SA-Männer im Staatsdienst unterzubringen und dies als staatspolitische Notwendigkeit angesehen[1100]. Diese wurden unter - nicht eingestandener - Hintanstellung der fachlichen Qualifikation bei der Einstellung und Beförderung bevorzugt[1101]. Friedrich-Werner Graf von der Schulenburg[1102], forderte deshalb in einer Denkschrift vom September 1937, dass die politische Sonderbehandlung von NSDAP-Mitgliedern aufhören müsse[1103], was nicht geschah. Im Gegenteil, es wurden noch Beamtenstellen für nationalsozialistische Angestellte und Arbeiter geschaffen, die Popitz in einem Schreiben vom 27. April 1938 anforderte[1104]. Zahlen über die betroffenen Beamten liegen nur für einzelne Verwaltungen vor[1105]. Nach Schulenburg mussten von den 1600 höheren Beamten der preußischen inneren Verwaltung etwa 400 ausscheiden[1106].Von preußischen Oberpräsidenten blieb keiner, von den 34 Regierungspräsidenten blieben nur 3 aus der Zeit von Weimar im Dienst[1107]. Nach einer Weisung des preußischen Ministers des Inneren sollten sich SPD-Mitglieder wegen des offen zutage liegenden landesverräterischen Charakters der sozialdemokratischen Bestrebungen innerhalb einer Frist von 3 Ta-

---

[1100] Schreiben vom18. 11. 1933 an den Reichsminister des Inneren, GStA PK I. HA Rep. 90 A Staatsministerium Jüngere Registratur, Bl. 341

[1101] Vgl. u. a. Dritte DurchführungsVO vom 6. 5. 1933 Nr. 6 zu § 5 des Gesetzes, RGBl. 1933 I 245; Erlass des Reichsministers der Finanzen vom 26. 10. 1933, abgedr. bei H. Mommsen, Beamtentum im Dritten Reich Mit ausgewählten Quellen zur nationalsozialistischen Beamtenpolitik, 167 f.; siehe auch Mommsen aaO. 62 ff. und die dort abgedruckten Aktenstücke 160 ff.; Zusammenstellung der einschlägigen Erlasse bei J. Grotkopp, Beamtentum und Staatsformwechsel, Die Auswirkungen der Staatsformwechsel von 1918, 1933 und 1945 auf das Beamtenrecht und die personelle Zusammensetzung der deutschen Beamtenschaft, 288 f. darunter ein Erlass des preußischen Finanzministers vom 16. 2. 1938

[1102] Seit 1937 stellvertretender Polizeipräsident von Berlin, Mitglied des Widerstandes, 1944 hingerichtet, vgl. A. Krebs, Fritz-Dietlof Graf von der Schulenburg,

[1103] abgedr. bei H. Mommsen, Beamtentum im Dritten Reich Mit ausgewählten Quellen zur nationalsozialistischen Beamtenpolitik, 146 ff.

[1104] GStA PK I. HA Rep. 151 I A Nr. 1075

[1105] Vgl. dazu Dr. Schütze, in: H. Pfundtner (Hrsg.), Dr. Wilhelm Frick und sein Ministerium, 54 ff.; H. Mommsen, Beamtentum im Dritten Reich Mit ausgewählten Quellen zur nationalsozialistischen Beamtenpolitik, 53 ff.

[1106] Denkschrift Fritz-Dietlof von der Schulenburg September 1937, abgedr. bei H. Mommsen, Beamtentum im Dritten Reich Mit ausgewählten Quellen zur nationalsozialistischen Beamtenpolitik, 966, 146 ff. ; zu den folgen des Gesetzes auch G. Schulz, Die Anfänge des totalitären Maßnahmestaates, in: Bracher/Schulz/Sauer, Die nationalsozialistische Machtergreifung, Studien zur Errichtung des totalitären Herrschaftssystems in Deutschland 1933/34, 154 ff.

[1107] Schütze, Beamtenpolitik im Dritten Reich, in: H. Pfundtner (Hrsg.), Dr. Wilhelm Frick und sein Ministerium, München 1937, 54 ff. , abgedr. bei M. Hirsch/D. Majer/J. Meinck (Hrsg.), Recht, Verwaltung und Justiz im Nationalsozialismus , 297 f.

gen von der SPD distanzieren[1108]. Seit Ende 1935 gab es aber Bestrebungen, entlassene Beamte wieder im Reichsdienst zu verwenden. Popitz wandte sich dagegen und regte an, die Wiederverwendung ausdrücklich zu verbieten[1109].

Neben dem Gesetz zur Wiederherstellung des Berufsbeamtentums stand eine Neuregelung des Beamtenrechts auf der Tagesordnung. Als Vorläufer erging zunächst das Beamtenrechtsänderungsgesetz vom 30. Juni 1933[1110]. Dieses enthielt u. a. die Bestimmung, dass die Berufung in ein Beamtenverhältnis nur ausgesprochen werden dürfe, wenn der Bewerber die Gewähr eines jederzeit rückhaltlosen Eintretens für den nationalen Staat biete und zugleich die übliche Vorbildung und sonstige besondere Eignung besitze. Die Gewähr des Eintretens für den nationalen Staat stellte eine Neuerung gegenüber dem Reichsbeamtengesetz von 1873 in der Fassung des Gesetzes von 1907 dar. Das alte Reichsbeamtengesetz enthielt keine Vorschriften über ideologische Voraussetzungen für die Einstellung von Beamten. Es ließ somit jedenfalls theoretisch auch Kommunisten als Beamte zu, wenngleich die Regierung über die Personalverwaltung dafür sorgte, dass nur Staatstreue als Beamte eingestellt wurden und damit die Homogenität des Beamtenapparats gesichert war[1111]. Die Verpflichtung, für den nationalsozialistischen Staat einzutreten, also die Verpflichtung auf die Staatsform des Dritten Reiches, enthielt auch eine Änderung gegenüber dem Rechtszustand in der Weimarer Republik. Dort war der Beamte nicht auf eine positive staatspolitische Haltung zur Republik festgelegt. Zwar bestimmte das Gesetz über die Pflichten der Beamten zum Schutz der Republik vom 21. Juli 1922, dass die Beamten verpflichtet waren, in ihrer amtlichen Tätigkeit für die verfassungsmäßige republikanische Staatsgewalt einzutreten[1112]. Auch untersagte es den Beamten, in der Öffentlichkeit gehässig oder aufreizend Bestrebungen zu fördern, die auf Wiederherstellung der Monarchie oder gegen den Bestand der Republik gerichtet waren. Aber der Beamte konnte sich außerhalb dieses eng begrenzten Bereichs privat von der Staatsform distanzieren, also sich etwa gegen die Republik auch in der Öffentlichkeit aussprechen, wenn dies nur nicht in gehässiger oder aufreizender Weise geschah. Ein Beamter konnte sich namentlich von den jeweils regierenden Parteien distanzieren, wenn er nur die Gesetze und Anordnungen getreulich anwendete[1113]. Ein führender Kommentator der Weimarer Verfassung beschrieb die Pflicht des Beamten auch nur dahin, das der Beamte sich „*unbeschadet*

[1108] Abdruck des im Ministerialblatt für die preußische Verwaltung 1933, Teil I, Ausgabe A Sp. 887 veröffentlichten Erlasses bei H. Mommsen, Beamtentum und demokratischer Verfassungsstaat, 123

[1109] H. Mommsen, Beamtentum im Dritten Reich Mit ausgewählten Quellen zur nationalsozialistischen Beamtenpolitik, 58 m. Fn. 74

[1110] RGBl. 1933 I 433

[1111] E. Pikart, Preußische Beamtenpolitik, VjhZG 1958, 120

[1112] RGBl. 1922 I 590

seiner inneren Überzeugung“ aller Handlungen zu enthalten habe, die geeignet sind, den durch die Verfassung geschaffenen staatsrechtlichen Zustand zu beeinträchtigen[1114].

Die Diskrepanz zwischen der Pflichttreue der Beamten und der einer die konkrete Staatsform ablehnenden Staatsgesinnung war aber schon unter der Weimarer Republik auf Kritik gestoßen. So sagte der Staatssekretär im Reichsinnenministerium, Erich Zweigert: „*Ich habe es nicht verstanden und werde es nie verstehen, dass man aus den Bestimmungen der Weimarer Verfassung*“ herleiten könne, „*daß der Beamte im Dienst den neuen Staat vertreten, achten und beschützen müsse, ihn aber außerhalb des Dienstes untergraben, herabsetzen und bekämpfen dürfe. Also von acht bis vier amtseifriger Republikaner, die übrigen sechzehn Stunden Gegner der Republik mit der Freiheit, sich als solcher zu betätigen*“[1115]. Die Einstellung von Hitler als Beamter in Braunschweig[1116] zeigt aber , dass das Gesetz vom 21. Juli 1922 in der Praxis nicht oder halbherzig angewendet wurde, hatte Hitler doch in der Öffentlichkeit in gehässiger Weise gegen die Republik gehetzt. Die Spannung zwischen Pflichterfüllung im Dienst und Staatsgesinnung außerhalb des Dienstes gehört unverändert zu den Grundproblemen des Beamtenverhältnisses, die etwa in der Regierung Willy Brandt durch den Radikalenerlass gelöst werden sollten.

Eine nicht arische Abstammung oder die Ehe mit einer nicht arischen Person schloss nach dem Beamtenrechtsänderungsgesetz die Berufung in das Beamtenverhältnis aus. Weibliche Beamte waren ohne den in anderen Fällen der Entlassung gewährleisteten Anspruch auf eine Nachversicherung in der gesetzlichen Rentenversicherung zu entlassen, wenn ihre wirtschaftliche Versorgung gesichert erschien. Die dazu erlassenen Durchführungsrichtlinien gingen Popitz noch nicht weit genug. Er verlangte noch ergänzende, den Bedürfnissen der Staatsverwaltung angepasste Durchführungsbestimmungen für die Feststellung der nationalen Zuverlässigkeit und der arischen Abstammung bei der Berufung in das Beamtenverhältnis[1117]. Popitz schlug zur Durchführung dieses Gesetzes zudem einen Runderlass vor, der im Ergebnis eine Verschärfung des Gesetzes vorsah, indem u. a. der Bewerber auf eine Beamtenstelle die Nachweispflicht für die Anstellungsvoraussetzungen – rückhaltsloses Eintreten für den nationalen Staat, arische Abstammung, keine Ehe mit einer nicht arischen Person und die sofortige Entlassung im Falle einer Eheschließung mit einer nicht arischen Person - forderte[1118]. Dem Wunsch nach Definition

---

1113 W. Runge, Politik und Beamtentum im Parteienstaat, 222 ff.

1114 F. Poetzsch-Heffter, Handkommentar der Reichsverfassung, Art. 176, Anm. 4

1115 E. Zweigert, Der Beamte im neuen Deutschland, 473

1116 R. Morsey, Hitler als braunschweigischer Regierungsrat, VjhZG 1960, 419 ff.

1117 Nachweise abgedr. bei H. Mommsen, Beamtentum im Dritten Reich, 62 Fn. 3

1118 Anlage zum Schnellbrief vom 23. 1. 1934, GStA PK I. HA Rep. 90 A Staatsministerium Jüngere Registratur, der Erlass erging am 14. 4. 1934, Pr. Besoldungsblatt 1934, 174

der arischen Abstammung entsprach der Reichsminister des Inneren durch den Erlass entsprechender Richtlinien[1119].

Eine vollständige Einbindung des Beamtenrechts in den nationalsozialistischen Staat brachte schließlich das Deutsche Beamtengesetz vom 26. Januar 1937[1120]. Das kam schon in der Präambel des Gesetzes zum Ausdruck, in der es heißt: „*Ein im deutschen Volk wurzelndes, von nationalsozialistischer Weltanschauung durchdrungenes Berufsbeamtentum, das dem Führer des Deutschen Reiches und Volkes, Adolf Hitler, in Treue verbunden ist, bildet einen Grundpfeiler des nationalsozialistischen Staates...*". § 1 Abs. 1 und 2 nahmen den Gedanken der Präambel auf, indem sie bestimmten, dass der deutsche Beamte zum Führer und zum Reich in einem öffentlich-rechtlichen Dienst- und Treueverhältnis steht, und dass er der Vollstrecker des Willens des von der Nationalsozialistischen Deutschen Arbeiterpartei getragenen Staates ist. Auf gleicher Linie lagen Regelungen in § 3 Abs. 1 und 2, wo von dem Beamten echte Vaterlandsliebe, Opferbereitschaft, volle Hingabe der Arbeitskraft und Gehorsam sowie rückhaltloses Eintreten für den nationalsozialistischen Staat und Ausrichtung seiner Handlungen auf die Idee die Rede ist, dass die NSDAP in unlösbarer Verbundenheit mit dem Volk Trägerin des deutschen Staatsgedankens ist. Die Formulierung der Anfangsparagraphen entsprach den Wünschen von Heß als Stellvertreter des Führers, der in Übereinstimmung mit Popitz in ihnen eine Verankerung einiger wuchtiger, das gesamte Beamtengesetz umschreibender Grundsätze verlangt hatte[1121]. Nationalsozialistischer Ideologie entsprach es auch, dass nicht mehr wie im Reichsbeamtengesetz – ebenso wie heute im Bundesbeamtengesetz - von Rechten der Beamten sondern von der Sicherung der Rechte der Beamten die Rede war (Abschnitt V). Die Formel „*Sicherung der Rechte*" statt „*Rechte*" beruhte auf einem Kompromiss zwischen der von Heß geführten Parteikanzlei, die den Beamten keine Rechte zuschreiben, und dem Reichsinnenminister Frick, der mehr an dem überkommenen System des Berufsbeamtentums festhalten wollte[1122]. Die Parteikanzlei hatte die Gedanken von Theodor Maunz und anderen aufgenommen, wonach es im nationalsozialistischen Staat subjektive öffentliche Rechte nicht mehr gäbe, weil solche Rechte dem als überwunden geltenden Liberalismus zuzuordnen seien[1123]. Der nationalsozialistischen Ideologie entsprechend schloss nicht arische Abstammung, die Ehe mit einem Partner nicht arischer Abstammung oder die mangelnde Gewähr des Eintretens für den nationalsozialisti-

---

[1119] Richtlinien zu § 1 a des Reichsbeamtengesetzes vom 8. 8. 1933, RGBl. 1933 I 575

[1120] RGBl. 1937 I 41

[1121] H. Mommsen, Beamtentum im Dritten Reich ,95 unter Hinweis auf das Schreiben von Heß an den Reichsminister des Inneren vom 26. 4. 1935, GStA PK Rep 90/496.

[1122] H. Mommsen, Beamtentum im Dritten Reich, 33

[1123] Th. Maunz, Das Ende des subjektiven öffentlichen Rechts, ZStW 96 (1936), 71 ff.; H. Lange, Liberalismus, Nationalsozialismus und bürgerliches Recht, 14

schen Staat die Ernennung als Beamter aus. Wegen politischer Unzuverlässigkeit konnte ein Beamter vom Führer auch in den Ruhestand versetzt werden, ohne dass der betroffene Beamte gegen die Führerentscheidung gerichtlichen Rechtsschutz in Anspruch nehmen konnte[1124].

Insgesamt war das Beamtengesetz ein Kompromiss zwischen den überkommenen Grundsätzen des Berufsbeamtentums, die von den Anhängern dieser Grundsätze als das Rückgrat des nationalsozialistischen Staates angesehen wurden, und den besonderen Belangen der nationalsozialistischen Bewegung[1125].

Ohne die Einbindung des Beamtenrechts in die nationalsozialistische Weltanschauung zu beanstanden, hatte Popitz grundsätzliche Kritik an den Entwürfen geübt. Ihm fehlte, wie er sich in einem Gespräch mit Pfundtner ausdrückte, die „*Musik*“ in dem Entwurf. Popitz hatte sich für eine völlige Neubildung des Beamtentums , die Einschränkung des Beamtenstatus und die Umschaffung der Beamtenschaft in eine elitäre Körperschaft im Sinne berufständischer Ideen eingesetzt[1126]. Insoweit knüpfte Popitz an die Rede anlässlich seiner Abschiedsfeier als Staatssekretär des Reichsfinanzministeriums an. Dort hatte er von den alten Beamtentugenden des eisernen Fleißes, der besonderen Sach- und Fachkunde, der restlosen Hingabe an die Aufgaben, vor allem aber vom stärksten Staatsgefühl und unbestechlichen Verantwortungsgefühl der Beamtenschaft gesprochen[1127]. Aber das nationalsozialistische Beamtenrechtstellte nicht diese Beamtentugenden, sondern die Hingabe an die nationalsozialistische Ideologie in den Mittelpunkt.

gg. Finanzausgleich

Die Zurückstufung der Länder auf die Ebene von bloßen Verwaltungseinheiten verbunden mit der Übernahme von Kompetenzen durch das Reich musste sich zwangsläufig auf den Finanzausgleich auswirken. Der Übergang auf den Einheitsstaat machte die Hauptstreitpunkte des Finanzausgleichs der Zeit von Weimar gegenstandslos[1128]. Weil den Ländern aber Kompetenzen verblieben, wurde der Finanzausgleich nicht überflüssig. Es ergab sich jedoch ein Zwang zur Umschichtung

---

[1124] § 71 DBG, vgl. Vorlage Pfundtners an Minister Frick vom 8. 11. 1934,abgedr. bei H. Mommsen, Beamtentum im Dritten Reich, 203 f.; zu Pfundtner vgl. G. Schulz, Die Anfänge des totalitären Maßnahmestaates, in: Bracher/Schulz/Sauer, Die nationalsozialistische Machtergreifung, Studien zur Errichtung des totalitären Herrschaftssystems in Deutschland 1933/34, 59 ff.

[1125] Vorlage des Staatssekretärs Pfundtner an Minister Frick vom 8. 11. 1934,abgedr. bei H. Mommsen, Beamtentum im Dritten Reich, 203 f.

[1126] Aufzeichnungen des Staatssekretärs Pfundtner vom 8. 11. 1934, Teil II GStA PK Rep. 320, Nr. 438, Bl. 149 ff. und Pfundtner an den Reichsinnenminister vom 8. 11. 1934, BArch. R 1501/5438

[1127] J. Popitz, Rede zur Abschiedsfeier 1930, 22

[1128] O. Bühler, Lehrbuch des Steuerrechts II. Bd. Einzelsteuerrecht, 612

zu Gunsten des Reiches. Denn auf das Reich gingen u. a. die Justiz[1129], entsprechend dem Vorschlag von Popitz in seinem Finanzausgleichs-Gutachten von 1932 ein Teil der Straßenverwaltung[1130], die Polizei[1131] und damit die jeweiligen Kosten über. Die Steuerüberweisungen an die Länder wurden im Gegenzug in mehreren Schritten in der Zeit von 1933 bis 1944 gekürzt, ohne dass sich die von Popitz zuletzt in der Neufassung des Finanzausgleichs gemäß Gesetz von 1926 geprägte Struktur des Systems zunächst änderte[1132]. Erst das Gesetz vom 21. Februar 1940, in dem die drei großen Reichsteuern (Einkommen- Körperschaft- und Umsatzsteuern) zu einer Finanzmasse zusammengerechnet wurden und den Ländern daraus Anteile je Kopf der Bevölkerung von höchstens 25 RM und mindestens 17 RM zugewiesen wurden, führte zu einer einschneidenden Änderung des Finanzausgleichssystems. Das Reich erlangte die Ertragshoheit über die Schlachtsteuer, die Urkundensteuer und die mit Wirkung vom 1. Januar 1938 eingeführte Wandergewerbesteuer[1133].

Dem Reich oblag die Bewältigung der beiden Hauptaufgaben, die sich das Dritte Reich gesetzt hatte: die Beseitigung der Arbeitslosigkeit und die Aufrüstung. Die Finanzierung dieser beiden Aufgaben erfolgte zu einem geringen Teil durch Erhöhung von Steuern[1134], aber hauptsächlich durch wachsende Steuereinahmen

---

[1129] Gesetze zur Überleitung der Rechtspflege auf das Reich vom 5. 12. 1934, RGBl. 1934 I 1214, und vom 25. 1. 1935, RGBl. 1935 I 68

[1130] Gesetz über die einstweilige Neuregelung des Straßenwesens und der Straßenverwaltung vom 26. 3. 1934, RGBl. 1934 I 243; vgl. J. Popitz, Gutachten Finanzausgleich, Berlin 1932, 239 ff.

[1131] Erlaß des Führers und Reichskanzlers über einen „zentralen Chef der Polizei“ vom 17. 6. 1936, RGBl. 1936 I 487, und Gesetz über Finanzmaßnahmen auf dem Gebiet der Polizei vom 19. 3. 1937, RGBl. 1037 I 325, Zweites Gesetz über Finanzmaßnahmen auf dem Gebiet der Polizei vom 28. 3. 1940, RGBl. 1940 I 613

[1132] Im Zeitraum von 1935 bis 1940 ergingen fünf Gesetze zur Änderung des Finanzausgleichs: Gesetz vom 26. 2. 1935, RGBl. 1935 I 285, Gesetz vom 30. 3. 1936, RGBl. 1936 I 315, Gesetz vom 31. 7. 1938, RGBl. 1938 I 966, Gesetz vom 31. 12. 1938, RGBl. 1938 I 1321, Gesetz vom 21. 2. 1940, RGBl. 1940 I 391; zum Inhalt vgl. J. W. Hidien, Der bundesstaatliche Finanzausgleich in Deutschland, Geschichtliche und staatsrechtliche Grundlagen, 327 ff.

[1133] Gesetz vom 10. 12. 1937, RGBl. 1937 I 1348

[1134] Höhere Besteuerung von Ledigen durch die so genannte Ehestandshilfe, vgl. Gesetz zu Verminderung der Arbeitslosigkeit vom 1. 6. 1933, Abschnitt V, RGBl. 1933 I 323; schrittweise Erhöhung der Körperschaftsteuer, dazu R. Voß. Steuern im Dritten Reich, 106; Gesetz über die Abwertungsgewinne vom 23. Dezember 1936, RGBl. 1936 I 1126, dazu R. Voß. Steuern im Dritten Reich 106; Erhöhung der Einkommensteuer für Ledige durch das Änderungsgesetz vom 17. 2. 1939, RGBl. 1939 I 297; Kriegszuschläge auf die Einkommen- und Körperschaftsteuer sowie auf die Verbrauchsteuern durch die Kriegswirtschaftsverordnung vom 4. 9. 1939, RGBl. 1939 I 1609, vgl. dazu R. Voß. Steuern im Dritten Reich, 112 f.; eine Kaufkraftabschöpfung und damit eine steuerähnliche Wirkung hatten das „Eiserne Sparen“, das „Betriebsanlage-Guthaben“ und das –„Warenbeschaffungsguthaben“ aufgrund der Verordnung über die Lenkung der Kaufkraft

aus den bestehenden Steuerarten und durch Kredite, wobei auf letztere der Löwenanteil des Finanzierungsbedarfs entfiel. Eine grundlegende Änderung des Finanzausgleichssystems war aus finanzwirtschaftlicher Sicht deshalb nicht dringend. Gleichwohl verkündete das Reich am 10. Dezember 1937 nach Art eines Gesetzes Grundsätze über den Finanz- und Lastenausgleich[1135]. Die Überweisungen an die Gemeinden sollten erhöht werden. Die sachlichen Schullasten und die Kosten der Wohlfahrtspflege sollten von den Gemeinden getragen werden. Die Finanzmittel der Länder und Gemeinden wurden während des Krieges dadurch gekürzt, dass sie einen Kriegsbeitrag an das Reich abzuführen hatten[1136].

Die Grundsätze über den Finanzausgleich zwischen den Ländern und den Gemeinden schufen nach den Vorstellungen der Regierung die finanzwirtschaftlichen Voraussetzungen für einen Neuaufbau des Reiches, der unter Ausschaltung der Länder die Zusammenfassung aller staatlichen Befugnisse bei der Regierung des Reiches vorsah und die örtlichen Aufgaben den Gemeinden aufbürdete. Dieses im Ergebnis nur zum Teil verwirklichte Konzept entsprach im wesentlichen den Ideen von Popitz, die er schon 1932 in seinem Gutachten zum Finanzausgleich entwickelt hatte[1137]. Bevor diese Grundsätze Geltung erlangten, hatte Popitz deren Zweck bereits dahin umschrieben, dass sie eine einheitliche Aufteilung zwischen Staat und den Gemeinden in ihren wesentlichen Grundzügen sicherstellen sollten, so dass später bei der von Popitz seit langem angestrebten Überführung der den Länder verbliebenen Aufgaben auf das Reich bzw. auf mit dem territorialen Zuschnitt der Länder nicht identischen Reichsgaue die finanzwirtschaftlichen Voraussetzungen bereits annähernd gleich lagen. 1937 sah Popitz die Reichsreform wegen der den Ländern verbliebenen Kompetenzen und wegen der noch nicht verwirklichten Schaffung von Reichsgauen in ganz Deutschland noch nicht als erreicht an. Es sollte aber schon vor der Vollendung der Reichsreform eine möglichst weitgehende Homogenität zwischen der Staatsfinanzmasse einerseits und der Gemeindefinanzmasse andererseits auf der Einnahme- wie auf der Ausgabenseite über das ganze Reich hinweg erreicht werden[1138].

---

vom 30. 10. 1941, RGBl. 1941 I 664,sowie nichtfiskalische „Beisteuern“ in Gestalt von Spenden an nationalsozialistische Organisationen, Vgl. dazu R. Voß. Steuern im Dritten Reich, 116 ff., 134

[1135] RGBl. 1937 I 1351

[1136] Rechtsgrundlage Kriegswirtschaftsverordnung vom 4. 9. 1939, RGBl. 1939 I 1609, und Folgeverordnungen bzw. Folgeerlass, vgl. Nachweise bei J. W. Hidien, Der bundesstaatliche Finanzausgleich in Deutschland, Geschichtliche und staatsrechtliche Grundlagen, 327 Fn. 48

[1137] J. Popitz;, Gutachten Finanzausgleich, Berlin 1932; ders., Die finanzwirtschaftlichen Voraussetzungen der Reichsreform, ZAkDR 1937, 6 ff., wo er betont, dass er die „Erkenntnisgrundlagen“ für die dann kurze Zeit später in Kraft getretenen Grundsätze 1932 in seinem Gutachten gelegt hat

[1138] J. Popitz, Die finanzwirtschaftlichen Voraussetzungen der Reichsreform, ZAkDR 1937, 8

Einen Schlussstein der institutionellen, funktionalen und finanziellen Entmachtung der Länder setzte die vom Ministerrat für die Reichsverteidigung (Mitglieder Göring, Himmler und Lammers) beschlossene Verordnung über die einstweilige Regelung des Finanzausgleichs vom 30. Oktober 1944[1139]. An die Stelle von Reichssteuerüberweisungen traten der Höhe nach begrenzte, aus allgemeinen Reichsmitteln stammende und von Popitz schon in seinem Gutachten des Jahres 1932[1140] geforderte Finanzzuweisungen an die Länder, die Gemeinden und die Gemeindeverbände, soweit deren eigene Einnahmen zur Erfüllung ihrer Aufgaben nicht ausreichten. Die Finanzzuweisungen hatten nicht mehr die Qualität regulärer eigener Einnahmequellen wie die Reichssteuerüberweisungen, sondern nur noch die Qualität von Unterstützungszahlungen.. Erstmals wurden die Reichsgaue in das Finanzausgleichsystem durch besondere Finanzzuweisungen einbezogen (§ 9). Der Leiter der Partei-Kanzlei war bei der Festsetzung der Finanzzuweisungen zu beteiligen, wann immer die Finanzausgleich-Verordnung einen Spielraum für deren Höhe offen ließ (§§ 1 Abs. 1, 2 Abs. 2, 7 Abs. 6, 9 Abs. 2, 10 Abs. 2). Der Reichsfinanzminister trat bei der Regelung des Finanzausgleichs im Gegensatz zu früher nicht mehr in Erscheinung. Insgesamt ist erst mit der Finanzausgleichs-Verordnung die Einheit von Partei und Staat auch finanzverfassungsrechtlich vollzogen worden. Die Einbeziehung der Reichsgaue in den Finanzausgleich, die Beteiligung der Partei-Kanzlei und die Ausschaltung des Reichsfinanzministeriums bedeuteten einen späten Triumph der Partei über den Staat und zugleich den Beginn von dessen Ende. Denn die Einbeziehung der Reichsgaue in den Finanzausgleich ist dahin zu verstehen, dass die Reichsgaue die Rolle der Länder zu einem späteren Zeitpunkt übernehmen sollten. Ein auf Reichsgaue aufgebauter Staat wäre ein anderer gewesen als der bis zum Zusammenbruch existierende Staat. Die bereits bestehenden Reichsgaue Danzig-Westpreußen und Posen wurden in das Ausgleichssystem einbezogen. Mit der Verordnung vom 30. Oktober 1944 wurde das von Popitz konzipierte Finanzausgleichsystem des preußischen Finanzausgleichsgesetzes vom 18. November 1938[1141] praktisch für das gesamte Reich eingeführt[1142].

Es entsprach dem totalitären Charakter des Regimes, auch das Finanzausgleichsystem in den Dienst der nationalsozialistischen Herrschaft zu stellen[1143]. Die Ein-

---

[1139] RGBl. 1944 I 282

[1140] J. Popitz, Gutachten Finanzausgleich Berlin 1932, 262 ff.

[1141] PrGS 1938, 108, dazu H.-E. Hornschu, Die Entwicklung des Finanzausgleichs im Deutschen Reich und Preußen 1919 bis 1944, 112 ff.

[1142] J. W. Hidien, Der bundesstaatliche Finanzausgleich in Deutschland, Geschichtliche und staatsrechtliche Grundlagen, 333

[1143] W. Markull, Finanzausgleich im Dritten Reich, RVerwBl 1936, 85 ff.; zur nationalsozialistischen Finanzpolitik F. Reinhardt, Deutsche Steuerzeitung 1933, 398; ders. Deutsche Steuerzeitung 1934, 713

ordnung des Finanzausgleichssystems in die nationalsozialistische „*Vereinfachungs- und Gleichschaltungspolitik*“[1144] entsprach dem Führerprinzip und stützte die Herrschaft der NSDAP. Sieht man von der Beseitigung des aus vielfältigen Gründen gerechtfertigten und deutscher Verfassungstradition entsprechenden Föderalismus ab, so darf man die positiven Wirkungen der Vereinfachungs- und Gleichschaltungspolitik nicht übersehen. Ein einheitliches Steuer- und Finanzausgleichsrecht fördert den Binnenmarkt und damit das wirtschaftliche Wachstum, zumal wenn durch die Unterschiede in den Hebesätzen für die Gewerbe- und Grundsteuern der steuerliche Wettbewerb nicht gänzlich ausgeschaltet ist.

hh. Haushalt

Das Haushaltsrecht regelt die Fragen, wer den Plan über die Ausgaben und Einnahmen des Staates und seiner Gliederungen, d. h. den Haushaltsplan aufzustellen hat, welche Grundsätze für den Haushaltsplan gelten (Budgetgrundsätze) und wer die Durchführung des Haushaltsplans zu kontrollieren hat. Für eine geordnete Tätigkeit des Staates und seiner Träger der öffentlichen Verwaltung ist das Haushaltsrecht von entscheidender Bedeutung. Haushaltsrecht und Verfassungslage sind eng miteinander verbunden. Deshalb versteht es sich, dass das Haushaltsrecht einer parlamentarischen Demokratie sich von dem Haushaltsrecht eines diktatorischen Regimes wesentlich unterscheidet, und dass mit der Machtergreifung der Nazis auch das Haushaltsrecht aus der Zeit von Weimar eine Umgestaltung erfuhr.

Das gilt zunächst für die Aufstellung des Haushaltsplans, der nach der Weimarer Reichsverfassung ein vom Parlament verabschiedetes Gesetz erforderte (Art. 85 Abs. 2 WRV), während auf der Grundlage des Ermächtigungsgesetzes Haushaltspläne von der Regierung ohne Mitwirkung des Parlaments beschlossen werden konnten. Tatsächlich hat es nach Erlass des Ermächtigungsgesetzes nur noch Regierungsbeschlüsse über den Haushalt gegeben[1145]. Aufgrund des vorläufigen Gesetzes zur Gleichschaltung der Länder mit dem Reich vom 31. März 1933[1146] konnten auch in den Ländern Haushaltsgesetze durch die Landesregierungen beschlossen werden, wie § 1 Abs. des Gesetzes ausdrücklich klarstellt. Nach Erlass des Gesetzes über den Neubau des Reiches vom 30. Januar 1934 gab es wegen der Aufhebung der Volksvertretungen in den Ländern dort überhaupt kein parlamentarisches Budgetrecht mehr, während es im Reich wegen des fortbestehenden Reichstags dieses Recht theoretisch noch gab. Wie oben berichtet, hatte sich Popitz bei Erlass des

---

[1144] J. W. Hidien, Der bundesstaatliche Finanzausgleich in Deutschland, Geschichtliche und staatsrechtliche Grundlagen, 334

[1145] F. Klein, Die Finanzkontrolle im nationalsozialistischen Staat, in: E. Schiffer/H. Karehnke (Hrsg.), Verfassung, Verwaltung, Finanzkontrolle, Festschrift für Hans Schäffer zum 65. Geburtstag am 26. Januar 1975, 220

[1146] RGBl. 1933 I 153

Ermächtigungsgesetzes dafür eingesetzt, dass Haushaltsgesetze im Sinne de Art. 85 Abs. 2 WRV von der Regierung beschlossen werden konnten.

Während die Haushaltsgrundsätze selbst, u. a. betr. Sparsamkeit und Wirtschaftlichkeit, durch das Regime grundsätzlich nicht angetastet, möglicherweise sogar klarer gefasst wurden, erfuhr die staatliche Finanzkontrolle des Haushalts eine Umgestaltung im Sinne der veränderten staatsrechtliche Bedingungen. Popitz machte hierbei seinen Einfluss geltend. So gab er den Anstoß für die so genannte zweite Novelle zur Reichshaushaltsordnung vom 13. Dezember 1933[1147]. Die zweite Novelle in Verbindung mit dem Ermächtigungsgesetz und dem ungeschriebenen Verfassungsgrundsatz des Führerstaats formten den Rechnungshof des Reiches, der unter der Weimarer Verfassung noch die Stellung einer mit richterlichern Unabhängigkeit ausgestatteten, nach dem Kollegialsystem arbeitenden Behörde gehabt hatte, jedenfalls de facto zu einer nicht mehr unabhängigen obersten Verwaltungsbehörde um[1148]. Das Kollegialsystem wurde eingeschränkt und dem Präsidenten des Rechnungshofs wurde eine Führungsrolle zugewiesen, indem im Verfahren die Beschlussfassung der Kollegien des Rechnungshofes durch den Entschluss der verantwortlich leitenden Persönlichkeit, des Präsidenten, ersetzt wurde[1149]. Damit hatte sich das Führerprinzip auch im Haushaltsrecht durchgesetzt[1150]. Der sachliche Prüfungsbereich wurde aufgrund der staatsrechtlichen Entwicklung eingeschränkt, weil Entscheidungen des Führers, in welcher Form auch immer sie ergangen waren, verbindlich und der Nachprüfung des Rechnungshofs ebenso entzogen waren wie Ausgaben zugunsten der NSDAP, die von dem Reichsschatzmeister er NSDAP, also von dem Begünstigten selbst, geprüft wurden[1151]. Die Reichsregierung erteilte

---

1147 RGBl. 1933 II 1007, dazu F. E. M. Saemisch, Der Rechungshof des Deutschen Reichs nach der Novelle zur Reichshaushaltsordnung, DJZ 1934 Sp. 172 ff.; zur Rolle von Popitz vgl. F. E. M. Saemisch, Das Haushaltsrecht im Reich und Preußen Reich und Länder, 1934. 29 und Fuchs, Wesen und Wirken der Kontrolle, Betrachtungen zum staatlichen Kontrollwesen in der Bundesrepublik (Bundesrechnungshof), 99

1148 F. Klein, Die Finanzkontrolle im nationalsozialistischen Staat, in: E. Schiffer/H. Karehnke (Hrsg.), Verfassung, Verwaltung, Finanzkontrolle, Festschrift für Hans Schäffer zum 65. Geburtstag am 26. Januar 1975, 231; F. Boesler, Nationalsozialistisches Haushaltsrecht, DR. 1935, 243 ff.

1149 Begründung der Gesetzesvorlage, Reichsanzeiger Nr. 293 v. 15. 12. 1933 S. 1/2, F. Klein, Die Finanzkontrolle im nationalsozialistischen Staat, in: E. Schiffer/H. Karehnke (Hrsg.), Verfassung, Verwaltung, Finanzkontrolle, Festschrift für Hans Schäffer zum 65. Geburtstag am 26. Januar 1975, 213

1150 H. Armbruster, Die Wandlung des Reichshaushaltsrechts, 104 ff.

1151 F. Klein, Die Finanzkontrolle im nationalsozialistischen Staat, in: E. Schiffer/H. Karehnke (Hrsg.), Verfassung, Verwaltung, Finanzkontrolle, Festschrift für Hans Schäfer zum 65. Geburtstag am 26. Januar 1975, 233

sich die Entlastung selbst[1152]. Das Parlament war dadurch und durch Zurückstufung auf ein aller Befugnisse entkleidetes Organ von jeder Haushaltskontrolle faktisch ausgeschlossen. Da alle Staatsgewalt in der Hand des Führers lag, kam eine parlamentarische Kontrolle des Haushalts nicht in Betracht[1153]. Die gesamte Budgetgebarung war eine Art interne Kassenverwaltung geworden[1154].

Den von Popitz favorisierten Gedanken der Einheit und zugleich das Ziel der Beseitigung der Staatlichkeit der Länder verwirklichte das Gesetz vom 17. Juni 1936, das ab 1. Januar 1936 die eigenständige Haushaltswirtschaft der Länder aufhob und den Ländern die entsprechende Anwendung des Reichshaushaltsrecht vorschrieb[1155]. Die Einheitlichkeit des Haushaltsrechts gab nach dem Urteil zeitgenössischer Apologeten *„dem Führer die absolute Gewissheit, dass hinter ihm eine geordnete, saubere, sparsame und wirtschaftliche Verwaltung steht, auf die er sich verlassen kann, ohne sich im einzelnen um sie kümmern zu müssen“*[1156].

ii. Steuern

Als preußischer Finanzminister war Popitz nicht mehr unmittelbar für die Steuerpolitik des Reiches zuständig. Diese Aufgabe erledigte im wesentlichen der Staatssekretär im Reichsfinanzministerium Fritz Reinhardt. Reinhardt erlangte insbesondere auch deswegen eine herausragende Bedeutung, weil er, abgesehen von seiner unbestrittenen Kompetenz als Fachmann des Steuerrechts, als überzeugter Nationalsozialist und alter Kämpfer das besondere Vertrauen der Partei besaß, und weil der Reichsfinanzminister Schwerin von Krosigk als langjähriger Haushaltsmann in der Weimarer Republik an Steuerrechtsfragen weniger Interesse hatte, vielleicht auch Konflikten mit dem Parteimann Reinhardt von vorneherein aus dem Weg gehen wollte.

In seiner Eigenschaft als preußischer Finanzminister war Popitz für die preußischen Landessteuern verantwortlich. Er war aber berechtigt, an den Kabinettssitzungen der Reichsregierung teilzunehmen und machte von diesem Recht mit einer Ausnahme auch Gebrauch [1157], so dass er auch mit den Reichssteuern befasst war. Mit seinen klugen Darstellungen und geschliffenen Formulierungen nicht nur zu finanziellen sondern auch zu politischen Fragen trug Popitz wesentlich zur Bele-

---

[1152] Art. II § 2 Abs. 3 RHO i. d. F. der Zweiten Novelle

[1153] H. Müller, Die staatsrechtliche und staatspolitische Stellung des Rechnungshofes im Dritten Reich, FinArch. N. F. Bd. 7 (1940), 199

[1154] Heinig, Das Budget; Erster Band, Die Budgetkontrolle, Tübingen 1949, 129

[1155] RGBl. 1936 II 209

[1156] Von Eheberg/Boesler, Grundriß der Finanzwissenschaft, 7. Aufl., 22

[1157] Vgl. Der Prozeß gegen die Hauptkriegsverbrecher vor dem internationalen Militärgerichtshof, Bd. 4, 113; L.-A. Bentin;, Johannes Popitz; 40 Fn. 173

bung der Diskussion in den Kabinettssitzungen bei[1158]. Allerdings bestand ein gespanntes Verhältnis zu Staatssekretär Fritz Reinhardt[1159], den Popitz seine geistige Unzulänglichkeit allzu unverblümt merken ließ[1160], was eine Einflussnahme auf die Steuergesetzgebung des Reiches gewiss nicht erleichterte [1161]. Die Spannungen mit Reinhardt werden u. a . auch dadurch bezeugt, dass Popitz sich bei Schwerin von Krosigk über einen Aufsatz von Reinhardt in der Deutschen Steuerzeitung (Nr. 39/1934) beschwerte. Nach Meinung von Popitz hatte Reinhardt eine mit dem Gesetz nicht zu vereinbarende Rechtsmeinung vertreten. Eine Abschrift dieses Beschwerdebriefes schickte Popitz sogar an den Reichsbankpräsidenten Schacht[1162]. Nach Schwerin von Krosigk verstieg sich Popitz dazu, im Widerspruch zu seiner eigenen Überzeugung nur deshalb Einspruch gegen die Erhöhung der Körperschaftsteuer zu erheben, weil Reinhardt dafür war. So soll er sich immer verhalten haben, wenn er zu spüren meinte, Reinhardt sei für einen Standpunkt[1163]. Als preußischer Beamter auf die Einhaltung von Formen bedacht, verübelte Popitz Reinhardt, den er zudem noch als Eindringling in das nur Begnadeten zugängliche Steuerheiligtum betrachtete, dass er ihm keinen Antrittsbesuch gemacht hatte. Aufgrund dieser Differenzen, die auch die Referenten des Reichsfinanzministeriums erfassten, waren Steuerfragen nach dem Urteil von Schwerin von Krosigk mit elektrischen Spannungen geladen, und es war besonders schwer, zu einem ruhigen, abgewogenen Urteil zu gelangen[1164]. Dennoch konnte Popitz wegen seiner Berechtigung, an den Sitzungen des Reichskabinetts teilzunehmen und die Gesetzesvorlagen des Reichsfinanzministeriums im Umlaufverfahren zur Kenntnis zu nehmen,

---

[1158] L. Graf Schwerin von Krosigk, Staatsbankrott, 185

[1159] L. Graf Schwerin von Krosigk;, Memoiren, 163

[1160] [1160] H. du Mesnil, Preußisch Dienen und Genießen, Die Lebenszeiterzählung des Ministerialrats Herbert du Mesnil (1875 – 1947), 437

[1161] Immerhin setzte sich Popitz; mit seiner Ablehnung, die freien Berufe in die Gewerbesteuer einzubeziehen (Popitz;, Zur Frage der Gewerbesteuerpflicht der freien Berufe, 1932), gegen einen diesbezüglichen Wunsch von Reinhardt; (RStBl. 1934, 766) durch. Das Gewerbesteuergesetz 1936 erfasste im Gegensatz zu der bis dahin bestehenden Regelung in den meisten Ländern nur die Gewerbetriebe nicht die freien Berufe. Die Forderung nach der Gewerbesteuerpflicht der freien Berufe diffamierend, bezeichnete Popitz nach seinem Sieg über Reinhardt; die vorherige Besteuerung der freien Berufe in den meisten Ländern "*als eine unerfreuliche Erinnerung an parlamentarische Neidschöpfungen*" (ZAkDR 1937, 7)

[1162] GStA PK I HA Rep. 151 Finanzministerium HB Nr. 45

[1163] L. Graf Schwerin von Krosigk, Staatsbankrott, 255

[1164] L. Graf Schwerin von Krosigk;, Memoiren, 163

bei Arbeiten an der Steuergesetzgebung des Reiches ein gewichtiges Wort in die Waagschale werfen[1165].

Die so genannte Reinhardtsche Steuerreform von 1934 war ein Kernpunkt nationalsozialistischer Steuerpolitik. Die mit großem propagandistischem Aufwand herausgestellte, nach dem Staatsekretär Fritz Reinhardt benannte Steuerreform zielte nach den offiziellen Verlautbarungen auf die Verminderung der damals noch bestehenden Arbeitslosigkeit, die Förderung der Familie, die Betonung des Wertes der Persönlichkeit, die Vereinfachung der Sprache und Darstellungsweise, die Vereinfachung des Rechts und die Entlastung der Verwaltung ab[1166]. Sie enthielt zwar keine grundlegenden Neuerungen, aber immerhin durch eine textliche Neugestaltung Verbesserungen der Steuertechnik und auch einige sachliche Änderungen, wie z. B. den Wegfall von Nebensteuern zur Einkommensteuer, Entlastungen für Kinder oder die Möglichkeit der steuerfreien Umwandlungen von Kapitalgesellschaften in Personengesellschaften oder Einzelunternehmen[1167].

Am schwerwiegendsten waren die Änderungen der Reichsabgabenordnung. Im Vorgriff auf eine geplante Generalrevision der Reichsabgabenordnung wurde das Steueranpassungsgesetz erlassen, mit dem die nationalsozialistische Weltanschauung als bindender Ausgangspunkt der Gesetzesauslegung und der Beurteilung von Tatbeständen gesetzlich vorgeschrieben und als gemeinnützig und damit steuerbegünstigt nur noch Tätigkeiten anerkannt wurden, die dem deutschen Volkstum zugute kamen. Jüdische Einrichtungen wurden von Steuerbegünstigungen damit ausgeschlossen. Die im Steueranpassungsgesetz verankerte nationalsozialistische Weltanschauung bildete die Grundlage für eine dem Wortlaut der Gesetze widersprechende Rechtsprechung des Reichsfinanzhofs, die namentlich Deutsche jüdischer Abstammung belastete[1168]. Die in der Reichsabgabenordnung vorgesehene Mitwirkung von Laien bei der Steuerveranlagung und bei Einspruchsentscheidungen wurde dahin umgestaltet, dass die Laien nur noch beratende Funktionen hatten und von der früheren Mitentscheidung ausgeschlossen wurden. Das Führerprinzip, an dessen Durchsetzung Popitz auch schon bei dem preußischen Landesverwaltungsgesetz und an dem preußischen Gemeindeverfassungsgesetz mitgewirkt hatte, wurde somit auch in der Finanzverwaltung umgesetzt.

1165 W. Hübschmann;, Johannes Popitz;, FR 1954, 515 u. a. betr. die Steuerreform 1934, war Popitz an der Konzeption der Reinhardtschen Steuerreform beteiligt

1166 F. Reinhardt, Der Reinhardtsche Steuerreformplan, RStBl. 1934, 735 ff.; Hefner, Gesetze, Verordnungen, Erlasse, Die Reinhardtsche Steuerreform, StuW 1934 I Sp. 719 ff.; aus heutiger Sicht vgl. R. Voß, Steuern im Dritten Reich, 83 ff.

1167 Reformgesetze vom 16. 10. 1934, RGBl. 1934 I 1005 (Einkommensteuer), RGBl. 1934 I 1031 (Körperschaftsteuer), RGBl. 1934 I 1035 (Bewertungsgesetz), RGBl. 1934 I 1052 (Vermögensteuer), RGBl. 1934 I 1056 (Erbschaftsteuer); vgl. R. Voß, Steuern im Dritten Reich, 83 ff.

1168 R. Voß, Steuern im Dritten Reich, 212 ff.

Hitler konnte sich mit dem Reformpaket aus nicht ganz einsichtigen Gründen nicht recht befreunden. Er lehnte die Bezeichnung als große Steuerreform ab und wollte die einzelnen Gesetz nach Möglichkeit nicht geschlossen sondern nach und nach im Reichsgesetzblatt veröffentlichen[1169]. Für Reinhardt war aber die Reform ein großes Werk, mit dem er Geschichte schreiben wollte. Seinen Rivalen Popitz wollte Reinhardt demgemäß möglichst aus dem Reformprozess ausschalten. Zu diesem Zweck stellte er im Juni 1934 die Grundsätze des geplanten Steuergesetze der Öffentlichkeit in einer Rede in der Akademie für deutsches Recht vor und ließ deren Text im Reichssteuerblatt veröffentlichen, bevor Popitz Gelegenheit erhielt, zu den Grundsätzen der geplanten Reformen Stellung zu nehmen[1170]. Erst nach der Rede von Reinhardt konnte Popitz mit Schreiben vom 30 Juli 1934, also vor der Verkündung der Reformgesetze am 16. Oktober 1034, auf 34 Seiten zuzüglich Anlagen zu den ihm Anfang Juli übersandten Gesetzentwürfen zur Einkommen- Körperschaft- Vermögens- Umsatz- und Kapitalverkehrsteuer Stellung nehmen.[1171]. So erreichte er beispielsweise, dass das Privileg der Körperschaftsteuerfreiheit für in öffentlicher Hand befindliche Versorgungsbetriebe (u. a. Elektrizitäts- oder Gaswerke) entsprechend seinem Vorschlag im Finanzausgleichsgutachten aus dem Entwurf gestrichen wurde[1172]. Popitz war der Meinung, dass die Steuerfreiheit eine unmittelbare Hemmung für eine wirtschaftlich rationelle Entwicklung bedeuten könnte, etwa dem Zusammenschluss mit einem nicht in öffentlicher Hand befindlichen Versorgungsbetrieb entgegenstehen würde, weil der öffentliche Betrieb seine Steuerfreiheit verlieren würde. Zu den nationalsozialistischer Ideologie entsprechenden Vorschriften der Reichsabgabenordnung und des Steueranpassungsgesetzes äußerte sich Popitz nicht, weil er daran offenbar keinen Anstoß nahm. Popitz nahm das Vorpreschen von Reinhardt im übrigen zum Anlass, sich in einem Brief vom 31. Oktober 1934 bei dem Reichsfinanzminister Schwerin von Krosigk zu beschweren, dass er an der Ausarbeitung der Reichssteuergesetze (von 1934) erst in einem Stadium beteiligt worden sei, in dem der Staatssekretär Reinhardt die Grundsätze der Steuerreform bereits der Öffentlichkeit vorgestellt habe[1173]. Die von Walter Hübschmann behauptete der Mitwirkung von Popitz an der Steuerreform vom Oktober 1934 [1174] wird somit durch die Dokumente mit der Einschränkung bestätigt, dass Popitz an der Reform entgegen sonstiger Gepflogenheit verspätet eingeschaltet wurde. In jedem Fall

---

1169 Niederschrift der Kabinettssitzung vom16. 10 1934 BArch. R 43 II/787

1170 Rede von Reinhardt im Juni 1934, RStBl.1934, 753

1171 BArch. 1501/5490 Bl. 93 ff.

1172 K.-H. Hansmeyer, Kommunale Finanzpolitik in der Weimarer Republik, 145 f.; Finanzausgleichs –Gutachten, 54 f.

1173 GStA PK I HA Rep. 151 Finanzministerium HB Nr. 45; BArch. 1501/5490, Bl147;

1174 W. Hübschmann, Johannes Popitz, FR 1954, 515

ist es unrichtig, wenn Karl Maria Hettlage Popitz eine wesentliche Bedeutung für die Finanzpolitik des Dritten Reiches abspricht[1175].

Für die im Jahre 1936 durchgeführte Reform der Realsteuern (Gewerbesteuern und Grundsteuern) und für den bereits besprochenen Finanzausgleich war Popitz Initiator und Meinungsführer. Die Realsteuerreform 1936 hatte eine Vorgeschichte in der Zeit von Weimar. Popitz hatte schon als Staatssekretär im Reichsfinanzministerium die Reform der Realsteuergesetze geplant und als sein „*Lieblingskind*" bezeichnet[1176]. Ende 1928 hatte Popitz den Entwurf eines Steuervereinheitlichungsgesetzes über die Reform der Grundsteuern, Gewerbesteuern und der Hauszinssteuer vorgelegt[1177]. Es war die bedeutendste Steuervorlage nach der Schlieben-Popitzschen Steuerreform von 1925[1178]. Preußen erhob jedoch durch seinen Finanzminister Höpker-Aschoff, wie auch die Länder Bayern, Mecklenburg-Schwerin, Sachsen und Württemberg verfassungsrechtliche, auf Art. 11 WRV gestützte Einwände gegen den Gesetzentwurf dahingehend, dass die letzten Reste der Finanzhoheit der Länder beseitigt würden[1179]. Das Gesetz scheiterte im Reichstag und wurde durch die auf Art. 48 Abs. 2 WRV gestützte Verordnung des Reichspräsidenten zur Sicherung von Wirtschaft und Finanzen vom 1. Dezember 1930 ersetzt[1180]. Die Notverordnung vom 1. Dezember 1930 war wie der Entwurf des Steuervereinheitlichungsgesetz hinsichtlich der Realsteuern ein Rahmengesetz, das die Länder bzw. die Gemeinden verpflichtete, Gesetze über Grundsteuern und Gewerbesteuern nach Maßgabe der Vorschriften der Notverordnung zu erlassen. Im wesentlichen blieben Länder und Gemeinden abgesehen von einer obligatorischen Senkung der Realsteuern (Vierter Teil) aber frei in der Festsetzung der Hebesätze.

Ansatzpunkt für eine Reform der beiden Realsteuergesetze in der Weimarer Zeit war die Unübersichtlichkeit der Realbesteuerung mit den völlig voneinander

---

[1175] K. M. Hettlage ‚Johannes Popitz 1884 – 1945, in: Männer der Deutschen Verwaltung, 23 biografische Porträts, 340

[1176] J. Popitz, Der Finanzausgleich und seine Bedeutung für die Finanzlage des Reichs, der Länder und der Gemeinden, Veröffentlichungen des Reichsverbandes der Deutschen Industrie, Berlin 1930, 14

[1177] Beratung im Kabinett vgl. BArch. R43 I/1433, Die Akten der Reichskanzlei , Kabinett Müller II Dok. Nr.44;Zum Inhalt vgl. A. Zarden, Der Entwurf eines Steuervereinheitlichungsgsetzes, DJZ 1928, Sp. 1633

[1178] So mit Recht H. Dieckmann,; Johannes Popitz, Der Finanzausgleich und seine Bedeutung für die Finanzlage des Reichs, der Länder und der Gemeinden, Veröffentlichungen des Reichsverbandes der Deutschen Industrie, 29

[1179] Die Akten der Reichskanzlei Weimarer Republik, Die Kabinette Marx III und IV, 771, Fn 1, u. 1007 f. und Das Kabinett Müller II Dok. Nr. 70 Fn. 21

[1180] RGBl. 1930 I 517, 530 ff.; K. M. Hettlage, Johannes Popitz 1884 – 1945, in: Männer der Deutschen Verwaltung 23 biographische Porträts, 336

abweichenden Landesgesetzen. Popitz hatte diesen Zustand geradezu als Chaos bezeichnet[1181]. Er war sich aber darüber im klaren, dass eine Vereinheitlichung der Realsteuern durch ein Reichsgesetz im Hinblick auf die Gesetzgebungshoheit des Reiches auf verfassungsrechtliche Schwierigkeiten stoßen könnte. Nach Art. 11 WRV kam eine Gesetzgebungshoheit des Reiches für Landesteuern nur in Betracht, wenn u. a. wichtige Gesellschaftsinteressen eine reichsrechtliche Regelung erforderten. Zudem durfte das Reich nur Grundsätze über die Zulässigkeit und Erhebungsart von Landesabgaben aufstellen, nicht aber die Steuern abschließend regeln. Popitz bejahte die Vereinbarkeit des Steuervereinheitlichungsgesetzes mit Art. 11 WRV und begründete diese wegen des erwarteten Widerstandes der Länder eigens in einem Zeitschriftenaufsatz[1182]. Die Notverordnung des Reichspräsidenten vom 1. Dezember 1930, die an die Stelle des von Popitz entworfenen Steuervereinheitlichungsgesetzes getreten war, brauchten die Länder nicht umzusetzen, weil ihr Inkrafttreten durch die Verordnung vom 17. Februar 1932 und spätere Verordnungen für die meisten Länder bis 1934 aufgehoben wurde[1183]. Nach der Einschätzung von Popitz hatte die Notverordnung so gut wie keine praktische Wirkung erzielt[1184]. Die Sachlage änderte sich nach der Machtübernahme am 30. Januar 1933. Mit den auf den Vorarbeiten vor 1933[1185] beruhenden Realsteuerreformgesetzen 1936[1186] erreichte Popitz das schon in der Weimarer Zeit verfolgte Ziel einer einheitlichen Steuerstruktur für Grundsteuern und Gewerbesteuern in allen Ländern des Reiches[1187]. Popitz drängte im Zuge der Verhandlungen über die Reform auf eine umfassende Regelung der Gesetze[1188]. Grundsteuern und Gewerbesteuern waren nunmehr für alle Länder abgesehen von den jeweiligen Hebesätzen durch Reichsgesetze verbindlich geregelt. Popitz war sich aber bewusst , dass die Anwendung der neuen Einheitswerte auf die Grundsteuer zu Belastungsverschiebungen führen wür-

---

[1181] J. Popitz, Diskussionsbeitrag auf der Konferenz von Eilsen 4. Bd. 150 ff.

[1182] J. Popitz, Verfassungsrecht und Steuervereinheitlichungsgesetz, DJZ 1929, Sp. 11, 13 ff.

[1183] RGBl. 1932 I 73, RGBl. 1933 I 200, RGBl. 1934 I 83; erstmals anwendbar für 1935, RGBl. 1935 I 830

[1184] J. Popitz;, Die finanzwirtschaftlichen Voraussetzungen der Reichsreform, ZAkDR 1937, 7

[1185] J. Jessen, Deutsche Finanzwirtschaft mit einer Übersicht über die Geschichte der deutschen Finanzwirtschaft, 2. Aufl., 163

[1186] Gesetze vom 1. 12. 1936, RGBl. 1936 I 961 (Einführungsgesetz), 979 (Gewerbesteuergesetz) und 987 (Grundsteuergesetz)

[1187] Vgl. u. a. Schreiben von Popitz an den Innenminister Frick vom 20. 2. 1936: „ von mir seit langem verfolgter Plan, BArch. 1501/5489, Bl.159

[1188] Schreiben vom 7. 10. 1936 an den Reichsfinanzminister. BArch. NL 1262 Rep. 92 Nr. 41, Bl. 22 ff.; vgl. . auch BArch. N 1262 Nr. 40

de, wie er in einer Denkschrift vom 20 Februar 1936 darlegte[1189]. Die aus den Belastungsverschiebungen sich ergebenden Härten wollte er vermeiden. Er konnte sich mit seinen daraufhin zielenden Vorschlägen nicht durchsetzen[1190].

Der Vorteil einer gleichen Steuerstruktur für die genannten Steuern liegt darin, dass Unternehmen bei einem Vergleich der Steuerbelastung im Land A oder B nicht in die Einzelheiten der Ermittlung der Steuerbelastung, z. B. die Ermittlung der Steuerbemessungsgrundlage einzusteigen brauchen, was bei unterschiedlichen Strukturen der Steuern schwierig sein kann, sondern dass die Unternehmen nur die Hebesätze zu vergleichen brauchten. Aufgrund der Ermächtigung in § 25 des Einführungsgesetzes zu den Realsteuergesetzen hoben die Länder die den Reichsgesetzen entsprechenden Landesgesetze auf[1191]. Steuer- und wirtschaftspolitisch war die Reform ein Fortschritt in Richtung auf eine Vereinfachung des Steuerrechts und eine Verbesserung des Binnenmarktes.

Über die steuerpolitische Bedeutung hinaus hatte die Realsteuerreform 1936 aber staatspolitische Bedeutung in zweifacher Hinsicht. Einmal nahm das Reich im Widerspruch zur Verfassung von Weimar Gesetzgebungsbefugnisse der Länder in Anspruch, indem es die Gewerbesteuer und die Grundsteuer, abgesehen von deren Höhe, reichseinheitlich regelte und zwar nicht mehr nur durch Rahmengesetze, sondern durch unmittelbar in den Ländern anwendbare Reichsgesetze, die bewirkten, dass die bis dahin bestehenden Landesregelungen außer Kraft zu setzen waren[1192]. Popitz betonte, dass im nationalsozialistischen Staat das Ziel der Vereinheitlichung der Realsteuergesetze[1193] *„vollends angestrebt werden müsse“*[1194]. Einschneidenstes Ergebnis war, dass die Ertragshoheit für die Realsteuern auf die Gemeinden überging. Zum anderen wurde die Entwicklung zum Einheitsstaat, die Popitz ja wollte, verfestigt. Verfassungsrechtliche Bedenken standen der Verwirklichung der Reform 1936 nach damaliger Staatspraxis nicht mehr im Wege. Die Länder hatten als Bundesstaaten zu existieren aufgehört. Das Reich konnte die Realsteuern regeln, ohne Rücksicht auf Länderinteressen nehmen zu müssen. Der Unterschied zwischen einer Rahmengesetzgebung nach der Steuernotverordnung vom 1. Dezember 1930 und der Realsteuerreform von 1936 war mehr als eine juristische Petitesse. Der nach den Rahmenvorschriften aufgrund der Notverordnung vom 1.

[1189] BArch. N 1262 Nr. 40 Bl. 77 ff.

[1190] Vgl. Schreiben von Schwerin von Krosigk vom 29. 2.1936 an Popitz, BArch, N 1262 Nr. 40 Bl. 108 f.

[1191] Vgl. z. B. Hamburg: das Grundsteuergesetz durch die Mietzinsteuerverordnung vom 24. 6. 1938, Hbg. Verordnungsblatt 1938,105 (§ 33)

[1192] RGBl. 1935 I 961, 979; vgl. dazu R. Voß, Steuern im Dritten Reich, 98 ff.

[1193] Definition: 3. VO z. Reichsbürgergesetz vom 14.6.1938, RGBl. I 627

[1194] Schreiben vom 23. 12. 1935, BArch, NL 1262 Rep. 92 Nr. 40, Bl. 13

Dezember 1930 den Ländern noch verbliebene Gestaltungsspielraum wurde mit den Reformgesetzen von 1936 vollständig beseitigt. Nur die Gemeinden hatten das Recht, die Hebesätze festzusetzen. Fritz Reinhardt konnte die Gewerbesteuern und die Grundsteuern als Reichssteuern bezeichnen ungeachtet dessen, dass es sich nach der Weimarer Verfassung um Landessteuern handelte, und dass die Ertragshoheit bei den Gemeinden verblieb.[1195].

Es war ein Ziel der von Popitz mitgetragenen nationalsozialistischen Steuerpolitik, die verschiedenen Steuerarten zu vereinheitlichen und nur dem Reich und den Gemeinden die Ertragshoheit für Steuern zuzuweisen[1196]. Diese Anliegen wurde durch Gesetz vom 24. Mai 1934 hinsichtlich der Schlachtsteuer[1197] und durch das Gesetz vom 5. Mai 1935 hinsichtlich der Urkundensteuer[1198] verwirklicht. Beide Steuern wurden dem Reich zugeschlagen. Den Ländern verblieb danach als eigene Steuer nur noch die so genannte Hauszinssteuer bzw. die in den Ländern mit unterschiedlichen Namen belegte entsprechende Steuer, u. a. Gebäudeentschuldungssteuer[1199]. Diese Steuer war in der Nachinflationszeit zu dem Zweck eingeführt worden, die von der Inflation verschonten und durch die Abwertung der Hypotheken begünstigten Grundstückseigentümer einer Steuer zu unterwerfen und dem Staat Mittel für die Hergabe zinsverbilligter Hypotheken zur Finanzierung des dringend notwendigen Neubaus von Wohnungen zu verschaffen[1200].

Auch die Hauszinssteuer wurde den Ländern entzogen, indem das Reich die Steuer durch die Verordnung über die Aufhebung der Gebäudeentschuldungsteuer vom 31. Juli 1942 aufhob und die Schuldner verpflichtete, den zehnfachen Jahresbetrag nach den Verhältnissen vom 1. Dezember 1942 an das Reich zu zahlen[1201]. Dabei wurde davon ausgegangen, dass die Hauszinssteuer ohne ihre Abschaffung erst 1956 auslaufen würde[1202]. Zwecks Finanzierung des Abgeltungsbetrages konnten die Schuldner bei bestimmten Banken ein Abgeltungsdarlehen aufnehmen. Die

---

1195 F. Reinhardt, RStBl 1934, 766

1196 F. Reinhardt, StuW 1934 Sp. 174 f. ; J. Popitz;, Die finanzwirtschaftlichen Voraussetzungen der Reichsreform, ZAkDR 1937, 7

1197 RGBl. 1934 I 238

1198 RGBl. 1935 I 407

1199 G. Kaiser, Die Hauszinssteuer als Mittel zu Finanzierung des Wohnungsbaus und ihre Auswirkung auf die Wirtschaft, Leipzig 1933, 33

1200 Vgl. §§ 26 ff. der Dritten. Steuernotverordnung vom 14. 2. 1924, RGBl.1924 I 74, Die Hauszinssteuer war ursprünglich bis zum 31. 3. 1926 befristet wurde aber aufgrund der Notverordnung vom 8. 12. 1931 bis zum 1. 4. 1940 verlängert, danach aber wegen der finanziellen Auswirkungen des Krieges immer noch nicht abgeschafft, P. Fabricius, Die Abgeltung der Hauszinssteuer, Leipzig 1942, 1 f.

1201 RGBl. 1942 I 501

1202 P. Fabricius, Die Abgeltung der Hauszinssteuer, 4

Aufhebung bzw. Ablösung der Hauszinssteuer und Hauszinssteuerhypotheken ging auf einen Vorschlag von Popitz zurück. Die Aufhebung der Hauszinssteuer hatte er schon vor 1933[1203] als eine Maßnahmen zur Beseitigung der Arbeitslosigkeit vorgeschlagen. Popitz hielt die Hauszinssteuer für eine schlechte, versteinerte Gelegenheitssteuer, weil sie an die Beurteilung eines Zustandes (Inflation) anknüpfte, der in der Vergangenheit und zwar in einer jedes Wertmaßstabs entbehrenden Vergangenheit lag, keine Rücksicht auf den Ertrag des Steuerobjekts nahm, nicht effektiv und zudem in den Länder unterschiedlich hoch war[1204]. Nach den Vorstellungen von Popitz begünstigte die Ablösung der Hauszinssteuer insbesondere die Eigentümer kleiner und mittlerer Häuser[1205]. Sie war auch deswegen geboten, weil es sich um eine komplizierte mit hohem Verwaltungsaufwand zudem noch in den Länder im einzelnen unterschiedlich geregelte Steuer handelte[1206]. Die Ablösung der Hauszinsteuer durch einen einmaligen Betrag führte nicht, wie Götz Aly ohne Beleg behauptet, zu deren Verdoppelung[1207]. Ob die Ablösung der Steuer zu einer Erhöhung oder Ermäßigung der Belastung führte, hing davon ab, welche Laufzeit man für die Steuer ansetzen musste. Da die Laufzeit mehrfach verlängert worden war und zuletzt nach 1940 eine Laufzeit nicht mehr gesetzlich fixiert war, sind Aussagen über die Belastungswirkung der Ablösesumme nicht möglich. Die Ablösung führte im übrigen zu einer Werterhöhung des Grundstücks, weil der Abgeltungsbetrag niedriger als die auf 1956 bezogene kapitalisierte Hauszinssteuer war[1208].

Die Hauszinssteuer war dazu verwendet worden, den Wohnungsbau zu fördern, indem die Steuereinnahmen den Kreditinstituten zur Verfügung gestellt wurden, die daraus hypothekarisch gesicherte Darlehen zum Bau von Wohnungen vergaben. Die Hypotheken standen also den Kreditinstituten zu, mittelbar waren die Länder Gläubiger. Popitz wollte die Hauszinssteuerhypotheken auf das Reich überführen, ohne diesen Plan während des fortgeschrittenen Krieges durchsetzen zu können. Er wollte damit eine Vereinfachung der Verwaltung (allein 200 Verwaltungserlasse wurden entbehrlich), eine Erleichterung der Kriegsfinanzierung, eine Kaufkraftabschöpfung und eine Erhaltung des Wohnungsbauzweckvermögens erreichen. Die Aufhebung der Hypotheken hätte zu ihrer entschädigungslosen „*Verreichlichung*“

1203 J. Popitz, Das Schicksal der Hauszinsteuer, Der Deutsche Volkswirt 1931, 13 ff.

1204 Schreiben vom 8. 8. 1933 BArch. R 43 II/787; zur Kritik im einzelnen vgl. J. Popitz, Das Schicksal der Hauszinssteuer, Deutscher Volkswirt 1931, 13

1205 P. Fabricius, Die Abgeltung der Hauszinssteuer, 5 f., 53

1206 Übersicht über die hauptsächlichen Landessteuerregelungen bei P. Fabricius, Die Abgeltung der Hauszinssteuer, Leipzig 1942, V f.

1207 G. Aly, Hitlers Volksstaat Raub Rassenkrieg und nationaler Sozialismus, Frankfurt am Main 2005, 348

1208 P. Fabricius, Die Abgeltung der Hauszinssteuer, Leipzig 1942, 47, 53

geführt, wobei die Länder als nicht mehr bestehend betrachtet wurden. Eine einschlägige Verordnung hätte laut Popitz im übrigen eine entschädigungslose Überführung aller Vermögensrechte, insbesondere der Beteiligungen der Länder und Gemeinden an Wohnungsunternehmen und Kreditinstituten auf das Reich , eine Ausschaltung von Ländern und Gemeinden durch die Zentralisierung und Verstaatlichung des gesamten Wohnungsbaus bewirkt und damit grundlegende Fragen der Verfassungspolitik und Verwaltungsorganisation berührt[1209].

c. Steuerrechtstheorie

Veröffentlichte Beiträge aus der Zeit des Dritten Reiches finden sich nicht. Sein fortdauerndes Interesse wird aber durch einen Vortrag über die Systematik der Besteuerungsgrundsätze am 8. Dezember 1937 in der Mittwochsgesellschaft dokumentiert. In diesem Vortrag gliederte er die allgemeinen Grundsätze der Besteuerung ausgehend von den klassischen Steuerregeln des Adam Smith in vier Grundsätze auf:

1. Staatsrechtliche Grundsätze, wozu er den Grundsatz der Gesetzmäßigkeit und der Bestimmtheit des Gesetzes sowie den Ausschluss von positiven und negativen Privilegien rechnete.

2. Steuertechnische Grundsätze, wozu er den Grundsatz der möglichst lückenlosen Durchführbarkeit und der möglichen Bequemlichkeit der Steuergesetze zählte.

3. Finanzwissenschaftliche Grundsätze, wozu nach Popitz die im Protokoll nicht näher definierte Subsidiarität, der „*Zureichendheit*“ des Steueraufkommens, der Beweglichkeit und der verwaltungsmäßigen Wohlfeilheit gehörte.

4. Wirtschaftswissenschaftliche Grundsätze, die darauf ausgerichtet sind, Arbeitskraft, Kapitalbildung und Anreize zum Unternehmergewinn zu stärken.

Aus wirtschaftlicher Notwendigkeit, ohne Rückgriff auf ethische Prinzipien ergeben sich Forderungen nach Schonung des Existenzminimums, der Berücksichtigung des Familienstandes, der Erhaltung des Sparsinns und der Ablehnung einer nach irgendeiner mathematischen Methode berechneten Progression, die er als solche akzeptiert, aber nicht absolut, sondern nur nach Maßgabe der konkreten Einkommensgliederung eines Landes finden will. Popitz bejahte auch die Frage, ob Steuern ein Mittel für die Erreichung einer konkreten wirtschaftlichen Zielsetzung, insbesondere zur Krisenbekämpfung sein kann, wobei er davor warnte, die Steuer als Instrument der Wirtschaftslenkung zu überschätzen.

5. Politische Steuerprinzipien, die in der Forderung kulminierten, dass die Demokratie ihre finanzpolitische Kompensation in einer möglichst weit nach unten reichenden Einkommensteuer suchen müsse. Dies könne, wie Popitz abschließend

---

[1209] Schreiben Popitz vom 16. 7. 1942 und vom 3.6.1943 u. a. an den Reichsfinanzminister, BArch. R 2 19344 Fiches 1-5

feststellt, auch in einem auf der Zustimmung des ganzen Volkes beruhenden Führerstaat nicht anders sein. Wenn danach auch der Kernpunkt des gegenwärtigen Steuerrechts, die gleichmäßige Besteuerung nach Maßgabe der wirtschaftlichen Leistungsfähigkeit, nicht zur Sprache kam, so hat er doch in einem früheren Aufsatz „*Betrachtungen zur Neuordnung der Steuern*" auf die Notwendigkeit einer staatsrechtlichen Untersuchung darüber hingewiesen, wie sich die Neuordnung der Steuern zu den Grundrechten der Reichsverfassung verhält[1210]. Näher ausgeführt hat Popitz diesen Ansatz allerdings nicht.

Insgesamt lässt sich feststellen, dass der Vortrag abgesehen von richtigen Teilaspekten nicht als eine auch heute noch gültige Zusammenfassung moderner Besteuerungsgrundsätze beurteilt werden kann, wie Karl Maria Hettlage 1963 urteilte[1211]. Was man aus heutiger Sicht bei Popitz in seinem Vortrag an steuerpolitischen Einsichten vermisst, sind allgemeingültige Aussagen über rechtsstaatliche Grundsätze des Steuerrechts und über die Rechtfertigung der einzelnen Steuerarten. Nach heute allgemein anerkannter Auffassung ist der Kernpunkt eines rechtstaatlichen Steuersystems der Grundsatz der gleichmäßigen Belastung der Bürger nach Maßgabe ihrer individuellen wirtschaftlichen Leistungsfähigkeit. Diesem Grundprinzip der Besteuerung maß Popitz in seinem Vortrag vor der Mittwochsgesellschaft keine Bedeutung zu. Begriffe wie Gerechtigkeit, Gleichmäßigkeit, Leistungsfähigkeit „*usw.*" (unklar bleibt, was Popitz mit usw. meint) sah er als verwaschen und wirtschaftswissenschaftlich inhaltslos an. Dies ist umso erstaunlicher als er in seinem 1926 verfassten Artikel über die Einkommensteuer in dem Handwörterbuch der Staatswissenschaften die Prinzipien der Gerechtigkeit, der Gleichmäßigkeit für alle Steuern überhaupt und der aus dem Wesen der Steuer sich ergebenden Besteuerung nach der wirtschaftlichen Leistungsfähigkeit noch als tragende Säulen der Steuern herausgestellt hatte[1212].

Man wird diese Ausführungen weniger als Sinneswandel denn als Unentschiedenheit deuten müssen, welche das Steuerrecht bis heute prägt. Der Forderung nach Steuergerechtigkeit durch gleichmäßige Besteuerung der Steuerpflichtigen nach deren wirtschaftlicher Leistungsfähigkeit steht der Zwang gegenüber, anderen Staatszielbestimmungen, insbesondere der Forderung des allgemeinen Wohlstandes Rechnung zu tragen. Dementsprechend gibt es kein Steuersystem ohne diese Bipolarität, d. h. den Zwiespalt zwischen der Steuergerechtigkeit (gleichmäßige Belastung der Bürger nach Maßgabe ihrer individuellen Leistungsfähigkeit) und einer an den wirtschaftlichen Gegebenheiten orientierten Gestaltung der Steuern einschließ-

---

[1210] StuW 1931, 1, 24

[1211] K. M. Hettlage, Johannes Popitz 1884 – 1945, in: Männer der Deutschen Verwaltung 23 biographische Porträts, 329, 341

[1212] Zur Leistungsfähigkeit als tragendes Besteuerungsprinzip ebenso: J. Popitz, Finanzpolitische Betrachtungen zur neuen Reichsanleihe, Bankarchiv Bd. 28, 1929, 287

lich Steuervergünstigungen für wirtschaftliche Aktivitäten, die dem gemeinen Wohl nützen. Popitz wusste, dass der Steuerpolitiker sich von Fall zu Fall zwischen beiden Polen entscheiden muss und räumte der wirtschaftspolitischen Zielsetzung gegenüber der Steuergerechtigkeit einen gewissen Vorrang ein[1213]. Allerdings stehen Steuererleichterungen aus wirtschaftspolitischen Gründen unter dem Postulat des Gemeinwohls und dürfen nicht partikulare Interessen bestimmter Wählerschichten bedienen. Mit der Einwirkung der Steuern auf die Kapitalbildung als Beispiel für den das Steuerrecht durchziehenden Zwiespalt hat sich Popitz insbesondere 1929 beschäftigt, als das Thema Kapitalbildung und Steuersystem Gegenstand der Tagung der Friedrich List-Gesellschaft war.

Ein abschließendes Wort noch zu dem von Popitz in seinem Vortrag angesprochnen Zusammenhang zwischen einer weit nach unten reichenden, also kleine Einkommensbezieher erfassende Einkommensteuer und der Demokratie. Es ist schon ein merkwürdiger Demokratiebegriff, wenn dieser nur auf die Lastentragung nicht aber auf die Herrschaft der Betroffenen über den Staat bezogen wird. Wer, wie Popitz den Führerstaat als Herrschaftsprinzip bejaht, kann sich für die Lastentragung schwerlich auf das Demokratieprinzip berufen.

d. Wirtschaftspolitik

Mit den wirtschaftspolitischen Fragen der Aufrüstung und dem Vierjahresplan (1936 – 1940) beschäftigte sich Popitz in seinem Vortrag in der Mittwochsgesellschaft am 4. November 1936[1214]. Er beschrieb klar die durch die Rüstungswirtschaft verursachten negativen wirtschaftliche Folgen des Mangels an Rohstoffen und an Facharbeitern, dem durch eine verstärkte Ausfuhr aufgrund der gegebenen Hemmnisse, u. a. das hohe Preisniveau in Deutschland, nicht entgegen gewirkt werden könne. Keine Abhilfe sah er auch in einer Abwertung der gegenüber anderen Währungen überbewerteten deutschen Währung. Eine Inflationsgefahr verneinte er, solange es gelänge, den Preisstand durch die amtliche Festsetzung bzw. Reglementierung der Preise und Löhne sowie die Kontrolle des Außenhandels und des Geldverkehrs mit dem Ausland zu halten. Dies setze allerdings eine umfassende Reglementierung immer weiterer Abschnitte des Wirtschaftslebens voraus, wie sie nur einer starken in alle Lebensverhältnisse eindringenden Staatsführung möglich sei. Das gesetzliche Instrumentarium für die von Popitz angesprochenen Maßnahmen lag vor.

Hintergrund dieses Vortrags waren die wirtschaftlichen Folgen der Aufrüstung, der Vierjahresplan und der so genannte Neue Plan, den Hjalmar Schacht entwickelt hatte.[1215] Der Neue Plan sah im Hinblick auf die Devisenknappheit eine Regulie-

---

[1213] J. Popitz, Diskussionsbeitrag auf der Konferenz von Eilsen ,4. Bd. 148

[1214] K. Scholder (Hrsg.) Die Mittwochsgesellschaft, , 149

[1215] A. Ritschl, Wirtschaftspolitik im Dritten Reich – Ein Überblick, 120

rung des Im- und Exports vor. Popitz Einschätzung der Inflationsgefahr war sicher fehlerhaft. Die staatlichen Gegenmaßnahmen konnten die drohende Inflation möglicherweise für eine gewisse Zeit noch unter dem Deckel halten, aber wegen der steigenden Überstundenvergütungen und anderer Zulagen konnte ein Anstieg der Gesamtlöhne nicht verhindert werden, und die Spannung im Topf wuchs. Schon 1937 traten die Inflationserscheinungen ans Licht[1216]. Die steigenden Aufwendungen für die Rüstung machten es unmöglich , der Inflation wirksam zu begegnen. Rüstungsausgaben bedeuten eine Vernichtung von Volksvermögen, zumal, wenn sie nicht auf Verteidigungszwecke gegen einen potentiellen Aggressor, sondern wie im Dritten Reich auf einen Angriffskrieg ausgerichtet sind.

Im weiteren Sinne von wirtschaftspolitischer Bedeutung und als Zeugnis seiner weit gespannten Interessen ist auch sein Vortrag über die künftige Gestaltung der einen Teil der Staatspolitik bildenden Sozialordnung zu bewerten, den Popitz am 2. Juni 1943 vor der Mittwochsgesellschaft gehalten hat[1217]. Wenn auch die soziale Frage auf die Besserung und Sicherung der Arbeitnehmerverhältnisse beschränkend, entwickelte er – sich vorsichtig distanzierend als einen an ihn herangetragenen Lösungsversuch[1218] - geradezu revolutionäre Ideen über die Verbesserung der Lage dieser die Mehrheit des Volkes ausmachenden Schicht. Deren Zustand kennzeichnete er durch Unsicherheit im Lebensschicksal, bezüglich der Beschäftigungsgelegenheit, der zweiten Lebenshälfte, in Krankheit, bei Arbeitslosigkeit, in der Sorge für die Familie, bei Löhnen wenig oder nicht anhaltend über dem Existenzminimum. Ursache dieses Zustandes war die Tatsache, dass die Arbeitskraft lediglich als Ware behandelt wurde, und dass ein Preis-Lohn-Nexus mit der Folge bestehe, dass höhere Löhne zu höheren Preisen führten. Dem gegenüber wollte Popitz die Arbeit als Kapitalwert betrachten, auf den ein Teil des Unternehmensgewinns entfallen müsse, der dem Verhältnis des Leistungskapitals der Arbeit zum im Unternehmen eingesetzten Sachkapital entsprechen müsse[1219].

Um die Gewinnbeteiligung der Arbeiter nicht von dem konkreten Gewinn des jeweiligen Unternehmens abhängig zu machen, schlug Popitz vor, dass die Unter-

---

1216 L. Graf Schwerin von Krosigk, Staatsbankrott, 231 ff.

1217 Dazu D. Rüther, Der Widerstand des 20. Juli auf dem Weg in die Soziale Marktwirtschaft, Die wirtschaftspolitischen Vorstellungen der bürgerlichen Opposition gegen Hitler., 418 ff.

1218 Vermutlich handelt es sich um Johanna Bödeker, die sich als Mitarbeiterin eins privaten Arbeitskreises von Popitz bezeichnet hat, vgl. J. Bödeker, Die neue Ordnung, Neue Wirtschaftsfront e. V. Forschungsstelle für Nationalwirtschaft, S. 60 ff., BArch. NL 1262 Nr. 107; über die wenig überzeugenden wirtschaftspolitischen Vorstellung Bödekers und zur Kritik des Wirtschaftswissenschaftlers Walter Eucken daran vgl. D. Rüther, Der Widerstand des 20. Juli auf dem Weg in die Soziale Marktwirtschaft, Die wirtschaftspolitischen Vorstellungen der bürgerlichen Opposition gegen Hitler., 423 ff., 431 ff.

1219 K. Scholder, Die Mittwochsgesellschaft, 327 ff.

nehmen nach Maßgabe eines durchschnittlichen Gewinns Zahlungen an einen Sozialfonds leisten sollten, der die Gewinnbeteiligung an die Arbeiter ausschütten sollte[1220]. Aus dem Sozialfonds sollten auch Zahlungen für die an der Regeneration des Arbeitskapitals Beteiligten, nämlich Kinder, Mütter und Senioren sowie an Arbeitslose in Höhe des Existenzminimums gezahlt werden, so dass Sozialversicherungsbeiträge entfallen konnten. Daneben wollte Popitz die Löhne auf das Existenzminimum senken, um die der Preiskalkulation zugrunde liegenden Kosten zu senken[1221]. Die Notwenigkeit einer Lösung der sozialen Frage begründete Popitz „*mit der Gefahr, ja der Wahrscheinlichkeit, dass, solange nicht eine befriedigende Lösung gefunden wird oder wenigstens ein Programm dafür vorliegt, jede politische Ordnung alsbald nur mit diktatorischen, ja mit terroristischen Mittel aufrecht erhalten werden kann , sei es, dass es sich um die Diktatur des Proletariats oder um die Diktatur einer militärisch oder sonst gewaltmäßig gestützten bestimmten Gruppe handelt*“[1222]. Die Bedeutung seines Vorschlags entschieden überbetonend sah Popitz in ihm einen „*Reorganisationsplan*“ für die Sozial- und Wirtschaftsordnung, der in seiner Konsequenz auf eine „*Revolution des Wertesystems der überkommenen Wirtschaft*“ hinauslaufen würde.

Dass in diesem Vortrag die Notwendigkeit der Abkehr vom kapitalistischen System zum Ausdruck kommt, wie Ernst-Wolfgang Böckenförde annimmt[1223], ist nicht ersichtlich. Denn der Kernpunkt des kapitalistischen Systems, das Privateigentum an Produktionsmitteln, wurde von dem Popitzschen Vorschlag nicht berührt. Eher handelt es sich um einen Versuch, das kapitalistische System durch eine systemimmanente Reform zu retten. Ob soziales Mitgefühl eine Rolle spielte, muss bezweifelt werden. Durch Emotionen bestimmtes Denken war ihm fremd. Soziale Fragen behandelte er aus dem Gesichtspunkt ihrer Wirkung auf ein funktionierendes Staatswesen. Das erhellt u. a. seine Äußerung in der Kabinettssitzung vom 27. Juli 1934, in der die Frage der Abschaffung oder Herabsetzung der Krankenscheingebühr erörtert wurde. Er sprach sich entschieden gegen eine Abschaffung oder Herabsetzung der Gebühr aus und warnte vor einer Übertreibung des Gedankens der Sozialversicherung, da das Volk hierdurch unter Umständen verweichlicht und zur Unmännlichkeit erzogen werde; es sei wissenschaftlich festgestellt, dass Übertreibungen eine krankhafte Rentnersucht in gewissen Bevölkerungskreisen erzeugt

---

1220 S. 34 f. des Protokolls über den Vortrag

1221 Dieser Gedanke ist nur in der im Nachlass Popitz befindlichen vollständigen Fassung des Vortrages und nicht im Protokoll der Mittwochsgesellschaft verzeichnet

1222 Das von Popitz angefertigte Protokoll enthält diese Passage nicht; sie findet sich aber in dem im Nachlaß Popitz vorhandenen ausgearbeiteten Text; vgl. dazu G. Schulz, Über Johannes Popitz (1884 – 1945), Der Staat 1985, 485, 510

1223 E.-W. Böckenförde, JOHANNES POPITZ, Der Staatsbegriff als allgemeingültiger Begriff, Der Staat, 1984, 228

habe[1224]. Popitz behandelte im übrigen die soziale Frage vornehmlich vom Standpunkt einer Organisation durch den Staat. Gewerkschaften, welche die Interessen der Arbeiter vertreten konnten, gar Gewerkschaften der Beamten lehnte er ab[1225]. Jedenfalls bekundete dies Goerdeler nach seiner Verhaftung gegenüber den Vernehmungsbeamten. Danach glaubte Popitz, der Arbeiterschaft einen großen Zusammenschluss nicht gestatten zu dürfen. Ein solcher würde sie zu einer Macht im Staate machen. Er war deshalb auch für die Zerschlagung der Totalorganisation, womit vermutlich die Arbeitsfront gemeint war, die die Nazis gewissermaßen als Nachfolgeorganisation der 1933 zerschlagenen Gewerkschaften ins Leben gerufen hatten[1226].

Manche vermuten, dass Popitz mit seinen Ideen taktische Ziele der Annäherung an die Jüngeren der Widerstandsbewegung im Kreisauer Kreis verfolgt habe[1227]. Es handelt sich um dem „*preußischen Sozialismus*" entstammende oder zumindest nahe stehende, aber letztlich utopische Vorstellungen, die zugleich eine Grundströmung des nationalkonservativen Widerstandes ausmachten[1228]. Sie erscheinen schon deshalb nicht durchführbar und akzeptabel, weil man den Kapitalwert der Arbeit im Verhältnis zum Sachkapital des Unternehmens so wenig wie das vom Unternehmer zu tragende Risiko des einzusetzenden Kapitals berechnen kann. Die Senkung der Löhne auf das Existenzminimum läuft den Interessen der Arbeiter diametral zuwider, die unabhängig vom Gewinn des Unternehmens Anspruch auf eine angemessene Entlohnung erheben. Zudem wird die Tarifautonomie beseitigt und durch eine staatliche Lohnordnung ersetzt. Deshalb ist ganz ausgeschlossen, dass sich dieses Rezept, wie behauptet, mit den Vorstellungen des Sozialdemokraten Leber getroffen haben könnte[1229].

Die Einrichtung eines Sozialfonds schafft neben den Unternehmenssteuern eine parallele Abgabenordnung mit einem gewaltigen Verwaltungsaufwand des Staates auf der Einnahmen- und der Ausgabenseite, der den Verwaltungsaufwand für die entfallenden Sozialversicherungssysteme übersteigt. Der Plan weist Popitz als den eingefleischten Verwaltungsmann aus, der sich die Lösung sozialer Probleme nur mit staatlichen Mitteln vorstellen kann.

[1224] Protokoll der Kabinettssitzung abgedruckt in: Akten der Reichskanzlei Regierung Hitler, Teil I 1933/34, 77

[1225] J. Popitz, Eugen Schiffer zur Kritik unserer Zeit, JW 1932, 620

[1226] Archiv Peter, Spiegelbild einer Verschwörung, 315 f., 451

[1227] D. Rüther, Der Widerstand des 20. Juli auf dem Weg in die Soziale Marktwirtschaft, Die wirtschaftspolitischen Vorstellungen der bürgerlichen Opposition gegen Hitler., 422

[1228] H. Mommsen, Verfassungs- und Verwaltungsreformpläne der Widerstandsgruppen des 20. Juli 1944, in: Schmädeke/Steinbach (Hrsg.) Der Widerstand gegen den Nationalsozialismus, 573

[1229] So E. Müller, Widerstand und Wirtschaftsordnung Die wirtschaftspolitischen Konzepte der Widerstandsbewegung gegen das NS-Regime und ihr Einfluss auf die soziale Marktwirtschaft, 81

Eine Grundfrage der Wirtschaftspolitik ist die Alternative staatliche Planwirtschaft oder Marktwirtschaft. Anhaltspunkte dafür, dass Popitz für eine staatliche Planwirtschaft oder einen weit reichenden „Staatssozialismus"[1230] eintrat, gibt es nicht. Eine solche Wirtschaftsform hat es zu keiner Zeit in Deutschland gegeben. Das Beispiel der Sowjetunion mag eher abschreckend gewesen sein. Eine Marktwirtschaft gibt es aber in vielerlei Spielarten mit mehr oder weniger staatlichen Regulierungen. Gegenüber den Vernehmungsbeamten in der Haftzeit nach dem 20. Juli soll Popitz geäußert haben, dass für ihn als alten preußischen Verwaltungsbeamten die Lenkungsbefugnis des Staates gegenüber den Unternehmen eine Selbstverständlichkeit sei[1231]. Dass der Staat auch in einer Marktwirtschaft mehr oder weniger lenkend in das Wirtschaftssystem eingreift, versteht sich, ohne dass damit eine Planwirtschaft entsteht. Eine Planwirtschaft in der Form einer staatlichen Zentralplanwirtschaft wird durch die Planung und Koordinierung des Wirtschaftslebens von einer staatlichen Zentrale aus und durch die Dominanz der Produktionsmittel in staatlicher Hand charakterisiert. Manche meinen, Popitz und Jessen hätten sich im Sinne ihrer autoritär-staatlichen Zielsetzung für eine weitgehend interventionistische Wirtschaftsordnung ausgesprochen[1232]. In dem vorläufigen Staatsgrundgesetz findet sich aber ein Hinweis auf die Wiederherstellung der Sicherung des Eigentums (Art. 1.2) und der Wiederherstellung der Verantwortlichkeit selbständiger Unternehmer, allerdings verbunden mit der Aufgabe des Staates, die deutsche Gesamtwirtschaft so zu lenken, dass die Versorgung des Volkes und die Hebung des Wohlstandes aller seiner Schichten gewährleistet sind (Art. 1.6). In der Landwirtschaft wird eine Besitzverteilung angestrebt, die einen möglichst hohen Ertrag an den für die Volkswirtschaft notwendigen Lebensmitteln gewährleistet (Art. 7), was offensichtlich eine Umverteilung des Landbesitzes durch staatliche Maßnahmen einschließt. Wenn auch grundsätzlich auf ein marktwirtschaftliches System ausgerichtet, lässt sich eine gewisse etatistische Beimischung bei Popitz feststellen, wie u. a. seine Vorstellungen für eine Neuordnung der Sozialordnung zeigen und im übrigen auch durch seine Prägung als Verwaltungsbeamter nahe liegend erscheint.

Für die erste Zeit nach dem Sturz Hitlers, wenn auch nicht für immer, trat Popitz für eine streng und straff geführte Wirtschaftspolitik ein[1233]. Das kann aber nicht dahin interpretiert werden, dass Popitz eine Art von Planwirtschaft und Staatssozia-

---

[1230] So H. Mommsen, Alternative zu Hitler, Studien zur Geschichte des deutschen Widerstandes, 87; H. Rothfels, Deutsche Opposition gegen Hitler, herausgegeben von H. Graml, 113, 134

[1231] Archiv Peter, Spiegelbild einer Verschwörung, Die Kaltenbrunner-Berichte an Bormann und Hitler über das Attentat vom 20. Juli 1944, Geheime Dokumente aus dem ehemaligen Reichssicherheitshauptamt, 448

[1232] J. Fest, Staatsstreich, Der lange Weg zum 20. Juli, 162

[1233] So die Anklageschrift gegen Popitz, abgedruckt bei A. W. Dulles, Verschwörung in Deutschland, 196

lismus befürwortete[1234]. Das vorläufige Staatsgrundgesetz mit seinem Bekenntnis zum Unternehmertum steht dieser Ansicht ebenso entgegen wie seine vielfachen Äußerungen in der Zeit von Weimar über schonende Steuerbelastung von unternehmerisch gebundenen Kapital. Nach Mommsen stand Popitz gegen den Wirtschaftsliberalismus von Goerdeler[1235]. Im Ergebnis wird man feststellen können, dass Popitz Vorstellungen über das Wirtschaftssystem im wesentlichen mit denen des Dritten Reiches übereinstimmten. In seiner von den Apologeten des Systems als Richtschnur der neuen Zeit bezeichneten Reichstagsrede vom 23. März 1933[1236] hatte Hitler gesagt: „*Grundsätzlich wird die Regierung die Wahrnehmung der wirtschaftlichen Interessen des deutschen Volkes nicht über den Umweg einer staatlich zu organisierenden Wirtschaftsbürokratie betreiben, sondern durch stärkste Förderung der privaten Initiative und unter Anerkennung des Privateigentums*“[1237]. Soweit in Punkt 9 d des vorläufigen Staatsgrundgesetzes davon die Rede ist, dass die bestehende Wirtschaftsordnung nicht bestehen bleiben, sondern im Zusammenhang mit der Staatsform umgestaltet werden sollte, kommt hier die übergreifende Popitzsche Idee der Einheit von Staatsform und Wirtschaftsform, überhaupt allgemein der Einheitsgedanke zum Ausdruck. Inhaltlich lassen sich jedenfalls keine Schlüsse aus Punkt 9 d ziehen. Aus der Beantwortung der ihm von der SS in der Haft vorgelegten Fragen zur Wirtschaftspolitik ergibt sich, dass Popitz nach dem Ende des Krieges für den Wiederaufbau zwar für eine Übergangszeit eine Zentralverwaltungswirtschaft befürwortete, aber danach so schnell wie möglich eine von der Privatinitiative bestimmte Friedenwirtschaft wünschte, der allerdings durch den Staat Richtlinien gesetzt werden sollten[1238] .

e. Popitz und die Juden

Der Antisemitismus verstärkte sich in Deutschland während des ersten Weltkrieges und nahm noch einmal nach dem Weltkrieg zu. Er erfasste fast alle Deutschen, aber insbesondere das Bürgertum. In den Memoiren von Hjalmar Schacht kann man nachlesen, was das Bürgertum über die Juden dachte: „*Daß die Juden abstrakt begabter als die Deutschen sind, geschäftstüchtiger, händlerischer, ist eine alte Erfahrung. Ihr Prozentsatz in Stellungen, die die Fähigkeit des abstrakten Denkens erfordern, ist wesentlich höher als in handwerklichen oder rein körperlichen Berufen. Dies führte in den Jahren der Inflation dazu, daß die eingewanderten Ostjuden sozusagen vor den Augen ihrer Mitmenschen, in kürzester Frist aus völliger Mittel-*

1234 So H. Rothfels, Deutsche Opposition gegen Hitler, 128 f.

1235 AaO. S. 578

1236 E. R. Huber, Verfassungsrecht des Großdeutschen Reiches, 42

1237 Verhandlungen des Reichstags, 8. Wahlperiode, 1933, Stenogr. Berichte Bd. 457, 28

1238 BArch. (Koblenz) NL Goerdeler 113/24, Bl. 1 ff.

losigkeit zu einem sehr augenscheinlichen Reichtum emporstiegen. Sie besetzten die bürgerlichen Villenkolonien und die großen Privathäuser, deren Inhaber verarmt waren. Sie erregten, mit einem Wort öffentliches Ärgernis". Schacht zitiert anschließend einen Polizeibericht, worin im Gegensatz zu den zitierten Ausführungen von den „*unglaublich überfüllten von Schmutz und Ungezieferstarrenden Wohnungen*" jüdischer Zuwanderer aus Polen und Russland die Rede ist, die bolschewistische Ideen einführen und weiter verbreiten. Und weiter heißt es bei Schacht: „*Aber wenn der Anwaltsberuf und der Ärzteberuf einen ungewöhnlich hohen Prozentsatz von Juden aufweisen, wenn der größte Teil der Theater, der Presse, der Konzerte unter jüdischer Führung stand, so ist dies der Einbruch eines fremden Geistes in den Geist des Wirtsvolks. Alle genannten Berufszweige üben eine kulturpolitischen Einfluß aus. Kultur aber wurzelt letzten Endes in der Religion....Ein Volk, dessen Kultur im Christentum wurzelt, wird deshalb immer darauf bedacht sein, das Christentum als Kulturgrundlage zu bewahren und fremdartige Elemente aus seinem kulturellen Leben fernzuhalten.*"[1239] .Was Schacht in seinen 1953 veröffentlichten Lebenserinnerungen rückschauend ausgesprochen hat, dürfte der Stimmung der Bevölkerung nach dem ersten Weltkrieg weitgehend entsprochen haben. Wie Popitz über die Juden gedacht hat, lässt sich angesichts sich widersprechender Äußerungen nicht leicht erschließen.

Bevor hierauf eingegangen wird, sollen aber zunächst seine Beziehungen zu jüdischen Deutschen geschildert werden. Bis zum Anfang der 30er Jahre hatte Popitz viele Beziehungen zu der Elite der deutschen Juden, die ja vornehmlich in Berlin ansässig war. Das galt besonders für Männer, die als Wissenschaftler oder Praktiker auf dem Gebiet des Steuerrechts tätig waren. Als erster ist Rolf Grabower zu nennen, der als Ministerialrat (ab 1921) im Reichsfinanzministerium tätig war, also als Mitarbeiter von Popitz. Grabower war Halbjude. Im Reichsfinanzministerium konnte Grabower nur noch bis 1934 tätig sein. Der Reichsfinanzminister Schwerin von Krosigk sorgte dafür, dass Grabower 1934 zum Richter am Reichsfinanzhof ernannt wurde – er nahm ihn insofern aus der Schusslinie. Aber 1935 musste er nach dem Gesetz über die Wiederherstellung des Berufsbeamtentums auch aus dem Reichsfinanzhof ausscheiden. Bis 1943 konnte Grabower in München noch seinen Studien nachgehen Ab 1943 wurde Grabower in das Konzentrationslager Theresienstadt deportiert, das er glücklicherweise überlebt hat. Einer bereits vorgesehenen Überstellung nach Auschwitz entging er wegen des Endes des Krieges. Er war im ersten Weltkrieg mit dem EK 1 und dem Hohenzollernorden, einem Orden zwischen dem Eisernen Kreuz 1. Klasse und dem Pour le mérite, ausgezeichnet worden. Die auch ins persönliche reichende Beziehung zwischen Popitz und Grabower wird dadurch unterstrichen, dass Popitz für zwei Bücher von Grabower jeweils ein

---

[1239] H. Schacht, 76 Jahre meines Lebens, 214, 450; vgl auch A. Fischer, Hjalmar Schacht und Deutschlands „Judenfrage" Der „Wirtschaftsdiktator" und die Vertreibung der Juden aus der deutschen Wirtschaft

Vorwort verfasst hat (Die Geschichte der Umsatzsteuer und ihre gegenwärtige Gestaltung im Inland und Ausland, Berlin 1925, und Preußens Steuern vor und nach den Befreiungskriegen, Berlin 1932).

Ein weiterer Angehöriger des Reichsfinanzministerium, Arthur Zarden, war Halbjude und mit einer jüdischen Frau verheiratet[1240]. Der Reichsfinanzminister Heinrich Köhler warf Popitz vor, zu viele Juden im Reichsfinanzministerium in leitenden Stellungen beschäftigt und noch dazu bevorzugt befördert zu haben. Popitz antwortete darauf mit der saloppen Gegenfrage, ob diese Leute nicht besonders tüchtig seien[1241]. Auch sonst hatte Popitz engen Kontakt mit jüdischen Deutschen, insbesondere mit der Riege der bedeutenden jüdischer Steuerrechtler, die sich große Verdienste um die Entwicklung eines wissenschaftlich fundierten Steuerrechts erworben hatten, wie Hugo Ball[1242], Herbert Dorn[1243], Albert Hensel[1244] und Max Lion[1245]. Zu nennen sind noch die beiden dem Steuerrecht nahe stehenden Finanzwissenschaftler Fritz Karl Mann[1246] und Fritz Neumark[1247], die in die USA bzw. die Türkei auswanderten. Mit Otto Liebmann, dem Verleger und Herausgeber der Deutschen Juristen-Zeitung war Popitz durch eine langjährige Mitherausgeberschaft, durch die Veröffentlichung vieler Beiträge sowie einen Beitrag in der Festgabe für Liebmann[1248] eng verbunden. Liebmann sah sich im Dezember 1933 zum Verkauf seines Verlages an die Becksche Verlagsbuchhandlung gezwungen[1249]. Nach dem Ausscheiden von Liebmann übernahm Carl Schmitt dessen Stelle bis zur Einstellung der Zeitung Ende 1936.

Ungeachtet aller dieser engen Beziehungen zu jüdischen Deutschen hat sich Popitz durch seine Mitwirkung im Reichskabinett an den judenfeindlichen Maßnahmen bzw. den judenfeindlichen Gesetzen jedenfalls bis 1938 beteiligt, zumindest hat er ihnen als Teilnehmer des Reichskabinetts nicht widersprochen. Zu nennen sind das Reichsbürgergesetz vom 15. September 1935, das Gesetz zur Wiederherstellung des Berufsbeamtentums, sowie vergleichbare Gesetze bzw. Verordnungen,

---

[1240] L. Graf Schwerin von Krosigk, Staatsbankrott, 198

[1241] Heinrich Köhler, Lebenserinnerungen des Politikers und Staatsmannes 1878 – 1955, Stuttgart 1964, 196

[12421242] R. Voß, Steuern im Dritten Reich, 160

[1243] R. Voß, Steuern im Dritten Reich, 161 f.

[1244] R. Voß, Steuern im Dritten Reich, 163 f.

[1245] R. Voß, Steuern im Dritten Reich, 165 f..

[1246] F. K. Mann, Steuerpolitische Ideale, Jena 1937, Nachdruck Darmstadt 1978

[1247] F. Neumark,. Grundsätze gerechter und ökonomisch rationaler Steuerpolitik, Tübingen 1970

[1248] J. Popitz, Finanzmilitarismus, in: Festgabe für Dr. jur. h. c. Otto Liebmann, 232 ff.

[1249] H. Göppinger, Juristen jüdischer Abstammung im „Dritten Reich“, 375

mit denen jüdische Steuerberater, Rechtsanwälte, Patentanwälte, Ärzte und andere selbständig Berufstätigen die Ausübung ihres Berufes verboten oder eingeschränkt wurde[1250] oder Unternehmen in jüdischer Hand arisiert wurden. Wie Schwerin von Krosigk berichtet, wurde die Judenfrage in Führungszirkeln 1933 heftig und kontrovers diskutiert. Er behauptet, zusammen mit Popitz vor der Arisierung gewarnt zu haben[1251]. Im März 1933 entschuldigte Popitz aber alle Ausschreitungen des Regimes, auch gegen die Juden mit der Revolution. Er erwartete eine günstige Entwicklung und war mit dem damaligen Zustand nicht unzufrieden[1252]. Im April 1933 verteidigte er aber gegenüber Carl Schmitt die Juden lebhaft[1253]. Als im April 1933 beschlossen wurde, jüdische Kinder in Ghettoschulen und nichtjüdische Kinder in deutsche Schulen zu schicken, machten Popitz und Schwerin von Krosigk nur geltend, dass damit Kinder aus halbarischen Ehen ins nichts fallen würden, ohne damit aber den Beschluss grundsätzlich in Frage zu stellen, wie es geboten gewesen wäre[1254].

Am 20. August 1935 fand im Reichswirtschaftsministerium unter dem Vorsitz des damaligen Reichswirtschaftministers Hjalmar Schacht eine „*Chefbesprechung über das Judenproblem*" statt, an der u. a. neben dem Reichsinnenminister Frick und dem Reichsjustizminister Gürtner auch Popitz teilnahm[1255]. Gegenstand dieser Besprechung war im wesentlichen die Frage, ob die Maßnahmen hinsichtlich der sich mehrenden Aktionen gegen jüdische Geschäfte ohne gesetzliche Grundlage durch solche mit gesetzlicher Grundlage zu ersetzen seien. Popitz wies in dieser Besprechung warnend darauf hin, dass die wilden Maßnahmen gegen die Juden einen Geschäftsrückgang und damit einen Rückgang der Staatseinnahmen bewirken würden. Er wünschte, dass die Regierung eine bestimmte Grenze – gleichviel wo – für die Behandlung der Juden setze, dann aber mit Nachdruck dafür sorge, dass die Grenze eingehalten werde. Ganz im legalistisch-bürokratischen Denken befangen, kam es für ihn darauf an, dass die Maßnahmen gegen die Juden – der Holocaust stand noch nicht an - eine gesetzliche Grundlage hatten und nicht ohne eine solche

[1250] U.a. Gesetz über die Zulassung von Rechtsanwälten v. 7. 4. 1933, RGBl. I 188; vgl. im einzelnen R. Voß, Steuern im Dritten Reich, 135 ff.

[1251] L. Graf Schwerin von Krosigk, Staatsbankrott, 219 ff.

[1252] L. Graf Schwerin von Krosigk, Staatsbankrott, 220

[1253] Tagebuch von Carl Schmitt vom 5. 4. 1933, abgedruckt bei P. Noack, Carl Schmitt, eine Biographie, 174

[1254] L. Graf Schwerin von Krosigk, Staatsbankrott, 186 f.

[1255] Vgl. dazu A. Fischer, Hjalmar Schacht und Deutschlands „Judenfrage" Der „Wirtschaftsdiktator" und die Vertreibung der Juden aus der deutschen Wirtschaft, 168 ff.

Grundlage im rechtsfreien Raum durch Handeln der Behörden erfolgten[1256]. Auch Schacht forderte Gesetze mit der Begründung: “*Man stempele die Juden in jedem gewünschten Maße als Einwohner minderen Rechts durch entsprechende Gesetze, aber für die Rechte, die man ihnen lassen will, gewähre man ihnen staatlichen Schutz gegen Fanatiker und Ungebildete*“[1257]. Dass Schacht im Ergebnis einen Punktsieg zugunsten des Judentums erreicht hatte, wie teilweise angenommen wird[1258], ist nicht ersichtlich. Das Regime setzte nach 1935 die Judenverfolgung mit zunehmender Schärfe fort.

Auf der Grundlage seiner dargestellten Haltung zu den Verfolgungsmaßnahmen des NS-Regimes verwundert es nicht, wenn Popitz in der Haft zu den Beamten Kaltenbrunners nach deren Protokoll gesagt hat: „*In der Judenfrage war ich als eingehender Kenner der Zustände in der Systemzeit durchaus der Auffassung, dass die Juden aus dem Staats- und Wirtschaftsleben verschwinden müssten. In der Methode habe ich mehrfach ein etwas allmählicheres Vorgehen empfohlen, insbesondere aus Rücksichten der äußeren Politik. Die Auseinandersetzung mit der Judenfrage, die Ausscheidung aus dem Staats- und Wirtschaftsleben war unvermeidbar. Das gewaltmäßige Vorgehen, das zur Zerstörung des Besitzes, zu willkürlicher Festnahme und zur Lebensvernichtung führte, ließ sich mit Gesetz und Moral nicht vereinbaren und schien mir außerdem für gefährlich für die Anschauungen, die sich im Volk über den Wert von Eigentum und Menschenleben bilden mussten. Ich sah in der Behandlung der Judenfrage gleichzeitig die große Gefahr, die internationale Gegnerschaft gegen Deutschland und seine Staatsform zu verstärken*“[1259]. Der Hinweis auf die von ihm abgelehnte Lebensvernichtung, von der er nach dem Polenfeldzug und nach dem Einmarsch in Russland erfahren hatte[1260], zeigt jedenfalls, dass er in diesem Punkt nicht mit dem Regime übereinstimmte. Nimmt man die Verteidigung der Juden gegen den total antisemitisch eingestellten Carl Schmitt im April 1933

[1256] Vgl. Niederschrift einer „Chefbesprechung über das Judenproblem“ im Reichswirtschaftsministerium am 20. 8. 1935, abgedr. Bei D. Kukla, Die Nürnberger Rassegesetze und die deutsche Bevölkerung im Lichte geheimer NS-Lage- und Stimmungsberichte, in: VjhZG 1984, 615 ff.

[1257] O. D. Kukla, Die Nürnberger Rassegesetze und die deutsche Bevölkerung, VJFZG 1984, 582, 615 ff.; über die Chefbesprechung existieren drei teilweise unterschiedliche Niederschriften, vgl. IMT NG-4047, GStA PK Rep.320 Nr. 513 und Auswärtiges Amt ; vgl. dazu auch H. Schacht, 76 Jahre meines Lebens, 449 f., der vornehmlich von seinen „stark polemischen Äußerungen“ gegen die Partei berichtet, vgl. auch I. Kershaw, Hitler 1889 – 1936, 710

[1258] So Adam, Judenpolitik, 124: H. Genschel;, Die Verdrängung der Juden aus der Wirtschaft, 113

[1259] Archiv Peter, Spiegelbild einer Verschwörung, Die Kaltenbrunner-Berichte an Bormann und Hitler über das Attentat vom 20. Juli 1944, Geheime Dokumente aus dem ehemaligen Reichssicherheitshauptamt, 449

[1260] Die Hassell-Tagebücher, 330 (26. 9. 1942)

hinzu, dann ergibt sich eine Zwiespältigkeit, die auch anderweitig bei Popitz festzustellen ist.

f. Beziehungen zu den Machthabern

aa. Hitler

Die Beziehungen von Popitz zu Hitler hatten einen sachlichen und einen persönlichen Aspekt. In sachlicher Hinsicht kommt es auf das Ausmaß der Übereinstimmung der politischen Ziele an.

Für einen Mann wie Hitler stand dessen Persönlichkeit im Mittelpunkt, ohne dass es möglich wäre, das Rätsel Hitler zu entschlüsseln, wie die zahlreichen Biographien zeigen. Hitler verfügte jedenfalls über eine ungeheure Ausstrahlungskraft, wie wohl alle, die ihm begegnet sind, bezeugen. Er übte einen magischen Bann auf seine Zuhörer aus. Dieser beruhte nicht zuletzt auf dem fanatischen Glauben an sich selbst, auf seinen apodiktisch geäußerten Urteilen über schlechterdings jeden Gegenstand und darauf, dass diese Meinungen sich stets lückenlos in eine Gesamtweltanschauung einfügen ließen[1261]. Auch Popitz wird sich dem nicht entzogen haben können. Wie Hitler auf Menschen hoher Intelligenz wirkte, lässt sich beispielsweise der Schilderung von Hjalmar Schacht über seine erste Begegnung mit Hitler im Januar 1931 entnehmen. Schacht schreibt: „*Unser Gespräch wandte sich rasch den politischen und wirtschaftlichen Problemen zu. Bei diesem ersten Zusammentreffen lernte ich, was wir später alle erfuhren, dass ein Gespräch mit Hitler nur zu fünf Prozent aus dem bestand, was seine Partner sagten. Fünfundneunzig Prozent der Unterhaltung bestritt Hitler allein. Die Geschicklichkeit seines Vortrages sprang in die Augen. Sah man davon ab, dass er alles, was er sagte, als unwiderlegliche Wahrheit demonstrierte, so war, was er vortrug, nicht unvernünftig und ließ jedes propagandistische Pathos vermissen. Er sprach gemäßigt und war sichtlich bemüht, alles zu vermeiden, was uns als Vertreter einer traditionellen Welt schockieren könnte.... Was mir Eindruck machte, war die absolute Überzeugung dieses Mannes von der Richtigkeit seiner Auffassungen und die Entschlossenheit, diesen Auffassungen praktische Geltung zu verschaffen. Schon bei dieser ersten Begegnung wurde mir klar, daß die propagandistische Kraft Hitlers ungeheuerliche Chancen bei der deutschen Bevölkerung haben musste, falls es nicht gelang, die Wirtschaftskrise zu beheben und die Massen dem Radikalismus abspenstig zu machen. Hitler war besessen von dem, was er sagte, ein echter Fanatiker mit der stärksten Wirkung auf seine Zuhörer, ein geborener Agitator trotz seiner heiseren, manchmal gebrochenen und nicht selten krähenden Stimme*“[1262].

[1261] Gerhard Ritter, Einleitung zu Hitlers Tischgesprächen, zitiert nach Hannah Arendt, Elemente und Ursprünge totaler Herrschaft, (Originalausgabe New York 1951), 657

[1262] H. Schacht, 76 Jahre meines Lebens, 352

Ob Popitz eine emotionale Bindung zu Hitler entwickelt hat, ist wohl auch im Hinblick auf die kühle Verstandesmäßigkeit seines Charakters eher auszuschließen. Für seine Frau war Hitler ein Christus, ein Genie. Sie sah aber sein tragisches Ende voraus [1263]. Durch seine Teilnahme an den Kabinettssitzungen, die bis Februar 1938 stattfanden und an denen Hitler jedenfalls bis dahin teilnahm, im Rahmen von gesellschaftlichen Veranstaltungen sowie durch jedenfalls zwei Vorträge vor Hitler über die Behebung der Arbeitslosigkeit[1264], hatte Popitz Gelegenheit, Hitler genau kennen zu lernen.

Anlässlich eines Besuchs in Trier im August 1937 führte Popitz aus: „*mit diesem Hinweis* (auf das wiedererwachende Großdeutschland) *trete vor uns die Gestalt unseres Führers und Reichskanzlers, der mit der von ihm geschaffenen Bewegung, mit seinem starken Willen und seiner heißen Liebe für Gesamtdeutschland alle eigensüchtige Enge hinweggefegt habe und das Volk zu ewigen deutschen Reichsgedanken zurückführe*“[1265]. Noch am 20 April 1938 übermittelte Popitz dem „Führer und Reichskanzler, dem Erneuerer und Mehrer des Reiches in treuer Gefolgschaft ehrerbietige Glückwünsche zum Geburtstag“[1266]. Popitz hatte also 1938 noch eine Verbindung zu Hitler. Wie Generaloberst Franz Halder in seinem Tagebuch berichtete, gab Popitz eine Warnung Hitlers an die Wehrmacht weiter, dass er, Hitler, auch Kommunist sein und kommunistische Methoden anwenden könne und dass „*diejenigen, die mir in den Rücken fallen wollen, sich hüten*“ sollen[1267]. Auffällig ist, dass Popitz auf allen zeitgenössischen Bilder immer in Zivilkleidung, allerdings ab 1937 mit dem goldenen Parteiabzeichen auftritt. In der Kleidung wie mit seiner durchgeistigten Physiognomie wirkt er neben den eher primitiven Nazi-Größen wie ein Mann aus einer anderen Welt. Das hinderte ihn nicht, sich neben diese Größen zu stellen, wie zahlreiche Zeitungsausschnitte mit Fotos aus dem Nachlass zeigen. So gibt es ein Bild von Popitz neben Hitler, Göring und dessen Frau in der Ehrenloge des staatlichen Schauspielhauses anlässlich dessen Wiedereröffnung mit Goethes Egmont[1268].

Für einen Mann wie Popitz fällt letztlich noch ins Gewicht, dass er , wie schon oben berichtet, bereits in der Zeit von Weimar der Führeridee zugeneigt war. Nicht die Bürokratie, die sich geschmeidig den politischen parlamentarischen Machtver-

---

[1263] Tagebucheintragung von C. Schmitt am 9. 4. 1933, Abdruck bei P. Noack Carl Schmitt, eine Biographie, 175 f.

[1264] Vermerk Popitz vom 8. 8. 1933 GStA PK I. HA Rep. 151 Finanzministerium HB Nr. 48

[1265] Bericht Trierischer Volksfreund vom 11. 8. 1937, BArch. NL 1262 Nr. 78

[1266] GStA PK I. HA Rep. 151 Finanzministerium HB Nr. 43

[1267] Halder-Tagebuch (Stuttgart 1962)I ,38; vgl. auch H. Krausnick/ (Hrsg.) Helmuth Grosscurth, Tagebücher eines Abwehroffiziers, 190

[1268] BArch. NL 1262 Nr. 76, vgl. Bild S. 162

hältnissen anpasst und sogar anpassen muss, konnte nach Popitz den 1929 anstehenden Finanzplan umsetzen, sondern nur der durch die politischen Kräfte bestellte und von deren Vertrauen getragene Führer, wobei Popitz unter den politischen Kräften sicher nicht das Volk als Souverän, sondern eine Elite verstand. Popitz schenkte Hitler in dessen Anfangsjahren das von ihm eingeforderte Vertrauen und er beteiligte sich als Berater eines Mannes, den er z. Zt. von Weimar schon als „*Meistersinger*" angefordert hatte, indem er beim Umbau der Verfassung und grundlegender Gesetze half, den Führergedanken zu verwirklichen. Aber schon nach fünf Jahren nach der Machtübernahme war das Vertrauen von Popitz in den Führer Hitler erschüttert.

bb. Göring

Eine besondere Beziehung verband Popitz mit Herman Göring. Göring war als preußischer Ministerpräsident der unmittelbare Vorgesetzte von Popitz. Darüber hinaus muss auch eine persönliche Beziehung bestanden haben. In einem Glückwunschreiben vom 11. April 1934 zur einjährigen Amtszeit von Göring als preußischer Ministerpräsident feiert Popitz Göring „*als wahrhaft ersten Diener des Staates, der mit starker Hand die Geschicke Preußens gemeistert hat*". Er schließt dieses Schreiben mit dem Ausdruck besonderer Anhänglichkeit und als treu ergebener Popitz. Göring antwortete mit der Anrede: „*Mein lieber Minister Popitz*"[1269]. Bis 1944 organisierte Popitz die Glückwünsche der Minister zu den Geburtstagen Görings und sorgte für die Beschaffung der Geschenke , wobei ein Originalgemälde von Lucas Cranach dem Älteren besonders ins Auge springt[1270]. Als Göring 1936 wochenlang im Krankenhaus lag, besuchte Popitz ihn täglich. Im Herbst 1939 aber kam Popitz an Göring nicht mehr heran. Göring lehnte die Bitte von Popitz um einen Empfang mit den Worten ab: „*Ich weiß was er alles mir erzählen will, aber ich kann es jetzt nicht ertragen*" [1271].

Mit Stolz hatte Popitz sich gerühmt, dass kein Fall von Korruption in seinem Amt vorgekommen sei. Aber er musste es ertragen, dass Göring als der höchste preußische Beamte seine Millionenschulden für seine aufwendige Lebensführung mit Staatseinnahmen deckte. So stimmte er zu, dass das im staatlichen Besitz befindliche Jagdhaus am Wuckersee in der Schorfheide Göring zum dauernden Gebrauch gewidmet wurde[1272]. Bezeugt ist, dass ein Referent Görings an das preußische Finanzministerium das Ansinnen stellte, aus dem Haushalt des Staatstheaters

---

[1269] Schreiben vom 23. 4. 1940 anlässlich der Verabschieddung des preußischen Haushalts 1940, GStA PK I. HA Rep. 151 Finanzministerium I A 1077

[1270] GStA PK I. HA 151 Finanzministerium HB Nr. 635

[1271] Die Hassell- Tagebücher, 138, 146

[1272] Sitzung des preußischen Staatsministeriums vom 26. 10. 1933,GstA PK IHA Rep.90. Annex L Bl. 142

30.000 RM für die Bezahlung von Restaurantrechnungen Görings bei dem bekannten Speisewirt Horcher abzuzweigen[1273]. Ohne Widerspruch ließ Popitz es zu, dass Gustav Gründgens bei Göring einen Anstellungsvertrag mit der enormen Jahresgage von 200.000 RM aushandeln konnte, dass Gründgens auf Staatskosten ein Schlösschen mit Baukosten von 600.000 RM als Wohnsitz gebaut wurde, und dass Gründgens während der Bauzeit mit seiner Frau Marianne Hoppe auf Staatskosten im Hotel „Bristol" logieren konnte. Dass Popitz schon 1933 entdeckt haben soll, dass Göring bis zum letzten korrupt war, sogar, dass Göring stahl, wie Rainer Hildebrandt schreibt, ruft doch einige Zweifel hervor[1274].

Der Kreis um Popitz trug sich kurz nach Ausbruch des Krieges mit dem Gedanken, Göring im Rahmen eines Friedensschlusses eine Funktion zuzuweisen. Auch Popitz setzte auf Göring[1275]. Als Popitz ihm seine Gedanken zu einem Machtsturz vortrug, soll Göring gesagt haben: *„Ich werde mich einer Machtverlagerung in Deutschland nicht widersetzen, vorausgesetzt, daß man mir mein Leben garantiert und es mir ermöglicht, im Ausland von meinen Ersparnissen ein unabhängiges Leben zu führen"*[1276]. Von Hassell hatte kurz vor dem Überfall auf Polen den Eindruck, dass Göring im Gegensatz zu Hitler und Ribbentrop tatsächlich den Frieden wollte[1277]. Göring streckte auch Friedensfühler über Schweden nach London aus, wie von Hassell erfahren hatte[1278]. Aber Göring lebte in zitternder Angst vor der Gestapo, die – wahrscheinlich kompromittierende - Akten über Göring hatte[1279]. Und er, der fest an das strategische Genie Hitlers glaubte, spielte auf zwei Klavieren, wie Popitz bemerkte[1280]. Auf Seiten der Briten bestand sogar eine gewisse Bereitschaft, Göring als Verhandlungspartner für Friedensgespräche zu akzeptieren[1281]. Aber schließlich war der durch seine Lebensführung total kompromittierte Göring nicht der Mann, der Hitler hätte stürzen können.

1273 H. du Mesnil, Preußisch Dienen und Genießen, Die Lebenszeiterzählung des Ministerialrats Herbert du Mesnil (1875 – 1947), bearbeitet von Jürgen Kloosterhuis. 436

1274 R. Hildebrandt, Wir sind die Letzten Aus dem Leben des Widerstandskämpfers Albrecht Haushofer und seiner Freunde, 89; auch zur vorhergehenden Aussage

1275 Die Hassell-Tagebücher (6. 11. 1939) 136,

1276 R. Hildebrandt, Wir sind die Letzten Aus dem Leben des Widerstandskämpfers Albrecht Haushofer und seiner Freunde, 96

1277 Die Hassell-Tagebücher, (31. 8. 1939) , 121

1278 Die Hassell-Tagebücher, (11. 1. 1940), 157, (14. – 17.2. 1940) 164

1279 Die Hassell-Tagebücher, 6. 11. 1939 136

1280 Die Hassell-Tagebücher, (14. – 17. 2. 1940) 165

1281 Die Hassell-Tagebücher, 128, (11. 10. 1939), 487 f. Anm. 89

g. Popitz als Helfer in Notlagen

Popitz bewährte sich als Helfer in Notlagen anderer Menschen, wobei seine Hilfe zwar verständlich, aber nach der Rechtsordnung nicht in allen Fällen gerechtfertigt erscheint. Gerechtfertigt war sie z.B. nicht zugunsten der Witwe des bedeutenden Pianisten und Komponisten Conrad Ansorge. Um die Versteigerung des Wohnhauses der Witwe zugunsten des Finanzamts wegen Steuerschulden zu vermeiden, sorgte Popitz dafür, dass die Steuerschulden niedergeschlagen wurden. Zusätzlich überwies er der Witwe eine Geldsumme aus einem seiner staatlichen Fonds[1282].

Als der sozialdemokratische Reichstagsabgeordnete Herz kurze Zeit nach dem Machtwechsel Popitz in seinem Haus besuchte, erzählte er ihm von dem Schicksal des Sozialdemokraten und früheren Reichsfinanzministers Hilferding, unter dem Popitz als Staatssekretär gedient hatte. Um der Verfolgung durch die Nazis zu entgehen, musste Hilferding jede Nacht woanders schlafen und nur wenige Freunde wagten es, ihn bei sich aufzunehmen. Hitler sah Hilferding - zu Unrecht- als Vater der Inflation an. Als Herz nach dem Besuch bei Popitz abends nach Hause kam, erhielt er einen Anruf von Frau Hilferding: Popitz habe ihr telefonisch mitgeteilt, dass er den Polizeipräsidenten von Levetzow gebeten habe, Hilferding zu beschützen; das sei ihm zugesagt worden. Wenige Tage später sei es gelungen, Hilferding durch Popitz` Hilfe über die Grenze zu schaffen[1283]. Auch der oben bereits erwähnte Werner Weisbach berichtete von Popitz` Hilfe. Nachdem Weisbach wegen seiner jüdischen Abstammung aus der Universität entlassen war, erhielt er auch ein Verbot, irgendein Universitätsinstitut, eine Bibliothek oder ein Seminar zu benutzen. Von Weisbach darüber unterrichtet, erklärte sich Popitz gleich bereit, beim Unterrichtsministerium dahin zu wirken, dass das Verbot für Weisbach nicht gelten sollte, was denn auch geschah[1284].

Ende 1942 entstand der Plan, Schüler der Jahrgänge 1926/1927 (15/16 Jahre) als Flakhelfer einzusetzen. Neben dem Erziehungsminister Rust meldete auch Popitz offiziell Bedenken an[1285]. Wahrscheinlich hat Popitz auch in anderen Fällen zu helfen versucht. Dokumente darüber liegen aber nicht vor. Einen Teil der Dokumente hat die Gestapo vernichtet.

h. Motivation der Mitwirkung im Dritten Reich

Die Frage der Motivation für die anfängliche Mitarbeit von Popitz im Dritten Reich wäre im wesentlichen beantwortet, wenn man ohne weiteres die Feststellung treffen könnte, dass Popitz jedenfalls bis 1938 Nationalsozialist war. So einfach liegen die

---

1282 P. Fechter, Menschen und Zeiten, Begegnungen aus fünf Jahrzehnten, 382

1283 R. Hildebrandt, Wir sind die Letzten Aus dem Leben des Widerstandskämpfers Albrecht Haushofer und seiner Freunde, 86

1284 W. Weisbach, Geist und Gewalt, 353

1285 Vgl. Die Hassell-Tagebücher, 338 u. 573 Anm. 118

Dinge aber nicht. Popitz selbst hat sich zu der Frage nicht geäußert. Sie lässt sich nur beantworten, wenn man sich die Dokumente ansieht.

In der Literatur finden sich unterschiedliche Meinungen über seine Stellung zur nationalsozialistischen Ideologie. Klaus Scholder meint, Popitz könne nicht von ferne in die Nähe des Faschismus gerückt werden[1286]. Hans Herzfeld sah Popitz auf der Bahn der als Mitarbeit verschleierten inneren Opposition verbunden mit dem Versuch, durch Beteiligung an der Regierung Einfluss zu nehmen, um dadurch Deutschland vor der Fehlentwicklung der Weimarer Republik zu retten[1287]. Ähnlich urteilte auch Rainer Hildebrandt. Er behauptet, Popitz habe insbesondere auf der Grundlage einer Zusammenarbeit mit Göring in unermüdlicher Kleinarbeit um jeden Fußbreit Boden gekämpft, um maßvolle und vernünftige Dinge durchzusetzen[1288]. Günther Schmölders, ein renommierter Finanzwissenschaftler im Dritten Reich und in der Bundesrepublik, versteigt sich zu der durch kein einziges Dokument belegten Behauptung, Popitz habe das Regime von Anfang an verachtetet und im übrigen habe sich der Nationalsozialismus gewandelt, nicht aber die Männer, die sich im Dritten Reich dem Staatsdienst gewidmet hatten[1289], obwohl gerade das Gegenteil richtig ist. Hitlers Programm war ohne Wandel von vorneherein auf verbrecherische Ziele ausgerichtet, während Popitz mit dem Anschluss an den Widerstand eine bemerkenswerte Wandlung vollzogen hatte. Lutz-Arwed Bentin unterstellt Popitz die Auffassung, dass der deutsche Staat sich auf die Dauer nicht von ebenso brutalen wie dilettantischen Emporkömmlingen würde regieren lassen, und dass ein Verbrecherstaat in Deutschland unmöglich, ja undenkbar sei, was er mit dem Glauben verbunden habe, das Regime würde entweder zusammenbrechen oder auf rechtsstaatliche Bahnen einschwenken[1290].

Am weitesten geht Gerhard Schulz, der Popitz schon 1933 und nicht erst 1938 eine Gegnerschaft gegen die NSDAP unterstellt[1291]. Anhaltspunkt für diese Interpretation bietet Schulz der so genannte Flaggenzwischenfall im März 1933. Ein Amtsgehilfe des preußischen Finanzministeriums hatte entgegen den Preußischen

---

[1286] K. Scholder, Die Mittwochsgesellschaft , 20

[1287] H. Herzfeld, , Johannes Popitz, Ein Beitrag zur Geschichte des deutschen Beamtentums, in: Forschungen zu Staat und Verfassung, Festgabe für Fritz Hartung, 348 ff.

[1288] R. Hildebrandt, Wir sind die Letzten Aus dem Leben des Widerstandskämpfers Albrecht Haushofer und seiner Freunde, 88 f.

[1289] G. Schmölders, Johannes Popitz zum Gedenken, FR 1954, Sp. 707 f.

[1290] L.-A. Bentin, Johannes Popitz und Carl Schmitt, 40

[1291] G. Schulz, Johannes Popitz, in R. Lill/H. Oberreuther (Hrsg.) 20 Juli Porträts des Widerstandes, 360 ff.; ders., Über Johannes Popitz (1884 – 1945), Der Staat 1985, 490 Fußnote 12;ders. , Die Anfänge des totalitären Maßnahmenstaates, 133: *„Popitz neigte niemals dem Nationalsozialismus zu“* Schulz war Schwiegersohn von Popitz

Verordnungen vom 17. März 1929, 29. Juni 1929 und 2. März 1933[1292], wonach Dienstgebäude nur in den Reichsfarben Schwarz-Rot-Gold und in den preußischen Landesfarben schwarz-weiß beflaggt werden durften, die Hakenkreuz-Flagge gehisst. Popitz hatte daraufhin den Amtsgehilfen zur Einziehung der Flagge veranlasst, ihn dann beurlaubt, Hausverbot erteilt und eine Weiterbeschäftigung im Ministerium abgelehnt. Das Verhalten von Popitz führte zu wütenden Angriffen gegen Popitz aus Parteikreisen. Aus seinem Verhalten aber eine Gegnerschaft gegen die NSDAP abzuleiten, ist verfehlt. Popitz hat sich nur als der korrekte Beamte erwiesen, der er vom Scheitel bis zur Sohle war, und der geltendes Recht anwendet.

Völlig fehl geht die Einschätzung von Anedore Leber, dass Popitz nach der Machtübernahme der Nazis das Ausharren im Amt für notwendig hielt, um die Alleinherrschaft der Nazis und die Zerstörung des Verwaltungsapparats zu verhindern und dass Popitz im ersten Jahr seiner Amtsführung als preußischer Finanzminister die Rechtsbrüche und Verbrechen der Nazis noch als eine vorübergehende Begleiterscheinung des Systemwechsels ansah[1293]. Tatsächlich harrte Popitz nicht im Amt aus, sondern übernahm das Amt des preußischen Finanzministers erst im April 1933, zu einer Zeit also, als die Terrorakte des Regimes schon im vollen Gang waren. Eine grundsätzliche Verhinderungsstrategie lag Popitz auch völlig fern.

Wie sehr die genannten Einschätzungen an der Wirklichkeit vorbeigehen, zeigen die dargestellten Aktivitäten von Popitz mindestens bis 1938 und seine vielfältigen aus den Dokumenten sich ergebenden Meinungsäußerungen. Als Beispiel für seine Haltung sei noch darauf hingewiesen, dass Popitz für die Verordnung des Reichspräsidenten gegen Verrat am Deutschen Volk und hochverräterische Umtriebe vom 28. Februar 1933, mit der die Strafvorschriften für Landesverrat und den Verrat militärischer Geheimnisse verschärft sowie der Tatbestand des Hochverrats ausgeweitet wurde[1294], den Titel der Verordnung vorschlug, damit doch wohl den Inhalt voll akzeptiert hat[1295]. Als weiterer Beleg seiner positiven Haltung gegenüber dem Regime sei noch eine Ansprache von Popitz am 16. November 1935 anlässlich der Übergabe des Horst-Wessel-Hauses an die ihm unterstellte Preußische Katasterverwaltung angeführt. Er wies darauf hin, dass das ursprünglich der KPD gehörende Haus (Karl-Liebknecht-Haus) im März 1933 von der SA erobert, von der Polizei besetzt und vom Staat als Besitz der Kommunistischen Partei enteignet worden sei. Es habe nunmehr seine Bestimmung als Erinnerungsmal für Horst Wessel gefunden. Das in der Eingangshalle befindliche Gemälde stelle *„markige und straffe Figuren marschierender SA-Männer dar, die die Idee der, furchtlos und alle Widerstände überwindend, vorwärts schreitenden politischen Soldaten Adolf Hitlers verkörpern und damit gleichzeitig in ihrem Vorbeimarsch den Helden ehren,*

[1292] PrGS 1929, 23, 1933, 35

[1293] A. Leber, Das Gewissen entscheidet, 218

[1294] RGBl 1933 I 85

[1295] Akten der Reichskanzlei, Regierung Hitler Teil I, 1933/34, 123

der aus ihren Reihen hervorgegangen" sei. Wessels habe jenes Lied (Horst-Wessel-Lied) geschaffen, das *„das unermüdliche Vorwärtsdrängen der Bewegung, den Marsch gegen die Kräfte der Unterwelt, den Marsch zum Siege kennzeichnet*"[1296]. Dabei war bekannt ,dass Wessel in Zuhälterkreisen verkehrt hatte und als dubios eingeschätzt wurde . Ein verkappter Oppositioneller dürfte kaum so gesprochen haben. Opposition gegen das Regime drückte sich anders aus. Es gab sie selbst bei höheren Beamten in zentralen Stellen. Zu nennen ist u. a. der in der Reichskanzlei beschäftigte Ministerialrat Leo Killy, dessen geradezu wagemutige Ablehnung des Systems durch Zeugenaussagen und sogar durch Dokumente belegt ist[1297].

Die anders lautenden Urteile der meisten Autoren dürften von der Würdigung seines Wirkens im Widerstand geprägt sein. Seine Handlungen und die Dokumente der ersten Phase des Regimes weisen ihn, wie dargelegt, als eine tatkräftige Stütze des Regimes aus. Aber eine gewisse Zwiespältigkeit war Popitz eigen. Er erscheint dem heutigen Betrachter wie ein Chamäleon, das sich schwer auf eine einheitliche Linie festlegen lässt. So hielt er am 13. März 1941, in einer Zeit also, als er mit von Hassell, Beck und anderen ständig Gespräche über den Sturz von Hitler führte, eine Rede an der jährlich stattfindenden und von ihm unterstützten Schinkel-Gedenkfeier, anlässlich der er als Finanzminister jährlich Staatspreise verlieh. Einleitend führte er aus : *„Der große Entscheidungskampf, der für das europäische Festland geführt wird, muß nach seiner siegreichen Beendigung die dauernde Sicherung auch der weltanschaulichen, kulturellen Werte Großdeutschland zur Folge haben. Deutschland wird die Aufgabe zu lösen haben, den Völkern des Kontinents durch die Größe seiner Leistungen auf dem Gebiet der Wissenschaft und der Kunst die mit den Waffen errungene Stellung auch geistig und kulturell zur schicksalhaften Fügung werden zu lassen. Der Baukunst fällt dabei die hervorragende Aufgabe zu, die ihrem Wesen als besonders volks- und staatsnaher Kunst entspricht. Das vom Führer eingeleitete großartige Baugeschehen wird eine mächtige Konzentration gewinnen. Auf die Architekten wird es ankommen, dass sie den großdeutschen Raum würdig zu gestalten vermögen, würdig des gewaltigen politischen Geschehens, würdig des deutschen Geistes*". An die Preisträger des Schinkel-Preise gerichtet, sagte er: "*Die gewaltigen Ereignisse der letzten Jahre dürfen nicht nur an ihren politischen, militärischen und sozialen Erfolgen gemessen werden, sondern neben ihnen soll und muß sich auch der neue Geist des wiedererwachten und durch die Bewährung des Krieges hinduchgegangenen Volkes als Allgemeingut des deutschen Lebens in kulturellen Leistungen manifestieren. Auf dem Gebiete der Baukunst machen sich Ansätze nach einer klaren und beseelten Form leidenschaftlich geltend. So stehen wir auf dem Gebiete der Baukunst in einer Zeit zielbewusster Arbeit und des Ringens um eine gemäßigte Form: wir wollen einfach und groß*

[1296] GStA PK I. HA Rep. 151 Finanzministerium Nr. 2544, Bl. 196 ff.

[1297] D. Rebentisch, Hitlers Reichskanzlei zwischen Politik und Verwaltung, 78 f.

im Wurf, wahr im Baustoff und klar in der Gliederung gestalten. Unsere Baukunst soll Künderin der großen Zeit sein“[1298]. Abgesehen von der diesen Aussagen zugrunde liegenden, dem bombastischen und leeren Baustil der Hitlerzeit verpflichteten Kunstauffassung, fragt man sich schon, ob Popitz in tiefster Seele dem Widerstand zugerechnet werden konnte. Niemand zwang ihn, sich in dieser Weise dem Regime anzudienen.

Die Spurensuche nach den Motiven der Mitarbeit führt auf den Werdegang von Popitz in der Zeit von Weimar und die in dieser Zeit entwickelten staatspolitischen Ideen. Ausgangspunkt war seine kritische Einstellung zur Weimarer Republik, die sich insbesondere in deren Endphase verdichtete. Ein Hauptpunkt war die Kritik an der unter Weimar herrschenden oben beschriebenen Polykratie des Parlamentarismus und der Parteienherrschaft. Diesem Verfassungszustand stellte Popitz einen Staat mit einem einheitlichen Staatswillen gegenüber. Wie oben bereits ausgeführt konnte ein solcher Staat nur die Verfassungsstruktur eines Führerstaates haben. In diesen staatspolitischen Vorstellungen liegen die Hauptwurzeln der Mitarbeit von Popitz im Dritten Reich. Mit den Nationalsozialisten hatte Popitz zur Zeit der Weimarer Republik keine Verbindung. Auf der Grundlage seiner in der Zeit von Weimar entwickelten Gedanken war es aber kein Wunder, dass Popitz – ebenso wie Carl Schmitt – von Anfang an den nationalsozialistischen Staat bejahte und sich am 24. April 1933 als preußischer Finanzminister in dessen Dienst stellte. Schon vor der Machtübernahme durch Hitler hatte Popitz ohne Kritik eine Ursache für das Anschwellen des Nationalsozialismus darin gesehen, dass Menschen dem Einfluss von Männern leicht verfallen, die die alten Tugenden des Nationalismus „*primitiv und vorbehaltlos*“ betonen[1299].

Einen Aufschluss über seine Motivation, dem Staat Hitlers zu dienen, gibt sein als Lagebericht über die jüngste deutsche Entwicklung bezeichneter Vortrag, den er am 26. April 1933 in der "Mittwochsgesellschaft" gehalten hat[1300]. Er stellte den kritischen Zustand der Weimarer Republik heraus, in welcher er Gewerkschaften, Wirtschaftsverbände und Parteien am Werke sah, die nur ihre Sonderinteressen verfolgten. Diese "*pluralistischen, interessemäßig eingestellten, jeder totalen Idee entbehrenden Kräfte konnten nicht als Träger einer allgemeinen nationalen Gesinnung*" angesehen werden. Diesen Kräften gegenüber stand "*ein kraftloser, der Nation entfremdeter Staat, mit einer nur formalen, uneinheitlichen, polykratische Verfassung, einer Beamtenschaft, die keine Gesinnungsgemeinschaft mehr bildete, mit Organen, die entweder wie die dauernd wechselnden Regierungen oder wie der Reichstag mit seinen Parteien nur Kulisse der staatsfremden Kräfte waren* ". Da

---

[1298] GStA PK I HA Rep. 151 Finanzministerium Nr. 3549

[1299] J. Popitz, Eugen Schiffer zur Kritik unserer Zeit, JW 1931,

[1300] Vgl. Text bei K. Scholder, Die Mittwochsgesellschaft, 66 ff.

auch die Hoffnungen auf eine Reform keine Erfüllung fanden, die mit der Person des Reichspräsidenten Hindenburg verknüpft waren [1301], blieb nur die Machtergreifung durch Hitler[1302]. Diese erfüllte nach Popitz überdies das Erfordernis der Legalität, wenn auch "*unter Ausnutzung der biegsamen Verfassung mit ihrem formalen Gesetzesbegriff, der gestattete, mit 2/3 Mehrheit auch das zu gestalten und durchzusetzen, was in vollem Gegensatz zur politischen Seite der Verfassung steht*". Nach dem Bericht von Werner Weisbach über diesen Vortrag hat Popitz „*mit frivolem Zynismus erzählt, wie die neue Regierung nach Gewährung des Ermächtigungsgesetzes für Hitler die demokratischen Einrichtungen zerstört und sich sämtliche Machtmittel angeeignet hat*". Nach Weisbach nannte Popitz die neue Staatsform „*Herrendienst am Volk*" und weiter Weisbach: „*Die Mehrzahl der Mitglieder des Kreises, General Groener ausgenommen, spendete Popitz für seinen Vortrag spontanen Beifall*". Popitz sei allerdings viel zu gerissen gewesen, etwa für die nationalsozialistische Ideologie einzutreten; er äußerte hier wie auch sonst im vertrauten Kreis[1303]seine Vorbehalte und mokierte sich über Maßnahmen der Regierung, spottete über die neue Art der Rechtspflege und über die Missachtung des Studiums des römischen Rechts; er erzählte von seiner Freundschaft mit Göring und über von diesem veranstaltete großen Feste und Gelage[1304]. Weisbach war Jude, wurde zur Reichsschrifttumskammer nicht zugelassen, erhielt Schreibverbot und emigrierte in die Schweiz[1305].

Für Popitz beseitigte die Machtergreifung Hitlers die Hauptentartungen Weimars: die Polykratie, d. h. den Einfluss der pluralistischen, materiell interessengebundenen Kräfte und das parlamentarische System. Popitz bejahte die Überwindung dieser Erscheinungen durch rücksichtslose Ausnutzung der Aufhebung der Freiheitsrechte. Den auf Freiheit bedachten Kräften wollte Popitz den Rückhalt an den Verbänden, Parteien und an der öffentlichen Meinung nehmen. Popitz war so

---

1301 Vgl. C. Schmitt;, Der Hüter der Verfassung, AöR NF. 16. Bd. 1929, 161 ff - Hüter der Verfassung sollte der Reichspräsident sein - aaO. 212 ff.; diese Schrift entstand nach L.-A. Bentin;, Johannes Popitz; 126 , in Gemeinschaft mit J. Popitz; vgl. dessen Besprechung in dem Zentrumsblatt Germania

1302 Der Begriff "Machtergreifung" entspricht nationalsozialistischer Ideologie. Durch die Ernennung zum Kanzler durch den Reichspräsidenten Hindenburg; wurde Hitler; die mit der Kanzlerschaft verbundene Macht übertragen, die er dann zu einer umfassenden Eroberung der Macht nutzte, vgl. u. a. A. Tyrell, Auf dem Weg zur Diktatur,:19 ff.; über die Entstehung und das Wesen des Faschismus gibt es die unterschiedlichsten Auffassungen, vgl. dazu R. Kühnl; Faschismustheorien

1303 Z. B. gegenüber dem ihm unterstellten Ministerialrat du Mesnil, vgl. H. du Mesnil, Preußisch Dienen und Genießen, Die Lebenszeiterzählung des Ministerialrats Herbert du Mesnil (1875 – 1947), bearbeitet von Jürgen Kloosterhuis, 438 f.

1304 W. Weisbach, Geist und Gewalt, 338 f.

1305 K. Scholder (Hrsg.) Die Mittwochsgesellschaft, 25 ff.

wenig ein Demokrat wie die anderen dem späteren nationalkonservativen Widerstand angehörenden Männer des 20.Juli 1944, die nach einem Wort von Carl Goerdeler für die Neuordnung nach Hitler eine „*Aufwärmung alter Verhältnisse*", d.h. die Wiederherstellung einer parlamentarischen Demokratie nach dem Muster von Weimar keineswegs anstrebten[1306]. Popitz Hoffnung für den Neuaufbau gründete sich auf eine mit Verantwortungsbewusstsein und Wissen ausgestattete, mit dem Volk verbundene und ihm dienende Herrenschicht [1307]. Sein Interesse galt der Schaffung eines einheitlichen Reiches, in dem Befugnisse der Länder auf das Reich übergingen, und in dem die Gleichheit bzw. Einheitlichkeit des Etat- und Rechnungswesens sowie der Steuern in den Ländern und Gemeinden gewährleistet war[1308]. Popitz glaubte, dass das Dritte Reich ihm die Erfüllung seiner seit der Weimarer Zeit gehegten staatspolitischen Zielvorstellungen gewähren würde.

Nach den Aufzeichnungen der Vernehmungsbeamten in der Haftzeit nach dem 20. Juli soll Popitz gesagt haben: „*Ich bejahe in jeder Weise den nationalsozialistischen Staat und sehe in ihm die geschichtliche Notwendigkeit gegenüber dem Internationalismus und der Verjudung der Systemzeit und gegenüber den unerträglichen Kreisen der parlamentarischen Parteien, das deutsche Volk in seinen gesamten nationalen Grenzen zu einen und es so zu regieren, wie es nach seiner geografischen Lage allein regiert werden kann*"[1309]. Aufschlussreich ist auch eine weitere Äußerung aus der Haftzeit: „*In der Frage der Einschränkung der persönlichen Freiheit durch Sicherungshaft usw. bin ich der Meinung gewesen, dass solche außergewöhnlichen Maßnahmen sich keinesfalls vermeiden ließen. Ich habe aber die Auffassung vertreten, dass auch bei solchen einschneidenden Maßnahmen ein gewisser Rechtsschutz einfachster Art zweckmäßig wäre*"[1310]. Einem klugen Juristen wie Popitz kann wohl kaum entgangen sein, dass ein Rechtsschutz illusorisch ist, solange die Verhängung von Sicherungshaft nicht durch Normen geregelt ist. Ohne

---

[1306] Vgl. H. Mommsen;, Verfassungs- und Verwaltungsreformpläne der Widerstandsgruppen des 20. Juli 1944, 571; Die Hassell-Tagebücher, 133

[1307] Vgl. den Text bei K. Scholder, Die Mittwochsgesellschaft, 69

[1308] J. Popitz;, Die finanzwirtschaftlichen Voraussetzungen der Reichsreform, ZAkDR 1937, 6 ff. - es handelte sich um eine der letzten öffentlichen Äußerungen von Popitz;, in der er die Verwirklichung seiner Ideen vom "Führer" erhoffte, den er an anderer Stelle als den "Herold des neuen Deutschland" feierte, dem Deutschland die Auferstehung aus "Stillstand und Würdelosigkeit" zu verdanken habe (Mitteilungen der Friedrich-List- Gesellschaft Nr. 25 S. 482 ff., zit. nach L.-A. Bentin; Johannes Popitz; 41

[1309] Archiv Peter, Spiegelbild einer Verschwörung, Die Kaltenbrunner-Berichte an Bormann und Hitler über das Attentat vom 20. Juli 1944, Geheime Dokumente aus dem ehemaligen Reichssicherheitshauptamt, 448

[1310] Archiv Peter, Spiegelbild einer Verschwörung, Die Kaltenbrunner-Berichte an Bormann und Hitler über das Attentat vom 20. Juli 1944, Geheime Dokumente aus dem ehemaligen Reichssicherheitshauptamt, 452

Festlegung der Tatbestände, die eine Sicherungshaft erlauben, wird die Willkür der Entscheidung nur von den Verwaltungsbehörden auf die Gerichte verlagert. Aus seinen Äußerungen ergibt sich eine Übereinstimmung mit den Auffassungen, die er mindestens bis 1938 als preußischer Finanzminister durch aktive Unterstützung des Regimes zum Ausdruck gebracht hatte. Man kann deshalb nicht davon ausgehen, dass die vernehmenden Beamten die Aussagen von Popitz nicht korrekt wieder gegeben hätten.

Verbindet man die Bejahung des nationalsozialistischen Staates mit seinem Widerstand ab 1938, so lässt sich der Schluss ziehen, dass der Widerstand sich nicht aus der Ablehnung des Nationalsozialismus als Grundlage einer Staatsidee, sondern erst aus der Entwicklung der Verhältnisse ergab. 1938 begann Hitler seine Expansionspläne umzusetzen. Österreich wurde dem Reich angeschlossen, das Sudetengebiet besetzt. 1938 war auch das Jahr der Verschärfung des Vorgehens gegen die Juden[1311]. Die Missstände in der Verwaltung mit ihren polykratischen Strukturen wurden deutlicher. Der drohende Krieg rückte näher. Vor allem trat die verhängnisvolle Rolle Hitlers als Verantwortlicher für die Fehlentwicklung immer mehr ins Bewusstsein. Mit einem Wort: der Widerstand richtete sich gegen Hitler, nicht gegen den Nationalsozialismus als solchen. Aus heutiger Sicht ist diese Unterscheidung zwar nicht mehr verständlich. Wir sehen Hitler und den Nationalsozialismus als eine vom Unrecht geprägte Einheit. Aber aus der Sicht von Popitz, die durch die Erfahrungen mit dem Versailler Vertrag und den negativen Erfahrungen der Weimarer Zeit bestimmt war, erscheint die Unterscheidung verständlich. Als Schlussfolgerung ergibt sich daraus allerdings, dass Popitz durch den Eintritt in den Widerstand keine grundsätzliche, sondern nur eine taktische Wende in Bezug auf das im Staat anzuwendende Instrumentarium vollzog. Popitz war eben, auch das wird man sagen können, als Politiker eher ein Taktierer als ein Stratege.

Man wird noch die Frage stellen können, ob Popitz` Verhalten durch die bei manchen Anhängern des Widerstandes anzutreffende Ja-Aber-Strategie bestimmt war. Diese bestand darin, dass man einer Maßnahme, die man als Unrecht erkannt hatte, zwar grundsätzlich verbal zustimmte, aber durch irgendwelche Einwände dennoch versuchte, die Maßnahme, zu verhindern[1312]. Anhaltspunkte für eine solche Strategie gibt es aber bei Popitz nicht. Sein Verhalten im Dritten Reich spricht gegen eine solche Annahme. Popitz war in Preußen neben dem Ministerpräsidenten Göring der einzige Minister und hatte über die Stellung als Finanzminister hinaus und gleichzeitig als teilnahmeberechtigtes Mitglied des Reichskabinetts sowie wegen seines Einflusses auf Göring im Regime eine einzigartige Stellung. Freilich

---

[1311] A. Barkai, Vom Boykott zur „Entjudung“ Der wirtschaftliche Existenzkampf der Juden im Dritten Reich 1933 – 1943, 122 ff.

[1312] H. Krausnick/ (Hrsg.) Helmuth Grosscurth, Tagebücher eines Abwehroffiziers, 90; H. Buchheim, Anatomie des SS-Staates I, 353 ff.

musste er sich wie andere einflussreiche Personen und insbesondere einflussreiche Gruppen in dem unterhalb von Hitler tobenden Machtkampf aller gegen alle durchsetzen, wenn er seine jeweiligen Ziele erreichen wollte. Den Grundkonsens über die unangefochtene Stellung des Führers konnte dabei keiner aufkündigen und diesen anzuerkennen konnte Popitz umso leichter fallen, als die von ihm angestrebte Einheit des Staatswillens und die Ausschaltung der Polykratien am ehesten mit einer Führerverfassung erreichbar erschien. Hinzu kam, dass Popitz seine Sozialisation in der Kaiserzeit abgeschlossen und dass er, wie der nur wenig ältere Chef der Reichskanzlei, Hans Heinrich Lammers, *„den Mythos vom Dienst am Monarchen ganz einfach der Führerschaft“* zugewendet hatte[1313].

Die Eckpunkte der nationalsozialistischen Weltanschauung, nämlich der Blut- und Bodengedanke und die Führeridee ließen Spielräume für unterschiedliche Vorstellungen. Da die Weltanschauung nur den großen Rahmen absteckte, gehörte der Kampf der Meinungen, hinter dem auch Machtkämpfe der Gruppen wie von Einzelpersonen ihren Ausdruck fanden, zum Alltag. Wie widerspruchsvoll und spannungsreich etwa das Verhältnis zwischen Staat und Partei war, ergibt sich z. B. aus den Ausführungen von Heß vor Gau- und Kreisleitern auf dem Reichsparteitag 1935[1314]. In einer späteren Rede forderte Heß die Gau- und Kreisleiter zu mehr *„Selbstbeherrschung“* in der Kritik an dem Staatsapparat und dessen Beamten auf, einige vergäßen immer wieder, dass *„sie nicht mehr in der Kampfzeit“* seien und *„nicht mehr die alte Regierung vor sich“* hätten[1315]. Alles, was mit den Kernpunkten, also mit der Blut- und Boden- sowie der Führerideologie vereinbar war, konnte politisch bestehen, vorausgesetzt, es fand die Billigung des „Führers“ oder sonstigen Entscheidungsträgers.

Wichtig für die Beurteilung von Popitz wie anderer Würdenträger der NS-Zeit ist, zwischen nationalsozialistischen Grundüberzeugungen oder damit im wesentlichen übereinstimmenden Überzeugungen und dem Streben nach systemimmanenten Korrekturen zu unterscheiden. Für Korrekturen stand eine eigenständige Persönlichkeit wie Popitz bis zum Ende seiner Amtszeit. Popitz war eine Klippe für manche Gesetzentwürfe[1316]. Er war ein hartnäckiger Verhandler, wenn es um die Durchsetzung der von ihm als richtig erkannten Ziele und um die formale juristische Präzision ging[1317]. In diesem Sinn kann man ihn während der Weimarer Zeit

---

[1313] D. Rebentisch, Hitlers Reichskanzlei zwischen Politik und Verwaltung, 69

[1314] BArch, NS 6/217 a; am 12. 10. 1935 den politischen Leitern als offizielle Stellungnahme des Stellvertreters des Führers vertraulich übermittelt

[1315] Zit. nach P. Diehl-Thiele, Partei und Staat im Dritten Reich, 4

[1316] vgl. Vermerk Staatssekretär Pfundtner an den Reichsinnenminister vom 26. 2. 1940 betr. den Gesetzentwurf für Verreichlichung der Personalwirtschaft, BArch. 1501/5453 Bl. 115

[1317] U. a. bei der Reform der Arbeitslosenversicherung 1929, vgl. BArch. R 43 I/1439 und 2036, Akten der Reichskanzlei, Kabinett Müller II Dok. 274, 280

und des Dritten Reiches als Warner und Mahner bezeichnen, aber nicht in dem Sinne, wie es seine Tochter Cornelia in einem Brief an Gisevius gemeint hat, dass er als Warner und Mahner gegenüber der nationalsozialistischen Gesetzgebung auftrat[1318]. Popitz unterscheidet sich nicht grundsätzlich von den anderen Mitgliedern der nationalsozialistischen Führungsriege unterhalb von Hitler. Hier wurde um die Lösungen von Problemen heftig gerungen, wie sich insbesondere den im Bundesarchiv enthaltenen Akten und dem Wirken des Leiters der Reichskanzlei, Hans Heinrich Lammers, entnehmen lässt, der die Regierungsvorlagen vorbereitete und nach Einstellung der Kabinettssitzungen die Regierungsgeschäfte koordinierte, bevor er die ihm als wichtig eingeschätzte Angelegenheiten Hitler vortrug bzw. Personen zum Vortrag bei Hitler zuließ[1319]. In diesem Rahmen wirkte Popitz aktive am Aufbau einer diesen Bedingungen entsprechenden nationalsozialistischen Rechtsordnung mit.

Um die multikausale Motivation von Popitz für seine Mitarbeit im Dritten Reich zu entschlüsseln, müssen noch zwei Aspekte hervorgehoben werden. Seine Machtposition im Dritten Reich schmeichelte sicher seiner Eitelkeit. Seine Eitelkeit befriedigte das Regime auf vielfältige Weise, so z. B. dadurch, dass Hitler ihm und den übrigen Mitgliedern des Reichskabinetts, die bis dahin noch nicht Parteimitglied gewesen waren, wie Schwerin von Krosigk, am 30. Januar 1937 das mit der Mitgliedschaft in der NSDAP verbundene goldene Parteiabzeichen verliehen wurde[1320]. Popitz hätte die Annahme des Parteiabzeichens ablehnen könne, wenn er den Nationalsozialismus abgelehnt hätte, wie der Post- und Verkehrsminister von Eltz-Rübenacht es getan hat. Seine Motivation beschrieb von Eltz-Rübenacht in einem Brief vom 30. Januar 1937 an Hitler, indem er sich auf sein Gewissen auf der Grundlage des positiven Christentums berief. Von Eltz-Rübenacht meinte, dass seine Zugehörigkeit zur Partei bedeuten würde, dass er den sich ständig verschärfenden Angriffen von Parteistellen gegen die christlichen Religionen und diejenigen, die ihren religiösen Überzeugungen treu bleiben wollen, widerspruchslos gegenüber stehe[1321]. Ein zweiter Aspekt war der der Machtausübung. Nach seinem Rücktritt als Staatssekretär Ende des Jahres 1929 hatte Popitz bis zu seiner Wiederverwendung als Reichsminister ohne Geschäftsbereich im Kabinett Schleicher vom November 1932 bis Januar 1933 Erfahrungen über das Leben als relativ einflussloser, wenn auch viel gefragter Privatmann gesammelt. Er litt in dieser Zeit darunter,

---

[1318] BArch. NL 1262 Nr. 111

[1319] Dazu D. Rebentisch, Führerstaat und Verwaltung im zweiten Weltkrieg, Verfassungsentwicklung und Verwaltungspolitik 1939 - 1945

[1320] Vgl. IMT Nürnberger Prozeß gegen die Hauptkriegsverbrecher Bd. 4, 127 f.

[1321] IMT Nürnberger Prozeß, 22. Tag 18. 12. 1945

nicht gestaltend in das politische Geschehen Deutschlands eingreifen zu können[1322]. Nach der Machtübernahmen durch die Nazis stand er vor der Alternative, nach dem Ende seiner kurzen Tätigkeit für die Regierungen von Papen und Schleicher wieder Privatmann zu werden oder durch die Übernahme eines Staatsamtes die politischen Angelegenheiten mit zu gestalten. Für einen derart auf politische Gestaltung fixierten Mann wie Popitz wäre die Rückkehr in das Privatleben schwer erträglich gewesen, zumal die politischen Verhältnisse von 1933 jedenfalls aus der Sicht von Popitz Möglichkeiten für eine Gestaltung in seinem Sinne boten. Hinzu kam, dass das Amt des Finanzministers manche Annehmlichkeiten bot , wie etwa Referenten, Sekretärinnen, Dienstwagen und Chauffeur. Nachdem er in der Weimarer Republik von manchen Seiten öffentliche Kritik hatte einstecken müssen, konnte er im Dritten Reich damit rechnen, mangels eines unabhängigen Parlaments und einer freien Presse von öffentlicher Kritik verschont zu werden. Nicht zuletzt zählte auch der prächtige Zuschnitt seiner Diensträume mit einem großen Arbeitszimmer in dem mit Antiquitäten ausgestatteten, in der Substanz aus früheren Jahrhunderten stammenden zuletzt 1863 im Stil des Schinkelschen Klassizismus umgebauten Haus des preußischen Finanzministeriums im Kastanienwäldchen eine Rolle. Popitz ließ das schlossartige Haus 1934 im Inneren gründlich renovieren und umbauen[1323] .

Ein nicht unwesentlicher Punkt ist, dass Popitz kein Mann mit politischem Weitblick war. Von den Steuern und dem Finanzausgleich abgesehen hat er keines seiner politischen Ziele erreicht. Die in der Weimarer Republik erstrebte Reichsreform in Gestalt der Beseitigung der Polykratie war weder in dieser Zeit noch im Dritten Reich zu verwirklichen. Seine politischen Ziele für die Zeit nach dem Sturz von Hitler, über die noch zu reden ist, waren vor dem Hintergrund, dass Deutschland nur mit einer totalen Niederlage aus den Illusionen der Vergangenheit gerettet werden konnte, 1933 so illusionär wie in der Weimarer Republik. Richtig war allein seine spätere Einschätzung ab 1938, dass Hitler gestürzt werden musste. Aber im übrigen war sein politischer Werdegang durch Fehleinschätzungen gekennzeichnet. Das wird u. a. durch den Bericht des sozialdemokratischen Abgeordneten Herz bestätigt, der Popitz im März 1933 aufsuchte und zu seiner Verwunderung feststellen musste, dass Popitz das Regime verteidigte und alle nationalsozialisti-

---

[1322] R. Hildebrandt, Wir sind die Letzten Aus dem Leben des Widerstandskämpfers Albrecht Haushofer und seiner Freunde, 84

[1323] E. Meffert, Das Haus des Preußischen Finanzministeriums, mit Nachtrag von Dammeier, das dem Bändchen von Meffert beigefügte Bildmaterial vermittelt einen guten Einblick in die prächtige Innenausstattung, das Arbeitszimmer von Popitz, sein Konferenzzimmer, den Festsaal, das Treppenhaus und das Musikzimmer; geradezu besessen von der Idee des unitarischen Reiches schrieb Popitz in der Einleitung zu der Schrift von Meffert von dem einigen Reich mit organischer Führung seiner Verwaltung, in dem sich Preußens Sendung erfüllt haben wird (S. 5) vgl. ohne Verf.: Bauten der Bewegung, Preußen/Finanzministerium , Berlin 1942, und die Beschreibung im Berliner Lokalanzeiger vom 14. 3. 1937

schen Behauptungen glaubte: zum Beispiel, dass die Kommunisten den Reichstag angezündet hätten[1324]. Aber immerhin kamen Popitz schon frühzeitig Zweifel an der Seriosität des Regimes. Im Herbst 1933 äußerte er gegenüber seinem Hausarzt Professor Zahler, der Gegner der Nazis war und dies Popitz auch oft gesagt hatte: *„Seit einigen Wochen glaube ich, sie haben mit der Beurteilung der Leute doch nicht so unrecht. Ich habe mich davon überzeugen müssen, daß Dinge, die ich für Ausschreitungen hielt, offenbar die Billigung der führenden Mitglieder des Kabinetts finden. Was soll werden, wenn Verbrechen zum System erhoben werden?*". Zahler sagte dazu, daran sei doch keineswegs etwas Verwunderliches. Die Nazis hätten doch schon zur Genüge zu verstehen gegeben, was sie vorhaben. Als Zahler dann darauf hinwies, dass jetzt noch die Möglichkeit bestehe, in den unzufriedenen Teilen des Stahlhelms und der preußischen Polizei ein Rollkommando zu organisieren, das sich des Falles annehme, erwiderte Popitz: „*Was sie mir vorschlagen, das wäre doch glatter Mord*". Zahler zuckte die Achseln: „*Möglich, daß etwas dabei passiert. Aber einmal wird der Tag kommen, wo Ihnen Ihr Gewissen nicht mehr erlauben wird, mitzumachen, und Sie werden dann umsonst nach Machtmitteln suchen. Wenn sie dann an der Mauer stehen, werden Sie an diese Stunden denken und es wird sie reuen.*" Popitz: „*Das mag sein, dann kann ich es nicht ändern. Aber es muß andere Mittel geben, das Recht zur Geltung zu bringen, ohne selbst unrecht zu tun*"[1325]. Es brauchte noch 5 Jahre bis Popitz sich von seiner Illusion befreien konnte, unter dem Nazi-Regime das Recht, wie er es verstand, zur Geltung bringen zu können.

Es fehlte ihm offenbar der Durchblick, den von Anfang an bestehenden Unrechtscharakter des Regimes zu erkennen. Dazu trug bei, dass seine staats- und verfassungspolitischen Vorstellungen zu einseitig auf Fragen der Staatsorganisation und des Staatsaufbaus fixiert waren. Die von den Alternativen: föderaler, unitarischer oder Führer- Staat abzuhebende Kernfrage, ob der Staat eine Wertordnung und seinen Bürgern Grundrechte und damit Rechtsstaatlichkeit garantiert, hat Popitz in seinen schriftlichen Äußerungen nie beschäftigt. Er hat, wie ein Weggefährte aus dem Widerstand Hans Bernd Gisevius in seinen Erinnerungen bemerkte, „*sich 1933 dem Nationalsozialismus zur Verfügung gestellt und zu lange Anteil an dem Aufbau der Gewaltherrschaft genommen; aber 1938 erkannte er, wohin die Reise ging. Seither verdichtete sich seine oppositionelle Haltung mehr und mehr; zuletzt war er einer der Extremsten und er verzehrte sich in der Leidenschaft, begangene Fehler wieder gut zu machen*"[1326]. Wegen seiner bedenklichen Haltung unter Gö-

---

[1324] R. Hildebrandt, Wir sind die Letzten Aus dem Leben des Widerstandskämpfers Albrecht Haushofer und seiner Freunde, 85 f.

[1325] R. Hildebrandt, Wir sind die Letzten Aus dem Leben des Widerstandskämpfers Albrecht Haushofer und seiner Freunde, 88

[1326] H. B. Gisevius, Bis zum bitteren Ende, 2. Bd., 184 f.

ring und seinem allzu langen Mitmachen im System stieß Popitz auch in den Kreisen des Widerstandes um von Hassell auf schwere Bedenken[1327]. Dem Urteil von W. Röpke, dass Popitz zu den Beamten und Diplomaten gehörte, „*who placed themselves in the service of the new masters*“[1328], ist m. E. entgegen der Ansicht des in die nationalsozialistische Steuerpolitik involvierten Finanz- und Steuerwissenschaftlers Günther Schmölders[1329] zuzustimmen. Dafür spricht auch seine enge Verbindung zu und seine Gesinnungsgemeinschaft mit Carl Schmitt. Schmitt gilt mindestens bis 1936 als Kronjurist des Dritten Reiches, der sich voll mit dem Nationalsozialismus und insbesondere mit dessen Antisemitismus identifiziert hatte[1330]. Einen Höhepunkt fand der Antisemitismus von Schmitt auf der Hochschullehrer-Tagung , die am 3. und 4. Oktober 1936 unter dem programmatischen Thema stand: „*Die Deutsche Rechtswissenschaft im Kampf gegen den jüdischen Geist*“ und auf der Schmitt als Reichsgruppenwalter der „Reichsgruppe Hochschullehrer“ im „NS-Rechtswahrerbund“ ein Wort Hitlers aufgreifend äußerte: „*Indem ich mich des Juden erwehre, kämpfe ich für das Werk des Herren*“[1331] . Bei Popitz findet man solche Äußerungen nicht.

Alle Momente, die den Unrechtscharakter des Regimes ausmachten, lagen für einen Menschen mit dem hohen Verstand eines Popitz und dessen Einblick in die Hintergründe des Geschehens offen zutage. Bedrohlich hätten für einen Menschen wie Popitz, der eng mit dem Reichsfinanzministerium verbunden und deshalb sachverständig war, die schon 1933 einsetzenden Kriegsvorbereitungen wirken müssen. Ansätze zur Kriegswirtschaft finden sich schon in der Zeit von 1933 bis 1936. Nach Avraham Barkai sollen von den insgesamt 27,5 Mrd. RM, die die nationalsozialistische Regierung über bestimmte Programme, insbesondere zur Arbeitsbeschaffung

---

[1327] Die Hassell-Tagebücher, 345

[1328] W. Röpke, The solution of the german problem, New-York 1946, 50, 82

[1329] G. Schmölders, Johannes Popitz zum Gedenken, StuW 1954, 705, Schmölders hatte u. a. bejaht, dass „im straff geführten autoritären Staat eine strengere Handhabung der Steuervorschriften ergehen musste“ und die Rechtsprechung des Reichsfinanzhof gelobt, die „durch die jüngste Entwicklung in einer ganzen Reihe strittiger Punkte zugunsten einer stärkeren Betonung des Steueranspruchs umgestaltet worden ist“, vgl. G. Schmölders, Steuerumbau als Aufgabe für heute, FinArch. NF Bd. 9 (1943) 250

[1330] Vgl. die Schriften von C. Schmitt, u. a.: Ein Jahr nationalsozialistischer Verfassungsstaat, DR 1934, 27; Nationalsozialismus und Rechtsstaat, JW 1934, 713; Nationalsozialistisches Rechtsdenken, DR 1934, 225, Der Führer schützt das Recht, DJZ 1934, Sp.945 (Stellungnahme zum sogen. Röhm –Putsch; ein absoluter Tiefpunkt deutscher Rechtskultur); zu Schmitt u. a. B. Rüthers, Entartetes Recht. Rechtslehren und Kronjuristen im Dritten Reich, 125 ff.

[1331] Dokumentation bei H. Göppinger/G. Reißmüller, Die Verfolgung der Juristen jüdischer Abstammung durch den Nationalsozialismus, 72 ff. u. B. Rüthers, , Entartetes Recht Rechtslehren und Kronjuristen im Dritten Reich, 125 ff., der den lebensgeschichtlichen Hintergrund des von Schmitt im Dritten Reich vertretenen exzessiven Antisemitismus darlegt

und die sonstigen öffentlichen Aufträge in diesen Jahren in die Wirtschaft pumpte, fast 21 Mrd. in die Rüstungswirtschaft geflossen sein. Gemessen am Bruttosozialprodukt stieg der Anteil der öffentlichen Ausgaben für die Rüstung nach verschiedenen Schätzungen von Werten zwischen 5,4 und 8 v. H. im Jahre 1935 auf Werte zwischen 17 und 18,1 v. H. im Jahre 1938 [1332]. Hjalmar Schacht, der 1924 bis 1930 und dann wieder ab 1933 Präsident der Reichsbank sowie von 1934 bis 1937 Reichswirtschaftsminister sowie vor 1933 Mitglied der Hitler stützenden Harzburger Front war, wurde schon im Mai 1935 zum Generalbevollmächtigten für die Kriegswirtschaft ernannt[1333].

Für einen der Kultur und den gesellschaftlichen Verhältnissen aufgeschlossenen Menschen wie Popitz hätte auch die namentlich von Goebbels gesteuerte barbarische Kulturpolitik des Dritten Reiches und die Zerstörung der gesellschaftlichen Struktur der Weimarer Republik wie ein Schlag ins Gesicht wirken müssen.

Bei der Beurteilung der Frage, wie Popitz zum Nationalsozialismus stand, darf man allerdings nicht übersehen, dass die Ideologie keine einheitliche Doktrin darstellte, die auch nur entfernt mit der Geschlossenheit der marxistischen Ideologie verglichen werden könnte. Sie enthielt vielmehr verschiedene dem rechts stehenden Geist der Zeit entsprechende Elemente, deren Dehnbarkeit eine conditio sine qua non ihres Erfolges war, wie Kurt Sontheimer zutreffend bemerkt hat[1334]. Ein eigenständiger Geist wie Popitz wird nicht alles akzeptiert haben, was das Auftreten der Nazis betraf oder von prominenten Anhängern des Nationalsozialismus propagiert wurde. Die Aufdringlichkeit des überlauten Goebbelstons, die Hanswurstiaden Görings, die Brutalität Himmlers und Heydrichs, von denen der Generalgouverneur von Polen, Hans Frank, in seiner Erinnerungen gesprochen hat[1335], und die Bevormundungen des Volkes durch großspurig auftretende Parteifunktionäre jedweder Chargen passten in keiner Weise zum Stil von Popitz. Auch für Popitz gilt, was Hans Mommsen allgemein für den nationalkonservativen Geist sagte, dass man von Hitler erwartete, er werde sich von den radikalen Elementen in der nationalsozialistischen Bewegung trennen, diese in einen politischen Orden zurückverwandeln, dem vor allem die Führungsauslese zu übertragen und parteimäßige Egoismen und partikulare Interessen zugunsten des abstrakt verstandenen Staatswohls zurückzudrängen sei[1336]. Zur Blut- und Bodenideologie, die den Kernpunkt des Nationalsozialismus bildete, finden sich in den Schriften von Popitz keine Aussagen, aber den

[1332] A. Barkai;, Das Wirtschaftsystem, 240

[1333] Vgl. A. Barkai;, Das Wirtschaftssystem, 121

[1334] K. Sontheimer, Antidemokratisches Denken in der Weimarer Republik, 134, 136

[1335] H. Frank, Im Angesicht des Galgens, Deutung Hitlers und seiner Zeit auf Grund eigener Erlebnisse und Erkenntnisse, 253 f.

[1336] H. Mommsen, Verfassungs- und Verwaltungsreformpläne der Widerstandsgruppen des 20. Juli 1944, in: Schmädeke/Steinbach (Hrsg.) Der Widerstand gegen den Nationalsozialismus, 572

völkischen Gedanken hat er noch am 11. Dezember 1940 in seinem Vortrag vor der Mittwochsgesellschaft über den Reichsgedanken vertreten[1337]. Und Widerstand gegen die judenfeindliche Politik bis 1937/ Anfang 1938 (Judenpogrom im April 1933, Gesetz zur Wiederherstellung des Berufsbeamtentums, Nürnberger Gesetze, Steueranpassungsgesetz und andere Steuergesetze[1338]) ist nicht erkennbar. Das Pogrom vom November 1938 war dann aber für Popitz vermutlich ein wesentliches Moment neben anderen Gründen, in den Widerstand zu gehen. Wie viele Männer des nationalkonservativen Widerstandes, wie Carl Goerdeler, Ludwig Beck, Henning von Treskow, Jens Jessen, Klaus Graf Stauffenberg u. a. wandelte sich Popitz von einem loyalen Anhänger des Dritten Reiches zum erbitterten Gegner und Widerständler bis zur letzten Konsequenz[1339].

Popitz weitgehende Akzeptanz des Nationalsozialismus bis 1938/39 ist aufgrund seiner politischen Grundhaltung verständlich, ist andererseits aber auch wiederum unverständlich, da sich die staatlichen Verhältnisse in Deutschland im diametralen Gegensatz zu dem von Popitz angestrebten einheitlichen Staatsaufbau und einheitlichen Staatswillen entwickelten. Die nebeneinander existierenden Staats- und Parteistellen mit gleichen oder sich überschneidenden Aufgaben führten zu den oben dargestellten chaotischen Zuständen, wie sie insbesondere auch Franz Neumann in seinem Buch mit dem Titel „*Behemoth*" beschrieben hat[1340]. Es ist schwer vorstellbar, dass Popitz dies nicht von Anfang an erkannt hat, zumal Popitz nach seinem Werdegang als preußischer und deutscher Staatsbeamter darauf fixiert war, die inneren Kräfte zu sammeln und „*zunächst einmal Ordnung im eigenen Haus zu schaffen*"[1341]. Die oben dargestellten unzähligen Sonderverwaltungen des Dritten Reiches konnten einem Verwaltungsmann wie Popitz nicht gefallen. Er wusste,

---

[1337] K. Scholder, Die Mittwochsgesellschaft, 260 ff.

[1338] Zu den antisemitischen Steuergesetzen vgl. R. Voß. Steuern im Dritten Reich, 145 ff.

[1339] Vgl. K.-J. Müller, Nationalkonservative Eliten zwischen Kooperation und Widerstand, in: J. Schmädeke/P. Steinbach (Hrsg.), Der Widerstand gegen den Nationalsozialismus, 24 ff.

[1340] F. Neumann, Behemoth Struktur und Praxis des Nationalsozialismus 1933 –1944 , erschienen 1942 mit einem Nachtrag 1944, u. a. Fischer Taschenbuch, vgl. auch H. Boberach (Hrsg.), Meldungen aus dem Reich, Die geheimen Lageberichte des Sicherheitsdienstes der SS 1938 – 1945,: Unübersichtlichkeit der Gesetzgebung (teilweise mehr als 100 Durchführungsverordnungen, Ministerialerlasse und Allgemeinverfügungen zu einzelnen Gesetzen) Bd. 12, 4499 ff. sowie bezirkliche Überschneidung und organisatorische Zersplitterung der Veraltungsbehörden, Bd. 3, 794 f.

[1341] J. Popitz, Dem heimlichen Kanzler deutscher Nation zum Gedächtnis, DJZ 1931, Sp. 790

dass Sonderverwaltungen teurer sind und mehr Reibungsflächen geben als zusammengefasste Behörden[1342].

[1342] J. Popitz, Der Finanzausgleich, in: W. Gerloff/ F. Meisel (Hrsg.), Handbuch der Finanzwissenschaft Bd. 2 Tübingen 1927, 350

IV. Kapitel
Popitz und der Widerstand

1. Motivation und Aktivitäten

Wenn man den Gründen nachgeht, die aus dem aktiven Kollaborateur des NS-Regimes einen erbitterten Gegner des nationalsozialistischen Staates und seiner Männer[1343] gemacht hat und Popitz in den Widerstand getrieben haben, ist man auf Spekulationen angewiesen. Popitz hat zu dieser Frage keine Aufzeichnungen hinterlassen. Auf die Entwicklung der äußeren Verhältnisse (Anschluss von Österreich, Besetzung des Sudetenlandes, Verschärfung der Judenverfolgung) wurde bereits hingewiesen. Daneben dürften seine schon in der Weimarer Zeit vertretenen staatspolitischen Ansichten einen Schlüssel für seinen Weg in den Widerstand sein. Wie oben dargelegt, war es ein Hauptanliegen von Popitz, die Polykratie zu beseitigen und eine Verfassung zu schaffen, die die Einheit des Staatswillens garantierte. Zwar spielte der Einheitsgedanke in der Propaganda sowie in der Dominanz der Funktionsträger der NSDAP vordergründig eine Rolle. Aber in Wahrheit hatte sich der Staat, wie oben dargelegt, zu einer totalitären Polykratie in einem Ausmaß entwickelt, wie das in der Weimarer Republik noch nicht vorstellbar gewesen war. Insbesondere die Reichsministerien hatten auch wegen der fehlenden kritischen Kommentierung durch ein Parlament und eine freie Presse eine viel selbständigere Stellung als in der Weimarer Republik erlangt, so dass sich die Reichsregierung in eine Polykratie partikularer Ressorts auflöste[1344]. Hinzu kam die oben dargestellte Polykratie der Entscheidungsträger, die mit teilweise unklar beschriebenen oder sich überschneidenden Kompetenzen für Sonderaufgaben aufgestellt und mit Sondervollmachten ausgestattet wurden. Popitz musste deshalb irgendwann erkennen, dass seine Hoffnungen über die Entwicklung des NS-Regimes, denen er in seinem Vortrag am 26. April 1933 in der Mittwochsgesellschaft Ausdruck gegeben hatte, sich nicht erfüllen würden. Ein Beleg dafür findet sich in einer Äußerung gegenüber von Hassell Ende 1943, in der er davon spricht, dass die Luftangriffe in keiner Weise zu irgendeinem organisierten Zusammenwirken des (nicht existenten) Kabinetts Anlass gegeben hätten, und dass „*jeder für sich wurstelt! Führerprinzip*! *Nur in einem Volk wie dem deutschen kann es trotzdem noch so leidlich funktionieren. Ehe bei uns völliges Chaos eintritt, muß offenbar noch viel mehr geschehen*“ [1345]. 1937/38 wurde Popitz - wie auch z.B. Führungskreisen der SS[1346] - deutlich, dass

---

[1343] Betr. Gegnerschaft vgl. P. Fechter, Menschen und Zeiten, Begegnungen aus fünf Jahrzehnten, 387

[1344] D. Rebentisch, Führerstaat und Verwaltung im zweiten Weltkrieg, Verfassungsentwicklung und Verwaltungspolitik 1939 - 1945, 42 f.

[1345] Die Hassell-Tagebücher, 407 (5. 12. 1943)

[1346] H. Höhne, Der Orden unter dem Totenkopf, Die Geschichte der SS, Bd. II, 504 ff., 510

an die Stelle der zu überwindenden demokratischen Parteikämpfe der Weimarer Zeit nicht der einheitliche Wille der Führerdiktatur getreten war, sondern die Kompetenzrangelei einer Vielzahl von NS-Hierarchen, denen Hitler zur Selbsterhaltung seiner Alleinherrschaft weiten Spielraum ließ. Der offen zu Tage tretende Verfall der Verwaltungsordnung war sicherlich ein Motiv für den Widerstand[1347]. Popitz war mit der Rolle eines bloßen Beobachters nicht zufrieden. Seinem ganzen Naturell nach wollte er Einfluss nehmen und musste doch erkennen, dass sein Einfluss begrenzt war, jedenfalls nicht ausreichte, seine wesentlichen Ziele zu erreichen. Hinzu kam sicherlich der Abscheu des auf penible Korrektheit ausgerichteten preußischen Beamten über die unter dem Regime sich ausbreitende Korruption, die bis in die Spitzenpositionen hinein reichte. Auf diesen Punkt hat Popitz später in dem unten behandelten Gespräch mit Himmler besonders hingewiesen. Eine ganz wesentliche Rolle spielte auch der drohende Krieg, auf den Hitler zusteuerte und den Popitz verhindern wollte[1348].

Nachdem Popitz nach der so genannten Reichskristallnacht im November 1938 seinen von dem preußischen Ministerpräsidenten Göring nicht angenommenen Rücktritt als preußischer Finanzminister eingereicht hatte, endete sein glanzvoller Weg im Widerstand gegen Hitler [1349]. Eine erste kritische Äußerung von Popitz findet sich im Tagebuch von Hassell unter dem Datum vom 29. September 1938. Danach sprach Popitz von dem physischen Eckel , den jeder anständige Mensch packen müsse, wenn er die pöbelhafte Rede von Hitler im Sportpalast vom 26. September 1938 höre[1350]. Bei einem Essen im Hause des Staatssekretär von Weizsäcker im Herbst 1939, an dem auch der Abwehroffizier Helmut Grosscurth teilnahm, sprach Popitz sehr deutlich vom Sturz des Regimes[1351]. Vertrauten gegenüber machte er keinen Hehl aus der Ablehnung des Regimes. So konnte ihm Johanna Bödeker, eine Mitarbeiterin aus einem privaten Kreis, der sich mit Wirtschaftsfragen beschäftigte, anlässlich seiner zehnjährigen Dienstzeit als preußischer Finanzminister am 3. November 1942 schreiben: “*Die Vergewaltigung des Gewissens durch die öffentliche Propaganda, die Einschüchterung des Sicherheitsgefühls in Bezug auf das eigene Tun durch verstiegene Rechtssetzung oder durch die Rechts-*

[1347] K. G. A. Jeserich, Innere Verwaltung, in: K. G. A. Jeserich/H. Pohl/ G.-Ch. von Unruh, Deutsche Verwaltungsgeschichte Bd. 4, 770

[1348] H. B. Gisevius, Bis zum bitteren Ende, 2. Bd. 97 f.

[1349] Dazu: L.-A. Bentin;, Johannes Popitz; 69; vgl. auch die Aussage von Hans Bernd Gisevius (Sachbearbeiter im Reichsinnenministerium) im Nürnberger Kriegsverbrecher- Prozeß, in: Der Prozeß gegen die Hauptkriegsverbrecher vor dem internationalen Militärgerichtshof, Bd. XII, 327 ff.; H. B. Gisevius, Bis zum bitteren Ende, 2. Bd., 25 ; H. Rothfels, Deutsche Opposition gegen Hitler, herausgegeben von H. Graml, 109

[1350] Die Hassel-Tagebücher, 53

[1351] H. Krausnick/ (Hrsg.) Helmuth Grosscurth, Tagebücher eines Abwehroffiziers, 208

beugung von Seiten des Staates, die so bewirkte tiefe Verletzung der persönlichen Freiheit im Laufe der letzten zehn Jahre (verursacht – zum großen Teil wohl auch durch die Ereignisse, die den letzten zehn Jahren vorausgingen) sind das große Negativum, dem wir alle, die diese Zeit erlebten, uns gegenübersehen, mit dem wir uns auseinandersetzen müssen auch dann und sogar dann, wenn wir auch das Große und Gewaltige dieser Zeit nicht verkennen"[1352].

Der Widerstand gegen das Regime bestand aus verschiedenen Zirkeln, die teilweise miteinander in Verbindung standen, aber unterschiedliche Auffassungen über die künftige Gestaltung Deutschlands vertraten. Der mit dem Kreisauer Kreis in Verbindung stehende Fritz-Dietlof Graf von der Schulenburg, 1937 stellvertretender Polizeipräsident von Berlin, 1939 stellvertretender Oberpräsident von Ober- und Niederschlesien, im August 1944 in Berlin-Plötzensee hingerichtet, forderte Ende 1942 eine Aussprache der Mitglieder des Kreisauer Kreises mit der Gruppe um Beck, von Hassell, Popitz und anderen . Diese Aussprache kam nach längeren Vorbereitungen im Januar 1943 in Berlin, Hortensienstraße, im Hause des Peter Graf York von Wartenburg (1936 – 1941 Oberregierungsrat beim Reichskommissar für die Preisbildung, ab 1942 im Wehrwirtschaftsamt des OKW beschäftigt, im August 1944 in Berlin-Plötzensee hingerichtet) zustande. An der Aussprache nahmen Beck, Goerdeler, Popitz, Jessen, von Hassell, York, Schulenburg, Trott, Gerstenmaier und vielleicht noch ein oder zwei andere teil. Die dem Gewerkschaftsflügel der Kreisauer zugehörenden Mierendorff und Haubach konnten wegen ihrer polizeilichen Überwachung nicht erscheinen[1353]. Diskutiert wurden Fragen der Wirtschafts-, Sozial- und Außenpolitik sowie Fragen der Verwaltungs- und Reichsreform.

Die Idee einer Reichsreform, die er ja schon in der Weimarer Zeit vertreten hatte, verfolgte Popitz auch im Widerstand. Im Gespräch mit von Hassell über das praktische Vorgehen einer neuen Regierung nach dem Sturz von Hitler hob er die Notwendigkeit einer sofortigen Reichsreform mit einer Aufteilung der beiden großen Länder Bayern und Preußen hervor, um dadurch gleichwertige Länder zu schaffen. Gleichzeitig wollte er wahre nationale und soziale Grundsätze auf der Grundlage des der deutschen Überlieferung entsprechenden Christentums als Leitstern aufstellen[1354]. Über die Neueinteilung des Reiches hatte Popitz sogar schon Karten ausarbeiten lassen[1355]. Die Verfolgung solcher Ideen in einer Zeit, in der es

---

[1352] BArch. NL 1262

[1353] Berichte von Teilnehmern: E. Gerstenmaier , Vom anderen Deutschland, 260, von Hassell, in: Die Hassell-Tagebücher, 347; Sekundärliteratur: E. Zeller, Geist der Freiheit, Der zwanzigste Juli, 209; H. Rothfels, Deutsche Opposition gegen Hitler, 144, 226

[1354] Die Hassell-Tagebücher, 155

[1355] Die Hassell-Tagebücher, 161

doch zunächst um den Sturz des Regimes ging, zeigt, wie sehr Popitz in einem Denken in bürokratischen Strukturen verfangen war.

Es verstand sich, dass in Widerstandskreisen die allgemeine Lage aufmerksam beobachtet wurde. Es ist aber zu bezweifeln, ob man in jeder Zeit zu einer richtigen Einschätzung der Lage gelangte. Welchen Illusionen man sich im Kreise von Hassell/Popitz noch Ende 1943 hingab, erhellt die Notiz von Hassells über ein Gespräch mit Otto Kiep, früher Generalkonsul in New York, der die sofortige bedingungslose Kapitulation ins Spiel brachte, während von Hassell meinte: „*So liegen die Dinge nicht*“[1356]. Die illusionäre Einschätzung der Lage ergibt sich auch aus der Aussage des Staatssekretärs im Außenministerium, Ernst von Weizsäcker, der von einer Anfrage berichtet, die Popitz im Auftrag von zwei deutschen Feldmarschällen kurz nach der mit der Forderung der bedingungslosen Kapitulation Deutschlands verbundenen Gipfelkonferenz der Westalliierten (Roosevelt und Churchill) in Casablanca (14. -26 Januar 1943) gestellt hat, ob die Alliierten im Falle einer deutschen Kapitulation mit einem hitlerfreien Deutschland ebenso brutal umspringen würden wie mit einem besiegten Hitler-Deutschland[1357]. Mit Erstaunen aber liest man in den Tagebüchern von Hassells, welchen Illusionen man sich hingab, wenn es dort etwa unter dem 22. Januar 1943, also zwei Monate nach dem die 6. Armee mit 250.000 Mann in Stalingrad eingeschlossen und dem Untergang geweiht war, heißt, dass man wohl noch nicht sicher sagen kann, dass der Krieg verloren sei[1358]. Aber gegen Mitte/Ende 1943 waren diese Illusionen doch wohl zerstoben. Von Hassell erkannte, dass Hitlers Parole ist, Deutschland mit sich in den Abgrund zu reißen, wenn ihm der Erfolg versagt bleibt[1359]. Unter dem 19. September 1943 heißt es, dass man – die Alliierten – den klaren Sieg mit bedingungsloser Kapitulation fordert und dass Gerstenmaier aus der Schweiz berichtete, dass dort niemand mehr an der deutschen Niederlage zweifelte[1360].

Popitz lehnte Goerdeler als „*politischen Phantasten*“ ab[1361], während umgekehrt Goerdeler Popitz als labilen Charakter bezeichnete[1362]. Popitz fühlte sich durch Goerdeler unglaublich behandelt[1363]. Wie meistens in solchen Fällen verbanden sich sachliche Gründe, Popitz abzulehnen, mit persönlichen Vorwürfen, indem man

---

1356 Vgl. Die Hassell-Tagebücher, 415

1357 L. E. Hill (Hrsg.), Die Weizsäcker – Papiere 1933 – 1950, 602 f.

1358 Die Hassell-Tagebücher, 345

1359 Die Hassell-Tagebücher, 383 (15. 8. 1943)

1360 Die Hassell-Tagebücher, 390

1361 L. Graf Schwerin von Krosigk, Staatsbankrott, 335

1362 L. Graf Schwerin von Krosigk, Staatsbankrott, 339

1363 Vgl. Die Hassell-Tagebücher, 418

Popitz seine intellektuelle, belehrende oder professorale Art ankreidete[1364]. In den Kreisen des Widerstandes stieß Popitz Haltung zunehmend auf Skepsis. Nach der Tagebuchnotiz von Hassells vom 22. Januar 1943 warf man ihm seine frühere Haltung der bedenklichen Unterordnung unter Göring sowie schwere finanzpolitische Fehler und endlich ein allzu langes Mitmachen im System vor[1365]. Den von Popitz in einer künftigen Regierung erstrebten Posten eines Erziehungs- bzw. Unterrichtminister wollte man ihm jedenfalls 1943 nicht anvertrauen, allenfalls wollte man Popitz in der zweiten Linie verwenden[1366].

Popitz entfaltete im Widerstand eine bemerkenswerte Aktivität. Da dem zivilen Widerstand keine Instrumente für einen Sturz der Regierung zur Verfügung standen, beschränkten sich die Aktivitäten allerdings auf Gespräche und zwar nicht nur mit Zivilisten sondern auch mit Militärs. Die Gespräche waren erstaunlich offen, selbst mit Anhängern des Regimes. So hatte Popitz u. a. ein längeres Gespräch mit dem hitlertreuen Generalfeldmarschall von Brauchitsch, in dem Popitz ihm den Ernst der Lage und die Notwendigkeit eines Regimewechsel auseinander setzte. Brauchitsch hörte weitgehend schweigend zu und fragte nur, ob denn das Ausland überhaupt zu einem Frieden mit einem anderen Deutschland bereit sei. Popitz bejahte diese Frage, obgleich er keine Zusicherungen von maßgebender Seite besaß[1367]. Man traf sich in den Wohnungen, in den Büros, in Hotels oder Restaurants – oft zum gemeinsamen Frühstück -, auf Reisen oder Tagungen, bei Vorträgen und gemeinsamen Spaziergängen. Die Tagebücher Ulrich von Hassells vermitteln einen ausgezeichneten Einblick in diese Treffen, in denen von Hassell mit einer Vielzahl von Widerständlern über die Möglichkeiten diskutierte, das Hitler-Regime zu stürzen. Die meisten Gespräche führte von Hassell mit Popitz, nach dem Tagebuch nur über den Widerstand gegen das Regime. Das den Tagebüchern von Hassells angehängte Personenverzeichnis gibt Auskunft über den weit gestreuten Teilnehmerkreis[1368]. Erstaunlich ist, dass deren Aktivitäten durch die Gestapo zwar beobachtet wurden, aber keine Gegenmaßnahmen auslösten. So berichtete von Hassell über ein Gespräch vom 29. April 1942 mit dem Staatssekretär im Außenministerium, Ernst von Weizsäcker, der ihn eindringlich darauf hin wies, dass von Hassell beobachtet werde, und der von Hassell darüber hinaus bat, ihn mit seiner Gegenwart zu verschonen. Weizsäcker fürchtete, mit dem bekanntermaßen oppositionell eingestellten von Hassell in Verbindung gebracht zu werden. Anlass für die Beobachtung

---

[1364] Die Hassell-Tagebücher, 399 f., 415

[1365] Die Hassell-Tagebücher, 345, 348

[1366] Vgl. Die Hassell-Tagebücher, 414

[1367] R. Hildebrandt, Wir sind die Letzten Aus dem Leben des Widerstandskämpfers Albrecht Haushofer und seiner Freunde, 95 f.

[1368] Die Hassell-Tagebücher, 635 ff.

von Hassells waren seine Äußerungen über das Regime, Hitler müsse weg und dgl. [1369]. Anfang 1944 wurde auch Popitz scharf beobachtet[1370].
Popitz spielte mit dem Gedanken, die Monarchie wiederherzustellen[1371]. Zwar wollte er diese Idee nach der Tagebucheintragung von Hassells am 19. Oktober 1939 noch zurückstellen[1372]. Aber schon im Dezember 1940 vertrat er die Ansicht, man müsse die Monarchie sofort als festes Zentrum aufrichten und als Monarch komme nur Prinz Louis Ferdinand in Frage[1373]. Mitte 1941 sprach Popitz mit Kronprinz Wilhelm, der sich damals bereit erklärte, als Monarch in die Bresche zu springen[1374].

2. Die Affäre Himmler

Es ist nicht bekannt, dass Popitz zu Himmler in den ersten Jahren des Dritten Reiches besonderen Beziehungen hatte. Aber beide kannten sich natürlich als Mitglieder der Führungsriege. Relevant wurde Himmler für Popitz durch seine Mitwirkung in der Widerstandsbewegung. Nach übereinstimmender Auffassung der Widerstandsbewegung war die Entmachtung Hitlers ein vorrangiges Hauptziel. Es entsprach ebenfalls allgemeiner Auffassung, dass nur die Wehrmacht in der Lage sein würde, Hitler zu entmachten. Dementsprechend setzte der Kreis um von Hassell und Popitz lange Zeit auf Handlungen der Wehrmacht. Aber die Zeit verstrich, ohne dass etwas geschah und mehr und mehr machte sich Enttäuschung breit. Von Hassell berichtet von der verzweifelten Stimmung und notiert Gespräche u. a. mit Popitz, die die Verachtung über die Untätigkeit der „*hoffnungslosen Feldwebel*“ oder „*Josephs*“, wie er die Generalität bezeichnete, zum Ausdruck brachten[1375]. U. a. wegen der Untätigkeit der Generalität verfiel Popitz auf die Idee, Himmler für die Umsturzpläne zu gewinnen. Er setzte hiervon seine Freunde aus der Mittwochsgesellschaft, Dr. Erwin Planck, ehemaliger Staatssekretär in der Reichskanzlei Brüning und Sohn des Physikers Max Plank, und Professor Jens Jessen[1376] in Kenntnis,

---

[1369] Die Hassell-Tagebücher, 316 f. (Anfang August 1942)

[1370] Die Hassell-Tagebücher, 418 (7. 2.1944)

[1371] E. Gerstenmaier, , Streit und Friede hat seine Zeit, Ein Lebensbericht, 172; Nach G. Ritter,, Carl Gördeler und die deutsche Widerstandsbewegung, 291 betrieb Popitz aus dem Lager der konservativen am eifrigsten Restaurationspläne

[1372] Die Hassell-Tagebücher, 133 f.

[1373] Die Hassell-Tagebücher, 220

[1374] Die Hassell-Tagebücher, 260 f.; vgl. auch S. 290, Eintragung vom 21. 12. 1941, die letzte im Tagebuch von Hassells betr. Monarchie

[1375] Die Hassell-Tagebücher, 345 (22. 1.1943) und 356 (28. 3. 1943); vgl. auch H. B. Gisevius, Bis zum bitteren Ende, 2. Bd., 218

[1376] Beide nach dem 20. Juli 1944 durch den Volksgerichtshof zum Tode verurteilt und hingerichtet

die den Plan jedoch als Illusion bezeichneten. Auch Goerdeler wurde informiert. Er riet nicht ab, versprach sich aber keinen Erfolg[1377].

Von Himmler wusste man, dass er Anfang 1943 Zweifel an einem Endsieg hatte. Von Hassell notierte schon unter dem 18. Mai 1941, dass der Schweizer Carl Jacob Burckhardt Ilse von Hassell erzählt habe, dass ein Vertrauensmann von Himmler bei ihm gewesen sei, um ihn zu fragen, ob England wohl mit Himmler (statt mit Hitler) Frieden machen würde[1378]. Seit 1942 versuchte Himmler bzw. mit dessen Genehmigung der Chef des Auslandsnachrichtendienste der SS, Walter Schellenberg, Verbindungen mit dem Ausland zum Zweck eines Friedenschlusses anzuknüpfen[1379]. Von Hassell, Goerdeler und Popitz waren darüber gut informiert. Es spricht einiges dafür, dass auch die SS Kenntnis von den Absichten der Verschwörer hatte und überlegte, deren etwaige Erfolge für die eigenen Pläne auszunutzen[1380]. Hinzu kam, dass manche SS-Führer ebenso wie Popitz und von Hassel, ernüchtert festgestellt hatten, dass an die Stelle der von ihnen abgelehnten demokratischen Parteikämpfe der Weimarer Zeit nicht ein einheitlicher Staatswille der Führerdiktatur, sondern die von Hitler zur Selbsterhaltung seiner Alleinherrschaft geduldete oder sogar geförderte Kompetenzrangelei einer Vielzahl von NS-Hierarchen getreten war[1381]. In der SS gab es auch von manchen entschiedene Ablehnung der NS-Besatzungspolitik in Polen, dem Baltikum und der Ukraine. SS-Leute wie Max Frauendorfer, der einmal persönlicher Adjutant von Himmler gewesen war und zuletzt Beamter im Generalgouvernement, hatte Kontakte mit von Hassell und äußerte sich verzweifelt über die Vorgänge in Polen betreffend die Vernichtungspolitik gegenüber polnischen Intellektuellen und Juden – und überhaupt über die ganze Entwicklung[1382]. Manche höhere SS-Führer begannen an dem Endsieg zu zweifeln und trugen sich mit dem Gedanken, Hitler zu stürzen[1383]. Es gab Verbindungen zwischen der SS und dem Widerstand, so z. B. zwischen Popitz und Wilhelm Stuckart, seit 1935 Staatssekretär im Reichsministerium des Inneren

---

[1377] A. W. Dulles, Verschwörung in Deutschland, 200

[1378] Die Hassell-Tagebücher, 252 f.; Himmler spielte nach der Notiz von Hassels vom 4. 9. 1942 mit dem Gedanken, ob er Frieden bekommen könne aaO. S. 328

[1379] W. Schellenberg, Aufzeichnungen, Die Memoiren des letzten Geheimdienstchefs unter Hitler, 282 f., vgl. auch W. Hagen (Mitglied des Geheimdienstes), Die geheime Front, 78 ff.

[1380] H. Maier, Die SS und der 20. Juli, VJhZG 14 1966, 299 ff.

[1381] H. Höhne, Der Orden unter dem Totenkopf, Die Geschichte der SS, Bd. II, 510

[1382] Die Hassell-Tagebücher, 211 (8. 10. 1940), 224 (19. 1. 1941); 365 (15. 5. 1943): „die SS haust in unvorstellbar beschämender Weise. Unzählige Juden werden in besonders dafür gebauten Hallen vergast, jedenfalls Hunderttausende. Aber auch die polnische Intelligenz wird nach wie vor systematisch dezimiert

[1383] Näher dazu G. Ritter, Carl Goerdeler und die deutsche Widerstandsbewegung, 504 ff

und zuletzt Obergruppenführer der SS[1384], sowie mit Reinhardt Höhn, Universitätsprofessor und Kulturreferent im Sicherheitsdienst der SS. Von Hassell hatte Verbindungen mit dem amerikanischen Geschäftsmann Federico Stallforth, der sich um einen Friedensschluss bemühte. Stallforth schickte den SS-Sturmbannführer und SD-Mann Hans Daufeldt (manchmal als Danfeldt zitiert) zu von Hassell. Daufeldt äußerte sich gegenüber von Hassell, dass man sich in Himmlers Rayon schwere Sorgen mache und über einen Ausweg grübele[1385]. Berücksichtigt man die Ausgangssituation innerhalb der SS, so war eine Fühlungnahme mit der SS nicht ganz so abwegig, wie dies aus heutiger Sicht erscheint. Eine Kontaktaufnahme mit Himmler verbot sich aber letztlich deswegen, weil sich *„dieser blutbefleckte Scherge und beschränkte Fanatiker geistig viel zu unselbständig, letztlich überhaupt eine zu jämmerliche Figur war, als daß sich auf ihn irgendwelche Pläne zum Staatsstreich hätten aufbauen lassen*“[1386].

Über eine Kontaktaufnahme zu Himmler sprach Popitz mit dem Rechtsanwalt Karl Langbehn, zu dem er seit längeren Beziehungen unterhielt. Langbehn hatte zu Himmler persönliche Beziehungen dadurch aufgebaut, dass beider Töchter dieselbe Schulklasse besuchten. Langbehn und Popitz kamen überein, dass Popitz Kontakt mit Himmler aufnehmen sollte, um Himmler für den Plan der Entmachtung von Hitler zu gewinnen. Zur Vorbereitung der geplanten Unterredung nahm Langbehn zunächst Kontakte zu dem SS-Obergruppenführer Karl Wolff auf, die sich wegen einer Erkrankung von Wolff bis zum Spätsommer 1943 hinzogen. Am 26. August 1943 kam es dann zu einem Gespräch zwischen Himmler und Popitz unter vier Augen[1387]. Himmler hatte, wie Albert Speer als Zeuge einer Unterredung zwischen Hitler und Himmler berichtet hat, Hitler vorher über dieses beabsichtigte Gespräch informiert und sich dessen Einverständnisses mit der Zusage versichert, Popitz über seine Pläne auszuhorchen[1388]. Nach der Darstellung der Anklageschrift gegen Popitz vor dem Volksgerichtshof äußerte Popitz zunächst seine Sorgen über die Verbreitung der Korruption, die auch die Gauleiter und noch höhere Führungskräfte erfasst habe. Popitz selbst soll laut Otto John, einem leitenden Angestellten der Lufthansa und Mitglied des Verschwörerkreises, berichtet haben, er habe Himmler eine eingehende Kritik an dem prunksüchtigen Lebenswandel Görings vorgetragen, der sich von der Verwaltung der Preußischen Vermögen bezahlen lasse. Himmler soll geäußert haben: *„Diesen Stinktopf binden wir zunächst mal zu und stellen ihn*

[1384] Zum Lebenslauf vgl. D. Rebentisch, Führerstaat und Verwaltung im zweiten Weltkrieg, Verfassungsentwicklung und Verwaltungspolitik, 104 ff.

[1385] Die Hassell-Tagebücher, 272 (20. 9. 1941)

[1386] So G. Ritter, Carl Goerdeler und die deutsche Widerstandsbewegung, 355

[1387] Die Hassell-Tagebücher, 388, 541 Anm. 93, 599 Anm. 128; zum Ablauf vgl. auch H. Höhne, Der Orden unter dem Totenkopf, Die Geschichte der SS, Bd. II, 544 ff.

[1388] A. Speer, Erinnerungen, 390

auf die Seite". Hierdurch ermutigt, habe Popitz seine Sorge wegen der Überlastung des Führers, die Gefahren seines Ausfalls durch Erkrankung oder gar dessen Zusammenbruch[1389] schließlich die Fragwürdigkeit Görings als Nachfolger in größter Not und die Unfähigkeit Ribbentrops vorgebracht. Himmler habe sich im wesentlichen alles schweigend angehört[1390]. Nach der Anklageschrift beklagte Popitz das hoffnungslose Durcheinander in der Verwaltung. Er erkannte Hitler aber auch Genie zu, das seine eigenen Gesetze habe. Der Krieg sei nicht mehr zu gewinnen. Es müssten deshalb die Möglichkeiten für Verhandlungen mit den Westmächten über einen Frieden ausgeschöpft werden. Vorraussetzung dafür sei, dass Hitler Ribbentrop und korrupte Kreaturen ausschalte und sich mit vertrauenswürdigen Männern umgebe. Eine Lösung der Probleme sei nicht aussichtslos. Der „*Führer*" müsse über alles unterrichtet werde; darauf habe er einen Anspruch. Popitz nannte Himmler Männer, die die Führung der Wehrmacht und die Außenpolitik übernehmen könnten. Die Frage der Regierungsumbildung und einer Einschränkung der Regierungsgewalt von Hitler – abgesehen von der Abgabe der Wehrmachtsführung - brachte Popitz nicht zur Sprache, so dass er selbst urteilte, dass eigentlich nichts herausgekommen sei[1391]. Himmler soll seinem Staatssekretär Stuckart von dem Gespräch berichtet und ihn beauftragt haben, mit Popitz wegen der Reform der inneren Verwaltung in Kontakt zu bleiben[1392]. Nach eigenem Bekunden erstattete Himmler auch Hitler Bericht von dem Gespräch, natürlich ohne Hitler seine konspirativen Hintergedanken zu offenbaren; Hitler soll Himmler ermuntert haben, Popitz weiterhin auszuhorchen[1393].

Zu einem an sich vereinbarten weiteren Gespräch mit Himmler kam es nicht, weil Langbehn im September 1943 im Zusammenhang mit Kontakten zu amerikanischen Geheimdienststellen verhaftet wurde und Himmler kein weiteres Gespräch führen wollte. Die eigenmächtige Fühlungnahme mit Himmler riefen bei anderen

---

[1389] Popitz glaubte, dass die Wehrmacht ein vom Wechsel der Zeit und den politischen Verhältnissen unabhängiges „militärtechnische Instrument" ist, das nur von einem ausgebildeten Fachmann sachgemäß zu handhaben ist, womit Hitler als Militärführer ungeeignet war, Archiv Peter, Spiegelbild einer Verschwörung, 273

[1390] O. John, Zweimal kam ich heim, Vom Verschwörer zum Schützer der Verfassung, 133; Anklageschrift BArch. NL 1262 Nr. 95

[1391] Anklageschrift gegen Popitz vor dem Volksgerichtshof, BArch. NL 1262 Nr. 95; abgedruckt bei A. W. Dulles, Verschwörung in Deutschland, 202 ff.

[1392] G. Ritter Carl Goerdeler und die deutsche Widerstandsbewegung, 548 Anm. 39

[1393] Himmler hat die Begegnung mit Popitz in seiner berüchtigten Rede am 3. 8. 1944 in Posen auf der Gauleitertagung geschildert und dabei auch wiederholte Versuche von Popitz erwähnt, über Fernschreiben und Telefonate erneut mit ihm in Kontakt zu kommen, jedoch blieben die Versuche ohne Erfolg, Himmler machte sich über Popitz lustig, er habe nach der Unterhaltung „*so käsig ausgesehen, so bleich wie ein Wand, das lebende schlechte Gewissen*", vgl. Abdruck VJhZG 1953, 357, 375 f.

Mitgliedern des Widerstandes, u. a. Generaloberst Beck, Kritik hervor und führten seit August 1943 zu einer Isolierung von Popitz [1394]. Zum Vorwurf der reaktionären Haltung kam das Misstrauen gegen den langjährigen Parteigenossen und Helfer Görings hinzu[1395].

Ein Motiv für die Vorsprache bei Himmler mag die in der Widerstandsgruppe um Popitz bekannte Annahme gewesen sein, dass Himmler schon im Herbst 1942 die Aussichten auf ein siegreiches Ende des Krieges gering einschätzte, so dass die SS sich vor die Notwendigkeit gestellt sah, einen Ausweg zu finden[1396].

Die Gestapo wusste von den Umsturz- und Neuordnungsplänen der Goerdeler-Gruppe, da diese *„in aller Munde"* waren[1397]. Himmler hatte aber am 17. Juli 1944 die Verhaftung von Beck und Goerdeler, die nach dem vorliegenden Beweismaterial möglich gewesen wäre, abgelehnt. Die Wohnung von Beck wurde von einem im Nachbarhaus untergebrachten Spitzel der SS ständig überwacht, so dass die SS über die dort ein und ausgehenden Verschwörer Bescheid wusste[1398].

Die Zwiespältigkeit des Charakters von Popitz wird auch im Widerstand deutlich. Beim Studium der Dokumente fragt man sich manchmal, ob Popitz überhaupt dem Widerstand zugerechnet werden kann. Zwar können seine Bekenntnisse zum Nationalsozialismus nach 1938 als Tarnung gewertet werden. Aber anstatt sich durch positive Äußerungen zu tarnen, hätte er ja auch schweigen können. Niemand hätte ihn zu positiven Äußerungen zum Regime zwingen können. Noch nachdem Popitz zum Widerstand gestoßen war, setzte er sich für Maßnahmen ein, die eine Stützung des Regimes bedeuteten. So schlug er im Herbst 1939 eine Erhöhung der Umsatzsteuer auf Kleinhandelsumsätze vor, um dadurch der Inflation entgegen zu wirken und die wegen der Rüstungsaufwendungen stark angewachsene, nach Popitz überfällige Kaufkraft abzuschöpfen[1399]. Nach einer anderen Version wollte Popitz die Steuern einführen und zwar sofort, um damit das Regime zu belasten und nicht die nach dem Sturz zu erwartende neue Regierung[1400]. Merkwürdig ist auch, wie

---

[1394] Die Hassell-Tagebücher, 614 Anm. 54; Anklageschrift gegen Popitz vor dem Volksgerichtshof, abgedruckt bei A. W. Dulles, Verschwörung in Deutschland, 205

[1395] G. Ritter, Carl Goerdeler und die deutsche Widerstandsbewegung, 356

[1396] Vgl. Die Hassell-Tagebücher, 332

[1397] W. Hagen, Die geheime Front, 95; H. Maier, Die SS und der 20. Juli1944, VjhZG 1966, 299, 301

[1398] Gisevius, Bis zum bittren Ende, 345

[1399] Schreiben des Finanzministers Popitz an den Reichsbankpräsidenten Funk vom 26. 10. 1939 (Geheime Reichssache) – BA R 7/ 4236 Bl. 233; D. Rüther, Der Widerstand des 20. Juli auf dem Weg in die Soziale Marktwirtschaft, Die wirtschaftspolitischen Vorstellungen der bürgerlichen Opposition gegen Hitler., 107

[1400] H. Krausnick/ (Hrsg.) Helmuth Grosscurth, Tagebücher eines Abwehroffiziers, 237

wenig sich Popitz selbst in der Zeit des Widerstands von seiner Verbundenheit mit dem Regime lösen konnte. Was soll man etwa davon halten, dass Popitz in einem Brief vom 1. Juni 1940 u. a, an den Chef der Reichskanzlei betr. Hochschulangelegenheiten ausführte, dass *„die Studenten gerade nach dem errungenen Sieg der Welt mit der gleichen Überlegenheit auf allen Gebieten gegenüberstehen, wie sich das im Krieg gezeigt hat"*, und dass er *„zur Unterbauung und Erhaltung unseres Sieges überragende Leistungen einfordert, um dadurch anderen Völkern die führende Stellung Deutschlands handgreiflich zu machen"*[1401]. Auf der gleichen Linie lag seine Rede anlässlich der Schinkel-Feier am 13. März 1941, über die bereits berichtet worden ist.

3. Zielvorstellungen im Widerstand

a. Außenpolitik

Popitz ging wie Goerdeler, Beck, von Hassell und andere fast bis zum Ende des Krieges von illusionären Vorstellungen über die Rolle Deutschlands aus. Bis weit in die Kriegsjahre hinein hielten sie an der Weltgeltung Deutschlands, einer Führungsrolle in Europa und an der Behauptung der großdeutschen Grenzen, das heißt u. a. der Einverleibung von Elsaß-Lothringen und des polnischen Korridors fest[1402]. Goerdeler hat in seiner Denkschrift vom 26. März 1943 für Deutschland die Grenzen von 1914 vermehrt um Österreich und das Sudetenland sowie Südtirol proklamiert[1403] und noch in der Haft 1944 die Auffassung vertreten, Deutschland müsse die Ostgrenze von 1914, sowie Österreich und die Sudetengebiete behalten[1404]. Alle verkannten, dass die Alliierten das allein am Krieg schuldige Deutschland nach dem Sieg nicht ungeschoren lassen würden.

Popitz Fehleinschätzungen über die Rolle Deutschlands zeigen seine Vorstellungen über die territorialen Machtbefugnisse des deutschen Reiches. An die Ideen von Carl Schmitt und Ernst Rudolf Huber über eine Großraumordnung anknüpfend[1405], entwickelte Popitz in seinem Vortrag vom 11. Dezember 1940 vor der Mittwochsgesellschaft einen Reichsbegriff, der nach dem siegreichen Ende des Krieges – an den Popitz in diesem Zeitpunkt offenbar noch glaubte, ob mit oder

---

[1401] BArch. N 1262 Nr. 101

[1402] H. Gramll, Die außenpolitischen Vorstellungen des deutschen Widerstandes, in: Der deutsche Widerstand gegen Hitler, Vier historisch-kritische Studien, 95 ff.

[1403] Abgedruckt bei G. Ritter, Carl Goerdeler und die deutsche Widerstandsbewegung, 577, 587

[1404] H. Graml, Die außenpolitischen Vorstellungen des deutschen Widerstandes, in: Der deutsche Widerstand gegen Hitler, Vier historisch-kritische Studien, 92 f., Anm. 4 unter Hinweis auf die von Goerdeler im November 1944 in der Haft verfasste Denkschrift, S. 33

[1405] C. Schmitt, u. a. Völkerrechtliche Großraumordnung mit Interventionsverbot für fremde Mächte – Ein Beitrag zum Reichsbegriff im Völkerrecht, 1. Aufl. 1939, 4. Aufl. 1941; dazu m. w. Nachw. B. Rüthers, Entartetes Recht Rechtslehren und Kronjuristen im Dritten Reich, 142 ff.

ohne Hitler bleibt offen - bei der Neuordnung Europas eine politisch brauchbare Konzeption darstellen sollte[1406]. Popitz dachte sich das deutsche Reich als Trägerstaat und nicht näher beschriebene Nebenländer als von dem Reich beherrschte Staaten. Die Herrschaft sollte nicht auf dem Machtprinzip und Gewalt beruhen, sondern auf weltanschaulichen Ideen und Prinzipien, etwa das völkische Prinzip, das ja die tragende deutsche Staatsidee sei. Als Nebenländer kämen außerdeutsche Gebiete in Betracht, die sich in ihrem Bestande von fremder Gewalt mit Vernichtung ihres Volkstums bedroht sähen und sich zur Erhaltung ihres eigenen Lebensrechts dem Schutz Deutschland unterstellen wollten sowie ferner Gebiete, die sich von der demokratisch-parlamentarische Regierungsform lösen wollten, daran aber von den großen Demokratien gehindert würden und im deutschen Führerstaat nicht nur das Vorbild, sondern den politisch gestaltenden Schutzherren sähen. Dem Staat der Deutschen sprach er eine Mission zu, die nur dann erfüllbar sein sollte, wenn der deutsch Staat ein machtvoller Staat ist. Darunter verstand er einen Volksstaat, der alle Wesenselemente des staatlichen Lebens fest in der Hand hält, zu dem ein vom Gemeinschaftsbewusstsein durchdrungenes national homogenes Volk gehört, das alle föderativen und partikularistischen Hilfskonstruktionen ablehnt. Diesen m. E. schon aus damaliger Sicht aberwitzigen, jeden Realitätsbezug entbehrenden Ideen – was hätten die Niederländer kurz nach dem Verlust ihrer Freiheit durch die deutsche Okkupation wohl zu den Ideen Popitz` gesagt? - werden nur dadurch ein wenig gemildert, dass Popitz die Bildung einer über die deutschen Grenzen hinausgehenden Einflusssphäre und die Art der Sicherung dieses Einflusses nicht durch Gewalt durchsetzen, sondern besser dem historischen Einzelablauf überlassen wollte.

Waren die Ideen von Popitz auf die Rolle des Reichs gerichtet, so richteten die Gedanken von Beck und Goerdeler sich auf Europa. Beck sprach in der Mittwochsgesellschaft am 17. Juni 1942 über das Thema: *„Die Lehre vom totalen Krieg (eine kritische Auseinandersetzung)“*[1407]. Er sprach von Ländern, die sich dem nationalen Staate (gemeint war Deutschland) nicht einordnen ließen und davon, dass Gott die Völker geschaffen habe, ohne ihnen eine Rangordnung festzusetzen und dass kein Kulturvolk auf sich allein gestellt bleiben kann[1408] Bei Beck erscheint somit die Idee eines aus souveränen Staaten gebildeten Europa, von der in dem Vortrag von Popitz aus dem Jahr 1940 noch keine Rede war. Auch bei Goerdeler findet sich die Idee von Europa, die sich allerdings unter dem Eindruck der Ereignisse wandelte. Hatte Goerdeler 1941 noch die Billigung von europäischen Zusammenschlüssen unter deutscher Führung vorgeschlagen, so trat er Mitte 1943 für eine stufenweise durchzuführende Einigung selbständiger europäischer Staaten und für eine sofort zu

---

1406 K. Scholder, Die Mittwochsgesellschaft, 260 ff.

1407 K. Scholder, Die Mittwochsgesellschaft, 292

1408 L. Beck, Studien, 250 f.

verwirklichende europäische Wirtschaftsunion ein, aus der später ein politisches Zusammenwachsen folgen könne[1409].

b. Staats- und verfassungspolitische Pläne für die Zeit nach Hitler

Nach der Anklageschrift in dem Strafverfahren vor dem Volksgerichtshof wollte Popitz eine zentralistisch ausgerichtete Diktatur einiger Männer unter völliger Ausschaltung des Volkes und Niederhaltung der Arbeiterschaft errichten[1410]. Entgegen den Plänen von Goerdeler sprach Popitz sich entschieden gegen die gewerkschaftliche Organisation der Arbeiterschaft und gegen die Bildung einer Einheits-Gewerkschaft aus[1411]. Ebenso lehnt er ein ihm vorgeschlagenes Zusammenwirken mit der KPD ab[1412].

Einen gewissen Aufschluss über die politischen Pläne, die Popitz für die Zeit nach dem Sturz des NS-Regimes entwickelte, geben drei Dokumente, deren Autorschaft allerdings nicht völlig geklärt ist, für die aber Popitz jedenfalls wohl als Mitverfasser anzusehen ist[1413].

In dem wohl im Januar/Februar 1940 verfassten Programm für erste Maßnahmen nach dem Umsturz werden einleitend einerseits die gesunden und vorwärts führenden Gedanken des Nationalsozialismus anerkannt, andererseits die im Laufe der Zeit entwickelte unerträgliche Parteiherrschaft, die schweren Verletzungen von Gesetz und Recht, die Unterordnung der Rechtsprechung in Strafsachen unter Parteigesichtspunkte, die die elementarsten Grundsätze der Sittlichkeit verletzenden Verfahren der Gestapo und die gegen die Juden straflos begangenen fürchterlichen Gräuel scharf verurteilt. Die Verfasser sahen den Staatsorganismus auf dem Wege durch die Parteiorganisation als ausgehöhlt oder zerstört an. Das unvergleichliche deutsche Beamtentum sei seiner wichtigsten Positionen entkleidet worden. Die Parteibonzen hätten überall die wirkliche Macht erhalten und diese ausgenutzt. Die im Programm zum Ausdruck kommende Gegnerschaft gegen eine Herrschaft der Par-

---

[1409] Geheime Denkschrift Goerdelers für die Generalität bestimmt über die Notwendigkeit eines Staatsstreichs. 26 März 1943, abgedruckt bei C. Ritter, Carl Goerdeler und die deutsche Widerstandsbewegung, 592; vgl. auch H. Graml, Die außenpolitischen Vorstellungen des deutschen Widerstandes, 92 ff.

[1410] Anklageschrift gegen Popitz vor dem Volksgerichtshof, BArch. NL 1262 Nr. 95; abgedruckt bei A. W. Dulles, Verschwörung in Deutschland, 196 (Dulles war US-amerikanischer Diplomat, der nach Ausbruch des zweiten Weltkrieges in das Office of Strategic Services eintrat und in dieser Eigenschaft in der Schweiz Kontakt mit dem deutschen Widerstand aufnahm

[1411] Anklageschrift gegen Popitz vor dem Volksgerichtshof, abgedruckt bei A. W. Dulles, Verschwörung in Deutschland, 196; M. Schneider, Zwischen Standesvertretung und Werksgemeinschaft, 525

[1412] G. Gereke, Ich war königlich-preußischer Landrat, 282. 292

[1413] Abdruck in: Die Hassell-Tagebücher, 449 ff.

teien entsprach der allgemeinen Stimmung. Selbst Julius Leber, ein ehemaliger sozialdemokratischer Abgeordneter im Reichstag, meinte zur Weimarer Zeit, es müsse *„mit den alten Formen der Parteiherrschaft ein Ende haben“*[1414]. Angeprangert wurde im Programm die Wirtschafts- und Finanzpolitik sowie die Außenpolitik, die seit 1938 einen immer abenteuerlicheren Charakter angenommen habe. Angespielt wird auf den Widersinn des Versailler Vertrages, der – in Verkennung der deutschen Mitschuld am Ausbruch des I. Weltkrieges - als die tiefste Ursache alles Unglücks diagnostiziert wird, das jetzt über die Welt gekommen sei. Wörtlich heißt es dazu: *„sollten sich Deutschlands Gegner dieser Erkenntnis versagen, so wird die Deutsche Regierung ohne Zögern die Folgen ziehen und den Krieg bis zum Äußersten weiterführen“*. Es wurde die Wiederherstellung der *„alten Reichsgrenze“*, damit von Polen die Rückgabe des polnischen Korridors und der nach dem I. Weltkrieg von Oberschlesien abgetrennten Gebiete und von Frankreich die Rückgabe von Elsaß-Lothringen gefordert. Man machte sich damit einen Teil der Kriegsziele des Regimes zu eigen. Eine realistische Einschätzung der Ausgangssituation wird man den Verfassern kaum zubilligen können, wenn auch einzuräumen ist, dass im Februar 1940, also nach dem Abschluss des deutsch-sowjetischen Nichtangriffspakt vom 23. August 1939 (Hitler-Stalin-Pakt)[1415] und kurz nach dem nur 18 Tage dauernden *„Blitzkrieg“* gegen Polen, die positive Einschätzung der Lage verständlich erscheint.

Für das staatliche Leben waren folgende Maßnahmen vorgesehen:
Die höchste Gewalt liegt bis zum Aufbau eines normalen Verfassungslebens in den Händen einer Regentschaft, die aus dem Reichsverweser und zwei Mitgliedern besteht. Die Regentschaft sollte u. a. folgendes anordnen:

Die NSDAP wird in allen ihren Gliedern aufgelöst, wobei einige Einrichtungen, wie etwa die NSV (Nationalsozialistische Volksfürsorge), der Arbeitsdienst, die Arbeitsfront übernommen und andere Organisationen, wie u. a. die SA in andere Einrichtungen umgewandelt werden könnten. Das bedeutete eine partielle Anerkennung der durch den Nationalsozialismus vollzogenen Gleichschaltung der Gesellschaft[1416]. Die Organisation der Wirtschaft sollte vorläufig bestehen bleiben, aber im Zusammenhang mit der Staatsreform umgestaltet werden, wobei die Zielrichtung offen blieb. Ein Verfassungsrat sollte Vorschläge für eine Verfassung ausarbeiten, die einen deutschen Einheitsstaat nach politischen und wirtschaftlichen Gesichtspunkten unter besonderer Rücksicht auf die historische Überlieferung zu gliedern hatte. Für das politische Leben sollte eine Mitarbeit des Volkes eine Kontrolle des Staatslebens auf der Grundlage der örtlichen und körperschaftlichen

---

[1414] Zitiert nach J. Fest, Staatsstreich, Der lange Weg zum 20. Juli, 155

[1415] Zum Ablauf vgl. I. Kershaw, Hitler 1936 – 1945, 290 ff.

[1416] H. Mommsen, Gesellschaftsbild und Verfassungspläne des deutschen Widerstandes, in: W. Schmitthenner/H. Buchheim (Hrsg.),Der deutsche Widerstand gegen Hitler, 126

Selbstverwaltung sicher stellen. Die vollziehende Gewalt sollte außer in Preußen, wo der Reichsverweser zuständig sein sollte, unter Wegfall der Reichsstatthalter von Wehrbefehlshabern ausgeübt werden, die der Reichsverweser ernennen sollte. Das Beamtentum sollte unter Ausschaltung der nach Parteigesichtspunkten ernannten Personen erneuert werden. Ein Gesetzesrat sollte die Gesetzgebung überprüfen und Vorschläge für die Aufhebung von Bestimmungen vorlegen. Die Judengesetzgebung sollte für hinfällig erklärt werden.

Das von Popitz mutmaßlich im Herbst 1943 verfasste, aber auf Vorfassungen aus den Jahren 1940/41 zurückgehende Gesetz über die Wiederherstellung geordneter Verhältnisse im Staats- und Rechtsleben (vorläufiges Staatsgrundgesetz)[1417] enthält eine vorläufige Verfassung für die Zeit „*bis unter Mitwirkung aller Schichten des Volks dem Deutschen Reich eine endgültige Verfassung*“ gegeben werden kann. Es handelte sich aber nicht um eine kurzfristige Übergangsregelung für die ersten Monate nach dem Umsturz[1418], wie u. a. die fünfjährige Amtszeit des Staatsrats und die Tatsache zeigt, dass es neben dem vorläufigen Staatsgrundgesetz ein - nicht erhaltenes - Gesetz über den Ausnahmezustand gab, welches Popitz mit den Richtlinien zur Handhabung des Gesetzes über den Belagerungszustand erläutert hatte[1419]. Das vorläufige Staatsgrundgesetz enthält in Art. 1 allgemeine Grundsätze für das Verhalten der Deutschen zueinander und für die Maßnahmen der Regierung und der Behörden. Hervorzuheben sind die Hinweise auf die Regeln des Anstandes und der guten Sitten, die Unverbrüchlichkeit des Rechts, das Christentum als Grundlage des deutschen Lebens, die Notwendigkeit der eine Wehrpflicht einschließenden Verteidigung gegen Einwirkungen von außen und innerer Zersetzung, das Recht auf Anteil an den materiellen und geistigen Gütern des Lebens nach Maßgabe der Leistung einschließlich der Fürsorge im Alter, Krankheit usw., die Wiederherstellung der Verantwortung selbständiger Unternehmer, die Neugestaltung der Landwirtschaft „*als der bedeutendsten Kraftquelle des Volkes*“, insofern im Ergebnis an die propagierte, aber nicht durchgeführte Landwirtschaftspolitik des Dritten Reiches anknüpfend[1420], die Öffentlichkeit von Schulen und anderen Unterrichtsanstalten, die grundsätzliche nur durch Sicherheitsmomente und die Ehrfurcht vor den geistigen und sittlichen Gütern einzuschränkende Freiheit der Forschung,

---

[1417] BArch. NL 1262 Nr. 79 und 94, Abdruck in: Die Hassell-Tagebücher, 454 ff. ; wegen der Entstehungszeit vgl. H. Mommsen, Verfassungs- und Verwaltungsreformpläne der Widerstandsgruppen des 20. Juli 1944, in: Schmädeke/Steinbach (Hrsg.) Der Widerstand gegen den Nationalsozialismus, 594 Anm. 15

[1418] H. Mommsen, Gesellschaftsbild und Verfassungspläne des deutschen Widerstandes, in: W. Schmitthenner/H. Buchheim (Hrsg.),Der deutsche Widerstand gegen Hitler, 129

[1419] Abschrift BArch. NL 1262 Nr. 94

[1420] H. Mommsen, Gesellschaftsbild und Verfassungspläne des deutschen Widerstandes, in: W. Schmitthenner/H. Buchheim (Hrsg.),Der deutsche Widerstand gegen Hitler,

Lehre und Kunstausübung und schließlich auf den Bedarf an beruflich und charakterlich befähigten Beamten. Das Grundgesetz sieht in Art. 2 einen unitarischen Staat mit nur einer Staatsgewalt, nämlich der des Reiches vor, das zugleich Rechtsnachfolger der Länder wird, während die Länder neu gegliedert und zu Verwaltungsbezirken des Reiches sowie Gebietskörperschaften mit Selbstverwaltung herabgestuft werden sollten. Die Länder sollten die ihnen übertragenen Aufgaben zur Mitwirkung an der Pflege der Wirtschaft und Kultur unter Aufsicht des Reiches auszuführen. An der Spitze eines Landes als Verwaltungsbezirk sollte ein vom Staatsoberhaupt zu ernennender Statthalter stehen, der zugleich als Kommissar der Reichsregierung die Aufsicht des Staates über das Land als Gebietskörperschaft führen sollte. Als oberste Selbstverwaltungsbehörde des Landes sollte ein ebenfalls vom Staatsoberhaupt zu ernennender Landeshauptmann fungieren. Für die Verwaltung waren unmittelbare Staatsbehörden, d. h. Behörden des Reiches, und Behörden der Gebietskörperschaften, d. h. insbesondere der Länder, für Verwaltungsgeschäfte vorgesehen, die den Gebietskörperschaften oblagen. Alle Verwaltungsgeschäfte sollten unter der Leitung der Reichszentralbehörden stehen. Die Verwaltung der Steuern und Zölle, der Eisenbahn und der Post sollte Sonderbehörden des Reiches obliegen. Der unitarische Charakter des Staatsaufbaus wurde dadurch unterstrichen, dass die Staatsgewalt vom Staatsoberhaupt, nämlich dem als solchen fungierenden Reichsverweser, dem zugleich die Aufgabe eines Hüters der Grundsätze der vorläufigen verfassungsmäßigen Ordnung zugewiesen wurde, und der Reichsregierung ausgeübt werden sollte (Art. 5). Der Regierung sollte der Reichskanzler vorstehen (Art. 6). Dem Staatsoberhaupt sollte u. a. der Oberbefehl über die Wehrmacht, die Ernennung und Entlassung des Reichskanzlers und auf dessen Vorschlag der Minister sowie die Ernennung und Entlassung der Reichsbeamten und Offiziere zustehen. Gesetze sollte die Reichregierung mit Zustimmung des Staatsoberhaupts erlassen, womit im Zusammenwirken mit dessen übrigen Befugnissen diesem eine nahezu unbegrenzte Machtstellung eingeräumt wurde. Ein Staatsrat, der aus den Reichsministern und den Statthaltern kraft Amtes sowie Personen bestand, die das Staatsoberhaupt auf Vorschlag der Reichsregierung ernannte, hatte bei der Gesetzgebung ein Anhörungsrecht. Er sollte das Volk in seiner Gesamtheit vertreten bis die Festigung der allgemeinen Lebensverhältnisse die Bildung einer Volksvertretung auf breiter Grundlage gestatten würde (Art. 10). Als Grundlage für die Reinigung der Beamtenschaft von ungeeigneten Personen sollte in sinngemäßer Anwendung das Gesetz zur Wiederherstellung des Berufsbeamtentums vom 7. April 1934 dienen, also ausgerechnet das Gesetz, dessen Stoßrichtung entgegen dem Wortlaut seiner Überschrift ausschließlich darauf gerichtet war, Juden und Regimegegner aus dem Staatsdienst zu entlassen. Im übrigen enthielt das Gesetz Übergangsbestimmungen u. a. zur Behandlung der nationalsozialistischen Organisationen und der bestehenden Gesetze sowie eine Bestimmung über die Verhängung des Ausnahmezustandes, während dessen Dauer die vollziehende Gewalt der bewaffneten Macht übertragen werden sollte (Art. 11 – 16). Zu letzterem hatte Popitz Richtlinien zur Handhabung des Gesetzes über den Belagerungszustand ausgearbeitet[1421]. Bemerkenswert ist, dass in den Übergangsbestimmungen betr. die nationalsozialistischen Organisationen ein Verbot der Bildung neuer politischer Vereinigungen enthalten war (Art. 13 Nr. 3),womit die Bildung eines „Parteienstaates" bzw. der an der politischen Willensbildung mitwirkenden, für das Funktionieren eines demokratischen Staates unerlässlichen Parteien ausgeschlossen war.

Die dargelegten Verfassungspläne tragen deutlich die Handschrift von Popitz. Sie machen klar, dass der nationalkonservative Widerstand, dem Popitz zuzurechnen ist, keineswegs eine Restauration der vor der nationalsozialistischen Machtergreifung bestehenden gesellschaftlichen und politischen Verfassung anstrebte[1422]. Vielmehr verfochten sie, wie Hans Mommsen zutreffend bemerkt hat, Vorstellungen, die auf derselben politischen Ebene wie die der nationalsozialistischen Zielvorstellungen lagen, das Führerprinzip nur geringfügig abwandelte und die Gesellschaft dem Staat unterordneten[1423]. Grundlage der Verfassungspläne war die Popitz, von Hassell und anderen gemeinsame Vorstellung, dass westliche Verfassungsbilder deutschem Wesen nicht gemäß waren[1424]. Gerhard Ritter rechnet den „*Verfassungsplan*" dem aufgeklärten Absolutismus zu und fragt m. E. mit Recht, ob die Diktatur des großen Volksverführers durch eine Diktatur volksfremder hoher Staatsbeamter ersetzt werden sollte, fügt allerdings hinzu, dass man das Popitzsche Grundgesetz als eine wegen seiner juristischen Präzision und Klarheit ausgezeichnete Notlösung für den allerersten Anfang gelten lassen könne[1425]. Dem schließt sich jedoch die Frage an, ob es im Falle der Umsetzung des Verfassungsplans tatsächlich hätte gelingen können, die Herrschaftsstruktur der wenigen hohen Staats-

---

[1421] Abdruck in: Die Hassell-Tagebücher, 462 ff.

[1422] H. Mommsen, Verfassungs- und Verwaltungsreformpläne der Widerstandsgruppen des 20. Juli 1944, in: Schmädeke/Steinbach (Hrsg.) Der Widerstand gegen den Nationalsozialismus, 570 ff.

[1423] H. Mommsen, Verfassungs- und Verwaltungsreformpläne der Widerstandsgruppen des 20. Juli 1944, in: Schmädeke/Steinbach (Hrsg.) Der Widerstand gegen den Nationalsozialismus, 589, 577; H. Mommsen, Gesellschaftsbild und Verfassungspläne des deutschen Widerstandes, in: W. Schmitthenner/H. Buchheim (Hrsg.),Der deutsche Widerstand gegen Hitler, 132

[1424] H. Mommsen, Gesellschaftsbild und Verfassungspläne des deutschen Widerstandes, in: W. Schmitthenner/H. Buchheim (Hrsg.),Der deutsche Widerstand gegen Hitler, 164

[1425] G. Ritter Carl Gördeler und die deutsche Widerstandsbewegung, 309 ff.; als absolutistisch sieht auch H. Mommsen den Verfassungsplan an, vgl. H. Mommsen, Gesellschaftsbild und Verfassungspläne des deutschen Widerstandes, in: W. Schmitthenner/H. Buchheim (Hrsg.), Der deutsche Widerstand gegen Hitler, 129; Die Kritik von G. Schulz gegenüber Ritter und Mommsen, vgl. G. Schulz, Über Johannes Popitz, Der Staat, 1985, 485, 497 ff., ist wenig einleuchtend

beamten, ist sie erst installiert, zugunsten einer auf Gewaltenteilung beruhenden demokratischen Verfassung abzulösen. Eine Blut- und Boden-Ideologie gehörte nicht zum Programm. Es fehlte aber eine Garantie der Grundrechte, eine Gewaltenteilung zwischen Exekutive und Legislative, sowie ein auf allgemeine Wahlen zurückgehendes, die Zulassung von Parteien einschließendes parlamentarisches System. Offen blieb, wer das Staatsoberhaupt bestimmen sollte.

Als Basis für eine verfassungsmäßige Neuordnung nach dem Sturz von Hitler waren die Verfassungspläne der Verschwörer nicht geeignet. Soweit etwa Gerhard Schulz und andere glauben, den Verfassungsplänen unter Hinweis auf die Verfassungsdiskussion der Weimarer Zeit über die Bildung eines Einheitsstaates eine positive Beurteilung abzugewinnen können, kann ich mich dem nicht anschließen[1426]. Der von manchen in der Reichsreformdebatte Ende der zwanziger Jahre favorisierte Einheitsstaat war nicht mehrheitsfähig und stieß insbesondere in den süddeutschen Staaten auf entschiedenen Widerstand. Ohne die Hoffnung auf eine breite Zustimmung blieben alle Pläne nur Papier. Die Alternative Einheitsstaat oder Bundesstaat wäre nach dem vom Widerstand herbeigesehnten Ende des Hitlerstaates auch nicht das Hauptproblem gewesen. Vorrangig war die Frage zu lösen, wie die Demokratie wiederherzustellen war, wofür nur ein auf allgemeinen Wahlen beruhendes parlamentarisches System in Betracht gekommen wäre. Dazu enthielten die Verfassungspläne der konservativen Widerstandsgruppe keine Vorschläge.

4. Volksgerichtshof, Haft und Vollstreckung des Todesurteils

Popitz wurde noch in der Nacht nach dem 20. Juli 1944, dem Tag des Attentats von Graf Stauffenberg auf Hitler, verhaftet. Popitz war über den Attentatsplan von Stauffenberg unterrichtet und billigte ihn[1427]. Auf Weisung von Hitler wurde er durch Lammers *„aus dem Amt gestoßen“*[1428]. In der Haftanstalt wurde Popitz zusammen mit den anderen Inhaftierten des 20. Juli zur Morgenwäsche in einen großen Waschraum getrieben, wo – alle Männer splitternackt ausgezogen - eine drangvolle Enge herrschte. Ständig hin und her schreitende SS-Posten verhinderten auch das leiseste und kürzeste Wort der Begrüßung unten den Gefangenen[1429]. Er erhielt aber in der Haft gegenüber anderen Häftlingen gewisse Erleichterungen[1430]. Seine

---

[1426] G. Schulz, Über Johannes Popitz (1884 – 1945), Der Staat 1985, 485 ff., 497 ff., der sich gegen die kritischen Äußerungen von H. Mommsen in: Gesellschaftsbild und Verfassungspläne des deutschen Widerstandes (Schulz Fn. 28), G. Ritter (Schulz S. 489 f.) und P. Hofmann (Schulz Fn. 29 i. V. m. Fn. 19) wendet

[1427] G. Gereke, Ich war königlich-preußischer Landrat, 288 f.

[1428] BArch. NS 6 781

[1429] H. Pünder, Von Preußen nach Europa Lebenserinnerungen, 150

[1430] Brief Dr. Ewald Löser an die Tochter Cornelia Popitz vom 21. 3. 1946, BArch. NL 1262 Nr. 111

Kinder konnten ihn besuchen und einen regen Briefwechsel unterhalten, der naturgemäß nur alltägliche, unverfängliche Dinge berührte. Popitz las viel, vor allem Goethe und Fontane[1431].

In der Verhandlung vor dem Volksgerichtshof und in der Haft erfuhr Popitz eine Sonderbehandlung. Freisler, der Vorsitzende Richter am Volksgerichtshof, befleißigte sich in der mündlichen Verhandlung im Gegensatz zu seiner sonstigen Gewohnheit, die Angeklagten mit überlauter Stimme und unflätigen Beschimpfungen zu überziehen, einer ausgesuchten Höflichkeit, indem er mit Popitz ein erregendes, von beiden Seiten geschmeidig geführtes Rededuell führte[1432]. Popitz Autorität war offenbar noch vor dem Volksgerichtshof ungebrochen.

Mit Urteil vom 3. Oktober 1944 wurde Popitz zusammen mit Carl Langbehn zum Tode verurteilt[1433]. Die Begründung des Urteils erfüllt nicht die Minimalanforderungen, die auch zur damaligen Zeit noch allgemein üblich und im übrigen durch die Anwendbarkeit der Vorschriften des Gerichtsverfassungsgesetzes und der Strafprozessordnung über das Verfahren vor dem Reichsgericht in erster Instanz vorgeschrieben waren[1434]. Statt einer geordneten Darstellung des Sachverhalts werden bruchstückweise Gespräche mit Mitverschwörern und Himmler wiedergegeben. Popitz wurde zum Tode verurteilt, weil er nach Meinung des Gerichts ein Verräter war. Dieser Verrat verwirklichte *„viele vom Gesetzgeber vorher erdachte und mit Strafdrohungen versehene Taten...aber in keinem von ihnen erschöpft er sich. Hier stehen wir vor dem vollkommenen Verrat*“. Weder werden die Strafnormen benannt noch wird demzufolge der Sachverhalt unter die Strafnormen subsumiert. Wegen der schweren Mängel handelte es sich um ein Nichturteil. Es lag auf der Linie, die Goebbels in seiner Rede vor dem Volksgerichtshof am 22. Juli 1942 vorgegeben hatte: *„Es ist nicht vom Gesetz auszugehen, sondern von dem Entschluß, der Mann muß weg*“[1435]. Die Vollstreckung auf der Grundlage des Urteils war glatter Mord. In der Anklageschrift waren jedenfalls noch die verletzten Strafvorschriften, nämlich § 5 nr. 1 der Verordnung des Reichspräsidenten zum Schutz von Volk und Staat vom 28. Februar 1933, §§ 80 Abs. 2, 81, 91 b, 86,, 93, 73, 47 StGB genannt[1436]. Nach dem Urteil verfiel das Vermögen von Popitz dem Reich.

[1431] BArch. NL 1262 Nr. 112

[1432] L. Graf Schwerin von Krosigk, Es geschah in Deutschland, Menschenbilder unseres Jahrhunderts, 344

[1433] Urteil O. J. 26/44g RS / 1 L348/44, Abschrift BArch. NL 1262 Nr. 94

[1434] § 5 Abs. 1Gesetz zur Änderung von Vorschriften des Strafrechts und des Strafverfahrens vom 24. 4. 1934, RGBl. 1934 I 341; Auszugsweiser Abdruck des Urteils bei W. Wagner, Der Volksgerichtshof im nationalsozialistischen Staat, Anlage 27;

[1435] Bericht Dr. Crohne vom 23. 7. 1942, VjhZG 1958, 437 ff.

[1436]BArch. NL 1262 Nr. 95

Aber die Vollstreckung des Todesurteils für Popitz wurde ebenso wie die des Todesurteils für Goerdeler zunächst hinausgeschoben. Unmittelbar zuständig hierfür war die Abteilung III des Reichsicherheitshauptamts der SS, das sich zu einer Art Zentralbehörde des *„Himmler-Staates“* ausgewachsen hatte[1437]. Leiter der Abteilung III, die für den Inlandsnachrichtendienst zuständig war, war der SS Obergruppenführer Otto Ohlendorf. Der Inlandsnachrichtendienst sammelte Nachrichten und Stimmungsberichte aus dem Reich, die nach dem Zusammenbruch des Regimes als *„Meldungen aus dem Reich“* veröffentlicht worden sind[1438]. Ohlendorf war ein Intellektueller aus der Schule von Prof. Jens Peter Jessen. Nach dessen Hinrichtung als Mitverschwörer hat Ohlendorf die Familie von Jessen finanziell unterstützt. Jessen war ein vertrauter Helfer und Freund von Popitz, der ihn als Minister in seiner akademischen Laufbahn gefördert hat. Für den Aufschub der Vollstreckung des Todesurteils an Popitz mögen diese persönlichen Beziehungen eine Rolle gespielt haben. Gewichtiger war aber, dass manche Kreise der SS sich mit oppositionellen gegen Hitler gerichteten Gedanken trugen oder zumindest den Zusammenbruch Deutschlands voraussahen und für diesen Fall mit Plänen für den Wiederaufbau Deutschlands gerüstet sein wollten. Zur Ausarbeitung solcher Pläne wollte man sich die Verwaltungserfahrung von Goerdeler und Popitz nutzbar machen. Ohne die Zustimmung von Himmler wäre der Vollstreckungsaufschub allerdings nicht denkbar gewesen. Himmler aber stimmte zu, weil er sich, wie oben dargelegt, mit dem Gedanken trug, Hitler zu entmachten, um das gesamte germanische Abendland einschließlich England unter seiner Führung gegen das *„slawische Untermenschentum“* zu vereinigen[1439]. Himmler ließ sich Popitz auch zu einem Gespräch unter vier Augen aus der Haft vorführen[1440].

Goerdeler und Popitz wurden 39 Fragen gestellt, die der zuständige Sachbearbeiter des Referats III A 3 des Reichsicherheitshauptamtes, Oberregierungsrat Dr. Erhard Mäding, ausgearbeitet hatte. Es ging um die technische Organisation des Wiederaufbaus der zerstörten Städte und Industriewerke, um den jeweiligen Anteil von Staat und Kommunen, öffentlicher und privater Initiative, um Fragen der Planung in Gemeinden, Provinzialverbänden und Reich, um kriegstechnische, städtebauliche und volkstumspolitische Probleme, um Siedlungs- und Finanzfragen, Fragen der Rechtsordnung, der Arbeitsbeschaffung und Sozialpolitik. Popitz verfasste zu diesen Fragen eine Denkschrift von 66 Seiten in engzeiliger Maschinenschrift. Nach einem weiteren Auftrag sollte Popitz sich zur Reichs- und Verwaltungsreform, insbesondere zur Neugliederung des Reichsgebiets und über die Zuständig-

[1437] G. Ritter, Carl Goerdeler und die deutsche Widerstandsbewegung, 419

[1438] H. Boberach (Hrsg.) Meldungen aus dem Reich, Die geheimen Lageberichte des Sicherheitsdienstes der SS 1938 – 1945

[1439] G. Ritter, Carl Goerdeler und die deutsche Widerstandsbewegung, 419 ff., 421

[1440] W. Hagen, Die geheime Front, 95

keit der Reichs-, Landes- und Gemeindebehörden sowohl im Bereich der politischen Willensbildung wie der Verwaltung und ferner zur Umstellung der Kriegs- auf die Friedenswirtschaft äußern. Popitz trat aus technischen, wirtschaftlichen, preispolitischen, finanziellen und volkspsychologischen Gründen für eine staatliche Lenkung auf örtlicher wie auf der Reichsebene bei dem Wiederaufbau des zerstörten Landes ein. Für die Wirtschaftspolitik forderte er eine Fortsetzung der Kriegswirtschaftspolitik, jedoch deren bald mögliche Überwindung. Für die Zeit nach dem Wiederaufbau verlangte Popitz eine staatliche Lenkung und Richtlinien, innerhalb deren der Privatinitiative ein gewisses Maß an Bewegungsfreiheit eingeräumt werden müsse. Er trat für eine Einschränkung der Großstadtentwicklung ohne Fixierung der Grenzen, für die Entwicklung von Kleinsiedlungen mit Einfamilien- bzw.- Reihenhäusern ein. Popitz forderte eine Neugliederung des Reiches. Das Original ist, soweit ersichtlich nicht erhalten. Es existiert aber eine von Mäding gefertigte Synopsis der Antworten von Goerdeler und Popitz auf 39 gestellte Fragen[1441]. Als Beitrag zur Verwaltungsgeschichte sollte Popitz seine beruflichen Lebenserinnerungen niederschreiben. Er hat damit begonnen, konnte die Niederschrift jedoch nicht mehr beenden, weil der Antrag von Ohlendorf auf Verlängerung des Vollstreckungsaufschubs von einer höheren Stelle abgelehnt wurde. Etwaige Niederschriften sind nicht mehr vorhanden.

[1441] BArch. N 1561 Sonderband Goerdeler und Popitz Nr.11

V. Kapitel
Bewertung

1. Popitz im Spiegel der Zeitgenossen

Wie bei den meisten geschichtlichen Figuren muss man bei Popitz die Beurteilung als Mensch und als Funktionsträger unterscheiden. Die Beurteilungen von Popitz als Mensch waren zwiespältig. Der Ministerialrat Wilhelm Markull, sein Referent für den Finanzausgleich der zwanziger Jahre, urteilte: „*Er war ein Vorbild und Ärgernis zugleich*". Der im preußischen Finanzministerium während des Dritten Reiches Popitz unterstellte Ministerialrat Herbert du Mesnil lobte „*die seltenen Gaben seines Geistes und seine ungewöhnlich Kenntnisse auf fast allen Gebieten des geistigen Lebens, der Philosophie und der Kunst, auf dem Gebiet seiner engeren Fachwissenschaft, des Verwaltungsrechts und der Finanzwissenschaft, seine Klarheit und Schärfe des Denkens, seine Raschheit der Auffassungsgabe und seine geradezu verblüffende Gabe präziser Formulierung*". Aber wohl auch auf der Basis eines zu Popitz konträren Charakters spricht Mesnil Popitz die charakterlichen Vorzüge ab, die Popitz auf geistigem Gebiet hatte. Er hebt die durch das Gefühl der geistigen Überlegenheit hervorgerufene Überheblichkeit, die maßlose Eitelkeit und das Geltungsbedürfnis hervor, Eigenschaften also, die nach Meinung von Mesnil Popitz daran hinderten, Geschichte zu machen, wie er es ohne diese charakterlichen Mängel hätte machen können[1442].

Der Weimarer Reichsfinanzminister und Reichskanzler Hans Luther schrieb in seinen Memoiren: „*Meine persönlichen Beziehungen zu Popitz waren nicht auf der ganzen Linie positiv, weil wir beide nicht die gleiche seelische Wellenlänge hatten, oder anders ausgedrückt, weil für meine Art sein Denken manchmal zu abstrakt oder zu gelehrt war*"[1443]. Sein Vorgesetzter Reichsfinanzminister Heinrich Köhler schrieb in seinen Lebenserinnerungen: „*Ich bin in meinem Leben keinem unheimlicheren Menschen begegnet - ein wahrer Fouqué*[1444] *des 20. Jahrhunderts*". Köhler beurteilte Popitz zwar als beruflich außerordentlich qualifizierte Arbeitskraft, als einen Mann von einer umfassenden und lebendigen humanistischen Bildung, eine der Wissenschaft zugewandte Natur von einem kulturellen Format und einer Lebensart und Gewandtheit, die absolut überdurchschnittlich waren, verurteilte aber „*seinen Charakter als Führer und Lenker seiner wertvollen Eigenschaften, der an Zynismus, Verschlagenheit, Überheblichkeit, einem bis ans Krankhafte gesteigerten Ehrgeiz und manchmal geradezu lächerlichen Eitelkeit kaum seinesgleichen fand*". Das Fädenziehen hinter den Kulissen war Popitz nach Köhler so zum Lebensbe-

---

[1442] H. du Mesnil, Preußisch Dienen und Genießen, Die Lebenszeiterzählung des Ministerialrats Herbert du Mesnil (1875 – 1947), bearbeitet von Jürgen Kloosterhuis. 437 ff.

[1443] H. Luther, Politiker ohne Partei Erinnerungen, 132

[1444] Richtig: Fouqet 1615-1680 französischer Finanzminister zweifelhaften Rufs

dürfnis geworden, dass er stets gegen seinen gerade amtierenden Minister mit dem voraussichtlichen Nachfolger oder dessen Partei konspirierte. Nichts konnte Popitz nach Köhler in größere Erregung bringen, als wenn der Minister Sachbearbeiter des Ministeriums zum unmittelbaren Vortrag bestellte. Alle Beamten einschließlich der Vorzimmerdame des Ministers hatte Popitz angewiesen, ihn von der Bestellung eines Beamten zum unmittelbaren Vortrag beim Minister sofort zu unterrichten und die Angelegenheit mit ihm vor dem Vortrag beim Minister durchzusprechen sowie nachher über die Besprechung mit dem Minister Popitz zu unterrichten. Die seitens Köhler von Hass gegen Popitz geprägte Gegnerschaft, erlaubte dem Minister Köhler aber nicht, Popitz aus dem Amt zu entfernen[1445]. Der Staatssekretär Popitz war in gewisser Weise mächtiger als der Minister. So schrieb denn auch Stefan Grossmann im November 1927, dass Popitz und nicht der Minister der wahre Herr im Reichsfinanzministerium („*allmächtig*")sei, der unter von Schlieben die Führung an sich gerissen habe. Noch im Dritten Reich hatte Popitz in Erinnerung an eine Zentralfigur der Außenpolitik im Kaiserreich, Friedrich von Holstein, den Spitznamen „*Graue Eminenz*" [1446]. Den Nachfolger von Schliebens, Reinhold, zieh Popitz der sachlichen Ungeeignetheit als Minister; er ließ den Minister nach Grosmann offensichtliche Dummheiten sagen[1447]. Köhler konnte den mächtigen Popitz nicht entlassen. Er konnte ihn allenfalls von der Mitarbeit in bestimmten Angelegenheiten ausschließen, so etwa von der Mitarbeit bei der Besoldungsreform der Beamten, weil Köhler Popitz als Urheber der Behauptung ansah, dass die höheren Beamten gegenüber den unteren und mittleren Beamten in der Besoldung benachteiligt seien[1448] . Popitz vertrat seine Ansichten mit aller Schärfe. So sah sich Staatssekretär Pfundtner in einem Schreiben an seinen Minister veranlasst, sich über Popitz zu beschweren, weil dieser vor den anwesenden Sachbearbeitern ihm in prononcierter Form vorgeworfen hatte, von den Dingen nichts zu verstehen. Er, Pfundtner, werde in Zukunft nur noch zu Verhandlungen mit Popitz erscheinen, wenn die Gewähr gegeben sei, dass sich solche Vorkommnisse nicht wiederholen würden[1449].

Anerkennung spiegelt sich in dem Urteil des damaligen Referatsleiters im Reichsfinanzministerium Graf Schwerin von Krosigk für die Jahre ab 1923: „*Popitz, der allmächtige Staatssekretär der Finanzen, allgemein als der große Kenner und Könner auf seinem Gebiet anerkannt, war Praktiker und Gelehrter zugleich, ein Liberaler mit Neigungen zu autoritärem Führertum, ein Intellektueller, der sein Leben für seine Ideale einsetzte, ein Spötter, der tiefreligiös war; die Beschäftigung*

[1445] Heinrich Köhler, Lebenserinnerungen des Politikers und Staatsmannes 1878 – 1955, 195 f.

[1446] A. Speer, Erinnerungen, 390

[1447] BArch. N 1262 Nr. 76

[1448] Heinrich Köhler, Lebenserinnerungen des Politikers und Staatsmannes 1878 – 1955, 256

[1449] BArch, 1501/5490, Bl. 207 ff.

mit Steuern betrachtete er als Kunst, die mit dem Haushalt als Handwerk“[1450]. Und weiter Schwerin über Popitz „*er beherrschte als Praktiker wie als Theoretiker das Steuerwesen und alle Fragen des Finanzausgleichs zwischen über- und untergeordneten öffentlichen Körperschaften in vollendeter Meisterschaft*“[1451]. Popitz war nach Schwerin von Krosigk ein Mann von blendender Intelligenz und überragender Rednergabe; der die Dinge bis in die letzten Folgerungen durchdachte. Aber er hatte eine intellektuelle, die Dinge oft nur andeutende und mit einer Fülle taktischer Finessen arbeitende Art, die zum Beispiel Goerdeler mit seiner direkten und offenen Art abstieß[1452]. Zur Charakteristik von Popitz trägt auch die Aussage von Schwerin von Krosigk bei, dass Popitz im Januar 1925 im Kabinett Luther als Reichsfinanzminister neben von Schliefen zur Wahl stand, Popitz dieses Amt aber ablehnte, weil ihn mehr die Aussicht gelockt habe, auf lange Zeit als Staatssekretär der geheime Herrscher zu sein, als die äußerlich glanzvollere, aber kurze Rolle des Ministers zu spielen[1453]. Über den Menschen urteilte Schwerin: „*Popitz spielte leidenschaftlich gern mit Menschen; er führte sie mit berechnender Kunstfertigkeit an den Fäden eines von ihm planvoll angelegten Spiels*“[1454].

Vorbehalte gegen Popitz spiegeln sich auch in dem Urteil seines engen Vertrauten aus dem Widerstand, Ulrich von Hassell, der auf seine leicht professorale Art und das etwas starre Konstruieren eines Verwaltungsmanns verweist, der die Dinge allzu stark als Verwaltungsmann sieht[1455]. Für Eugen Gerstenmaier war Popitz eine hochinteressante Mischung von Gelehrtem, Administrator und politischem Denker, der zu der Zeit als Gerstenmeier Popitz im Widerstand kennen lernte, zu den entschlossenen Gegnern Hitlers zählte, denen jedes Mittel recht war, Hitler zu beseitigen und der nicht daran dachte, sein Schicksal mit dem des ihm verhassten Regimes zu verbinden. Mit Gerstenmaier besprach Popitz auch mehrfach die Möglichkeit, Himmler für die Ablösung von Hitler zu gewinnen[1456]. Wahrscheinlich beeinflusst durch die politischen Meinungsverschiedenheiten soll Goerdeler in der Haft nach dem 20. Juli über Popitz geurteilt haben: „*Popitz hatte eine schillernde Wendigkeit. Sie war getragen von einem ungeheuren Ehrgeiz. Er ist ein Mann mit*

[1450] L. Graf Schwerin von Krosigk, Staatsbankrott, 29

[1451] L. Graf Schwerin von Krosigk, Es geschah in Deutschland, Menschenbilder unseres Jahrhunderts

[1452] L. Graf Schwerin von Krosigk, Es geschah in Deutschland, Menschenbilder unseres Jahrhunderts, 340, 342

[1453] L. Graf Schwerin von Krosigk, Staatsbankrott, 31

[1454] L. Graf Schwerin von Krosigk, Es geschah in Deutschland, Menschenbilder unseres Jahrhunderts, 340

[1455] Die Hassell-Tagebücher, (1. 11. 1941) 281, (21. 12. 1941) 289

[1456] E. Gerstenmaier, Streit und Friede hat seine Zeit, Ein Lebensbericht, 168

einer Intelligenz, wie sie nur selten anzutreffen ist, aber in seinem Wesen offenbaren sich die großen Gefahren, die aus einer Verbindung solcher Intelligenz mit beinahe krankhaftem Ehrgeiz entspringen. Ich habe Popitz als einen Mann kennen gelernt, der zu jeder Inkonsequenz bereit ist, wenn es gilt, ein von seinem Ehrgeiz gestecktes Ziel zu erreichen". Popitz habe deshalb danach gestrebt, selbst eine große, wenn nicht entscheidende Rolle für sich zu gewinnen. Er habe immer wieder versucht, Beck zu bestimmen, sich auf bestimmte Zivilpersonen – gemeint ist er selbst – festzulegen. Goerdeler sprach von den Intrigen des Herrn Popitz, der sich wegen seines Ehrgeizes und seiner Überheblichkeit allgemein unbeliebt gemacht habe[1457].

Arnold Brecht, ein hoher 1933 als Ministerialdirektor aus dem Dienst entfernter preußischer Beamter, charakterisierte Popitz als einen der bedeutendsten deutschen Sachverständigen des Finanzwesens, besonders der Steuern und als vaterlandsliebenden, ungewöhnlich geistvollen, vielseitig gebildeten, einflussreichen Beamten, ebenso geschickt als Taktiker wie versiert im parlamentarischen Spiel, nicht ohne eine gewissermaßen sichtbare geistige Eitelkeit, aber persönlich integer. „*Auf Dauer wird immer mit Vernunft regiert*", sagte Popitz zu Brecht bei dessen Abschied, teils zur Entschuldigung für die Annahme seines Amtes unter Hitler teils zum Trost für Brecht[1458]. Heinrich Büning schildert Popitz als allmächtig, der es unternahm, drei Parlamentariern verschiedenster Parteirichtungen den Posten des Reichsfinanzministers zu versprechen[1459]. Die Zwiespältigkeit der Persönlichkeit von Popitz findet auch in dem Urteil von Rainer Hildebrandt Ausdruck, der meinte, „*Es war nicht leicht, dahinter zu kommen, wer Popitz eigentlich war. Schon äußerlich war das schwierig: Seine Gestalt war feingliedrig, seine Bewegungen beherrscht und knapp und verrieten bisweilen eine gewisse Härte. Das feine Gelehrtengesicht war ruhig und gelassen und man erwartete eine trockene Intelligenz. Dieser Eindruck dauerte solange, bis seine Aufmerksamkeit geweckt war, dann verrieten die funkelnden Augen und die Lebhaftigkeit und Schnelligkeit der Gesten ein ganz unerwartetes Temperament von geistiger Fülle und Tatkraft.... Er hielt menschliche Distanz, sprach wenig von sich selbst und schloß sich ab. Man fühlte, daß er ein einsamer Mensch war*"[1460].

Das wärmste Urteil über Popitz stammt von dem Schriftsteller und Literaturhistoriker Paul Fechter (1880 – 1958), der seit 1938 Mitglied der Mittwochsgesell-

---

[1457] Archiv Peter, Spiegelbild einer Verschwörung, Die Kaltenbrunner-Berichte an Bormann und Hitler über das Attentat vom 20. Juli 1944, Geheime Dokumente aus dem ehemaligen Reichssicherheitshauptamt, 471

[1458] A. Brecht, Mit der Kraft des Geistes, Lebenserinnerungen Zweite Hälfte 1927-1967, 39

[1459] H. Brüning, Memoiren 1918 – 1934,165

[1460] R. Hildebrandt, Wir sind die Letzten Aus dem Leben des Widerstandskämpfers Albrecht Haushofer und seiner Freunde, 82

schaft war. Es ist gerechtfertigt Fechters nach dem Kriege niedergeschriebene Erinnerungen an Popitz, die vornehmlich an die gemeinsame Zeit der Mitgliedschaft in der Mittwochsgesellschaft anknüpfen, wörtlich zu zitieren:
„Der führende Mann, überhaupt die eigentlich führende Gestalt der Mittwochsgesellschaft war Johannes Popitz. Preußischer Finanzminister, ordentlicher Professor der Finanzwissenschaften an der Universität Berlin, besaß dieser...die organisatorischen wie die geistigen, die politischen wie die kulturellen Qualitäten zu einer Laufbahn größten Stils, zumal sein fühlbarer, wenn auch niemals ausgesprochener Ehrgeiz die beste Triebfeder zu einer Auswirkung all seiner Gaben war. Er war ein Mann der politischen Realität des Gegenwärtigen und zugleich ein leidenschaftlicher Humanist, der die Gesellschaft der Freunde antiker Kunst geschaffen hatte und mit Hingebung und Energie betreute. Seine Laufbahn war über Finanzausgleich und Reichsschatzamt gegangen und hatte ihn doch niemals gehindert, die geistige Kultur seiner Zeit in all ihren Phasen und Phänomenen intensiv und aktiv mitzuerleben. Er saß nicht nur mit seiner Tochter Cornelia in jeder Premiere des Staatstheaters auf seinem Stammplatz rechts im ersten Rang: sein Anteil ging erheblich weiter. Als Gründgens die ausgezeichnete Aufführung von Grillparzers „Bruderzwist im Hause Habsburg" herausbrachte und bald nach der Aufführung die Mittwochsgesellschaft wieder einmal bei Popitz zusammenkam, hielt er einer seiner schönsten Vorträge über die Frage, ob für das deutsche Volk in der Zeit zwischen dem Augsburger Religionsfrieden und dem Ausbruch des Dreißigjährigen Krieges die Möglichkeit bestanden hätte, die ihm in seiner Geschichte gestellte Aufgabe der Staatswerdung zu lösen und die Katastrophe des Religionskrieges durch eine staatsmännische Tat zu vermeiden. Er zeigte die Schwierigkeiten und die Möglichkeiten, die sich boten, und entwarf dann das Porträt eines Mannes, der auch durch Grillparzers Tragödie wandert, des Kardinals Melchior Klesel, der als Direktor des Geheimen Rats der Kirche diese Möglichkeiten gesehen und verfolgt hat, noch nach dem Prager Fenstersturz das Unheil abzuwehren suchte, bis er durch rechtswidrige Verhaftung auf Betreiben des späteren Kaisers Ferdinand des Zweiten ausgeschaltet und beseitigt wurde. Es war einer der interessantesten Vorträge aus der letzten Zeit der Mittwochsgesellschaft, doppelt bedeutsam in der Rückschau, weil jetzt das heimliche Selbstgespräch des Vortragenden vernehmlich wird, der sich von der Geschichte vor eine ähnliche Aufgabe der Verhinderung eines vielleicht noch grauenvolleren Unheils gestellt sah und ahnte, dass auch sein Versuch ähnlich ausgehen würde wie der des Kardinals Klesel. Damals erlebte man im wesentlichen die geistige Spannweite von Popitz, der das Zeug besaß, auch in verworrenen Zeiten das Steuer eines Staates zugleich stark und klug zu lenken.

Wenn man mit ihm sprach, spürte man beide, die Kraft wie die Klugheit, wie denn bei aller gebändigten Zurückhaltung seines Wesens, die er lange beibehielt, eine starke suggestive Wirkung von ihm ausging. Der mittelgroße, stets mit diskreter Eleganz gekleidete Mann mit dem langen, bewusst verschlossenen Gesicht, der klugen Stirne unter dem gescheitelten dunkelblonden Haar und den abrückenden Augen hinter der hell geränderten Hornbrille war eine der klarsten und beherrsch-

testen Erscheinungen der Jahrzehnte, die ihn emporgetragen hatten: kühl und gespannt, innerlich beteiligt und dem Fremden unnahbar, ein Mensch voll Substanz und Wesen, in dessen tiefer, voller und in großen Räumen zugleich ein professoral unpersönliche Stimme wirksam ein ganz leiser Zusatz Schauspiel mitschwang, im Goetheschen Sinn für die Rolle, die er nun einmal spielen musste, eingesetzt. Von den Ministern, denen ich begegnet bin hatte er die meiste Kultur, schon weil er sie niemals fühlbar werden ließ. In seinem schönen Haus in der Brentanostraße in Steglitz hingen eine Menge merkwürdiger Bilder, altmeisterlich oder klassisch in den figuralen Themen, in den pastellhaften Farben und ihrem flächenhaften Zusammenfassen auf eine seltsame Art der Gegenwart nahe. Ich fragte ihn einmal nach dem Maler dieser Werke: sie stammten von seiner Mutter Anna Rudolph. Die Atmosphäre der Welt, aus der er herkam – der Vater war Apotheker –war damit gegeben, das, was er aus diesen Voraussetzungen her aus sich gemacht hatte, ebenfalls..... Er empfand sich - mit Recht – als den eigentlichen Kultusminister Preußens.....Popitz war ein erbitterter Gegner des nationalsozialistischen Staates und seiner Männer. Er ist es gewesen, der aus der Mittwochsgesellschaft langsam und vorsichtig eine unauffällige Zelle des Widerstandes machte: er hat bei jeder Gelegenheit versucht, Menschen, die als Gegner des Systems in Gefahr geraten waren, zu helfen, sie mit Hilfe seiner Verbindungen dem Netz zu entziehen, in das sie sich verstrickt hatten."[1461]. Er konnte laut Fechter „*schallend lachen, aber er war nicht eigentlich fröhlich*"[1462].

Ausgesprochen positiv ist auch das Urteil von Rolf Grabower aus der Sicht eines Popitz im Reichsfinanzministerium unterstellten Mitarbeiters. Von Anfang an war Grabower von der Persönlichkeit des jüngeren Dienstvorgesetzten beeindruckt. Obwohl jeder Massenwirkung abhold und gleichgültig gegenüber den Urteilen der Beamtenschaft gewann Popitz nach Grabower die Liebe seiner engsten Mitarbeiter und die Achtung aller Angehörigen seiner Verwaltung[1463]. Bequem war Popitz als Vorgesetzter nicht. Er hetzte seine Mitarbeiter durch die lange Reihe von Entwürfen und die Mitarbeiter fühlten sich dem Schlaganfall nahe, wenn Popitz mit unbewegtem Angesicht, nur tückisch durch die Brillengläser funkelnd, noch gestern irgendeine unwahrscheinlich mühevolle Ausarbeitung haben wollte[1464]. Popitz, der sich selbst trotz schwacher Gesundheit nicht schonte, war als Vorbild und Führer anerkannt und zugleich ein Ärgernis. Er konnte mit den Menschen spielen wie die

---

[1461] P. Fechter, Menschen und Zeiten, Begegnungen aus fünf Jahrzehnten, 379 ff.

[1462] P. Fechter, Menschen und Zeiten, Begegnungen aus fünf Jahrzehnten, 394

[1463] R. Grabower, Persönliche Erinnerungen an Johannes Popitz, FR 1954, 516 ff.

[1464] W. Markull, in seiner Abschiedsrede für Popitz am 7. 2. 1930, Manuskriptdruck, S. 16, BArch. NL 1262 Nr. 90

Katze mit der Maus. Er konnte aber auch die Sorgen seiner Mitarbeiter hören und ihnen helfen in der Not[1465].

Negativ war das Urteil des Kunsthistorikers Werner Weisbach. Popitz war ihm von der ersten Begegnung an nicht sympathisch. Er hielt ihm frivolen Zynismus, Gerissenheit, Sarkasmus und Eitelkeit vor[1466]. Zynismus warf ihm auch der Reichstagsabgeordnete Gustav Stolper in Übereinstimmung mit seiner Frau vor, die hierin einen Grund für den Mangel an Aktivität erblickten, andererseits aber die besondere Physiognomie und den besonderen Intellekt von Popitz hervorhoben[1467]. Popitz war ein glänzender Redner. Über seine Lehrtätigkeit berichtet Walter Hübschmann: „*Unvergessen wird es jedem sein, der je miterlebt hat, wie hunderte von Studenten im Auditorium Maximum der ehrwürdigen Berliner Universität .... ihrem Lehrer Beifall zollten, wenn er seine Vorlesungen hielt in einer Bewegung von gesammelter geistiger Kraft, die eines seiner Kennzeichen war .... seine Vorlesungen atmete immer eine ganz persönliche Note, stets wusste er das zu behandelnde Thema in einem großen allgemein wirtschaftspolitischen sowie finanzpolitischen Zusammenhang zu stellen, dabei zugleich schöpfend aus der Fülle seiner praktischen Erfahrungen auf den Gebieten der Steuerpolitik und des Steuerrechts*“[1468]. Auf der Konferenz der Friedrich List-Gesellschaft in Eilsen sagte der Vorsitzende nach der Abschlussansprache von Popitz: „ *alle hier Versammelten stehen unter dem tiefen Eindruck ihrer Darlegungen, wir haben dies auch äußerlich bekundet und Ihnen gegen alle Gewohnheit unserer Konferenzen stürmisch Dank und Beifall dargebracht. Ich behaupte nicht zuviel, wenn ich hinzufüge dass mit der Erinnerung an die Konferenz von Eilsen die Erinnerung dieser Rede verknüpft bleiben wird.*“[1469]. Nach dem Urteil von August Dresbach, war Popitz ein Mensch mit seinem Widerspruch, aber ein Künstler und Diener am Staat zugleich und in dieser Synthese fast unvergleichlich[1470].

Als Funktionsträger, insbesondere als Steuerjurist, fand Popitz allseitig und uneingeschränkt Anerkennung. Sein Name war in Fachkreisen in aller Munde[1471]. In

---

[1465] W. Markull in seiner Abschiedsrede für Popitz am 7. 2. 1930, Manuskriptdruck, BArch. NL 1262 Nr. 90

[1466] W. Weisbach, Geist und Gewalt,

[1467] Toni Stolper, Ein Leben in Brennpunkten unserer Zeit Wien Berlin New York Gustav Stolper 1888 – 1947, 281

[1468] Finanzrundschau 1954, 515

[1469] Prof. Bernhard Harms, abgedr. In: Kapitalbildung und Steuersystem, Verhandlungen und Gutachten der Konferenz von Eilsen, Veröffentlichungen der Friedrich List-Gesellschaft, Berlin 1930, 4. Bd. 155 f.

[1470] Frankfurter allgemeine Zeitung vom 6. 9. 1958

[1471] Bühler, O., Popitz als Jurist, FR 1954, 526 ff.

einem Rückblick auf 10 Jahre Reichsfinanzverwaltung hob der damalige Senatspräsident am Reichsfinanzhof, Kloß, unter Hinweis auf die negativen Folgen ständig wechselnder Minister die Bedeutung der Verwaltungsbeamten hervor, die an führender Stelle die Stetigkeit der Verwaltung verbürgt haben. Deren Leistungen gipfeln nach Kloß in dem Staatssekretär Dr. Popitz. Sein Wissen, seine Betrachtungsweise und seine Tatkraft seien von entscheidender Bedeutung für das Ansehen und für das Wirken der Verwaltung[1472]. Der Reichstagsabgeordnete Gustav Stolper hob in einem Aufsatz im „*Deutscher Volkswirt*" hervor, dass Popitz als Staatssekretär der Weimarer Zeit mehr als nur der erste fachliche Berater seines jeweiligen Ministers gewesen sei. Er sei „*ein Persönlichkeitstyp, der als Staatssekretär, so wie diese Institution in Deutschland gedacht wird, unmöglich ist. Dieser Staatssekretär war stärker und klüger als alle Minister, deren Politik er machte*"[1473]. Aber er fand, wie Stolper meinte, nie Gelegenheit, Torheiten der Minister zu vermeiden; vielmehr verschaffte er sich nachträglich ein Alibi, indem er in Reden und Zeitungsartikeln mit theoretisch wie formal einwandfreien Argumenten bewies, wie falsch es vorher gemacht worden war. Popitz sei – bei seinem Rücktritt Ende 1929 als Staatssekretär - an seiner übergroßen Klugheit gescheitert. Er sei so klug, das er nicht in den Dingen, sondern über den Dingen gestanden habe. Es habe ihm die Kraft gefehlt, den Ernst des Geschehens mehr als intellektuell zu erleben. Er sei in erster Linie Jurist, der die technischen, formalen Probleme mit Meisterschaft erfasst habe. Aber er sei kein Volkswirt und habe kein unmittelbares Organ für die Komplexität des wirtschaftlichen und sozialen Geschehens besessen[1474].

Ein Mitverschworener des national-konservativen Widerstandes, Franz Reuter, Herausgeber der Zeitung „*Der Volkswirt*", bezeugte Popitz einen „*sagenhaften Ruf als Staatsmann von römischem Format*", wobei oft mehr die negativen als die positiven Seiten eines solchen Vergleichs angeklungen seien[1475]. Höchstes Lob zollte Popitz der Reichsfinanzminister von Schlieben nach der Steuerreform des Jahres 1925: „*Sie wissen alle,...,mit welcher politischen Unvoreingenommenheit, gleich bleibenden Sachlichkeit und Unparteilichkeit Herr Staatssekretär Popitz sein schweres und verantwortungsvolles Amt verwaltet und mit welcher aufopfernden Hingabe an die Sache er die Vorlagen hier vertritt. Sie wissen aber auch, .. was für ein gewaltiges Gesetzgebungswerk Herr Staatssekretär Popitz mit seinen Mitarbeitern in dieser Steuerreform in jahrelanger, pflichtgetreuer, aufopfernder Arbeit, mit größter Sachkenntnis, Klugheit und Gewissenhaftigkeit geschaffen hat. Über dieses Werk wird dereinst die Geschichte zu urteilen haben, und ich bin gewiß, daß dieses*

[1472] Vgl. DJZ 1929, Sp. 1114

[1473] G. Stolper, Deutscher Volkswirt v. 3. 1. 1930, Artikel Kapitulation

[1474] G. Stolper, Aus der Woche, Der Deutsche Volkswirt 4. Jg. 1930, 420

[1475] F. Reuter, Der 20. Juli und seine Vorgeschichte, 15 f.

Urteil nur in ein einziges Wort des uneingeschränkten Lobes ausklingen wird"[1476]. Selbst Gegner der von Popitz konzipierten Schlieben-Popitzschen Steuerreform sahen Popitz als genialen Finanzpolitiker[1477]. Popitz besaß nicht nur als Steuerpolitiker sondern auch sonst eine überragende Reputation. Das zeigt sich u. a. darin, das ihm Aufgaben zugewiesen werden sollten, wenn es um innere Reformen des Regimes ging. So schmiedeten etwa Hans Heinrich Lammers, 1933 – 1945 Chef der Reichskanzlei, zunächst als Staatssekretär ab 1937 als Reichsminister ohne Geschäftsbereich, und Staatsekretär Stuckart 1942 Pläne, die Arbeit der Reichsregierung zu konzentrieren und zu aktivieren. Grund dafür war die mangelnde Koordination unter den Ressorts der Reichsregierung wegen des Ausfalls von Kabinettssitzungen ab 1938. Lammers schlug vor, dass sich die Kabinettsmitglieder unter seinem Vorsitz monatlich zu einer Sitzung zusammenfinden sollten und dass Popitz, obwohl nicht Kabinettsmitglied, teilnehmen sollte[1478]. Stuckart dachte darüber hinausgehend sogar an die Einsetzung eines unter dem Staatsoberhaupt, also Hitler, stehenden Reichskanzlers, wofür er Popitz oder von Neurath in Erwägung zog[1479]. Seine Reputation und seine starke Stellung im Regime zeigt sich auch in Plänen, die Hochbauabteilung des preußischen Finanzministeriums mit der Abteilung für Siedlungswesen, Wohnungswesen und Städtebau im Reichsarbeitsministerium zu einem Reichsschatzministerium unter der Leitung von Popitz zusammenzufassen, um damit Popitz eine stärkere Stellung zu verschaffen[1480].

War Popitz immer ein korrekter Beamter? Als der Finanzamtspräsident von Dresden Popitz darauf hinwies, dass der damalige Reichsfinanzminister Peter Reinhold unrichtige Steuererklärungen abgegeben habe, hat Popitz zu dem Präsidenten gesagt: „*Sie können doch unmöglich ein Steuerstrafverfahren gegen ihren eigenen Minister einleiten*" und ihn bewogen, die Sache auf sich beruhen zu lassen[1481]. Ein in jeder Hinsicht korrekter Beamter handelt ohne Ansehen der Person.

2. Bewertung von Popitz aus der Gegenwart

Will man Popitz eine gerechte und ausgewogene Beurteilung zuteil werden lassen, so muss man zwischen den verschiedenen Aspekten seines Wirkens unterscheiden.

[1476] Verhandlungen des Reichstages, StenBer Bd. 387, 3877

[1477] Reichstagsabgeordneter Schröder (Völkische Arbeitsgemeinschaft) 174. Sitzung

[1478] D. Rebentisch, Führerstaat und Verwaltung im zweiten Weltkrieg, Verfassungsentwicklung und Verwaltungspolitik 1939 - 1945, 372

[1479] D. Rebentisch, Führerstaat und Verwaltung im zweiten Weltkrieg, Verfassungsentwicklung und Verwaltungspolitik, 371, 463

[1480] D. Rebentisch, Führerstaat und Verwaltung im zweiten Weltkrieg, Verfassungsentwicklung und Verwaltungspolitik 1939 - 1945, 339 m. Nachw. Fn. 145

[1481] H. Köhler, Heinrich Köhler, Lebenserinnerungen des Politikers und Staatsmannes 1878 – 1955, 212

Seine herausragende, in die Geschichte eingegangene Leistung liegt im Widerstand gegen den Nationalsozialismus. Bemerkenswert ist der Weg in den Widerstand besonders deswegen, weil seine staats- und verfassungspolitischen Anschauungen nationalsozialistischem Gedankengut nahe standen und er als preußischer Finanzminister dem Regime aus Überzeugung und nicht nur aus Opportunismus oder in heimlicher Opposition, wie manchmal angenommen, gedient hat. Es gab in Deutschland mit Sicherheit nicht wenige, die das Verbrecherische des Regimes ebenso wie Popitz erkannt hatten, aber trotzdem keinen Widerstand leisteten oder zumindest darüber nachdachten, weil sie sich der Gefahren des Widerstandes bewusst waren. Popitz Widerstandshaltung sichert ihm einen Ehrenplatz in den deutschen Geschichtsbüchern. Dies wird nicht dadurch in Frage gestellt, dass der Widerstand, der viel zu spät kam, keinen Erfolg gehabt hat.

An zweiter Stelle steht seine Leistung als Steuerrechtler und zwar als Gestalter des Steuerrechts durch Entwürfe von Gesetzestexten wie als Steuerrechtswissenschaftler. In beiden Eigenschaften nimmt er einen bedeutenden Platz in der Geschichte des Steuerrechts ein. Er kann als Vater der Umsatzsteuer bezeichnet werden, die ein unverzichtbares Element des Steuersystems in Europa und darüber hinaus darstellt. Im Bereich der direkten Steuern, insbesondere der Einkommensteuer hat er einen wesentlichen Beitrag zur Systematisierung geleistet. In der Weimarer Republik sind die großen Steuerreformen, die Erzbergersche und die Schlieben-Popitzsche, mit dem Namen Popitz als dem maßgebenden Schöpfer verbunden. Im Dritten Reich hat er die Harmonisierung der Realsteuern (Gewerbe- und Grundsteuern) sowie die Abschaffung der durch völlige Unübersichtlichkeit geprägten Hauszinsteuer bzw. Gebäudeentschuldungssteuer erreicht. Ebenso bedeutsam sind seine Leistungen als Finanzverfassungsjurist. Von 1919 bis 1944 hat er den Finanzausgleich unter den jeweiligen verfassungsrechtlichen Verhältnissen wesentlich bestimmt. Es gab und gibt wenige Steuerjuristen, die gleich Popitz das Steuerrecht und das Finanzverfassungsrecht gleichermaßen beherrschen. Seine Sicht des Steuerrechts zeichnet sich zudem durch die Erkenntnis des Zusammenhangs zwischen dem Steuerrecht, der Finanzwissenschaft und dem wirtschaftlichen Umfeld aus. Er steht damit über solchen Steuerjuristen, deren Sichtweise auf die reine Steuertechnik beschränkt ist. Insgesamt nimmt Popitz in der deutschen Steuerrechtsgeschichte einen herausragenden Platz ein. Eine besondere Betonung verdient noch seine Machtposition als Gestalter des Steuerrechts in der Weimarer Republik. Diese beruhte auch darauf, dass die Regierungen der Weimarer Republik schwach und gegen Ende immer schwächer waren, und dass die Parteien ebenfalls keine eigene Machtstellung entwickeln konnten. Je schwächer Regierungen und Parteien im parlamentarischen System der Weimarer Republik wurden, desto stärker wurde die Bürokratie, auf deren Schultern sich die politischen Gewichte verlagerten[1482]. Das galt – und gilt noch heute - besonders für das den Laien nur schwer zugängliche

---

[1482] K.-H. Hansmeyer, Kommunale Finanzpolitik in der Weimarer Republik, 231 ff.

Steuerrecht. Es gilt erst recht dann, wenn den parlamentarischen Gremien aus der Bürokratie ein Meister seines Faches entgegen tritt, wie es in der Gestalt von Popitz der Fall war.

Popitz war kein Staatsmann, ungeachtet dessen, dass manche ihn während der Weimarer Republik dafür gehalten haben[1483]. Man kann Popitz allerdings die Qualität als Staatsmann nicht deswegen absprechen, weil, wie Gerhard Schulz irrtümlich annimmt, seine Tätigkeit sich auf sein mit wissenschaftlichen Mitteln beherrschtes Finanzfach beschränkte[1484]. Denn Popitz war durch seine Mitwirkung im Reichskabinett in die gesamte Reichspolitik des Dritten Reiches eingebunden und spielte eine führende Rolle bei der Verwirklichung nationalsozialistischen Gedankenguts insbesondere im Bereich des Gemeindeverfassungsrechts und des Beamtenrechts. Für das Prädikat eines Staatsmannes hätte er sich aber an die Spitze einer Partei oder Bewegung mit einer umfassenden Staatszielbestimmung setzen müssen, wofür ihm aufgrund seiner Intellektualität sowohl die Eignung als wohl auch die Lust fehlte. Im Dritten Reich hätte Hitler ohnehin keinen Staatsmann neben sich geduldet. Er war ein Staatsdenker, dessen Gedanken zudem, wie dargelegt, rückwärts gerichtet waren und die den Kernpunkt, die Identifikation mit dem demokratisch-parlamentarischen System der Weimarer Republik, nicht erfassten. Es fehlte ihm das Gespür für politische Entwicklungen. Seine Ideen waren zudem allzu sehr formaljuristisch geprägt. Sie betrafen nicht das, was das Volk wirklich bewegte. Für einen Staatsmann fehlten Popitz im übrigen wohl auch die persönliche Voraussetzungen. Sein Zynismus, seine maßlose Eitelkeit, sein Hang zur Taktiererei und zum Intrigenspiel, ja selbst sein hoher Intellekt machten ihn zu einem im hohen Maße einflussreichen Mann der zweiten Linie, aber nicht zu einem Staatsmann, der das Volk für zukunftsweisende Ideen hinter sich hätte sammeln können. Auch in ruhigeren Zeiten als in den zwanziger und Anfang der dreißiger Jahre des 20. Jahrhunderts wäre Popitz als Staatsmann nicht geeignet gewesen , schon gar nicht gegen eine dämonische, die Massen mitreißende Figur wie Hitler.

Seine Leistungen als Staatsdenker wird man aus heutiger Sicht nicht positiv bewerten können. Wie bei nicht wenigen höheren Beamten verbanden sich konservatives Denken autoritärer Prägung mit dem Streben nach technischer Rationalität und Effizienz[1485]. Seine Kritik an der Weimarer Verfassung, mehr noch an dem Verfassungszustand dieser Zeit betraf eher Randfragen. Polykratie und Parteienherrschaft waren zwar ein gewisses Problem, trafen aber nicht den Kern der zu lösenden Probleme. Der Kern lag darin, dass es zu wenig Demokraten gab, die unter den widrigen Umständen der Weimarer Republik die Verfassung des Landes ge-

---

1483 F. Reuter, Der 20. Juli, Berlin 1946, 15 f

1484 G. Schulz, Die Anfänge des totalitären Maßnahmenstaates, 133

1485 H. Matzerath, Nationalsozialismus und kommunale Selbstverwaltung, 110

stützt haben. Popitz gehörte mit seiner Nebenpunkte betreffenden Kritik nicht zu den Stützen der Republik. Sein Denken stand im Einklang mit dem, was die Mehrheit der Beamten dachte. Die überwiegend national und gemäßigt konservativ eingestellte deutsche Beamtenschaft verharrte, zum Vorteil wie zum Nachteil der Republik, nach 1919 in einem unpolitischen Staatsdienertum, das in seinen Traditionen in die Bismarcksche Zeit zurückreichte[1486]. Zwar stellte sich Popitz in den Dienst der Weimarer Republik und man kann mit Hildemarie Dieckmann feststellen, dass ihn eine Kluft von den republikfeindlichen reaktionären oder radikalen Elementen der Zeit trennte[1487]. Nicht richtig liegt Dieckmann aber mit ihrer Meinung, dass Popitz von diesem Ausgangspunkt den Weg in den Widerstand fand. Vielmehr traf er sich am Ende der Weimarer Republik und vor allem ab 1933 mit den republikfeindlichen Kräften, um die Weimarer Verfassungsstrukturen zu zerstören. Im Widerstand wollte er die Weimarer Verhältnisse nicht wiederherstellen, sondern die Herrschaft einer autoritären Führungsschicht errichten, die den Deutschen nicht die Freiheit gewährleistete, die allein eine an rechtsstaatlichen Grundsätzen gebundene Demokratie mit einem parlamentarischem System und einer Gewaltenteilung geben kann. Seine Kritik an der Weimarer Republik dürfte die ablehnende Haltung führender Schichten gegen Weimar bestärkt haben. Wahrscheinlich gab es aber überhaupt niemanden, der die Stimmung der Mehrheit der Bevölkerung gegen den Staat von Weimar hätte wenden können.

Popitz war ein ausgezeichneter Verwaltungsmann. In seiner langjährigen Dienstzeit als Staatssekretär in der Weimarer Republik und als preußischer Finanzminister im Dritten Reich hat er bewiesen, dass er große Regierungsapparate mit Geschick leiten und sich die größte Hochachtung des Personals erwerben konnte. In der Weimarer Republik war er die „*Seele*" einer 80.000 Köpfe umfassenden Reichsfinanzverwaltung[1488]. Als Staatssekretär und preußischer Finanzminister benötigte Popitz auch ein gehöriges Maß an taktischen Geschick, um seine Ziele gegen Widerstände von anderen Ministerien oder gesellschaftlichen Gruppen durchzusetzen. Dass er sich der dafür nötigen Kunstgriffe zu bedienen wusste und vieles erreichte, wird von niemanden bestritten[1489].

Versagen muss man Popitz gegenüber der Hitler-Diktatur bescheinigen. Popitz Unterwerfung unter das Hitler–Regime hatte sich bereits in der Weimarer Zeit abgezeichnet, als er unter der Regierung von Papen sich bereit fand, Reichsminister zu werden und aufgrund des Preußenschlags in Preußen das Amt des für die Finan-

---

[1486] H. Mommsen, Beamtentum im Dritten Reich Mit ausgewählten Quellen zur nationalsozialistischen Beamtenpolitik, 20

[1487] H. Dieckmann, Popitz als Finanzpolitiker und Rechtswissenschaftler in der Zeit der Weimarer Republik, 317

[1488] H. Herzfeld, Johannes Popitz Ein Beitrag zur Geschichte des deutschen Beamtentums. 353

[1489] Vgl. u. a H. Matzerath, Nationalsozialismus und kommunale Selbstverwaltung, 119

zen zuständigen Reichskommissars anzunehmen. Die Präsidialkabinette von Papen und Schleicher waren nach dem Urteil des Staatsrechtslehrers Ulrich Scheuner Erscheinungen einer Übergangsperiode, die bereits rein den Typ einer auf Machtkonzentration und selbständige Führung gerichteten autoritären Regierung verkörperten[1490]. Der Übergang von den Präsidialkabinetten zu der Regierung Hitler war in Bezug auf die Staatsform nur ein kleiner Schritt. Die Ausschaltung der parlamentarischen Demokratie lag beiden Staatsgebilden zugrunde und deckte sich bei Popitz mit den staatspolitischen Zielvorstellungen, die er bereits unter Weimar entwickelt hatte. Hinzu kam die Ausschaltung der Grundrechte. Zwar hatten die Grundrechte in der Weimarer Verfassung grundsätzlich keine unmittelbare Wirkung in dem Sinn, das sich der Bürger darauf berufen konnte. Aber ohne Hitler hätte eine Chance bestanden, dass die Rechtsprechung zur Anerkennung einer unmittelbaren Wirkung gelangt wäre. Ansätze dafür waren während der Weimarer Zeit vorhanden. Albert Hensel, der sich im Steuerrecht für die unmittelbare Wirkung des Grundsatzes auf Gleichheit vor dem Gesetz und der Lastenverteilungsregel des Art 134 WRV ausgesprochen hatte, hatte mit Bedauern festgestellt, dass nach dem Erlass des Gesetzes zur Behebung der Not von Volk und Reich (Ermächtigungsgesetz) die Frage der unmittelbaren Wirkung von Grundrechten bedeutungslos geworden sei, weil die Regierung Gesetze beschließen könne, die von der Reichsverfassung abwichen[1491].

Ein fatales Missverständnis war auch, das Führerprinzip als eine geeignete Staatsform anzuerkennen. Kein Staat der Neuzeit kann durch einen mit diktatorischer Allmacht ausgestatteten Führer vernünftig geleitet werden. Das Fehlen eines historischen Vorbildes im positiven Sinn hätte Popitz zu denken geben müssen. Überdies widerspricht das in den von Popitz mit gestalteten Gesetzen verankerte Führerprinzip auf der Ebene der Verwaltung verwaltungsökonomischen Grundsätzen. Das Führerprinzip beschränkt zudem die Freiheit des Bürgers, indem es den Bürger der Entscheidung einer Person ausliefert. Aber Popitz sah eben den Staat als Institution an sich als gerechtfertigt an. Der Gedanke, dass der Staat nur dazu da ist, dem Wohl des Bürgers zu dienen, war ihm fremd. Der Staatsaufbau auf der Grundlage des Führerprinzips, der nicht auf den Bürger ausgerichtet ist, kann nicht als rationales, dem europäischen Wertesystem verpflichtetes Organisationsprinzip angesehen werden. Das Führerprinzip hat demgemäß neben dem sonstigen Durcheinander der Verwaltung durch zahlreiche Sonderbehörden und das Nebeneinander von Staat und Partei zu einem Staatsverfall geführt, der sich nur deshalb noch nicht voll ausgewirkt hatte, weil der Verlust des Krieges ohnehin das Ende des Regimes

---

1490 U. Scheuner, die staatsrechtliche Bedeutung des Gesetzes zur Behebung der Not von Volk und Reich, Leipziger Zeitschrift für Deutsches Recht 1933, 899 ff., abgedruckt bei M. Hirsch/ D. Majer/J. Meinck, Recht, Verwaltung und Justiz im Nationalsozialismus, 112 ff.

1491 A, Hensel, Steuerrecht, 46 mit Fn. 4

herbeiführte. Dass Popitz die Problematik eines Führerstaats nicht von Anfang an erkannt hat und im gewissen Sinne daran trotz der negativen Erfahrungen im Dritten Reich, wenn auch in abgemilderter Form mit seinen Plänen für die Zeit nach Hitler festgehalten hat, stellt seiner Fähigkeit als Mann der Staatsorganisation kein günstiges Urteil aus.

Gravierender noch fällt ins Gewicht, dass Popitz sich dem Regime zur Verfügung stellte, obwohl dessen diktatorischer, terroristischer, durch zahlreiche Rechtsbrüche gekennzeichneter Charakter auf der hohen Erkenntnisebene von Popitz von Anfang an hätte erkennbar sein müssen. Anders als dem Durchschnittsbürger standen Popitz alle Erkenntnismittel zur Verfügung. Die Bedeutung der rechtsstaatswidrigen Maßnahmen, an denen er beteiligt war, kann ihm nicht verborgen geblieben sein. Zumindest für einen gebildeten Juristen wie Popitz traten sie offen zu Tage. Es ist auch schwer vorstellbar, dass Popitz u. a. nichts von der Rede Hitlers vor der Generalität am 3. Februar 1933 gehört hatte, in der Hitler von der Eroberung neuen Lebensraums im Osten und dessen rücksichtslose Germanisierung, d. h. von Krieg gesprochen hatte[1492]. Entsprechendes brachte Hitler in seiner Denkschrift zum Vierjahresplan von August 1936 zum Ausdruck, in dem er die Einsatzfähigkeit der deutschen Armee und die Kriegsfähigkeit der deutschen Wirtschaft in 4 Jahren forderte und die er in einer Ministerratbesprechung am 4. September 1936 durch Göring verlesen ließ[1493]. Vollends musste Popitz als ein Experte des Haushalts die aus der Sicherheitslage der Jahre ab 1933 in keiner Weise gerechtfertigte Erhöhung der Rüstungsausgaben davon überzeugen , dass Hitler zum Krieg entschlossen war.

Die Übernahme eines hohen Staatsamtes unter Hitler war für Popitz die Konsequenz seines Lebensweges, der durch die Sozialisation in seinen jüngeren Jahren unter dem Kaiserreich und die negativen Erfahrungen während der Weimarer Republik geprägt war. Seine Mitwirkung im Dritten Reich war auf Teilgebiete beschränkt, nämlich auf die Aushebelung der Weimarer Verfassung und auf die Implementierung der Führeridee in wichtigen Gesetzen, wie der Gemeindeverfassung, dem Beamtenrecht und den Steuer- und Finanzgesetzen. An der Ermordung von etwa 6 Millionen Juden, dem schlimmsten Verbrechen des Regimes, war er nicht beteiligt. Andererseits setzte Popitz insbesondere mit der Mitwirkung an der Aushebelung der Weimarer Verfassung zugleich mit der Installation der Führeridee den entscheidenden Grundstein für das Unrechtsregime insgesamt. Ohne diesen Grundstein wäre der Holocaust nicht möglich gewesen. Er war jedenfalls bis 1938 überzeugt, dass das Regime dem allgemeinen Besten diente. Diese Überzeugung war seine größte Fehlleistung. Dies lag auch daran, dass er zu sehr an den Staat und zu-

---

[1492] Th. Vogelsang, Neue Dokumente zur Geschichte der Reichswehr 1930 – 1933, VjhZG 1954, 434, I. Kershaw, Hitler 1889 – 1936, 559 ff.

[1493] W. Treue, Hitlers Denkschrift zum Vierjahresplan 1936, VjhZG 1955, 195 f., Denkschrift ebenda 204 ff.

wenig an die Menschen dachte, auf deren Wohl es überhaupt nur ankommt. Der Zweck jeder politischen Vereinigung und Grundlage einer dem Wohl der Bürger dienenden Verfassung muss die in der französischen Menschrechtserklärung von 1789 verankerte Unantastbarkeit der Menschenrechte sein. Als Staatsdenker hätte er wissen müssen, dass ein Führerstaat ohne eine parlamentarische Demokratie nach allen historischen Erfahrungen kein diesem Grundsatz entsprechenden funktionsfähiges Staatsgebilde werden kann, zumal wenn ein Mann wie Hitler an der Spitze steht.

Popitz fühlte sich zwar dem völkischen Gedanken verbunden, wie die meisten Deutschen jener Zeit. Aber er war kein Blut- und Bodenideologe, jedenfalls gibt es dafür keinen Anhaltspunkt. Eher lässt sich vermuten, das er die Blut- und Bodenideologie der Nazi-Bewegung als eine Marotte angesehen hat, die man so ernst nicht nehmen musste. Das gehört aber zu seinen fundamentalen Irrtümern, die die meisten Deutschen jedenfalls hinsichtlich der Lebensraumideologie teilten. Aber diese auf die Vernichtung der Juden und die Eroberung von „*Lebensraum*" im Osten ausgerichteten Ideologie war der Kernpunkt des Regimes. Alles was in der Zeit bis zum Ausbruch des Weltkrieges geschah – das Pogrom 1933, die Nürnberger Rassegesetze, die sich besonders 1938 verschärfende antisemitische Gesetzgebung und die Aufrüstung - , war auf dieses Ziel ausgerichtet und diente der Vorbereitung zur Erreichung des Endziels. Popitz hat das verkannt und teilweise an den Vorbereitungshandlungen mitgewirkt oder, wie hinsichtlich der Rassegesetze, nachdrücklich zugestimmt [1494].

Sucht man die Ursachen für sein Versagen im Dritten Reich, so tritt neben seinen Lebensweg im Kaiserreich und in der Weimarer Republik ein Moment, das seine Tochter Cornelia Popitz über Carl Schmitt zum Ausdruck gebracht hat, das auch für popitz gilt: „*ein Mensch, der im tiefsten ohne politischen Instinkt war und realpolitischen Fragen fremd gegenüber stand*"[1495]. Es gab einige Leute, welche die verbrecherische Natur der Nazi-Herrschaft von vorneherein erkannten. Als ein Beispiel mag der junge Sebastian Haffner dienen, der ohne äußeren Zwang nach England emigrierte, weil er sich dem Regime nicht unterwerfen wollte[1496]. Popitz war blind für die Gefahren des Regimes. Er war auch blind gegenüber den Führungsfiguren des Regimes. Das galt für Hitler, dessen staatszerstörende Haltung er nicht verstanden hat. Das gilt vor allem auch gegenüber Göring. Dessen Amoralität lag offen zu Tage. Es bleibt ein Rätsel, weshalb Popitz sich diesem Mann so eng anschließen konnte, dem jegliches Streben nach uneigennütziger Tätigkeit für den Staat und das Volk abging und der das Resumè nach dem Ende des Regimes nicht

[1494] D. Kukla, Die Nürnberger Rassegesetze und die deutsche Bevölkerung im Lichte geheimer NS-Lage- und Stimmungsberichte, in: VjhZG 1984, 449

[1495] H. Quaritsch, Positionen und Begriffe Carl Schmitts, 89, Fn. 189

[1496] S. Haffner, Geschichte eines Deutschen, Die Erinnerungen 1914 – 1933, 95 ff.

anders als mit den Worten ziehen konnte: „*Jedenfalls zwölf Jahre gut gelebt*". Warnungen schlug er in den Wind. Aber abgesehen vom Widerstand ab 1938 letztlich entscheidend für die Beurteilung während des Dritten Reiches ist seine aktive Rolle bei dem Aufbau des Gewaltregimes.

Wenig entwickelt waren seine wirtschaftspolitischen Ideen. Auch in diesem Bereich zeigte sich ein Denkmuster, das auch seinen staatspolitischen Ideen zugrunde lag. Stets suchte er nach dem Konstruktionsfehler. Alle Mängel und Schäden führte er auf einen bestimmten Fehler in der Konstruktion zurück. War dieser Fehler glücklich entdeckt, meinte Popitz ihn mit Leichtigkeit durch eine den Fehler beseitigende Operation heilen zu können[1497].

Wenn man den Charakter von Popitz ins Auge fasst, kommt man nicht umhin, eine gewisse Starrsinnigkeit festzustellen. So ist es nach einem Bericht von Otto John nicht zu einem Treffen zwischen Popitz und Julius Leber, Sozialdemokrat und einer der führenden Köpfe des Widerstandes, gekommen, weil Popitz darauf bestanden hat , dass Leber zu Popitz kommen sollte und nicht umgekehrt, was Leber aber ablehnte, weil er überzeugt war, dass Popitz Haus überwacht wurde[1498].

Popitz hat drei Reichen mit unterschiedlichen Staatsideologien gedient. Diese waren aber durch die gemeinsame Geschichte und durch das deutsche Volk geprägt. Es ergaben sich daraus Kontinuitäten, die es leichter machten, sich den jeweiligen Zuständen des Staates anzupassen. Revolutionen wie in Frankreich oder Russland hat es während der Lebenszeit von Popitz nicht gegeben. Dennoch gab es Anpassungsprobleme. Die deutsche Beamtenschaft insgesamt hat diese Anpassungsprobleme vornehmlich dadurch bewältigt, dass sie sich den herrschenden Ideologien verschlossen oder jedenfalls glaubten, dieses zu tun und sich in den Dienst des Staates als solchen und, wenn es gut war, den Dienst des Volkes stellte. Zu einer Identifikation mit der jeweiligen Staatsideologie fühlten sich die Beamten nicht verpflichtet und zwar auch dann nicht, als dies, wie unter Weimar oder dem Dritten Reich, zu einem Problem wurde. Für die Funktionsfähigkeit des Staates und für die Bevölkerung war diese im Prinzip neutrale Einstellung der Beamtenschaft in großen Bereichen sicher nützlich, jedoch schädlich in Bereichen, in denen Beamte sich zu Handlangern eines Unrechtsstaates machen ließen. Die Haltung der Beamtenschaft war durch ein hohes Pflichtbewusstsein geprägt. Beamtenpflichten bezogen sich auf den Staat. Dass es daneben noch eine höhere Pflicht, nämlich die in Bezug auf die Wahrung der Menschenwürde gab, war den meisten Beamten wohl eher fremd.

[1497] Prof. Gerhardt Albrecht (Nationalökonom und Sozialpolitiker in Marburg) an Constantin von Dietze (1891 – 1973, seit 1937 Ordinarius für Volkswirtschaftslehre in Freiburg i. Br.) am 28. 9. 1943, zitiert nach D. Rüther, Der Widerstand des 20. Juli auf dem Weg in die Soziale Marktwirtschaft, Die wirtschaftspolitischen Vorstellungen der bürgerlichen Opposition gegen Hitler., 433

[1498] O. John, Zweimal kam ich heim, Vom Verschwörer zum Schützer der Verfassung, 151 f.

Popitz anfängliche Haltung unterschied sich grundsätzlich nicht von der der meisten Beamten. Aber seine Wende zum Widerstand hebt ihn doch über die meisten Beamten hinaus. Der Widerstand war aber mit Kontinuitäten seines Lebenswegs verbunden. Die Prägung seiner Jugendjahre durch das Kaiserreich blieb auch im Widerstand erhalten und erfuhr nur im geringen Maß Varianten , die sich aus den Umständen ergaben. Ein Sprung über den Graben hin zu einem demokratisch-parlamentarischen System westlicher Demokratien ist ihm nicht gelungen. Dass die Deutschen zur Übernahme eines solchen Systems nicht fähig waren oder gar ein solches System dem Naturell der Deutschen nicht entsprochen hätte, war ein reines, allerdings auch bei seinen Mitstreitern verbreitetes Vorurteil. Die Nachkriegsentwicklung beweist, dass der Widerstand um Popitz die Entwicklungsmöglichkeiten der Deutschen falsch einschätzte, wobei man hinzusetzen muss, dass die westlichen Alliierten eine nicht unbeträchtliche Entwicklungshilfe geleistet haben. Für die Deutschen war es ein Glück, dass der national-konservative Widerstand um Popitz im Deutschland der Nachkriegszeit keine politische Rolle gespielt hat.

Betrachtet man zusammenfassend den Lebensweg von Popitz, so spiegelt sich darin der Weg der Deutschen im 20. Jahrhundert. Neben großen Leistungen, die für alle drei Epochen zu verzeichnen sind, steht ein furchtbares Versagen. Die Deutschen wurden im Dritten Reich Opfer eines von ihnen mehrheitlich mitgetragenen Regimes. Popitz wurde Opfer eines von ihm mitgestalteten Regimes. Er war zwar kein Akteur des Holocaust. Aber er hat unwissentlich im Hinblick auf die Zielsetzung des Dritten Reiches mitgeholfen, den Boden für das Verbrechen vorzubereiten. Sieht man von den bei der Gesamtwertung als zweitrangig einzustufenden Leistungen als Steuerjurist ab, so kommt man nicht um die Feststellung herum, dass Popitz im Hauptpunkt, der menschenwürdigen Gestaltung des Staates, gescheitert ist. Aber seine Zeit war dafür nicht reif und wem ist es schon unter vergleichbaren Verhältnissen gelungen, ein solches Ziel zu erreichen.

Literaturverzeichnis

1. Schriften von Popitz

a)Gedruckte Veröffentlichungen

1911

Popitz, J., Die Stellung der kreisangehörigen Städte mit mehr als 10.000 Einwohnern in Preußen, Verwaltungs-Archiv 1911 (Bd. 19), 337 ff

1918

Popitz, J., Das neue Umsatzsteuergesetz und der Jurist, DJZ 1918, 585

1919

Popitz, J., Das Gesetz über die Reichsfinanzverwaltung, DJZ 1919, 778 ff.

Popitz, J., Die Staatsumwälzung und die deutsche Beamtenschaft, RuPrVerwBl 1919, 249 ff

1920

Popitz, J., Die neuen Reichs – Steuervorlagen, Das neue Umsatzsteuergesetz nach den Beratungen in der Nationalversammlung, DJZ 1920, 78

Popitz, J., Die Neuordnung der Finanzverfassung von Reich, Ländern und Gemeinden durch das Landessteuerrecht, Preuß. VerwBl. 1920, 313

Popitz, Die Steuerpolitik des Reiches, Recht und Wirtschaft 1920, 57 ff.

Popitz, Grundzüge des neuen Umsatzsteuerrechts, Deutsche Handelswarte 1920, 75 ff

Popitz, J., Finanzmilitarismus, in: Festgabe für Dr. jur. h. c. Otto Liebmann, dem Begründer, Verleger, Schriftleiter und Herausgeber der Deutschen Juristen-Zeitung, Berlin 1920, 232 ff.

1921

Popitz, J., Das Ideale im Recht und das Steuerrecht, Archiv des öffentlichen Rechts 1921 (Bd. 40), 129 ff.

1922

Popitz, J., Die Einrichtung der Finanzgerichte, DJZ 1922, 276

1923

Popitz, J., Artikel Körperschaftsteuer, in: Elster, L./Weber, A./Wieser, F. (Hrsg.), Handwörterbuch der Staatswissenschaften, Fünfter Band, 4. Aufl., Jena 1923, 895 ff.

Popitz, Artikel Kapitalrentensteuer (Kapitalertragsteuer), in: Elster, L./Weber, A./Wieser, F. von (Hrsg.), Handwörterbuch der Staatswissenschaften, Fünfter Band, 4. Aufl., Jena 1923. 603 ff.

1925

Popitz, J., Geleitwort zu R. Grabower, Geschichte der Umsatzsteuer und ihre gegenwärtige Gestaltung im Inland und im Ausland, Berlin 1925

Popitz, J., Vorfragen zur Steuerreform, DJZ 1925, 361

1926

Popitz, J., Artikel Einkommensteuer, in: J. Conrad (Hrsg.), Handwörterbuch der Staatswissenschaften, Dritter Band, 4. Aufl. Jena 1926

Popitz, J., Artikel Finanzausgleich, in: Elster, L./Weber, A./Wieser, F. von (Hrsg.), Handwörterbuch der Staatswissenschaften, Dritter Band, 4. Aufl., Jena 1926

Popitz, J., Finanzpolitik und deutsche Kultur, in: von Biegeleben (Hrsg.), Kultur und Steuergesetzgebung, (Schriften zur deutschen Politik) Freiburg 1926, 10 ff.

1927

Popitz, Artikel Aufwandsteuern im allgemeinen (direkte und indirekte), in: W. Gerloff/ F. Meisel (Hrsg.), Handbuch der Finanzwissenschaft, Tübingen 1927 Bd. 2, 198 ff.

Popitz, J., Der Finanzausgleich, in: W. Gerloff/ F. Meisel (Hrsg.), Handbuch der Finanzwissenschaft Bd. 2 Tübingen 1927, 346 ff.

Popitz, J., Allgemeine Verbrauchsteuer, in: W. Gerloff/ F. Meisel (Hrsg.), Handbuch der Finanzwissenschaft, Bd. 2, Tübingen 1927, 180 ff.

Popitz, J., Aufwandbesteuerung im allgemeinen (direkte und indirekte), in: W. Gerloff/ F. Meisel (Hrsg.), Handbuch der Finanzwissenschaft, Bd. 2, Tübingen 1927, 198 ff.

Popitz, J., Gegenwartsproblem der Finanz- und Steuerpolitik, in: H. W. Bruck/H. Wätjen, Schriftenreihe der Weltwirtschaftlich Gesellschaft zu Münster e. V. Heft 15, Leipzig 1927

Popitz, J., Gegenwartsprobleme der Steuergesetzgebung und Steuerverwaltung, Vj.Stu.FR I 1927. 5;

Popitz J., Staatsreferendar und Staatsassessor, Reformvorschläge für das Ausbildungs- und Berechtigungswesen der Juristen und Volkswirte, Jena 1927= DJZ 1928, Sp. 21

Popitz, J., Der Reichssparkommissar, DJZ 1927 (Bd. 32), 123 ff.

1928

Popitz, J. /R. Kloß/R. Grabower, Kommentar zum Umsatzsteuergesetz, 3. Aufl., Berlin 1928

Popitz, J., Betrachtungen über Errichtung und Einrichtung des Reichsfinanzhofs, StuW 1928 I 971,

Popitz, J., Erzberger, in: Enzyclppedia of the Social Sciences

Popitz, J., Finanzrecht und Finanzwissenschaft, in :H. Teschenmacher (Hrsg.)Zur Finanzwissenschaft, Für Georg von Schanz zum 75. Geburtstag Bd. 1 , Tübingen 1928, 42

Popitz, J., Die staatsrechtlichen Grundlagen des öffentlichen Finanzwesens, unter besonderer Berücksichtigung des Finanzausgleichs zwischen Reich und Ländern (Deutsche Vereinigung für staatswissenschaftliche Fortbildung) Bd. I, 176

Popitz, J., Johannes Miquel – ein deutscher Staatsmann, DJZ 1928, Sp. 337

Popitz, J., Reformvorschläge für das Ausbildungs- und Berechtigungswesen im höheren Staatsdienst, DJZ 1928,Sp. 177 ff.

Popitz, J., Die Finanzpolitik seit 1918, in Zehn Jahre deutsche Geschichte 1918 – 1928, Berlin 1928, 179 ff.

Popitz, J., Finanzrecht und Finanzwissenschaft, in: H. Teschenmacher (Hrsg.) Zur Finanzwissenschaft, Festgabe für Georg von Schanz zum 75. Geburtstag, Tübingen 1928, Bd. 1, 42

Popitz, J., Artikel Umsatzsteuer, in: L. Elster/A. Weber/F. Wieser (Hrsg.), Handwörterbuch der Staatswissenschaften, 4. Aufl. 8. Bd., Jena 1928

1929

Popitz, J Die staatsrechtlichen Grundlagen des öffentlichen Finanzwesens, unter besonderer Berücksichtigung des Finanzausgleichs zwischen Reich und Ländern, in: B. Harms (Hrsg.), Recht und Staat im Neuen Deutschland, Vorlesungen gehalten in der Deutschen Vereinigung für Staatswissenschaftliche Fortbildung, Erster Band, Berlin 1929, 176 ff.

Popitz, J. Zehn Jahre Reichsfinanzverwaltung, Steuer Archiv 1929, 313

Popitz, J., Die Probleme der Finanzpolitik des Reiches, in: Strukturwandlungen der deutschen Volkswirtschaft, Berlin 1929

Popitz, J., Die staatsrechtlichen Grundlagen des öffentlichen Finanzwesens, unter besonderer Berücksichtigung des Finanzausgleichs zwischen Reich und Ländern, in: B. Harms (Hrsg.), Recht und Staat im Neuen Deutschland, Vorlesungen gehalten in der Deutschen Vereinigung für Staatswissenschaftliche Fortbildung, Erster Band, Berlin 1929, 191 ff.

Popitz, J., Die Wandlungen in den Aufgaben und im Zuständigkeitsverhältnis von Reich und Ländern auf Grund der Weimarer Verfassung, in: B. Harms (Hrsg.), Recht und Staat im Neuen Deutschland, Vorlesungen gehalten in der Deutschen Vereinigung für Staatswissenschaftliche Fortbildung, Erster Band, Berlin 1929, 152 ff.

Popitz, J., Die Stellung der Zölle und Verbrauchsabgaben im deutschen Steuersystem, Der Reichszollbeamte 1929, 187

Popitz, J., Zentralismus und Selbstverwaltung, in. Harms (Hrsg.) Volk und Reich der Deutschen, Vorlesungen gehalten in der Deutschen Vereinigung für Staatswissenschaftliche Fortbildung, Berlin 1929. 329 ff

Popitz, J., Verfassungsrecht und Steuervereinheitlichungsgesetz, DJZ 1929, Sp. 11 ff.

1930

Popitz, J., Abschlußansprache auf der Konferenz von Eilsen, in G. Colm/H. Neisser (Hrsg.), Kapitalbildung und Steuersystem, Verhandlungen und Gutachten der Konferenz von Eilsen, Veröffentlichungen der Friedrich-List-Gesellschaft, Berlin 1930, 4. Bd. 147 ff.

Popitz, J., Abschiedsrede am 7. 2. 1930, Manuskriptdruck, BArch. NL 1262 Nr. 90O

Popitz/R. Kloß/R. Grabower, Kommentar zum Umsatzsteuergesetz, 3. Aufl. Berlin 1930 mit Nachtrag

Popitz, Der wirtschaftende Mensch als Steuerzahler, VjStFR 1930, 21

Popitz, J., Der öffentliche Finanzbedarf und der Reichsparkommissar, Bank-Archiv, 33. Jg. 1930/31, 21

Popitz, J., Die Kapitalbildung der öffentlichen Hand, in: Kapital und Kapitalismus (Deutsche Vereinigung für Staatswissenschaftliche Fortbildung), Bd. I, 251 ff.

Popitz, J., Die Kapitalwirtschaft der öffentlichen Hand, ebd. Bd. II, 226 ff.

Popitz, J., Der Finanzausgleich und seine Bedeutung für die Finanzlage des Reichs, der Länder und Gemeinden in: Veröffentlichungen des Reichsverbandes der Deutschen Industrie, Berlin 1930, 8

1931

Popitz, J., Finanzpolitische Aufgaben, DJZ 1931, Sp. 11 ff., 16

Popitz, J., Das Schicksal der Hauszinsteuer, Der Deutsche Volkswirt 1931, 13 ff.

Popitz, J., Dem heimlichen Kanzler deutscher Nation zum Gedächtnis, DJZ 1931, 699

Popitz, J., Wer ist Hüter der Verfassung?, Germania v. 17. 4. 1931, abgdr. in: C. Schmitt, Verfassungsrechtliche Aufsätze aus den Jahren 1924 – 1954, Materialien zu einer Verfassungslehre, 3. Aufl., Berlin 1985

Popitz, J., Die schicksalhafte Bedeutung des Etats, in: Der Staat seid Ihr, Jg. 1, 65 f. 1931 Popitz, J., Finanzpolitische Aufgaben, DJZ 1931, Sp. 11 ff.

Popitz, J., Wer ist Hüter der Verfassung?, in: Germania v. 17. 4.1931, abgedr. bei C. Schmitt, Verfassungsrechtliche Aufsätze aus den Jahren 1924 – 1954, Berlin 1958, 101 ff

Popitz, J. Der Finanzausgleich in der Notverordnung, in: Leiden, H. D. von, Notverordnung und öffentliche Verwaltung, Berlin 1931, 96 ff.

Popitz, J., Gesetzgeberische Zukunftsaufgaben, DJZ 1931, Sp. 385

Popitz, J., Betrachtungen zur Neuordnung der Steuern, StuW I 1931 Sp. 1

1932

Popitz, J., Der künftige Finanzausgleich zwischen Reich, Ländern und Gemeinden, Berlin 1932 (zit. Finanzausgleichs – Gutachten 1932)

Popitz, J. Zur Frage der Gewerbesteuerpflicht der freien Berufe, in: Festgabe für Hermann Grossmann zum 80. Geburtstag, Berlin 1932, 138 ff.
Popitz, J., Eugen Schiffer zur Kritik unserer Zeit, JW 1932, 618
Popitz, Erwerbslosenversicherung und Selbstverwaltung, Deutsche Wirtschaftszeitung 1932, 49 ff. .;
Popitz, J., Der künftige Finanzausgleich zwischen Reich, Ländern und Gemeinden, Zeitschrift für Selbstverwaltung 1932, Sonderdruck
Popitz, J., Geleitwort zu R. Grabower. Preußens steuern vor und nach den Befreiungskriegen, Berlin 1932
Popitz, J., Buchbesprechung von H. Sultan, Die Staatseinnahmen und Art und Maß der Prognose der Steuerwirkungen, VJStFR 1932, 540 ff.

<u>1933</u>

Popitz, Kleiner Katechismus für Steuervorschläge, in: F. Berber (Hrsg.) Zum Neubau der Verfassung, 1933
Popitz, J., Recht und Wirtschaft (Besprechung von v. Gottl-Ottilienfeld, wirtschaft und Wissenschaft), JW 1933, 22
Popitz, J., Kleiner Katechismus für Steuervorschläge, Sonderausgabe aus dem Jahrbuch für politische Forschung Berlin 1933, 179 ff.
Popitz, J., Das Finanzausgleichsproblem in der deutschen Finanzwissenschaft der Vorkriegszeit, FinArch 1933 (NF 1)394 ff.

<u>1937</u>

1937 Popitz, J., Die finanzwirtschaftlichen Voraussetzungen der Reichsreform, ZAkDR 1937, 6 ff.

<u>1941</u>

1941 Popitz, J., Geleitwort zu einer Veröffentlichung des Gesellschaft für Theatergeschichte über die Aufführung von Schillers Piccolomini

<u>1944</u>

1944 Popitz, J., Meine beiden Freunde: Goethe und Fontane, in: Antidoron, Edgar Salin zum 70. Geburtstag, Tübingen 1962, 35

b) Vorträge in der Mittwochsgesellschaft

26. April 1933, „Die jüngste deutsche Entwicklung", K. Scholder, die Mittwochsgesellschaft. 66 ff.
2. Mai 1934, „Das Problem der territorialen Reichsreform", K. Scholder, Die Mittwochsgesellschaft, 89 ff.
4. November 1936, „Wirtschaftswissenschaftliche Probleme, die mit Aufrüstung und Vierjahresplan zusammenhängen, K. Scholder, Die Mittwochsgesellschaft, 149 ff.
8. Dezember 1937, Die Systematik der Besteuerungsgrundsätze, K. Scholder, Die Mittwochsgesellschaft, 174 ff.
23. November 1938, „Hemmungen, die der Durchführung der Reichsreform entgegenstehen", K. Scholder, Die Mittwochsgesellschaft, 204 ff.

11. Dezember 1940, „Reich“, K. Scholder, Die Mittwochsgesellschaft, 260 ff.
2. Juni 1943, „Die künftige Gestaltung der Sozialordnung“. K. Scholder, Die Mittwochsgesellschaft, 327 ff.

2. Literatur anderer Autoren

Albers, W., Das Popitzsche Gesetz, in: Neumark, F., Strukturwandlungen einer wachsenden Wirtschaft, Schriften des Vereins für Sozialpolitik, NF 30 II, 835 ff.

Aly, G., Hitlers Volksstaat Raub Rassenkrieg und nationaler Sozialismus, Frankfurt am Main 2005

Angermund, R.„Recht ist, was dem Volke nutzt“, Zum Niedergang von Recht und Justiz im Dritten Reich, in: Bracher/Funke/Jakobsen, Deutschland 1933 – 1945, Düsseldorf 1992

Anschütz, Die Gleichheit vor dem Gesetz im Sinne des Art. 109 der Reichsverfassung, VVDStL H. 3, 49

Anschütz, G, Nachtrag zu Meyers, G., Lehrbuch des Deutschen Staatsrechts, 7. Aufl. bearbeitet von G. Anschütz, München und Leipzig 1919, Bd. 3

Anschütz, G., Drei Leitgedanken der Weimarer Reichsverfassung, Tübingen 1923

Anschütz;, G., Die Verfassung des Deutschen Reiches, 11. Aufl. ,Berlin 1929

Archiv Peter, Spiegelbild einer Verschwörung, Die Kaltenbrunner – Berichte an Bormann und Hitler über das Attentat vom 20. Juli 1944, Geheime Berichte aus dem ehemaligen Reichssicherheitshauptamt, Stuttgart 1961

Arendt, Hannah, Elemente und Ursprünge totaler Herrschaft, München/Zürich 1996 (Originalausgabe New York 1951)

Armbruster, H., Die Wandlung des Reichshaushaltsrechts, Stuttgart 1939

Bachem, C., Die Zentrumspartei, in: P. Laband u. a. (Hrsg.), Handbuch der Politik, 2. Aufl., Berlin und Leipzig 1914, 2. Bd. I. Teil

Barkai, A., Vom Boykott zur "Entjudung". Der wirtschaftliche Existenzkampf der Juden im Dritten Reich, Frankfurt am Main 1988

Barkai; A., Das Wirtschaftsystem des Nationalsozialismus, Frankfurt 1988

Batocki, A. von, Staatsreferendar und Staatassessor, Reformvorschläge für das Ausbildungs- und Berechtigungswesen der Juristen und Volkswirte, Jena 1927

Beck, L., Studien

Becker, O., Bismarcks Ringen um Deutschlands Gestaltung, Heidelberg 1958

Behnen, M. (Hrsg.), Quellen zur Deutschen Außenpolitik im Zeitalter des Imperialismus 1890 – 1911, Darmstadt 1977,

Bentin, L.-A. Johannes Popitz und Carl Schmitt, zur wirtschaftlichen Theorie des totalen Staates in Deutschland, München 1972

Bentin; L.-A., Johannes Popitz; und Carl Schmitt, München 1972

Best, W., Die Deutsche Polizei, Darmstadt 1940

Betttelheim, Ch., Die deutsche Wirtschaft unter dem Nationalsozialismus, München 1974
Bieber, E., Der Euthanasiebefehl Hitlers in der Bewertung rechtspolitischer Theorien, Münster 1996
Blümich, W., Einkommensteuergesetz, 5. Aufl., Berlin 1943
Boberach I. H. (Hrsg.); Meldungen Aus dem Reich, Die geheimen Lageberichte des Sicherheitsdienstes der SS 1938 –1945, Herrsching 1984
Böckenförde, E. W, JOHANNES POPITZ, Der Staatsbegriff als allgemeingültiger Begriff, Der Staat, 1984, 228
Bödeker, J., Johannes Popitz :Auf der Suche nach einer neuen Wirtschaftsordnung, Der Staat 1985, 515.
Boelcke, W., Die Finanzpolitik des Dritten Reiches, in: Bracher/Funke/Jakobsen, Deutschland 1933 - 1945, Düsseldorf 1992
Boesler, F., Nationalsozialistisches Haushaltsrecht, DR 1935, 243
Boethke, W., Das Finanzausgleichsgesetz, in: Strutz;, Handbuch des Reichssteuerrechts, 3. Aufl. Berlin/Wien 1927
Boethke, W., Reichsabgabenordnung, in: Strutz;, Handbuch des Reichssteuer Boethke, W., Reichsabgabenordnung, in: Strutz;, Handbuch des Reichssteuerrechts, 3. Aufl. Berlin/Wien 1927
Bracher, K. D., Demokratie und Machtvakuum: zum Problem des Parteienstaates in der Weimarer Republik,
Bracher, K. D., Stufen der Machtergreifung, in: Bracher, K. D./ Sauer, W./Schulz, W., Die nationalsozialistische Machtergreifung, Studien zur Errichtung des totalitären Herrschaftssystems in Deutschland 1933/34, Frankfurt am Main u. a., o. J
Bracher, K. D., Stufen totalitärer Gleichschaltung: die Befestigung der nationalsozialistischen Herrschaft 1933/34, VJFZG 1956, 30, 42
Bracher, K. D./ Sauer, W./Schulz, W., Die nationalsozialistische Machtergreifung, Studien zur Errichtung des totalitären Herrschaftssystems in Deutschland 1933/34, Frankfurt am Main u. a., o. J.
Bracher, K. D./M. Funke/H.-A. Jacobsen (Hrsg.), Deutschland 1933 – 1945, Neue Studien zur nationalsozialistischen Herrschaft, Düsseldorf 1992
Braun, O., Von Weimar zu Hitler, 3. Aufl., Hildesheim 1979
Brecht, A. Mit der Kraft des Geistes, Lebenserinnerungen Zweite Hälfte 1927-1967, Stuttgart 1967
Broszat, M., Der Staat Hitlers, 13. Aufl., München 1992
Broszat, M., Nationalsozialistische Konzentrationslager, in: H. Buchheim/M. Broszat/H. A. Jacobsen, Anatomie des SS-Staates, 6. Aufl. München 1994
Broszat, M., Soziale Motivation und Führer-Bindung des Nationalsozialismus, VjhZG 1970, 392, 399
Browning, Ch., Ganz normale Männer – Das Reserve-Polizeibataillon 101 und die „Endlösung“ in Polen, Reinbek, Rowohlt Taschenbuch 1996

Browning, Ch., Ganz normale Männer – Das Reserve-Polizeibataillon 101 und die „Endlösung" in Polen, Rowohlt Taschenbuch 1996
Bruch, von/Hofmeister (Hrsg.), Deutsche Geschichte in Quellen und Darstellung Bd. 8, Kaiserreich und Erster Weltkrieg 1871 – 1918, Stuttgart 2002
Brüning, H., Memoiren 1918 – 1934, Stuttgart 1970
Brüning, Wehr dich!, in Vorwärts, Nr. 571, 6. 12. 1931
Brunner, O., Land und Herrschaft, Grundfragen der territorialen Verfassungsgeschichte Südostdeutschlands im Spätmittelalter, (3. Auflage 1942), Darmstadt 1973
Buchheim, H., Die SS als Herrschaftsinstrument, in: Buchheim u. a.,, Anatomie des SS-Staates, 6. Aufl., München 1994
Buchheim, H./M. Broszat/H. A. Jacobsen, Anatomie des SS-Staates, 6. Aufl. München 1994
Buchheim, Hans, Die SS in der Verfassung des Dritten Reiches, VjhZG 1955, 127
Bühler, O., Lehrbuch des Steuerrechts, II. Bd. Einzelsteuerrecht, Berlin 1938
Bühler, O., Popitz als Jurist, FR 1954, 526 ff.
Bundesministerium der Finanzen (Hrsg.), Von der Reichsschatzkammer zum Bundesfinanzministerium, Bonn 1969, 111
Burkheiser, K., Quellen und Methoden der Kriegsfinanzierung, FinArch NF 8 (1941), 29, 65
Caesar, R., Öffentliche Verschuldung in Deutschland seit der Weltwirtschaftskrise – Wandlungen in Politik und Theorie, Bochum 1988
Caesar, R./ Hansmeyer, K.-H., Haushalts- und Finanzwesen, in: K.G.A. Jeserich u. a. (Hrsg.), Deutsche Verwaltungsgeschichte, Stuttgart 1986, Bd. IV, 832 ff.;
Conway, John S., Die nationalsozialistische Kirchenpolitik 1933 – 1945, München 1969
Cornicelius, M., (Hrsg.), Heinrich von Treitsckes Briefe, Leipzig 1920, II
Dahm, G., Verbrechen und Tatbestand, in. K. Larenz; (Hrsg.), Grundfragen der neuen Rechtswissenschaft, Berlin 1935
Delius, Das neue preußische Finanzausgleichsgesetz, RverwBl 1939, 77
Delmer, S., Die Deutschen und ich, Hamburg 1963
Dieckmann, H., Johannes Popitz als Finanzpolitiker und Rechtswissenschaftler in der Zeit der Weimarer Republik, Jahrbuch der Geschichte Mittel- und Ostdeutschlands, 1959 (Bd. 8), 265 ff.
Dieckmann, H., Johannes Popitz, Entwicklung und Wirksamkeit in der Zeit der Weimarer Republik, Berlin 1960
Diehl/Thiele , Partei und Staat im Dritten Reich, Untersuchungen zu Verhältnis von NSDAP und allgemeiner innerer Verwaltung 1933 – 1945, München 1972
Diels, R., Lucifer ante Portas, es spricht der erste Chef der Gestapo, Stuttgart 1950

Dietrich, O., Zwölf Jahre mit Hitler, München 1955
Dowe/Klotzbach, (Hrsg.) Programmatische Dokumente der deutschen Sozialdemokratie3. Aufl., Bonn 1990
Drews, B., Das neue preußische Gemeindeverfassungsgesetz, JW 1934, 19 ff.
Drews, B., Preußisches Polizeirecht, 1. Band, 5. Aufl., Berlin 1936
Dulles, A. W., Verschwörung in Deutschland, Kassel 1949
Dussel, K., Der NS-Staat und die „deutsche Kunst", in Bracher/Funke/Jacobsen (Hrsg.) Deutschland 1933 – 1945, Düsseldorf 1992, 256 ff.
Echterhölter; R.. Das öffentliche Recht im nationalsozialistischen Staat, Stuttgart 1970
Eheberg, von /Boesler, F., Grundriß der Finanzwissenschaft, 2. Aufl., Leipzig 1936
Elbogen;I./Sterling;E., Die Geschichte der Juden in Deutschland, Frankfurt a. M. 1988
Erdmann, K. D. (Hrsg.), Akten der Reichskanzlei, Weimarer Republik, Boppard 1968 ff. mehrere Bände
Fabricius, P., Die Abgeltung der Hauszinssteuer, Leipzig 1942,
Falter, F./Lindenberger, Th./ Schumann, S., Wahlen und Abstimmungen in der Weimarer Republik, München 1986
Fechter, P., Menschen und Zeiten, Begegnungen aus fünf Jahrzehnten, Gütersloh 1948
Fechter, P., Menschen und Zeiten, Begegnungen aus fünf Jahrzehnten, Berlin 1951
Feldman, G. D., The Origins of the Stinnes-Legien-Agreement: A Documentation, in: Internationale wissenschaftliche Korrespondenz zur Geschichte der deutschen Arbeiterbewegung 9 (1973), Heft 19/20 S. 45 ff.
Fest, J., Das Gesicht des Dritten Reiches, München 1997
Fest, J., Hitler; Eine Biographie, Frankfurt am Main/Berlin 1973
Fest, J., Staatsstreich, Der lange Weg zum 20. Juli, Berlin 1997
Filjalkowsky, J., Die Wendung zum Führerstaat, Ideologische Komponenten in der politischen Philosophie Carl Schmitts, Köln/Obladen 1958
Fischer, A., Hjalmar Schacht und Deutschlands „Judenfrage" Der „Wirtschaftsdiktator" und die Vertreibung der Juden aus der deutschen Wirtschaft.
Fischer, W., Wirtschaftsgeschichte Deutschlands 1919 - 1945, Bd. 9 , Opladen 1968
Forsthoff, E., Der totale Staat, Hamburg 1933
Fraenkel, E., Der Doppelstaat, Recht und Justiz im Dritten Reich, Frankfurt am Main, Fischer Taschenbuch 1984 (Amerikanische Originalausgabe 1940)
Frank, H., Im Angesicht des Galgens, Deutung Hitlers und seiner Zeit auf Grund eigener Erlebnisse und Erkenntnisse, München 1953
Frank; H., Rasse als Grundlage und als Gegenstand des Rechts, JW 1937, 1140
Frankfurter Zeitung Nr. 309 vom 27.4.1925: Es lebe die Republik
Freisler, R., Richter, Recht und Gesetz, DJ 1934, 1333, 1335

Friedensburg, F., Lebenserinnerungen, Frankfurt 1969
Fuchs, Wesen und Wirken der Kontrolle, Betrachtungen zum staatlichen Kontrollwesen in der Bundesrepublik (Bundesrechnungshof
Gaetringen, Freiherr Hiller von (Hrsg.)Die Hassell-Tagebücher 1939 –1944, Berlin o. J,
Gatzke, H. W., Europa und der Völkerbund, in: Propyläen Weltgeschichte, Frankfurt a. M, Berlin 1986
Geiger; C., Die Rechtsstellung der NSDAP und ihrer Gliederungen HJ, SA und SS,
Genschel; H., Die Verdrängung der Juden aus der Wirtschaft, Göttingen u. a. 1967
Gereke, G., Ich war königlich-preußischer Landrat, Berlin 1970
Gerstenmaier, E., Streit und Friede hat seine Zeit, Ein Lebensbericht
Gerstenmaier, E., Vom anderen Deutschland
Gisevius, H. B., Bis zum bitteren Ende, Zürich 1946
Gneist; R. von, Soll der Richter auch über Die Frage zu befinden haben, ob ein Gesetz verfassungsmäßig zu Stande gekommen ? (1863), abgedr. in: Roellecke (Hrsg.), Zur Problematik der höchstrichterlichen Entscheidung, Darmstadt 1982, 24 ff.
Groeben, Hans von der, Deutschland und Europa in einem unruhigen Jahrhundert, Baden-Baden 1995
Göppinger, H., Juristen jüdischer Abstammung im „Dritten Reich",
Göppinger, H./Reißmüller, G., Die Verfolgung der Juristen jüdischer Abstammung durch den Nationalsozialismus, Villingen 1963
Grabower, R. Die Geschichte der Umsatzsteuer und ihre gegenwärtige Gestaltung im Inland und Ausland mit einem Geleitwort von Johannes Popitz, Berlin 1925
Grabower, R., /D. Herting/G. Schwarz, Die Umsatzsteuer, Ihre Geschichte und gegenwärtige Gestaltung im In- und Ausland, 2. Aufl. Köln 1962
Grabower, R., Persönliche Erinnerungen an Johannes Popitz, FR 1954, 516 ff
Grabower, R., Preußens Steuern vor und nach den Befreiungskriegen mit einem Geleitwort von Johannes Popitz, Berlin 1932
Graml, H., Die außenpolitischen Vorstellungen des deutschen Widerstandes, in: Der deutsche Widerstand gegen Hitler, Vier historisch-kritische Studien, Köln 1966
Grotkopp, J., Beamtentum und Staatsformwechsel, Die Auswirkungen der Staatsformwechsel von 1918, 1933 und 1945 auf das Beamtenrecht und die personelle Zusammensetzung der deutschen Beamtenschaft, Frankfurt am Main u. a. 1992
Gutmann, I./Jäckel, E./Longerich, P./ Schoeps, J. H., Enzyklopädie des Holocaust, München/Zürich o. J.
Hachtmann, R., Chaos und Ineffizienz der Deutschen Arbeitsfront, VjhZG 2005, 43

Hachtmann, R., Industriearbeit im Dritten Reich, Untersuchungen zu den Lohn- und Arbeitsbedingungen in Deutschland 1933 – 1945, Göttingen 1989
Hachtmann, R., Industriearbeit im Dritten Reich, Untersuchungen zu den Lohn- und Arbeitsbedingungen in Deutschland 1933 – 1945, Göttingen 1989
Haffner, S., Geschichte eines Deutschen, Die Erinnerungen 1914 – 1933, Stuttgart/München 2000
Haffner, S., Geschichte eines Deutschen, Die Erinnerungen 1914 – 1933, Stuttgart/München 2000
Haffner, S., von Bismarck zu Hitler– Ein Rückblick, Taschenbuchausgabe München 1989

Hagen, W., Die geheime Front,. Organisation, Personen und Aktionen des deutschen Geheimdienstes, Linz/Wien 1950

Halder-Tagebuch (Stuttgart 1962)

Hankel, G., Die Leipziger Prozesse Deutsche Kriegsverbrechen und ihre strafrechtliche Verfolgung nach dem Ersten Weltkrieg, Hamburg 2003

Hansmeyer, K. H., Das Popitzsche Gesetz von der Anziehungskraft des zentralen Etats, in H. Timm/H. Haller, (Hrsg.), Beiträge zur Theorie der öffentlichen Ausgaben, Schriften des Vereins für Sozialpolitik, N.F. Bd. 47, Berlin 1967, 197 ff.,

Hansmeyer, K.-H., Kommunale Finanzpolitik in der Weimarer Republik, Stuttgart u. a. 1973

Hattenhauer, H., Geschichte des deutschen Beamtentums, 2. Aufl., Köln u. a. 1993,

Haußmann/Herrmann/Meyer/Thiem/Goettzke/Skrodzki, Das Steuerrecht der Notverordnungen von 1930, Stuttgart 1930,

Heckel, J., Die Führerrede und das sogen Ermächtigungsgesetz vom 30. Januar 1937 Eine verfassungsrechtliche Studie, Deutsche Verwaltungsblätter 1937, 61 ff

Hefner, Gesetze, Verordnungen, Erlasse, Die Reinhardtsche Steuerreform, StuW 1934 I Sp. 719 ff

Hehl, U. von, Die Kirchen in der NS-Diktatur, in: W. Boelcke, in: Bracher/Funke/Jakobsen, Deutschland 1933 – 1945, Neue Studien zur nationalsozialistischen Herrschaft, Düsseldorf 1992, 153 ff.

Heinig, Das Budget; Erster Band, Die Budgetkontrolle, Tübingen 1949

Hensel, A., Das Popitz-Gutachten über den Finanzausgleich, StuW 1926, 878 ff.

Hensel, A., Steuerrecht, 1. Aufl. Berlin 1924; 3. Aufl., Berlin 1933

Hensel, Grundrechte und politische Weltanschauung, in: Recht und Staat in Geschichte und Gegenwart, Tübingen 1931

Herzfeld, H., Johannes Popitz, Ein Beitrag zur Geschichte des deutschen Beamtentums, in: Forschungen zu Staat und Verfassung, Festgabe für Fritz Hartung, Berlin 1958

Hettlage, A. (Hrsg.),Unterredung Hitler, Ribbentrop, Horthy am 18. April 1943, in: Staatsmänner und Diplomaten bei Hitler. Zweiter Teil: Vertrauliche Aufzeichnungen über Unterredungen mit Vertretern des Auslands 1942 – 1944, Frankfurt am Main

Hettlage, K. M. ‚Johannes Popitz 1884 – 1945, in: Männer der Deutschen Verwaltung, 23 biografische Porträts, Köln/Berlin 1963, 319 ff.

Hettlage, K. M., Die Finanzveraltung, in : K. G. A. Jeserich/H. Pohl/ G.-Ch. von Unruh, Deutsche Verwaltungsgeschichte Bd. 4 Das Reich als Republik und in der Zeit des Nationalsozialismus, Stuttgart 1985,

Hidien, J. W., Der bundesstaatliche Finanzausgleich in Deutschland, Baden-Baden 1999

Hilberg, R. Die Vernichtung der europäischen Juden, Fischer Taschenbuch 1994

Hildebrand, K., Das Dritte Reich, 3. Aufl., München 1987

Hildebrandt, R., Wir sind die Letzten Aus dem Leben des Widerstandskämpfers Albrecht Haushofer und seiner Freunde, Neuwied/Berlin 1949

Hilgruber, A. (Hrsg.), Akten zur deutschen auswärtige Politik 1918 – 1945, Serie E:1941 –1945, Bd. 7 1. Oktober 1943- 30 April 1944, Göttingen 1979;

Hill L. E., (Hrsg.), Die Weizsäcker – Papiere 1933 – 1950, Berlin 19/4

Hillgruber, A., Unter dem Schatten von Versailles – Die außenpolitische Belastung der Weimarer Republik: Realität und Perzeption bei den Deutschen, in: K. D. Erdmann/H. Schulze (Hrsg.) Weimar Selbstpreisgabe einer Demokratie, eine Bilanz heute, Düsseldorf 1980, 51 ff.

Hirsch, M./Majer, D./Meinck, J., Recht, Verwaltung und Justiz im Nationalsozialismus, Ausgewählte Schriften, Gesetze und Gerichtsentscheidungen von 1933 bis 1945, 2. Aufl., Baden-Baden 1997

Hirsch, P., Die Sozialdemokratie, in: P. Laband u. a.. (Hrsg.), Handbuch der Politik, 2. Aufl.., Berlin und Leipzig 1914, 2. Bd. I. Teil, 1

Hitler; A., Mein Kampf, XXXIII. Aufl., München 1933

Hockerts, H. G., Die Goebbels-Tagebücher 1932 – 1941: eine neue Hauptquelle zur Erforschung der nationalsozialistischen Kirchenpolitik, in :Festschrift für Konrad Repgen zum 60. Geburtstag, Berlin 1983, 359 ff.

Hofer, W. (Hrsg.), Der Nationalsozialismus - Dokumente 1933 -1945, Frankfurt a. M. 1997

Hohmann, J. S., Geschichte der Zigeunerverfolgung, in Deutschland, Frankfurt/New-York 1981

Höhn, R., Das subjektive öffentliche Recht und der neue Staat, Deutsche Rechtswissenschaft I (1936), 49 ff.

Höhn, R., Die Wandlung im Polizeirecht; Hamburg 1936

Höhn, R., Rechtsgemeinschaft und Volksgemeinschaft, Hamburg 1935

Höhn, R., Vom Wesen der Gemeinschaft, Berlin 1934

Höhne, H., Der Orden unter dem Totenkopf Die Geschichte der SS, Bd. I und II, Frankfurt am Main/Hamburg 1969

Hollerbach, A., Im Schatten des Jahres 1933: Erik Wolf; und Martin Heidegger, M., Freiburger Universitätsblätter 1986 H. 92, 33 ff.
Höner, S. Der nationalsozialistische Zugriff auf Preußen, Preußischer Staat und nationalsozialistische Machtergreifungsstrategie 1928 – 1934, Bochum 1984
Hornschu, H.-E., Die Entwicklung des Finanzausgleichs im Deutschen Reich und Preußen 1919 bis 1944, Kiel 1950
Huber, E. R., Bau und Gefüge des Reiches, Hamburg 1941
Huber, E. R., Das richterliche Prüfungsrecht und seine künftige Gestaltung, ZAfDR 1940, 261 ff.
Huber, E. R., Deutsche Verfassungsgeschichte seit 1789, Bd. 3, Bismarck und das Reich, Stuttgart 1988
Huber, E. R., Die Einheit der Staatsgewalt, DJZ 1934 Sp. 950 ff.
Huber, E. R., Verfassungsrecht des Großdeutschen Reiches, 2. Aufl. 1939
Huber, E. R., Wesen und Inhalt der politischen Verfassung, Der Deutsche Staat der Gegenwart, Heft 16, Hamburg 1935, 81 ff
Hübschmann, W. Johannes Popitz, FR 1954, 514 f.
Hürten, H. (Hrsg.), Deutsche Geschichte in Quellen und Darstellung Bd. 9, Stuttgart 1995
Internationaler Militärgerichtshof Nürnberg, Der Nürnberger Prozeß gegen die Hauptkriegsverbrecher, Nürnberg 1947
Jäckel, E., Hitlers Weltanschauung, Entwurf einer Herrschaft, Stuttgart 1981
Jeserich K. G. A. (Hrsg.), Deutsche Verwaltungsgeschichte , Stuttgart 1985 ff.
Jeserich, K. G. A. Innere Verwaltung, in: K. G. A. Jeserich/H. Pohl/ G.-Ch. von Unruh, Deutsche Verwaltungsgeschichte Bd. 4, Stuttgart 1985
Jessen, J., Deutsche Finanzwirtschaft mit einer Übersicht über die Geschichte der deutschen Finanzwirtschaft,
Jessen, J., Deutsche Finanzwirtschaft, 1. Aufl. Hamburg 1937
John, O., Zweimal kam ich heim, Vom Verschwörer zum Schützer der Verfassung, Düsseldorf 1962
Kaemmel, E. /Bacciocco, E., Einkommensteuergesetz vom 16. Oktober 1934, München/Berlin 1936
Kaiser, G., Die Hauszinssteuer als Mittel zu Finanzierung des Wohnungsbaus und ihre Auswirkung auf die Wirtschaft, Leipzig 1933
Kater, M. H., Die ernsten Bibelforscher im Dritten Reich, VjhZG 1969, 181 ff
Kaufmann, E., Die Gleichheit vor dem Gesetz im Sinne des Art. 109 der Reichsverfassung, VVDStRL, H. 3, 20
Kelsen, H., Verteidigung der Demokratie, in: Blätter der Staatspartei 2 (1932), 9o ff.; abgedruckt in H. Kelsen, Ausgewählte Aufsätze, 60 ff
Kershaw, I., Hitler, 1889 – 1936, 1936 – 1945, München 2002
Kirchhof, P., Das EStGB – ein Vorschlag zur Reform des Ertragssteuerrechts, DStR 2003, Beihefter 5

Kirschenmann, G., "Gesetz" im Staatsrecht und in der Staatsrechtslehre des NS, Berlin 1970

Klee, E., Euthanasie im NS-Staat, Frankfurt am Main 1989

Klein, F., Die Finanzkontrolle im nationalsozialistischen Staat, in: E. Schiffer H. Karehnke (Hrsg.), Verfassung, Verwaltung, Finanzkontrolle, Festschrift für Hans Schäfer zum 65. Geburtstag am 26. Januar 1975, Köln 1976

Klemperer, V., Ich will Zeugnis ablegen bis zum letzten, Tagebücher 1933 – 1941, Berlin 1995

Klessmann, E., Geschichte der Stadt Hamburg, 5. Aufl. Hamburg 1981

Koellreutter, O., Der Deutsche Führerstaat, Tübingen 1934

Köhler, H., Heinrich Köhler, Lebenserinnerungen des Politikers und Staatsmannes 1878 – 1955, Stuttgart 1964

König, U., Sinti und Roma unter dem Nationalsozialismus, Bochum 1989

Koops, T., Akten der Reichskanzlei Weimarer Republik. Die Kabinette Brüning I und II Bearbeitet von Tilmann Koops Bd. 2, Boppard 1982 – 1990,,

Krausnick, H.(Hrsg.) Helmuth Grosscurth, Tagebücher eines Abwehroffiziers

Krausnick, H., Der Weg in die Diktatur 1918 bis 1933, München 1962

Krausnick, H., Judenverfolgung, in Buchheim u. a., Anatomie des SS-Staates, 6. Aufl., München 1994

Kretschmar, G. (Hrsg.), Dokumente zur Kirchenpolitik des Dritten Reiches, bearbeitet von C. Nicolaisen, München 1971

Krohn, C.-D., Steuerpolitik und Industrie in der Stabilisierungsphase: Von den Steuernotverordnungen im Winter 1923 zur Finanzreform im August 1925, in H. Mommsen, H./D. Petzina/B. Weisbrod, Industrielles System und politische Entwicklung in der Weimarer Republik, Verhandlungen des internationalen Symposions in Bochum vom 12. - 17. Juni 1973, Düsseldorf 1974

Krüger; H., Die Verfassung der nationalsozialistischen Revolution, 2. Aufl. Dresden

Krüger-Charlé, M., Carl Goerdelers Versuche der Durchsetzung einer alternativen Politik 1933 – 1937, in J. Schmädeke (Hrsg.), Der Widerstand gegen den Nationalsozialismus, München/Zürich, 3. Aufl. 1994, 385ff.

Küchenhoff, E., Nationaler Gemeinschaftsstaat, Volksrecht und Volksrechtsprechung, Berlin/Leipzig 1934

Kugel, W./ A. Bahar, Der Reichstagsbrand, Wie Geschichte gemacht wird, Berlin 2001

Kukla, D. Die Nürnberger Rassegesetze und die deutsche Bevölkerung im Lichte geheimer NS-Lage- und Stimmungsberichte, in: VjhZG 1984, 615 ff..

Kukla, D., Die Nürnberger Rassegesetze und die deutsche Bevölkerung im Lichte geheimer NS-Lage- und Stimmungsberichte, VjhZG 1984, 449

Kukla, O. D., die Nürnberger Rassegesetze und die deutsche Bevölkerung, VJhZG 1984, 582

Kulka, D., Die Nürnberger Rassegesetze und die deutsche Bevölkerung, VjhZG 1984, 615 ff.
Kunz, A., Stand versus Klasse: Beamtenschaft und Gewerkschaften im Konflikt um den Personalabbau 1923/24, in: Geschichte und Gesellschaft, Sonderheft 8 (1982) S.
Lammers, H. H., Die Staatsführung im Dritten Reich, DJ 1934, 1296
Lange, H., Liberalismus, Nationalsozialismus und bürgerliches Recht, 1933
Lange; H., Generalklausel und neues Recht, JW 1933, 2859;
Larenz, K., Über Gegenstand und Methode des völkischen Rechtsdenkens, Berlin 1938
Larenz, K. (Hrsg.), Grundfragen der neuen Rechtswissenschaft, Berlin 1935,
Larenz, K., Deutsche Rechtserneuerung und Rechtsphilosophie, Tübingen 1934
Larenz, K., Rechts und Staatsphilosophie der Gegenwart, 2. Aufl., Berlin 1935
Larenz, K., Rechtsperson und subjektives Recht – Zur Wandlung der Rechtsgrundbegriffe, in: K. Larenz (Hrsg.), Grundfragen der neuen Rechtswissenschaft, Berlin 1935
Larenz, K., Volksgeist und Recht. Zur Revision der Rechtsanschauung der historischen Schule, Ztschr. f. dtsch. Kult. Philos. Bd. I, 40 ff.
Lassar, G., Reichsreform Warum und Wie?, Berlin 1931
Leber, A., (Hrsg.), Das Gewissen entscheidet, Berlin u.a. 1957
Leuschen-Seppel, R., Zwischen Staatsverantwortung und Klasseninteresse Die Wirtschafts- und Finanzpolitik der SPD zur Zeit der Weimarer Republik unter besonderer Berücksichtigung ihrer Mittelphase 1924 – 1928/29, Bonn 1981
Lippmann, L., "...DASS ICH WIE EIN GUTER DEUTSCHER EMPFINDE UND HANDELE"-, Hamburg 1993
Lösener, B., Als Rassereferent im Reichsministerium des Inneren, VjhZG 1961, 285 ff.
Ludwig, L., Boykott Enteignung Mord, 2. Aufl., Hamburg 1989
Luther, H. Politiker ohne Partei, Erinnerungen, Stuttgart 1960
Luther, H., Die Stabilisierung der deutschen Wirtschaft, in: Zehn Jahre Deutsche Geschichte 1918 – 1928, 2. Aufl., Berlin 1929, 173 ff.
Madajczy, C., Deutsche Besatzungspolitik in Polen, in der UdSSR und in den Ländern Südosteuropas, in: Bracher/Funke/Jacobsen (Hrsg.), Deutschland 1933 – 1945, Neue Studien zur nationalsozialistischer Herrschaft, Düsseldorf 1992, 426 ff.
Mäding, E., Die staatsrechtliche Stellung der NSDAP
Maier, H., Die SS und der 20. Juli, VjhZG 1966, 299 ff.
Majer, D., Grundlagen des nationalsozialistischen Rechtssystems: Führerprinzip, Sonderrecht, Einheitspartei, Stuttgart u. a. 1987
Mann, F. K, Steuerpolitische Ideale, Jena 1937, Nachdruck Darmstadt 1978
Markull, W. Der künftige Finanzausgleich zwischen Reich, Ländern und Gemeinden. Eine Anzeige, Ru.Pr VerwBl 1932, 61 ff.

Markull, W., Finanzausgleich im Dritten Reich, RVerwBl 1936, 85 ff
Maser, W., Hermann Göring, Hitlers janusköpfiger Paladin, Die politische Biographie, Berlin 2000, 262 ff.
Matthias, E./Morsey, R. Das Ende der Parteien 1933, Düsseldorf 1960 (Nachdruck Königstein 1979)
Matzerath, H., Nationalsozialismus und kommunale Selbstverwaltung, Stuttgart u. a., 1970
Maunz, Th., Das Ende des subjektiven öffentlichen Rechts, ZStW Bd. 96 (1936), 71 ff.
Maunz, Th., Gestalt und Recht der Polizei, Hamburg 1943
Maurer, I., Reichsfinanzen und Große Koalition, Zur Geschichte des Reichskabinetts Müller, Bern u. a.1973,
Medicus, F. A. Reichsreform und Länderkonferenz, Die Beratungen und Beschlüsse der Länderkonferenz und ihrer Ausschüsse, Berlin 1930
Meffert, E., Das Haus des preußischen Finanzministeriums
Meinicke, F., Politische Schriften und Reden, 3. Aufl., Stuttgart 1968
Menger, C. F., Deutsche Verfassungsgeschichte der Neuzeit, 5. Aufl. , Heidelberg 1986
Menges, F. Reichsreform und Finanzpolitik, Die Aushöhlung der Eigenstaatlichkeit Bayerns auf finanzpolitischem Weg in der Zeit der Weimarer Republik, Berlin 1971
Mesnil, H. du, Preußisch Dienen und Genießen, Die Lebenszeiterzählung des Ministerialrats Herbert du Mesnil (1875 – 1947), bearbeitet von Jürgen Kloosterhuis. Köln u. a. 1988,
Meyers, G., Lehrbuch des Deutschen Staatsrechts, 7. Aufl. bearbeitet von G. Anschütz, München und Leipzig 1914, Bd. 1,
Moeller van den Bruck, A., „Das Dritte Reich“, Berlin 1923, 3. Aufl. Hamburg 1931;
Moll, B., Lehrbuch der Finanzwissenschaft, Berlin 1930
Mommsen, H., Aufstieg und Untergang der Weimarer Republik 1918 – 1933, 2. Ausgabe, München 2001
Mommsen, H., Beamtentum im Dritten Reich, Mit ausgewählten Quellen zur nationalsozialistischen Beamtenpolitik, Stuttgart 1966
Mommsen, H., Beamtentum und demokratischer Verfassungsstaat, in: Brandt, E. (Hrsg.), Die politische Treuepflicht, Rechtsquellen zur Geschichte des deutschen Berufsbeamtentums, Karlsruhe u. a. 1976
Mommsen, H., Gesellschaftsbild und Verfassungspläne des deutschen Widerstandes, in: W. Schmitthenner/H. Buchheim (Hrsg.),Der deutsche Widerstand gegen Hitler; Köln 1966
Mommsen, H., Verfassungs- und Verwaltungsreformpläne der Widerstandsgruppen des 20. Juli 1944, in: Schmädeke/Steinbach (Hrsg.) Der Widerstand gegen den Nationalsozialismus, München/Zürich 1994

Morsey, R. (Hrsg.), Das „Ermächtigungsgesetz“ vom 24. März 1933 Quellen zur Geschichte und Interpretation des „Gesetzes zur Behebung der Not von Volk und Reich“, Düsseldorf 1992

Morsey, R. (Hrsg.), Verwaltungsgeschichte, Aufgaben, Zielsetzungen, Beispiele Vorträge und Diskussionsbeiträge der verwaltungsgeschichtlichen Arbeitstagung 1976 der Verwaltungshochschule Speyer, Berlin 1977

Morsey, R., Hitler als braunschweigscher Regierungsrat, VjhZG 1960, 419

Morsey, R., Zur Geschichte des „Preußenschlags“ vom 20. Juli 1932, VjhZG 1961, 430 ff.

Müller, E,. Widerstand und Wirtschaftsordnung Die wirtschaftspolitischen Konzepte der Widerstandsbewegung gegen das NS-Regime und ihr Einfluss auf die soziale Marktwirtschaft, Frankfurt/M, 1988

Müller, H., Die staatsrechtliche und staatspolitische Stellung des Rechnungshofes im Dritten Reich, FinArch. N. F. Bd. 7 (1940), 199 ff.

Müller, H., Die Zentralbank – eine Nebenregierung, Opladen 1973

Müller, K.-J., Nationalkonservative Eliten zwischen Kooperation und Widerstand, in: J. Schmädeke/P. Steinbach (Hrsg.), Der Widerstand gegen den Nationalsozialismus, 3. Aufl. München/Zürich 1994, 24 ff

Nawiasky, H., Grundsätzliche Betrachtung über die finanzielle Auseinandersetzung zwischen Reich und Ländern

Netzband, K.-B./ H. P. Widmaier, Währungs- und Finanzpolitik der Ära Luther 1923-1925, Basel 1964

Neulen, H. W., Deutsche Besatzungspolitik in Westeuropa - zwischen Unterdrückung und Kollaboration, in: Bracher/Funke/Jacobsen, Deutschland 1933 - 1945, Düsseldorf 1992

Neumann, F., Behemoth, Struktur und Praxis des Nationalsozialismus 1933 – 1944, Frankfurt am Main 1988

Nicolai, H. Grundlagen der kommenden Verfassung. Über den staatsrechtlichen Aufbau des Dritten Reiches, Berlin 1933

Nicolai, H., Grundlagen der kommenden Verfassung, Berlin 1933

Nipperdey, Th. Deutsche Geschichte 1866 – 1918 Bd. 2 Machtstaat vor Demokratie, München 1992

Nipperdey, Th., Deutsche Geschichte 1866 – 1918 Bd. 1 Arbeitswelt und Bürgergeist, München 1992

Noack; P., Carl Schmitt;, Eine Biographie, Frankfurt/M. 1993

Nöll von der Nahmer, R., Weltwirtschaft und Weltwirtschaftskrise, in :Mann, G. (Hrsg.), Propyläen Weltgeschichte, Berlin u. a. 1986

Pausch, A.;/ Kumpf; J. H., Die Steuerberatung im Spannungsfeld der Diktatur, in; K. H. Mittelsteiner (Hrsg.), Illustrierte Geschichte des steuerberatenden Berufes, Köln 1984

Pausch, A., Matthias Erzberger. Sein Leben und Werk, Stuttgart 1965

Pausch, A., Persönlichkeiten der Steuerkultur, Herne/Berlin 1992

Penton, M. J., Jehova's Witnesses and the Third Reich, Sectarian Politics under persecution, Toronto u. a. 2004

Petzina, D. (Hrsg.), Probleme der Finanzgeschichte des 19. und 20. Jahrhunderts, Berlin 1989

Petzina, D., Die Finanzpolitik und ihre Auswirkungen auf die sozialen Gegensätze, in: H. Mommsen/D. Petzina/B. Weisbrod, Industrielles System und politische Entwicklung in der Weimarer Republik, Verhandlungen des internationalen Symposions in Bochum vom 12. -.17. Juni 1973, Düsseldorf 1974

Pflanze, O., Bismarck, Der Reichsgründer, München 1997

Pflanze, O., Bismarck, Der Reichskanzler, München 1998

Pfundtner, Hans (Hrsg.), Dr. Wilhelm Frick und sein Ministerium, München 1937,

Picker P.(Hrsg.), Hitlers Tischgespräche im Führerhauptquartier, 3. Aufl., Stuttgart 1976

Pikart, Eberhard, Preußische Beamtenpolitik, VjhZG 1958, 119

Plum, G., Deutsche Juden oder Juden in Deutschland, in: Benz W. (Hrsg.), die Juden in Deutschland 1933 – 1945. Leben unter nationalsozialistischer Diktatur, 2. Aufl. München 1988, 35 ff.

Poetzsch-Heffter, F., Grundgedanken der Reichsreform, Berlin 1931,

Poetzsch-Heffter, F., Handkommentar der Reichsverfassung, 3. Aufl., Berlin 1928

Poetzsch-Heffter, F., Vom Staatsleben unter der Weimarer Verfassung, Jahrbuch des öffentlichen Rechts, Bd. 21/1933/34, 57 ff.

Poppitz, J, Die Verwaltungsgerichtsbarkeit im Kriege, Hamburg 1941

Portner, F., Koch-Wesers Verfassungsentwurf, VjhZG 1969, 280 ff.

Pünder, H., Politik in der Reichskanzlei, Aufzeichnungen aus den Jahren 1929 - 1932 (Hrsg. Th. Vogelgesang); Stuttgart 1961

Quaritsch, H., Positionen und Begriffe Carl Schmitts, 2. Aufl., Berlin 1991

Rapp, G., Die Stellung der Juden in der nationalsozialistischen Staatsrechtslehre, Baden-Baden 1990

Rapsch, A., Gesetzgebung unter nationalsozialistischer Gewaltherrschaft, in : Salze (Hrsg.), Recht und Unrecht im Nationalsozialismus, München 1985

Rass, CH., Menschenmaterial Deutsche Soldaten an der Ostfront Innenansichten einer Infanteriedivision 1939 – 1945, Paderborn 2003

Rebentisch, D., Führerstaat und Verwaltung im zweiten Weltkrieg, Verfassungsentwicklung und Verwaltungspolitik 1939 - 1945, Stuttgart 1989

Rebentisch, D., Hitlers Reichskanzlei zwischen Politik und Verwaltung, in: Rebentisch D./ Teppe K. (Hrsg.) Verwaltung contra Menschenführung im Staat Hitlers, Studien zum politisch-administrativen System, Göttingen 1986

Rebentisch, D., Innere Verwaltung, in: K. G. A. Jeserich/H. Pohl/ G.-Ch. von Unruh, Deutsche Verwaltungsgeschichte Bd. 4 Das Reich als Republik und in der Zeit des Nationalsozialismus, Stuttgart 1985
Rebgen, K. (Hrsg.); Akten der Reichskanzlei, Regierung Hitler 1933 – 1938; München 1983. mehrere Bände
Rebgen, K./ Booms, H. (Hrsg.), Akten der Reichskanzlei Regierung Hitler 1933 – 1938, Teil I 1933/34, Boppard 1983
Reich-Ranicki, M., Mein Leben, 11. Aufl. Stuttgart 2000
Reinhardt, F., Der neue Finanzplan, RStBl. 1939, 489
Reinhardt, F. Lenkung von Kaufkraft, RStBl. 1941, 793
Reinhardt, F., Änderungen des Einkommensteuergesetztes, RStBl. 1939, 313
Reinhardt, F., Der Reinhardtsche Steuerreformplan, RStBl. 1934, 735 ff .;
Reinhardt, F., Generalangriff gegen die Arbeitslosigkeit, RStBl. 1933, 485 ff.
Reinhardt, F., Rede anlässlich des Richtfestes der Mustersiedlung Rammersdorf, RStBl. 1934, 481,486f
Reinhardt, F., Rede auf dem Deutschen Juristentag 1933, RStBl. 1933, 1025
Rentrop, W.;/H. Kayser;, Preispolitik und Preisüberwachung in Europa, München 1941
Reulecke, J., Geschichte der Urbanisierung in Deutschland, Frankfurt 1985
Reuter, F., Der 20. Juli und seine Vorgeschichte, Berlin 1946
Rieling, Gedanken zur Reichsgemeindeordnung, JW 1935, 910
Ritschl, A., Wirtschaftspolitik im Dritten Reich – Ein Überblick
Ritter, G. , Karl Goerdeler und die deutsche Widerstandsbewegung, Stuttgart 1955
Rose, R;/Weiss; W., Sinti und Roma im „Dritten Reich", Göttingen 1991
Rosen-v.Hoewel, H. von, Fragen der Gesetzessystematik und Gesetzestechnik, RVerwBl. Bd. 69 (1942) 244
Rothfels, H., Deutsche Opposition gegen Hitler, Fischer Taschenbuch, Frankfurt am Main 1977
Ruck, M., Führerabsolutismus und polykratisches Herrschaftsgefüge - Verfassungsstrukturen des NS-Staates in: K. D. Bracher/M. Funke/H.-A. Jacobsen (Hrsg.), Deutschland 1933 – 1945, Neue Studien zur nationalsozialistischen Herrschaft, Düsseldorf 1992, 50 ff.
Runge, Wolfgang, Politik und Beamtentum im Parteienstaat, Stuttgart 1965
Rüther, D. Der Widerstand des 20. Juli auf dem Weg in die Soziale Marktwirtschaft, Die wirtschaftspolitischen Vorstellungen der bürgerlichen Opposition gegen Hitler., Paderborn u. a., 2002
Rüthers, B., Die unbegrenzte Auslegung, Zum Wandel der Privatrechtsordnung im Nationalsozialismus, Tübingen 1968
Rüthers; B., Die Ideologie des Nationalsozialismus in der Entwicklung des deutschen Rechts von 1933 bis 1945, in: Säcker, J., Recht und Rechtslehre im Nationalsozialismus, Baden-Baden 1992, 17 ff. .

Saemisch, F. E. M., , Der Rechungshof des Deutschen Reichs nach der Novelle zur Reichshaushaltsordnung, DJZ 1934 Sp. 172 ff.;
Sauer, W., Die Mobilmachung der Gewalt, in: Bracher, K. D./ Sauer, W./Schulz, W., Die nationalsozialistische Machtergreifung, Studien zur Errichtung des totalitären Herrschaftssystems in Deutschland 1933/34, Frankfurt am Main u. a., o. J
Schacht, H, 76 Jahre meines Lebens, Bad Wörishofen 1953
Schacht, H., Grundsätze deutscher Wirtschaftspolitik, Oldenburg 1932
Schack, F., Die richterliche Prüfung von Gesetz und Verordnung, RVerwBl. 1938, 68 ff.
Schaefer, A., Führergewalt statt Gewaltenteilung, in: E. W. Böckenförde (Hrsg.), Staatsrecht und Staatsrechtslehre im Dritten Reich, Heidelberg 1985
Schäfer, K., Polizeiverwaltungsgesetz, 11. Aufl. Berlin 1944
Schellenberg, W., Aufzeichnungen, Die Memoiren des letzten Geheimdienstchefs unter Hitler, Wiesbaden 1979
Scheuner, U., Die Gerichte und die Prüfung der politischen Staatshandlungen, RVerwBl. 1936, 437 ff
Scheuner, U., Die nationale Revolution, Eine staatsrechtliche Untersuchung, AöR (NF) 24 (1934), 166 ff.
Scheuner, U., die staatsrechtliche Bedeutung des Gesetzes zur Behebung der Not von Volk und Reich, Leipziger Zeitschrift für Deutsches Recht 1933, 899 ff., abgedruckt bei M. Hirsch/ D. Majer/J. Meinck, Recht, Verwaltung und Justiz im Nationalsozialismus
Schieder, Th., Staatensystem als Vormacht der Welt 1848 – 1919, Propyläen Geschichte Europas, Bd. 5,
Schmitt, C. Der Hüter der Verfassung, AöR, Neue Folge 16. Bd. (1929), S. 161 ff
Schmitt, C., Aufgabe und Notwendigkeit des deutschen Rechtsstandes, DR 1936, 181 ff..
Schmitt, C., Das Gesetz zur Behebung der Not von Volk und Reich, DJZ 1933, Sp. 455 ff.
Schmitt, C., Der Hüter der Verfassung, Tübingen 1931
Schmitt, C., Der Weg des deutschen Juristen, DJZ 1934, Sp. 691, 693 f.,
Schmitt, C., Die geistesgeschichtliche Grundlage des heutigen Parlamentarismus, 2. Aufl., München/Leipzig 1926
Schmitt, C., Die staatsrechtliche Bedeutung der Notverordnung, in: C. Schmitt, Verfassungsrechtliche Aufsätze aus den Jahren 1924 – 1954, Materialien zu einer Verfassungslehre, 3. Aufl., Berlin 1985, 235 ff.
Schmitt, C., Legalität und Legitimität, in: C. Schmitt, Verfassungsrechtliche Aufsätze aus den Jahren 1924 – 1954, Materialien zu einer Verfassungslehre, 3. Aufl., Berlin 1985, 263 ff.
Schmitt, C., Nationalsozialistisches Rechtsdenken, DR 1934, 225, 229

Schmitt, C., Neue Leitsätze für die Rechtspraxis, JW 1933,2793;
Schmitt, C., Reichs- und Verfassungsreform, DJZ 1931, Sp. 5 ff.,
Schmitt, C., Reichsstatthaltergesetz, Berlin 1934
Schmitt, C., u. a. Völkerrechtliche Großraumordnung mit Interventionsverbot für fremde Mächte – Ein Beitrag zum Reichsbegriff im Völkerrecht, 1. Aufl. 1939, 4. Aufl. 1941
Schmitt, C., Über die drei Arten des rechtswissenschaftlichen Denkens, Hamburg 1934
Schmitt, C., Verfassungslehre, München und Leipzig 1928
Schmitt, C.; Nationalsozialistisches Rechtsdenken, DR 1934,. 226 f.
Schmitt; C., Der Führer schützt das Recht, DJZ 1934 Sp. 946 f.
Schmitt; C., Ein Jahr nationalsozialistischer Verfassungsstaat, DR 1934, 27
Schmitt; C., Staat, Bewegung, Volk - Die Dreigliederung der politischen Einheit, Hamburg 1934
Schmitt; C:, "Staat und Bewegung sind in eins verbunden, aber nicht miteinander verschmolzen. Die Partei soll nicht aufhören, Bewegung zu sein", DR 1934, 27, 30
Schmölders, G., Johannes Popitz zum Gedenken, FR 1954, Sp. 707 ff.
Schmölders, G., Steuerumbau als Aufgabe für heute, FinArch. NF Bd. 9 (1943) 250
Schneider, H., Das Ermächtigungsgesetz vom 24. März 1933 Bericht über das Zustandekommen und die Anwendung des Gesetzes, VjhZG 1953, 195 ff.
Schneider, M., Zwischen Standesvertretung und Werksgemeinschaf, zu den Gewerkschaftskonzeptionen der Widerstandsgruppen des 2. Juli 1944, in: J. Schmädicke/P. Steinbach (Hrsg.), der Widerstand gegen den Nationalsozialismus, München Zürich 1985
Scholder, K., Die Mittwochsgesellschaft Protokolle aus dem geistigen Deutschland 1932 – 1944, Berlin 1982
Schönfeld, W., Der Traum des positiven Rechts, AcP 135, 1;
Schönfeld, W., Der Traum des positiven Rechts, AcP 1935, 1 .
Schultheß` Europäischer Geschichtskalender. Neue Folge, Bd. 34, 1921-65
Schulz, G. Der Begriff des Totalitarismus und der Nationalsozialismus, in: Soziale Welt, 1961, 112 ff.
Schulz, G., Die Anfänge des totalitären Maßnahmenstaates, in: Bracher/Schulz/Sauer, Die nationalsozialistische Machtergreifung, Studien zur Errichtung des totalitären Herrschaftssystems in Deutschland 1933/34, Frankfurt am Main u. a., o. J.
Schulz, G., Johannes Popitz, in: R. Lill/H. Oberreuter, 20. Juli Portraits des Widerstandes, 2. Aufl. Hamburg 1994, 353 ff.
Schulz, G., Popitz, Johannes 1884 bis 1945, in: Historische Kommission bei der Bayerischen Akademie der Wissenschaften (Hrsg.), Neue Deutsche Biographien, München 2001, 620 ff.

Schulz, G., Triebkräfte und Ziele der Reichsreform, in: Morsey, R. (Hrsg.), Verwaltungsgeschichte Aufgaben, Zielsetzungen, Beispiele Vorträge und Diskussionsbeiträge der verwaltungsgeschichtlichen Arbeitstagung 1976 der Verwaltungshochschule Speyer, Berlin 1977
Schulz, G., Über Johannes Popitz (1884 – 1945), Der Staat 1985, 485 ff.,
Schulz, G., Zwischen Demokratie und Diktatur, Verfassungspolitik und Reichsreform in der Weimarer Republik, Bd. I, Die Periode der Konsolidierung und der Revision des Bismarckschen Reichsaufbaus 1919 - 1930, 2. Aufl. Berlin/New York 1987,
Schumpeter, J., Das deutsche Finanzproblem
Schütze, in: H. Pfundtner (Hrsg.), Dr. Wilhelm Frick und sein Ministerium
Schwegel, A., Der Polizeibegriff im NS-Staat, Polizeirecht, juristische Publizistik und Judikative 1931 – 1944, Tübingen 2005
Schwerin von Krosigk, L. Graf ,Staatsbankrott, Göttingen u. a.,1974
Schwerin von Krosigk, L. Graf, Es geschah in Deutschland, Menschenbilder unseres Jahrhunderts, 3. Aufl., Tübingen/Stuttgart 1952
Schwerin von Krosigk; L. Graf, Memoiren, Stuttgart-Degerloch 1977
Seibert, M., Die großen politischen Parteien und die Erzbergersche Steuerreform, Hachenburg 1935
Severing, C., Mein Lebensweg, Band II, Im Auf und Ab der Republik, Köln 1950
Siebert, W., Vom Wesen des Rechtsmissbrauchs –Über die konkrete Gestaltung der Rechte, in: K. Larenz (Hrsg.), Grundfragen der neuen Rechtswissenschaft, Berlin 1935
Smaldone, W., Rudolf Hilferding Tragödie eines deutschen Sozialdemokraten, Bonn 2000
Smend, R., Hochschule und Parteien (1930) in: Die Deutschen Hochschulen in ihren Beziehungen zur Gegenwartskultur, Berlin 1930
Sontheimer, K., Antidemokratisches Denken in der Weimarer Republik, Die politischen Ideen des deutschen Nationalismus zwischen 1918 und 1933, 3. Aufl. München 1978
Speer, A., Erinnerungen, Frankfurt a. M. 1969
Statistisches Handbuch von Deutschland 1928 – 1944, München 1949
Stein, A., Rudolf Hilferding und die deutsche Arbeiterbewegung. Gedenkblätter, Hamburg 1946
Stenografische Berichte über die Verhandlungen des Reichstags. IX Legislaturperiode. V. Session 1897/98 Bd. 1, Berlin 1898, 60
Stödter, R., Verfassungsproblematik und Rechtspraktik, Die Rechtsprechung zum Bibelforscherverbot, AöR NF 27.Bd. (1936)
Stolleis, M., Geschichte des öffentlichen Rechts in Deutschland, Weimarer Republik und Nationalsozialismus, München 1999, Sonderausgabe 2002
Stolper G., Aus der Woche, in: Der Deutsche Volkswirt 4. Jg. 1930, 420
Stolper, G., , Artikel Kapitulation, in: Der Deutscher Volkswirt v. 3. 1. 1930

Stolper, G., Kapitulation, in: Der Deutsche Volkswirt, Jg.4, 1929/30, 435
Stolper, T. Ein Leben in Brennpunkten unserer Zeit, Wien Berlin New York, Gustav Stolper 1888 – 1947, Tübingen 1960
Strutz;, Handbuch des Reichssteuerrechts, Berlin/Wien 1927
Stuckart, W. Partei und Reich, ZAkDR 1935, 400 ff
Stuckart, W., Zentralgewalt, Dezentralisation und Verwaltungseinheit, in: Festgabe für Heinrich Himmler, Darmstadt 1941, 1 ff.
Sudhoff-Groß, R. Gemeindliche Selbstverwaltung" und „Örtliche Gemeinschaft" im Lichte alter und neuere Rechtsauffassung, in: W. Stuckart/G. Klopfer u. a. (Hrsg.),Reich, Volksordnung, Lebensraum, 318
Sudhoff-Groß, R., Die Rechtsstellung des Bürgermeisters im Verhältnis zum Staat und zu den übrigen Beamten in der Gemeinde, Deutsche Allgemeine Zeitung 13. 1. 1944
Teppe, Karl, Die preußischen Oberpräsidenten 1933 – 1945, in: K. Schwabe, Die preußischen Oberpräsidenten 1815 – 1945, Boppard 1985.
Terhalle, F. , Finanzwissenschaft, Jena 1930
Terhalle, F., Zur Reichsfinanzreform von 1925, Sonderdruck aus Zeitschrift für die gesamte Staatswissenschaft 1925, 26. Heft 2
Terhalle, T., Geschichte der deutschen öffentlichen Finanzwirtschaft vom Beginn des 19. Jahrhunderts bis zum Schluss des zweiten Weltkrieges, in: Handbuch der Finanzwissenschaft, 2. Aufl., Tübingen 1952, 1. Bd.
Tesmer, H., Die Schutzhaft und ihre rechtlichen Grundlagen, DR 1936, 135
Thamer, H.-U., Verführung und Gewalt. Deutschland 1933 – 1945, Berlin 1986
Thieme, H., Führerprinzip in der Arbeitsverfassung, DR 1935, 215 f.
Thierauf, H., Der Finanzausgleich in der Weimarer Zeit, Würzburg 1961
Thoma, R., Die Staatsfinanzen in der Volksgemeinwirtschaft, Tübingen 1937
Timm, H., Das Gesetz der wachsenden Staatsausgaben, FinArch NF Bd 21 (1961), 201
Tipke, K, Die Steuerrechtsordnung, Bd. I, 2. Aufl. Köln 2000
Tipke, K., Die Steuerrechtsordnung, Bd. I, 1. Aufl. Köln 1993
Tobias, F., Der Reichstagsbrand, Legende und Wirklichkeit, Rastatt 1962
Treue, W., Hitlers Denkschrift zum Vierjahresplan 1936, VjhZG 1955, 184
Tschannen, H. A., Die neue deutsche Steuerpolitik als Faktor der staatlichen Kulturpolitik,
Tyrell, A., Auf dem Weg zur Diktatur Deutschland 1930 -1934, Düsseldorf 1992
Valentin, V., Geschichte der Deutschen, Taschenbuchausgabe nach dem Text der 1. Auflage 1947
Verhandlungen der Verfassunggebenden Nationalversammlung, Berlin 1920
Viénot, P., Ungewisses Deutschland, Frankfurt a. M. 1931, 65 f.
Vogelsang, Neue Dokumente zur Geschichte der Reichswehr 1930 – 1933, VjhZG 1954, 434

Vogt, M., Die Stellung der Koalitionsparteien zur Finanzpolitik, in H. Mommsen u. a. (Hrsg.), Industrielles System und politische Entwicklung in der Weimarer Republik, Düsseldorf 1974
Voß, R., Steuern im Dritten Reich, Vom Recht zum Unrecht unter der Herrschaft des Nationalsozialismus, München 1995
Voß, R., Steuerrecht und Ideologie – gestern und heute, in: Nationale und internationale Dimensionen des Steuerrechts, Herne/Berlin 2002, 9 ff.
Voß, R., Strukturelemente der Verbrauchsteuern, in: H. W. Kruse (Hrsg.), Zölle, Verbrauchsteuern, europäisches Marktordnungsrecht, Veröffentlichung der Deutschen Steuerjuristischen Gesellschaft e. V. Bd. 11, Köln 1988
Wagner, W. Der Volksgerichtshof im nationalsozialistischen Staat, Stuttgart 1974
Walk, J., Das Sonderrecht für die Juden im NS-Staat, 2. Aufl., Heidelberg 1996
Walz, A., Autoritärer Staat, nationaler Rechtsstaat oder völkischer Führerstaat ?, DJZ 1933, Sp. 1336
Weisbach, W., Geist und Gewalt, Wien 1956
Weiß, H., Personenlexikon 1933 – 1945, Wien 2003 (Originalausgabe Biographisches Lexikon zu Dritten Reich, Frankfurt am Main 1988)
Wetzel, J., Auswanderung aus Deutschland, in: Benz, W., Die Juden in Deutschland 1933 – 1945, Leben unter nationalsozialistischer Diktatur, 2. Aufl. München 1988
Willoweit, D., Deutsche Rechtsgeschichte und " nationalsozialistische Weltanschauung", in: M. Stolleis und D. Simon (Hrsg.), Rechtsgeschichte im Nationalsozialismus. Tübingen 1989
Winkler, H. A., Der Schein der Normalität Arbeiter und Arbeiterbewegung in der Weimarer Republik 1924 bis 1930, Berlin/Bonn, 2. Aufl. 1988
Winkler, H. A., Weimar 1918 – 1933, Die Geschichte der ersten deutschen Demokratie, München 1998
Witt, P.-Ch., Finanzpolitik und sozialer Wandel in Krieg und Inflation 1918 – 1924 in: H. Mommsen/D. Petzina/B. Weisbrod, Industrielles System und politische Entwicklung in der Weimarer Republik, Verhandlungen des internationalen Symposions in Bochum vom 12. - 17. Juni 1973, Kronsberg 1977, 413 ff.
Wolf, E., Das Rechtsideal des nationalsozialistischen Staates, ARSP 28 (1934/35), 348 ff.;
Wolf, E., Richtiges Recht im nationalsozialistischen Staat, 1934
Wulf, P., Hugo Stinnes. Wirtschaft und Politik 1918 –1924, Stuttgart 1979
Zeller, E., Geist der Freiheit, Der zwanzigste Juli, München 1963
Ziegler, D., Ein Jahrtausend im Überblick, in: M. North, Deutsche Wirtschaftsgeschichte, Ein Jahrtausend im Überblick, München 2000
Zweigert, Erich, der Beamte im neuen Deutschland, in B. Harms (Hrsg.) Volk und Reich der Deutschen, Vorlesungen gehalten in der Deutschen Vereinigung für Staatswissenschaftliche Fortbildung, Berlin 1929, 468 ff.

3. Ungedruckte Quellen

Bundesarchiv Koblenz

Nachlass Popitz N 1262 Nr. 1 - 114

Nachlass Mäding N 1561 Nr. 11

Bundesarchiv Berlin

R 2 (Reichsfinanzministerium) Nr. 1353, 3809, 5837, 5823, 5921, 8136, 11383, 12433, 17840, 18517, 18522, 18572, 19269, 19344, 57964

R 43 (Reichskanzlei) I Nr. 1417, 2390, 2396, 2400. 3332

R 43 II Nr. 787, 788

R 1501 (Reichsinnenministerium) Nr. 1272, 2438, 2447, 5076, 5436 – 5439, 5441, 5442, 54895490, 5535, 6001

R 3016 (Volksgerichtshof)

NS (NSDAP) 5, 6/5, 6/10, 6/12, 6/781

Geheimes Staatsarchiv Preußischer Kulturbesitz

HA I Rep. 77 (Preuß. Staatsministerium)Nr. 590, 4828. LRÄ

I HA 90 (Geheime Staatspolizei)

HA I Rep. 151 (Finanzministerium) Nr. 11, 39, 63 g, 64, 90, 90 A Nr. 326, 338, 353, 2304, , 96, 97, 104,254, 255, 281, 899, 2301, 25,44, 3545, 1410, 1411, 1473, 1475, 1478, 2605, 2606, 90 Annexe B, H, L, O, Q, P Nr. 40, 42, 104, 107, 125, 184, 363, 365, 631, 2338, 3549

I A Rep. 151 (Haushalt) Nr. 1074 – 1079

I B Rep. Nr. 24 – 28 (Verwaltung, Beamte)

HB Rep. 151 Nr. 26, 31- 32, 35, 43 – 45, 48, 322, 476,492, 578, 635

IV Rep. 151 Nr. 98

Personen- und Sachverzeichnis

Abbildungsverzeichnis

Der Abdruck erfolgt mit freundlicher Genehmigung der jeweiligen Bildbesitzer

Peter Lang · Europäischer Verlag der Wissenschaften

Eckart Klein / Stefan Chr. Saar / Carola Schulze (Hrsg.)

Zwischen Rechtsstaat und Diktatur

Deutsche Juristen im 20. Jahrhundert

Frankfurt am Main, Berlin, Bern, Bruxelles, New York, Oxford, Wien, 2006. 177 S.
Rechtshistorische Reihe. Verantwortlicher Herausgeber: Stefan Chr. Saar. Bd. 326
ISBN 3-631-54716-1 · br. € 39.–*

Der Band versammelt neun Vorträge, die an der Juristischen Fakultät der Universität Potsdam im Rahmen einer Ringvorlesung zu Biographie und Werk deutscher Juristen des 20. Jahrhunderts gehalten wurden. Die Vorlesungsreihe sollte aufzeigen, wie die Systemwechsel, denen Deutschland im vergangenen Jahrhundert unterworfen war, auf den Lebensweg und das wissenschaftliche und rechtspraktische Wirken prominenter Juristen eingewirkt haben.

Aus dem Inhalt: *Norbert Janz*: Hugo Preuß (1860–1925) · *Carola Schulze*: Hermann Ulrich Kantorowicz (1877–1940) · *Georg Küpper*: Gustav Radbruch (1878–1949) · *Wolfgang Loschelder*: Hans Peters (1896–1966) · *Eckart Klein*: Ulrich Scheuner (1903–1981) · *Stefan Chr. Saar*: Erich Schwinge (1903–1994) · *Jörn Eckert*: Georg Dahm (1904–1963) · *Heinz Holzhauer*: Walter Erman (1904–1982) · *Rolf Steding*: Heinz Such (1910–1976)